25/11/09
$124=
32 DY

COLECCIÓN POPULAR

51

EL CUENTO HISPANOAMERICANO

SEYMOUR MENTON

EL CUENTO HISPANOAMERICANO

Antología crítico-histórica

FONDO DE CULTURA ECONÓMICA

Primera edición,	1964	10 000	Tercera edición,	1986	10 000
1ª reimpresión,	1966	10 000	1ª reimpresión,	1986	20 000
2ª reimpresión,	1970	15 000	2ª reimpresión,	1987	10 000
3ª reimpresión,	1972	20 000	3ª reimpresión,	1989	6 000
4ª reimpresión,	1974	20 000	Cuarta edición,	1991	10 000
5ª reimpresión,	1976	10 000	1ª reimpresión,	1992	12 000
6ª reimpresión,	1977	5 000	2ª reimpresión,	1992	30 000
7ª reimpresión,	1978	10 000	Quinta edición,	1996	6 000
8ª reimpresión,	1979	10 000	1ª reimpresión,	1996	6 000
9ª reimpresión,	1980	5 000	2ª reimpresión,	1997	4 000
Segunda edición,	1980	10 000	3ª reimpresión,	1997	5 000
1ª reimpresión,	1982	10 000	4ª reimpresión,	1998	10 000
2ª reimpresión,	1983	10 000	Sexta edición,	1999	15 000
3ª reimpresión,	1984	10 000	Séptima edición,	2003	13 000
4ª reimpresión,	1985	5 000	1ª reimpresión,	2004	13 000
5ª reimpresión,	1985	10 000	Octava edición,	2005	2 000
			Novena edición,	2007	20 400

Distribución mundial

Comentarios y sugerencias: editorial@fondodeculturaeconomica.com
www.fondodeculturaeconomica.com
Tel. (55)5227-4672 Fax (55)5227-4694

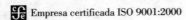 Empresa certificada ISO 9001:2000

D. R. © 1964, Fondo de Cultura Económica
Carretera Picacho Ajusco, 227; 14200 México, D. F.

ISBN 10: 968-16-8311-0
ISBN 13: 978-968-16-8311-5
ISBN 968-16-7687-4 (octava edición)
ISBN 968-16-6903-7 (séptima edición)
ISBN 968-16-6016-1 (sexta edición)
ISBN 968-16-5038-7 (quinta edición)
ISBN 968-16-0016-9 (cuarta edición)

Impreso en México • *Printed in Mexico*

PRÓLOGO

Que yo sepa, no hay ningún antólogo que haya pretendido abarcar, con espíritu analítico, el desarrollo del cuento en Hispanoamérica desde sus primeros brotes románticos hasta su exuberancia madura del presente. Existen muchas antologías nacionales; otras, hispanoamericanas, se limitan a ciertas épocas; algunas no reconocen el cuento como un género literario independiente de la novela; y muy pocas incluyen comentarios verdaderamente críticos.

El título que decidí poner a esta obra —*El cuento hispanoamericano: antología crítico-histórica*— refleja bastante bien mi base de selección. A pesar de algunos antecedentes más o menos lejanos, el cuento no aparece en las letras hispanoamericanas hasta después de las guerras de independencia, durante la época romántica. De ahí hasta la actualidad, trato el cuento desde cuatro ángulos: como una indicación del desarrollo del género; como una manifestación del movimiento literario vigente; como reflejo de la gestación de una literatura ya no hispanoamericana, sino nacional; y como una obra de arte con valores universales. Hay que manifestar que es raro que converjan los cuatro enfoques en el análisis de un cuento. Más bien, están en pugna constante. Un cuento que sirve para representar el romanticismo, el naturalismo o el surrealismo puede tener una importancia principalmente histórica; en cambio, un cuento de altos valores literarios puede negar totalmente las generalizaciones que se han hecho sobre la literatura de ese país en esa época. No obstante, al intentar unir el trabajo del historiador de la literatura con el del crítico literario, no he rehuido de ninguna manera las anomalías que tienen que surgir a raíz de esa unión.

Tratándose de cierto género literario, hay que empezar con una definición, por arbitraria que sea. *El cuento es una narración, fingida en todo o en parte, creada por un autor, que se puede leer en menos de una hora y cuyos elementos contribuyen a producir un solo efecto.* Así es que la novela se diferencia del cuento tanto por su extensión como por su complejidad; los artículos de costumbres y las tradiciones, por su base verídica y por la intervención directa del autor que rompe la unidad artística; y las fábulas y las leyendas, por su carácter difuso y por carecer en parte de la creación original del autor.

La estructura de esta antología se basa en los distintos movimientos literarios que han marcado la evolución de la literatura hispanoamericana desde la tercera década del siglo XIX: romanticismo, realismo, naturalismo, modernismo, criollismo, cosmopolitismo* (surrealismo, cubismo, realismo mágico y existencialismo) y neorrealismo. Para cada movimiento, señalo los rasgos generales, los orígenes y las particularidades hispanoamericanas. A continuación van los cuentos representativos, o a veces anómalos, precedidos de un pequeño bosquejo biográfico y seguidos de un análisis crítico. En fin, esta antología tiene dos propósitos: *1)* presentar de una manera ordenada lo mejor de la producción cuentística de Hispanoamérica, y *2)* propagar un método analítico que tal vez sirva de base para la interpretación y el mayor aprecio de los cuentos que se han escrito y de los que quedan por escribir.

Tales propósitos excluyen naturalmente cualquier intento de dar igual representación a todos los países hispanoamericanos.

He tenido que defender los juicios críticos y la selección de los cuentos ante las preguntas penetrantes de tres grupos

* También llamado *universalismo*. Opté por el término *cosmopolitismo* para no insinuar que el criollismo carece de valores universales.

de alumnos graduados en la Universidad de Kansas, por cuyo espíritu exigente estoy sumamente agradecido. Para la depuración del estilo, conté con la ayuda generosa de Cristina E. de Escher, Carmen Vieytes y Leonor Dalla Costa Mills. La preparación final del libro se debe al trabajo cuidadoso de Carmen Murillo. Agradezco también a los altos funcionarios de la Universidad de Kansas el haberme otorgado el tiempo y los fondos necesarios para llevar a cabo este proyecto.

Para esta nueva edición, ya no servían las autorizaciones otorgadas con gusto en 1963 por los autores complacidos. Según la nueva legislación mexicana, había que conseguir nuevas autorizaciones muy específicas para todos los cuentos que no estuvieran en el dominio público. Sin el e-mail y sin la inteligencia, la eficacia y la persistencia de Rosa Pretelín del FCE, habría sido imposible identificar a los herederos de los autores fallecidos o a sus agentes literarios. Quisiera expresar públicamente mi gratitud más profunda a Rosa Pretelín y a sus colaboradoras Leticia Gaytán y Mariana Mendía. También estoy sumamente agradecido a Consuelo Sáizar, directora del Fondo, por su apoyo a este proyecto.

SEYMOUR MENTON
6 de marzo de 2003

EL ROMANTICISMO

LOS PRIMEROS cuentos hispanoamericanos aparecieron en plena época romántica. Importado de Europa, el romanticismo encontró tierra propicia en América y echó raíces profundas que todavía no se han extirpado. Este movimiento puede definirse como una actitud de inconformidad e inadaptabilidad que se manifiesta de dos modos: rebeldía y retiro. Tiene sus orígenes tanto en la historia como en la literatura. En Inglaterra, el romanticismo surgió al principio con los poetas laguistas como una protesta contra los efectos de la Revolución industrial. En Francia, la restauración de la monarquía después de Waterloo abatió el espíritu de los jóvenes intelectuales entusiasmados con los ideales de la Revolución francesa y con la gloria militar de Napoleón. Además de estos hechos históricos, el romanticismo constituyó una reacción literaria contra el neoclasicismo, reacción que se manifestaba ya en la primera mitad del siglo XVIII. Añádase el impulso de la melancolía germánica y ya estaba alistado para invadir a América.

Aunque no se puede negar la procedencia europea del romanticismo, hay que reconocer las condiciones propicias del suelo americano. Inspiradas en parte en la Revolución francesa, las guerras de independencia eran románticas: la lucha por la libertad, las grandes hazañas militares, los altibajos en las fortunas de las guerras, la participación del plebeyo en algunos países y las condiciones anárquicas. Una vez ganada la victoria final sobre España, los caciques adoptaron el romanticismo como una manera de vivir y siguió un periodo anárquico de unos 50 años durante el cual los intelectuales-literatos mantuvieron una lucha exaltada contra los tiranos, o buscaron en la literatura las bases para fundar

11

una cultura nacional, o sencillamente se desentendieron por completo de la barbarie que asolaba su patria.

En sus obras, los románticos se limitaron a cuatro temas. Los rebeldes, inspirados por Byron, desarrollaron el tema político-liberal de *la lucha contra la tiranía.* Los desilusionados se retiraron del mundo agitado cultivando temas exóticos. *El exotismo geográfico,* inspirado en Chateaubriand y James Fenimore Cooper, trató al indio americano como al "noble salvaje" que se imaginaban los europeos; *el exotismo histórico* convirtió el medievo de Scott en la época colonial de América, y el *exotismo sentimental* produjo amores imposibles que emparentaban con las obras de Saint-Pierre y de Lamartine.

En Europa, el romanticismo encontró su mejor expresión en la poesía, luego en el teatro y, por último, en la novela. El cuento todavía no se reconocía como un género independiente de altos valores literarios. En América pasó lo mismo, con excepción del teatro, que no se desarrolló por falta de grandes centros urbanos, y de la novela, que andaba en pañales. Así es que el cuento y la novela comienzan juntos su trayectoria, lo cual explica en parte la confusión que aparece de vez en cuando entre los dos géneros.

ESTEBAN ECHEVERRÍA
[1809-1851]

Argentino. La figura más importante del romanticismo his-
panoamericano. Pasó cuatro años en París, donde absorbió
el ambiente romántico, y volvió a Buenos Aires en 1830 para
juntarse con los otros jóvenes de su generación: Juan Bautista
Alberdi, Juan María Gutiérrez, Vicente Fidel López, Domingo
F. Sarmiento y Bartolomé Mitre. En 1838 colaboró en la fun-
dación de la Joven Asociación, o Asociación de Mayo, que
difundió el liberalismo y el romanticismo por Argentina y por
otras partes de Hispanoamérica. Redactó el Código de la
Asociación, la Declaración de los principios que constituyen
la creencia social de la República Argentina, *que se publicó*
en forma definitiva en 1846 bajo el título de Dogma socialista.
En 1840 emigró a Uruguay, donde murió 11 años después.
Autor de la primera obra romántica de procedencia francesa,
"Elvira o la novia del Plata" (1832); del primer poema de
tema y de ambiente americanos, "La cautiva" (1837), y de uno
de los primeros cuentos americanos, "El matadero". Aunque
éste no se publicó hasta 1871, la mayoría de los críticos está
de acuerdo sobre su fecha de composición: 1838.

EL MATADERO

A PESAR de que la mía es historia, no la empezaré por el
arca de Noé y la genealogía de sus ascendientes, como acos-
tumbraban hacerlo los antiguos historiadores españoles de
América, que deben ser nuestros prototipos. Tengo muchas
razones para no seguir ese ejemplo, las que callo por no ser

13

difuso. Diré solamente que los sucesos de mi narración pasaban por los años de Cristo de 183... Estábamos, a más, en cuaresma, época en que escasea la carne en Buenos Aires, porque la Iglesia, adoptando el precepto de Epicteto, *sustine abstine* (sufre, abstente), ordena vigilia y abstinencia a los estómagos de los fieles, a causa de que la carne es pecaminosa y, como dice el proverbio, busca a la carne. Y como la Iglesia tiene *ab initio* y por delegación directa de Dios el imperio inmaterial sobre las conciencias y estómagos, que en manera alguna pertenecen al individuo, nada más justo y racional que vede lo malo.

Los abastecedores, por otra parte, buenos federales y por lo mismo buenos católicos, sabiendo que el pueblo de Buenos Aires atesora una docilidad singular para someterse a toda especie de mandamientos, sólo traen en días cuaresmales al matadero los novillos necesarios para el sustento de los niños y de los enfermos dispensados de la abstinencia por la bula... y no con el ánimo de que se harten algunos herejotes, que no faltan, dispuestos siempre a violar los mandamientos carnificinos de la Iglesia, y a contaminar la sociedad con el mal ejemplo.

Sucedió, pues, en aquel tiempo, una lluvia muy copiosa. Los caminos se anegaron, los pantanos se pusieron a nado y las calles de entrada y salida a la ciudad rebosaban en acuoso barro. Una tremenda avenida se precipitó de repente por el Riachuelo de Barracas y extendió majestuosamente sus turbias aguas hasta el pie de las barrancas del Alto. El Plata, creciendo embravecido, empujó esas aguas que venían buscando su cauce y las hizo correr hinchadas por sobre campos, terraplenes, arboledas, caseríos, y extenderse como un lago inmenso por todas las bajas tierras. La ciudad, circunvalada del Norte al Este por una cintura de agua y barro, y al Sur por un piélago blanquecino en cuya superficie flotaban a la ventura algunos barquichuelos y negreaban las chimeneas y las copas de los árboles, echaba desde sus torres y barrancas atónitas miradas al horizonte, como implorando misericordia al Altísimo. Parecía el amago de un nuevo diluvio. Los beatos y beatas gimoteaban haciendo novenarios y continuas plegarias. Los predicadores atronaban el templo y hacían crujir el púlpito a puñetazos. Es el día del juicio —decían—, el fin del mundo está por venir. La cólera divina, rebosando, se derrama en inundación. ¡Ay de vosotros, pecadores! ¡Ay de vosotros, unitarios impíos que os mofáis de la Iglesia, de los santos, y no escucháis con veneración la palabra de los ungidos del Señor! ¡Ah de vosotros si no imploráis misericordia al pie de los altares! Llegará la hora tremenda del vano crujir de dientes de las frenéticas imprecaciones. Vuestra impiedad, vuestras herejías, vuestras blasfemias, vuestros crímenes horrendos, han traído sobre nuestra tierra las plagas del Señor. La justicia y el Dios de la Federación os declararán malditos.

Las pobres mujeres salían sin aliento, anonadadas del templo, echando, como era natural, la culpa de aquella calamidad a los unitarios.

Continuaba, sin embargo, lloviendo a cántaros y la inundación crecía acreditando el pronóstico de los predicadores. Las campanas comenzaron a tocar rogativas por orden del muy católico Restaurador, quien parece no las tenía todas consigo. Los libertinos, los incrédulos, es decir, los unitarios, empezaron a amedrentarse al ver tanta cara compungida, oír tanta batahola de imprecaciones. Se hablaba ya, como de cosa resuelta, de una procesión en que debía ir toda la población descalza y a cráneo descubierto, acompañando al Altísimo, llevado bajo palio por el obispo, hasta la barranca de Balearte, donde millares de voces conjurando al demonio unitario debían implorar la misericordia divina.

Feliz, o mejor, desgraciadamente, pues la cosa habría sido de verse, no tuvo efecto la ceremonia, porque bajando el Plata, la inundación se fue poco a poco escurriendo en su inmenso lecho sin necesidad de conjuro ni plegarias.

Lo que hace principalmente a mi historia es que por causa de la inundación estuvo quince días el matadero de la Convalecencia sin ver una sola cabeza vacuna, y que en uno o dos, todos los bueyes de quinteros y *aguateros* se consumieron en el abasto de la ciudad. Los pobres niños y enfermos se alimentaban con huevos y gallinas, y los gringos y herejotes bramaban por el *beef-steak* y el asado. La abstinencia de carne era general en el pueblo que nunca se hizo más digno de la bendición de la Iglesia, y así fue que llovieron sobre él millones y millones de indulgencias plenarias. Las gallinas se pusieron a 6 pesos y los huevos a 4 reales y el pescado carísimo. No hubo en aquellos días cuaresmales promiscuidades ni excesos de gula; pero en cambio se fueron derechas al cielo innumerables ánimas y acontecieron cosas que parecen soñadas.

No quedó en el matadero ni un solo ratón de muchos millares que allí tenían albergue. Todos murieron de hambre o ahogados en sus cuevas por la incesante lluvia. Multitud de negras rebusconas de *achuras*, como los caranchos de presa, se desbandaron por la ciudad como otras tantas harpías prontas a devorar cuanto hallaran comible. Las gaviotas y los perros, inseparables rivales suyos en el matadero, emigraban en busca de alimento animal. Porción de viejos achacosos cayeron en consunción por falta de nutritivo caldo; pero lo más notable que sucedió fue el fallecimiento casi repentino de unos cuantos gringos herejes que cometieron el desacato de darse un hartazgo de chorizos de Extremadura, jamón y bacalao y se fueron al otro mundo a pagar el pecado cometido por tan abominable promiscuación.

Algunos médicos opinaron que si la carencia de carne continuaba, medio pueblo caería en síncope por estar los estómagos acostumbrados a su corroborante jugo; y era de notar el contraste entre estos tristes pronósticos de la ciencia y los anatemas lanzados desde el púlpito por los reverendos padres contra toda clase de nutrición animal y de promiscuación en aquellos días destinados por la Iglesia al ayuno y la penitencia. Se originó de aquí una especie de guerra intestina entre los estómagos y las conciencias, atizada por el inexorable apetito y las no menos inexorables vociferaciones de los ministros de la Iglesia, quienes, como es su deber, no transigen con vicio alguno que tienda a relajar las costumbres católicas: a los que se agregaba el estado de flatulencia intestinal de los habitantes, producido por el pescado y los porotos y otros alimentos algo indigestos.

Esta guerra se manifestaba por sollozos y gritos descompasados en la peroración de los sermones y por rumores y estruendos subitáneos en las casas y las calles de la ciudad o dondequiera que concurría gente. Alarmóse un tanto el Gobierno, tan paternal como previsor, del Restaurador, creyendo aquellos tumultos de origen revolucionario y atribuyéndolos a los mismos salvajes unitarios, cuyas impiedades, según los predicadores federales, habían traído sobre el país la inundación de la cólera divina; tomó activas providencias, desparramó sus esbirros por la población y por último, bien informado, promulgó un decreto tranquilizador de las conciencias y de los estómagos, encabezado por un considerando muy sabio y piadoso para que a todo trance y arremetiendo por agua y todo se trajera ganado a los corrales.

En efecto, al decimosexto día de la carestía, víspera del día de Dolores, entró a nado, por el matadero del Alto, una tropa de cincuenta novillos gordos; cosa poca, por cierto, para una población acostumbrada a consumir diariamente de 250 a 300 y cuya tercera parte, al menos, gozaría del fuero eclesiástico de alimentarse con carne. ¡Cosa extraña que haya estómagos privilegiados y estómagos sujetos a las leyes inviolables y que la Iglesia tenga la llave de los estómagos!

Pero no es extraño, supuesto que el diablo con la carne suele meterse en el cuerpo y que la Iglesia tiene el poder de conjurarlo: el caso es reducir al hombre a una máquina cuyo móvil principal no sea su voluntad, sino la de la Iglesia y el Gobierno. Quizá llegue el día en que sea prohibido respirar aire libre, pasearse y hasta conversar con un amigo, sin permiso de autoridad competente. Así era, poco más o menos, en los felices tiempos de nuestros beatos abuelos que, por desgracia, vino a turbar la Revolución de Mayo.

Sea como fuera, a la noticia de la providencia gubernativa los corrales del Alto se llenaron, a pesar del barro, de carniceros, achuradores y curiosos, quienes recibieron con grandes vociferaciones y palmotes los cincuenta novillos destinados al matadero.

—Chica, pero gorda —exclamaban—. ¡Viva la Federación! ¡Viva el Restaurador! —Porque han de saber los lectores que en aquel tiempo la Federación estaba en todas partes, hasta entre las inmundicias del matadero y no había fiesta sin Restaurador, como no hay sermón sin san Agustín. Cuentan que al oír tan desaforados gritos las últimas ratas que agonizaban de hambre en sus cuevas se reanimaron y echaron a correr desatentadas, conociendo que volvían a aquellos lugares la acostumbrada alegría y la algazara precursora de abundancia.

El primer novillo que se mató fue todo entero de regalo al Restaurador, hombre muy amigo del asado. Una comisión de carniceros marchó a ofrecérselo a nombre de los federales del matadero, manifestándole *in voce* su agradecimiento por la acertada providencia del Gobierno, su adhesión ilimitada al Restaurador y su odio entrañable a los salvajes unitarios, enemigos de Dios y de los hombres. El Restaurador contestó a la arenga *rinforzando* sobre el mismo tema y concluyó la ceremonia con los correspondientes vivas y vociferaciones de los espectadores y actores. Es de creer que el Restaurador tuviese permiso especial de su ilustrísima para no abstenerse de carne, porque siendo tan buen observador de las leyes, tan buen católico y tan acérrimo protector de la religión, no hubiera dado mal ejemplo aceptando semejante regalo en día santo. Siguió la matanza y en un cuarto de hora cuarenta y nueve novillos se hallaban tendidos en la playa del matadero, desollados unos, los otros por desollar. El espectáculo que ofrecían entonces era animoso y pintoresco, aunque reunía todo lo horriblemente feo, inmundo y deforme de una pequeña clase proletaria peculiar del Río de la Plata. Pero para que el lector pueda percibirlo a un golpe de ojos, preciso es hacer un croquis de la localidad.

El matadero de la Convalecencia o Alto, sito en las quintas del sur de la ciudad, es una gran playa en forma rectangular, colocada al extremo de dos calles, una de las cuales allí se termina y la otra se prolonga hacia el Este.

Esta playa, con declive al Sur, está cortada por un zanjón labrado por la corriente de las aguas fluviales, en cuyos bordes laterales se muestran innumerables cuevas de ratones y cuyo cauce recoge, en tiempo de lluvia, toda la sangraza seca o reciente del matadero. En la junción del ángulo recto, hacia el Oeste, está lo que llaman la casilla, edificio bajo, de tres piezas de media agua, con corredor al frente que da a la calle y palenque para atar caballos, a cuya espalda se notan varios corrales de palo a pique, de ñandubay, con sus fornidas puertas para encerrar el ganado.

Estos corrales son en tiempo de invierno un verdadero lodazal en el cual los animales apeñuscados se hunden hasta el encuentro y quedan como pegados y casi sin movimiento. En la casilla se hace la recaudación del impuesto de corrales, se cobran las multas por violación de reglamentos y se sienta el Juez del matadero, personaje importante, caudillo de los carniceros y que ejerce la suma del poder en aquella pequeña república por delegación del Restaurador. Fácil es calcular qué clase de hombre se requiere para el desempeño de semejante cargo. La casilla, por otra parte, es un edificio tan ruin y pequeño que nadie lo notaría en los corrales a no estar asociado su nombre al del terrible Juez y a no resaltar sobre su blanca cintura los siguientes letreros rojos: "Viva la Federación", "Viva el Restaurador y la heroína doña Encarnación Ezcurra", "Mueran los salvajes unitarios". Letreros muy significativos, símbolos de la fe política y religiosa de la gente del matadero. Pero algunos lectores no sabrán que la tal heroína es la difunta esposa del Restaurador, patrona muy querida de los carniceros, quienes ya muerta la veneraban como viva por sus virtudes cristianas y su federal heroísmo en la revolución contra Balcarce. Es el caso que en un aniversario de aquella memorable hazaña de la mazorca, los carniceros festejaron con un espléndido banquete en la casilla a la heroína, banquete al que concurrió con su hija y otras señoras federales, y que allí, en presencia de un gran concurso, ofreció a los señores carniceros en un solemne brindis su federal patrocinio, por cuyo motivo ellos la proclamaron entusiastamente patrona del matadero, estampando su nombre en las paredes de la casilla donde se estará hasta que lo borre la mano del tiempo.

La perspectiva del matadero a la distancia era grotesca, llena de animación. Cuarenta y nueve reses estaban tendidas sobre sus cueros y cerca de doscientas personas hollaban aquel suelo de lodo regado con la sangre de sus arterias. En torno de cada res resaltaba un grupo de figuras humanas de tez y raza distinta. La figura más prominente de cada grupo era el carnicero con el cuchillo en mano, brazo y pecho desnudos, cabello largo y revuelto, camisa, chiripá y rostro embadurnados de sangre. A sus espaldas se rebullía, caracoleando y siguiendo los movimientos, una comparsa de muchachas, de negras y mulatas achuradoras, cuya fealdad trasuntaba las harpías de la fábula, y entremezclados con ellas, algunos enormes mastines olfateaban, gruñían o se daban de tarascones por la presa. Cuarenta y tantas carretas toldadas con negruzco y pelado cuero se escalonaban irregularmente a lo largo de la playa y algunos jinetes, con el poncho calado y el lazo prendido al tiento, cruzaban por entre ellas al tranco o reclinados sobre el pescuezo de los caballos echaban ojo indolente sobre uno de aquellos animados grupos, al paso que más arriba, en el aire, un enjambre de gaviotas blanquiazules que habían vuelto de la emigración al olor de la carne, revoloteaban cubriendo con su disonante graznido todos los ruidos y voces del matadero y proyectando una sombra clara sobre aquel campo de horrible carnicería. Esto se notaba al principio de la matanza.

Pero a medida que adelantaba, la perspectiva variaba; los grupos se deshacían, venían a formarse tomando diversas actitudes y se desparramaban corriendo como si en medio de ellos cayese alguna bala perdida o asomase la quijada de algún encolerizado mastín. Esto era, que ínterin el carnicero en un grupo descuartizaba a golpe de hacha, colgaba en otro los cuartos en los ganchos a su carreta, despellejaba en éste, sacaba el sebo en aquél, de entre la chusma que ojeaba y aguardaba la presa de achura salía de cuando en cuando una mugrienta mano a dar un tarascón con el cuchillo al sebo o a los cuartos de la res, lo que originaba gritos y explosión de cólera del carnicero y el continuo hervidero de los grupos —dichos y gritería descompasada de los muchachos.

—Ahí se mete el sebo en las tetas, la tía —gritaba uno.

—Aquél lo escondió en el alzapón —replicaba la negra.

—¡Che!, negra bruja, salí de aquí antes que te pegue un tajo —exclamaba el carnicero.

—¿Qué le hago ño Juan? ¡No sea malo! Yo no quiero sino la panza y las tripas.

—Son para esa bruja: a la m…

—¡A la bruja!, ¡a la bruja! —repitieron los muchachos—, ¡se lleva la riñonada y el tongorí! —Y cayeron sobre su cabeza sendos cuajos de sangre y tremendas pelotas de barro.

Hacia otra parte, entre tanto, dos africanas llevaban arrastrando las entrañas de un animal; allá una mulata se alejaba con un ovillo de tripas y resbalando de repente sobre un charco de sangre, caía a plomo, cubriendo con su cuerpo la codiciada presa. Acullá se veían acurrucadas en hilera 400 negras destejiendo sobre las faldas el ovillo y arrancando uno a uno los sebitos que el avaro cuchillo del carnicero había dejado en la tripa como rezagados, al paso que otras vaciaban panzas y vejigas y las henchían de aire de sus pulmones para depositar en ellas, luego de secas, la achura. Varios muchachos, gambeteando a pie y a caballo, se daban de vejigazos o se tiraban bolas de carne, desparramando con ellas y su algazara la nube de gaviotas que columpiándose en el aire celebraba chillando la matanza. Oíanse a menudo, a pesar del veto del Restaurador y de la santidad del día, palabras inmundas y obscenas, vociferaciones preñadas de todo el cinismo bestial que caracterizaban a la chusma de nuestros mataderos, con las cuales no quiero regalar a los lectores.

De repente caía un bofe sangriento sobre la cabeza de alguno, que de allí pasaba a la de otro, hasta que algún deforme mastín lo hacía buena presa, y una cuadrilla de otros, por si estrujo o no estrujo, armaba una tremenda de gruñidos y mordiscones. Alguna tía vieja salía furiosa en persecución de un muchacho que le había embadurnado el rostro con sangre, y acudiendo a sus gritos y puteadas los compañeros del rapaz la rodeaban y azuzaban como los perros al toro y llovían sobre ella zoquetes de carne, bolas de estiércol, con groseras carcajadas y gritos frecuentes, hasta que el juez mandaba restablecer el orden y despejar el campo.

Por un lado dos muchachos se adiestraban en el manejo del cuchillo tirándose horrendos tajos y reveses; por otro, cuatro, ya adolescentes, ventilaban a cuchilladas el derecho a una tripa gorda y un mondongo que habían robado a un carnicero, y no de ellos distante, porción de perros, flacos ya de la forzosa abstinencia, empleaban el mismo medio para saber quién se llevaría un hígado envuelto en barro. Simulacro en pequeño era éste del modo bárbaro con que se ventilan en nuestro país las cuestiones y los derechos individuales y sociales. En fin, la escena que se representaba en el matadero era para vista, no para escrita.

Un animal había quedado en los corrales de corta y ancha cerviz, de mirar fiero, sobre cuyos órganos genitales no estaban conformes los pareceres porque tenía apariencias de toro y de novillo. Llególe su hora. Dos enlazadores a caballo penetraron al corral en cuyo contorno hervía la chusma a pie, a caballo y horquetada sobre sus nudosos palos. Formaban en la puerta el más grotesco y sobresaliente grupo varios pialadores y enlazadores de a pie, con el brazo desnudo y armados del certero lazo, la cabeza cubierta con un pañuelo punzó y chaleco y chiripá colorados, teniendo a sus espaldas varios jinetes y espectadores de ojo escrutador y anhelante.

El animal, prendido ya al lazo por las astas, bramaba echando espuma, furibundo, y no había demonio que lo hiciera salir del pegajoso barro donde estaba como clavado y era imposible pialarlo. Gritábanlo, lo azuzaban en vano con las mantas y pañuelos los muchachos prendidos sobre las horquetas del corral, y era de oír la disonante batahola de silbidos, palmadas y voces tiples y roncas que se desprendían de aquella singular orquesta.

Los dicharachos, las exclamaciones chistosas y obscenas rodaban de boca en boca y cada cual hacía alarde espontáneamente de su ingenio y de su agudeza, excitado por el espectáculo o picado por el aguijón de alguna lengua locuaz.

—Hi... de p... en el toro.

—Al diablo los torunos del Azul.

—Mal haya el tropero que nos da gato por liebre.

—Si es novillo.

—¿No está viendo que es toro viejo?

—Como toro le ha de quedar. Muéstreme los c... si les parece, ¡c...o!

—Ahí los tiene entre las piernas. ¿No los ve, amigo, más grandes que la cabeza de un castaño? ¿O se ha quedado ciego en el camino?

—Su madre sería la ciega, pues que tal hijo ha parido. ¿No ve que todo ese bulto es barro?

—Es emperrado y arisco como un unitario.

Y al oír esa mágica palabra, todos a una vez exclamaron:
—¡Mueran los salvajes unitarios.

—Para el tuerto los h...

—Sí, para el tuerto, que es hombre de c... para pelear con los unitarios.

—El matahambre a Matasiete, degollador de unitarios. ¡Viva Matasiete!

—¡A Matasiete el matahambre!

—¡Allá va! —gritó una voz ronca interrumpiendo aquellos desahogos de la cobardía feroz—. ¡Allá va el toro!

—¡Alerta! Guarda los de la puerta. ¡Allá va furioso como un demonio!

Y en efecto, el animal, acosado por los gritos y sobre todo por dos picanas agudas que le espoleaban la cola, sintiendo flojo el lazo, arremetió bufando a la puerta, lanzando a entrambos lados una rojiza y fosfórica mirada. Diole el tirón el enlazador sentando su caballo, desprendió el lazo de la asta, crujió por el aire un áspero zumbido y al mismo tiempo se vio rodar desde lo alto de una horqueta del corral como si un golpe de hacha la hubiese dividido a cercén, una cabeza de niño cuyo tronco permaneció inmóvil sobre su caballo de palo, lanzando por cada arteria un largo chorro de sangre.

—Se cortó el lazo —gritaron unos—: allá va el toro. —Pero otros, deslumbrados y atónitos, guardaron silencio porque todo fue como un relámpago. Desparramóse un tanto el grupo de la puerta. Una parte se agolpó sobre la cabeza y el cadáver palpitante del muchacho degollado por el lazo, manifestando horror en su atónito semblante y la otra parte, compuesta de jinetes que no vieron la catástrofe, se escurrió en distintas direcciones en pos del toro, vociferando y gritando. —¡Allá va el toro! ¡Atajen! ¡Guarda! —Enlaza, Sietepelos. —¡Que te agarra, Botija! —Va furioso: no se le pongan delante. —¡Ataja, ataja, morado! —Déle espuela al mancarrón. —Ya se metió en la calle sola. —¡Que lo ataje el diablo!

El tropel y vocerío era infernal. Unas cuantas negras achuradoras, sentadas en hilera al borde del zanjón, oyendo el tumulto, se acogieron y agazaparon entre las panzas y tripas que desenredaban y devanaban con la paciencia de Penélope, lo que sin duda las salvó, porque el animal lanzó al mirarlas un bufido aterrador, dio un brinco sesgado y siguió adelante perseguido por los jinetes. Cuentan que una de ellas se fue de cámaras, otra rezó salves en dos minutos, y dos prometieron a san Benito no volver jamás a aquellos malditos corra-

24

les y abandonar el oficio de achuradoras. No se sabe si cumplieron las promesas.

El toro, entre tanto, tomó hacia la ciudad por una larga y angosta calle que parte de la punta más aguda del rectángulo anteriormente descrito, calle encerrada por una zanja y un cerco de tunas, que llaman *sola* por no tener más de dos casas laterales y en cuyo aposado centro había un profundo pantano que tomaba de zanja a zanja. Cierto inglés, de vuelta de su saladero, vadeaba este pantano a la sazón, paso a paso en un caballo algo arisco, y sin duda iba tan absorto en sus cálculos que no oyó el tropel de jinetes ni la gritería, sino cuando el toro arremetía al pantano. Azoróse de repente su caballo dando un brinco al sesgo y echó a correr dejando al pobre hombre hundido media vara en el fango. Este accidente, sin embargo, no detuvo ni refrenó la carrera de los perseguidores del toro, antes al contrario, soltando carcajadas sarcásticas —¡Se amoló el gringo!; ¡levántate, gringo!— exclamaron y cruzaron el pantano, amasando con barro bajo las patas de sus caballos su miserable cuerpo. Salió el gringo como pudo después a la orilla, más con la apariencia de un demonio tostado por las llamas del infierno que de un hombre blanco pelirrubio Más adelante, al grito de ¡al toro!, ¡al toro!, cuatro negras achuradoras que se retiraban con su presa se zambulleron en la zanja llena de agua, único refugio que les quedaba.

El animal, entre tanto, después de haber corrido unas veinte cuadras en distintas direcciones, azorando con su presencia a todo viviente, se metió por la tranquera de una quinta donde halló su perdición. Aunque cansado, manifestaba bríos y colérico ceño, pero rodeábalo una zanja profunda y un tupido cerco de pitas, y no había escape. Juntáronse luego sus perseguidores que se hallaban desbandados y resolvieron llevarlo en un señuelo de bueyes para que expiase su atentado en el lugar mismo donde lo había cometido.

Una hora después de su fuga el toro estaba otra vez en el matadero, donde la poca chusma que había quedado no hablaba sino de sus fechorías. La aventura del gringo en el pantano excitaba principalmente la risa y el sarcasmo. Del niño degollado por el lazo no quedaba sino un charco de sangre; su cadáver estaba en el cementerio.

Enlazaron muy luego por las astas al animal, que brincaba haciendo hincapié y lanzando roncos bramidos. Echáronle uno, dos, tres piales, pero infructuosos; al cuarto quedó prendido de una pata: su brío y su furia redoblaron; su lengua, estirándose convulsiva, arrojaba espuma, su nariz humo, sus ojos miradas encendidas. —¡Desjarreten ese animal!, exclamó una voz imperiosa. Matasiete se tiró al punto del caballo, cortóle el garrón de una cuchillada y gambeteando en torno de él con su enorme daga en mano, se la hundió al cabo hasta el puño en la garganta, mostrándola en seguida humeante y roja a los espectadores. Brotó un torrente de la herida, exhaló algunos bramidos roncos, vaciló y cayó el soberbio animal entre los gritos de la chusma que proclamaba a Matasiete vencedor y le adjudicaba en premio el matahambre. Matasiete extendió, como orgulloso, por segunda vez el brazo y el cuchillo ensangrentado y se agachó a desollarle con otros compañeros.

Faltaba resolver la duda sobre los órganos genitales del muerto, clasificado provisionalmente de toro por su indomable fiereza; pero estaban todos tan fatigados de la larga tarea que lo echaron por lo pronto en olvido. Mas de repente una voz ruda exclamó: —Aquí están los huevos, sacando de la verija del animal y mostrando a los espectadores dos enormes testículos, signo inequívoco de su dignidad de toro. La risa y la charla fueron grandes; todos los incidentes desgraciados pudieron fácilmente explicarse. Un toro en el matadero era cosa muy rara y aun vedada. Aquél, según reglas de buena policía, debió arrojarse a los perros; pero había tanta escasez de carne y tantos hambrientos en la población, que el señor Juez tuvo a bien hacer ojo lerdo.

En un dos por tres estuvo desollado, descuartizado y colgado en la carreta el maldito toro. Matasiete colocó el matahambre bajo el pellón de su recado y se preparaba a partir. La matanza estaba concluida a las 12, y la poca chusma que la había presenciado hasta el fin se retiraba en grupos de a pie y de a caballo, o tirando a la cincha algunas carretas cargadas de carne.

Mas de repente la ronca voz de un carnicero gritó: —¡Allí viene un unitario!, y al oír tan significativa palabra toda aquella chusma se detuvo como herida de una impresión súbita.

—¿No le ven la patilla en forma de U? No trae divisa en el fraque ni luto en el sombrero.

—Perro unitario.

—Es un cajetilla.

—Monta en silla como los gringos.

—La mazorca con él.

—¡La tijera!

—Es preciso sobarlo.

—Trae pistoleras por pintar.

—Todos estos cajetillas unitarios son pintores como el diablo.

—¿A que no te animas, Matasiete?

—¿A que no?

—A que sí.

Matasiete era un hombre de pocas palabras y de mucha acción. Tratándose de violencias, de agilidad, de destreza en el hacha, el cuchillo o el caballo, no hablaba y obraba. Lo habían picado: prendió la espuela a su caballo y se lanzó a brida suelta al encuentro del unitario.

Era éste un joven como de 25 años, de gallarda y bien apuesta persona, que mientras salían en borbotón de aquellas desaforadas bocas las anteriores exclamaciones, trotaba hacia Barracas, muy ajeno de temer peligro alguno. Notando, empero, las significativas miradas de aquel grupo de dogos de matadero, echa maquinalmente la diestra sobre las pistolas de su silla inglesa, cuando una pechada al sesgo del caballo de Matasiete lo arroja de los lomos del suyo ten-

27

diéndolo a la distancia boca arriba y sin movimiento alguno.

—¡Viva Matasiete! —exclamó toda aquella chusma, cayendo en tropel sobre la víctima, como los caranchos rapaces sobre la osamenta de un buey devorado por el tigre.

Atolondrado todavía el joven, fue lanzando una mirada de fuego sobre aquellos hombres feroces, hacia su caballo que permanecía inmóvil, no muy distante, a buscar en sus pistolas el desagravio y la venganza. Matasiete, dando un salto, le salió al encuentro y con fornido brazo, asiéndolo de la corbata, lo tendió en el suelo, tirando al mismo tiempo la daga de la cintura y llevándola a su garganta.

Una tremenda carcajada y un nuevo viva estentóreo volvió a vitorearlo.

¡Qué nobleza de alma! ¡Qué bravura en los federales! Siempre en pandilla cayendo como buitres sobre la víctima inerte.

—Degüéllalo, Matasiete —quiso sacar las pistolas—. Degüéllalo como al toro.

—Pícaro unitario. Es preciso tusarlo.

—Tiene buen pescuezo para el violín.

—Tócale el violín.

—Mejor es la resbalosa.

—Probemos —dijo Matasiete, y empezó sonriendo a pasar el filo de su daga por la garganta del caído, mientras con la rodilla izquierda le comprimía el pecho y con la siniestra mano le sujetaba los cabellos.

—No, no le degüellen —exclamó de lejos la voz imponente del Juez del matadero que se acercaba a caballo.

—A la casilla con él, a la casilla. Preparen la mazorca y las tijeras. ¡Mueran los salvajes unitarios! ¡Viva el Restaurador de las leyes!

—Viva Matasiete.

—¡Mueran! ¡Vivan! —repitieron en coro los espectadores, y atándole codo con codo, entre moquetes y tirones, entre vociferaciones e injurias, arrastraron al infeliz joven al banco del tormento como los sayones al Cristo.

La sala de la casilla tenía en su centro una grande y fornida mesa de la cual no salían los vasos de bebida y los naipes sino para dar lugar a las ejecuciones y torturas de los sayones federales del matadero. Notábase, además, en un rincón otra mesa chica con recado de escribir y un cuaderno de apuntes y porción de sillas entre las que resaltaba un sillón de brazos destinado para el Juez. Un hombre, soldado en apariencia, sentado en una de ellas cantaba al son de la guitarra *La resbalosa*, tonada de inmensa popularidad entre los federales, cuando la chusma, llegando en tropel al corredor de la casilla, lanzó a empellones al joven unitario hacia el centro de la sala.

—A ti te toca la resbalosa —gritó uno.

—Encomienda tu alma al diablo.

—Está furioso como toro montaraz.

—Ya le amansará el palo.

—Es preciso sobarlo.

—Por ahora, verga y tijera.

—Si no, la vela.

—Mejor será la mazorca.

—Silencio y sentarse —exclamó el Juez, dejándose caer sobre su sillón. Todos obedecieron, mientras el joven de pie, encarando al Juez, exclamó con voz preñada de indignación:

—Infames sayones, ¿qué intentan hacer de mí?

—¡Calma! —dijo sonriendo el Juez—; no hay que encolerizarse. Ya lo verás. —El joven, en efecto, estaba fuera de sí de cólera. Todo su cuerpo parecía estar en convulsión: su pálido y amoratado rostro, su voz, su labio trémulo, mostraban el movimiento convulsivo de su corazón, la agitación de sus nervios. Sus ojos de fuego parecían salirse de las órbitas, su negro y lacio cabello se levantaba erizado. Su cuello desnudo y la pechera de su camisa dejaban entrever el latido violento de sus arterias y la respiración anhelante de sus pulmones.

—¿Tiemblas? —le dijo el Juez.

—De rabia, porque no puedo sofocarte entre mis brazos.

—¿Tendrías fuerzas y valor para eso?

—Tengo de sobra voluntad y coraje para ti, infame.

—A ver las tijeras de tusar mi caballo; túsenlo a la federala.

Dos hombres le asieron, uno de la ligadura del brazo, otro de la cabeza y en un minuto cortáronle la patilla que poblaba toda su barba por bajo, con risa estrepitosa de sus espectadores.

—A ver —dijo el Juez—, un vaso de agua para que se refresque.

—Uno de hiel te haría yo beber, infame.

Un negro petiso púsosele al punto delante con un vaso de agua en la mano. Diole el joven un puntapié en el brazo y el vaso fue a estrellarse en el pecho, salpicando el asombrado rostro de los espectadores.

—Éste es incorregible.

—Ya lo domaremos.

—Silencio —dijo el Juez—, ya está afeitado a la federala, sólo le falta el bigote. Cuidado con olvidarlo. Ahora vamos a cuentas. ¿Por qué no traes divisa?

—Porque no quiero.

—No sabes que lo manda el Restaurador.

—La librea es para vosotros, esclavos, no para los hombres libres.

—A los libres se les hace llevar a la fuerza.

—Sí, la fuerza y la violencia bestial. Ésas son vuestras armas, infames. El lobo, el tigre, la pantera también son fuertes como vosotros. Deberíais andar como ellos en cuatro patas.

—¿No temes que el tigre te despedace?

—Lo prefiero a que, maniatado, me arranquen como el cuervo, una a una las entrañas.

—¿Por qué no llevas luto en el sombrero por la heroína?

—Porque lo llevo en el corazón por la Patria, la Patria que vosotros habéis asesinado, ¡infames!

—No sabes que así lo dispuso el Restaurador.

—Lo dispusisteis vosotros, esclavos, para lisonjear el orgullo de vuestro señor y tributarle vasallaje infame.

—¡Insolente!, te has embravecido mucho. Te haré cortar la lengua si chistas.

—Abajo los calzones a ese cajetilla y a nalga pelada denle verga, bien atado sobre la mesa.

Apenas articuló esto el Juez, cuatro sayones salpicados de sangre suspendieron al joven y lo tendieron largo a largo sobre la mesa comprimiéndole todos sus miembros.

—Primero degollarme que desnudarme, infame canalla.

Atáronle un pañuelo por la boca y empezaron a tironear sus vestidos. Encogíase el joven, pateaba, hacía rechinar los dientes. Tomaban ora sus miembros la flexibilidad del junco, ora la dureza del fierro y su espina dorsal era el eje de un movimiento parecido al de la serpiente. Gotas de sudor fluían por su rostro, grandes como perlas; echaban fuego sus pupilas, su boca espuma y las venas de su cuello y frente negreaban en relieve sobre su blanco cutis como si estuvieran repletas de sangre.

—Átenlo primero —exclamó el Juez.

—Está rugiendo de rabia —articuló un sayón.

En un momento liaron sus piernas en ángulo a los cuatro pies de la mesa, volcando su cuerpo boca abajo. Era preciso hacer igual operación con las manos, para lo cual soltaron las ataduras que las comprimían por la espalda. Sintiéndolas libres el joven, por un movimiento brusco en el cual pareció agotarse toda su fuerza y vitalidad, se incorporó primero sobre sus brazos, después sobre sus rodillas y se desplomó al momento, murmurando: —¡Primero degollarme que desnudarme!

Sus fuerzas se habían agotado —inmediatamente quedó atado en cruz y empezaron la obra de desnudarlo. Entonces un torrente de sangre brotó borbolloneando de la boca y las narices del joven y extendiéndose empezó a caer a chorros por entrambos lados de la mesa. Los sayones quedaron inmóviles y los espectadores estupefactos.

—Reventó de rabia el salvaje unitario —dijo uno.

—Tenía un río de sangre en las venas —articuló otro.

—Pobre diablo: queríamos únicamente divertirnos con él y tomó la cosa demasiado a lo serio —exclamó el Juez, frunciendo el ceño de tigre—. Es preciso dar parte, desátenlo y vamos.

Verificaron la orden; echaron llave a la puerta y en un momento se escurrió la chusma en pos del caballo del Juez cabizbajo y taciturno.

Los federales habían dado fin a una de sus innumerables proezas.

En aquel tiempo los carniceros degolladores del matadero eran los apóstoles que propagaban a verga y puñal la Federación rosina, y no es difícil imaginarse qué federación saldría de sus cabezas y cuchillas. Llamaban ellos salvaje unitario, conforme a la jerga inventada por el Restaurador, patrón de la cofradía, a todo el que no era degollador carnicero, ni salvaje, ni ladrón; a todo hombre decente y de corazón bien puesto; a todo patriota ilustrado, amigo de las luces y de la libertad; y por el suceso anterior puede verse a las claras que el foco de la Federación estaba en el matadero.

COMENTARIO

"El matadero", uno de los primeros cuentos hispanoamericanos, es una verdadera obra de arte. A pesar de haber sido escrito en plena época romántica por el propagador del romanticismo en América y sobre el tema romántico de la lucha contra la tiranía, este cuento no es exclusivamente romántico. Mientras su espíritu mordaz y su anticlericalismo lo ligan al enciclopedismo del siglo XVIII, sus descripciones minuciosas, sus detalles obscenos, sus cuadros multisensoriales y su diálogo anónimo lleno de formas dialectales anuncian desde lejos los futuros movimientos literarios del realismo, del naturalismo, del modernismo y del criollismo. Lo que sí lo identifica con el romanticismo es el tono exaltado.

Aunque la representación de una dictadura sanguinolenta por un matadero parece bastante obvia, el cuento se eleva por encima de otras obras antirrosistas por la articulación ingeniosa de un relato dinámico con una introducción intelectual. En el primer párrafo, Echeverría adopta una actitud volteriana para introducir el tema de la carne en cuaresma y para indicar la complicidad de la Iglesia en los sufrimientos del pueblo argentino. Inmediatamente después establece los nexos entre la Iglesia, el matadero y el gobierno. La descripción de los aguaceros, que parece una desviación en el cuento, hace eco de la primera oración y sirve de entrada a la descripción del hambre que asolaba la ciudad.

Una vez en el matadero, el cuento cobra más vida porque el autor se limita a narrar con exactitud la acción de una sola escena. Las condiciones generales de la tiranía llegan a precisarse en la matanza de las reses. El nombre de la mujer difunta de Rosas, doña Encarnación, aunque es histórico, refuerza la insistencia en lo carnal. Los federales son representados por la chusma que actúa como un solo personaje. El croquis del matadero coloca al lector dentro del "circo romano". Asiste a la matanza de los animales fijándose en cada detalle. El espectáculo le choca por los cinco sentidos: la sangre y el sebo de las reses descuartizadas, los gruñidos de los mastines, los graznidos de las gaviotas, el niño degollado y los gritos de la chusma embrutecida. Son 200 o 400 fieras acosando a 49 reses. Aunque el autor distingue a individuos —"dos africanas", "dos muchachos", "un niño"—, insiste en el anonimato de sus personajes para no romper la imagen de la chusma unida. Además de una sola alusión a un tal ño Juan, el único actor que lleva nombre es Matasiete, degollador de toros y de unitarios.

El espíritu dinámico de la escena se refleja en el estilo del autor. Emplea varios adjetivos de fuerza verbal y una serie de oraciones compuestas de frases separadas por comas.

La insistencia en el imperfecto prolonga la pesadilla hasta el enfoque en la persecución del toro, donde se usa más el pretérito. Ese episodio, donde sobresale Matasiete, efectúa la transición del "circo romano" con sus proporciones épicas a la tortura del unitario, también llevada a cabo principalmente por Matasiete.

El episodio del unitario arrastrado por las calles, desnudado y atado a los cuatro pies de la mesa parece restar fuerza a la escena del matadero. Sin embargo, se justifica artísticamente por el paralelismo con la muerte del toro y por transcurrir la víspera del Viernes de Dolores. La muerte violenta del unitario evoca claramente la pasión de Cristo y hace resaltar aún más la alianza anómala entre la Iglesia y el federalismo, alianza criticada severamente por el autor desde la primera página del cuento.

Por la falta de una tradición narrativa en Hispanoamérica, sorprende la maestría del autor tanto en el concepto de la unidad del cuento como en la riqueza del idioma. Para el gusto moderno, el simbolismo puede ser demasiado obvio y la intervención moralizante del autor importuna, pero esos defectos se olvidan ante lo genial, lo dinámico y lo conmovedor de la narración.

Ya en esta primera obra maestra de la literatura argentina se nota un rasgo que va a marcar la historia y la literatura de ese país: su carácter antipopular. El literato argentino no se identifica con el pueblo como sus colegas mexicanos, por ejemplo. Es más, se horroriza ante la chusma y pelea contra los dictadores Rosas y Perón, quienes derivan su poder del propio pueblo.

MANUEL PAYNO
[1810-1894]

*Mexicano. Hombre activo en la vida pública de su país. Minis-
tro de Hacienda en varias ocasiones, diplomático, senador y
periodista prolífico. Luchó en la guerra contra los Estados
Unidos; fue perseguido por Santa Anna; contribuyó al golpe
de Estado de 1857 contra el gobierno de la Reforma, y reconoció el imperio de Maximiliano. Su obra narrativa abarca
medio siglo. Sus primeros cuentos se escribieron entre 1839 y
1845. Su primera novela,* El fistol del diablo *(1845-1846),
demasiado larga, reviste el costumbrismo de fantasía.* El
hombre de la situación *(1861), en cambio, es una deliciosa
novelita picaresca sobre las aventuras de un inmigrante español y de sus descendientes. "Amor secreto" y otros cuentos
de Payno se publicaron individualmente en 1843 y 1844 en
la revista literaria* El Museo Mexicano *antes de ser recogidos
en 1871 en el tomo titulado* Tardes nubladas. *Su obra maestra es* Los bandidos de Río Frío *(1889-1891), novela que, a
pesar de sus 2 000 páginas, todavía hoy se lee con gusto.*

AMOR SECRETO

MUCHO tiempo hacía que Alfredo no me visitaba, hasta que el
día menos pensado se presentó en mi cuarto. Su palidez, su
largo cabello que caía en desorden sobre sus carrillos hundidos, sus ojos lánguidos y tristes y, por último, los marcados
síntomas que le advertía de una grave enfermedad me alar-
maron sobremanera, tanto, que no pude evitar el preguntarle
la causa del mal, o mejor dicho, el mal que padecía.

—Es una tontería, un capricho, una quimera lo que me ha puesto en este estado; en una palabra, es un amor secreto.

—¿Es posible?

—Es una historia —prosiguió— insignificante para el común de la gente; pero quizá tú la comprenderás; historia, te repito, de ésas que dejan huellas tan profundas en la existencia del hombre, que ni el tiempo tiene poder para borrar.

El tono sentimental, a la vez que solemne y lúgubre de Alfredo, me conmovió al extremo; así es que le rogué me contase esa historia de su amor secreto, y él continuó:

—¿Conociste a Carolina?

—¡Carolina!… ¿Aquella jovencita de rostro expresivo y tierno, de delgada cintura, pie breve…?

—La misma.

—Pues en verdad la conocí y me interesó sobremanera… pero…

—A esa joven —prosiguió Alfredo— la amé con el amor tierno y sublime con que se ama a una madre, a un ángel; pero parece que la fatalidad se interpuso en mi camino y no permitió que nunca le revelara esta pasión ardiente, pura y santa, que habría hecho su felicidad y la mía.

"La primera noche que la vi fue en un baile; ligera, aérea y fantástica como las sílfides, con su hermoso y blanco rostro lleno de alegría y de entusiasmo. La amé en el mismo momento, y procuré abrirme paso entre la multitud para llegar cerca de esa mujer celestial, cuya existencia me pareció desde aquel momento que no pertenecía al mundo, sino a una región superior; me acerqué temblando, con la respiración trabajosa, la frente bañada de un sudor frío… ¡Ah!, el amor, el amor verdadero es una enfermedad bien cruel. Decía, pues, que me acerqué y procuré articular algunas palabras, y yo no sé lo que dije; pero el caso es que ella, con una afabilidad indefinible, me invitó que me sentase a su lado; lo hice, y abriendo sus pequeños labios pronunció algunas palabras indiferentes sobre el calor, el viento, etcétera; pero a mí me pareció su voz musical, y esas palabras insignificantes sona-

36

ron de una manera tan mágica a mis oídos que aún las escucho en este momento. Si esa mujer en aquel acto me hubiera dicho: *Yo te amo, Alfredo;* si hubiera tomado mi mano helada entre sus pequeños dedos de alabastro y me la hubiera estrechado; si me hubiera sido permitido depositar un beso en su blanca frente... ¡Oh! habría llorado de gratitud, me habría vuelto loco, me habría muerto tal vez de placer.

"A poco momento un elegante invitó a bailar a Carolina. El cruel arrebató de mi lado a mi querida, a mi tesoro, a mi ángel. El resto de la noche Carolina bailó, platicó con sus amigas, sonrió con los libertinos pisaverdes; y para mí, que la adoraba, no tuvo ya ni una sonrisa, ni una mirada ni una palabra. Me retiré cabizbajo, celoso, maldiciendo el baile. Cuando llegué a mi casa me arrojé en mi lecho y me puse a llorar de rabia.

"A la mañana siguiente, lo primero que hice fue indagar dónde vivía Carolina; pero mis pesquisas por algún tiempo fueron inútiles. Una noche la vi en el teatro, hermosa y engalanada como siempre, con su sonrisa de ángel en los labios, con sus ojos negros y brillantes de alegría. Carolina se rió unas veces con las gracias de los actores, y se enterneció otras con las escenas patéticas; en los entreactos paseaba su vista por todo el patio y palcos, examinaba las casacas de moda, las relumbrantes cadenas y fistoles de los elegantes, saludaba graciosamente con su abanico a sus conocidas, sonreía, platicaba... y para mí, nada... ni una sola vez dirigió la vista por donde estaba mi luneta, a pesar de que mis ojos ardientes y empapados en lágrimas seguían sus más insignificantes movimientos. También esa noche fue de insomnio, de delirio; noche de ésas en que el lecho quema, en que la fiebre hace latir fuertemente las arterias, en que una imagen fantástica está fija e inmóvil en la orilla de nuestro lecho.

"Era menester tomar una resolución. En efecto, supe por fin dónde vivía Carolina, quiénes componían su familia y el género de vida que tenía. Pero ¿cómo penetrar hasta esas casas opulentas de los ricos? ¿Cómo insinuarme en el corazón de una joven del alto tono, que dedicaba la mitad de su tiempo a descansar en las mullidas otomanas de seda, y la otra mitad en adornarse y concurrir en su espléndida carroza a los paseos y a los teatros? ¡¡Ah!, si las mujeres ricas y orgullosas conociesen cuánto vale ese amor ardiente y puro que se enciende en nuestros corazones; si miraran el interior de nuestra organización, toda ocupada, por decirlo así, en amar; si reflexionaran que para nosotros, pobres hombres a quienes la fortuna no prodigó riquezas, pero que la naturaleza nos dio un corazón franco y leal, las mujeres son un tesoro inestimable y las guardamos con el delicado esmero con que ellas conservan en un vaso de nácar las azucenas blancas y aromáticas, sin duda nos amarían mucho; pero... las mujeres no son capaces de amar el alma jamás. Su carácter frívolo las inclina a prenderse más de un chaleco que de un honrado corazón; de una cadena de oro o de una corbata, que de un cerebro bien organizado.

"He aquí mi tormento. Seguir lánguido, triste y cabizbajo, devorado con mi pasión oculta, a una mujer que corría loca y descuidada entre el mágico y continuado festín de que goza la clase opulenta de México. Carolina iba a los teatros, allí la seguía yo; Carolina en su brillante carrera daba vueltas por las frondosas calles de árboles de la Alameda, también me hallaba yo sentado en el rincón oscuro de una banca. En todas partes estaba ella rebosando alegría y dicha, y yo, mustio, con el alma llena de acíbar y el corazón destilando sangre.

"Me resolví a escribirle. Di al lacayo una carta, y en la noche me fui al teatro lleno de esperanzas. Esa noche acaso me miraría Carolina, acaso fijaría su atención en mi rostro pálido y me tendría lástima... era mucho esto: tras de la lástima vendría el amor y entonces sería yo el más feliz de los hombres. ¡Vana esperanza! En toda la noche no logré que Carolina fijase su atención en mi persona. Al cabo de ocho días me desengañé que el lacayo no le había entregado mi carta. Redoblé mis instancias y conseguí por fin que una amiga suya pusiese en sus manos un billete, escrito con todo el sentimentalismo y el candor de un hombre que ama de veras; pero, ¡Dios mío!, Carolina recibía diariamente tantos billetes iguales, escuchaba tantas declaraciones de amor, la prodigaban desde sus padres hasta los criados tantas lisonjas, que no se dignó abrir mi carta y la devolvió sin preguntar aun por curiosidad quién se la escribía.

"¿Has experimentado alguna vez el tormento atroz que se siente cuando nos desprecia una mujer a quien amamos con toda la fuerza de nuestra alma? ¿Comprendes el martirio horrible de correr día y noche loco, delirante de amor tras de una mujer que ríe, que no siente, que no ama, que ni aun conoce al que la adora?

"Cinco meses duraron estas penas y yo, constante, resignado, no cesaba de seguir sus pasos y observar sus acciones. El contraste era siempre el mismo: ella loca, llena de contento, reía y miraba el drama que se llama mundo a través de un prisma de ilusiones; y yo triste, desesperado con un amor secreto que nadie podía comprender, miraba a toda la gente tras la media luz de un velo infernal.

"Pasaban ante mi vista mil mujeres; las unas de rostro pálido e interesante, las otras llenas de robustez y brotándoles el nácar por sus redondas mejillas. Veía unas de cuerpo flexible, cintura breve y pie pequeño; otras robustas de formas atléticas; aquellas de semblante tétrico y romántico; las otras con una cara de risa y alegría clásica; y ninguna, ninguna de estas flores que se deslizaban ante mis ojos, cuyo aroma percibía, cuya belleza palpaba, hacía latir mi corazón, ni brotar en mi mente una sola idea de felicidad. Todas me eran absolutamente indiferentes; sólo amaba a Carolina, y Carolina... ¡Ah!, el corazón de las mujeres se enternece, como dice Antony, cuando ven un mendigo o un herido; pero son insensibles cuando un hombre les dice: 'Te amo, te adoro, y tu amor es tan necesario a mi existencia como el sol a las flores, como el viento a las aves, como el agua a los peces'. ¡Qué locura! Carolina ignoraba mi amor, como te he repetido, y esto era peor para mí que si me hubiese aborrecido.

"La última noche que la vi fue en un baile de máscaras. Su disfraz consistía en un dominó de raso negro; pero el instinto del amor me hizo adivinar que era ella. La seguí en el salón del teatro, en los palcos, en la cantina, en todas partes donde la diversión la conducía. El ángel puro de mi amor, la casta virgen con quien había soñado una existencia entera de ventura doméstica, verla entre el bullicio de un carnaval, sedienta de baile, llena de entusiasmo, embriagada con las lisonjas y los amores que le decían. ¡Oh!, si yo tuviera derechos sobre su corazón, la hubiera llamado, y con una voz dulce y persuasiva le hubiera dicho: 'Carolina mía, corres por una senda de perdición; los hombres sensatos nunca escogen para esposas a las mujeres que se encuentran en medio de las escenas de prostitución y voluptuosidad; sepárate por piedad de esta reunión cuyo aliento empaña tu hermosura, cuyos placeres marchitan la blanca flor de tu inocencia; ámame sólo a mí, Carolina, y encontrarás un corazón sincero donde vacíes cuantos sentimientos tengas en el tuyo: ámame, porque yo no te perderé ni te dejaré morir entre el llanto y los tormentos de una pasión desgraciada'. Mil cosas más le hubiera dicho; pero Carolina no quiso escucharme; huía de mí y risueña daba el brazo a los que le prodigaban esas palabras vanas y engañadoras que la sociedad llama galantería. ¡Pobre Carolina! La amaba tanto que hubiera querido tener el poder de un dios para arrebatarla del peligroso camino en que se hallaba.

"Observé que un petimetre de estos almibarados, insustanciales, destituidos de moral y de talento, que por una de tantas anomalías aprecia y puede decirse venera la sociedad, platicaba con gran interés con Carolina. En la primera oportunidad lo saqué de la sala, lo insulté, lo desafié y me hubiera batido a muerte; pero él, riendo, me dijo: ¿Qué derechos tiene usted sobre esta mujer? Reflexioné un momento y, con voz ahogada por el dolor, le respondí: 'Ningunos'. 'Pues bien —prosiguió riéndose mi antagonista—, yo sí los tengo y los va usted a ver.' El infame sacó de su bolsa una liga, un rizo de pelo, un retrato, unas cartas en que Carolina le llamaba su tesoro, su único dueño. 'Ya ve usted, pobre hombre —me dijo alejándose—, Carolina me ama, y con todo la voy a dejar esta noche misma, porque colecciones amorosas iguales a las que ha visto usted y que tengo en mi cómoda, reclaman mi atención; son mujeres inocentes y sencillas, y Carolina ha mudado ya ocho amantes.'

"Sentí al escuchar estas palabras que el alma abandonaba mi cuerpo, que mi corazón se estrechaba, que el llanto me oprimía la garganta. Caí en una silla desmayado, y a poco no vi a mi lado más que un amigo que procuraba humedecer mis labios con un poco de vino.

"A los tres días supe que Carolina estaba atacada de una violenta fiebre y que los médicos desesperaban de su vida. Entonces no hubo consideraciones que me detuvieran; me introduje en su casa decidido a declararle mi amor, a hacerle saber que si había pasado su existencia juvenil entre frívolos y pasajeros placeres, que si su corazón moría con el desconsuelo y vacío horrible de no haber hallado un hombre que la amase de veras, yo estaba allí para asegurarle que lloraría sobre su tumba, que el santo amor que le había tenido lo conservaría vivo en mi corazón. ¡Oh!, estas promesas habrían tranquilizado a la pobre niña, que moría en la aurora de su vida, y habría pensado en Dios y muerto con la paz de una santa.

"Pero era un delirio hablar de amor a una mujer en los últimos instantes de su vida, cuando los sacerdotes rezaban los salmos en su cabecera; cuando la familia, llorosa, alumbraba con velas de cera benditas, las facciones marchitas y pálidas de Carolina. ¡Oh!, yo estaba loco; agonizaba también, tenía fiebre en el alma. ¡Imbéciles y locos que somos los hombres!"

—Y ¿qué sucedió al fin?

—Al fin murió Carolina—me contestó—, y yo constante

la seguí a la tumba, como la había seguido a los teatros y a las máscaras. Al cubrir la fría tierra los últimos restos de una criatura poco antes tan hermosa, tan alegre y tan contenta, desaparecieron también mis más risueñas esperanzas, las solas ilusiones de mi vida.

Alfredo salió de mi cuarto, sin despedida.

COMENTARIO

"Amor secreto", a pesar de todos los ingredientes románticos, se salva por su sinceridad y por su técnica. Hoy día, la trama puede parecer ridícula: el amor es imposible porque Alfredo es humilde y Carolina rica; la fatalidad impide que él se declare; la idealiza tanto que continúa queriéndola aun después de saber que ha tenido ocho amantes; la sigue a la tumba y vive sumido en la mayor tristeza por un amor que nunca se atrevió a confesar. La trama sentimental va acompañada de las descripciones netamente románticas, las exaltaciones, las exclamaciones y los desmayos. Sin embargo, el cuento no deja de tener interés. Aunque nos cuesta identificarnos con Alfredo, su actitud es completamente sincera. El descubrimiento de la frivolidad de Carolina podría ser el desenlace, pero la persistencia del amor de Alfredo convierte lo que sería un cuento de final ingenioso en un cuento de emoción verdadera. A diferencia de muchas novelas sentimentales, la acción es rápida debido a las pocas descripciones, al uso frecuente del pretérito y a los diálogos que forman un marco alrededor del cuento.

Para un cuento escrito en la etapa primitiva del género, "Amor secreto" tiene una estructura muy bien planeada. En el primer párrafo, el autor narra la historia en primera persona. Entra Alfredo y en el diálogo que sigue, poco a poco Alfredo va dominando la escena hasta sustituir al autor como narrador. Durante la narración, sólo dos veces se siente la presencia del autor (*"has* experimentado…"; "como *te* he repetido"), pero esas dos ocasiones son necesarias para justificar la pregunta del autor en la penúltima página y en la oración final del cuento. Dentro del marco, algo artificial, de los diálogos entre Alfredo y el autor, la narración de Alfredo tiene una unidad muy estrecha basada en la primera y la última noche que éste vio a Carolina y en el resumen de una sola frase que hace de su amor en la última página: "La seguí a la tumba, como la había seguido a los teatros y a las máscaras". La mención del título en la primera frase que dice Alfredo y otra vez, pasada la mitad del cuento, también sirve para reforzar la estructura.

Un rasgo estilístico que da al cuento no sólo unidad, sino también cierto ritmo artístico es el uso de series o frases paralelas de tres. Sirvan de ejemplo: "Es una tontería, un capricho, una quimera…"; "esta pasión ardiente, pura y santa…"; "Carolina bailó, platicó con sus amigas, sonrió…"; "Que no siente, que no ama, que ni aun conoce…"; y "tan hermosa, tan alegre y tan contenta…"

Teniendo en cuenta que la *María* de Isaacs y todas sus imitaciones no se publicaron hasta unos 25 años después de "Amor secreto", el cuento de Payno tiene que ser considerado como una de las muestras más importantes de la fase sentimental del romanticismo. Además, el predominio de los sentimientos por encima de la razón del protagonista y la expresión sincera de esos sentimientos son rasgos que contribuyeron a formar toda una tradición dentro de la prosa narrativa de México.

JOSÉ VICTORINO LASTARRIA
[1817-1888]

Chileno. Se le considera el padre de la literatura chilena. Discípulo de José Joaquín de Mora y de Andrés Bello, participó en la famosa polémica entre éste y el proscrito argentino Domingo F. Sarmiento. Pronto se convirtió a las ideas americanistas de Sarmiento. Fundó la Sociedad Literaria en 1842 y señaló la necesidad de romper con la tradición para crear una literatura nacional. Quiso estimular a sus contemporáneos y a sus discípulos escribiendo los primeros cuentos chilenos. Abogado, profesor, diputado y ministro. En el Congreso habló en contra del reconocimiento del gobierno de Maximiliano en México. Portavoz del liberalismo anticlerical de mediados del siglo, escribió Lecciones de política positiva *(1875), basado en Comte, a favor del federalismo.* Recuerdos literarios *(1878) es una de las mejores obras de crítica literaria del siglo XIX. "Rosa" se publicó por primera vez el 21 de junio de 1847 en el periódico* El Progreso. *Volvió a publicarse en 1848 en la revista* El Aguinaldo de Lastarria, *en 1855 en su* Miscelánea literaria, *y en 1858 en el tomo dos de su* Miscelánea histórica y literaria.

ROSA
EPISODIO HISTÓRICO

I

El 11 de febrero de 1817 la población de Santiago estaba dominada de un estupor espantoso. La angustia i la esperanza, que por tantos días habían ajitado los corazones, convertíanse entónces en una especie de mortal abatimiento que se retrataba en todos los semblantes. El ejército independiente acababa de descolgarse de los nevados Andes i amenazaba de muerte al ominoso poder español: de su triunfo pendia la libertad, la ventura de muchos, i la ruina de los que, por tanto tiempo, se habian señoreado en el pais; pero ni unos ni otros se atrevian a descubrir sus temores, porque solo el indicarlos podria haberles sido funesto.

La noche era triste: un calor sofocante oprimia la atmósfera, el cielo estaba cubierto de negros i espesos nubarrones que a trechos dejaban entrever tal cual estrella empañada por los vapores que vagaban por el aire. Un profundo silencio que ponia espanto en el corazon i que de vez en cuando era interrumpido por lejanos i tétricos ladridos anunciaba que era jeneral la consternación. La noche, en fin, era una de aquellas en que el alma se oprime sin saber por qué, le falta un porvenir, una esperanza; todas las ilusiones ceden: no hai amigos, no hai amores, porque el escepticismo viene a secarlo todo con su duda cruel; no hai recuerdos, no hai imájenes, porque el alma entera está absorta en el presente, en esa realidad pesada, desconsolante con que sañuda la naturaleza nos impone silencio i nos entristece. Temblamos sin saber lo que hacemos, el zumbido de un insecto, el vuelo de una ave nocturna nos hiela de pavor i parecen presajiarnos un no sé qué de siniestro, de horrible...

Eran las diez, las calles estaban desiertas i oscuras; solo al pié de los balcones de un deforme edificio se descubría, envuelto en un ancho manto, un hombre que, a veces apoyado en la muralla i otras moviéndose lentamente, semejaba estar en acecho.

De repente hiere el aire el melodioso preludio de una guitarra, pulsada como con miedo, i luego una voz varonil, dulce i apagada deja entender estos acentos:

¿Qué es de tu fe, qué se ha hecho
El amor que me juraste,

Rosa bella,
Acaso alienta tu pecho
Otro amor i ya olvidaste
Mi querella?

¿No recuerdas, linda Rosa,
Que al separarte jurabas,
Sollozando,
Amarme siempre, i donosa
Con un abrazo sellabas
Tu adiós blando?

Como entonces te amo ahora,
Porque en mi pasada ausencia,
A mi lado,
Te soñaba encantador,
Compartiendo la inclemencia
De mi hado.

Torna, pues, a tus amores,
No deseches mi quebranto.
¡Que muriera,
Si ultrajaras mis dolores,
Si desdeñaras mi llanto!
¡Hechicera…!

Pone fin a las endechas un lijero ruido en los balcones, i un suave murmullo que, al parecer, decia:

—¡Cárlos, Cárlos! ¿Eres tú?

—Si, Rosa mía, yo que vuelvo a verte, a unirme a tí para siempre.

—¡Para siempre! ¿Nó es una ilusion?

—No: hoi que vuelvo trayendo la libertad para mi patria i un corazon para tí, alma mia, tu padre se apiadará de nosotros: yo le serviré de apoyo para ante el gobierno independiente, i él me considerará como un marido digno de su hija…

46

—¡Ah, no te engañes, Cárlos, que tu engaño es cruel! Mi padre es pertinaz; te aborrece porque defiendes la independencia, tus triunfos le desesperan de rabia...

—Yo le venceré, si tú me amas; prométeme fidelidad, i podré reducirle...

—¡Espera un instante, que en ese sitio estás en peligro!

El diálogo cesó. Después de un tardío silencio, se ve entrar al caballero del manto por una puerta escusada del edificio, la cual tras él volvió a cerrarse.

Pero la calle no queda sin movimiento; a poco rato se vislumbra un embozado que sale con tiento de la casa, desaparece veloz, i luego vuelve con fuerza armada, i ocupa las avenidas del edificio: voces confusas de alarma, de súplica, ruido de armas, varios pistoletazos en lo interior, turban por algunos momentos el silencio de la ciudad.

Una brisa fresca del sur habia despejado la atmósfera, las estrellas brillaban en todo su esplendor i la luna aparecia coronando las empinadas cumbres de los Andes; su luz amortiguada i rojiza, contrastaba con la oscura sombra de las montañas i les daba apariencias jigantescas i siniestras.

El chirrido de los cerrojos de la cárcel i de sus ferradas puertas resonó en la plaza: un preso es introducido a sus calabozos...

II

A la una del dia doce, estaba sentado a la mesa con toda su familia el marques de Aviles. Uno de los empleados del gobierno real acaba de llegar.

—¿Qué nos dice de nuevo el señor asesor? —pregunta el marques.

—Nada de bueno: los insurjentes trepaban esta mañana a las siete la cuesta de Chacabuco: nuestro ejército los espera de este lado, i en este momento se está decidiendo la suerte del reino, señor marques. Entre tanto, ¿V. S. no ha leido la *Gaceta del Rei?*

—No, léala usted i veamos.

—Trae la misma noticia que acabo de dar a V. S. i este párrafo importante.

El Asesor lee:

"Anoche ha sido aprehendido, en una casa respetable de esta ciudad, el coronel insurjente Cárlos del Rio. Se sabe de positivo que este facineroso ha sido el vencedor de nuestras avanzadas en la cordillera, i que juzgando el insolente san Martin que podia sacar gran ventaja de la audacia i sagacidad de este oficial le ha mandado a Santiago con el objeto de ponerse de concierto con los traidores que se ocultan en esta ciudad. Pero la providencia divina, que proteje la causa del Rei, nuestro señor, puso en manos del gobierno el hilo de esta trama infernal, i uno de los mejores servidores de S. M. entregó anoche al insurjente, el cual se había atrevido a violar el asilo de aquel señor con un objeto bien sacrílego. S. M. premiará a su debido tiempo tan importante servicio, i el traidor espiará hoi mismo su crímen en un patíbulo, a donde le seguirán sus cómplices…"

Aquí llegaba la lectura del Asesor, cuando Rosa, que estaba al lado de su padre el marques, cae desmayada, lanzando un grito de dolor. Todos se alarman, la marquesa da voces, el Asesor se turba, unos corren, otros llegan; solo el marques permanecia impasible, i diciendo al Asesor:

—No se fije usted en esta loca, yo he sido quien ha prestado al Rei ese servicio, yo hice aprehender aquí, en mi casa, a ese insurjente que me traia inquieta a Rosa de mucho tiempo atras; qué quiere usted ¡casi se criaron juntos! La frecuencia del trato, ¿eh?… El muchacho se inquietó, con los insurjentes, yo le arrojé de mi presencia i hoi ha vuelto a hacer de las suyas.

Después de algunos momentos, merced a los ausilios de la marquesa, Rosa vuelve en sí: sus hermosos ojos humedecidos, su color enrojecido, sus labios trémulos, su cabellera desarreglada, sus vestidos alterados, todo retrata el dolor acerbo que desgarra su corazon: es un ánjel que pide com-

48

pasion i que solo obtiene por respuesta una sonrisa fria, satánica!...

—¡Padre mío, dice arrodillada a los piés del marques, yo juro no unirme jamás a Cárlos, pero que él viva!... ¡Un sollozo ahoga su voz!

—Que él muera, replica el anciano friamente, porque es traidor a su Rei.

—¿No os he dado gusto, padre mío? ¿No me he sacrificado hasta ahora por respetaros? Me sacrificaré mas todavía, si es posible, pero que él viva!

—¡Vivirá i será tu esposo, si reniega de esa causa maldita de Dios que ha abrazado, si vuelve a las filas de su Rei… El anciano se conmovió al decir estas palabras.

Rosa se levanta con una gravedad majestuosa, i como dudando de lo que oye, fija en su padre una mirada profunda de dolor i de despecho, i concluye exclamando con acento firme:

—¡Nó, señor! Quiero mas bien morir de dolor, i que Cárlos muera también con honra por su patria, por su causa: yo no le amaría deshonrado…

Desapareció. Un movimiento de espanto, como el que produce el rayo, ajitó a todos los circunstantes.

Las tinieblas de la noche iban venciendo ya el crepúsculo, que hacia verlo todo incierto i vago.

Habia gran movimiento en el pueblo, el susto i el contento aparecian alternativamente en los semblantes, nadie sabe lo que hai, todos preguntan, se inquietan, corren, huyen; el tropel de los caballos i la algazara de los soldados de la guarnicion lo ponen todo en alarma. La jente se apiña en el palacio, el Presidente va a salir, no se sabe a dónde: allí están el marques, la marquesa, el asesor i otros muchos de los principales.

Rosa aprovecha la turbación jeneral, sale de su casa disfrazada con un gran pañolon: oye vivas a la patria, sabe luego que los independientes han triunfado en Chacabuco,

49

i corre a la cárcel a salvar a su querido: llega, ve todas las puertas abiertas, no halla guardias, todo está en silencio, los calabozos desiertos; corre despavorida, llama a Cárlos, solo le responde el eco de las ennegrecidas bóvedas. Penetra al fin en un patio: allí está Cárlos, el pecho cruelmente desgarrado, la cabeza inclinada i atado por los brazos a un poste del corredor... ¡Una hora ántes lo habian asesinado los cobardes satélites del Rei!

Rosa toma entre sus manos aquella cabeza que conservaba todavia la bella expresión del alma noble, intelijente, del bizarro coronel; quiere animarla con su aliento... se hiela de horror... vacila i cae de rodillas. .. Una mano de fierro la levanta, era la del marques que con voz trémula i los ojos llorosos le dice: —¡Respeta la voluntad de Dios!

III

Era el 12 de febrero de 1818: el ruido de las campanas, las salvas de artillería, las músicas del ejército, los vivas del pueblo que llena las calles i plazas, todo anuncia que se está jurando la independencia de Chile!

¡La patria es libre, gloria a los héroes que en cien batallas tremolaron victoriosos el tricolor! ¡Prez i honra eterna a los que derramaron su sangre por la libertad i ventura de Chile!...

En el templo de las Capuchinas pasaba en ese instante otra escena bien diversa: las puertas estaban abiertas, los altares iluminados, algunos sacerdotes celebrando; una que otra mujer piadosa oraba. Las monjas entonaban el oficio de difuntos, su lúgubre campana heria el aire con sones plañideros. En el centro del coro se divisaba, al traves de los enrejados, un ataud...

Ese ataud contenia el cadáver de la hija del marques de Aviles, estaba bella i pura como siempre, i su frente orlada con una guirnalda de rosas.

50

COMENTARIO

"Rosa", además de los defectos románticos, peca por su carácter artificial. Todos los elementos del cuento parecen estar sacados de un libro de recetas: *1)* época histórica: la independencia chilena; *2)* conflicto histórico: los insurgentes contra los realistas; *3)* conflicto personal: el amor imposible entre un héroe insurgente y la hija de un realista empedernido; *4)* escenario: la ciudad de Santiago y la presencia de los Andes gigantescos, y *5)* ambiente romántico: la noche siniestra, los embozados, el calabozo, el desmayo y el ataúd.

Hasta en la última frase, "guirnalda de rosas", se remata la artificialidad con la alusión demasiado obvia al nombre de la heroína.

De escasos méritos literarios, "Rosa" forma parte de esta antología por razones históricas. Por su tamaño, hay que tratarlo como cuento a pesar de que sería más correcto rotularlo esbozo de novela. El tema histórico desarrollado a la manera romántica era demasiado vasto para un cuento. Por eso, todo sucede tan rápidamente que no hay suficiente tiempo para conocer bien a los protagonistas. En cambio, la misma receta susodicha y otras semejantes fueron elaboradas con más éxito por varios novelistas de la segunda mitad del siglo XIX.

La ortografía de "Rosa" atestigua la lucha breve pero seria de Lastarria, Sarmiento y otros de conseguir la independencia lingüística de España. Sin embargo, la división tripartita del cuento, la poesía en octosílabos de pie quebrado acompañada de guitarra y toda la tramoya melodramática acusan lazos estrechos entre "Rosa" y el drama español del Siglo de Oro y de la época romántica. Sólo alguno que otro trozo descriptivo revela al escritor genial: "El ejército independiente acababa de descolgarse de los nevados Andes"; "una brisa fresca del sur habia despejado la atmósfera, las estrellas brillaban en todo su esplendor i la luna aparecia coronando las empinadas cumbres de los Andes; su luz, amortiguada i rojiza, contrastaba con la oscura sombra de las montañas i les daba apariencias jigantescas i siniestras".

Aunque "Rosa" contiene todos los rasgos típicos del romanticismo histórico, el cuento de Lastarria no hizo escuela en Chile. Su ritmo rápido y su interés en el pasado estaban en pugna abierta con el realismo lento que había de caracterizar la prosa narrativa de Chile a partir de la generación siguiente.

EL REALISMO

A MEDIADOS del siglo XIX, el romanticismo todavía conservaba su vigor en Hispanoamérica; en cambio, en Europa ya había sido sustituido por el realismo. Reaccionando contra el tono exaltado del romanticismo, el realismo se apegaba a la verosimilitud. En vez de buscar temas exóticos, el autor realista examinaba el mundo que lo rodeaba. Se interesaba en los problemas cotidianos de sus vecinos, los que generalmente pertenecían a la clase media. La figura máxima del realismo fue Honorato de Balzac, quien, igual que sus correligionarios, Dickens en Inglaterra y Pérez Galdós en España, quiso hacer un esbozo panorámico de la nueva sociedad que iba surgiendo a raíz de la Revolución industrial y de la Revolución francesa.

Rechazando a los protagonistas heroicos del romanticismo, el autor realista escogía los tipos más interesantes de la clase media y generalmente los caricaturizaba. Al observar la sociedad con los mismos ojos que Cruikshank y Daumier, los autores veían a sus personajes como la encarnación de ciertos rasgos de carácter: el bondadoso, el tacaño, el ingenuo, el chismoso, el "torcido" y el dichoso. A tal extremo llegó la predilección por los tipos caricaturescos que se convirtió en base de un género independiente, el artículo de costumbres.

El protagonista realista raras veces tiene complejidad psicológica. Casi nunca evoluciona dentro de la obra y toda su actuación refuerza el tipo que el autor quiere presentar, de manera que el conflicto no se libra dentro del personaje sino entre dos personajes, o más, que representan distintos sectores de la población.

Uno de los temas predilectos de los realistas hispanoamericanos era la oposición de la bondad campestre a la maldad urbana. Aunque el desenlace podía no ser feliz, las descripciones detalladas del medio ambiente, fuera el campo o la ciudad, creaban cierta impresión pastoril. Debido al número muy reducido de grandes ciudades cosmopolitas, los personajes caricaturescos se encontraban, por regla general, en las aldeas o en el campo. Criados con las lecturas de Larra y Mesonero Romanos, los autores realistas a menudo se burlaban de sus personajes.

Aunque el realismo se estrenó en Hispanoamérica a mediados del siglo XIX con Alberto Blest Gana (1830-1920), no llegó a su apogeo hasta fines del siglo. Los tres cuentistas que se han escogido como representantes de ese movimiento nacieron por lo menos 20 años después de Blest Gana: José López Portillo y Rojas (1850-1923), Tomás Carrasquilla (1858-1940) y Manuel González Zeledón (1864-1936). Por eso se nos dificulta la clasificación. Es decir, al mismo tiempo que florecía el realismo en Hispanoamérica, existían simultáneamente otros dos movimientos que en Europa ya lo habían remplazado: el naturalismo y el modernismo. Sin embargo, en las obras realistas de Hispanoamérica no se nota tanto la influencia naturalista ni la modernista, sino la romántica que perduró a través de todo el siglo XIX. Así es que, con toda razón, Joaquín Casalduero se refiere en sus conferencias al "realismo sentimental", mientras Fernando Alegría lo llama el "realismo romántico".*

A pesar de la amplia producción de cuentos realistas en Hispanoamérica, el género todavía no se definió muy bien. Algunos cuentos realistas lindan peligrosamente con la novela corta, en tanto que otros se asemejan mucho al artículo de costumbres. De todos modos, el realismo, más que el romanticismo, el naturalismo y el modernismo, despertó el interés en temas netamente americanos, que había de constituir la base de la literatura ya madura del siglo XX.

* Fernando Alegría, *Breve historia de la novela hispanoamericana*, México, Studium, 1959, p. 53.

JOSÉ LÓPEZ PORTILLO Y ROJAS
[1850-1923]

Mexicano. Nació en Guadalajara de una familia rica y tra-
dicionalista. Fue abogado, periodista, catedrático, gobernador
de Jalisco y secretario de Relaciones Exteriores. Apoyó el ré-
gimen de Porfirio Díaz. Con Emilio Rabasa y Rafael Delgado,
forma la trilogía de novelistas de fines del siglo XIX que sin-
tieron la influencia del realismo español de Galdós y de Pe-
reda. Su mejor novela, La parcela *(1898), es la primera en*
las letras mexicanas de ambiente totalmente rural, aunque
representa el punto de vista del hacendado. También fue autor
de otras dos novelas, Los precursores *(1909) y* Fuertes y débiles *(1919); de cuatro colecciones de relatos breves:* Seis leyendas *(1883),* Novelas cortas *(1900),* Sucesos y novelas
cortas *(1903) e* Historias, historietas y cuentecillos *(1918).*
A pesar de su realismo decimonónico, "Reloj sin dueño" se
publicó por primera vez en la colección de 1918. López Por-
tillo también escribió poesía, teatro, relatos de viajes, crítica e
historia. Su nieto José López Portillo y Pacheco fue presidente
de México de 1976 a 1982.

RELOJ SIN DUEÑO

I

—¡INSOPORTABLE es ya la insolencia de estos periodistas! —exclamó el juez don Félix Zendejas, golpeando coléricamente
la mesa con el diario que acababa de leer.

Era don Félix hombre de mediana edad, como entre los

treinta y los cuarenta años, grueso, sanguíneo, carirredondo, barbicerrado, de centelleantes ojos, nariz larga, tupidísimas cejas y carácter tan recio como sus facciones. Hablaba siempre a voz herida, y cuando discutía, no discutía, dogmatizaba. No toleraba objeciones; siempre tenía la razón o pretendía tenerla, y si alguno se la disputaba, exaltábase, degeneraba el diálogo en altercado, y el altercado remataba pronto en pendencia. Hubiérase dicho que la materia de que estaba formado su ser era melinita o ruburita, pues con la menor fricción, y al menor choque, inflamábase, tronaba y entraba en combustión espantosa; peligroso fulminante disfrazado de hombre.

Pocas palabras había cruzado con su esposa Otilia durante la comida, por haber estado absorto en la lectura del periódico, la cual le había interesado mucho, tanto más, cuanto que le había maltratado la vesícula de la bilis; porque era su temperamento a tal punto excitable, que buscaba adrede las ocasiones y las causas de que se le subiese la mostaza a las narices.

De la lectura sacó el conocimiento de que los *perros emborronadores de papel,* como irreverente llamaba a los periodistas, continuaban denunciando a diario robos y más robos, cometidos en diferentes lugares de la ciudad y de diversas maneras; y todos de carácter alarmante, porque ponían al descubierto un estado tal de inseguridad en la metrópoli, que parecían haberla trocado en una encrucijada de camino real. Los asaltos en casas habitadas eran el pan de cada día; en plena vía pública y a la luz del sol llevaban a cabo los bandidos sus hazañas; y había llegado a tal punto su osadía, que hasta los parajes más céntricos solían ser teatro de hechos escandalosos. Referíase que dos o tres señoras habían sido despojadas de sus bolsitas de mano, que a otras les habían sacado las pulseras de los brazos o los anillos de los dedos, y que a una dama principal le habían arrancado los aretes de diamantes a tirón limpio, partiéndole en dos o, más bien dicho, en cuatro, los sonrosados lóbulos de sus preciosas orejas. La repetición de aquellos escándalos y la forma en que se realizaban denunciaban la existencia de una banda de malhechores o, más bien dicho, de una tribu de apaches en México, la cual tribu prosperaba a sus anchas como en campo abierto y desamparado.

Zendejas, después de haberse impuesto de lo que el diario decía, se había puesto tan furioso, que se le hubieran podido tostar habas en el cuerpo y, a poco más, hubiera pateado y bramado como toro cerril adornado con alegres banderillas.

—¡Es absolutamente preciso poner remedio a tanta barbarie! —repitió, dando fuerte palmada sobre el impreso.

Su esposa, que estaba acostumbrada a aquellos perpetuos furores, como lo está la salamandra a vivir en el fuego (en virtud, sin duda, de la ley de adaptación al medio), no se acobardó en manera alguna al sentir la atmósfera saturada de truenos y bufidos que la rodeaba, y hasta se atrevió a observar con perfecta calma:

—Pero, Félix, ¿no te parece que la insolencia de los bandidos es mayor que la de los escritores?

Andaba ella cerca de los veintiocho años; era morena, agraciada, de ojos oscuros y de pelo lacio, con la particularidad de que peinábalo a la griega, a la romana o a la buena de Dios, pero siempre en ondas flojas y caídas sobre las orejas.

Lanzóle con esto el marido una mirada tal, que un pintor la hubiese marcado en forma de haces flamígeros salidos de sus pupilas; pero ella no se inquietó por aquel baño cálido en que Zendejas la envolvía, y continuó tomando tranquilamente una taza de té.

—Tú también, Otilia —vociferó el juez, con voz de bajo profundo—. ¡Como si no fuese bastante la rabia que me hacen pasar estas plumas vendidas! ¡Todos los días la misma canción! Robos por todas partes y continuamente. A ese paso, no habría habitante en la capital que no hubiese sido despojado... ¡Ni que se hubiesen reconcentrado cien mil ladrones en esta plaza! Para mí que todas ésas son mentiras, que se escriben sólo en busca de sensación y venta de ejemplares.

—Dispensa, esposo, pero a mí no me parece mal que los periodistas traten tales asuntos; lo hallo conveniente y hasta necesario.

—Es demasiada alharaca para la realidad de los hechos.

—Eso no puede saberse a punto fijo.

—Yo lo sé bien, y tú no. Si las cosas pasaran como estos papeles lo gritan, habría muchas más consignaciones de ladrones y rateros... En mi juzgado no hay más que muy pocas.

—Y aumentará el número cuando la policía ande más activa. ¿No te parece?

—A mí no me parece.

—El tiempo lo dirá.

El temperamento tranquilo de Otilia tenía la virtud de neutralizar los huracanes y terremotos que agitaban el pecho de Zendejas; lo que no debe llamar la atención, por ser un hecho perfectamente averiguado, que la pachorra es el mejor antídoto contra la violencia, como los colchones de lana contra las balas de cañón.

—En último caso —parlamentó el esposo—, ¿encuentras justo que esos perros (los periodistas) hagan responsables a los jueces de todo cuanto pasa? ¡Que desuellen vivos a los gendarmes! ¡Que se coman crudos a los comisarios! Pero, ¡a los jueces! ¿Qué tenemos que ver nosotros con todos esos chismes? Y, sin embargo, no nos dejan descansar.

—La justicia tardía o torcida da muy malos resultados, Félix.

—Yo jamás la retardo ni la tuerzo. ¿Lo dices por mí?

—Dios me libre de decirlo, ni aun siquiera de pensarlo: te conozco recto y laborioso; pero tus compañeros... ¿Cómo son tus compañeros?

—Mis colegas son... como son. Unos buenos y otros malos.

—Por ahí verás que no andan de sobra los estímulos.

—Pues que estimulen a los otros; pero a mí, ¿por qué? Dime, esposa, ¿qué culpa puedo tener yo de que a la payita que aquí se menciona (señalando el periódico) le hayan arrebatado ayer, en el atrio de la catedral, a la salida de la misa de las doce, el collarzote de perlas con que tuvo el mal gusto de medio ahorcarse?

—Ya se ve que ninguna; pero de ti no se habla en el diario.

—De mí personalmente no; pero me siento aludido, porque se habla del cuerpo a que pertenezco.

—¿Qué cuerpo es ése? No perteneces a la milicia.

—El respetable cuerpo judicial.

—Sólo en ese sentido; pero ésa es otra cosa.

—No, señora, no lo es, porque cuando se dice, grita y repite: "¡Esos señores jueces tienen la culpa de lo que pasa! ¡Todos los días absuelven a un bandido!" O bien: "¡Son unos holgazanes! ¡Las causas duermen el sueño del justo!" Cuando se habla con esa generalidad, todo el que sea juez debe tomar su vela. Además, basta tener un poco de sentido común para comprender que esos ataques son absurdos. Todos los días absolvemos a un bandido; supongámoslo. Entonces, ¿cómo duermen las causas? Si hay absoluciones diarias, es claro que las causas no duermen. Por otra parte, si las causas duermen, es injustamente. ¿Cómo se dice, pues, que duermen el sueño del justo? Son unos imbéciles esos periodistas, que no saben lo que se pescan.

Don Félix descendía a lo más menudo de la dialéctica para desahogar su cólera; pasaba de lo más a lo menos; involucraba los asuntos; pero nada le importaba; lo preciso, para él, era cortar, hender, sajar y tronchar, como bisonte metido en la selva.

—En eso sí tienes razón —repuso la esposa—; está muy mal escrito el párrafo.

—¿Confiesas que tengo razón?

—De una manera indirecta; pero no te preocupes por tan poca cosa. Cumple tu deber; no absuelvas a los culpables; trabaja sin descanso, y deja rodar el mundo.

—Hago todo lo que quieres, sin necesidad de que me lo digas, mujer. No necesito que nadie me espolee. Pero lo que sí no haré nunca, será dejar al mundo que ruede.

A Otilia se le ocurrió contestarle: "Pues, entonces, detenle"; pero temiendo que Zendejas no llevase en paz la bromita, se limitó a sonreír y a decir en voz alta:

—¿Qué piensas hacer entonces?

—Mandar a la redacción de este diario un comunicado muy duro, diciendo a esos escritorzuelos cuántas son cinco.

—Si estuviera en tu lugar no lo haría, Félix.

—¿Por qué no, esposa?

—Porque me parecería ser eso lo mismo que apalear un avispero.

—Pues yo sería capaz de apalear el avispero y las avispas.

—Ya lo creo, pero no lo serías de escapar a las picaduras.

—Me tienen sin cuidado las picaduras.

—En tal caso, no te preocupes por lo que dicen y exageran los diarios.

La observación no tenía respuesta; Zendejas se sintió acosado, y no halló qué replicar; por lo que, cambiando de táctica, vociferó:

—Lo que más indignación me causa de todo esto es saber que no sólo las mujeres, sino también los hombres barbudos se llaman víctimas de los criminales. ¡Pues qué! ¿No tienen calzones? ¿Por qué no se defienden? Que tímidas hembras resulten despojadas o quejosas se comprende; pero ¡los machos, los valientes!… Eso es simplemente grotesco.

—Pero ¡qué remedio si una mano hábil extrae del bolsillo el reloj o la cartera!

—No hay manos hábiles para las manos fuertes. A mí nadie me las ha metido en la faltriquera, y ¡pobre del que tuviese la osadía de hacerlo! Bien caro le habría de costar. Tengo la ropa tan sensible como la piel, y al menor contacto extraño, echo un manotazo y cojo, agarro y estrujo cualquier cosa que me friccione.

—Pero, ¿si fueras sorprendido en una calle solitaria por ladrones armados?

—A mí nadie me sorprende; ando siempre vigilante y con ojo avizor para todo y para todos. Sé bien quién va delante, al lado o detrás de mí; dónde lleva las manos y qué movimientos ejecuta...

—Pero al dar vuelta a una esquina...

—Nunca lo hago a la buena de Dios, como casi todos lo hacen; sino que, antes de doblarla, bajo de la acera para dominar con la vista los dos costados del ángulo de la calle... por otra parte, jamás olvido el revólver y, en caso de necesidad, lo llevo por el mango a descubierto o dentro del bolsillo.

—No quiera Dios que te veas obligado a ponerte a prueba.

—Todo lo contrario. Ojalá se me presente la oportunidad de dar una buena lección a esos bellacos. ¡No les quedarían deseos de repetir la hazaña! Si todos los hombres se defendieran e hiciesen duro escarmiento en los malhechores, ya se hubiera acabado la plaga que, según dice la prensa, asuela hoy a la ciudad.

Otilia nada dijo, pero hizo votos internos porque su marido no sufriese nunca un asalto, pues deseaba que nadie le hiciese daño, ni que él a nadie lo hiciese.

Así terminó la sobremesa.

A renglón seguido, levantóse Zendejas y entró en su cuarto para dormir la acostumbrada siestecita, que le era indispensable para tener la cabeza despejada; pues le pasaba la desgracia de comer bien y digerir mal, cosa algo frecuente en el género humano, donde reinan por igual el apetito y la dispepsia.

Entretanto, ocupóse Otilia en guardar viandas en la refrigeradora y en dar algunas órdenes a la servidumbre.

II

Tan pronto como Zendejas se vio en la alcoba, cerró la puerta y la ventana para evitar que la luz y el ruido le molestasen; despojóse del jaquet y del chaleco, puso el reloj sobre la mesa de noche para consultarle de tiempo en tiempo y no dormir demasiado, y desabrochó los botones del pantalón para dar ensanche al poderoso abdomen, cuyo volumen aumentaba exabrupto después de la ingestión de los alimentos. Y en seguida, tendióse a la bartola, medio mareado por un sabroso sueñecillo que se le andaba paseando por la masa encefálica.

La máquina animal del respetable funcionario estaba bien disciplinada. ¡Cómo no, si quien la gobernaba se hallaba dotado de extraordinaria *energía!* Don Félix no hacía más que lo que quería, tanto de sí mismo como de los otros, ¡canastos! Así que hasta su sueño se hallaba sometido a su beneplácito; y cuando decía *a dormir doce horas,* roncaba la mitad del día; pero cuando se proponía descansar cinco minutos, abría los ojos pasada una doceava parte de la hora o, cuando menos, uno o dos segundos más tarde. ¡No faltaba más! Todo está sujeto a la voluntad del hombre; sólo que los hombres carecen de *energía.* Él era uno de los pocos *enérgicos,* porque no se entregaba a la corriente, ni se descuidaba, y ¡ya se las podían componer todos cuantos con él trataban, porque con él no había historias, ni componendas, ni medias tintas, sino puras cosas serias, fuertes y definitivas! ¡Canastos!

En prueba de todo eso, saltó del lecho media hora después de lo que se había propuesto; cosa que nadie sospechó y que permanecerá reservada en el archivo de la historia hasta la consumación de los siglos. No obstante, el saber para sí mismo que se le había pasado la mano en la siesta le puso de un humor de los mil demonios, por lo que se levantó de prisa, poniéndose de carrera todas las prendas de vestir de que se había despojado, y abrochando con celeridad, aunque con esmero, las que había dejado sueltas para facilitar la expansión de las vísceras abdominales. Tomó en seguida el revólver y el sombrero, y salió del aposento con la faz airada de todo hombre de carácter, que no sufre que nadie le mire feo, ni le toque el pelo de la ropa.

Otilia, que se había instalado en el aposento inmediato para cuidar que los niños no hiciesen ruido y poder despedirse de él cuando saliese, no pudo menos que decirle:

—Ahora has dormido un poco más que de costumbre.

—Exactamente lo que me propuse —repuso Zendejas—, ni más ni menos.

—Celebro que hayas descansado de tus fatigas.

—¿Quién te ha dicho que me fatigo? Podría trabajar las veinticuatro horas del día sin sentir el menor cansancio.

—Sí, eres muy fuerte.

—Me río de los sietemesinos de mi época; tan enclenques y dejados de la mano de Dios. No, aquí hay fibra...

Y doblando el brazo derecho hasta formar un ángulo agudo, señaló con la mano izquierda la sinuosa montaña de su bien desarrollado bíceps. Después de eso, se pellizcó los muslos, que le parecieron de bronce, y acabó por darse fuertes puñadas en los pectorales, tan abultados como los de una nodriza. Aquella investigación táctil de su propia persona llenóle de engreimiento y calmó su mal humor, hasta el punto de que, cuando él y la joven llegaron caminando despacio al portal de la casa, había olvidado ya el retardo en que había incurrido por causa del dios Morfeo.

—Conque hasta luego, Otilia —dijo a su esposa, estrechándole cariñosamente la mano.

—Hasta luego, Félix —repuso ella, afablemente—. No vuelvas tarde... Ya ves que vivimos lejos y que los tiempos son malos.

—No tengas cuidado por mí —repuso el juez con suficiencia.

—Procura andar acompañado.

El juez contestó la recomendación con una especie de bufido, porque le lastimaba que su esposa no le creyese suficientemente valeroso para habérselas por sí solo hasta con los cueros de vino tinto, y se limitó a decir en voz alta:

—Te recomiendo a los chicos.

Tomó en seguida su camino, mientras Otilia permanecía en la puerta viéndole con ojos afectuosos, hasta que dobló la esquina. Entró entonces la joven, y prosiguió las diarias y acostumbradas faenas del hogar, que absorbían todo su tiempo, pues era por todo extremo hacendosa. La única preocupación que sentía era la de la hora en que volvería Zendejas, pues la soledad de aquella apartada calle donde vivían, y la frecuencia de los asaltos de los malhechores, no la dejaban vivir tranquila.

Don Félix, entretanto, llevado del espíritu de contradicción que de continuo le animaba, y del orgullo combativo de que estaba repleta su esponjada persona, iba diciendo para sí: "¡Buenas recomendaciones las de Otilia! Que no vuelva tarde y que me acompañe con otros... ¡Como si fuera un muchacho tímido y apocado! Parece que no me conoce... No tengo miedo a bultos ni fantasmas, y por lo que hace a los hombres, soy tan hombre como el que más... Y ahora, para que mi esposa no torne a ofenderme de esa manera, voy a darle una lección, volviendo tarde a casa, solo y por las calles menos frecuentadas... Y si alguien se atreve a atajarme el paso, por vida mía que le estrangulo, o le abofeteo, o le pateo, o le mato..."

Tan ensimismado iba con la visión figurada de una posible agresión y de los diferentes grados y rigores de sus propias y variadas defensas que, sin darse cuenta de ello, dibujaba en el espacio, con ademanes enérgicos e inconscientes, las hazañas que pensaba iba a realizar; así que ora extendía la diestra en forma de semicírculo y la sacudía con vigor, como si estuviese cogiendo un cogote o una nuca culpables, o bien repartía puñadas en el aire, como si por él anduviesen vagando rostros provocativos, o alzando en alto uno u otro pie, enviaba coces furibundas a partes (que no pueden ni deben nombrarse) de formas humanas, que desfilaban por los limbos de su enardecida fantasía.

Cualquiera que le hubiese visto accionar de tan viva manera, sin que toque alguno de clarín hubiese anunciado enemigo al frente, habríale tenido por loco rematado, siendo así que, por el contrario, era un juez bastante cuerdo, sólo que con mucha cuerda. Por fortuna estaba desierta la calle y nadie pudo darse cuenta de su mímica desenfrenada; de suerte que pudo llegar al juzgado con la acostumbrada gravedad, y recibir de los empleados la misma respetuosa acogida que siempre le dispensaban.

Instalado ante el bufete, púsose a la obra con resolución y se dio al estudio de varias causas que se hallaban en estado de sentencia, con el propósito de concluirlas y rematarlas por medio de fallos luminosos, donde brillasen a la vez que su acierto incomparable, su nunca bien ponderada *energía*. Y se absorbió de tal modo en aquella labor, que pasó el tiempo sin sentir, declinó el sol y se hizo de noche. Y ni aun entonces siquiera dio muestras de cansancio o aburrimiento, sino que siguió trabajando con el mismo empeño, a pesar de ser escasa y rojiza la luz eléctrica que el supremo gobierno había puesto a su disposición; pues solamente dos focos incandescentes había en la gran sala de despacho, los cuales, por ser viejos, habían perdido su claridad, y parecían moribundas colillas de cigarro metidas dentro de bombas de vidrio y pendientes del techo. Por fortuna, tenía el juez ojos de lince.

Otro funcionario tan empeñoso como él, que se había quedado asimismo leyendo fastidiosos expedientes y borroneando papel, vino a distraerle de sus tareas muy cerca de las ocho de la noche:

—¡Cuán trabajador, compañero! —le dijo.

—Así es necesario, para ir al día —contestó Zendejas.

—Lo mismo hago yo, compañero.

—Necesitamos cerrar la boca a los maldicientes. Nos acusan de perezosos, y debemos probar con hechos que no lo somos.

—Es mi modo de pensar... Pero, ¿no le parece, compañero, que hemos trabajado ya demasiado y que bien merecemos proporcionarnos alguna distracción como premio a nuestras fatigas?

—Tiene usted razón, compañero —repuso don Félix, desperezándose y bostezando—, es ya tiempo de dejar esto de la mano.

—Y de ir al Principal a ver la primera tanda.

—Excelente idea—asintió Zendejas.

La invitación le vino como de molde. Resuelto a volver tarde a casa, solo y por las calles menos frecuentadas (para demostrar a su cara mitad que no tenía miedo, ni sabía lo que era *eso*, y apenas conocía *aquella cosa* por referencias), aprovechó la oportunidad para *hacer tiempo* y presentarse en el hogar después de la medianoche. Por tanto, pasados algunos minutos, que invirtió en poner las causas y los códigos en sus lugares respectivos y en refrescarse la vista, tomó el sombrero y salió a la calle en unión del colega, con dirección al viejo coliseo.

Ambos jueces disputaron en la taquilla sobre quién debía ser el *pagano;* pero Zendejas, que no entendía de discusiones ni de obstáculos, se salió con la suya de ser quien hiciese el gasto, y los dos graves magistrados, orondos y campanudos, entraron en el templo de la alegría, donde ocuparon asientos delanteros para ver bien a las artistas. Proveyéronse, además, de buenos gemelos, que no soltaron de la mano durante la representación; de suerte que disfrutaron el placer de mirar tan de cerca a divetas y coristas, que hasta llegaron a figurarse que podrían pellizcarlas.

Y aquello fue diálogo, risa y retozo, jácara y donaire, chistecillos de subido color, música jacarandosa y baile, y jaleo, y olé, y el fin del mundo. Aquellos buenos señores, que no eran tan buenos como lo parecían, gozaron hasta no poder más con las picardihuelas del escenario, rieron en los pasos más escabrosos de las zarzuelas a carcajada fuerte y suelta, haciendo el estrépito de un par de frescas y sonoras cascadas; se comunicaron con descoco sus regocijadas impresiones, palmotearon de lo lindo, golpearon el entarimado con los pies, y pidieron la repetición de las canciones más saladas y de los bailes más garbosos, como colegiales en día de asueto, a quienes todo coge de nuevo, alegra y entusiasma.

Pasadas las nueve y media, salieron del teatro y fuéronse en derechura del salón Bach, donde cenaron despacio y opíparamente, hasta que, bien pasadas las once, dejaron el restaurante para irse a sus domicilios respectivos. Y después de haber andado juntos algunas calles, despidiéronse cordialmente.

—¡Hasta mañana, compañero, que duerma usted bien!

—¡Buenas noches, compañero, que no le haga daño la cena!

Zendejas se apostó en una esquina de la calle 16 de Septiembre para aguardar el tranvía que debía llevarle a su rumbo, que era el de la colonia Roma; pero anduvo de tan mala suerte, que ante sus ojos se sucedían unos tras otros todos los carros eléctricos que parten de la plaza de la Constitución, menos el que necesitaba. Dijimos que tuvo esa mala suerte, pero debemos corregirnos, porque él la estimó excelente y a pedir de boca, por cuanto retardaba su regreso al hogar, que era lo que se tenía propuesto, por motivos de amor propio de hombre y de negra honrilla de valiente.

Pocos minutos faltaban para la medianoche, cuando ocupó un carro de Tacubaya, determinándose al fin volver a su domicilio, por ser ya tiempo acomodado para ello, según sus planes y propósitos. Cuando bajó, en la parada de los Insurgentes, habían sonado ya las doce; atravesó la calzada de Chapultepec y entró por una de las anchas calles de la nueva barriada; y muy de propósito fue escogiendo las más solitarias e incipientes de todas, aquéllas donde había pocas casas y falta absoluta de transeúntes. Sentía vehemente deseo de topar con algún ladrón nocturno para escarmentarle; pero alma viviente no aparecía por aquellas soledades. No obstante, fiel a sus hábitos y a fin de no dejarse sorprender por quienquiera que fuese, continuó poniendo por obra las medidas precautorias que la prudencia aconseja; y, aparte de no soltar ni un instante de la mano la pistola, bajaba de la acera antes de llegar a las esquinas, miraba por todas partes y prestaba oído atento a todos los ruidos.

Buen trecho llevaba andado, cuando, al cruzar por una de las más apartadas avenidas, percibió el rumor de fuertes y descompasados pasos que de la opuesta dirección venían, y, muy a poco, vio aparecer por la próxima bocacalle la oscura silueta de un hombre sospechoso. Cuando el transeúnte entró en el círculo luminoso que el foco de arco proyectaba, observó Zendejas que era persona elegante y, además, que traía una borrachera de padre y muy señor mío... Tan bebido parecía aquel sujeto, que no sólo *equis* hacía, sino todas las letras del alfabeto; pero al verle avanzar, dijo don Félix para su coleto: "A mí no me la hace buena este ebrio ostentoso. ¿Quién sabe si venga fingiendo para sorprenderme mejor? ¡Mucho ojo con él, Zendejas!"

Y no le perdió pisada, como suele decirse, a pesar de que, con ser tan ancha la calle, reducida y estrecha resultaba para las amplísimas evoluciones de aquel cuerpo desnivelado. Ítem más, en su alegría como de loco, con voz gemebunda y desentonada venía cantando:

> *¡Baltasara, Baltasara!*
> *¡Ay! ¡Ay! ¡Qué cara tan cara!*

O bien:

> *¡Ay, Juanita! ¡Ay, Juanita!*
> *¡Ay qué cara tan carita!*

O bien:

> *¡Ay, Carlota! ¡Ay, Carlota!*
> *¡Ay qué cara tan carota!*

Es de creer que aquel sacerdote de Baco hubiese acabado de celebrar algunos misterios en compañía de una o varias sacerdotisas, y que por esa y otras razones, viniese recordando al par de sus nombres, la carestía de sus caras bonitas (charitas bonitas). ¡Seguramente por eso también, daba ahora tantos pasos en falso; aparte de otros muchos que ya llevaría dados!

Don Félix tomó sus medidas desde el momento en que se hizo cargo de la marcha irregular del sujeto... ¡Ni tan irregular!... ¡Tanto para la geometría como para la moral y el orden público! Era preciso evitar una colisión, si era borra-

68

cho, por desprecio, y si no lo era, para no ser sorprendido. Y se decía mentalmente, observando las desviaciones de la recta en que aquel hombre incurría:

"¿Ahora viene por la derecha? ¡Pues hay que tomar por la derecha!… ¿Ahora camina en línea recta? ¡Pues hay que coger por cualquier lado!… ¡Demonio, demonio, cuán aprisa cambia de dirección!… ¡No, lo que es conmigo no topa!… ¡Sí topa!… ¡No topa!… ¡Voto al chápiro!"

Cuando lanzó esta última exclamación, el ebrio, o lo que fuese, había chocado ya contra él, como un astro errático con un planeta decente y de órbita fija. ¿Cómo se realizó el accidente, a pesar de las precauciones de Zendejas? Ni el juez ni el ebrio llegaron a saberlo nunca.

El hecho fue que a la hora menos pensada se encontró don Félix, de manos a boca, o, mejor dicho, de estómago a estómago, con aquel péndulo viviente, que parecía ubicuo a fuerza de huir porfiadamente de la línea perpendicular.

—¡Imbécil! —gritó Zendejas lleno de ira.

—¿Cómo? ¿Cómo? —articuló el sujeto con la lengua estropajosa—. ¿Por qué no se hacen a un lado?… ¡También se atraviesan!… ¡También no dejan pasar!…

—¡Vaya con todos los diablos! —clamó de nuevo don Félix, procurando desembarazarse del estorbo de aquel cuerpo inerte.

Con algún trabajo, echando pie atrás y apuntalando con el codo la masa que le oprimía, pudo verse al fin libre de la presura y dejar al borracho a alguna distancia, entre caigo y no caigo. Entonces le cogió por las solapas del jaquet y, por vía de castigo, le sacudió con furia varias veces, soltándolo luego para que siguiese las leyes de su peligrosa inestabilidad. El pobrete giró sobre el tacón de un zapato, alzó un pie por el aire, estuvo a punto de caer, levantó luego el otro, hizo algunas extrañas contorsiones como el muñeco que se dobla y desdobla, y logrando al fin recobrar cierta forma de equilibrio, continuó la ininterrumpida marcha lenta, laboriosa y en línea quebrada.

Y no bien se vio libre de las garras de Zendejas, recobró el buen humor y siguió canturreando con voz discorde e interrumpida por el hipo:

¡No me mates, no me mates,
con pistola ni puñal!

Don Félix prosiguió también su camino, hecho un energúmeno, tanto por la testarada, como por la mofa que aquel miserable iba haciendo de su desencadenado y terrible enojo. Mas, de repente, se le ocurrió una idea singular. ¿Y si aquel aparente borracho fuese un ladrón? ¿Y si aquel tumbo hubiese sido estudiado, y nada más que una estratagema de que se hubiese valido para robarle sin que él lo echase de ver? Pensar esto y echar mano al bolsillo del reloj, fue todo uno... Y, en efecto, halló... que no halló su muestra de plata, ni la leontina chapeada de oro, que era su apéndice.

Hecho el descubrimiento, volvió atrás como un rayo, y no digamos corrió sino voló en pos del enigmático personaje, quien iba alejándose como le era posible, a fuerza de traspiés y de sonoras patadas con que castigaba el asfalto de la vía pública.

Tan pronto como le tuvo al alcance de la mano, apercollóle férreamente por la nuca con la siniestra, en la misma forma concertada consigo mismo al salir de su casa, en tanto que con la diestra sacaba y echaba a relucir el pavoneado y pavoroso revólver.

—¡Alto, bellaco! —gritó.

—¿Otra vez...? ¡No *jalen* tan recio! —tartamudeó el sujeto.

—¡Eres un borracho fingido! —gritó Zendejas.

—¡Ay! ¡Ay! ¡Policía, policía! —roncó el hombre.

—Ojalá viniera —vociferó don Félix—, para que cargara contigo a la comisaría, y luego te consignaran a un juez y te abrieran proceso.

—¿Me abrieran qué?

—Proceso.

—Por eso, pues, amigo, *por eso*. ¿Qué se le ofrece?

—Que me entregues el reloj.

—¿Qué reloj le debo?

—El que me quitaste, bandido.

—Este reloj es mío y muy mío… Remontoir… Repetición.

—¡Qué repetición ni qué calabazas! Eres uno de los de la banda.

—No soy músico… soy propietario.

—De lo ajeno.

Mientras pasaba este diálogo, procuraba el borracho defenderse, pero le faltaban las fuerzas, y don Félix no podía con él, porque a cada paso se le iba encima, o bien se le deslizaba de entre las manos hacia un lado o hacia otro, amenazando desplomarse. Violento y exasperado, dejólo caer sin misericordia, y cuando lo tuvo en el suelo, asestóle al pecho el arma y tornó a decirle:

—¡El reloj y la leontina, o te rompo la chapa del alma!

El ebrio se limitaba a exclamar:

—¡Ah, Chihuahua!… ¡Ah, Chihuahua!… ¡Ah, qué Chihuahua!…

No quería o no podía mover pie ni mano. Zendejas adoptó el único partido que le quedaba, y fue el de trasladar por propia mano al bolsillo de su chaleco el reloj y la leontina que halló en poder del ebrio. Después de lo cual se alzó, dio algunos puntapiés al caído, e iba ya a emprender de nuevo la marcha, cuando oyó que éste mascullaba entre dientes:

—¡Ah, Chihuahua!… ¡Éste sí que es de los de la banda!

—¿Todavía no tienes bastante?… Pues, ¡toma!… ¡toma!… ¡ladrón !… ¡bellaco!… ¡canalla!…

Cada una de estas exclamaciones fue ilustrada por coces furiosas que el juez disparaba sobre el desconocido, el cual no hacía más que repetir a cada nuevo golpe:

—¡Ay, Chihuahua!… ¡Ay, Chihuahua!… ¡Ay, qué Chihuahua!…

Cansado, al fin, de aquel aporreo sin gloria, dejó Zendejas

al ebrio, falso o verdadero, que eso no podía saberse, y emprendió resueltamente la marcha a su domicilio, entretanto que el desconocido se levantaba trabajosamente, después de varios frustrados ensayos, y se alejaba a pasos largos y cortos, mezclados de avances y retrocesos, y con inclinaciones alarmantes de Torre de Pisa tanto a la derecha como a la izquierda.

III

Otilia no sabía cómo interpretar la tardanza de su esposo, y estaba seriamente acongojada. Pocas veces daban las diez a Zendejas fuera de casa; de suerte que, al observar la joven que pasaba la medianoche y que no llegaba su marido, figuróse lo peor, como pasa siempre en casos análogos.

"De seguro, algo le ha sucedido —se decía—; no puede explicarse de otra manera que no se halle aquí a hora tan avanzada… ¿Habrán sido los bandidos?… Y si le han conocido y él se ha defendido, como de fijo lo habrá hecho, pueden haberle herido, o matado tal vez… No lo permita Dios… ¡La Santísima Virgen le acompañe!"

Pensando así, no dejaba de tejer una malla interminable, que destinaba a sobrecama del lecho conyugal, y sólo interrumpía de tiempo en tiempo el movimiento de sus ágiles y febriles dedos, bien para enjugar alguna lágrima que resbalaba de sus pestañas, o bien para santiguar el espacio en dirección de la calle por donde debía venir el ausente… ¿Qué haría si enviudaba? No había en todo el mundo otro hombre como Félix… ¿Y sus pobres hijos? Eran tres, y estaban muy pequeños. ¿Capital? No lo tenían; el sueldo era corto y se gastaba todo en medio vivir. Sufrían muchas privaciones y carecían de muchas cosas necesarias. Nada, que iban a quedar en la calle; se vería precisada a dejar aquella casa que, aunque lejana, era independiente y cómoda; ocuparía una vivienda en alguna vecindad. ¡Qué oscuras y malsanas son las viviendas baratas! Ahí enfermarían los niños.

Su imaginación continuaba trabajando sin cesar. Tendría

que coser *ajeno* para pagar su miserable sustento; los niños andarían astrosos y descalzos; no concurrirían a colegios de paga, sino a las escuelas del gobierno, donde hay *mucha revoltura;* aprenderían malas mañas; se juntarían con malas compañías; se perderían...

Llegó tan lejos en aquel camino de suposiciones aciagas, que se vio en la miseria, viuda y sola en este mundo. Negro ropaje cubría su garbosa persona, y el crespón del duelo marital colgaba por sus espaldas; pero, ¡qué bien le sentaba el luto! Hacíala aparecer por todo extremo interesante. ¿Volvería a tener pretendientes?... Si algo valían su gracia y edad, tal vez sí; pero fijando la atención en su pobreza, era posible que no... Aficionados no le faltarían, pero con malas intenciones... ¿Y caería? ¿O no caería?... ¡La naturaleza humana es tan frágil! ¡Es tan sentimental la mujer! ¡Y son tan malos los hombres! Nadie diga *de esta agua no beberé.* ¡Oh, Dios mío!

Y Otilia se echó a llorar a lágrima viva sin saber bien si despertaban su ternura la aciaga y prematura muerte de don Félix, o la viudez de ella, o la orfandad de los hijos y su mala indumentaria, o el verlos en escuelas oficiales y perdidos, o mirarse a sí misma con tocas de viuda (joven y agraciada), o el no tener adoradores, o el ser seducida por hombres perversos, que abusasen de su inexperiencia, de su sensibilidad y de su desamparo... ¡y, sobre todo, de su sensibilidad!... Porque bien se conocía a sí misma; era muy sensible, de aquel pie era precisamente de donde cojeaba. Era aquélla la coyuntura donde sentía rajada la coraza de hierro de su virtud... Y si alguno era bastante avisado para echarlo de ver, por ahí le asestaría la puñalada, y sería mujer perdida... ¡Oh, qué horror! ¡Cuán desdichada es la suerte de la mujer joven, hermosa, desamparada y de corazón!... ¿Por qué no tendría en vez de corazón un pedazo de piedra?... Aquella entraña era su perdición; lo sabía, pero no podía remediarlo.

Por fortuna, sonó repetidas veces el timbre de la puerta, en los momentos mismos en que ya la desbocada imaginación de la joven empujábala al fondo del precipicio, y se engolfaba en un mundo inextricable de desgracias, pasiones y aventuras, de donde no era posible, no, salir con los ojos secos… El retintín de la campanilla eléctrica la salvó, por fortuna, sacándole muy a tiempo de aquel baratro de sombras y de sucesos trágicos en que se había despeñado. El sensible y peligroso corazón de la joven dio varios vuelcos de júbilo al verse libre de todos esos riesgos; viudez, tocas negras, muerte de los niños, acechanzas, tropiezos y caídas. Por otra parte, el timbre sonaba fuerte y triunfal; con la especial entonación que tomaba cuando Zendejas volvía victorioso y alegre, por haber dicho cuántas son cinco al lucero del alba, o por haber dado un revés a un malcriado, o por haber regalado un puntapié a cualquier zascandil. Así lo presintió Otilia, quien corrió a abrir la puerta, llena de gozo, para verse libre de tantos dolores, lazos y celadas como le iba tendiendo el pavoroso porvenir.

Y, en efecto, venía don Félix radiante por el resultado de la batalla acabada de librar con el astuto ladrón que le había asaltado en la vía pública, y por el recobro del reloj y de la leontina.

—¡Félix! —clamó Otilia con voz desmayada, echándose en sus brazos—. ¿Qué hacías? ¿Por qué has tardado tanto? Me has tenido con un cuidado horrible.

—No te preocupes, esposa —repuso Zendejas—, a mí no me sucede nada, ni puede sucederme. Sería capaz de pasearme solo por toda la República a puras bofetadas.

—¿Dónde has estado?

—En el trabajo, en el teatro, en el restaurante…

—¡Cómo te lo he de creer!… Y yo, entretanto, sola, desvelada y figurándome cosas horribles… He sufrido mucho pensando en ti…

Bien se guardó la joven de referir a don Félix lo de las tocas, la sensibilidad de su corazón y la seducción que había visto en perspectiva.

Cogidos de la mano llegaron a la sala.

—Pero, ¡tate!, si has llorado —exclamó don Félix, secando con el pañuelo las lágrimas que corrían por el rostro de ella.

—¡Cómo no, si te quiero tanto y temo tanto por ti! —repuso ésta, reclinando la cabeza sobre el hombro del juez.

—Eres una chiquilla —continuó Zendejas cariñosamente—, te alarmas sin razón.

—Félix, voy a pedirte un favor.

—El que gustes.

—No vuelvas a venir tarde.

—Te lo ofrezco, esposa. No tengo ya inconveniente, pues acabo de realizar mi propósito.

—¿Cuál, Félix?

—El de una buena entrada de patadas a un bandido... de esos de que habla la prensa.

—¿Conque sí? ¿Cómo ha pasado eso?... Cuéntame, Félix —rogó la joven, vivamente interesada.

Zendejas, deferente a la indicación de su esposa, relató la aventura acabada de pasar, no digamos al pie de la letra, sino exornada con incidentes y detalles que, aunque no históricos, contribuían en alto grado a realzar la ferocidad de la lucha, la pujanza del paladín y la brillantez de la victoria. La joven oyó embelesada la narración y se sintió orgullosa de tener por marido a un hombre tan fuerte y tan valeroso como Zendejas; pero, a fuer de esposa cariñosa y de afectos exquisitos, no dejó de preocuparse por el desgaste que el robusto organismo de su esposo hubiese podido sufrir en aquel terrible choque; así que preguntó al juez con voz dulcísima:

—A ver la mano: ¿no te la has hinchado?... ¿No se ha dislocado el pie?

—Fuertes y firmes conservo la una y el otro —repuso don Félix con visible satisfacción, levantando en alto el cerrado puño y sacudiendo por el aire el pie derecho.

—¡Bendito sea Dios! —repuso la joven, soltando un suspiro de alivio y satisfacción.

—Aquí tienes la prueba —prosiguió don Félix— de lo que siempre te he dicho: si los barbones a quienes asaltan los cacos se condujeran como yo, si aporreasen a los malhechores y los despojasen de los objetos robados, se acabaría la plaga de los bandidos…

—Tal vez tengas razón… ¿Conque el salteador te había quitado el reloj y la leontina?

—Sí, fingiéndose borracho. Se dejó caer sobre mí como cuerpo muerto y, entretanto que yo me le quitaba de encima, me escamoteó esos objetos sin que yo lo sintiese.

—Son muy hábiles esos pillos…

—Sí lo son; por fortuna, reflexioné pronto lo que podía haber pasado… A no haber sido por eso, pierdo estas prendas que tanto quiero.

Al hablar así, sacólas Zendejas del bolsillo para solazarse con su contemplación. Otilia clavó en ellas también los ojos con curiosidad e interés, como pasa siempre con las cosas que se recobran después de haberse perdido; mas a su vista, en vez de alegrarse, quedaron confusos los esposos. ¿Por qué?

—Pero, Félix, ¿qué has hecho? —interrogó Otilia, asustada.

—¿Por qué, mujer? —preguntó el juez, sin saber lo que decía.

—Porque ese reloj y esa leontina no son los tuyos.

—¿Es posible? —volvió a preguntar Zendejas con voz desmayada, al comprender que la joven tenía razón.

—Tú mismo lo estás mirando —continuó ella, tomando ambas cosas en sus manos para examinarlas despacio—. Este reloj es de oro, y el tuyo es de plata… Parece una repetición.

La joven oprimió un resorte lateral y la muestra dio la hora con cuartos y hasta minutos, con campanilla sonora y argentina.

—Y mira, en la tapa tiene iniciales: A. B. C.; seguramente las del nombre del dueño… Es muy bueno y valioso.

Zendejas quedó estupefacto y sintió la frente cubierta de gotitas de sudor.

—Y la leontina —continuó la joven, siguiendo el análisis— es ancha y rica, hecha de tejido de oro bueno, y rematada por este dije precioso, que es un elefantito del mismo metal, con ojos de rubíes y patas y orejas de fino esmalte.

Ante aquella dolorosa evidencia, perdió Zendejas la sangre fría y hasta la caliente que por sus venas corría, púsose color de cera y murmuró con acento de suprema angustia:

—¡De suerte que soy un ladrón, y uno de los de la banda!

—¡Qué cosa tan extraña!… No digas eso.

—Sí, soy un cernícalo, un hipopótamo —repitió don Félix, poseído de desesperación.

Y llevado de su carácter impetuoso, se dio a administrarse sonoros coscorrones con los puños cerrados, hasta que su esposa detuvo la fiera ejecución cogiéndolo por las muñecas.

—Déjame —decía él, con despecho—, esto y más me merezco. Que me pongan en la cárcel. Soy un malhechor… un juez bribón.

—No, Félix; no ha sido más que una equivocación la tuya. Es de noche, el hombre estaba ebrio y se te echó encima. Cualquiera hubiese creído lo que tú.

—Y luego, que he perdido el reloj —agregó Zendejas.

—¡Es verdad! —dijo la joven—. ¿Cómo se explica?

El juez percibió un rayo de luz. A fuerza de dictar autos y sentencias habíase acostumbrado a deducir, inferir o sutilizar.

—¡Ya caigo en la cuenta! —exclamó, jubiloso y reconfortado. Ese pretendido borracho había robado antes ese reloj y esta leontina a alguna otra persona… Después, me robó a mí, y al querer recobrar lo que me pertenecía, di con el bolsillo en que había puesto las prendas ajenas; pero se llevó las mías.

La explicación parecía inverosímil; Otilia quedó un rato pensativa.

—Puede ser —murmuró al fin—. ¿Estás cierto de haberte llevado tu reloj?

—Nunca lo olvido —repuso el juez con firmeza.

—Por sí o por no, vamos a tu cuarto.

—Es inútil.

—Nada se pierde...

—Como quieras.

Y los esposos se trasladaron a la alcoba de Zendejas, donde hallaron, sobre la mesa de noche, el reloj de plata del
juez con su pobre leontina chapeada, reposando tranquilamente en el mismo lugar donde su propietario lo había dejado al acostarse a dormir la siesta.

Don Félix se sintió aterrado, como si hubiese visto la cabeza de Medusa.

—Aquí está —murmuró con agonía—... De suerte que
ese caballero —no le llamó ya borracho ni bandido— ha
sido despojado por mi mano; no cabe la menor duda.

Otilia, afligida, no replicó nada, y el marido continuó:

—El acontecimiento se explica; ese señor, que debe ser
algún alegre ricachón, andaba de juerga por esta colonia...
Se le pasó la mano en las copas, iba de veras borracho, le con-
fundí con un ladrón y le quité estas prendas... Robo de noche, en la vía pública y a mano armada... Estoy perdido...
Mañana mismo me entrego a la justicia: el buen juez por su
casa empieza.

—De ninguna manera —objetó Otilia horrorizada—, sería una quijotada que te pondría en ridículo.

—¿Por qué en ridículo? —preguntó Zendejas con exaltación.

—Porque no dejaría de decir la gente que te las habías
habido con un hombre aletargado, incapaz de defenderse, y
que ¡buenas hazañas son las tuyas!

—Eso sí que no, porque sobran las ocasiones en que he
demostrado que son iguales para mí los fuertes que los débiles, y que no le tengo miedo ni al mismo Lucifer.

—Pero la gente es maligna, y más los envidiosos.

—En eso tienes razón: ¡los envidiosos, los envidiosos! — repitió Zendejas. "Todos los valientes me tienen envidia

—siguió pensando para sí— y ¡con qué placer aprovecharían el *quid pro quo* para ponerme en berlina!" Y prosiguió en voz alta: —Pero ¿qué hacer entonces? ¡Porque no puedo quedarme con propiedad ajena!

—Voy a pensar un poco —repuso Otilia, preocupada—... Déjame ver otra vez las iniciales... A. B. C. ¿Cómo era el señor? Descríbemelo, Félix.

—Voy a procurar acordarme... Más viejo que joven; grueso, casi tanto como yo, todo rasurado.

—¿Con lentes?

—Creo que sí, pero los perdió en la refriega.

—Óyeme —prosiguió la joven pensativa—. ¿No será don Antonio Bravo Caicedo?... A. B. C.: coinciden las iniciales.

—¿El caballero rico y famoso, cuyo nombre llena toda la ciudad?

—El mismo.

—No puede ser, mujer.

—¿Por qué no?

—Porque es persona grave, de irreprochable conducta; anda siempre en compañía de sus hijas, que son muy guapas; y, aguarda, si no me equivoco es...

—¿Qué cosa, Félix?

—Miembro conspicuo de la Sociedad de Temperancia.

—Eso no importa —contestó la joven—, son los hombres tan contradictorios y tan malos... (Pensaba, en aquellos momentos, en los peligros de su viudez.)

—En eso tienes razón; son muy malos.

El juez se abstuvo, por instinto, de decir *somos muy malos,* sin duda porque recordó los excesos de pensamiento y de vista que acababa de cometer en el Principal.

Siguió, a continuación, una larga plática entre los esposos, en la cual se analizaron y desmenuzaron los acontecimientos, las suposiciones, todas las cosas posibles en fin; y mientras más ahondaron en el asunto, más y más sospecharon que reloj y leontina perteneciesen al provecto, riquísimo e hipocritón don Antonio Bravo Caicedo; mil indicios lo comprobaban, mil pequeños detalles lo ponían en evidencia... ¡Quién lo hubiera pensado!... ¡Que aquel señor tan respetable fuese tan poco respetable! Bien se dice que la carne es flaca... Pero Bravo Caicedo era gordo... ¡Qué cosa tan embrollada!... En fin, que por lo visto, la carne gorda es la más flaca...

Despejada la incógnita, o más bien dicho, despejado el incógnito, faltaba hallar el medio de hacer la devolución. ¿Mandar los objetos a la casa del propietario?... No, eso sería comprometerle, descubrirle, abochornarle... Y luego que, aunque lo más verosímil era que aquel grave personaje fuera el pesado borracho de la aventura, cabía, no obstante, en lo posible, que otro sujeto fuese el dueño verdadero de las alhajas. Don Antonio Bravo Caicedo (A. B. C.) había hecho el monopolio del pulque, es verdad, pero no el de las tres primeras letras del abecedario.

IV

En fin, que, después de mirarlo, pensarlo y meditarlo bien, resolvió la honrada pareja que las prendas en cuestión quedasen depositadas en el juzgado de Zendejas, y que éste publicase un aviso en los periódicos, mañosamente escrito para no delatarse a sí mismo ni sacar a plaza las miserias del ricachón.

Elegido ese camino, don Félix, a fuer de hombre honrado, se negó a poner la cabeza en la almohada antes de haberse quitado aquel peso de la conciencia, dejando redactado y listo el documento para llevarlo a dos o tres redacciones vespertinas al siguiente día, a la hora del despacho. Trabajó febrilmente, hizo varios borradores, consultó con Otilia, tachó, cambió, agregó, raspó y garrapateó de lo lindo algunas hojas de papel, hasta que, al fin, cerca ya de la madrugada, terminó la ardua labor de dar forma al parrafejo, el cual quedó definitivamente concebido en los siguientes términos:

Esta mañana, al comenzar el despacho, ha sido depositado, en este juzgado, un reloj de oro, Remontoir, con una leontina del mismo metal, rematada por un pequeño elefante, cuyos ojos son de rubí, y las orejas y las patas de negro esmalte. El reloj lleva las iniciales A. B. C. en la tapa superior, tiene el número 40180 y es de la marca *Longines*. Lo que se pone en conocimiento del público para que puedan ser recogidos esos objetos por su propietario; bajo el concepto de que el depositante ha puesto en manos del juez suscrito un pliego que contiene señas exactas e individuales de la persona a quien, por equivocación, le fueron sustraídas esas alhajas, con mención de la calle, la hora y otros datos del mayor interés.

Pero fue inútil la publicación repetida de aquellos renglones. Hasta la fecha en que esto se escribe, nadie se ha presentado a reclamar el reloj y la leontina; ya porque don Antonio Bravo Caicedo no sea el dueño de las alhajas, o bien porque, siéndolo, desee conservar el incógnito a toda costa y a todo costo. De suerte que si alguno de los lectores tiene en su nombre las iniciales A. B. C., si se pescó aquella noche por la colonia Roma, si empinó bien el codo, si tuvo algo que ver con Baltasara, Juanita o Carlota, y, por último, si perdió esas prendas en un asalto callejero, ya sabe que puede ocurrir a recogerlas al juzgado donde se hallan en calidad de depósito.

COMENTARIO

"Reloj sin dueño" combina felizmente el retrato caricaturesco del juez Zendejas, con una trama muy bien desarrollada, la presencia de la cual lo coloca entre los cuentos, a pesar de que tiene todos los rasgos estilísticos del artículo de costumbres. Hombre disciplinado, trabajador, valiente y rabioso, Zendejas recuerda algo a los antihéroes odiosos de Dickens. No obstante, el acierto de López Portillo y Rojas es que con una cantidad muy bien medida de burla, humaniza al energúmeno sin reducirlo a un payaso. El instrumento principal en la creación del juez es el lenguaje del autor. Para concordar con el tipo caricaturesco, emplea giros pintorescos. En la descripción del juez, la serie de adjetivos que incluye: "carirredondo, barbicerrado" ya insinúa el tono que va a establecerse definitivamente con "hablaba a voz herida", "entraba en combustión espantosa", "buscaba... las causas de que se le subiese la mostaza a las narices" y "hubiera pateado y bramado como toro cerril adornado con alegres banderillas". Muy propio del autor realista, se establece un nexo íntimo entre el narrador y el lector con frases como "cuando discutía, no discutía, dogmatizaba"; y después de comentar lo disciplinado que era Zendejas: "En prueba de todo eso, saltó del lecho media hora después de lo que se había propuesto"; "perdió Zendejas la sangre fría y hasta la caliente que por sus venas corría" y "los hombres son muy malos. —El juez se abstuvo, por instinto, de decir *somos muy malos*". Al mismo tiempo que el autor realista goza jugando con su protagonista, se deleita también con los juegos lingüísticos: "ambos jueces disputaron sobre quién debía ser el *pagano*".

El tono burlesco del cuento, establecido por el lenguaje, se funde con todos los antecedentes ominosos para producir un desenlace inesperado y lógico a la vez. Las noticias sobre los crímenes, la actitud bravucona del juez y las preocupaciones de su esposa nos preparan para un fin trágico. Pero el tono de todo el cuento no lo permite y justifica por completo el equívoco del juez con su consiguiente bochorno e intento de disculparse.

Como buen autor realista, López Portillo y Rojas describe física y moralmente a sus personajes antes de ponerlos en acción. Alude también a detalles locales que dan una verosimilitud a la narración a pesar de lo caricaturesco: el Zócalo, los tranvías, la colonia Roma, 16 de Septiembre, Tacubaya, Insurgentes y Chapultepec.

82

Además de representar el realismo, "Reloj sin dueño" pertenece por completo a la tradición de la prosa mexicana: el ritmo rápido, el humorismo picaresco, el sabor popular, el hincapié en la acción y el retrato de la mujer abnegada y comprensiva. Véanse las enormes diferencias entre este cuento y el que sigue, a pesar de que los dos llevan el mismo rótulo realista.

TOMÁS CARRASQUILLA
[1858-1940]

Colombiano. Nació en un pueblo de Antioquia de una familia rica y aristocrática. Sus estudios de leyes fueron interrumpidos por la Revolución de 1874. Fue secretario del juzgado municipal y luego juez. A excepción de dos visitas a Bogotá (1896, 1915-1916), pasó toda su vida en Antioquia. Sus obras literarias son productos de una edad madura. Clasificado por mucho tiempo con los costumbristas hispanoamericanos que siguieron las huellas de Pereda, Carrasquilla ha sido "descubierto" últimamente como uno de los primeros novelistas y cuentistas artísticos Aunque escribe sobre los personajes y el ambiente de su región, su obra tiene más trascendencia que la de los otros costumbristas. Es que se interesa más en la realidad y menos en la caricatura y luce un gran dominio del idioma. Autor de la novela histórica La marquesa de Yolombó *(1928); de tres novelas regionales,* Frutos de mi tierra *(1896),* Grandeza *(1910) y* Hace tiempos *(1935-1936); y de varios cuentos largos. "San Antoñito" fue escrito en 1899, pero no se publicó hasta 1914 en España en una colección de seis cuentos de Carrasquilla titulada* El padre Casafús.

SAN ANTOÑITO

AGUEDITA PAZ era una criatura entregada a Dios y a su santo servicio. Monja fracasada por estar ya pasadita de edad cuando le vinieron los hervores monásticos, quiso hacer de su casa un simulacro de convento, en el sentido decorativo de la palabra; de su vida algo como un apostolado, y toda,

toda ella se dio a los asuntos de iglesia y sacristía, a la conquista de almas, a la mayor honra y gloria de Dios, mucho a aconsejar a quien lo hubiese o no menester, ya que no tanto a eso de socorrer pobres y visitar enfermos.

De su casita para la iglesia y de la iglesia para su casita se le iba un día, y otro, y otro, entre gestiones y santas intriguillas de fábrica, componendas de altares, remontas y zurcidos de la indumentaria eclesiástica, *toilette* de santos, barrer y exornar todo paraje que se relacionase con el culto.

En tales devaneos y campañas llegó a engranarse en íntimas relaciones y compañerismos con Damiancito Rada, mocosuelo muy pobre, muy devoto y monaguillo mayor en procesiones y ceremonias en quien vino a cifrar la buena señora un cariño tierno a la vez que extravagante, harto raro por cierto en gentes célibes y devotas. Damiancito era su brazo derecho y su paño de lágrimas; él la ayudaba en barridos y sacudidas, en el lavatorio y lustre de candelabros e incensarios; él se pintaba solo para manejar albas y doblar corporales y demás trapos eucarísticos; a su cargo estaba el acarreo de flores, musgos y forrajes para el altar, y era primer ayudante y asesor en los grandes días de repicar recio, cuando se derretía por esos altares mucha cera y esperma, y se colgaban por esos muros y palamentas tantas coronas de flores, tantísimos paramentones de colorines.

Sobre tan buenas partes, era Damiancito sumamente rezandero y edificante, comulgador insigne, aplicado como él solo dentro y fuera de la escuela, de carácter sumiso, dulzarrón y recatado; enemigo de los juegos estruendosos de la chiquillería, y muy dado a enfrascarse en *La monja santa, Práctica de amor a Jesucristo* y en otros libros no menos piadosos y embelesadores.

Prendas tan peregrinas como edificantes, fueron poderosas a que Aguedita, merced a sus videncias e inspiraciones, llegase a adivinar en Damián Rada no un curita de misa y olla, sino un doctor de la Iglesia, mitrado cuando menos, que en tiempos no muy lejanos había de refulgir cual astro de sabiduría y santidad para honra y santificación de Dios.

Lo malo de la cosa era la pobreza e infelicidad de los padres del predestinado y la no mucha abundancia de su protectora. Mas no era ella para renunciar a tan sublimes ideales: esa miseria era la red con que *el Patas* quería estorbar el vuelo de aquella alma que había de remontarse serena, serena, como una palomita, hasta su Dios; pues no, no lograría *el Patas* sus intentos. Y discurriendo, discurriendo cómo rompería la diabólica maraña, diose a adiestrar a Damiancito en tejidos de red y *crochet;* y tan inteligente resultó el discípulo, que al cabo de pocos meses puso en cantarilla un ropón con muchas ramazones y arabescos que eran un primor, labrado por las delicadas manos de Damián.

Catorce pesos, billete sobre billete, resultaron de la invención.

Tras ésta vino otra, y luego la tercera, las cuales le produjeron obras de tres cóndores. Tales ganancias abriéronle a Aguedita tamaña agalla. Fuese al cura y le pidió permiso para hacer un bazar a beneficio de Damián. Concedióselo el párroco, y armada de tal concesión y de su mucha elocuencia y seducciones, encontró apoyo en todo el señorío del pueblo. El éxito fue un sueño que casi trastornó a la buena señora, con ser que era muy cuerda: ¡sesenta y tres pesos!

El prestigio de tal dineral, la fama de las virtudes de Damián, que ya por ese entonces llenaba los ámbitos de la parroquia, la fealdad casi ascética y decididamente eclesiástica del beneficiado formáronle aureola, especialmente entre el mujerío y gentes piadosas. "El curita de Aguedita" llamábalo todo el mundo, y en mucho tiempo no se habló de otra cosa que de sus virtudes, austeridades y penitencias. El curita ayunaba témporas y cuaresmas antes que su santa Madre Iglesia se lo ordenase, pues apenas entraba por los quince; y no así, atracándose con el mediodía y comiendo cada rato, como se estila hogaño, sino con una frugalidad eminentemente franciscana, y se dieron veces en que el ayuno fuera al traspaso cerrado. El curita de Aguedita se iba por esas mangas en busca de soledades, para hablar con su Dios y echarle unos párrafos de *Imitación de Cristo,* obra que a estas andanzas y aislamientos siempre llevaba consigo. Unas leñadoras contaban haberle visto metido entre una barranca, arrodillado y compungido, dándose golpes de pecho con una mano de moler. Quién aseguraba que en un paraje muy remoto y umbrío había hecho una cruz de sauce y que en ella se crucificaba horas enteras a cuero pelado, y nadie lo dudaba, pues Damián volvía ojeroso, macilento, de los éxtasis y crucifixiones. En fin, que Damiancito vino a ser el santo de la parroquia, el pararrayos que libraba a tanta gente mala de las cóleras divinas. A las señoras limosneras se les hizo preciso que su óbolo pasara por las manos de Damián, y todas a una le pedían que las metiese en parte en sus santas oraciones.

Y como el perfume de las virtudes y el olor de santidad siempre tuvieron tanta magia, Damián, con ser un bicho raquítico, arrugado y enteco, aviejado y paliducho de rostro, muy rodillijunto y patiabierto, muy contraído de pecho y maletón, con una figurilla que más parecía de feto que de muchacho, resultó hasta bonito e interesante. Ya no fue curita: fue "San Antoñito". San Antoñito le nombraban y por San Antoñito entendía. "¡Tan queridito!" —decían las señoras cuando le veían salir de la iglesia, con su paso tan menudito, sus codos tan remendados, su par de parches en las posas, pero tan aseadito y decoroso—. "Tan bello ese modo de rezar, ¡con sus ojos cerrados! ¡La unción de esa criatura es una cosa que edifica! Esa sonrisa de humildad y mansedumbre. ¡Si hasta en el camino se le ve la santidad!"

Una vez adquiridos los dineros, no se durmió Aguedita en las pajas. Avistóse con los padres del muchacho, arreglóle el ajuar; comulgó con él en una misa que había mandado a la Santísima Trinidad para el buen éxito de la empresa; diole los últimos perfiles y consejos, y una mañana muy fría de enero viose salir a San Antoñito de panceburro nuevo, caballero en la mulita vieja de Señó Arciniegas, casi perdido entre los zamarros del Mayordomo de Fábrica, escoltado por un rescatante que le llevaba la maleta y a quien venía consignado. Aguedita, muy emparentada con varias señoras muy acaudaladas de Medellín, había gestionado de antemano a fin de recomendar a su protegido; así fue que cuando éste llegó a la casa de asistencia y hospedaje de las señoras Del Pino halló campo abierto y viento favorable.

La seducción del santo influyó al punto, y las señoras Del Pino, doña Pacha y Fulgencita, quedaron luego a cuál más pagada de su recomendado. El maestro Arenas, el sastre del Seminario, fue llamado inmediatamente para que le tomase las medidas al presunto seminarista y le hiciese una sotana y un manteo a todo esmero y baratura, y un terno de lanilla carmelita para las grandes ocasiones y trasiegos callejeros. Ellas le consiguieron la banda, el tricornio y los zapatos; y doña Pacha se apersonó en el Seminario para recomendar ante el rector a Damián. Pero, ¡oh desgracia!, no pudo conseguir la beca: todas estaban comprometidas y sobraba la mar de candidatos. No por eso amilanóse doña Pacha: a su vuelta del Seminario entró a la Catedral e imploró los auxilios del Espíritu Santo para que la iluminase en conflicto semejante. Y la iluminó. Fue el caso que se le ocurrió avistarse con doña Rebeca Hinestrosa de Gardeazábal, dama viuda riquísima y piadosa, a quien pintó la necesidad y de quien recabó almuerzo y comida para el santico. Felicísima, radiante, voló doña Pacha a su casa, y en un dos por tres habilitó de celdilla para el seminarista un cuartucho de trebejos que había por allá junto a la puerta falsa; y aunque pobres, se propuso darle ropa limpia, alumbrado, merienda y desayuno.

Juan de Dios Barco, uno de los huéspedes, el más mimado de las señoras por su acendrado cristianismo, así en el Apostolado de la Oración y malilla en los asuntos de san Vicente, regalóle al muchacho algo de su ropa en muy buen estado y un par de botines, que le vinieron holgadillos y un tanto sacados y movedizos de jarrete. Juancho le consiguió con mucha rebaja los textos y útiles en la Librería Católica, y cátame a Periquito hecho fraile.

No habían transcurrido tres meses, y ya Damiancito era dueño del corazón de sus patronas y propietario en el de los pupilos y en el de cuanto huésped arrimaba a aquella casa de asistencia tan popular en Medellín. Eso era un contagio.

Lo que más encantaba a las señoras era aquella parejura de genio; aquella sonrisa, mueca celeste, que ni aun en el sueño despintaba Damiancito, aquella cosa allá, indefinible, de ángel raquítico y enfermizo, que hasta a esos dientes podridos y desparejos daba un destello de algo ebúrneo, nacarino; aquel filtrarse la luz del alma por los ojos, por los poros de ese muchacho tan feo al par que tan hermoso. A tanto alcanzó el hombre que a las señoras se les hizo un ser necesario. Gradualmente, merced a instancias que a las patronas les brotaban desde la fibra más cariñosa del alma, Damiancito se fue quedando, ya a almorzar, ya a comer a casa; y llegó día en que se le envió recado a la señora de Gardeazábal que ellas se quedaban definitivamente con el encanto.

—Lo que más me pela del muchachito —decía doña Pacha— es ese poco metimiento, esa moderación con nosotros y con los mayores. ¿No te has fijado, Fulgencia, que si no le hablamos, él no es capaz de dirigirnos la palabra por su cuenta?

—No digás eso, Pacha, ¡esa aplicación de ese niño! ¡Y ese juicio que parece de viejo! ¡Y esa vocación para el sacerdocio! Y esa modestia: ni siquiera por curiosidad ha alzado a ver a Candelaria.

Era la tal una muchacha criada por las señoras en mucho recato, señorío y temor de Dios. Sin sacarla de su esfera y condición mimábanla cual a propia hija; y como no era mal parecida y en casa como aquélla nunca faltan asechanzas, las señoras, si bien miraban a la chica como un vergel cerrado, no la perdían de vista ni un instante.

Informada doña Pacha de las habilidades del pupilo

como franjista y tejedor, púsolo a la obra, y pronto varias señoras ricas y encopetadas le encargaron antimacasares y cubiertas de muebles. Corrida la noticia por los *réclames* de Fulgencia, se le pidió un cubrecama para una novia... ¡Oh! ¡En aquello sí vieron las señoras los dedos de un ángel! Sobre aquella red sutil e inmaculada cual telaraña de la gloria, albeaban con sus pétalos ideales manojos de azucenas, y volaban como almas de vírgenes unas mariposas aseñoradas, de una gravedad coqueta y desconocida. No tuvo que intervenir la lavandera: de los dedos milagrosos salió aquel ampo de pureza a velar el lecho de la desposada.

Del importe del cubrecama sacóle Juancho un flux de muy buen paño, un calzado hecho sobre medida y un tirolés de profunda hendidura y ala muy graciosa. Entusiasmada doña Fulgencia con tantísima percha, hízole de un retal de blusa mujeril que le quedaba en bandera una corbata de moño, a la que, por sugestión acaso, imprimió la figura arrobadora de las mariposas supradichas. Etéreo, como una revelación de los mundos celestiales, quedó Damiancito con los atavíos; y cual si ellos influyesen en los vuelos de su espíritu sacerdotal, iba creciendo, al par que en majeza y galanura, en las sapiencias y reconditeces de la latinidad. Agachado en una mesita cojitranca, vertía del latín al romance y del romance al latín ahora a Cornelio Nepote y tal cual miaja de Cicerón, ahora a san Juan de la Cruz, cuya serenidad hispánica remansaba en unos hiperbatones dignos de Horacio Flaco. Probablemente Damiancito sería con el tiempo un Caro número dos.

La cabecera de su casta camita era un puro pegote de cromos y medallas, de registros y estampitas, a cuál más religioso. Allí Nuestra Señora del Perpetuo, con su rostro flacucho tan parecido al del seminarista; allí Martín de Porres, que armado de su escoba representaba la negrería del Cielo; allí Bernadette, de rodillas ante la blanca aparición; allí copones entre nubes, ramos de uvas y gavillas de espigas, y el escapulario del Sagrado Corazón, de alto relieve, destacaba sus chorrerones de sangre sobre el blanco disco de franela.

Doña Pacha, a vueltas de sus entusiasmos con las virtudes y angelismo del curita, y en fuerza acaso de su misma religiosidad, estuvo a pique de caer en un cisma: muchísimo admiraba a los sacerdotes, y sobre todo, al rector del Seminario, pero no le pasaba, ni envuelto en hostias, eso de que no se le diese beca a un ser como Damián, a ese pobrecito desheredado de los bienes terrenos, tan millonario en las riquezas eternas. El rector sabría mucho; tanto, si no más que el obispo; pero ni él ni su Ilustrísima le habían estudiado, ni mucho menos comprendido. Claro. De haberlo hecho, desbocarían al más pintado, a trueque de colocar a Damiancito. La Iglesia Antioqueña iba a tener un san Tomasito de Aquino, si acaso Damián no se moría, porque el muchacho no parecía cosa para este mundo.

Mientras que doña Pacha fantaseaba sobre las excelsitudes morales de Damián, Fulgencita se daba a mimarle el cuerpo endeble que aprisionaba aquella alma apenas comparable al cubrecama consabido. Chocolate sin harina, de lo más concentrado y espumoso, aquel chocolate con que las hermanas se regodeaban en sus horas de sibaritismo, le era servido en una jícara tamaña como esquilón. Lo más selecto de los comistrajes, las grosuras domingueras con que regalaban a sus comensales, iban a dar en raciones frailescas a la tripa del seminarista, que gradualmente se iba anchando, anchando. Y para aquella cama que antes fuera dura tarima de costurero, hubo blandicies por colchones y almohadas, y almidonadas blancuras semanales por sábanas y fundas, y flojedades cariñosas por la colcha grabada, de candideces blandas y flecos desmadejados y acariciadores. La madre más tierna no repasa ni revisa los indumentos interiores de su unigénito cual lo hiciera Fulgencita con aquellas camisas, con aquellas medias y con aquella otra pieza que no pueden nombrar las *misses*. Y aunque la señora era un tanto asquienta y poco amiga de entenderse con ropas ajenas, fuesen limpias o sucias, no le pasó ni remotamente al manejar los trapitos del seminarista ni un ápice de repugnancia. Qué le iba a

91

pasar; si antes se le antojaba, al manejarlas, que sentía el olor de pureza que deben exhalar los suaves plumones de los ángeles. Famosa dobladora de tabacos, hacía unos largos y aseñorados, que eran para que Damiancito los fumase a solas en sus breves instantes de vagar.

Doña Pacha, en su misma adhesión al santico, se alarmaba a menudo con los mimos y ajonjeos de Fulgencia, pareciéndole un tanto sensuales y antiascéticos tales refinamientos y tabaqueos. Pero su hermana le replicaba, sosteniéndole que un niño tan estudioso y consagrado necesitaba muy buen alimento; que sin salud no podía haber sacerdotes, y que a alma tan sana no podían malearla las insignificancias de unos cuatro bocados más sabrosos que la bazofia ordinaria y cotidiana, ni mucho menos el humo de un cigarro; y que así como esa alma se alimentaba de las dulzuras celestiales, también el pobre cuerpo que la envolvía podía gustar algo dulce y sabroso, máxime cuando Damiancito le ofrecía a Dios todos sus goces puros e inocentes.

Después del rosario con misterios en que Damián hacía el coro, todo él ojicerrado, todo él recogido, todo extático, de hinojos sobre la áspera estera antioqueña que cubría el suelo, después de este largo coloquio con el Señor y su Santa Madre, cuando ya las patronas habían despachado sus quehaceres y ocupaciones de prima noche, solía Damián leerles algún libro místico, del padre Fáber por lo regular. Y aquella vocecilla gangosa, que se desquebrajaba al salir por aquella dentadura desportillada, daba el tono, el acento, el carácter místico de oratoria sagrada. Leyendo *Belén*, el poema de la Santa Infancia, libro en que Fáber puso su corazón, Damián ponía una cara, unos ojos, una mueca que a Fulgencita se le antojaban transfiguración o cosa así. Más de una lágrima se le saltó a la buena señora en esas leyendas.

Así pasó el primer año, y, como era de esperarse, el resultado de los exámenes fue estupendo; y tanto el desconsuelo de las señoras al pensar que Damiancito iba a separárseles durante las vacaciones, que él mismo, *motu proprio*, determinó no irse a su pueblo y quedarse en la ciudad, a fin de repasar los cursos ya hechos y prepararse para los siguientes. Y cumplió el programa con todos sus puntos y comas; entre textos y encajes, entre redes y cuadernos, rezando a ratos, meditando con frecuencia, pasó los asuetos; y sólo salía a la calle a las diligencias y compras que a las señoras se les ocurría, y tal vez a paseos vespertinos a las afueras más solitarias de la ciudad, y eso porque las señoras a ello lo obligaban.

Pasó el año siguiente; pero no pasó, que antes se acrecentaba más y más, el prestigio, la sabiduría, la virtud sublime de aquel santo precoz. No pasó tampoco la inquina santa de doña Pacha al rector del Seminario: que cada día le sancochaba la injusticia y el espíritu de favoritismo que aun en los mismos seminarios cundía e imperaba.

Como a fines de ese año, a tiempo que los exámenes terminaban, se les hubiese ocurrido a los padres de Damián venir a visitarlos a Medellín, y como Aguedita estuviera de viaje a los ejercicios de diciembre, concertaron las patronas, previa licencia paterna, que tampoco en esta vez fuese Damián a pasar las vacaciones a su pueblo. Tal resolución les vino a las señoras no tanto por la falta que Damián iba a hacerles, cuanto y más por la extremada pobreza, por la miseria que revelaban aquellos viejecitos, un par de campesinos de lo más sencillo e inocente, para quienes la manutención de su hijo iba a ser, si bien por pocos días, un gravamen harto pesado y agobiador. Damián, este ser obediente y sometido, a todo dijo amén con la mansedumbre de un cordero. Y sus padres, después de bendecirle, partieron, llorando de reconocimiento a aquellas patronas tan bondadosas, a mi Dios que les había dado aquel hijo.

¡Ellos, unos pobrecitos montañeros, unos ñoes, unos muertos de hambre, taitas de un curita! Ni podían creerlo. ¡Si su Divina Majestad fuese servida de dejarlos vivir hasta verlo cantar misa o alzar con sus manos la hostia, el cuerpo y sangre de mi Señor Jesucristo! Muy pobrecitos eran, muy infelices ¡pero cuanto tenían, la tierrita, la vaca, la media roza, las cuatro matas de la huerta, de todo saldrían, si necesario fuera, a trueque de ver a Damiancito hecho cura. Pues ¿Aguedita? El cuajo se le ensanchaba de celeste regocijo, la glorificación de Dios le rebullía por dentro al pensar en aquel sacerdote, casi hechura suya. Y la parroquia misma, al sentirse patria de Damián, sentía ya vibrar por sus aires el soplo de la gloria, el hálito de la santidad: sentíase la Padua chiquita.

No cedía doña Pacha en su idea de la beca. Con la tenacidad de las almas bondadosas y fervientes buscaba y buscaba la ocasión: y la encontró. Ello fue que un día, por allá en los julios siguientes, apareció por la casa, como llovida del cielo y en calidad de huésped, doña Débora Cordobés, señora briosa y espiritual, paisana y próxima parienta del rector del Seminario. Saber doña Pacha lo del parentesco y encargar a doña Débora de la intriga, todo fue uno. Prestóse ella con entusiasmo, prometiéndole conseguir del rector cuanto pidiese. Ese mismo día solicitó por el teléfono una entrevista con su ilustre allegado; y al Seminario fue a dar a la siguiente mañana.

Doña Pacha se quedó atragantándose de Te Deums y Magnificats, hecha una acción de gracias; corrió Fulgencita a arreglar la maleta y todos los bártulos del curita, no sin *chocolear* un poquillo por la separación de este niño que era como el respeto y la veneración de la casa. Pasaban horas, y doña Débora no aparecía. El que vino fue Damián, con sus libros bajo el brazo, siempre tan parejo y tan sonreído.

Doña Pacha quería sorprenderlo con la nueva, reservándosela para cuando todo estuviera definitivamente arreglado; pero Fulgencita no pudo contenerse y le dio algunas puntadas. Y era tal la ternura de esa alma, tanto su reconocimiento, tanta su gratitud a las patronas, que, en medio de su dicha, Fulgencita le notó cierta angustia, tal vez la pena de dejarlas. Como fuese a salir, quiso detenerlo Fulgencita; pero no le fue dado al pobrecito quedarse, porque tenía que ir a la Plaza de Mercado a llevar una carta a un arriero, una carta muy interesante para Aguedita.

Él que sale y doña Débora que entra. Viene inflamada por el calor y el apresuramiento. En cuanto la sienten las Del Pino se le abocan, la interrogan, quieren sacarle de un tirón la gran noticia. Siéntase doña Débora en un diván exclamando:

—Déjenme descansar y les cuento.

Se le acercan, la rodean, la asedian. No respiran. Medio repuesta un punto, dice la mensajera:

—Mis queridas, ¡se las comió el santico! Hablé con Ulpianito. Hace más de dos años que no ha vuelto al Seminario… ¡Ulpianito ni se acordaba de él!…

—¡Imposible! ¡Imposible! —exclamaban a dúo las dos señoras.

—No ha vuelto… Ni un día. Ulpianito ha averiguado con el vicerrector, con los pasantes, con los profesores todos del Seminario. Ninguno lo ha visto. El portero, cuando oyó las averiguaciones, contó que ese muchacho estaba entregado a la vagamundería. Por ai dizque lo ha visto en malos pasos. Según cuentas, hasta donde los protestantes dizque ha estado…

—Ésa es una equivocación, misiá Débora —prorrumpe Fulgencita con fuego.

—Eso es por no darle la beca —exclama doña Pacha, sulfurada—. ¡Quién sabe en qué enredo habrán metido a ese pobre angelito!

—Sí, Pacha —asevera Fulgencita—. A misiá Débora la han engañado. Nosotras somos testigos de los adelantos de ese niño; él mismo nos ha mostrado los certificados de cada mes y las calificaciones de los certámenes.

—Pues no entiendo, mis señoras, o Ulpiano me ha engañado —dice doña Débora, ofuscada, casi vacilando.

Juan de Dios Barco aparece.

—Oiga, Juancho, por Dios —exclama Fulgencita en cuanto le echa el ojo encima—. Camine, oiga estas brujerías. Cuéntele, misiá Débora.

Resume ella en tres palabras; protesta Juancho; se afirman las patronas; dase por vencida doña Débora.

—Ésta no es conmigo —vocifera doña Pacha, corriendo al teléfono.

Tilín...: tilín...

—Central... ¡Rector del Seminario!...

Tilín... tilín...

Y principian. No oye, no entiende; se enreda, se involucra, se *tupe;* da la bocina a Juancho y escucha temblorosa. La sierpe que se le enrosca a Núñez de Arce le *pasa rumbando.* Da las gracias Juancho, se despide, cuelga la bocina y aísla.

Y aquella cara anodina, agermanada, de zuavo de Cristo, se vuelve a las señoras; y con aquella voz de inmutable simpleza, dice:

—¡Nos co-mió el ce-bo el pen-de-je-te!

Se derrumba Fulgencia sobre un asiento. Siente que se desmorona, que se deshiela moralmente. No se asfixia porque la caldera estalla en un sollozo.

—No llorés, Fulgencita —vocifera doña Pacha, con voz enronquecida y temblona—, ¡déjamelo estar!

Álzase Fulgencia y ase a la hermana por los molledos.

—No le vaya a decir nada, mi querida. ¡Pobrecito!

Rúmbala doña Pacha de tremenda manotada.

—¡Que no le diga! ¡Que no le diga! ¡Que venga aquí ese pasmado!... ¡Jesuita! ¡Hipócrita!

—No, por Dios, Pacha...

—¡De mí no se burla ni el obispo! ¡Vagabundo! ¡Perdido! Engañar a unas tristes viejas; robarles el pan que podían haber dado a un pobre que lo necesitara. ¡Ah malvado, comulgador sacrílego! ¡Inventor de certificados y de certámenes!... ¡Hasta protestante será!

—Vea mi queridita, no le vaya a decir nada a ese pobre. Déjelo siquiera que almuerce.

Y cada lágrima le caía congelada por la arrugada mejilla.

Intervienen doña Débora y Juancho. Suplican.

—¡Bueno! —decide al fin doña Pacha, levantando el dedo—. Jártalo de almuerzo hasta que reviente. Pero eso sí, chocolate del de nosotras sí no le das a ese sinvergüenza. Que beba aguadulce o que se largue sin sobremesa.

Y erguida, agrandada por la indignación, corre a servir el almuerzo.

Fulgencita alza a mirar, como implorando auxilio, la imagen de san José, su santo predilecto.

A poco llega el santico, más humilde, con la sonrisilla seráfica un poquito más acentuada.

—Camine a almorzar, Damiancito—le dice doña Fulgencia, como en un trémolo de terneza y amargura.

Sentóse la criatura y de todo comió, con mastiqueo nervioso, y no alzó a mirar a Fulgencita, ni aun cuando ésta le sirvió la inusitada taza de agua de panela.

Con el último trago le ofrece doña Fulgencia un manojo de tabacos, como lo hacía con frecuencia. Recíbelos san Antoñito, enciende y vase a su cuarto.

Doña Pacha, terminada la faena del almuerzo, fue a buscar al protestante. Entra a la pieza y no le encuentra; ni la maleta, ni el tendido de la cama.

Por la noche llaman a Candelaria al rezo y no responde; búsqueda y no aparece: corren a su cuarto, hallan abierto y vacío el baúl… Todo lo entienden.

A la mañana siguiente, cuando Fulgencita arreglaba el cuarto del malvado, encontró una alpargata inmunda de las que él usaba; y al recogerla cayó de sus ojos, como el perdón divino sobre el crimen, una lágrima nítida, diáfana, entrañable.

COMENTARIO

Carrasquilla revela ya una mayor conciencia artística que los autores anteriores. Lo importante de este cuento no es tanto la trama con su desenlace inesperado, sino la creación del ambiente de un pueblo y de una ciudad provinciana de fines del siglo XIX. El autor logra captar el espíritu religioso y el ritmo soporífero de la vida colombiana de esa época con un estilo que corresponde al asunto a las mil maravillas. Las oraciones suelen ser muy largas debido al uso de: *1)* series de adjetivos o de frases paralelas: "Sobre tan buenas partes era Damiancito sumamente rezandero y edificante, comulgador insigne, aplicado como él solo dentro y fuera de la escuela, de carácter sumiso, dulzarrón y recatado"; *2)* combinaciones bimembres a base de "y" y hasta palabras bimembres; "rodillijunto y patiabierto" y "ojicerrado"; *3)* la repetición del mismo vocablo: "y toda, toda ella se dio a los asuntos de iglesia y sacristía"; "aquella alma que había de remontarse serena, serena"; "y discurriendo, discurriendo cómo rompería la diabólica maraña"; *4)* la aliteración: "repicar recio"; "prendas tan peregrinas como edificantes fueron poderosas..."; "cual astro de sabiduría y santidad". Además del ritmo soporífero, la prosa de Carrasquilla se distingue por su sabor popular derivado del uso de giros pintorescos y arcaicos y de una variedad de diminutivos y de otros sufijos: *1)* "La no mucha abundancia de su protectora"; "una vez adquiridos los dineros, no se durmió Aguedita en las pujas"; "un curita de misa y olla"; "Juancho le consiguió con mucha rebaja los textos y útiles en la Librería Católica, y cátame a Periquito hecho fraile"; "unos ñoes"; *2)* san Antoñito, Aguedita, Damiancito, curita, pasadita de edad, intriguillas, mocosuelo aviejado y paliducho, una figurilla, el santico, holgadillos, sonrisilla.

Carrasquilla crea el ambiente ultrarreligioso de la vida provinciana con el propósito de burlarse de él. Aunque el fin es inesperado, hay indicaciones anteriores que sólo tienen significado para los que conocen a Carrasquilla. El mismo título indica que el protagonista va a ser adorado por todas las mujeres. Por mucho que su actitud pasiva justifique su apodo, hay alguna que otra nota que hace sospechar al lector de que no se trata exclusivamente del amor religioso: "en quien vino a cifrar la buena señora su cariño tierno a la vez que extravagante, harto raro por cierto en gentes célibes y devotas". Se habla de las "seducciones" de Aguedita y de "la seducción del santo". La insinuación más directa, e irónica a la vez, del desenlace se nota en la frase de Fulgencia: "y esa modestia: ni siquiera por curiosidad ha alzado a ver a Candelaria", seguida de un párrafo que explica cómo las señoras vigilaban a la bien parecida Candelaria contra las asechanzas de los hombres. La nota del amor sensual que hace contraste con la fealdad ascética de Damián sigue hasta el desenlace: el cubrecama para el lecho de la desposada; los mimos "un tanto sensuales y antiascéticos" de Fulgencia; la angustia de Damián al saber que va a dejar la casa para entrar en el Seminario; y "una carta muy interesante para Aguedita".

Para captar la impresión violenta que produce el descubrimiento del crimen de Damián, Carrasquilla abandona la narración descriptiva y presenta la acción por medio de una combinación de frases y párrafos cortos con un diálogo muy realista y pintoresco.

"—¡Nos comió el ce-bo el pen-de-jete!"

"…Jártalo de almuerzo hasta que reviente."

Aunque la trama del cuento no es nada extraordinaria, su elaboración artística lo sitúa por encima de los otros cuentos realistas. El tono ameno, los personajes de lo que podría llamarse la clase media, la afición por lo pintoresco, las descripciones detalladas y el regionalismo en general corresponden al realismo del siglo XIX. La conciencia artística de Carrasquilla, que lo distingue de sus contemporáneos de otros países, además de ser propia del genio del hombre, lo pone junto a los grandes hablistas colombianos que han dado a ese país la fama de lucir el mejor conocimiento del idioma español de toda Hispanoamérica.

MANUEL GONZÁLEZ ZELEDÓN (MAGÓN)
[1864-1936]

Costarricense. Nació en San José, estudió en el Instituto Nacional. Participó en la política. Vicecónsul en Bogotá, cónsul en Nueva York y embajador en Washington. Vivió 30 años en los Estados Unidos. Su obra literaria se limita esencialmente a los cuadros de costumbres. Sin embargo, se le considera, junto con su primo Aquileo J. Echeverría (1866-1909), autor del tomo de poesía costumbrista Concherías *(1905), uno de los fundadores de la literatura nacional. "El clis de sol" se publicó en el periódico* La República *de San José el 29 de agosto de 1897 y luego fue incluido en* La Propia *y otros tipos y escenas costarricenses (1912), la colección de todos los cuentos y cuadros de Magón.*

EL CLIS DE SOL

NO ES cuento, es una historia que sale de mi pluma como ha ido brotando de los labios de ñor Cornelio Cacheda, que es un buen amigo de tantos como tengo por esos campos de Dios. Me la refirió hará cinco meses, y tanto me sorprendió la maravilla que juzgo una acción criminal el no comunicarla para que los sabios y los observadores estudien el caso con el detenimiento que se merece.

Podría tal vez entrar en un análisis serio del asunto, pero me reservo para cuando haya oído las opiniones de mis lectores. Va, pues, monda y lironda, la consabida maravilla.

Ñor Cornelio vino a verme y trajo consigo un par de niñas de dos años y medio de edad, nacidas de una sola "camada", como él dice, llamadas María de los Dolores y María del Pilar, ambas rubias como una espiga, blancas y rosadas como durazno maduro y lindas como si fueran "imágenes", según la expresión de ñor Cornelio. Contrastaba notablemente la belleza infantil de las gemelas con la sincera incorrección de los rasgos fisonómicos de ñor Cornelio, feo si los hay, moreno subido y tosco hasta lo sucio de las uñas y lo rajado de los talones. Naturalmente, se me ocurrió en el acto preguntarle por el progenitor feliz de aquel par de boquirrubias. El viejo se chilló de orgullo, retorció la jetaza de pejibaye rayado, se limpió las babas con el revés de la peluda mano y contestó:

—¡Pos yo soy el tata, mas que sea feo el decilo! ¡No se parecen a yo, pero es que la mama no es tan piar, y pal gran poder de mi Dios no hay nada imposible!

—Pero dígame, ñor Cornelio, ¿su mujer es rubia, o alguno de los abuelos era así como las chiquitas?

—No, ñor; en toda la familia no ha habido ninguna gata ni canelo; todos hemos sido acholaos.

—Y entonces, ¿cómo se explica usted que las niñas hayan nacido con ese pelo y esos colores?

El viejo soltó una estrepitosa carcajada, se enjarró y me lanzó una mirada de soberano desdén.

—¿De qué se ríe, ñor Cornelio?

—¿Pos no había de rirme, don Magón, cuando veo que un probe inorante como yo, un campiruso pión, sabe más que un hombre como usté, que todos dicen que es tan sabido, tan leído y que hasta hace leyes onde el presidente con los menistros?

—A ver, explíqueme eso.

—Hora verá lo que jue.

Ñor Cornelio sacó de las alforjas un buen pedazo de sobao, dio un trozo a cada chiquilla, arrimó un taburete en el que se dejó caer satisfecho de su próximo triunfo, se sonó estrepitosamente las narices, tapando cada una de las ventanas con el índice respectivo y soplando con violencia por la otra, restregó con la planta de la pataza derecha limpiando el piso, se enjugó con el revés de la chaqueta y principió su explicación en estos términos:

—Usté sabe que hora en marzo hizo tres años que hubo un clis de sol, en que se escureció el sol en todo el medio; bueno, pues como unos veinte días antes, Lina, mi mujer, salió habelitada de esas chiquillas. Desde ese entonce, le cogió un desasosiego tan grande, aquello era cajeta; no había cómo atajala, se salía de la casa de día y de noche, siempre ispiando pal cielo; se iba al solar, a la quebrada, al charralillo del cerco, y siempre con aquel capricho y aquel mal que no había descanso ni más remedio que dejala a gusto. Ella siempre había sido muy antojada en todos los partos. Vea, cuando nació el mayor, jue lo mesmo; con que una noche me dispertó tarde de la noche y m'izo ir a buscarle cojoyos de cirgüelo macho. Pior era que juera a nacer la criatura con la boca abierta. Le truje los cojoyos; en después jueron otros antojos, pero nunca la llegué a ver tan desasosegada como con estas chiquitas. Pos hora verá, como le iba diciendo, le cogió por ver pal cielo día y noche y el día del clis de sol que estaba yo en el breñalillo del cerco dende bueno mañana.

"Pa no cansalo con el cuento, así siguió hasta que nacieron las muchachitas éstas. No le niego que a yo se mi hizo cuesta arriba el velas tan canelas y tan gatas, pero dende entonce parece que hubieran traído la bendición de Dios. La mestra me las quiere y les cuese la ropa, el político les da sus cincos, el cura me las pide pa paralas con naguas de puros linoses y antejuelas en el altar pal Corpus, y pa los días de la Semana Santa las sacan en la procesión arrimadas al Nazareno y al Santo Sepulcro, pa la Nochebuena las mudan con muy bonitos vestidos y las ponen en el portal junto a las Tres Divinas. Y todos los costos son de bolsa de los mantenedores y siempre les dan su medio escudo, gu bien su papel de a peso, gu otra buena regalía. ¡Bendito sea mi Dios que las jue a sacar pa su servicio de un tata tan feo como yo!... Lina hasta que está culeca con sus chiquillas y dionde que aguanta que no se las alabanceen. Ya ha tenido sus buenos pleitos con curtidas del vecinduario por las malvadas gatas."

Interrumpí a ñor Cornelio, temeroso de que el panegírico no tuviera fin y lo hice volver al carril abandonado.

—Bien, pero ¿idiái?

—Idiái qué. ¿Pos no ve que jue por ber ispiao la mama el clis de sol por lo que son canelas? ¿Usté no sabía eso?

—No lo sabía, y me sorprende que usted lo hubiera adivinado sin tener ninguna instrucción.

—Pa qué engañalo, don Magón. Yo no jui el que adevinó el busiles. ¿Usté conoce a un mestro italiano que hizo la torre de la iglesia de la villa? ¿Un hombre gato, pelo colorao, muy blanco y muy macizo que come en casa dende hace cuatro años?

—No, ñor Cornelio.

—Pos él jue el que me explicó la cosa del clis de sol.

COMENTARIO

Manuel González Zeledón (Magón) fue el fundador del costumbrismo costarricense, la tendencia más característica de toda la literatura de ese país desde sus principios hasta la actualidad.

El costumbrismo de Magón se puede atribuir a varios factores nacionales, pero no se puede negar su parentesco con el costumbrismo que estaba de moda en toda Hispanoamérica. La gran popularidad de ese movimiento a través de toda la literatura costarricense proviene del carácter relativamente homogéneo de la nación. Ni para Magón ni para los escritores de hoy existe de tal grado la jerarquía social que caracteriza a la gran mayoría de los otros países hispanoamericanos. Tampoco existe una jerarquía cultural muy rígida por la ausencia de una larga trayectoria de educación universitaria y por el énfasis tradicional en la educación primaria y secundaria. Geográficamente tampoco existen barreras infranqueables entre el literato citadino y el pueblo campesino. Así es que cuando Magón escribió sus cuadros de costumbres estaba contando sus propias experiencias. Tanto él como los escritores que lo han seguido pueden asociarse e identificarse con el pueblo sin dejar de burlarse de su ingenuidad de acuerdo con la moda de la época. Sin embargo, el mismo Magón confesó haberse inspirado en la literatura de Colombia, donde ya existía toda una escuela de costumbristas: "En 1889 fui a Bogotá y, estando allá, el gobierno de Costa Rica me nombró vicecónsul. Allá cultivé las bellas letras y escribí en varios periódicos bajo diferentes seudónimos, en su mayor parte acerca de Costa Rica. Durante los dos años y medio que pasé en Bogotá hice muy íntimas relaciones con notables prosistas y poetas colombianos: Jorge Isaacs, Jorge Pombo, Santiago Pérez Triana, Roberto McDouall, José Asunción Silva, Julio Flórez, Samuel Velázquez, Rivas Frade y Rivas Groot, y otros cuyos nombres se han borrado de mi memoria. Ese roce me fue de mucho provecho como educación literaria y para formar mi estilo".*

De todos los cuadros de Magón, "El clis de sol" es el que más parece cuento. "La propia" es esencialmente el bosquejo de una novela, mientras que los otros en realidad son más cuadros de costumbres donde el autor se divierte tanto describiendo el ambiente físico, el pueblo costarricense y su manera de vivir y de hablar a fines del siglo pasado que el argumento pierde su importancia. Aun en "El clis de sol", la gracia del cuento proviene en gran parte del dialecto que emplea ñor Cornelio, pero no logra predominar sobre el desenlace. Al leer la última frase, el lector se da cuenta de la gran unidad de la narración. No hay frases ni episodios

* Carta de Magón a José María Arce fechada "marzo 21 de 1933" y reproducida en José M. Arce, *Cuentos por Manuel González Zeledón*, San José, Universidad de Costa Rica, 1947, p. 232.

parentéticos. La presencia del autor y su conversación con ñor Cornelio Cacheda, el sentido de cuyo nombre no se percibe hasta el final, aumenta la verosimilitud del cuento. La erudición y la picardía de Magón hacen destacar más la simpleza del protagonista, pero el autor nunca deja de considerar a éste su amigo. El mismo afán de captar el lenguaje pintoresco de su protagonista demuestra cierta identidad nacional con él. Es que para Magón y los que siguieron sus huellas, el nacionalismo costarricense no se encuentra en la arqueología precolombina ni en las grandes hazañas históricas, sino en la vida diaria del pueblo contemporáneo. Al mismo tiempo hay que señalar la actitud racista típica de la época positivista en la adoración de las gemelas blancas y rubias y en el destacar como rasgo feo el color "moreno subido" del protagonista.

La brevedad de "El clis de sol" (el contraste con los cuentos de Carrasquilla y de López Portillo y Rojas es enorme) establece una tradición que habría de seguir la mayoría de los cuentistas ticos, destacándose Joaquín García Monge (1881-1958) y Carlos Salazar Herrera (1906-1980).

EL NATURALISMO

EL NATURALISMO, que en Europa remplazó al realismo, en Hispanoamérica coincidió con él sin perder su propia identidad. Por haber ya mejores comunicaciones intercontinentales a fines del siglo XIX, los autores hispanoamericanos podían leer las obras de Zola casi al mismo tiempo que se publicaban en Francia. Aunque el auge del naturalismo sólo duró 17 años (1870-1887) en Francia, en América no decayó hasta después de 1910. En Argentina hizo escuela a partir de 1880 con la publicación de las novelas de Eugenio Cambaceres: *Música sentimental* (1882), *Sin rumbo* (1883) y *En la sangre* (1887). Por ser Buenos Aires la mayor ciudad hispanoamericana de ambiente muy europeo, no es de extrañar que el naturalismo hubiera tenido allí su mayor influjo y que hubiera durado 40 años: *La gran aldea* (1884) de Lucio V. López, *Irresponsable* (1889) de Manuel Podestá, *La bolsa* (1890) de Julián Martel, *Libro extraño* (1904) de Francisco A. Sicardi e *Historia de arrabal* (1922) de Manuel Gálvez. En otros países, el naturalismo dejó sus huellas sólo en algunas de las obras de autores individuales: Magariños Solsona y Carlos Reyles en Uruguay; Augusto D'Halmar en Chile; Carlos Loveira en Cuba y Manuel Zeno Gandía en Puerto Rico. Hasta en México, que ya tenía una tradición novelística desde principios del siglo XIX, Federico Gamboa fue el único afiliado sobresaliente.

Caído actualmente en desgracia, el naturalismo hispanoamericano todavía no ha sido estudiado debidamente. Por falta de comprensión, muchos críticos no lo han separado lo suficiente del realismo. Tanto por su concepto del mundo como por su método, el naturalismo, lejos de asemejarse al realismo, constituye su negación. Inspirado en la filosofía positivista de Comte, las teorías de Darwin y la medicina experimental de Claudio Bernard, el naturalista estudiaba al hombre como un conjunto de átomos cuyas acciones eran determinadas exclusivamente por necesidades animalísticas. El protagonista no sobresalía como caricatura, sino que se abrumaba bajo el peso de la herencia y del ambiente. El autor rechazaba los temas pintorescos colocados en escenarios amenos. Al contrario, se ponía a hurgar en las llagas de la sociedad con un bisturí despiadado. El protagonista, transformado en *bête humaine*, vivía en las peores condiciones. Los temas predilectos eran el alcoholismo, la prostitución, el adulterio y la miseria de las masas. Si es verdad que los naturalistas escogían temas sórdidos para comprobar su teoría, no es menos verdad que todos ellos, al exponer la degradación humana, abogaban por una mayor comprensión de los problemas ajenos y por la eliminación de las condiciones que causan esa misma degradación.

Fieles creyentes en el determinismo, los autores naturalistas creaban sus obras con un método seudocientífico. Las descripciones eran detalladas para copiar cada minucia de la realidad. Puesto que las acciones de los protagonistas eran regidas por su pasado, el autor presentaba un panorama completo tanto de la familia del personaje como del medio en que se movía antes de hacerle irrumpir activamente en la obra. Preocupado por su estudio clínico, el autor naturalista no se interesaba en el diálogo tanto como los realistas.

Según lo anterior, no sorprende el pequeño número de cuentos naturalistas. Las pretensiones científicas del autor impedían que vertiera todo ese material dentro de los límites de un cuento. Desde luego que Guy de Maupassant es la excepción, pero la mayoría de los autores prefería comprobar sus teorías en novelas largas y, en muchos casos, en series de novelas.

Sin embargo, por otra de tantas anomalías en la literatura hispanoamericana, dos de los autores que incluimos en esta sección se distinguieron de sus antecesores en conocerse principal y casi exclusivamente como cuentistas: Javier de Viana y Baldomero Lillo.

JAVIER DE VIANA
[1868-1926]

Uruguayo. Uno de los primeros cuentistas profesionales. Se crió en una estancia. Fue a Montevideo para estudiar medicina y solicitó una beca para ir a París a especializarse en psiquiatría. Al no recibirla, se dedicó al periodismo sin dejar de visitar la estancia de su familia. "He sido hacendado, criador de vacas y ovejas, tropero y hasta contrabandista; revolucionario, muchas veces; candidato al Congreso en varias ocasiones, sin haber nunca pasado de candidato... He sido, ante todo y sobre todo, periodista..."*

La Revolución de 1904 acabó con la poca fortuna que tenía y fue a Buenos Aires con la ilusión de mantenerse escribiendo cuentos. Apremiado por las necesidades editoriales, la calidad de su obra bajó. Murió pobre y enfermo en las cercanías de Montevideo. Autor de dos novelas, Gaucha (1899) y Gurí (1901), y más de una docena de tomos de cuentos: Campo (1896), Matachines (1910), Leña seca (1911), Yuyos (1912), etc. También escribió piezas teatrales. "Los amores de Bentos Sagrera" se publicó en Campo, la primera y la mejor de las colecciones del prolífico cuentista.

LOS AMORES DE BENTOS SAGRERA

Cuando Bentos Sagrera oyó ladrar los perros, dejó el mate en el suelo, apoyando la bombilla en el asa de la caldera se

---

* Javier de Viana, "Autobiografía", en *Pago de deuda, Campo amarillo y otros escritos*, Montevideo: Claudio García y Cía., 1934, p. 20.

puso de pie y salió del comedor apurando el paso para ver quién se acercaba y tomar prontamente providencia.

Era la tarde, estaba oscureciendo y un gran viento soplaba del Este arrastrando grandes nubes negras y pesadas, que amenazaban tormenta. Quien a esas horas y con ese tiempo llegara a la estancia, indudablemente llevaría ánimo de pernoctar, cosa que Bentos Sagrera no permitía sino a determinadas personas de su íntima relación. Por eso se apuraba, a fin de llegar a los galpones antes de que el forastero hubiera aflojado la cincha a su caballo, disponiéndose a desensillar. Su estancia no era posada, ¡conejo! —lo había dicho muchas veces; y el que llegase, que se fuera y buscase fonda, o durmiera en el campo, ¡que al fin y al cabo dormían en el campo animales suyos de más valor que la mayoría de los desocupados harapientos que solían caer por allí demandando albergue!

En muchas ocasiones habíase visto en apuros, porque sus peones, más bondadosos —¡claro, como no era de sus cueros que habían de salir los maneadores!—, permitían a algunos desensillar; y luego era ya mucho más difícil hacerles seguir la marcha.

La estancia de Sagrera era uno de esos viejos establecimientos de origen brasileño, que abundan en la frontera y que semejan cárceles o fortalezas. Un largo edificio de paredes de piedras y techo de azotea; unos galpones, también de piedra, enfrente, y a los lados un alto muro con sólo una puerta pequeña dando al campo. La cocina, la despensa, el horno, los cuartos de los peones, todo estaba encerrado dentro de la muralla.

El patrón, que era un hombre bajo y grueso, casi cuadrado, cruzó el patio haciendo crujir el balasto bajo sus gruesos pies, calzados con pesadas botas de becerro colorado. Abrió con precaución la puertecilla y asomó su cabeza melenuda para observar al recién llegado, que se debatía entre una majada de perros, los cuales, ladrando enfurecidos, le saltaban al estribo y a las narices y la cola del caballo, haciendo que éste, encabritado, bufara y retrocediera.

110

—¡Fuera, cachorros! —repitió varias veces el amo, hasta conseguir que los perros se fueran alejando, uno a uno, y ganaran el galpón gruñendo algunos, mientras otros olfateaban aún con desconfianza al caballero que, no del todo tranquilo, titubeaba en desmontar.

—Tiene bien guardada la casa, amigo don Bentos —dijo el recién llegado.

—Unos cachorros criados por divertimiento —contestó el dueño de casa, con marcado acento portugués.

Los dos hombres se estrecharon la mano como viejos camaradas; y mientras Sagrera daba órdenes a los peones para que desensillaran y llevaran el caballo al potrero chico, éstos se admiraban de la extraña y poco frecuente amabilidad de su amo.

Una vez en la espaciosa pieza que servía de comedor, el ganadero llamó a un peón y le ordenó que llevara una nueva caldera de agua, y el interrumpido mate amargo continuó.

El forastero, don Brígido Sosa, era un antiguo camarada de Sagrera y, como éste, rico hacendado. Uníalos, más que la amistad, la mutua conveniencia, los negocios y la recíproca consideración que se merecen hombres de alta significación en una comarca.

El primero poseía cinco suertes de estancia en Mangrullo, y el segundo era dueño de siete en Guasunambí, y pasaban ambos por personalidades importantes y eran respetados, ya que no queridos, en todo el departamento y en muchas leguas más allá de sus fronteras. Sosa era alto y delgado, de fisonomía vulgar, sin expresión, sin movimiento: uno de esos tipos rurales que han nacido para cuidar vacas, amontonar cóndores y comer carne con "fariña".

Sagrera era más bien bajo, grueso, casi cuadrado, con jamones de cerdo, cuello de toro, brazos cortos, gordos y duros como troneos de coronilla; las manos anchas y velludas, los pies como dos planchas, dos grandes trozos de madera. La cabeza pequeña poblada de abundante cabello negro, con algunas, muy pocas, canas; la frente baja y deprimida, los ojos grandes, muy separados uno de otro, dándole un aspecto de bestia; la nariz, larga en forma de pico de águila; la boca grande, con el labio superior pulposo y sensual apareciendo por el montón de barba enmarañada.

Era orgulloso y altanero, avaro y egoísta, y vivía como la mayor parte de sus congéneres, encerrado en su estancia, sin placeres y sin afecciones. Más de cinco años hacía de la muerte de su mujer, y desde entonces él solo llenaba el caserón, en cuyas toscas paredes retumbaban a todas horas sus gritos y sus juramentos. Cuando alguien le insinuaba que debía casarse, sonreía y contestaba que para mujeres le sobraba con las que había en su campo, y que todavía no se olvidaba de los malos ratos que le hizo pasar el "diablo de su compañera".

Algún peón que lo oía, meneaba la cabeza y se iba murmurando que aquel "diablo de compañera" había sido una santa y que había muerto cansada de recibir puñetazos de su marido, a quien había aportado casi toda la fortuna de que era dueño.

Pero como estas cosas no eran del dominio público y quizá no pasaran de murmuraciones de cocina, el ganadero seguía siendo un respetable señor, muy digno de aprecio, muy rico y, aunque muy bruto y más egoísta, capaz de servir, al ciento por ciento, a algún desgraciado vecino.

Sosa iba a verlo por un negocio, y proponiéndose grandes ganancias, el hacendado de Guasunambí lo agasajaba de todas maneras.

Ofrecióle en la cena puchero con "pirón", guiso de menudos con "fariña" y un cordero, gordo como un pavo cebado, asado al asador y acompañado de galleta y fariña seca; porque allí la fariña se comía con todo y era el complemento obligado de todos los platos. Y como extraordinario, en honor del huésped, se sirvió una "canjica con leite", que, según la expresión brasileña, "si é fejon con toucinho é muito bom; ella borra tudo".

Afuera el viento que venía desde lejos, saltando libre

112

sobre las cuchillas peladas, arremetió con furia contra las macizas poblaciones, y emprendiéndola con los árboles de la huerta inmediata, los cimbró, los zamarreó hasta arrancarles las pocas hojas que les quedaban, y pasó de largo, empujado por nuevas bocanadas que venían del Este, corriendo a todo correr.

Arriba, las nubes se rompían con estruendo y la lluvia latigueaba las paredes del caserón y repiqueteaba furiosamente sobre los techos de cinc de los galpones.

En el comedor, Sagrera, Sosa y Pancho Castro —este último, capataz del primero— estaban de sobremesa, charlando, tomando mate amargo y apurando las copas de caña que el capataz escanciaba sin descanso.

Pancho Castro era un indio viejo, de rostro anguloso y lampiño, y de pequeños ojos turbios semiescondidos entre los arrugados párpados. Era charlatán y amigo de cuentos, de los cuales tenía un repertorio escaso, pero que repetía siempre con distintos detalles.

—¡Qué modo de yober! —dijo—. Esto me hace acordar una ocasión, en la estancia del finao don Felisberto Martínez, en la costa el Tacuarí...

—¡Ya tenemos cuento! —exclamó Sagrera; y el viejo, sin ofenderse por el tono despreciativo del estanciero, continuó muy serio:

—¡Había yobido! ¡Birgen santísima! El campo estaba blanquiando; tuitos los bañaos yenos, tuitos los arroyos campo ajuera, y el Tacuarí hecho un mar...

Se interrumpió para catar un mate y beber un trago de caña; luego prosiguió:

—Era una noche como ésta; pero entonces mucho más fría y mucho más escura, escurasa: no se bía ni lo que se combersaba. Habíamos andao tuita la nochesita recolutando la majada que se nos augaba por puntas enteras, y así mesmo había quedao el tendal. Estábamo empapaos cuando ganamo la cosina, onde había un juego que era una bendisión 'e Dios. Dispués que comimo "los" pusimo a amarguiar y a

113

contá cuentos. El biejo Tiburcio... ¡usté se ha de acordá del biejo Tiburcio, aquel indio de Tumpambá, grandote como un rancho y fiero como un susto a tiempo...! ¡Pucha hombre aquel que domaba laindo! Sólo una ocasión lo bide asentar el lomo contra el suelo, y eso jue con un bagual picaso del finao Manduca, que se le antojó galopiar una mañanita que había yobido a lo loco, y jue al ñudo que...

—Bueno, viejo —interrumpió Sosa con marcada impaciencia—, deje corcobiando al bagual picaso y siga su cuento.

—Dejuro nos va a salir con alguno más sabido que el bendito —agregó don Bentos.

—Güeno, si se están riyendo dende ya, no cuento nada —dijo el viejo, atufado.

—¡Pucha con el basilisco! —exclamó el patrón, y luego, sorbiendo media copa de caña, se repatingó en la silla y agregó:

—Puesto que el hombre se ha empacao, yo voy a contar otra historia.

—Vamos a ver esa historia —contestó Sosa, y don Pancho murmuró al mismo tiempo que volvía a llenar las copas:

—¡Bamo a bé!

El ganadero tosió, apoyó sobre la mesa la mano ancha y velluda como pata de mono, y comenzó así:

—Es un suseso que me ha susedido. Hase de esto lo menos unos catorce o quince años. Me había casao con la finada, y me vine del Chuy a poblar acá, porque estos campos eran de la finada cuasi todos. Durante el primer año yo iba siempre al Chuy pa vigilar mi establecimiento y también pa...

Don Bentos se interrumpió, bebió un poco de caña, y después de sorber el mate que le alcanzaba el capataz, continuó:

—Pa visitar una mujersita que tenía en un rancho de la costa.

—Ya he oído hablar de eso —dijo Sosa—. Era una rubia, una brasilera.

—Justamente. Era la hija de un quintero de Yaguarón. Yo la andube pastoriando mucho tiempo; pero el viejo don

Juca, su padre, la cuidaba como caballo parejero y no me daba alse pa nada. Pero la muchacha se había encariñao de adeberas, y tenía motivos, porque yo era un moso que las mandaba arriba y con rollos, y en la cancha que yo pisaba no dilataba en quedar solo.

"El viejo quería casarla con un estopor empleao de la polesía, y como colegí que a pesar de todas las ventajas la carrera se me iba haciendo peluda, y no quería emplear la fuerza —no por nada, sino por no comprometerme—, me puse a cabilar. ¡Qué diablo! Yo tenía fama de artero y ésa era la ocasión de probarlo. Un día que me había ido de visita a casa de mi amigo Monteiro Cardoso, se me ocurrió la jugada. Monteiro estaba bravo porque le habían carniao una vaca.

"—¡Éste no es otro que el viejo Juca! —me dijo.

"El viejo Juca estaba de quintero en la estancia del coronel Fortunato, que lindaba con la de Monteiro, y a éste se le había metido en el mate que el viejo lo robaba. Yo me dije: '¡Ésta es la mía!' y contesté en seguida:

"—Mire, amigo, yo creo que ese viejo es muy ladino, y sería bueno hacer un escarmiento.

"Monteiro no deseaba otra cosa, y se quedó loco de contento cuando le prometí yo mismo espiar al quintero y agarrarlo con las manos en el barro.

"Así fue: una noche, acompañado del pardo Anselmo, le matamos una oveja a Monteiro Cardoso y la enterramos entre el maizal del viejo Juca. Al otro día avisé a la polesía: fueron a la güerta y descubrieron el pastel. El viejo gritaba, negaba y amenazaba; pero no hubo tutía: lo maniaron no más y se lo llevaron a la sombra después de haberle sobao un poco el lomo con los corbos."

Sonrió Bentos Sagrera, cruzó la pierna derecha, sosteniendo el pie con ambas manos; tosió fuerte y siguió:

—Pocos días después fui a casa de Juca y encontré a la pobre Nemensia hecha un mar de lágrimas, brava contra el *bandido* de Monteiro Cardoso, que había hecho *aquello* por embromar a su pobre padre.

115

"Le dije que había ido para consolarla y garantirle que iba a sacarlo en libertad… siempre que ella se portara bien conmigo. Como a la rubia le gustaba la pierna…"

—Mesmamente como en la historia que yo iba a contá, cuando el finao Tiburcio, el domadó… —dijo el capataz.

—No tardó mucho en abrir la boca pa decir que sí —continuó don Bentos, interrumpiendo al indio—. La llevé al rancho que tenía preparao en la costa, y conversamos, y…

El ganadero cortó su narración para beber de nuevo, y en seguida, guiñando los ojos, arqueando las cejas, continuó contando, con la prolijidad comunicativa del borracho, todos los detalles de aquella noche de placer comprada con infamias de perdulario. Después rió con su risa gruesa y sonora y continua como mugido de toro montaraz.

Una inmensa bocanada de viento entró en el patio, azotó los muros de granito, corrió por toda la muralla alzando a su paso cuanta hoja seca, trozo de papel o chala vieja encontró sobre el pedregullo, y luego de remolinear en giros frenéticos y dando aullidos furiosos, buscando una salida, golpeó varias veces, con rabia, con profundo encono —cual si quisiera protestar contra el lúbrico cinismo del ganadero— la sólida puerta del comedor, detrás de la cual los tres ebrios escuchaban con indiferencia el fragor de la borrasca. Tras unos minutos de descanso, el patrón continuó diciendo:

—Por tres meses la cosa marchó bien, aunque la rubia se enojaba y me acusaba de dilatar la libertad del viejo; pero dispués, cuando lo largaron a éste y se encontró con el nido vacío, se propuso cazar su pájara de cualquier modo y vengarse de mi jugada. Yo lo supe; llevé a Nemensia a otra jaula y esperé. Una noche me agarró de sopetón, cayendo a la estancia cuando menos lo esperaba. El viejo era diablo y asujetador, y como yo, naturalmente, no quería comprometerme, lo hice entretener con un pión y me hice trair un parejero que tenía a galpón, un tubiano…

—Yo lo conocí —interrumpió el capataz—; era una maula.

116

—¿Qué? —preguntó el ganadero, ofendido.

—Una maula; yo lo bide cuando dentró en una penca en el cerro; corrió con cuatro estopores... y comió cola las tresientas baras.

—Por el estado, que era malo.

—Porque era una maula —continuó con insistencia el capataz—; no puede negá el pelo... ¡tubiano!...

—Siga, amigo, el comento, que está lindo —dijo Sosa, para cortar la disputa.

Y don Bentos, mirando con desprecio al indio viejo, prosiguió diciendo:

—Pues ensillé el tubiano, monté, le bajé la bandera y fui a dar al Cerro-Largo, dejando al viejo Juca en la estancia, bravo como toro que se viene sobre el lazo. Dispués me fui pa Montevideo, donde me entretuve unos meses y di'ay que yo no supe cómo fue que lo achuraron al pobre diablo. Por allá charlaban que habían sido mis muchachos, mandaos por mí; pero esto no es verdá...

Hizo don Bentos una mueca cínica, como para dar a entender que realmente era el asesino del quintero, y siguió, tranquilo, su relato.

—Dispués que pasaron las cosas, todo quedó otra vez tranquilo. Nemensia se olvidó del viejo; yo le hice creer que había mandao decir unos funerales por el ánima del finao, y ella se convensió de que yo no era cumple de nada. Pero, amigo, ¡usté sabe que petiso sin mañas y mujer sin tachas no ha visto nadies tuavía!... La rubia me resultó celosa como tigra resién parida y me traía una vida de perros, jeringando hoy por esto y mañana por aquello.

—Punto por punto como la ñata Gabriela en la rilasión que yo iba a haser —ensartó el indio, dejando caer la cabeza sobre el brazo que apoyaba en la mesa.

Don Bentos aprovechó la interrupción para apurar el vaso de alcohol, y después de limpiarse la boca, continuó, mirando a su amigo:

—¡Pucha si era celosa! Y como dejuro yo le había aflojao

117

manija al prinsipio, estaba consentida a más no poder y de puro quererme empesó a fastidiarme lo mismo que fastidia una bota nueva. Yo tenía, naturalmente, otros gallineros donde cacarear —en el campo no más aquella hija de don Gumersindo Rivero, y la hija del puestero Soria, el canario Soria, y Rumualda, la mujer del pardo Medina…

—¡Una manadita flor! —exclamó zalameramente el visitante; a lo que Sagrera contestó con un

—¡Eh! —de profunda satisfacción.

Y reanudó el hilo de su cuento.

—Cuasi no podía ir al rancho: se volvía puro llorar y puro echarme en cara lo que había hecho y lo que no había hecho, y patatrís y patatrás, ¡como si no estuviera mejor conmigo que lo que hubiera estado con el polesía que se iba a acollarar con ella, y como si no estuviera bien paga con haberle dao población y con mandarle la carne de las casas todos los días, y con las lecheras que le había emprestao y los caballos que le había regalo! … ¡No, señor; nada! Que "cualquier día me voy a alsar con el primero que llegue…" Que "el día menos pensao me encontrás augada en la laguna…" Y esta música todas las veces que llegaba y hasta que ponía el pie en el estribo al día siguiente, pa irme. Lo pior era que aquella condenada mujer me había ganao el lao de las casas, y cuando, muy aburrido, le calentaba el lomo, en lugar de enojarse, lloraba y se arrastraba y me abrasaba las rodillas y me acariciaba, lo mismo que mi perro overo *Itacuaitiá* cuando le doy unos rebencasos. Más le pegaba y más humilde se hasía ella; hasta que al fin me entraba lástima y la alsaba y la acarisiaba, con lo que ella se ponía loca de contenta. ¡Lo mismo, esatamente lo mismo que *Itacuaitiá*!… Así las cosas, la mujer tuvo un hijo, y dispués otro, y más dispués otro, como pa aquerensiarme pa toda la vida. Y como ya se me iban poniendo duros los caracuses, me dije: "Lo mejor del caso es buscar mujer y casarse, que de ese modo se arregla todo y se acaban las historias". Cuando Nemensia supo mi intensión, ¡fue cosa bárbara! No había modo de consolarla, y sólo pude conseguir que se sosegase un poco prometiéndole pasar con ella la mayor parte del tiempo. Poco dispués me casé con la finada y nos vinimos a poblar en este campo. Al prinsipio todo iba bien y yo estaba muy contento con la nueva vida. Ocupao en la costrusión de esta casa —que al prinsipio era unos ranchos no más—; entusiasmao con la mujersita nueva y, en fin, olvidado de todo con el siempre estar en las casas, hiso que no me acordara pa nada de la rubia Nemensia, que había tenido cuidao de no mandarme desir nada. Pero al poco tiempo la muy oveja no pudo resistir y me mandó desir con un pión de la estansia que fuera a cumplir mi palabra. Me hise el sonso: no contesté; y a los cuatro días ya medio me había olvidao de la rubia, cuando resibí una esquela amenasándome con venir y meter un escándalo si no iba a verla. Comprendí que era capás de haserlo, y que si venía y la patrona se enteraba, iba a ser un *viva la patria*. No tuve más remedio que agachar el lomo y largarme pa el Chuy, donde estuve unos cuantos días. Desde entonces seguí viviendo un poco aquí y un poco allá, hasta que —yo no sé si porque se lo contó algún lengua larga, que nunca falta, o porque mis viajes repetidos le dieron que desconfiar— la patrona se enteró de mis enredos con Nemensia y me armó una que fue como disparada de novillos chúcaros a media noche y sin luna. Si Nemensia era selosa, la otra, ¡Dios nos asista!… Sermón aquí, responso allá, me tenía más lleno que bañao en invierno y más desasosegao que animal con bichera. Era al ñudo que yo le hisiera comprender que, si no era Nemensia, sería otra cualesquiera, y que no tenía más remedio que seguir sinchando y avenirse con la suerte, porque yo era hombre así y así había de ser. ¡No, señor!… La brasilera había sido de mal andar, y cuando me le iba al humo corcobiaba y me sacudía con lo que encontraba. Una vez cuasi me sume un cuchillo en la pansa porque le di una cachetada. ¡Gracias a la cuerpiada a tiempo, que si no me churrasquea la indina! Felismente esto duró poco tiempo, porque la finada no era como Nemensia, que se contentaba con llorar y amenasarme con tirarse a la laguna: la patrona era mujer de desir y haser las cosas sin pedir opinión a nadies. Si derecho, derecho; si torsido, torsido: ella enderesaba no más y había que darle cancha como a novillo risién capao. Pasó un tiempo sin desirme nada; anduvo cabilosa, seria, pero entonces mucho más buena que antes pa conmigo, y como no me chupo el dedo y maliseo las cosas siempre bien, me dije: "La patrona anda por echarme un pial; pero como a matrero y arisco no me ganan ni los baguales que crían cola en los espinillales del Rincón de Ramírez, se va a quedar con la armada en la mano y los rollos en el pescueso". Encomensé a bicharla, siempre hasiéndome el sorro muerto y como si no desconfiara nada de los preparos que andaba hasiendo. No tardé mucho en colegirle el juego, y… ¡fíjese, amigo Sosa, lo que es el diablo!… ¡me quedé más contento que si hubiera ganao una carrera grande!… ¡Figúrese que la tramoya consistía en haser desapareser a la rubia Nemensia!…

—¿Desapareser, o *esconder?* —preguntó Sosa, guiñando un ojo y contrayendo la boca con una sonrisa aviesa.

Y Bentos Sagrera, empleando una mueca muy semejante, respondió en seguida:

—Desapareser o esconder; ya verá.

Después prosiguió:

—Yo, que, como le dije, ya estaba hasta los pelos de la hija de don Juca, vi el modo de que me dejaran el campo libre al mismo tiempo que mi mujer hasía las pases; y la idea me gustó como ternero orejano. Es verdá que sentía un poco, porque era feo haser así esa asión con la pobre rubia; pero, amigo, ¡qué íbamos a haser! A caballo regalao no se le mira el pelo, y como al fin y al cabo yo no era quien pisaba el barro, no era cumple siquiera, me lavé las manos y esperé tranquilamente el resultao. La patrona andaba de conversaciones y más conversaciones con el negro *Caracú*, un pobre negro muy bruto que había sido esclavo de mi suegro y que le obedesía a la finada lo mismo que un perro. "Bueno —me dije yo—, lo mejor será que me vaya pa Montevideo, así les dejo campo libre, y además, que si acaso resulta algo jediondo no me agarren en la voltiada." Y así lo hise en seguida. La patrona y *Caracú* no esperaban otra cosa —continuó el ganadero, después de una pausa que había aprovechado para llenar los vasos y apurar el contenido del suyo—. La misma noche en que bajé a la capital, el negro enderesó pa la estansia del Chuy con la cartilla bien aprendida y dispuesto a cumplirla al pie de la letra porque estos negros son como cusco, y brutasos que no hay que hablar. *Caracú* no tenía más de veinte años, pero acostumbrao a los lasasos del finao mi suegro, nunca se dio cuenta de lo que era ser libre, y así fue que siguió siendo esclavo y obedesiendo a mi mujer en todo lo que le mandase haser, sin pensar si era malo o si era bueno, ni si le había de perjudicar o le había de favoreser; vamos: que era como mancarrón viejo, que se amolda a todo y no patea nunca. Él tenía la idea, sin duda, de que no era responsable de nada o de que, puesto que la patrona le mandaba haser una cosa, esa cosa debía ser buena y permitida por la autoridá. ¡Era tan bruto el pobre negro *Caracú*...! ¡La verdá que se presisaba ser más que bárbaro pa practicar lo que practicó el negro! ¡Palabra de honor!, yo no lo creí capás de una barbaridá de esa laya... porque, caramba, ¡aquello fue demasiao, amigo Sosa, fue demasiao!...

El ganadero, que hacía un rato titubeaba, como si un escrúpulo lo invadiera impidiéndole revelar de un golpe el secreto de una infamia muy grande, se detuvo, bruscamente interrumpido por un trueno que reventó formidable, largo, horrendo, como la descarga de una batería poderosa.

El caserón tembló como si hubiera volado una santabárbara en el amplísimo patio; el indio Pancho Castro despertó sobresaltado; el forastero, que de seguro no tenía la conciencia muy limpia, tornóse intensamente pálido; Bentos Sagrera quedóse pensativo, marcado un cierto temor en la faz hirsuta; y, durante varios minutos, los tres hombres permanecieron quietos y callados, con los ojos muy abiertos y

121

el oído muy atento, siguiendo el retumbo decreciente del trueno. El capataz fue el primero en romper el silencio:

—¡Amigo! —dijo—, ¡vaya un rejusilo machaso! ¡Éste, a la fija que ha caído! ¡Quién sabe si mañana no encuentro dijuntiao mi blanco porselana! ¡Porque, amigo, estos animales blancos son perseguido po lo rayo como la gallina po el sorro!...

Y como notara que los dos estancieros continuaban ensimismados, el indio viejo agregó socarronamente: —¡Nu 'ay como la caña pa dar coraje a un hombre!

Y con trabajo, porque tenía la cabeza insegura y los brazos sin fuerzas, llenó el vaso y pasó la botella al patrón, quien no desdeñó servirse y servir al huésped. Para la mayoría de los hombres del campo, la caña es un licor maravilloso: además de servir de remedio para todo mal, tiene la cualidad de devolver la alegría siempre y cada vez que se tome.

Así fue que los tertulianos aquellos quedaron contentos: luchando el indio por conservar abiertos los párpados; ansioso Sosa por conocer el desenlace de la comenzada historia, e indeciso Bentos Sagrera entre abordar y no abordar la parte más escabrosa de su relato.

Al fin, cediendo a las instancias de los amigos y a la influencia comunicativa del alcohol, que hace vomitar los secretos más íntimos hasta a los hombres más reservados —las acciones malas como castigo misterioso, y las buenas acciones como si éstas se asfixiaran en la terrible combustión celular—, se resolvió a proseguir, no sin antes haber preguntado a manera de disculpa:

—¿No es verdá que yo no tenía la culpa, que yo no soy responsable del susedido?

Sosa había dicho:

—¡Qué culpa va a tener, amigo!

Y el capataz había agregado, entre varios cabeceos:

—¡Dejuro que no!... ¡dejuro que no!... ¡que no!... ¡que no!... ¡no!... ¡no!...

Con tales aseveraciones, Sagrera se consideró libre de todo remordimiento de conciencia y siguió contando:

—El negro *Caracú*, como dije, y a quien yo no creía capás de la judiada que hiso, se fue al Chuy dispuesto a llevar a cabo la artería que le había ordenado mi mujer... ¡Qué barbaridá!... ¡Si da frío contarlo!... ¡Yo no sé en lo que estaba pensando la pobresita de la finada!... En fin, que el negro llegó a la estansia y allí se quedó unos días esperando el momento oportuno pa dar el golpe. Hay que desir que era un invierno de lo más frío y de lo más lluvioso que se ha visto. Temporal ahora, y temporal mañana, y deje llover, y cada noche más oscura que cueva de ñacurutú. No se podía cuasi salir al campo y había que dejar augarse las majadas o morirse de frío, porque los hombres andaban entumidos y como baldaos del perra de tiempo aquel. ¡Amigo, ni qué comer había! Carne flaca, pulpa espumosa, carne de perro, de los animales que cueriábamos porque se morían de necesidá. La suerte que yo estaba en Montevideo y allí siempre hay buena comida misturada con yuyos. Bueno: *Caracú* siguió aguaitando, y cuando le cuadró una noche bien negra, ensilló, disiendo que rumbiaba pacá, y salió. En la estansia todos creyeron que el retinto tenía cueva serca y lo dejaron ir sin malisear nada. ¡Qué iban a malisear del pobre *Caracú*, que era bueno como el pan y manso como vaca tambera! Lo embromaron un poco disiéndole que *churrasqueara* a gusto y que no tuviera miedo de las *perdises*, porque como la noche estaba de su mismo color, ellos se entenderían. Sin embargo, uno hiso notar que el moso era prevenido y campero, porque había puesto un maniador en el pescueso del caballo y otro debajo de los cojinillos, como pa atar a soga, bien seguro, en caso de tener que dormir a campo. Después lo dejaron marchar sin haber lograo que el retinto cantara nada. *Caracú* era como bicho pa rumbiar, y así fue que tomó la diresión del rancho de la rubia Nemensia, y al trote y al tranco, fue a dar allá, derechito no más. Un par de cuadras antes de llegar, en un bajito, se apió y manió el caballo. Allí —el negro mismo contó dispués todos, pero todos los detalles—, picó tabaco, sacó fuego en el yesquero, ensendió el sigarro y se puso a pitar tan tranquilo como si en seguida fuese a entrar a bailar a una sala, o pedir la maginaria pa pialar de volcao en la puerta de una manguera. ¡Tenía el alma atravesada aquel pícaro!… Luego dispués, al rato de estar pitando en cuclillas, apagó el pucho, lo puso detrás de la oreja, desprendió el maniador del pescueso del caballo, sacó el que llevaba debajo de los cojinillos y se fue caminando a pie, despasito, hasta los ranchos. En las casas no había más perros que un cachorro barsino que el mismo negro se lo había regalao; así fue que cuando éste se aserció, el perro no hiso más que ladrar un poquito y en seguida se sosegó reconosiendo a su amo antiguo. *Caracú* buscó a tientas la puerta del rancho, la sola puerta que tenía y que miraba pal patio. Cuando la encontró se puso a escuchar; no salía ningún ruido de adentro: las gentes pobres se acuestan temprano, y Nemensia seguro que roncaba a aquellas horas. Después con un maniador ató bien fuerte, pero bien fuerte, la puerta contra el horcón, de modo que nadie pudiera abrir de adentro. Yo no sé cómo la ato, pero él mismo cuenta que estaba como pa aguantar la pechada de un novillo. En seguida rodió el rancho, se fue a una ventanita que había del otro lao y hiso la misma operación. Mientras tanto, adentro, la pobre rubia y sus tres cachorros dormían a pierna suelta, seguramente, y en la confiansa de que a rancho de pobre no se allegan matreros. ¡Y Nemensia, que era dormilona como lagarto y de un sueño más pesao qu'el fierro…! Después de toda esta operación y bien seguro de que no podían salir de adentro, el desalmao del moreno… —¡Parese mentira que haiga hombres capaces de hacer una barbaridá de esa laya…!— Pues el desalmao del moreno, como se lo cuento, amigo Sosa, le prendió fuego al rancho por los cuatro costaos. En seguida que vio que todo estaba prendido y que con la ayuda de un viento fuerte que soplaba, aquello iba a ser como quemasón de campo en verano, sacó el pucho de atrás de la oreja, lo ensendió con un pedaso de paja y se marchó despasito pal bajo, donde había dejao su caballo. Al poquito rato empesó a sentir los gritos tremendos de los desgrasiaos que se estaban achicharrando allá adentro; pero así y todo, el negro tuvo alma pa quedarse clavao allí mismo sin tratar de juir! ¡Qué fiera, amigo, qué fiera...! ¡En fin, hay hombres pa todo! Vamos a tomar un trago... ¡Eh! ¡Don Pancho!... ¡Pucha hombre flojo pa chupar!... Pues como desía, el negro se quedó plantao hasta que vio todo quemao y todo hecho chicharrones. Al otro día mi compá Manuel Felipe salió de mañanita a recorrer el campo, campiando un caballo que se le había estraviao, se allegó por la costa y se quedó pasmao cuando vio el rancho convertido en escombros. Curiosió, se apió, removió los tisones y halló un muchacho hecho carbón, y dispués a Nemensia lo mismo, y no pudo más y se largó a la oficina pa dar cuenta del susedido. El comisario fue a la estansia pa ver si le endilgaban algo, y en cuanto abrió la boca, el negro *Caracú* dijo:

"—¡Jui yo!

"No lo querían creer de ninguna manera.

"—¡Cómo que fuistes vos!—le contestó el comisario—; ¿te estás riendo de la autoridá, retinto?

"—No, señó, ¡jui yo!

"—¿Por qué?

"—Porque me mandó la patrona.

"—¿Que quemaras el rancho?

"—Sí.

"—¿Con la gente adentro?

"—¡Dejuro! ... ¡y pues!

"—¿Y no comprendes que es una barbaridá?

"—La patrona mandó.

"Y no hubo quien lo sacara de ahí.

"—¡La patrona mandó! —desía a toda reflexión del comisario o de los piones—. Así fue que lo maniaron y lo llevaron. Cuando supe la cosa me pasó frío, ¡amigo Sosa!... Pero dispués me quedé contento, porque al fin y al cabo me vi libre de Nemensia y de los resongos de la finada, sin haber intervenido pa nada. ¡Porque yo no intervine pa nada, la verdá, pa nada!"

Así concluyó Bentos Sagrera el relato de sus amores; y luego, golpeándose los muslos con las palmas de las manos:

—¡Eh! ¿Qué tal?… —preguntó.

Don Brígido Sosa permaneció un rato en silencio, mirando al capataz, que roncaba con la cabeza sobre la mesa. Después, de pronto:

—Y el negro —dijo—, ¿qué suerte tuvo?

—Al negro lo afusilaron en Montevideo —contestó tranquilamente el ganadero.

—¿Y la patrona?…

—La patrona anduvo en el enredo, pero se arreglaron las cosas.

—¡Fue suerte!

—Fue. Pero también me costó una ponchada de pesos.

Don Brígido sonrió y dijo zalameramente:

—Lo cual es sacarle un pelo a un conejo.

—¡No tanto, no tanto! —contestó Bentos Sagrera, fingiendo modestia.

Y tornó a golpearse los muslos y a reír con tal estrépito, que dominó los ronquidos de Castro, el silbido del viento y el continuo golpear de la lluvia sobre el techo de cinc del gran galpón de los peones.

COMENTARIO

Aunque este cuento parezca una de esas historias interminables que narran los abuelos a los niños, en realidad se distingue por una gran unidad artística basada en el desenmascaramiento del gaucho. Bentos Sagrera ya no es el bárbaro heroico de Sarmiento, ni el perseguido épico de José Hernández, ni el ingenuo pintoresco de Estanislao del Campo; ni el alma argentina de Rafael Obligado y tantos otros poetas anteriores y posteriores. Bentos Sagrera es el gaucho animal: el hombre que, a fuerza de vivir en la soledad y frente a la hostilidad de la naturaleza, se ha convertido en el ejemplo clásico del hombre bestia de Zola. Taimado y cruel, Bentos Sagrera carece de todo sentido moral. Frente a sus fechorías, se siente sinceramente indiferente.

La bestialidad del protagonista no se deriva solamente de sus hazañas. El autor, más que nadie, es responsable de su deshumanización por la cantidad de símiles y metáforas que utiliza. Bentos Sagrera tenía "jamones de cerdo, cuello de toro"; los pies eran "como dos planchas, dos grandes trozos de madera"; tenía los ojos separados "dándole un aspecto de bestia" y "la nariz larga en forma de pico de águila". No sólo el protagonista, sino todos los personajes están deshumanizados: "su padre la cuidaba como caballo parejero", "la rubia me resultó celosa como una tigra recién parida y me traía una vida de perros...", "la muy oveja no pudo resistir", "era bueno como el pan y manso como vaca tambera". La abundancia de las comparaciones animalísticas, a pesar de que sirven para comprobar la teoría naturalista del autor, no parecen excesivas porque concuerdan con el ambiente rural.

Por poco conciso que sea el estilo narrativo de Bentos, la repetición de varios motivos por Viana estrecha la unidad del cuento: la lluvia, el mate y la caña, y el relato nunca terminado del viejo indio.

Igual que sus contemporáneos uruguayos Horacio Quiroga y Florencio Sánchez, Javier de Viana pertenece más bien a la literatura rioplatense que a la uruguaya. Su visión naturalista de la decadencia del gaucho como héroe nacional prepara el escenario para la lucha del gaucho viejo contra la civilización moderna en las obras de Florencio Sánchez (*La gringa*), Roberto Payró (*Sobre las ruinas*) y Benito Lynch (*Los caranchos de la Florida*) y para la evocación poética del gaucho ya muerto en *Don Segundo Sombra*.

BALDOMERO LILLO
[1867-1923]

*Chileno. Nació, se crió y trabajó en un pueblo minero del Sur.
En 1898 tuvo un disgusto con uno de los capataces y se vio
obligado a trasladarse a Santiago, donde su hermano Samuel le consiguió trabajo en la sección de publicaciones de la
Universidad de Chile. Sus cuentos, que muestran una gran
predilección por el tema de los mineros, se publicaron en dos
tomos,* Sub terra *(1904) y* Sub sole *(1907). Como algunos de
sus personajes, Lillo murió tísico. Una colección póstuma,* El
hallazgo y otros cuentos del mar *(1956), atestigua mayor
variedad temática. "La compuerta número 12" proviene de*
Sub terra.

LA COMPUERTA NÚMERO 12

PABLO se aferró instintivamente a las piernas de su padre.
Zumbábanle los oídos y el piso que huía debajo de sus pies
le producía una extraña sensación de angustia. Creíase precipitado en aquel agujero cuya negra abertura había entre-
visto al penetrar en la jaula, y sus grandes ojos miraban con
espanto las lóbregas paredes del pozo en el que se hundían
con vertiginosa rapidez. En aquel silencioso descenso, sin
trepidación ni más ruido que el del agua goteando sobre la
techumbre de hierro, las luces de las lámparas parecían
prontas a extinguirse y sus débiles destellos se delineaban
vagamente en la penumbra de las hendiduras y partes salientes de la roca: una serie interminable de negras sombras
que volaban como saetas hacia lo alto. Pasado un minuto, la
velocidad disminuye bruscamente, los pies asentáronse con

más solidez en el piso fugitivo y el pesado armazón de hierro, con un áspero rechinar de goznes y de cadenas, quedó inmóvil a la entrada de la galería.

El viejo tomó de la mano al pequeño y juntos se internaron en el negro túnel. Eran de los primeros en llegar y el movimiento de la mina no empezaba aún. De la galería, bastante alta para permitir al minero erguir su elevada talla, sólo se distinguía parte de la techumbre cruzada por gruesos maderos. Las paredes laterales permanecían invisibles en la oscuridad profunda que llenaba la vasta y lóbrega excavación.

A cuarenta metros del piquete se detuvieron ante una especie de gruta excavada en la roca. Del techo agrietado, de color de hollín, colgaba un candil de hoja de lata, cuyo maciento resplandor daba a la estancia la apariencia de una cripta enlutada y llena de sombras. En el fondo, sentado delante de una mesa, un hombre pequeño, ya entrado en años, hacía anotaciones en un enorme registro. Su negro traje hacía resaltar la palidez del rostro surcado por profundas arrugas. Al ruido de pasos levantó la cabeza y fijó una mirada interrogadora en el viejo minero, quien avanzó con timidez, diciendo con voz llena de sumisión y de respeto:

—Señor, aquí traigo al chico.

Los ojos penetrantes del capataz abarcaron de una ojeada el cuerpecillo endeble del muchacho. Sus delgados miembros y la infantil inconsciencia del moreno rostro en el que brillaban dos ojos muy abiertos como de medrosa bestezuela lo impresionaron desfavorablemente, y su corazón endurecido por el espectáculo diario de tantas miserias experimentó una piadosa sacudida a la vista de aquel pequeñuelo arrancado a sus juegos infantiles y condenado, como tantas infelices criaturas, a languidecer miserablemente en las húmedas galerías, junto a las puertas de ventilación. Las duras líneas de su rostro se suavizaron y con fingida aspereza le dijo al viejo, que, muy inquieto por aquel examen, fijaba en él una ansiosa mirada:

—¡Hombre!, este muchacho es todavía muy débil para el trabajo. ¿Es hijo tuyo?

—Sí, señor.

—Pues debías tener lástima de sus pocos años y antes de enterrarlo aquí, enviarlo a la escuela por algún tiempo.

—Señor —balbuceó la ruda voz del minero en la que vibraba un acento de dolorosa súplica—, somos seis en casa y uno solo el que trabaja. Pablo cumplió ya los ocho años y debe ganar el pan que come, y, como hijo de minero, su oficio será el de sus mayores, que no tuvieron nunca otra escuela que la mina.

Su voz opaca y temblorosa se extinguió repentinamente en un acceso de tos, pero sus ojos húmedos imploraban con tal insistencia que el capataz, vencido por aquel mudo ruego, llevó a sus labios un silbato y arrancó de él un sonido agudo que repercutió a lo lejos en la desierta galería. Oyóse un rumor de pasos precipitados y una oscura silueta se dibujó en el hueco de la puerta.

—Juan —exclamó el hombrecillo, dirigiéndose al recién llegado—, lleva a este chico a la compuerta número 12, remplazará al hijo de José, el carretillero, aplastado ayer por la corrida.

Y volviéndose bruscamente hacia el viejo, que empezaba a murmurar una frase de agradecimiento, díjole con tono duro y severo:

—He visto que en la última semana no has alcanzado a los cinco cajones que es el mínimum diario que se exige de cada barretero. No olvides que si esto sucede otra vez, será preciso darte de baja para que ocupe tu sitio otro más activo.

Y haciendo con la diestra un ademán enérgico, lo despidió.

Los tres se marcharon silenciosos y el rumor de sus pisadas fue alejándose poco a poco en la oscura galería. Caminaban entre dos hileras de rieles, cuyas traviesas hundidas en el suelo fangoso trataban de evitar alargando o acortando el paso, guiándose por los gruesos clavos que sujetaban las barras de acero. El guía, un hombre joven aún, iba delante, y más atrás con el pequeño Pablo de la mano seguía el viejo con la barba sumida en el pecho, hondamente preocupado. Las palabras del capataz y la amenaza en ellas contenida habían llenado de angustia su corazón. Desde algún tiempo su decadencia era visible para todos, cada día se acercaba más el fatal lindero que una vez traspasado convierte al obrero viejo en un trasto inútil dentro de la mina. En balde desde el amanecer hasta la noche, durante catorce horas mortales, revolviéndose como un reptil en la estrecha *labor*, atacaba la hulla furiosamente, encarnizándose contra el filón inagotable que tantas generaciones de forzados como él arañaban sin cesar en las entrañas de la tierra.

Pero aquella lucha tenaz y sin tregua convertía muy pronto en viejos decrépitos a los más jóvenes y vigorosos. Allí, en la lóbrega madriguera húmeda y estrecha, encorvábanse las espaldas y aflojábanse los músculos y, como el potro resabiado que se estremece tembloroso a la vara, los viejos mineros cada mañana sentían tiritar sus carnes al contacto de la veta. Pero el hambre es aguijón más eficaz que el látigo y la espuela, y reanudaban taciturnos la tarea agobiadora y la veta entera acribillada por mil partes por aquella carcoma humana, vibraba sutilmente, desmoronándose pedazo a pedazo, mordida por el diente cuadrangular del pico, como la arenisca de la ribera a los embates del mar.

La súbita detención del guía arrancó al viejo de sus tristes cavilaciones. Una puerta les cerraba el camino en aquella dirección, y en el suelo, arrimado a la pared, había un bulto pequeño cuyos contornos se destacaron confusamente heridos por las luces vacilantes de las lámparas: era un niño de diez años, acurrucado en un hueco de la muralla.

Con los codos en las rodillas y el pálido rostro entre las manos enflaquecidas, mudo e inmóvil, pareció no percibir a los obreros que traspusieron el umbral y lo dejaron de nuevo sumido en la oscuridad. Sus ojos abiertos, sin expresión, estaban fijos obstinadamente hacia arriba, absortos, tal vez en la contemplación de un panorama imaginario que, como el miraje desierto, atraía sus pupilas sedientas de luz, húmedas por la nostalgia del lejano resplandor del día.

Encargado del manejo de esa puerta, pasaba las horas interminables de su encierro sumergido en un ensimismamiento doloroso, abrumado por aquella lápida enorme que ahogó para siempre en él la inquieta y grácil movilidad de la infancia, cuyos sufrimientos dejan en el alma que los comprende una amargura infinita y un sentimiento de execración acerba por el egoísmo y la cobardía humanos. Los dos hombres y el niño, después de caminar algún tiempo por un estrecho corredor, desembocaron en una alta galería de arrastre, de cuya techumbre caía una lluvia continua de gruesas gotas de agua. Un ruido sordo y lejano, como si un martillo gigantesco golpease sobre sus cabezas la armadura del planeta, escuchábase a intervalos. Aquel rumor, cuyo origen Pablo no acertaba a explicarse, era el choque de las olas en las rompientes de la costa. Anduvieron aún un corto trecho y se encontraron, por fin, delante de la compuerta número 12.

—Aquí es —dijo el guía, deteniéndose junto a la hoja de tablas que giraba sujeta a un marco de madera incrustado en la roca.

Las tinieblas eran tan espesas que las rojizas luces de las lámparas, sujetas a las viseras de las gorras de cuero, apenas dejaban entrever aquel obstáculo.

Pablo, que no se explicaba ese alto repentino, contemplaba silencioso a sus acompañantes, quienes, después de cambiar entre sí algunas palabras breves y rápidas, se pusieron a enseñarle con jovialidad y empeño el manejo de la compuerta. El rapaz, siguiendo sus indicaciones, la abrió y cerró repetidas veces, desvaneciendo la incertidumbre del padre, que temía que las fuerzas de su hijo no bastasen para aquel trabajo.

El viejo manifestó su contento, pasando la callosa mano por la inculta cabellera de su primogénito, quien hasta allí no había demostrado cansancio ni inquietud. Su juvenil imaginación, impresionada por aquel espectáculo nuevo y desconocido, se hallaba aturdida, desorientada. Parecíale a veces que estaba en un cuarto a oscuras y creía ver a cada instante abrirse una ventana y entrar por ella los brillantes rayos del sol, y aunque su inexperto corazoncillo no experimentaba ya la angustia que le asaltó en el pozo de bajada, aquellos mimos y caricias a que no estaba acostumbrado despertaron su desconfianza. Una luz brilló a lo lejos de la galería y luego se oyó el chirrido de las ruedas sobre la vía, mientras un trote pesado y rápido hacía retumbar el suelo.

—¡Es la corrida! —exclamaron a un tiempo los dos hombres.

—Pronto, Pablo —dijo el viejo—, a ver cómo cumples tu obligación.

El pequeño, con los puños apretados, apoyó su diminuto cuerpo contra la hoja, que cedió lentamente hasta tocar la pared. Apenas efectuada esta operación, un caballo oscuro, sudoroso y jadeante, cruzó rápido delante de ellos, arrastrando un pesado tren cargado de mineral.

Los obreros se miraron satisfechos. El novato era ya un portero experimentado y el viejo, inclinando su alta estatura, empezó a hablarle zalameramente: él no era ya un chicuelo, como los que quedaban allá arriba, que lloran por nada y están siempre cogidos de las faldas de las mujeres, sino un hombre, un valiente, nada menos que un obrero, es decir, un camarada a quien había que tratar como tal. Y en breves frases le dio a entender que les era forzoso dejarlo solo; pero que no tuviese miedo, pues había en la mina muchísimos otros de su edad, desempeñando el mismo trabajo: que él estaba cerca y vendría a verlo de cuando en cuando, y una vez terminada la faena, regresarían juntos a casa.

Pablo oía aquello con espanto creciente, y por toda respuesta se cogió con ambas manos de la blusa del minero. Hasta entonces no se había dado cuenta exacta de lo que se exigía de él. El giro inesperado que tomaba lo que creyó un simple paseo le produjo un miedo cerval, y dominado por un

133

deseo vehementísimo de abandonar aquel sitio, de ver a su madre y a sus hermanos y de encontrarse otra vez a la claridad del día, sólo contestaba a las afectuosas razones de su padre con un "¡Vamos!" quejumbroso y lleno de miedo. Ni promesas ni amenazas lo convencían y el "¡Vamos, padre!" brotaba de sus labios cada vez más dolorido y apremiante.

Una violenta contrariedad se pintó en el rostro del viejo minero, pero al ver aquellos ojos llenos de lágrimas, desolados y suplicantes, levantados hacia él, su naciente cólera se trocó en una piedad infinita: ¡era todavía tan débil y pequeño! Y el amor paternal adormecido en lo íntimo de su ser recobró de súbito su fuerza avasalladora.

El recuerdo de su vida, de esos cuarenta años de trabajos y sufrimientos, se presentó de repente a su imaginación, y con honda congoja comprobó que de aquella labor inmensa sólo le restaba un cuerpo exhausto que tal vez muy pronto arrojarían de la mina como un estorbo, y al pensar que idéntico destino aguardaba a la triste criatura, le acometió de improviso un deseo imperioso de disputar su presa a ese monstruo insaciable, que arrancaba del regazo de las madres los hijos apenas crecidos para convertirlos en esos parias, cuyas espaldas reciben con el mismo estoicismo el golpe brutal del amo y las caricias de la roca en las inclinadas galerías.

Pero aquel sentimiento de rebelión que empezaba a germinar en él se extinguió repentinamente ante el recuerdo de su pobre hogar y de los seres hambrientos y desnudos de los que era el único sostén, y su vieja experiencia le demostró lo insensato de su quimera. La mina no soltaba nunca al que había cogido y, como eslabones nuevos, que sustituyen a los viejos y gastados de una cadena sin fin, allí abajo, los hijos sucedían a los padres y en el hondo pozo el subir y bajar de aquella marea viviente no se interrumpía jamás. Los pequeñuelos, respirando el aire emponzoñado de la mina, crecían raquíticos, débiles, paliduchos, pero había que resignarse, pues para eso habían nacido.

134

Y con resuelto ademán, el viejo desenrolló de su cintura una cuerda delgada y fuerte y, a pesar de la resistencia y súplicas del niño, lo ató con ella por mitad del cuerpo y aseguró, en seguida, la otra extremidad en un grueso perno incrustado en la roca. Trozos de cordel adheridos a aquel hierro indicaban que no era la primera vez que prestaba un servicio semejante.

La criatura, medio muerta de terror, lanzaba gritos penetrantes de pavorosa angustia y hubo que emplear la violencia para arrancarle de entre las piernas del padre, a las que se había asido con todas sus fuerzas. Sus ruegos y clamores llenaban la galería, sin que la tierna víctima, más desdichada que el bíblico Isaac, oyese una voz amiga que detuviera el brazo paternal armado contra su propia carne, por el crimen y la iniquidad de los hombres.

Sus voces llamando al viejo que se alejaba tenían acentos tan desgarradores, tan hondos y vibrantes, que el infeliz padre sintió de nuevo flaquear su resolución. Mas aquel desfallecimiento sólo duró un instante, y tapándose los oídos para no escuchar aquellos gritos que le atenaceaban las entrañas, apresuró la marcha apartándose de aquel sitio. Antes de abandonar la galería, se detuvo un instante y escuchó una vocecilla tenue como un soplo, que clamaba allá muy lejos, debilitada por la distancia: "¡Madre! ¡Madre!"

Entonces echó a correr como un loco, acosado por el doliente vagido y no se detuvo sino cuando se halló delante de la veta, a la vista de la cual su dolor se convirtió de pronto en furiosa ira, y, empuñando el mango del pico, la atacó rabiosamente. En el duro bloque caían los golpes como espesa granizada sobre sonoros cristales, y el diente de acero se hundía en aquella masa negra y brillante, arrancando trozos enormes que se amontonaban entre las piernas del obrero, mientras un polvo espeso cubría como un velo la vacilante luz de la lámpara.

Las cortantes aristas del carbón volaban con fuerza, hiriéndole el rostro, el cuello y el pecho desnudo. Hilos de sangre mezclábanse al copioso sudor que inundaba su cuerpo, que penetraba como una cuña en la brecha abierta, ensanchándola con el afán del presidiario que horada el muro que lo oprime; pero sin la esperanza que alienta y fortalece al prisionero: hallar al fin de la jornada una vida nueva, llena de sol, de aire y de libertad.

COMENTARIO

Tal vez inspirados por *Germinal* de Zola, los cuentos de *Sub terra* están tan apegados a la realidad chilena que desmienten cualquier influencia libresca. A diferencia de las obras anteriores (excepción hecha de "El matadero") el grupo social predomina sobre el individuo. Se recalca el hecho de que, como los protagonistas, hay muchos que viven encadenados a la mina sin esperanza de libertad. Como buen naturalista, Lillo alude a las generaciones de mineros que se han sacrificado y al hijo de minero que tiene que seguir siendo minero.

La fuerza de esta obra no reside en un desenlace inesperado. Al contrario, el desenlace no es más que el punto culminante de una serie de detalles sobre la vida trágica del minero. El mayor acierto artístico es el equilibrio muy fino con que se presentan los dos protagonistas. Ligados los dos por la angustia, Pablo y su padre comparten alternamente la compasión del lector. Su acercamiento físico —Pablo se aferra a los pies de su padre al principio y hacia el final del cuento— hace aún más desgarradora la separación. Aunque el autor nos prepara para ese momento cruel con las palabras del capataz sobre la muerte del hijo de José y con la vista del otro niño portero, el terror repentino de Pablo nos conmueve porque llegamos a identificarnos con el niño, quien hasta ese momento terrible no se había dado cuenta del propósito de su descenso a la mina.

Con la misma sutileza que emplea en la presentación de Pablo y de su padre, Lillo convierte su cuadro muy realista en una visión poética del infierno. Aunque la comparación de una mina con el infierno no es nada extraordinaria, Lillo la lleva a cabo con mucha mesura. Jamás menciona el infierno ni el diablo; prefiere dejar al lector el placer de crear la imagen con unas cuantas insinuaciones. Insiste mucho en la oscuridad de la mina: "lóbregas paredes", "lóbrega excavación", "las luces de las lámparas prontas a extinguirse", "negras sombras", "negro túnel", "oscuridad profunda" y "rojizas luces". El capataz se convierte en una figura grotesca por su traje negro y su tamaño diminuto: "hombrecillo". La alusión al sacrificio de Isaac sugiere el pensamiento de que Pablo se está sacrificando al diablo.

La prosa de Lillo, lenta a la manera chilena, no revela grandes vuelos artísticos. Los pocos símiles y metáforas que hay casi siempre se refieren en términos corrientes a animales: "revolviéndose como un reptil", "un miedo cerval", "aquella carcoma humana". No obstante, este relato tiene un valor duradero que depende no sólo de su cualidad de cuento naturalista o de protesta social, sino también de la sinceridad de las emociones de los protagonistas y de la feliz ejecución del tema.

AUGUSTO D'HALMAR
[1882-1950]

Seudónimo de Augusto Geomine Thomson. Chileno. Nació en Valparaíso. Entusiasmado por los principios humanitarios de Tolstoi, organizó con varios amigos una colonia "monástica" que duró poco tiempo. Fue cónsul en la India (1907-1908) y presenció la primera Guerra Mundial como corresponsal. Viajó por todo el mundo antes de regresar a Chile en 1934 para encargarse de la dirección del Museo Municipal de Bellas Artes de Valparaíso. Aunque hizo su estreno literario bajo la influencia del naturalismo, Juana Lucero *(1902), pronto se convirtió en el maestro de la literatura fantástica en Chile. Autor de las novelas* Gatita *(1917),* La sombra del humo en el espejo *(1924) y* Pasión y muerte del cura Deusto *(1924) y de las colecciones de cuentos* La lámpara en el molino *(1912),* Capitanes sin barco *(1934) y* Amor, cara y cruz *(1935). Sus obras completas, en 25 volúmenes, fueron publicadas por Ercilla en 1934. "En provincia" se encuentra en* La lámpara en el molino.

EN PROVINCIA

> *La vie est vaine;* Vana   *La vie est breve;* breve
> *un peu d'amour,*   *un peu d'espoir,* esperanza
> *un peu de haine,* odio *un peu de rêve,* odio
> *et puis "bonjour".*   *et puis "bonsoir".*
>   buenos días   buenas noches

TENGO cincuenta y seis años y hace cuarenta que llevo la pluma tras la oreja; pues bien, nunca supuse que pudiera servirme para algo que no fuese consignar partidas en el libro *Diario* o transcribir cartas con encabezamiento inamovible: "En contestación a su grata, fecha... del presente, tengo el gusto de comunicarle..."

Y es que, salido de mi pueblo a los diez y seis años, después de la muerte de mi madre, sin dejar afecciones tras de mí, viviendo desde entonces en este medio provinciano, donde todos nos entendemos verbalmente, no he tenido para qué escribir. A veces lo hubiera deseado; me hubiera complacido que alguien, en el vasto mundo, recibiese mis confidencias; pero ¿quién?

En cuanto a desahogarme con cualquiera, sería ridículo. La gente se forma una idea de uno y le duele modificarla. Yo soy, ante todo, un hombre gordo y calvo y un empleado de comercio: Borja Guzmán, tenedor de libros del "Emporio Delfín". ¡Buena la haría saliendo ahora con revelaciones sentimentales! A cada cual se le asigna, o escoge cada cual, su papel en la farsa, pero precisa sostenerlo hasta la postre.

Debí casarme y dejé de hacerlo. ¿Por qué? No por falta de inclinaciones, pues aquello mismo de que no hubiera disfrutado de un hogar a mis anchas hacía que soñase con formarlo. ¿Por qué entonces? ¡La vida! ¡Ah, la vida! El viejo Delfín me mantuvo un honorario que el heredero aumentó, pero que fue reducido apenas cambió la casa de dueño. Tres ha tenido, y ni varió mi situación, ni mejoré de suerte. En tales condiciones se hace difícil el ahorro, sobre todo si no se sacrifica el estómago. El cerebro, los brazos, el corazón, todo trabaja para él: se descuida Smiles* y cuando quisiera establecerse ya no hay modo de hacerlo.

¿Es lo que me ha dejado soltero? Sí, hasta los treinta y un años, que de ahí en adelante no se cuenta. Un suceso vino a clausurar a esa edad mi pasado, mi presente y mi porvenir, y ya no fui, ya no soy sino un muerto que hojea su vida.

---

* Autor de una serie de libros que establecen normas de conducta para tener éxito en la vida.

Aparte de esto he tenido poco tiempo de aburrirme. Por la mañana, a las nueve, se abre el almacén; interrumpe su movimiento para el almuerzo y la comida, y al toque de retreta se cierra.

Desde ésa hasta esta hora, permanezco en mi piso giratorio con los pies en el travesaño más alto y sobre el bufete los codos forrados en percalina; después de guardar los libros y apagar la lámpara que me corresponde, cruzo la plazoleta y, a una vuelta de llave, se franquea para mí una puerta: estoy en "mi casa". Camino a tientas, cerca de la cómoda hago luz; allí, a la derecha, se halla siempre la bujía. Lo primero que veo es una fotografía, sobre el papel celeste de la habitación; después, la mancha blanca del lecho, mi pobre lecho, que nunca sabe disponer Verónica, y que cada noche acondiciono de nuevo. Una cortina de cretona oculta la ventana que cae a la plaza.

Si no hace demasiado frío, la retiro y abro los postigos, y si no tengo demasiado sueño, saco mi flauta de su estuche y ajusto sus piezas con vendajes y ligaduras. Vieja, casi tanto como yo, el tubo malo, flojas las llaves, no regulariza ya sus suspiros, y a lo mejor deja escapar el aire con desalentadora franqueza. De pie ante el alféizar, acometo una serie de trinados y variaciones para tomar la embocadura y en seguida doy comienzo a la elegía que le dedico a mis muertos. ¿Quién no tiene los suyos, esperanzas o recuerdos?

La pequeña ciudad duerme bajo el firmamento. Si hay luna, puede distinguirse perfectamente el campanario de la parroquia, la cruz del cementerio o la silueta de alguna pareja que se ha refugiado entre las encinas de la plaza, aunque los enamorados prefieren mejor el campo, de donde llega el coro de las ranas con rumores y perfumes confusos. El viento difunde los gemidos de mi flauta y los lleva hasta las estrellas, las mismas que, hace años y hace siglos, amaron los que duermen en el polvo. Cuando una cruza el espacio, yo formulo un deseo invariable.

En tantos años se han desprendido muchas y mi deseo no se cumple.

Toco, toco. Son dos o tres motivos melancólicos. Tal vez supe más y pude aprender otros; pero éstos eran los que Ella prefería, hace un cuarto de siglo, y con ellos me he quedado.

Toco, toco. Al pie de la ventana, un grillo, que se siente estimulado, se afina interminablemente. Los perros ladran a los ruidos y a las sombras. El reloj de una iglesia da una hora. En las casas menos austeras cubren los fuegos, y hasta el viento que transita por las calles desiertas pretende apagar el alumbrado público.

Entonces, si penetra una mariposa a mi habitación, abandono la música y acudo para impedir que se precipite sobre la llama. ¿No es el deber de la experiencia? Además, comenzaba a fatigarme. Es preciso soplar con fuerza para que la inválida flauta responda, y con mi volumen excesivo yo quedo jadeante.

Cierro, pues, la ventana; me desvisto, y en gorro y zapatillas, con la palmatoria en la mano, doy, antes de meterme en cama, una última ojeada al retrato. El rostro de Pedro es acariciador; pero en los ojos de ella hay tal altivez que me obliga a separar los míos. Cuatro lustros han pasado y se me figura verla así: así me miraba.

Ésta es mi existencia, desde hace veinte años. Me han bastado, para llenarla, un retrato y algunos aires antiguos; pero está visto que, conforme envejecemos, nos tornamos exigentes. Ya no me bastan y recurro a la pluma.

Si alguien lo supiera. Si sorprendiese alguien mis memorias, la novela triste de un hombre alegre, *Don Borja. El del Emporio del Delfín.* ¡Si fuesen leídas!… ¡Pero no! Manuscritos como éste, que vienen en remplazo del confidente que no se ha tenido, desaparecen con su autor. Él los destruye antes de embarcarse, y algo debe prevenirnos cuándo. De otro modo no se comprende que, en un momento dado, no más particular que cualquiera, menos tal vez que muchos momentos anteriores, el hombre se deshaga de aquel algo comprometedor, pero querido, que todos ocultamos, y, al hacerlo, ni sufra ni tema arrepentirse. Es como el pasaje, que, una vez tomado, nadie posterga su viaje.

¿O será que partimos precisamente porque ya nada nos detiene? Las últimas amarras han caído... ¡el barco zarpa!

Fue, como dije, hace veinte años; más, veinticinco, pues ello empezó cinco años antes. Yo no podía llamarme ya un joven y ya estaba calvo y bastante grueso; lo he sido siempre: las penas no hacen sino espesar mi tejido adiposo. Había fallecido mi primer patrón, y el Emporio pasó a manos de su sobrino, que habitaba en la capital; nada sabía yo de él, ni siquiera le había visto nunca, pero no tardé en conocerle a fondo: duro y atrabiliario con sus dependientes, con su mujer se conducía como un perfecto enamorado, y cuéntese con que su unión databa de diez años. ¡Cómo parecían amarse, santo Dios! También conocí sus penas, aunque a simple vista pudiera creérseles felices. A él le minaba el deseo de tener un hijo, y aunque lo mantuviera secreto, algo había llegado a sospechar ella. A veces solía preguntarle: "¿Qué echas de menos?", y él le cubría la boca de besos. Pero ésta no era una respuesta, ¿no es cierto?

Me habían admitido en su intimidad desde que conocieron mis aficiones filarmónicas. "Debimos adivinarlo: tiene pulmones a propósito", tal fue el elogio que él hizo de mí a su mujer en nuestra primera velada.

¡Nuestra primera velada! ¿Cómo acerté delante de aquellos señores de la capital, yo, que tocaba de oído y que no había tenido otro maestro que un músico de la banda? Ejecuté, me acuerdo, *El ensueño*, que esta noche acabo de repasar, *Lamentaciones de una joven* y *La golondrina y el prisionero*, y sólo reparé en la belleza de la principala, que descendió hasta mí para felicitarme.

De allí dató la costumbre de reunirnos, apenas se cerraba el almacén, en la salita del piso bajo, la misma donde ahora se ve luz, pero que está ocupada por otra gente. Pasábamos algunas horas embebidos en nuestro corto repertorio, que ella no me había permitido variar en lo más mínimo y que llegó a conocer tan bien que cualquier nota falsa la impacientaba. Otras veces me seguía tarareando y, por bajo que lo hiciera, se adivinaba en su garganta una voz cuya extensión ignoraría ella misma. ¿Por qué, a pesar de mis instancias, no consintió en cantar? ¡Ah! Yo no ejercía sobre ella la menor influencia; por el contrario, a tal punto me imponía que, aunque muchas veces quise que charlásemos, nunca me atreví. ¿No me admitía en su sociedad para oírme? ¡Era preciso tocar!

En los primeros tiempos, el marido asistía a los conciertos y, al arrullo de la música, se adormecía, pero acabó por dispensarse de ceremonias y siempre que estaba fatigado nos dejaba y se iba a su lecho. Algunas veces concurría uno que otro vecino, pero la cosa no debía parecerles divertida y con más frecuencia quedábamos solos. Así fue como una noche que me preparaba a pasar de un motivo a otro, Clara (se llamaba Clara) me detuvo con una pregunta a quemarropa:

—Borja, ¿ha notado usted su tristeza?

—¿De quién?, ¿del patrón? —pregunté, bajando también la voz—. Parece preocupado, pero…

—¿No es cierto? —dijo, clavándome sus ojos afiebrados.

Y como si hablara consigo:

—Le roe el corazón y no puede quitárselo. ¡Ah, Dios mío!

Me quedé perplejo y debí haber permanecido mucho tiempo perplejo, hasta que su acento imperativo me sacudió:

—¿Qué hace usted así? ¡Toque, pues!

Desde entonces pareció más preocupada y como disgustada de mí. Se instalaba muy lejos, en la sombra, tal como si yo le causara un profundo desagrado; me hacía callar para seguir mejor sus pensamientos y, al volver a la realidad, como hallase la muda sumisión de mis ojos a la espera de un mandato suyo, se irritaba sin causa.

—¿Qué hace usted así? ¡Toque, pues!

Otras veces me acusaba de apocado, estimulándome a

que le confiara mi pasado y mis aventuras galantes; según ella, yo no podía haber sido eternamente razonable, y alababa con ironía mi *reserva*, o se retorcía en un acceso de incontenible hilaridad: "San Borja, tímido y discreto".

Bajo el fulgor ardiente de sus ojos, yo me sentía enrojecer más y más, por lo mismo que no perdía la conciencia de mi ridículo. En todos los momentos de mi vida, mi calvicie y mi obesidad me han privado de la necesaria presencia de espíritu, ¡y quién sabe si no son la causa de mi fracaso!

Transcurrió un año, durante el cual sólo viví por las noches. Cuando lo recuerdo, me parece que la una se anudaba a la otra, sin que fuera sensible el tiempo que las separaba, a pesar de que, en aquel entonces, debe de habérseme hecho eterno... Un año breve como una larga noche. Llego a la parte culminante de mi vida. ¿Cómo relatarla para que pueda creerla yo mismo? ¡Es tan inexplicable, tan absurdo, tan inesperado!

Cierta ocasión en que estábamos solos, suspendido en mi música por un ademán suyo, me dedicaba a adorarla, creyéndola abstraída, cuando de pronto la vi dar un salto y apagar la luz. Instintivamente me puse de pie, pero en la oscuridad sentí dos brazos que se enlazaban a mi cuello y el aliento entrecortado de una boca que buscaba la mía.

Salí tambaleándome. Ya en mi cuarto, abrí la ventana y en ella pasé la noche. Todo el aire me era insuficiente. El corazón quería salirse del pecho, lo sentía en la garganta, ahogándome; ¡qué noche!

Esperé la siguiente con miedo. Creíame juguete de un sueño. El amo me reprendió un descuido y, aunque lo hizo delante del personal, no sentí ira ni vergüenza.

En la noche él asistió a nuestra velada. Ella parecía profundamente abatida.

Y pasó otro día sin que pudiéramos hallarnos solos; el tercero ocurrió, me precipité a sus plantas para cubrir sus manos de besos y lágrimas de gratitud, pero, altiva y desdeñosa, me rechazó, y con su tono más frío, me rogó que tocase.

144

¡No, yo debí haber soñado mi dicha! ¿Creeréis que nunca, nunca más volví a rozar con mis labios ni el extremo de sus dedos? La vez que, loco de pasión, quise hacer valer mis derechos de amante me ordenó salir en voz tan alta, que temí que hubiese despertado al amo, que dormía en el piso superior.

¡Qué martirio! Caminaron los meses, y la melancolía de Clara parecía disiparse, pero no su enojo. ¿En qué podía haberla ofendido yo? Hasta que, por fin, una noche en que atravesaba la plaza con mi estuche bajo el brazo, el marido en persona me cerró el paso. Parecía extraordinariamente agitado, y mientras hablaba mantuvo su mano sobre mi hombro con una familiaridad inquietante.

—¡Nada de músicas! —me dijo—. La señora no tiene propicios los nervios, y hay que empezar a respetarle este y otros caprichos.

Yo no comprendía.

—Sí, hombre. Venga usted al casino conmigo y brindaremos a la salud del futuro patroncito.

Nació. Desde mi bufete, entre los gritos de la parturienta, escuché su primer vagido, tan débil. ¡Cómo me palpitaba el corazón! ¡Mi hijo! Porque era mío. ¡No necesitaba ella decírmelo! ¡Mío! ¡Mío! Yo, el solterón solitario, el hombre que no había conocido nunca una familia, a quien nadie dispensaba sus favores sino por dinero, tenía ahora un hijo, ¡y de la mujer amada! ¿Por qué no morí cuando él nacía? Sobre el tapete verde de mi escritorio rompí a sollozar tan fuerte, que la pantalla de la lámpara vibraba y alguien que vino a consultarme algo se retiró en puntillas.

Sólo un mes después fui llevado a presencia del heredero. Le tenía en sus rodillas su madre, convaleciente, y le mecía amorosamente. Me incliné, conmovido hasta la angustia, y, temblando, con la punta de los dedos alcé la gasa que lo cubría y pude verle; hubiese querido gritar: ¡hijo!, pero, al levantar los ojos, encontré la mirada de Clara, tranquila, casi irónica.

145

"¡Cuidado!" —me advertía.

Y en voz alta:

—No le vaya usted a despertar.

Su marido, que me acompañaba, la besó tras de la oreja delicadamente.

—Mucho has debido sufrir, ¡mi pobre enferma!

—¡No lo sabes bien! —repuso ella—; mas, ¡qué importa si te hice feliz!

Y ya sin descanso, estuve sometido a la horrible expiación de que aquel hombre llamase "su" hijo al mío, a "mi" hijo. ¡Imbécil! Tentado estuve entre mil veces de gritarle la verdad, de hacerle reconocer mi superioridad sobre él, tan orgulloso y confiado; pero, ¿y las consecuencias, sobre todo para el inocente? Callé, y en silencio me dediqué a amar con todas las fuerzas de mi alma a aquella criatura, mi carne y mi sangre, que aprendería a llamar *padre* a un extraño.

Entretanto, la conducta de Clara se hacía cada vez más oscura. Las sesiones musicales, para qué decirlo, no volvieron a verificarse, y, con cualquier pretexto, ni siquiera me recibió en su casa las veces que fui.

Parecía obedecer a una resolución inquebrantable y hube de contentarme con ver a mi hijo cuando la niñera lo paseaba en la plaza. Entonces los dos, el marido y yo, le seguíamos desde la ventana de la oficina, y nuestras miradas, húmedas y gozosas, se encontraban y se entendían.

Pero andando esos tres años memorables, y a medida que el niño iba creciendo, me fue más fácil verlo, pues el amo, cada vez más chocho, lo llevaba al almacén y lo retenía a su lado hasta que venían en su busca.

Y en su busca vino Clara una mañana que yo lo tenía en brazos; nunca he visto arrebato semejante. ¡Como leona que recobra su cachorro! Lo que me dijo más bien me lo escupía al rostro.

—¿Por qué lo besa usted de ese modo? ¿Qué pretende usted, canalla?

A mi entender, ella vivía en la inquietud constante de

146

que el niño se aficionase a mí o de que yo hablara. A ratos, estos temores sobrepujaban a los otros, y para no exasperarme demasiado, dejaba que se me acercase; pero otras veces lo acaparaba, como si yo pudiese hacerle algún daño.

¡Mujer enigmática! Jamás he comprendido qué fui para ella: ¡capricho, juguete o instrumento!

Así las cosas, de la noche a la mañana llegó un extranjero, y medio día pasamos revisando libros y facturas. A la hora del almuerzo el patrón me comunicó que acababa de firmar una escritura por la cual transfería el almacén; que estaba harto de negocios y de vida provinciana, y probablemente volvería con su familia a la capital.

¿Para qué narrar las dolorosísimas presiones de esos últimos días de mi vida? Harán por enero veinte años y todavía me trastorna recordarlos. ¡Dios mío! ¡Se iba cuanto yo había amado! ¡Un extraño se lo llevaba lejos para gozar de ello en paz! ¡Me despojaba de todo lo mío! Ante esa idea tuve en los labios la confesión del adulterio. ¡Oh! ¡Destruir siquiera aquella feliz ignorancia en que viviría y moriría el ladrón! ¡Dios me perdone!

Se fueron. La última noche, por un capricho final, aquella que mató mi vida, pero que también le dio por un momento una intensidad a que yo no tenía derecho, aquella mujer me hizo tocarle las tres piezas favoritas, y al concluir, me premió permitiéndome que besara a mi hijo. Si la sugestión existe, en su alma debe de haber conservado la huella de aquel beso.

¡Se fueron! Ya en la estacioncita, donde acudí a despedirlos, él me entregó un pequeño paquete, diciendo que la noche anterior se le había olvidado.

—Un recuerdo —me repitió— para que piense en nosotros.

—¿Dónde les escribo? —grité cuando ya el tren se ponía en movimiento, y él, desde la plataforma del tren:

—No sé. ¡Mandaremos la dirección!

Parecía una consigna de reserva. En la ventanilla vi a mi hijo, con la nariz aplastada contra el cristal. Detrás, su madre, de pie, grave, la vista perdida en el vacío.

Me volví al almacén, que continuaba bajo la razón social, sin ningún cambio aparente, y oculté el paquete, pero no lo abrí hasta la noche, en mi cuarto solitario.

Era una fotografía.

La misma que hoy me acompaña; un retrato de Clara con su hijo en el regazo, apretado contra su seno, como para ocultarlo o defenderlo.

¡Y tan bien lo ha secuestrado a mi ternura, que en veinte años ni una sola vez he sabido de él, y probablemente no volveré a verlo en este mundo de Dios! Si vive debe ser un hombre ya. ¿Es feliz? Tal vez a mi lado su porvenir habría sido estrecho. Se llama Pedro... Pedro y el apellido del otro.

Cada noche tomo el retrato, lo beso, y en el reverso leo la dedicatoria que escribieron por el niño.

"Pedro, a su amigo Borja."

—¡Su amigo Borja!... ¡Pedro se irá de la vida sin saber que haya existido tal amigo!

COMENTARIO

D'Halmar presenta el adulterio no como un crimen apasionado ni como un acto inmoral, sino como una necesidad lógica. Clara quiere a su marido y peca de una manera muy calculadora sólo para satisfacer el deseo de éste de sentirse padre. Logrado su propósito, Clara rechaza para siempre a su amante de una noche.

Aunque el epígrafe en francés indica el intento del autor naturalista de elaborar el tema del adulterio con la mayor objetividad, el éxito del cuento se deriva del retrato del protagonista-narrador, hombre sensible, víctima modernista de la nueva burguesía, quien recuerda al protagonista de *El hombre de hierro* (1907) del venezolano Rufino Blanco Fombona (1874-1944). Solterón de la clase media, parece tener una vida sin historia. Sin embargo, ¡qué enorme es la tragedia de este hombre que ha dedicado los últimos 25 años a un recuerdo efímero! Aunque sospecha la verdad, su vanidad de hombre lo obliga a pensar que Clara sí lo quiso, cuando menos por un momento.

La historia de este solterón se hace más trágica referida por sus propios labios. A diferencia de la mayor parte de los naturalistas y de los narradores chilenos en general, D'Halmar rechaza las descripciones minuciosas y luce un estilo antirretórico que corresponde ya al pleno siglo XX. Conforme con el tono de conversación, los párrafos son muy breves; las frases cortas se ligan por "y" u "o"; escasean los adjetivos y faltan los símiles y las metáforas.

No obstante este estilo sencillo y el espíritu pragmático de la trama, "En provincia" se embellece con cierto tono de fantasía que surge del motivo de la flauta, de la evocación de los recuerdos lejanos y de lo inusitado del caso: "creíame juguete de un sueño", "¡no, yo debí haber soñado mi dicha!"

La impresión de que el narrador está divagando sin plan se borra con el reconocimiento de la unidad estructural del cuento. La fotografía de Clara y Pedro, además de encuadrar la obra, le da una pequeña nota de suspenso debido a que no se revela la identidad de Pedro hasta el final. Aunque este suspenso resulte un poco forzado, no debilita la sinceridad con que el protagonista cuenta su tragedia antidramática.

Este análisis de la psicología compleja de un individuo, revestido de cierta fantasía, contribuyó a iniciar toda una tradición chilena en la cual figuran algunos de los mejores escritores contemporáneos: María Luisa Bombal, Manuel Rojas y Fernando Alegría.

EL MODERNISMO

En el desarrollo del cuento, el modernismo hizo una contribución primordial. En cuanto a la novela, su función principal fue enriquecer la prosa para las generaciones siguientes. Se escribieron pocas novelas modernistas y de ésas sólo alguna que otra merece recordarse. En cambio, el cuento fue cultivado por los modernistas durante 40 años, de 1880 a 1920, y se produjeron algunas verdaderas joyas literarias.

Aunque el modernismo fue artísticamente una reacción contra el romanticismo, el realismo y el naturalismo, en Hispanoamérica se da el fenómeno de la coincidencia de los cuatro movimientos. Los románticos rezagados siguieron escribiendo hasta fines del siglo XIX, mientras que los realistas y los naturalistas no llegaron a su apogeo hasta después del triunfo del modernismo.

El rasgo fundamental de este movimiento era la primacía que se daba a la sensibilidad artística; de ahí se derivaba tanto su temática como su estilo. En su afán de crear el arte por el arte, los modernistas rechazaron las historias sentimentales y los episodios melodramáticos de los románticos, los cuadros demasiado localizados de los realistas y los estudios demasiado "científicos" y feos de los naturalistas. El héroe modernista era el artista (o sencillamente el hombre) sensible incapacitado por la sociedad burguesa que lo rodeaba. Los modernistas sentían asco ante la barbarie de sus compatriotas y se refugiaban en un mundo exótico. Muchos abandonaron la patria mientras otros buscaron el escape en la torre de marfil elevada en la propia azotea. Su ideal era Francia, la Francia versallesca del siglo XVIII. A través de ella, los modernistas aprendieron a entusiasmarse por el ideal griego y

151

por la finura oriental. El exotismo no tenía límites: la Italia renacentista, el Bizancio medieval y la Alemania de los dioses wagnerianos.

La base del estilo modernista era la sinestesia o la correspondencia de los sentidos. La prosa dejó de ser sólo un instrumento para narrar un suceso. Tenía que ser bella: su paleta de suaves matices tenía que agradar al ojo; su aliteración, su asonancia, sus efectos onomatopéyicos y su ritmo constituían una sinfonía que deleitaba al oído; sus mármoles y telas exóticas daban ganas de extender la mano, mientras los perfumes aromáticos, los vinos y manjares deliciosos excitaban los sentidos del olfato y del gusto. Para lograr estos efectos, los modernistas se vieron obligados a echar mano del neologismo, inventando palabras de raíz castellana y apropiándose de palabras extranjeras, y a probar símiles y metáforas nuevos.

La influencia extranjera no se limitaba a los nuevos vocablos. Los modernistas, siendo cosmopolitas, se identificaban con sus correligionarios por todo el mundo. Se reunían tanto en los cafés de Buenos Aires como en los de París. Sus revistas literarias, que desempeñaron un papel fundamental, publicaron obras de autores franceses, italianos, españoles, portugueses, alemanes, ingleses y norteamericanos. Además de su deuda con los parnasianos y simbolistas franceses, los modernistas también sentían una gran admiración por artistas tan diversos como Walt Whitman, Edgar Allan Poe, Oscar Wilde, Richard Wagner y D'Annunzio.

La guerra de 1898 entre España y los Estados Unidos sacudió violentamente al modernismo, pero aún le quedaba bastante ímpetu para reformarse. Todo lo exótico comenzó a ceder paso a un autoanálisis personal y continental (no se pensaba todavía en términos nacionales) o a un descubrimiento del paisaje americano. Muertos los iniciadores,* con excepción

* José Martí (1853-1895), Manuel Gutiérrez Nájera (1859-1895), Julián del Casal (1863-1893) y José Asunción Silva (1865-1896).

de Rubén Darío (1867-1916), la segunda generación modernista dio nuevo vigor al movimiento con una mayor variedad temática y estilística en la poesía de Ricardo Jaimes Freyre (1868-1933), Amado Nervo (1870-1919), Leopoldo Lugones (1874-1938), Julio Herrera y Reissig (1875-1910), José Santos Chocano (1875-1934) y Rafael Arévalo Martínez (1884-1975) y con la elaboración de su filosofía en los ensayos artísticos de José Enrique Rodó (1871-1917).

Aunque la mayoría de los modernistas se expresaron principalmente en verso, la evolución de todo el movimiento se perfila en la siguiente serie de cuentos artísticos.

MANUEL GUTIÉRREZ NÁJERA
[1859-1895]

*Mexicano. Escribió bajo varios seudónimos, el más famoso de
los cuales fue el duque Job. A pesar de sus modales y de sus
escritos afrancesados, nunca salió de México. Sus padres eran
cultos y desde la niñez comenzó a leer a los autores españoles
y franceses. Pasó la vida escribiendo para los periódicos:
poesías, crónicas, notas de viaje, crítica literaria y cuentos, éstos reunidos en los tomos* Cuentos frágiles *(1883), donde se
publicó "Después de las carreras", y* Cuentos color de humo
*(1890-1894). Fue diputado por el Estado de México. Con Car-
los Díaz Dufoo, fundó en 1894 la* Revista Azul, *que dio a conocer a sus compatriotas el modernismo, tanto mexicano
como hispanoamericano y sus fuentes europeas.*

DESPUÉS DE LAS CARRERAS

CUANDO Berta puso en el mármol de la mesa sus horquillas
de plata y sus pendientes de rubíes, el reloj de bronce, superado por la imagen de Galatea dormida entre las rosas,
dio con su agudo timbre doce campanadas. Berta dejó que
sus trenzas de rubio veneciano le besaran, temblando, la cintura, y apagó con su aliento la bujía, para no verse des-
vestida en el espejo. Después, pisando con sus pies desnudos los "no-me-olvides" de la alfombra, se dirigió al angosto
lecho de madera color de rosa, y tras una brevísima oración,
se recostó sobre las blancas colchas que olían a holanda
nueva y a violeta. En la caliente alcoba se escuchaban,
nada más, los pasos sigilosos de los duendes que querían

155

ver a Berta adormecida y el *tic tac* de la péndola incansable, enamorada eternamente de las horas. Berta cerró los ojos, pero no dormía. Por su imaginación cruzaban a escape los caballos del Hipódromo. ¡Qué hermosa es la vida! Una casa cubierta de tapices y rodeada por un cinturón de camelias blancas en los corredores; abajo, los coches cuyo barniz luciente hiere el sol y cuyo interior, acolchonado y tibio, trasciende a piel de Rusia y cabritilla; los caballos que pialan en las amplias caballerizas, y las hermosas hojas de los plátanos, erguidas en tibores japoneses; arriba, un cielo azul, de raso nuevo; mucha luz, y las notas de los pájaros subiendo, como almas de cristal, por el ámbar fluido de la atmósfera; adentro, el padre de cabello blanco que no encuentra jamás bastantes perlas ni bastantes blondas para el armario de su hija; la madre que vela a su cabecera, cuando enferma, y que quisiera rodearla de algodones como si fuese de porcelana quebradiza; los niños que travesean desnudos en su cuna, y el espejo claro que sonríe sobre el mármol del tocador. Afuera, en la calle, el movimiento de la vida, el ir y venir de los carruajes, el bullicio; y por la noche, cuando termina el baile o el teatro, la figura del pobre enamorado que la aguarda y que se aleja satisfecho cuando la ha visto apearse de su coche o cerrar los maderos del balcón. Mucha luz, muchas flores y un traje de seda nuevo: ¡ésa es la vida!

Berta piensa en las carreras. *Caracole* debía ganar. En Chantilly, no hace mucho, ganó un premio. Pablo Escandón no hubiera dado once mil pesos por una yegua y un caballo malos. Además, quien hizo en París la compra de esa yegua fue Manuel Villamil, el mexicano más perito en estas cosas de "sport". Berta va a hacer el próximo domingo una apuesta formal con su papá: apuesta a *Aigle*; si pierde, tendrá que bordar unas pantuflas; y si gana, le comprarán el espejo que tiene madame Drouot en su aparador. El marco está forrado de terciopelo azul y recortando la luna oblicuamente, bajo una guirnalda de flores. ¡Qué bonito es! Su cara refle-

156

jada en ese espejo parecerá la de una hurí, que, entreabriendo las rosas del paraíso, mira el mundo.

Berta entorna los ojos, pero vuelve a cerrarlos en seguida, porque está la alcoba a oscuras.

Los duendes, que ansían verla dormida para besarla en la boca sin que lo sienta, comienzan a rodearla de adormideras y a quemar en pequeñas cazoletas granos de opio. Las imágenes se van esfumando y desvaneciendo en la imaginación de Berta. Sus pensamientos pavesean. Ya no ve el Hipódromo bañado por la resplandeciente luz del sol, ni ve a los jueces encarnados en su pretorio, ni oye el chasquido de los látigos. Dos figuras quedan solamente en el cristal de su memoria empañada por el aliento de los sueños: *Caracole* y su novio.

> *Ya todo yace en el reposo inerme;*
> *El lirio azul dormita en la ventana;*
> *¿Oyes? Desde su torre la campana*
> *La medianoche anuncia; duerme, duerme.*

El genio retozón que abrió para mí la alcoba de Berta, como se abre una caja de golosinas el día de Año Nuevo, puso un dedo en mis labios, y tomándome de la mano, me condujo a través de los salones. Yo temía tropezar con algún mueble, despertando a la servidumbre y a los dueños. Pasé, pues, con cautela, conteniendo el aliento y casi deslizándome sobre la alfombra. A poco andar di contra el piano, que se quejó en si bemol; pero mi acompañante sopló, como si hubiera de apagar la luz de una bujía, y las notas cayeron mudas sobre la alfombra: el aliento del genio había roto esas pompas de jabón. En esta guisa atravesamos varias salas; el comedor de cuyos muros, revestidos de nogal, salían gruesos candelabros con las velas de esperma apagadas; los corredores, llenos de tiestos y de afiligranadas pajareras; un pasadizo estrecho y largo, como un cañuto, que llevaba a las habitaciones de la servidumbre; el retorcido caracol por donde se subía a las azoteas, y un laberinto de pequeños cuartos, llenos de muebles y de trastos inservibles.

Por fin, llegamos a una puertecita por cuya cerradura se filtraba un rayo de luz tenue. La puerta estaba atrancada por dentro, pero nada resiste al dedo de los genios, y mi acompañante, entrándose por el ojo de la llave, quitó el morillo que atrancaba la mampara. Entramos: allí estaba Manón, la costurera. Un libro abierto extendía sus blancas páginas en el suelo, cubierto apenas con esteras rotas, y la vela moría lamiendo con su lengua de salamandra los bordes del candelero. Manón leía seguramente cuando el sueño la sorprendió. Decíanlo esa imprudente luz que habría podido causar un incendio, ese volumen maltratado que yacía junto al catre de fierro, y ese brazo desnudo que con el frío impudor del mármol, pendía, saliendo fuera del colchón y por entre las ropas descompuestas. Manón es bella, como un lirio enfermo. Tiene veinte años y quisiera leer la vida, como quería de niña hojear el tomo de grabados que su padre guardaba en el estante, con llave, de la biblioteca. Pero Manón es huérfana y es pobre: ya no verá, como antes, a su alrededor, obedientes camareras y sumisos domésticos; la han dejado sola, pobre y enferma en medio de la vida. De aquella vida anterior que en ocasiones se le antoja un sueño, nada más le queda un cutis que trasciende aún a almendra y un cabello que todavía no vuelven áspero el hambre, la miseria y el trabajo. Sus pensamientos son como esos rapazuelos encantados que figuran en los cuentos; andan de día con la planta descalza y en camisa; pero dejad que la noche llegue, y miraréis cómo esos pobrecitos limosneros visten jubones de crujiente seda y se adornan con plumas de faisanes.

Aquella tarde, Manón había asistido a las carreras. En la casa de Berta todos la quieren y la miman, como se quiere y se mima a un falderillo, vistiéndole de lana en el invierno y dándole en la boca mamones empapados en leche. Hay cariños que apedrean. Todos sabían la condición que había tenido antes esa humilde costurera, y la trataban con mayor regalo. Berta le daba vestidos viejos y solía llevarla consigo cuando iba de paseo o a tiendas. La huérfana recibía esas muestras de cariño, como recibe el pobre que mendiga la moneda que una mano piadosa le arroja desde un balcón. A veces esas monedas descalabran.

Aquella tarde, Manón había asistido a las carreras. La dejaron adentro del carruaje, porque no sienta bien a una familia aristocrática andarse de paseo con las criadas; la dejaron allí, por si el vestido de la niña se desgarraba o si las cintas de su "capota" se rompían. Manón, pegada a los cristales del carruaje, espiaba por allí la pista y las tribunas, tal como ve una pobrecita enferma, a través de los vidrios del balcón, la vida y movimiento de los transeúntes. Los caballos cruzaban como exhalaciones por la árida pista, tendiendo al aire sus crines erizadas. ¡Los caballos! Ella también había conocido ese placer, mitad espiritual y mitad físico, que se experimenta al atravesar a galope una avenida enarenada. La sangre corre más aprisa, y el aire azota como si estuviera enojado. El cuerpo siente la juventud, y el alma cree que ha recobrado sus alas.

Y las tribunas, entrevistas desde lejos, le parecían enormes ramilletes hechos de hojas de raso y claveles de carne. La seda acaricia como la mano de un amante, y ella tenía un deseo infinito de volver a sentir ese contacto. Cuando anda la mujer, su falda va cantando un himno en loor suyo. ¿Cuándo podría escuchar esas estrofas? Y veía sus manos, y la extremidad de los dedos maltratada por la aguja, y se fijaba tercamente en ese cuadro de esplendores y de fiestas, como en la noche de San Silvestre ven los niños pobres esos pasteles, esas golosinas, esas pirámides de caramelo que no gustarán ellos y que adornan los escaparates de las dulcerías. ¿Por qué estaba ella desterrada de ese paraíso? Su espejo le decía: "Eres hermosa y eres joven". ¿Por qué padecía tanto? Luego, una voz secreta se levantaba en su interior diciendo: "No envidies esas cosas. La seda se desgarra, el terciopelo se chafa, la epidermis se arruga con los años.

Bajo la azul superficie de ese lago hay mucho lodo. Todas las cosas tienen su lado luminoso y su lado sombrío. ¿Recuerdas a tu amiga Rosa Thé? Pues vive en ese cielo de teatro, tan lleno de talco, y de oropeles, y de lienzos pintados. Y el marido que escogió la engaña y huye de su lado para correr en pos de mujeres que valen menos que ella. Hay mortajas de seda y ataúdes de palo santo, pero en todos hormiguean y muerden los gusanos".

Manón, sin embargo, anhelaba esos triunfos y esas galas. Por eso dormía soñando con regocijos y con fiestas. Un galán, parecido a los errantes caballeros que figuran en las leyendas alemanas, se detenía bajo sus ventanas, y trepando por una escala de seda azul llegaba hasta ella, la ceñía fuertemente con sus brazos y bajaba después, cimbrándose en el aire, hasta la sombra del olivar tendido abajo. Allí esperaba un caballo tan ágil, tan nervioso como *Caracole*. Y el caballero, llevándola en brazos, como se lleva a un niño dormido, montaba en el brioso potro que corría a todo escape por el bosque. Los mastines del caserío ladraban y hasta abríanse las ventanas, y en ellas aparecían rostros medrosos; los árboles corrían, corrían en dirección contraria, como un ejército en derrota, y el caballero la apretaba contra el pecho rizando con su aliento abrasador los delgados cabellos de su nuca.

En ese instante, el alba salía fresca y perfumada, de su tina de mármol, llena de rocío. ¡No entres —¡oh fría luz!—, no entres a la alcoba en donde Manón sueña con el amor y la riqueza! ¡Deja que duerma, con su brazo blanco pendiente fuera del colchón, como una virgen que se ha embriagado con el agua de las rosas! ¡Deja que las estrellas bajen del cielo azul y que se prendan en sus orejas diminutas de porcelana transparente!

COMENTARIO

"Después de las carreras" es un magnífico ejemplo de la primera etapa modernista que se salva como buen cuento por sus huellas románticas. Lo que da vida a este cuadro es la compasión que el narrador siente y expresa por Manón. En oposición a la impersonalidad de la estética parnasiana que profesaban los modernistas triunfantes de 1896 (fecha de publicación de *Prosas profanas* de Rubén Darío), Gutiérrez Nájera interviene directamente en el cuento. Los duendes le permiten entrar en las dos alcobas y él mismo termina el cuento con una exhortación a la luz del amanecer. El contraste entre la señorita rica y la costurera pobre también pertenece más bien al romanticismo que al modernismo.

Como obra artística, "Después de las carreras" luce una unidad que revela ya la madurez del género. Las dos escenas que integran el cuento están estrechamente ligadas. La línea más obvia que las conecta es el viaje del narrador guiado por el duende, pero luego hay una serie de detalles en la escena de Manón que hacen juego con la escena anterior: la vela moribunda, el recuerdo de las carreras, los cristales del carruaje, el galán, el cielo azul y la porcelana. Mientras los naturalistas deshumanizaban a sus personajes convirtiéndolos en animales, los modernistas los deshumanizan transformándolos en objetos de arte. La madre de Berta cuida a su hija "como si fuese de porcelana quebradiza"; Manón tiene "orejas diminutas de porcelana transparente"; Berta tiene trenzas "de rubio veneciano" y "Manón es bella, como un lirio enfermo".

Además de la unidad entre las dos escenas, cada una de ellas tiene su propia estructura. La de Berta tiene tres momentos: la descripción de la alcoba, los pensamientos de Berta y su sueño. La misma descripción tiene una estructura que la distingue mucho de las descripciones detalladas de los naturalistas. Las exclamaciones "¡Qué hermosa es la vida!" y "¡ésa es la vida!" refuerzan el efecto que el autor quiere crear a la vez que interrumpe el inventario del museo modernista. Otros refuerzos estructurales son "el mármol de la mesa" y "el mármol del tocador"; "el reloj de bronce" y "el *tic tac* de la péndola incansable"; la repetición de "mucha luz"; y la frase "muchas flores" que evoca las rosas de la imagen de Galatea, los nomeolvides de la alfombra, el color de rosa de la madera del lecho, el olor a violeta de las colchas y las camelias de los corredores. El segundo momento de la escena de Berta se basa principalmente en los pensamientos sobre las carreras, tema anunciado sólo una vez en el primer momento: "por su imaginación cruzaban a escape los caballos del Hipódromo". Ese momento realista se capta con un lenguaje menos adornado en el cual predominan los verbos, algunos en pretérito. Se cierra el segundo momento con el espejo de madame Drouot, que recuerda el primer momento y anuncia el tercero. La descripción del marco nos sitúa dentro de la alcoba mientras su cristal ayuda a producir el cuadro impresionista del sueño: "el cristal de su memoria empañada por el aliento de los sueños". Se marca el fin de toda la escena de Berta con dos alusiones al primer momento: "sus pensamientos pavesean" y la bujía apagada, la campana de la torre y el reloj de bronce.

La escena intermedia, o sea aquella que liga las dos alcobas, también refuerza la estructura total del cuento con la frase "como si hubiera de apagar la luz de una bujía".

Haciendo juego con la escena de Berta, la de Manón también se divide en tres momentos. La descripción de su alcoba sobresale por su falta de muebles y de elementos decorativos. Lo único que se ve es el catre de fierro, pero todo el lujo sinestésico de la alcoba de Berta tiene su contrapeso en una serie de imágenes que emplea el autor para describir a Manón. Su brazo tiene "el frío impudor del mármol"; "es bella, como un lirio enfermo"; tiene "un cutis que trasciende aún a almendra"; y sus pensamientos de noche "visten jubones de crujiente seda y se adornan con plumas de faisanes". La unidad de ese primer momento depende del progreso hacia lo fantástico y las dos alusiones a los libros. El segundo momento, igual que el de Berta, es una interpretación de la visita a las carreras. Para recalcar la situación desairada de Manón, se repite íntegra la oración inicial de esta sección. En cada párrafo, se alude a la tragedia de Manón a medida que la realidad poco a poco se va transformando en fantasía. Los niños pobres en la noche de San Silvestre hacen eco de los rapazuelos encantados del momento anterior y refuerzan la compasión que siente el autor por Manón. El sueño de Manón, que corresponde al sueño de Berta, se cierra con elementos que dan finalidad tanto a la escena de Manón como al cuento entero. La alusión al "brazo blanco pendiente fuera del colchón" refuerza la primera presentación de Manón mientras la mención de la luz, las rosas, la porcelana y el cielo azul hacen pensar en la descripción de la primera escena de Berta. La importancia de los relojes se percibe cuando se completa el marco cronológico del cuento: desde la medianoche hasta el amanecer.

Ya se han señalado varios casos de sinestesia (los colores, el *tic tac*, las flores perfumadas, las distintas telas y metales, el mármol y las golosinas) que contribuyen a la belleza de esta obra. Sin embargo, esta sinestesia, que en manos de la mayoría de los parnasianos franceses y modernistas hispanoamericanos resulta demasiado fría, en la prosa de Gutiérrez Nájera reluce gracia. Hay casos de aliteración y de diminutivos, pero lo que más crea esa sensación de gracia son las imágenes donde el objeto inánime se humaniza delicadamente. Las trenzas de Berta tiemblan besándole la cintura; la péndola está enamorada de las horas; las notas de los pájaros suben como almas de cristal; "las notas cayeron mudas sobre la alfombra"; "el aliento del genio había roto esas pompas de jabón".

Por ser mexicano, Gutiérrez Nájera, aun en sus momentos más parnasianos, no puede olvidarse de los problemas de la vida. En medio de todo el inventario modernista, hay una compasión sincera por los pobres que impide que el cuento empalague y, por consiguiente, realza su valor artístico.

RUBÉN DARÍO
[1867-1916]

Nicaragüense. El modernista por antonomasia. A los 13 años ya escribía versos y a los 15 emprendió el primero de sus viajes que habían de caracterizar toda su vida. En El Salvador *(1882) conoció al poeta Francisco Gavidia, quien le puso en contacto con la literatura francesa. En 1886 fue a Chile, donde trabajó en los periódicos y publicó* Azul *(1888). Estando Darío en Guatemala apareció allí en 1890 la segunda edición ampliada. Después de casarse en Costa Rica, fue a España en 1892. Luego, pasando por Cuba, se dirigió a Argentina con el cargo de cónsul de Colombia. Los años pasados en Buenos Aires (1893-1898) constituyeron el apogeo del modernismo, representado en parte por la publicación de* Prosas profanas *y* Los raros *en 1896. A partir de 1898, Darío vivió casi constantemente en Europa, sobre todo en París. Publicó otros dos libros importantes,* Cantos de vida y esperanza *(1905) y* El canto errante *(1907), que representan un rechazo parcial del preciosismo parnasiano y simbolista por una preocupación tanto por los problemas personales como por el destino de América Latina frente a la amenaza del imperialismo norteamericano. "El rubí" se publicó por primera vez en* La Libertad Electoral *de Santiago de Chile el 9 de junio de 1888 y fue incluido en la primera edición de* Azul.

EL RUBÍ

—¡AH! ¡Conque es cierto! ¡Conque ese sabio parisiense ha logrado sacar del fondo de sus retortas, de sus matraces, la púrpura cristalina de que están incrustados los muros de mi palacio!

Y al decir esto, el pequeño gnomo iba y venía, de un lugar a otro, a cortos saltos, por la honda cueva que le servía de morada; y hacía temblar su larga barba y el cascabel de su gorro azul y puntiagudo.

En efecto, un amigo del centenario Chevreul —cuasi Althotas—, el químico Frémy, acababa de descubrir la manera de hacer rubíes y zafiros.

Agitado, conmovido, el gnomo —que era subidor y de genio harto vivaz— seguía monologando.

—¡Ah, sabios de la Edad Media! ¡Ah, Alberto *el Grande*, Averroes, Raimundo Lulio! Vosotros no pudisteis ver brillar el gran sol de la piedra filosofal, y he aquí que sin estudiar las fórmulas aristotélicas, sin saber cábala y nigromancia, llega un hombre del siglo decimonono a formar a la luz del día lo que nosotros fabricamos en nuestros subterráneos. ¡Pues el conjuro! Fusión por veinte días de una mezcla de sílice y de aluminato de plomo; coloración con bicromato de potasa o con óxido de cobalto. Palabras en verdad que parecen lengua diabólica.

Risa.

Luego se detuvo.

El cuerpo del delito estaba allí, en el centro de la gruta, sobre una gran roca de oro; un pequeño rubí, redondo, un tanto reluciente, como un grano de granada al sol.

El gnomo tocó un cuerno, el que llevaba a su cintura, y el eco resonó por las vastas concavidades. Al rato, un bullicio, un tropel, una algazara. Todos los gnomos habían llegado.

Era la cueva ancha, y había en ella una claridad extraña y blanca. Era la claridad de los carbunclos que en el techo de piedra centelleaban, incrustados, hundidos, apiñados, en focos múltiples; una dulce luz lo iluminaba todo.

A aquellos resplandores podía verse la maravillosa mansión en todo su esplendor. En los muros, sobre pedazos de plata y oro, entre venas de lapislázuli, formaban caprichosos dibujos, como los arabescos de una mezquita, gran muchedumbre de piedras preciosas. Los diamantes, blancos y limpios como gotas de agua, emergían los iris de sus cristalizaciones; cerca de calcedonias colgantes en estalactitas, las esmeraldas esparcían sus resplandores verdes; y los zafiros, en ramilletes que pendían del cuarto, semejaban grandes flores azules y temblorosas.

Los topacios dorados, las amatistas, circundaban en franjas el recinto; y en el pavimento, cuajado de ópalos, sobre la pulida crisofasia y el ágata, brotaba de trecho en trecho un hilo de agua, que caía con una dulzura musical, a gotas armónicas, como las de una flauta metálica soplada muy levemente.

¡Puck se había entrometido en el asunto, el pícaro Puck! Él había llevado el cuerpo del delito, el rubí falsificado, el que estaba ahí, sobre la roca de oro, como una profanación entre el centelleo de todo aquel encanto.

Cuando los gnomos estuvieron juntos, unos con sus martillos y cortas hachas en las manos, otros de gala, con caperuzas flamantes y encarnadas, llenas de pedrería, todos curiosos, Puck dijo así:

—Me habéis pedido que os trajese una muestra de la nueva falsificación humana, y he satisfecho esos deseos.

Los gnomos, sentados a la turca, se tiraban de los bigotes; daban las gracias a Puck con una pausada inclinación de cabeza, y los más cercanos a él examinaban con gesto de asombro las lindas alas, semejantes a las de un hipsipilo.

Continuó:

—¡Oh, Tierra! ¡Oh, Mujer! Desde el tiempo en que veía a Titania no he sido sino un esclavo de la una, un adorador casi místico de la otra.

Y luego, como si hablase en el placer de un sueño:

—¡Esos rubíes! En la gran ciudad de París, volando invisible, los vi por todas partes. Brillaban en los collares de las cortesanas, en las condecoraciones exóticas de los rastacueros, en los anillos de los príncipes italianos y en los brazaletes de las primadonas.

Y con pícara sonrisa siempre:

—Yo me colé hasta cierto gabinete rosado muy en boga... Había una hermosa mujer dormida. Del cuello le arranqué un medallón y del medallón el rubí. Ahí lo tenéis.

Todos soltaron la carcajada. ¡Qué cascabeleo!

—¡Eh, amigo Puck!

¡Y dieron su opinión después, acerca de aquella piedra falsa, obra de hombre, o de sabio, que es peor!

—¡Vidrio!

—¡Maleficio!

—¡Ponzoña y cábala!

—¡Química!

—¡Pretender imitar un fragmento del iris!

—¡El tesoro rubicundo de lo hondo del globo!

—¡Hecho de rayos del poniente solidificados!

El gnomo más viejo, andando con sus piernas torcidas, su gran barba nevada, su aspecto de patriarca, su cara llena de arrugas:

—¡Señores! —dijo—. ¡No sabéis lo que habláis!

Todos escucharon.

—Yo, yo soy el más viejo de vosotros, puesto que apenas sirvo ya para martillar las facetas de los diamantes; yo, que he visto formarse estos hondos alcázares; que he cincelado los huesos de la tierra, que he amasado el oro, que he dado un día un puñetazo a un muro de piedra, y caí a un lago donde violé a una ninfa; yo, el viejo, os referiré cómo se hizo el rubí.

—Oíd.

Puck sonreía, curioso. Todos los gnomos rodearon al anciano, cuyas canas palidecían a los resplandores de la pedrería y cuyas manos extendían su movible sombra en los muros, cubiertos de piedras preciosas, como un lienzo lleno de miel donde se arrojasen granos de arroz.

—Un día, nosotros, los escuadrones que tenemos a nuestro cargo las minas de diamantes, tuvimos una huelga que conmovió toda la tierra, y salimos en fuga por los cráteres de los volcanes.

"El mundo estaba alegre, todo era vigor y juventud; y las rosas, y las hojas verdes y frescas, y los pájaros en cuyos buches entra el grano y brota el gorjeo, y el campo todo, saludaban al sol y a la primavera fragante.

"Estaba el monte armónico y florido, lleno de trinos y de abejas; era una grande y santa nupcia la que celebraba la luz, en el árbol la savia ardía profundamente, y en el animal todo era estremecimiento o balido o cántico, y en el gnomo había risa y placer.

"Yo había salido por un cráter apagado. Ante mis ojos había un campo extenso. De un salto me puse sobre un gran árbol, una encina añeja. Luego bajé al tronco, y me hallé cerca de un arroyo, un río pequeño y claro donde las aguas charlaban diciéndose bromas cristalinas. Yo tenía sed. Quise beber allí… Ahora, oíd mejor.

"Brazos, espaldas, senos desnudos, azucenas, rosas, panecillos de marfil coronados de cerezas; ecos de risas áureas, festivas; y allá, entre espumas, entre las linfas rotas, bajo las verdes ramas…"

—¿Ninfas?

—No, mujeres.

—Yo sabía cuál era mi gruta. Con dar un golpe en el suelo, abría la arena negra y llegaba a mi dominio. ¡Vosotros, pobrecillos, gnomos jóvenes, tenéis mucho que aprender!

"Bajo los retoños de unos helechos nuevos me escurrí, sobre unas piedras deslavadas por la corriente espumosa y parlante; y a ella, a la hermosa, a la mujer, la así de la cintura, con este brazo antes tan musculoso; gritó, golpeé el suelo; descendimos. Arriba quedó el asombro, abajo el gnomo soberbio y vencedor.

"Un día yo martillaba un trozo de diamante inmenso, que brillaba como un astro y que al golpe de mi maza se hacía pedazos.

"El pavimento de mi taller se asemejaba a los restos de

168

un sol hecho trizas. La mujer amada descansaba a un lado, rosa de carne entre maceteros de zafir, emperatriz del oro, en un lecho de cristal de roca, toda desnuda y espléndida como una diosa.

"Pero en el fondo de mis dominios, mi reina, mi querida, mi bella, me engañaba. Cuando el hombre ama de veras, su pasión lo penetra todo, y es capaz de traspasar la tierra.

"Ella amaba a un hombre, y desde su prisión le enviaba sus suspiros. Éstos pasaban los poros de la corteza terrestre y llegaban a él; y él, amándola también, besaba las rosas de cierto jardín; y ella, la enamorada, tenía —yo lo notaba— convulsiones súbitas en que estiraba sus labios rosados y frescos como pétalos de centifolia. ¿Cómo ambos se sentían? Con ser quien soy, no lo sé.

"Había acabado yo mi trabajo: un gran montón de diamantes hechos en un día; la tierra abría sus grietas de granito como labios con sed, esperando el brillante despedazamiento del rico cristal. Al fin de la faena, cansado, di un martillazo que rompió una roca y me dormí.

"Desperté al rato, al oír algo como gemido.

"De su lecho, de su mansión más luminosa y rica que la de todas las reinas del Oriente, había volado fugitiva, desesperada, la amada mía, la mujer robada. ¡Ay! Y queriendo huir por el agujero abierto por mi maza de granito, desnuda y bella, destrozó su cuerpo blanco y suave como de azahar y mármol y rosa, en los filos de los diamantes rotos. Heridos sus costados, chorreaba la sangre; los quejidos eran conmovedores hasta las lágrimas. ¡Oh dolor!

"Yo desperté, la tomé en mis brazos, le di mis besos más ardientes; mas la sangre corría inundando el recinto, y la gran masa diamantina se teñía de grana.

"Me parecía que sentía, al darle un beso, un perfume salido de aquella boca encendida: el alma; el cuerpo quedó inerte.

"Cuando el gran patriarca nuestro, el centenario semidiós de las entrañas terrestres, pasó por allí, encontró aquella muchedumbre de diamantes rojos..."

Pausa.

—¿Habéis comprendido?

Los gnomos, muy graves, se levantaron.

Examinaron más de cerca la piedra falsa, hechura del sabio.

—¡Mirad, no tiene facetas!

—Brilla pálidamente.

—¡Impostura!

—¡Es redonda como la coraza de un escarabajo!

Y en ronda, uno por aquí, otro por allá, fueron a arrancar de los muros pedazos de arabesco, rubíes grandes como una naranja, rojos y chispeantes como un diamante hecho sangre; y decían:

—He aquí lo nuestro, ¡oh madre Tierra!

Aquello era una orgía de brillo y de color.

Y lanzaban al aire gigantescas piedras luminosas y reían.

De pronto, con toda la dignidad de un gnomo:

—¡Y bien! El desprecio.

Se comprendieron todos. Tomaron el rubí falso, lo despedazaron y arrojaron los fragmentos —con desdén terrible— a un hoyo que abajo daba a una antiquísima selva carbonizada.

Después, sobre sus rubíes, sobre sus ópalos, entre aquellas paredes resplandecientes, empezaron a bailar asidos de las manos una farandola loca y sonora.

Y celebraron con risas el verse grandes en la sombra.

Ya Puck volaba afuera, en el abejeo del alba recién nacida, camino de una pradera en flor. Y murmuraba —¡siempre con su sonrisa sonrosada!—:

—Tierra… Mujer…

"Porque tú, ¡oh madre Tierra!, eres grande, fecunda, de seno inextinguible y sacro; y de tu vientre moreno brota la savia de los troncos robustos, y el oro y el agua diamantina, y la casta flor de lis. ¡Lo puro, lo fuerte, lo infalsificable! ¡Y tú, Mujer, eres espíritu y carne, toda amor!"

170

COMENTARIO

Si Gutiérrez Nájera reviste de fantasía las escenas humanas, Rubén Darío da un paso más: se adentra en el mismo mundo de la fantasía. Inventa una situación fantástica con ambiente y personajes fantásticos y la trata como si fuera una situación humana. En efecto, el químico Frémy, la mujer robada y su novio parecen más fantásticos que los propios gnomos. Como seres humanos, éstos hablan, gritan, ríen y exageran su propia importancia sentados a la turca, tirándose de los bigotes y bailando engrandecidos en la sombra. En cambio, la mezcla química se describe con "palabras en verdad que parecen lengua diabólica".

Darío, más que ninguno, fue el gran artífice del modernismo. Su gran variedad de recursos estilísticos enriqueció el idioma y preparó el terreno para el florecimiento de la literatura hispanoamericana en el siglo xx. Señalemos en "El rubí" unos cuantos de los rasgos rubendarianos.*

La estructura de los cuentos de Darío revela un dominio total del género. En "El rubí", la joya, alrededor de la cual gira todo el cuento, no es más que un pretexto para la expresión de dos ideas del autor: la vanidad de los hombres frente al poder misterioso de la naturaleza y el elogio de la mujer sensual. La división del cuento en seis escenas le da un gran movimiento dramático: la denuncia del rubí falso, la descripción de la gruta, la historia de cómo Puck consiguió el rubí falso, el mito del rubí, la destrucción del rubí falso y el resumen de Puck. El dinamismo del cuento también proviene de las frases cortas y abruptas con que empiezan, terminan o se interrumpen algunas de las escenas: "Risa. Luego se detuvo"; "—Oíd. Puck sonreía, curioso"; "Pausa. —¿Habéis comprendido?"; "—¿Ninfas? —No, mujeres". Entre las seis

---

* Para un análisis más extenso de los cuentos de Darío, consúltese el excelente estudio de Raimundo Lida en los *Cuentos completos de Rubén Darío*, México, FCE, 1950.

escenas hay una gran unidad lograda con el tema constante del rubí, con la presencia de Puck y su sonrisa, con las exclamaciones retóricas, y con el paralelismo entre el robo del rubí falso por Puck y el rapto de la mujer por el gnomo.

El talento de Darío se revela tanto en la estructura del cuento como en su prosa poética. La rima asonante en series de palabras produce un gran efecto musical: "topacios dorados"; "una farándola, loca y sonora". La aliteración aumenta la musicalidad, pero también demuestra el espíritu juguetón del autor, que concuerda con el papel de Puck: "grano de granada", "grietas de granito", "siempre con su sonrisa sonrosada". La repetición de palabras y de frases da más fluidez a la prosa: "¡Conque es cierto! ¡Conque ese sabio...!", "¡Oh, Tierra! ¡Oh, Mujer!", "una claridad extraña y blanca. Era la claridad de los carbunclos". El empleo de palabras y frases paralelas es un viejo recurso por medio del cual Darío luce su vocabulario muy rico: "de sus retortas, de sus matraces"; "agitado, conmovido"; "un bullicio, un tropel, una algazara"; "incrustados, hundidos, apiñados"; "que he cincelado..., que he amasado..., que he dado". La adjetivación es abundante y desempeña por lo menos dos funciones, descriptiva, musical y a veces alusiva: "bromas cristalinas", "su mansión más luminosa y rica", "encina añeja". Para embellecer sus descripciones, Darío prefiere los símiles a las metáforas. De éstas, la única digna de notar es "la mujer..., rosa de carne". En cambio, abundan los símiles: "caprichosos dibujos como los arabescos de una mezquita"; "diamantes, blancos y limpios como gotas de agua"; "muros, cubiertos de piedras preciosas, como un lienzo lleno de miel donde se arrojasen granos de arroz".

La sola presencia de todos estos elementos poéticos en un cuento no bastaría para explicar el arte de un gran escritor. Lo que distingue a Rubén Darío de los que lo imitaron con menos éxito es que supo entretejer estos elementos y adaptarlos con sutileza al tema de cada cuento. Su obra representa el apogeo de la fase parnasiana del modernismo.

RAFAEL ARÉVALO MARTÍNEZ
[1884-1975]

Guatemalteco. Poeta, cuentista y novelista. Conoció a Darío en Guatemala y su primer libro de versos, Maya, *data de 1911. Sigue publicando libros 50 años después:* El embajador de Torlania *(diciembre de 1960). Conocido principalmente por sus poesías y por sus cuentos psicozoológicos, "El hombre que parecía un caballo", "El trovador colombiano", "El señor Monitot", etc., Arévalo Martínez también es autor de una novela antimperialista,* La oficina de paz de Orolandia *(1925); de dos novelas utópicas,* El mundo de los maharachías *(1938) y* Viaje a Ipanda *(1939); de una biografía penetrante del dictador Manuel Estrada Cabrera,* Ecce Pericles *(1945) y de una obra filosófica,* Concepción del Cosmos *(1954). Fue director de la Biblioteca Nacional desde 1926 hasta la Revolución de 1944 cuando se le nombró embajador en Washington. Pasó los últimos años de su vida en Guatemala. Póstumamente se le publicó* Ubico *(1984), recuerdos personales con documentación periodística del régimen del dictador y de su caída. "La signatura de la esfinge" (1933) se basó en la figura de la poeta chilena Gabriela Mistral, Premio Nobel, quien escribió en 1931 un poema titulado "Carta lírica a Rafael Arévalo Martínez".*

LA SIGNATURA DE LA ESFINGE

I

Apenas concluí mis abluciones matinales, escribí a Elena la carta que llevó un propio. Me estremecía de comprensión y de deseo de comunicarme con la extraña y bella mujer, al escribirla. La carta decía:

Guatemala, 22 de enero de 19...

Mi temerosa amiga: Ya sé cuál es su signatura, definitivamente. Ya conozco la clave de su trágica vida, que lo explica todo. Su hieroglífico es el de *leona*. Corro a visitarla en cuanto pueda.

J. M. CENDAL

Breves instantes después estaba con Elena. Encontré a mi amiga en su lecho, con su hermoso cuerpo de leona cubierto por una bata; y su leonina cabeza, de refulgente cabellera enmarañada, abatida contra las sábanas. Sus magníficos ojos fosforecían en la penumbra de la alcoba. Aparecía llorosa y enferma. Le expliqué mi carta.

—Dulce amiga —dije—, me preparaba a buscar en el agua fría alivio para mi cansancio cuando tuve la clara visión de su signatura, que explica su vida. Me turbé tanto que no podría decirle lo que hice inmediatamente después.

—Ante todo: ¿qué es una signatura?

—Se llama signatura a la primera división en cuatro grandes grupos de la raza humana. El tipo de la primera signatura es el buey: las gentes instintivas y en las que predomina el aspecto pasivo de la naturaleza; el tipo de la segunda signatura es el león: las gentes violentas, de presa, en las que predomina la pasión; el tipo de la tercera es el águila: las gentes intelectuales, artistas, en las que predomina la mente; el cuarto y último es el hombre: las gentes superiores, en las que predomina la voluntad. Usted es un puro y hermoso tipo de leona. No le doy más detalles porque sería largo de expresarse.

—Acepto.

Y vi los hermosos ojos de mi amiga brillar de comprensión y de majestad.

—Y ahora, ¿quiere que estudiemos cómo llegué a esta

maravillosa visión? Se puede dividir en cinco partes el camino del conocimiento. Primera parte: la que empieza con la intuición inicial de cuando me di clara cuenta, en el Teatro Palace, y viendo ambos correr una cinta, de su fuerte naturaleza magnética, que al aproximarme a usted me llenaba de vitalidad y de energía. Segunda: cuando, jugando ajedrez, usted me tomó una pieza con movimiento tan rápido, tan felino, que parecía el acto de una fiera al caer sobre su presa. Tercera: cuando la concebí como una esfinge. Cuarta: cuando me enseñó su cuadro de *El león*. Quinta y definitiva —la luz deslumbradora—: cuando llorosa y desencajada por el dolor, echada sobre la alfombra de su cuarto, tuve la clara visión de su trágica naturaleza de leona. Hay más invisibles jalones en este encantado sendero de sombras, en busca de lo desconocido, algunos que ya señalé, y otros que irán apareciendo poco a poco; pero no tienen la misma importancia que los enumerados.

"Y para manifestárselos ahora a usted, prescindiré del orden cronológico y pasaré, por de pronto, al de su importancia, en el que sólo quedan dos: cuando usted se me apareció como una esfinge; y cuando, toda llorosa y desencajada por el dolor, apareció clara su verdadera naturaleza de leona.

"Si usted hubiera seguido subordinada a su esposo; si no hubiera obtenido, con el divorcio, la libertad de acción, probablemente yo nunca habría podido llegar al conocimiento de su naturaleza leonina; pero, emancipada, *usted pudo reconstruir su cueva florestal*. Pudo arrendar una hermosa casa y alhajarla. Usted misma me afirmó que prefería comer poco y restar algo a necesidades apremiantes con tal de tener una cómoda vivienda, que diera el apropiado marco a su espíritu. Naturalmente, de la casa elegida formaba parte una amplia sala. Adosada a una de las paredes y en su medio, usted construyó una extensa especie de canapé, tan bajo que apenas se alzaba diez centímetros del suelo, y lo cubrió de lujosas telas y de almohadas y cojines singularmente be-

175

llos y suaves. Almohadones que eran una verdadera obra de arte, de extraños y turbadores matices. Sobre esta alfombra, usted tomó luego el hábito de echarse, para leer y para descansar. Este amplio lecho, que supone obtener, fue obra instintiva de su subconsciente. Usted buscaba poder adoptar su posición habitual de descanso, la única en que puede descansar: *el lecho de la gruta en que reposa la leona*.

"Usted se acordará, sin embargo, de que no fue en este bajo lecho donde yo tuve la primera y vaga noción de su signatura, sino en un suntuoso sofá, mucho más alto. Me encontraba descansando en él, y cuando usted se preparaba a leer una obra célebre, a la que no puedo dar nombre, con su magnífica y cálida voz, que amo tanto, yo le supliqué que tomara asiento a mi lado, para entrar en el radio que abarcaba su aura y poder recibir su tibia onda de vida animal; pero usted se negó y *se echó a mis pies en la alfombra.* Así leyó. Y entonces yo tuve la conturbadora visión de que usted era una esfinge, visión que me llenó de inquietud y me desorientó, porque no existe propiamente *signatura de esfinge.* Es un símbolo demasiado alto para el hombre."

—¿Y entonces?

—Es que lo que yo vi entonces claramente fue su cuerpo, definitivamente animal, echado en el suelo; *su cuerpo de gran digitígrado; su hermoso y robusto cuerpo de fiera;* y era tan clara para mí aquella forma bestial, que la acepté sin vacilar; y dije: "poderoso y bello cuerpo animal"; pero sobre él —usted estaba echada— emergía —*hacía usted emerger*— una hermosa cabeza femenina, clásica, que parecía una bella medalla griega o romana —usted es muy bella y tiene un bellísimo rostro femenil—. La gran nariz griega, tan recta y noble; la ancha frente; el mentón puro; todo aquel bello rostro de mujer se alzaba sobre la poderosa forma de bruto tendida a mis pies. La conturbadora percepción no pudo ser evadida; y la dije: "Usted me desconcierta y me inquieta, *porque se parece demasiado a la esfinge".* ¿Comprende usted el proceso? Un rostro de mujer, amplio y definido, sobre un poderoso cuerpo de león, echado. ¿Qué otra cosa es la esfinge? Recuerde: la esfinge tiene rostro y pechos de mujer, y cuerpo y patas de león. Y aquí tengo que contarle, por vía de digresión, algo extraño también: *No sé por qué, pero tengo en la mente fijo, con gran frecuencia, el rostro femenino de la esfinge.* ¿Entiende usted? Y esta visión frecuente me hizo posible identificarla a usted con rapidez. Yo veía el cuerpo del león y la cabeza de la mujer y balbuceé: "esfinge". Sólo que mi percepción del rostro de la mujer fue clara, la del cuerpo del león no se precisó lo bastante como para permitirme afirmar: cuerpo de león. No obstante, la sensación indefinida bastó a mi pobre espíritu de dios encadenado para murmurar: esfinge.

"Después pasaron días. Yo seguía en aquella misteriosa, aquella aterradora esclavitud de usted. Yo la buscaba como la aguja imantada busca el Norte —no se ría: esto no es, *aquí*, un lugar común—; yo me volvía hacia usted como el heliotropo se vuelve hacia la luz. Yo la hubiera buscado aunque ir hacia usted fuera ir al encuentro de una inenarrable tortura. Usted era para mí algo más precioso que la misma vida; mi amor más grande; sangre de mi sangre; médula de mis huesos. Yo la buscaba, digo, todas las noches hasta que un día me encontré tan cansado de usted, tan fatigado de usted, que decidí no ir a buscarla. Sabía que verla era exponerme a morir de cansancio. El espíritu cansa, el *deus* fatiga. 'Siento la fatiga del *deus* que me hostiga' —dijo el poeta—. Entonces compuse aquellos versos que más tarde le leeré de nuevo y que empiezan: 'La padecí como una calentura / como se padece una obsesión. / Si prosigo sufriendo su presencia / hubiera muerto yo'. ¿Se acuerda? Estaba muy cansado, repito, aquella noche, y decidí descansar de usted y no venir a verla; pero en el lecho me seguía fatigando mi pensamiento; y necesité huir también de mí mismo. ¿Cómo? ¿Dormir? No podía. 'Cuando está uno tan cansado, que ya no puede descansar'... ¿Buscar los paraísos artificiales? Arrojé al mar la llave que abre su puerta. ¿Qué hacer? Pensé que un buen libro es también un estupefaciente: un nepente, como diría Rubén; y recordé que usted me había repetidas veces ofrecido y entregado *Ella,* de Rider Haggard; y que yo siempre lo dejé olvidado en su sala, porque usted me llenaba de tal modo que no tenía tiempo para leer. Entonces decidí pasar sólo por un momento a su casa con dos objetos: el referido de pedirle *Ella,* de Rider Haggard, y el de avisarle que aquella noche faltaría a la cita.

"Pero no contaba con el huésped desconocido y misterioso, con el demonio interior que a veces me posee. Apenas entré a su vivienda y le hablé, fui de nuevo víctima de mi embrujo, de su sortílega presencia, y ya no pude salir. Usted me fascina. Como de costumbre, sus sencillas palabras: 'No se vaya', me encadenaron a usted.

"Estaba tan cansado, que me eché en el lecho, a su lado; en el lecho donde usted lloraba, presa de un gran dolor, convulsionando su magnífico cuerpo de leona, mientras un trágico signo maculaba su rostro. ¿Se acuerda? Y entonces, al fin —porque el débil espíritu del hombre da traspiés—, *la vi como una hermosa leona echada.* Si a pesar de mi cansancio de muerte no llego aquella noche a su casa —conducido por el espíritu que me llevaba de la mano—, tal vez nunca habría sabido su terrible hieroglífico. Pero el caso es que llegué. Y la vi. El dolor desencajaba su rostro. La fuerte mano del dolor había borrado el frágil sello de la mujer, y sólo quedaba la cabeza de la leona en el rostro antes humano. Le repito que era obra del dolor. Vi claramente el belfo leonino. Había sangre de innumerables víctimas en sus fauces entreabiertas. Y comprendí que usted no era —nunca pudo ser— *la esfinge, sino la leona."*

—¿Hay sangre, pues, en mi boca?

—Sí: hay sangre. Usted acaso no sabe las *correspondencias:* lo que en el plano de la tierra son víctimas sangrientas, en el plano del espíritu son víctimas espirituales.

"Yo le dije siempre: usted tiene un trágico signo."

—Y de nuevo afirmo que si no llego aquella noche a su casa el extraño suceso del aparecimiento de la fiera no se verifica, porque en todo hombre hay una capa que encubre su hieroglífico, una tela que viste al animal, y cuesta al espectador atravesarla con los ojos del alma y ver a la bestia encubierta; pero el dolor la atenaceaba aquella noche entre las sombras equívocas; el dolor había puesto un cerco alrededor de sus ojos; el dolor acentuaba la cuadratura de su mentón; el dolor hinchaba todo su rostro. ¡Oh, qué hábil modelador es el dolor! La pena actuaba en el astral y hacía surgir su cuerpo de pasión: su *kamarupa*. Modelaba la dúctil materia y me entregaba su forma viva y radiante. Y vi así a la leona, a la hermosa leona que hay en usted. De momento, todavía vacilé. Era demasiado inquietante aquella visión de su signatura, explicaba demasiadas cosas, para que mi espíritu desconfiado aceptara su precioso hallazgo. Temblé como el buscador de tesoros subterráneos que al fin ve aparecer, de entre las capas de la tierra removida, una argolla; y presiente una caja, o ve la caja misma y muere de expectación y de deseo. ¿Qué contendrá la caja misteriosa? ¿Será oro o un cadáver? ¿Iba yo a encontrar el oro del conocimiento o el cadáver del error? Y me fui desconcertado y trémulo de esperanza. Sólo que antes, ¿se acuerda?, me atreví, *porque me laceraba su pena y deseaba consolarla* —deseo ineficaz porque el suyo era el dolor de una leona—, a coger su mano derecha. Yo, tan respetuoso siempre, digo, me atreví a tomar su mano, a retirarla un poco de su cuerpo y dejarla descansar suavemente sobre la sedosa alfombra, con la palma vuelta hacia abajo; después la acaricié dulcemente. Y entonces saltó un nuevo detalle, como salta una liebre ante el cazador —¡Oh, raro ojeo de sombras, a una luz lunar! ¡Oh, extraño cazador, en la noche, de lo desconocido!—. Y fue aquella pura, aquella lindísima mano de mujer, que descansaba sobre la alfombra, y que era una admirable y terrible garra leonina, a pesar de su belleza. Dos veces usted la retiró, encogiéndola; y se la metió en el pecho como lo hacen los gatos con sus suaves manos de felpa; o los leones —y en general todo el género *felis*— cuando van a dormir. Yo necesito que usted vea a una gata descansar. Observará cómo esconde su mano entre el pecho y cómo, contenta con esconderla, la dobla graciosamente sobre la articulación del brazo antes de pegarla a su seno. Miraba con tal fijeza estos movimientos felinos que usted se vio obligada a decirme:

"—Yo descanso siempre así; por eso todas las noches se me duermen los brazos, hasta el punto de producirme verdadera tortura.

"Encubiertas por la suave seda de las extremidades de sus dedos, yo sin querer buscaba las uñas retráctiles.

"Y alrededor de aquella muy amada y blanca mano de mujer, que era una garra de fiera, reposaban, como ella, en el suelo, los mayávicos cuerpos de dos sensaciones mías, alucinantes: mi respeto corporal a la leona y mi incapacidad de consolar su tormentosa aflicción.

"Y de este mi respeto corporal y del respeto que le tienen los hombres, no necesito darle muchas explicaciones. Una leona impone siempre. Yo tomé —amplifico— su mano con tanta vacilación como pudo hacerlo un domador incipiente con la de una leona en celo.

"Así, vacilante, me retiré. Ya en mi casa busqué el lecho. El sueño redondeó mi conocimiento. Al día siguiente ya le dije que me levanté para tomar un baño matinal; y me preparaba a hacer correr el agua fría sobre mi cuerpo, cuando de pronto, deslumbrante, vino a mí el conocimiento, ya sin vacilaciones, de su verdadero hieroglífico. El conocimiento que explicaba su vida: el de su signo de leona.

"Y ahora voy a procurar explicarle, siquiera a grandes rasgos, alguno de los torturantes enigmas que la llenan de sombra. Vayamos en orden.

"¿Se acuerda, Elena, de su mayor dolor? ¿Del que sintió repetidas veces, cuando los hombres se quejaron de que era poco femenina? ¿Recuerda la dura, injusta acusación de aquella amiga que la llamó con un infamante nombre? ¿Recuerda las muchas veces en que esta duda de su feminidad la atormentó y la hizo sangrar? Hoy me lo explico y puedo explicárselo a usted. Ante todo, tengo que decirle que no conozco más pura ni más bella alma de mujer que la suya: usted es un tesoro de feminidad; usted es rica en feminidad; usted es una hembra, magnífica y radiosa; pero no olvide que es la hembra del león, la leona, y que las especies inferiores sienten miedo de usted. Miedo pánico. Usted es la hembra, repito, pero la hembra del león. *Lo que ellos llamaban masculinidad no era sino fuerza.* Usted no puede ser verdaderamente hembra más que para otro león. Para los demás será la Dominadora, la Señora, la Reina. No puede tener amantes sino siervos o domadores. Necesita un león para que aparezca toda su asombrosa feminidad; pero los leones no abundan. De aquí su continuo tormento.

"¡Y ya ve qué luz viva de antorcha que ilumina de arriba abajo la tragedia de su vida! Ahora comprenderá su fracaso matrimonial. Usted casó con un fuerte digitígrado, un cuadrúpedo del género *felis* también. No podría determinar a qué especie pertenece, pero indudablemente es otro felino. Un felino temible, de afiladas uñas, noble y fuerte dentro de los de su clase, felino, como usted; pero menos poderoso que una leona. ¿Cómo pudo cometer este error, mi hermosa leona? ¿La sedujo el célebre y bello actor de cine, en escena? ¿Fue víctima del hechizo de la pantalla, de esa arte mágica, recién nacida, que resume y pone a contribución a todas las bellas artes, sus hermanas? ¡No se dio cuenta de que iba al desastre! ¡No ve cómo se odiarán eternamente esas especies antagónicas del *Felis leo* y de los demás félidos, porque expresan dos principios distintos y opuestos! Su marido continuamente sentía la tarascada espiritual, la terrible manotada del león; y acabó por alejarse de usted, sin duda siempre amándola y admirándola al mismo tiempo, pues ya le dije que es un fino y generoso espíritu. No afronta impunemente a una leona ni a otro gran felino. Su alma de usted pesa mucho, es leonina.

"En cuanto a aquel otro gran dolor de su vida, el de su amiga de la infancia, Romelia, la que la fustigó con un doloroso vocablo, la que la traicionó después de muchos años de recibir sus beneficios, también tiene fácil explicación. Romelia es una gatita. ¡Amistar con una leona un pequeño gato! ¡Qué tragedia! Usted puede decir la terrible frase: —*Yo soy león: los otros son gatos.* Romelia a cada momento se sentía indefensa ante usted. Por último, naturalmente, surgió la terrible acusación de masculinidad. Aquella gatita creyó masculinidad lo que era fuerza; falta de feminidad lo que era poder; crueldad lo que era potencia. Siempre había sentido celos de usted, y acabó por envidiarla, por odiarla. Entonces, a pesar de su pequeñez, felinamente, le infirió aquella terrible herida, tan comprensible, que casi llegó a tocar su corazón y que alcanzó muy hondo; la que después con sus uñecillas aceradas agrandaron otras bestezuelas menores e innobles, las mustélidos voraces; con sus uñecillas y con sus caninos; la herida en la que más tarde debía dejar una serpiente el veneno mortífero de sus colmillos; esa herida de la que yo la estoy curando: la acusación de masculinidad. Usted me contó que un día Romelia, celosa del amor de alguien que las requebraba a las dos, se atrevió a amenazarla con un látigo. Usted me refirió también la terrible reacción anímica que sintió al verse ofendida; y al hablar le vi tal majestad, tal realeza herida, que comprendí todo lo que siguió después: que la amiga —en otra rápida reacción de su cariño de siempre contra su violencia de un momento— cayera a sus plantas, pidiéndole perdón, arrepentida, pesarosa y temerosa; y que besara con desesperación las fimbrias de su vestido. Aquel día estuvo su amistad al borde del abismo. Suplicó ella tanto, sinceramente arrepentida de su breve ceguedad, que la leona joven, magnánima, generosa, la perdonó; pero en parte perdonó porque desconocía su verdadera naturaleza de leona; porque la sociedad la encadenaba con sus mil perjuicios.

182

"Y ahora (descontadas estas dos terribles tragedias de su vida, las tragedias de la primera amistad y del primer amor frustrados, pasemos a su continuidad, a la tragedia menor y diaria que la atormenta; pasemos a esa otra queja que me ha expresado tantas veces de que también posteriores amistades no duran mucho tiempo. Yo fascino, me dijo usted; fascino hasta un grado difícil de expresar; ofusco, conturbo, domino, veo a mis amigos a mis plantas, correr como siervos para satisfacer el menor de mis caprichos. Me adoran, se arrastran ante mí por complacerme; pero aquella fascinación dura muy poco; los pierdo luego. Ahora comprende, ¿no es cierto? Es la manotada de la leona *que daña cuando quiere acariciar* a seres distintos de su especie."

III

—Y después de esta explicación, ¿quiere que yo, el intuitivo, siga explicando su terrible signatura? ¿Qué quiere que le aclare? ¿Lo de su admirable cuadro de *El león que está pronto a devorar a su domador?* ¿Lo de los pretendientes que quisieron besarla? ¿Lo de su enorme magnetismo?

—Para ir por orden, permita que recuerde que usted me habló primeramente de cinco jalones en el camino del conocimiento; y que después pasó a explicarme únicamente el tercero y el quinto, los más importantes. El primero, el de ese magnetismo que dizque poseo; el segundo, el del ajedrez; y el cuarto, el del cuadro de *El león,* no han sido aún descritos.

—Es cierto; y esa precisión no es sino un signo de su clara, fuerte y amplia inteligencia de leona. Lo del hechizo en el Teatro Palace me quitará poco tiempo, porque después tendré que tratar de él más largamente. Quiero decirle ahora nada más que yo acudí con usted a sentarnos a dos de las lunetas del Palace, completamente libre de su magnética acción. Yo acompañaba a doña Nadie. Para mí entonces usted no era más que una antigua amiga, no muy íntima, a la que quería algo y apreciaba poco. Pero esa noche, al estar a su lado, empezó a ejercer en mí su terrible acción. Sentí, a su contacto, que se encendían los fuegos de la vida, semiapagados por una doble enfermedad del cuerpo y del espíritu que con frecuencia ataca a los seres intuitivos, víctimas de las fuerzas que osan, imprudentes, desatar y afrontar. De pronto me sorprendí riendo; disfruté de una gran agilidad de espíritu a la que no estaba acostumbrado, que me remozaba, que me quitaba veinte años. Mis pensamientos adquirieron agudeza y claridad. Una gran serenidad tranquilizaba mi temeroso cuerpo pasional. Estoy bastante avanzado en el camino del conocimiento para no saber que aquel acrecentamiento de vida se lo debía a usted: a su personalidad próxima y radiosa. Entonces comprendí que usted era una inagotable fuente de energía, un espíritu noble y fuerte; y empecé a apreciarla: es decir, a amarla.

—¿Y lo del ajedrez?

—Es muy fácil de contar. Jugábamos ajedrez aquella tarde. Es un fino tablero el que usted posee, lleno de figulinas blancas y violetas, que son un primor. De pronto su larga y delgada mano blanca se abatió con tal rapidez sobre mi reina, para tomármela, que yo vi en el movimiento su segura explicación: la bestia de presa; bestia de presa en los aires, en la tierra o en el mar. Águila, carnicero o escualo. Me conturbé: miré con sincero temor a la bella dama que tenía delante. *Sólo los grandes carniceros se mueven así.* Aunque de momento no quise aceptar la cruel verdad, sí ya me sentí presa de extraño miedo. Todo mi inconsciente me decía que *aquello* era verdad: que ante usted estaba ante una poderosa fuerza de destrucción.

"Juega usted bien el ajedrez, Elena; y también me depara incomparables delicias ante las piezas de marfil. ¡Son tan finas sus manos, tan blancas y tan bien proporcionadas! Sus magníficas manos de trágica actuación. Da usted así, oh gran batalladora, salida a su violencia necesaria, en este juego tan parecido a la lucha."

—Ahora explíqueme lo del cuadro de *El león.*

184

—Seré breve porque tengo que explicarle un mundo en pocas palabras. Usted es una admirable pintora. Ese cuadro fue para mí una verdadera revelación. En él aparece un león apresado que un día, despreciando el castigo del látigo y del hierro candente, encendido y *porque la mirada fija ha perdido hace tiempo todo valor,* se vuelve contra su domador, le hace frente y lo acobarda hasta hacerlo salir huyendo, dejando en su temerosa huida abierta la puerta, por la que también saldrá su prisionero, a recobrar su libertad nativa.

—...

—¿Qué más puedo decirle de este trabajo? ¿Que es un terrible símbolo en que el león no sólo se vuelve contra su domador, sino también contra la sociedad? Son barrotes de prejuicios, látigo de ignorancia, hierro candente de superstición los que la tenían prisionera.

—Sí. Es cierto. No es necesario nada más.

—Y ya que llegamos a hablar de sus cuadros, permítame una digresión, aunque por un momento nos separemos del camino que estamos recorriendo juntos. Déjeme que le hable de algo que tiene muy poca relación con su signatura; pero que me conmueve mucho. Déjeme que le hable de ese otro admirable cuadro suyo de *La malla.*

—¿La malla?

—En toda mujer hay una maga. En la más simple mujer del carbonero hay una maga. La mujer guarda el sagrado tesoro de la especie y posee artes mágicas para encadenar al hombre. El hilo de que forma su malla es el hábito. Toda mujer estudia al hombre, inconscientemente, sin darse cuenta, y la naturaleza la ha dotado del poder de conocerlo intuitivamente. Toda mujer conoce las mismas signaturas que el iniciado, con más finura que éste; conoce el tipo del instintivo, del que hay que complacer la pereza y la glotonería; conoce el tipo del anímico, de la fiera humana, a la que sólo se adormece y domina arrojándole la vianda de adulación a su vanidad o de un obstáculo por vencer; es decir, dando de comer a la fiera; conoce al mental, del que hay que aprender las pequeñas manías, para satisfacerlas, y del que hay que suplir la pereza física, moviéndose por él. En cuanto al hombre de voluntad, que es la cuarta signatura, la mujer tiene menos armas contra él; pero las tiene siempre.

"En toda mujer hay una engañadora perpetua. Nació para engañar. Es parte de su oficio. Engaña naturalmente, como las bestias respiran. El hombre piensa; la mujer seduce. Seduce al hortera que le ofrece una mercancía barata; seduce al abogado que no le cobra honorarios; sonríe y seduce al compañero de viaje que le cede el asiento; su sonrisa es su pequeña moneda fraccionaria de seducción, y el día en que deje de seducir, ese día está condenada a perecer y a hacer morir al hombre. La mujer seduce como las hojas de los árboles se tiñen de clorofila y el papel secante embebe la tinta; como el animal respira. Su naturaleza es seducción.

"Así toda mujer teje una malla alrededor del amante, así lo encadena con los múltiples hilos del hábito. Éste queda y conserva al hombre amado cuando ya su pasión ha desaparecido. Usted, con sagacidad verdaderamente femenina, haciendo uso de su innato conocimiento de magia y ayudada de intuición de artista, pintó ese admirable cuadro de la malla tejida al hombre amado; tejida con dolor; malla cuyos hilos tiñó la sangre de su corazón; malla llamada a suavizarle la vida, a envolverlo suavemente, dulcemente, y a retenerlo; malla que extenuaba y mataba a la divina tejedora. ¿Cómo usted pudo expresar cosas tan profundas en una obra plástica? Es uno de los secretos de su divino arte, que la ha hecho famosa."

Elena, al llegar aquí, bajó la cabeza dolorida.

De pronto la levantó y gritó con voz extrañamente ronca, llena de desesperanza.

—Ya rompí los hilos de esa malla. Cuando los destrozaba, sentía que era mi propio corazón el que rompía.

—...

—Y no contenta con eso, ¿sabe?... rompí la única rueca que tiene la mujer para tejer su tela.

186

—Tenga miedo de decir semejantes palabras, porque esta simbólica rotura de la rueca es una renuncia a su feminidad y al amor. Y si de veras la rompió, hay que hacerse de otra rueca, de cualquier manera, aunque sea al precio de su vida.

IV

—Veamos ahora lo de los pretendientes.

"Usted me habló de aquel protector que tiene una alta posición en la banca y el consiguiente poder social. Realizó prodigios por usted. Un día, en su casa, quiso besarla. Usted lo contuvo con una mirada. ¡Pobre diablo! Cómo debe haber corrido, con la cola entre las piernas, cuando vio aparecer a la leona."

—¿Qué signatura es la suya?

—Aunque lo conozco de vista, no veo su signatura en este momento; necesitaría estudiarlo; pero sí puedo decirle que es un mal sujeto; una fiera carnicera, leopardo u otra cosa por el estilo. En cuanto a aquel que un día quiso apoyar la cabeza en el seno de usted, ése es un oso gris. Peligrosa bestia. Yo desconfío de él. En cualquier momento puede aparecer la fiera. ¿Se acuerda? También fue un amigo suyo, que la llenó de dádivas. ¡Otro pobre diablo que desconoció su verdadera naturaleza de leona! ¿Qué otra cosa quiere que le diga?

—Ya no necesito preguntarle nada más. He entendido.

—Entonces, déjeme que le hable de otro extraño episodio en nuestras extrañas relaciones. Es algo más extenso que los anteriores; y ¡ay!, para mí tan precioso...

"¿Ha olvidado acaso que en una ocasión, cuando principiaba nuestra amistad, al pasar por una arteria ciudadana, la vi de pronto? Usted también me vio. Detuvo su coche y me invitó a sentarme en él y a acompañarla en una gira a Amatitlán. ¿Por qué acepté? No puedo decirlo. Soy hombre de costumbres modestas y llenas de orden: vivir en una casa de huéspedes, decente pero semifamiliar, alejada del

187

ruido y propicia a mis estudios y a mi obra de arte; comer poco y a sus horas; beber raras veces, raras veces ir a los salones; pocos amigos, una sola amiga; escaso contacto social... ¿Por qué acepté? Acaso el artista que hay en mí —siempre en todo artista hay algo de bohemio libérrimo e imprevisto— no ofreció mucha resistencia a aquella su rara invitación de ir así, una o dos semanas, de temporada a Amatitlán, sin avisar a la patrona, sin atender a otras obligaciones sociales. En cuanto a mi trabajo de artista, de éste no hablo porque me dejaba libre. Pero el profesor universitario debió protestar. Dije únicamente:

"—Pero ¿cómo quiere, señora, que me vaya así, con lo puesto, sin ropa, sin cepillo de dientes?

"Usted sólo contestó:

"—Vámonos. Todo eso se compra en Amatitlán.

"—¿Trajes también?

"—Si vamos a estar varios días, enviamos por ellos a la capital.

"Y nos fuimos. Usted vestía, con rara elegancia, un precioso traje sastre. Conducía muy bien, pero era muy atrevida. Llevaba su coche a velocidades peligrosas. Usted y el auto parecían formar un solo animal, rápido y terrible, que espantaba a los pocos transeúntes del camino y dejó moribundo a un perro, hollado sin piedad por el temible monstruo.

"Hoy, a una luz nueva, entiendo perfectamente lo sucedido. Soy hombre de voluntad disciplinada: no me gusta que me aparten del camino que sigo, ni del programa diario que me he trazado en la soledad de la alcoba, por la mañana. No quiero parecerme a las mujeres que salen con propósito de comprarse unos guantes y regresan con mil caras chucherías... Mil, entre las que no se encuentran los guantes necesitados. Pero usted me tomó como una leona toma con la boca a un cordero, que no puede hacerle resistencia. Era más fuerte que yo...

"Llegamos a la maravillosa ciudad del lago. Usted me llevó a un chalet que le habían ofrecido graciosamente, para ocuparlo durante una temporada. Allí nos esperaba su secretaria y una sirviente joven. La pequeña Alicia, única hija de su frustrado matrimonio, había quedado en un colegio, interna. Nos llevaban la comida del hotel. Y empezó entonces para mí aquella dulce atracción, en que usted ejerció sobre todas mis potencias y sentidos su misteriosa influencia. De ahí regresé dominado por un gran amor, prisionero de usted para siempre.

"¡Oh, temporada divina! Más tarde le hablaré del sortilegio de aquella inmensa gema azul, caída de los cielos, y que se llama el Lago de Amatitlán. De aquellas amanecidas, en que recién salidos del lecho nos encontrábamos como viviendo dentro de un zafiro inmenso, una vida de magia, tal era de transparente y de un pálido azul el cielo; y de un azul reflejado el ambiente; y de un azul intenso el lago. La materia aparecía traslúcida y adquiría una tonalidad azul; y suaves montañas de curvas femeninas cerraban el paisaje, como un coro de doncellas que abarcaran con sus manos unidas el horizonte. El chalet estaba en una posición descollante; una escalera descendía, suavemente, hasta el lago que murmuraba a nuestros pies; y a él bajaba usted a bañarse con frecuencia, en realidad, como una ondina. Pero volvamos a las mañanas. Yo salía, al despertar, apenas vestido, de mi cuarto al corredor que da al lago, como quien se asoma a una arcadia extranatural. Y el hechizo del maravilloso cuadro empezaba. Me sentaba en un banco a contemplar el brillo del agua; veía aquellas pequeñas pinceladas de las barcas de los pescadores, y me adormía en espera de su llegada. Cuando usted salía al mismo corredor, yo la llamaba a mi lado, y juntos nos perdíamos en la maravillosa perspectiva. Y era tan dulce, que yo me entregaba a la dulce ilusión de que usted era mía y de que nadie me la podía quitar. Porque entonces, usted lo comprenderá, yo ya sentía por usted una atracción irresistible. Usted me hacía presa de misterioso hechizo.

"¡Oh, quién pudiera permitirme explicar lo que fue un

largo paseo que dimos una mañana por el encantado camino que bordeaba el lago! De pronto usted se detuvo frente a un arbusto de largas espinas huecas, por las que entraba y salía un agitado pueblo de hormigas. Sabia botánica —sabia en plantas, como en otros muchos conocimientos humanos y divinos—, el arbusto absorbía su atención. Yo *compartí su encanto*. Los vegetales por primera vez se mostraban a mis ojos deslumbrados. Usted sonreía maternalmente y me iniciaba en su oculta ciencia Y así me enriquecía la vida. ¿Comprende? Es la palabra. *Me enriquecía la vida*. La tónica de la vida acentuaba su embriagante ritmo.

"Después seguimos la florida senda. Ya cansados buscamos un tronco de árbol propicio para descansar. Los dos sonreímos infantiles cuando usted lo encontró. Desde que se hizo el mundo parecía aguardar nuestra visita. Había sido creado exprofesamente para nosotros, con exclusión de todo otro objeto que el de darnos asiento durante una hora, desde la eternidad. Fíjese, oh Elena, que ésta es una verdadera magia y la mujer es una maga. La viste maya, la tela de la ilusión; maya, la tela de la vida."

—¡Oh, qué dulce y bello episodio acaba usted de contar! Dulce como para sorprenderme a mí que lo viví… —no: mentira— que pasé por él entonces y que lo vivo ahora… Me ha conmovido aun en esta hora de desesperanza… En esta hora de desolación.

V

—Me he alargado mucho. Ya puestos a seguir el rastro del león, no acabaríamos nunca. Se multiplica por doquier. Conviene que obedezca en mi relato, para no cansarla, la técnica del arte, y que no cargue el detalle. Aun me parece haber insistido demasiado; pero es que me interesa tanto su rara signatura…

—No me ahorre nada; estoy tan interesada como usted.

—Por ejemplo, podría hablarle de su paso, largo y rápido,

tan parecido al tranco; de su modo de comer y de acariciar; de sus magníficos ojos, fosforescentes en la oscuridad; de su amor por ésta, que la hace ir apagando las lámparas eléctricas, por mí encendidas instintivamente; podría hablarle de cien detalles más. Sobre todo podría hablarle de su obra de arte. Habrá usted conservado en su memoria, precisa y cruel, cómo la conocí, cuando expuso sus cuadros en una modesta sala de lejana ciudad.

"No había mucha gente. El salón, aunque decoroso, era modesto. Los cuadros eran pocos. Apenas los suficientes para aparecer discretamente en una exposición. En algunas de las obras exhibidas había verdadera maestría, inconfundible maestría. El espíritu se mostraba demasiado. Sobre todo llamaba la atención en ellas la seguridad, la limpieza de ejecución, la claridad de visión, y una extraña firmeza. ¿Desde qué sitio eminente se había situado el pintor para poder obtener aquellos incomparables mirajes de las puestas de sol, de la luz de la luna, rielando sobre las aguas de los lagos, de las altas hierbas? Eran paisajes tropicales, trasladados con singular vigor y un aspecto al que no están acostumbrados los hombres. A veces el cuadro se resentía de descuido, de violencia en la ejecución, pero siempre quedaba manifiesta la garra leonina que era su marca de fábrica. Y a pesar de esta maestría, en raro contraste con ella, había en las geniales composiciones algo de selvático, de primitivo. Parecía que un salvaje, un ser intuitivo, hubiese adquirido de pronto el dominio de un arte plástico y pintara sus visiones de la selva. Me impresioné sobre todo por una pequeña obra maestra que era apenas un boceto inacabado; pero como a una luz extranatural quedó preso en ella un bosque africano. El cielo, los montes y la tierra parecían arder, en una inundación de un fuego subido; era la apoteosis del rojo. Quise comprarla, y así entré en relaciones con usted…"

—Amargo conocimiento…

—Deje que ahora, ya para concluir, le hable de Alicia. ¿Se acuerda de que un día, cuando ya había ganado tal

191

intimidad, usted me hizo pasar a su comedor, a la hora de la refacción del mediodía? ¡Oh, y cómo gocé entonces de su figura señoril, tan majestuosa y soberana, bajándose a derramar tanta ternura sobre su pequeñuela! Yo no sé si era precisamente tanta majestad lo que hacía conmovedor el contraste de contemplar tanta dulzura. Era una reina que daba de comer a su hija. Me embrujó.

—Siga.

—¿Acaba de entender ahora su signatura de leona? Cuando yo sentí aquel goce singular al verla asistir, en el comedor de su casa, a la pequeña Alicia, fue, sin saberlo, porque me conmovía su majestad de leona, contrastando con lo inseguro de la niñez, con lo indefenso de la niñez. Era como la gracia llevada en brazos de la fuerza. En eso consistía aquel extraño deleite que encontraba al verla acariciar a Alicia, para el que en vano prodigaba vanos epítetos: *señoril, majestuoso*. Porque Alicia, fruto de una unión híbrida, no es un cachorro de león.

—¿Qué es?

—Sólo es una niña, deliciosamente frágil.

—…

—Mas ya es hora de que me aleje y de que le permita descansar…

Y al concluir mi historia callé.

Elena, que hasta entonces me había escuchado con atención, pero con la creciente cólera y desaliento del que ve al médico caminar hacia un diagnóstico fatal, abdicó de pronto de su majestad de diosa. Se echó sobre el lecho y se puso a sollozar angustiosamente.

—Entonces, ¿mi mal no tiene remedio?…

—Un león.

—Pero ¿es que todavía queda algún león sobre la tierra?

192

COMENTARIO

Modernista de la segunda generación, Rafael Arévalo Martínez (1884-1975) comparte con los anteriores la gran sensibilidad artística, pero ya no siente la obligación de embellecer el idioma. Sus cuentos psicozoológicos contribuyeron valiosamente al desarrollo de la prosa narrativa en Hispanoamérica. Por primera vez, se excluye casi totalmente la realidad exterior. Es la esencia básica del personaje —su realidad interior— lo que forma la médula del cuento. La trama y el suspenso desaparecen completamente y el cuento se transforma en un psicoanálisis inspirado en los escritos de Freud.

"La signatura de la esfinge" presenta el caso de la mujer masculina que se parece a una leona. Aunque el estilo casi científico del autor tiende a convertir la obra en un ensayo, se salva como cuento por la gran emoción que se siente cuando la protagonista reconoce que seguirá siendo una leona hasta encontrar un león bastante fuerte para dominarla.

La asociación de la protagonista con la leona no debe confundirse con la bestialización de los naturalistas. Arévalo Martínez no relaja a sus personajes al compararlos con animales. Al contrario, los hace sobresalir más, buscando la clave de su carácter entre el mundo zoológico. Como leona, Elena es bella y altanera, enérgica y silenciosa. El autor, que interviene directamente en el cuento como actor y ya no como simple narrador, dice al principio que llegó a la visión leonina de Elena por cinco pasos que menciona. Luego, el cuento se elabora a base de esos cinco pasos en el orden alterado de 3, 5, 1, 2, 4.

Además de su carácter leonino actual, la vida de Elena también se nos revela poco a poco en un orden no cronológico. Primero sabemos que está divorciada después de un matrimonio trágico. Luego, se nos dice que el marido era un actor famoso que la dejó. Poco a poco, el pasado de Elena se va poblando de los pretendientes, de la amiga "gatita" y el profesor "cordero". Sólo hacia el final se habla de su hija Alicia. El autor narra el episodio de Amatitlán antes de contar su primer encuentro con Elena. La descripción que hace Arévalo Martínez del lago Amatitlán es uno de los pocos trozos poéticos de toda su obra en prosa.

El estilo de este cuento es rápido y lógico. Predominan los verbos para dar movimiento a un cuento exento de acción. Algunas preguntas y exclamaciones retóricas atestiguan la presencia del autor, que desde luego se hace sentir más por su propio contacto personal con la leona.

Los personajes de Arévalo Martínez no participan en la vida nacional, pero viven intensamente en su mundo interior. Esa introspección constituye el rasgo más distintivo de la literatura guatemalteca. Con los cuentos psicozoológicos se ensancha el concepto del género y se prepara el terreno para algunos de los escritores más renombrados de hoy.

RICARDO JAIMES FREYRE
[1868-1933]

Boliviano. Vivió muchos años en Argentina. Su primer libro de versos, Castalia bárbara *(1897), se cita al lado de* Prosas profanas *(1896) de Darío, y de* Montañas del oro *(1897) de Lugones como el apogeo del modernismo. Introdujo en la poesía el verso libre, otras innovaciones métricas y los temas nórdicos. Autor de* Leyes de la versificación castellana *(1912) y de varios libros sobre la historia de Tucumán, donde enseñó literatura, historia y filosofía por unos 20 años. Volvió a Bolivia en 1921 para asumir el cargo de ministro de Instrucción Pública, y un año después fue nombrado ministro de Relaciones Exteriores. Representante diplomático de Bolivia en Chile, en los Estados Unidos y en Brasil. Pasó sus últimos años en Argentina.* "Justicia india" *se publicó por primera vez en 1906 bajo el título* "En las montañas" *en la* Revista de Letras y Ciencias Sociales *(V, 29) de Tucumán. Apareció por primera vez con el título actual en la* Antología de cuentistas hispanoamericanos *de José Sanz y Díaz (Madrid, Aguilar, 1945).*

JUSTICIA INDIA

LOS DOS viajeros bebían el último trago de vino, de pie al lado de la hoguera. La brisa fría de la mañana hacía temblar ligeramente las alas de sus anchos sombreros de fieltro. El fuego palidecía ya bajo la luz indecisa y blanquecina de la aurora; se esclarecían vagamente los extremos del ancho patio y se trazaban sobre las sombras del fondo las pesadas columnas de barro que sostenían el techo de paja y cañas.

paralelismo

195

Atados a una argolla de hierro fija en una de las columnas, dos caballos completamente enjaezados esperaban, con la cabeza baja, masticando con dificultad largas briznas de hierba. Al lado del muro, un indio joven, en cuclillas, con una bolsa llena de maíz en una mano, hacía saltar hasta su boca los granos amarillentos.

Cuando los viajeros se disponían a partir, otros dos indios se presentaron en el enorme portón rústico. Levantaron una de las gruesas vigas que, incrustadas en los muros, cerraban el paso y penetraron en el vasto patio.

Su aspecto era humilde y miserable, y más miserable y humilde lo tornaban las chaquetas desgarradas, las burdas camisas abiertas sobre el pecho, las cintas de cuero, llenas de nudos, de las sandalias.

Se aproximaron lentamente a los viajeros que saltaban ya sobre sus caballos, mientras el guía indio ajustaba a su cintura la bolsa de maíz y anudaba fuertemente en torno de sus piernas los lazos de sus sandalias.

Los viajeros eran jóvenes aún; alto el uno, muy blanco, de mirada fría y dura; el otro, pequeño, moreno, de aspecto alegre.

—Señor... —murmuró uno de los indios. El viajero blanco se volvió a él.

—Hola, ¿qué hay, Tomás?

—Señor... déjame mi caballo...

—¡Otra vez, imbécil! ¿Quieres que viaje a pie? Te he dado en cambio el mío, ya es bastante.

—Pero tu caballo está muerto.

—Sin duda está muerto, pero es porque le he hecho correr quince horas seguidas. ¡Ha sido un gran caballo! El tuyo no vale nada. ¿Crees tú que soportará muchas horas?

—Yo vendí mis llamas para comprar ese caballo para la fiesta de San Juan... Además, señor, tú has quemado mi choza.

—Cierto, porque viniste a incomodarme con tus lloriqueos. Yo te arrojé un tizón a la cabeza para que te marcharas, y tú

196

desviaste la cara y el tizón fue a caer en un montón de paja. No tengo la culpa. Debiste recibir con respeto mi tizón. ¿Y tú, qué quieres, Pedro? —preguntó, dirigiéndose al otro indio.

—Vengo a suplicarte, señor, que no me quites mis tierras. Son mías. Yo las he sembrado.

—Éste es asunto tuyo, Córdova —dijo el caballero, dirigiéndose a su acompañante.

—No, por cierto, éste no es asunto mío. Yo he hecho lo que me encomendaron. Tú, Pedro Quispe, no eres dueño de esas tierras. ¿Dónde están tus títulos? Es decir, ¿dónde están tus papeles?

—Yo no tengo papeles, señor. Mi padre tampoco tenía papeles, y el padre de mi padre no los conocía. Y nadie ha querido quitarnos las tierras. Tú quieres darlas a otro. Yo no te he hecho ningún mal.

—¿Tienes guardada en alguna parte una bolsa llena de monedas? Dame la bolsa y te dejo las tierras.

Pedro dirigió a Córdova una mirada de angustia.

—Yo no tengo monedas, ni podría juntar tanto dinero.

—Entonces, no hay nada más que hablar. Déjame en paz.

—Págame, pues, lo que me debes.

—¡Pero no vamos a concluir nunca! ¿Me crees bastante idiota para pagarte una oveja y algunas gallinas que me has dado? ¿Imaginaste que íbamos a morir de hambre?

El viajero blanco, que empezaba a impacientarse, exclamó:

—Si seguimos escuchando a estos dos imbéciles, nos quedamos aquí eternamente…

La cima de la montaña, en el flanco de la cual se apoyaba el amplio y rústico albergue, comenzaba a brillar herida por los primeros rayos del sol. La estrecha aridez se iluminaba lentamente y la desolada aridez del paisaje, limitado de cerca por las sierras negruzcas, se destacaba bajo el azul del cielo, cortado a trechos por las nubes plomizas que huían.

Córdova hizo una señal al guía, que se dirigió hacia el portón. Detrás de él salieron los dos caballeros.

Pedro Quispe se precipitó hacia ellos y asió las riendas

197

de uno de los caballos. Un latigazo en el rostro lo hizo retroceder. Entonces, los dos indios salieron del patio, corriendo velozmente hacia una colina próxima, treparon por ella con la rapidez y seguridad de las vicuñas, y al llegar a la cumbre tendieron la vista en torno suyo.

Pedro Quispe aproximó a sus labios el cuerno que llevaba colgado a su espalda y arrancó de él un son grave y prolongado. Detúvose un momento y prosiguió después con notas estridentes y rápidas.

Los viajeros comenzaban a subir por el flanco de la montaña; el guía, con paso seguro y firme, marchaba indiferente, devorando sus granos de maíz. Cuando resonó la voz de la bocina, el indio se detuvo, miró azorado a los dos caballeros y emprendió rapidísima carrera por una vereda abierta en los cerros. Breves instantes después, desaparecía a lo lejos.

Córdova, dirigiéndose a su compañero, exclamó:

—Álvarez, esos bribones nos quitan nuestro guía.

Álvarez detuvo su caballo y miró con inquietud en todas direcciones.

—El guía... ¿Y para qué lo necesitamos? Temo algo peor.

La bocina seguía resonando, y en lo alto del cerro la figura de Pedro Quispe se dibujaba en el fondo azul, sobre la rojiza desnudez de las cimas.

Diríase que por las cuchillas y por las encrucijadas pasaba un conjuro; detrás de los grandes hacinamientos de pasto, entre los pajonales bravíos y las agrias malezas; bajo los anchos toldos de lona de los campamentos, en las puertas de las chozas y en la cumbre de los montes lejanos, veíanse surgir y desaparecer rápidamente figuras humanas. Deteníanse un instante, dirigían sus miradas hacia la colina en la cual Pedro Quispe arrancaba incesantes sones a su bocina, y se arrastraban después por los cerros, trepando cautelosamente.

Álvarez y Córdova seguían ascendiendo por la montaña; sus caballos jadeaban entre las asperezas rocallosas, por el estrechísimo sendero, y los dos caballeros, hondamente preocupados, se dejaban llevar en silencio.

De pronto, una piedra enorme, desprendida de la cima de las sierras, pasó cerca de ellos, con un largo rugido; después otra... otra...

Álvarez lanzó su caballo a escape, obligándolo a flanquear la montaña. Córdova lo imitó inmediatamente; pero los peñascos los persiguieron. Parecía que se desmoronaba la cordillera. Los caballos, lanzados como una tempestad, saltaban sobre las rocas, apoyaban milagrosamente sus cascos en los picos salientes y vacilaban en el espacio, a enorme altura.

En breve las montañas se coronaron de indios. Los caballeros se precipitaron entonces hacia la angosta garganta que serpenteaba a sus pies, por la cual corría dulcemente un hilo de agua, delgado y cristalino.

Se poblaron las hondonadas de extrañas armonías; el son bronco y desapacible de los cuernos brotaba de todas partes, y en el extremo del desfiladero, sobre la claridad radiante que abría dos montañas, se irguió de pronto un grupo de hombres.

En este momento, una piedra enorme chocó contra el caballo de Álvarez; se le vio vacilar un instante y caer luego y rodar por la falda de la montaña. Córdova saltó a tierra y empezó a arrastrarse hacia el punto en que se veía el grupo polvoroso del caballo y del caballero.

Los indios comenzaron a bajar de las cimas: de las grietas y de los recodos salían uno a uno, avanzando cuidadosamente, deteniéndose a cada instante con la mirada observadora en el fondo de la quebrada. Cuando llegaron a la orilla del arroyo, divisaron a los dos viajeros. Álvarez, tendido en tierra, estaba inerte. A su lado, su compañero, de pie, con los brazos cruzados, en la desesperación de la impotencia, seguía fijamente el descenso lento y temeroso de los indios.

En una pequeña planicie ondulada, formada por las depresiones de las sierras que la limitan en sus cuatro extremos con cuatro anchas crestas, esperaban reunidos los viejos y las mujeres el resultado de la caza del hombre. Las indias, con sus cortas faldas redondas, de telas groseras, sus mantos sobre el pecho, sus monteras resplandecientes, sus trenzas ásperas que caían sobre las espaldas, sus pies desnudos, se agrupaban en un extremo silenciosas, y se veía entre sus dedos la danza vertiginosa del huso y el devanador.

Cuando llegaron los perseguidores, traían atados sobre los caballos a los viajeros. Avanzaron hasta el centro de la explanada, y allí los arrojaron en tierra, como dos fardos. Las mujeres se aproximaron entonces y los miraron con curiosidad, sin dejar de hilar, hablando en voz baja.

Los indios deliberaron un momento. Después un grupo se precipitó hacia el pie de la montaña. Regresó conduciendo dos grandes cántaros y dos grandes vigas. Y mientras unos excavaban la tierra para fijar las vigas, los otros llenaban con el licor de los cántaros pequeños jarros de barro.

Y bebieron hasta que empezó el sol a caer sobre el horizonte, y no se oía sino el rumor de las conversaciones apagadas de las mujeres y el ruido del líquido que caía dentro de los jarros al levantarse los cántaros.

Pedro y Tomás se apoderaron de los cuerpos de los caballeros y los ataron a los postes. Álvarez, que tenía roto el espinazo, lanzó un largo gemido. Los dos indios los desnudaron, arrojando lejos de sí, una por una, todas sus prendas. Y las mujeres contemplaban admiradas los cuerpos blancos.

Después empezó el suplicio. Pedro Quispe arrancó la lengua a Córdova y le quemó los ojos. Tomás llenó de pequeñas heridas, con un cuchillo, el cuerpo de Álvarez. Luego vinieron los demás indios y les arrancaron los cabellos y los apedrearon y les clavaron astillas en las heridas. Una india joven vertió, riendo, un gran jarro de chicha sobre la cabeza de Álvarez.

Moría la tarde. Los dos viajeros habían entregado, mucho tiempo hacía, su alma al Gran Justiciero; y los indios, fatigados, hastiados ya, indiferentes seguían hiriendo y lacerando los cuerpos.

Luego fue preciso jurar el silencio. Pedro Quispe trazó

una cruz en el suelo, y vinieron los hombres y las mujeres y besaron la cruz. Después desprendió de su cuello el rosario, que no lo abandonaba nunca, y los indios juraron sobre él, y escupió en la tierra, y los indios pasaron sobre la tierra húmeda.

Cuando los despojos ensangrentados desaparecieron y se borraron las últimas huellas de la escena que acababa de desarrollarse en las asperezas de la altiplanicie, la inmensa noche caía sobre la soledad de las montañas.

COMENTARIO

Aquí se revela la aplicación de la estética modernista a uno de los problemas más constantes de Hispanoamérica: la explotación del indio. Ese problema había de inspirar toda una serie de obras que comienza con *Raza de bronce* (1919) de Alcides Argüedas y que llega a definirse más a partir de 1930: *Huasipungo* (1934) de Jorge Icaza; *El indio* (1935) de Gregorio López y Fuentes; *El mundo es ancho y ajeno* (1941) de Ciro Alegría, y otras muchas.

Aunque están presentes casi todos los abusos, ya consagrados literariamente en las obras susodichas, lo que más impresiona en este cuento es su composición sinfónica, que llega a opacar la protesta social. Ésta se debilita, además, porque: *1)* todos los abusos se presentan rápidamente en una sola página: el robo del caballo, la quema de la choza, el despojo de las tierras, el regalo forzoso de la oveja y de las gallinas y el latigazo en el rostro; *2)* la mayor parte de ellos no ocurren en el momento del cuento; *3)* el razonamiento de los blancos respecto a los caballos, a la quema de la choza y a la comida es grotesco, *4)* el diálogo es tan rápido, saltando de tema en tema, que causa un efecto operático.

"Justicia india" es una sinfonía escrita para cornetas y tambores. Pedro Quispe toca el cuerno para reunir a los suyos.

201

Al oírlo, el guía indio huye. El cuerno de Pedro Quispe sigue sonando y pronto un *crescendo* se produce con los otros cuernos que llena todos los valles. Al mismo tiempo, la lluvia de las piedras también se va intensificando. El uso de los cuernos y de los tambores en la parte central del cuento tiene tanta fuerza que cunde por toda la obra. Un músico podría describir sinfónicamente el camino del sol, progenitor mitológico de los indios. El principio del cuento en las primeras horas de la mañana se anunciaría suavemente con la corneta que se oiría cada vez más fuerte a medida que avanzaba el sol, "la cumbre de la montaña comenzaba a brillar con los primeros rayos del sol", convirtiéndose por fin en un *fortissimo* con el apedreamiento de los viajeros que coincide, probablemente, con la llegada del sol al cenit. Luego, las cornetas comenzarían a desvanecerse con la luz, "y bebieron hasta que empezó el sol a caer sobre el horizonte", hasta confundirse con los tambores que también se ensordecerían hasta diluirse totalmente en el silencio de la noche, "la inmensa noche caía sobre la soledad de las montañas".

El tono épico de esta sinfonía para cornetas y tambores se refuerza con el uso de adjetivos "grandiosos": "ancho patio", "vasto patio", "pesadas columnas", "enorme portón", "gruesa viga", "grandes cántaros", "grandes postes", "inmensa noche" y con la insistencia en la palabra "cumbre". El marco de la sinfonía se perfila más con la presencia inicial y final de los motivos "bebieron" y "atados a las columnas" o "los ataron a los postes".

Aunque Jaimes Freyre era un poeta modernista que pasó gran parte de su vida fuera de Bolivia, este cuento tiene el brillo y la rebelión victoriosa de los indios que caracterizan las obras indigenistas de ese país, en contraste con las de Ecuador y las de Perú.

EL CRIOLLISMO

LA PROSA narrativa de Hispanoamérica llegó a madurarse entre las dos guerras mundiales. En los 30 años después del fin de la primera Guerra Mundial, se aumentó muchísimo la producción de cuentos y novelas de alta calidad. El tema solía ser netamente americano y el estilo también tenía un fuerte sabor americano.

El impulso primordial de estas obras provino de la ansiedad de los autores de conocerse a sí mismos a través de su tierra. La primera Guerra Mundial destruyó la ilusión de los modernistas de que Europa representaba la cultura frente a la barbarie americana. La intervención armada y económica de los Estados Unidos en Latinoamérica contribuyó a despertar la conciencia nacional de los jóvenes literatos. Los criollistas ubicaban sus novelas y sus cuentos en las zonas rurales donde vivían los representantes más auténticos de la nación: el campesino mexicano, el llanero venezolano, el indio peruano, el guajiro cubano y el jíbaro puertorriqueño. En la primera etapa del criollismo, 1915-1929, predomina el tema de civilización contra barbarie en que el hombre culto de la ciudad se enfrenta al atraso y a la violencia de la zona rural, como en *Los caranchos de la Florida* (1916) del argentino Benito Lynch (1885-1951) o en *Doña Bárbara* (1929) del venezolano Rómulo Gallegos (1884-1969). En cambio, en las obras criollistas de 1930-1945, la crisis económica de 1929, con la popularidad subsiguiente de las ideologías izquierdistas, intensificó la protesta social dirigida contra los explotadores "civilizados" de la ciudad, tanto nacionales como extranjeros: *Huasipungo* (1934) del ecuatoriano Jorge Icaza (1906-1978) y *El indio* (1935) del mexicano Gregorio López y Fuentes (1897-1966). Como si las mismas condiciones no

203

bastaran para engendrar estas obras, algunos de los autores se inspiraron en los gritos lanzados por Dos Passos en *U. S. A.* y por Steinbeck en *Las uvas de la ira,* lo que marcó la primera influencia decisiva de novelistas estadunidenses en Latinoamérica. Paralelamente se desarrolla el muralismo nacionalista en México (Rivera, Orozco y Siqueiros), Ecuador (Guayasamín)), Brasil (Portinari) y Estados Unidos (Thomas Hart Benton y John S. Curry).

Aunque el criollismo, igual que los *ismos* anteriores, imperó en todos los países hispanoamericanos, cada uno de éstos llegó a definir su propia personalidad. En este sentido sobresalieron dentro del criollismo: *1)* la novela y el cuento de la Revolución mexicana con su estilo épico (vigoroso, rápido y poético a la vez), el predominio del hombre anónimo y la poca importancia dada a la naturaleza; *2)* el carácter proletario de la prosa ecuatoriana con su realismo desenfrenado, su lenguaje crudo y el uso desmesurado del dialecto —todo eso sin dejar de ser artística—; *3)* la brevedad y la perduración del costumbrismo y la combinación de la literatura y la pintura en algunos cuentistas de América Central: el salvadoreño Salvador Salazar Arrué, Salarrué (1899-1975), los costarricenses Max Jiménez (1900-1947) y Carlos Salazar Herrera (1906-1980) y el panameño José María Núñez (1894); por otra parte, el antimperialismo como tema vigente, sobre todo entre los novelistas de esos mismos países: el guatemalteco Miguel Ángel Asturias (1899-1974), el nicaragüense Hernán Robleto (1895-1968) y el costarricense Carlos Luis Fallas (1911-1966); *4)* la prosa ampulosa y brillante de varios países del Caribe: Colombia, Venezuela, República Dominicana y Cuba, y *5)* la importancia del individuo, el detallismo y el ritmo lento de la prosa chilena.

Dentro del criollismo se cultivaron con igual empeño la novela y el cuento. Varios autores, como Rómulo Gallegos y Gregorio López y Fuentes, se estrenaron débilmente en el cuento antes de lograr más éxito artístico en la novela. En cambio, otros se dedicaron exclusivamente al cuento o sus cuentos superan a sus novelas: Horacio Quiroga, Ventura García Calderón, Salarrué y Juan Bosch.

Aunque el criollismo comenzó a perder su fuerza como movimiento preponderante a partir de 1945, continuó influyendo durante la década siguiente.

HORACIO QUIROGA
[1878-1937]

Uruguayo. Una figura cumbre en la cuentística hispanoame-
ricana. Se le puede considerar como padre de una de las ten-
dencias principales del siglo XX: el criollismo. Además, "El
hombre muerto" es, tal vez, el primer ejemplo hispanoamericano
del realismo mágico. Sus cuentos revelan una obsesión por
la muerte violenta, que refleja las experiencias de su propia vida.
Su padre, su padrastro, su mejor amigo, su mujer y él mismo
se suicidaron o fueron víctimas de disparos fortuitos. Participó
en la vida bohemia de los modernistas de 1900 en Montevideo
presidiendo el Consistorio del Gay Saber. Después vivió en la
provincia tropical de Misiones, Argentina, de donde sacó el
material para la mayor parte de su obra. Sus mejores colecciones
son Cuentos de amor, de locura y de muerte *(1917),* Cuentos de la selva *(1918),* El salvaje *(1920),* Anaconda *(1921),*
El desierto *(1924),* La gallina degollada y otros cuentos
(1925), Los desterrados *(1926) y* Más allá *(1935). "El hombre*
muerto" se publicó por primera vez el 27 de junio de 1920 en el
diario porteño La Nación *y después fue incluido en* Los desterrados.

EL HOMBRE MUERTO

EL HOMBRE y su machete acababan de limpiar la quinta
calle del bananal. Faltábanles aún dos calles; pero como en
éstas abundaban las chircas y malvas silvestres, la tarea que
tenían por delante era muy poca cosa. El hombre echó, en
consecuencia, una mirada satisfecha a los arbustos rozados,
y cruzó el alambrado para tenderse un rato en la gramilla.

Mas al bajar el alambre de púa y pasar el cuerpo, su pie izquierdo resbaló sobre un trozo de corteza desprendida del poste, al tiempo que el machete se le escapaba de la mano. Mientras caía, el hombre tuvo la impresión sumamente lejana de no ver el machete de plano en el suelo.

Ya estaba tendido en la gramilla, acostado sobre el lado derecho, tal como él quería. La boca, que acababa de abrírsele en toda su extensión, acababa también de cerrarse. Estaba como hubiera deseado estar, las rodillas dobladas y la mano izquierda sobre el pecho. Sólo que tras el antebrazo, e inmediatamente por debajo del cinto, surgían de su camisa el puño y la mitad de la hoja del machete; pero el resto no se veía.

El hombre intentó mover la cabeza, en vano. Echó una mirada de reojo a la empuñadura del machete, húmeda aún del sudor de su mano. Apreció mentalmente la extensión y la trayectoria del machete dentro de su vientre, y adquirió, fría, matemática e inexorable, la seguridad de que acababa de llegar al término de su existencia.

La muerte. En el transcurso de la vida se piensa muchas veces en que un día, tras años, meses, semanas y días preparatorios, llegaremos a nuestro turno al umbral de la muerte. Es la ley fatal, aceptada y prevista; tanto, que solemos dejarnos llevar placenteramente por la imaginación a ese momento, supremo entre todos, en que lanzamos el último suspiro.

Pero entre el instante actual y esa postrera expiración, ¡qué de sueños, trastornos, esperanzas y dramas presumimos en nuestra vida! ¡Qué nos reserva aún esta existencia llena de vigor, antes de su eliminación del escenario humano!

Es éste el consuelo, el placer y la razón de nuestras divagaciones mortuorias: ¡tan lejos está la muerte y tan imprevisto lo que debemos vivir aún!

¿Aún?... No han pasado dos segundos: el sol está exactamente a la misma altura; las sombras no han avanzado un milímetro. Bruscamente, acaban de resolverse para el hombre tendido las divagaciones a largo plazo: se está muriendo.

Muerto. Puede considerarse muerto en su cómoda postura.

Pero el hombre abre los ojos y mira. ¿Qué tiempo ha pasado? ¿Qué cataclismo ha sobrevivido en el mundo? ¿Qué trastorno de la naturaleza trasuda el horrible acontecimiento?

Va a morir. Fría, fatal e ineludiblemente, va a morir.

El hombre resiste —¡es tan imprevisto ese horror!— Y piensa: Es una pesadilla; ¡esto es! ¿Qué ha cambiado? Nada. Y mira: ¿no es acaso ese bananal su bananal? ¿No viene todas las mañanas a limpiarlo? ¿Quién lo conoce como él? Ve perfectamente el bananal, muy raleado, y las anchas hojas desnudas al sol. Allí están, muy cerca, deshilachadas por el viento. Pero ahora no se mueven... Es la calma del mediodía; pero deben ser las doce.

Por entre los bananos, allá arriba, el hombre ve desde el duro suelo el techo rojo de su casa. A la izquierda, entrevé el monte y la capuera de canelas. No alcanza a ver más, pero sabe muy bien que a sus espaldas está el camino al puerto nuevo; y que en la dirección de su cabeza, allá abajo, yace en el fondo del valle el Paraná dormido como un lago. Todo, todo exactamente como siempre; el sol de fuego, el aire vibrante y solitario, los bananos inmóviles, el alambrado de postes muy gruesos y altos que pronto tendrá que cambiar...

¡Muerto! Pero ¿es posible? ¿No es éste uno de los tantos días en que ha salido al amanecer de su casa con el machete en la mano? ¿No está allí mismo, a cuatro metros de él, su caballo, su malacara, oliendo parsimoniosamente el alambre de púa?

¡Pero sí! Alguien silba... No puede ver, porque está de espaldas al camino; mas siente resonar en el puentecito los pasos del caballo... Es el muchacho que pasa todas las mañanas hacia el puerto nuevo, a las once y media. Y siempre silbando... Desde el poste descascarado que toca casi con las botas, hasta el cerco vivo de monte que separa el bananal del camino, hay quince metros largos. Lo sabe perfectamente bien, porque él mismo, al levantar el alambrado, midió la distancia.

¿Qué pasa, entonces? ¿Es ése o no un natural mediodía de los tantos en Misiones, en su monte, en su potrero, en el bananal ralo? ¡Sin duda! Gramilla corta, conos de hormigas, silencio, sol a plomo...

Nada, nada ha cambiado. Sólo él es distinto. Desde hace dos minutos su persona, su personalidad viviente nada tiene ya que ver ni con el potrero, que formó él mismo a azada, durante cinco meses consecutivos; ni con el bananal, obra de sus solas manos. Ni con su familia. Ha sido arrancado bruscamente, naturalmente, por obra de una cáscara lustrosa y un machete en el vientre. Hace dos minutos: se muere.

El hombre, muy fatigado y tendido en la gramilla sobre el costado derecho, se resiste siempre a admitir un fenómeno de esa trascendencia, ante el aspecto normal y monótono de cuanto mira. Sabe bien la hora: las once y media... El muchacho de todos los días acaba de pasar el puente.

¡Pero no es posible que haya resbalado!... El mango de su machete (pronto deberá cambiarlo por otro; tiene ya poco vuelo) estaba perfectamente oprimido entre su mano izquierda y el alambre de púa. Tras diez años de bosque, él sabe muy bien cómo se maneja un machete de monte. Está solamente muy fatigado del trabajo de esa mañana, y descansa un rato como de costumbre.

¿La prueba?... ¡Pero esa gramilla que entra ahora por la comisura de su boca la plantó él mismo, en panes de tierra distantes un metro uno de otro! ¡Y ése es su bananal; y ése es su malacara, resoplando cauteloso ante las púas del alambre! Lo ve perfectamente; sabe que no se atreve a doblar la esquina del alambrado, porque él está echado casi al pie del poste. Lo distingue muy bien; y ve los hilos oscuros de sudor que arrancan de la cruz y del anca. El sol cae a plomo, y la calma es muy grande, pues ni un fleco de los bananos se mueve. Todos los días, como *éste*, ha visto las mismas cosas.

...Muy fatigado, pero descansa solo. Deben de haber pasado ya varios minutos... Y a las doce menos cuarto, desde allá arriba, desde el chalet de techo rojo, se desprenderán hacia el bananal su mujer y sus dos hijos a buscarlo para almorzar. Oye siempre, antes que las demás, la voz de su chico menor que quiere soltarse de la mano de su madre: ¡Piapiá! ¡Piapiá!

¿No es eso?... ¡Claro, oye! Ya es la hora. Oye efectivamente la voz de su hijo...

¡Qué pesadilla!... ¡Pero es uno de los tantos días, trivial como todos, claro está! Luz excesiva, sombras amarillentas, calor silencioso de horno sobre la carne, que hace sudar al malacara inmóvil ante el bananal prohibido.

...Muy cansado, mucho, pero nada más. ¡Cuántas veces, a mediodía como ahora, ha cruzado volviendo a casa ese potrero, que era capuera cuando él llegó, y antes había sido monte virgen! Volvía entonces, muy fatigado también, con su machete pendiente de la mano izquierda, a lentos pasos.

Puede aún alejarse con la mente, si quiere; puede si quiere abandonar un instante su cuerpo y ver desde el tajamar por él construido el trivial paisaje de siempre: el pedreguyo volcánico con gramas rígidas; el bananal y su arena roja; el alambrado empequeñecido en la pendiente, que se acoda hacia el camino. Y más lejos aún ver el potrero, obra sola de sus manos. Y al pie de un poste descascarado, echado sobre el costado derecho y las piernas recogidas, exactamente como todos los días, puede verse a él mismo, como un pequeño bulto asoleado sobre la gramilla —descansando, porque está muy cansado...

Pero el caballo rayado de sudor, e inmóvil de cautela ante el esquinado del alambrado, ve también al hombre en el suelo y no se atreve a costear el bananal, como desearía. Ante las voces que ya están próximas —¡Piapiá!— vuelve un largo, largo rato las orejas inmóviles al bulto: y, tranquilizado al fin, se decide a pasar entre el poste y el hombre tendido —que ya ha descansado.

211

COMENTARIO

Horacio Quiroga fue uno de los iniciadores del criollismo en Hispanoamérica. Sus cuentos, en gran parte, presentan la derrota del hombre ante los peligros de la naturaleza tropical, tema explotado por casi todos los criollistas. Además, la obra de Quiroga se caracteriza por una obsesión por la muerte, derivada de su propia vida trágica. Inspirado en Edgar Allan Poe, Quiroga luce una gran maestría técnica.

Aunque el tema de "El hombre muerto" podría ser el poco valor de la vida humana en el trópico, en realidad sería más acertado señalar como tema la tremenda fuerza de la casualidad en la vida humana, dentro o fuera del trópico. Así es que el hecho de que Quiroga sea criollista no quiere decir que todos sus cuentos sean criollistas. A diferencia de "A la deriva" (1912) y "Los mensú" (1914), el protagonista de "El hombre muerto" no es peón mestizo ni muere como consecuencia de haber sido mordido por una víbora o de haber sido explotado por empresarios extranjeros. Lo inesperado está en que después de luchar y triunfar durante unos 10 años contra las fuerzas de la naturaleza, el hombre, tal vez colono extranjero, dueño de su propia tierra, muere por casualidad por un accidente sumamente improbable: al cruzar una cerca de alambre de púa, se resbala y se le clava en el vientre su propio machete. Lo que crea, más que nada, el ambiente magicorrealista es la falta de emoción con que se narra el accidente, la ausencia del dolor, la ultraprecisión temporal y espacial y la indiferencia de la naturaleza. Son estos mismos rasgos que conforman el cuadro pintado en 1928 por el alemán Franz Radziwill, *Accidente fatal de Karl Buschtätter*. Aunque se trata de la muerte de un famoso piloto alemán, el avión, que ya empezó a caer, parece suspendido en el centro del cielo en la parte superior del lienzo y no turba en absoluto la tranquilidad del paisaje rural pintado con una gran precisión en la parte inferior. Los paralelismos entre la pintura y la literatura respecto a este tema se refuerzan en el "Paisaje con la caída de Ícaro" (1954) del poeta estadunidense William Carlos Williams, que describe sin emoción el cuadro pintado en 1555 por Brueghel.

El cuento de Quiroga está estructurado con base en los últimos 17 minutos en la vida del protagonista. El tiempo avanza con una lentitud increíble marcada por la precisión de la hora: el triple uso de "acababa de", "no han pasado dos segundos", "las sombras no han avanzado un milímetro", "las once y media", "hace dos minutos", "las doce menos cuarto" y "mediodía". Durante esos 17 minutos, el hombre no deja de asombrarse ante la indiferencia de la naturaleza mientras su evocación de algunos detalles del pasado lo humaniza. Su situación resulta aún más trágica y asombrosa teniendo en cuenta la proximidad del muchacho que pasa rumbo al puerto nuevo, del caballo que espera el momento de pasar por el alambrado y de su mujer y sus dos hijos que vienen llegando en el momento de su muerte.

En efecto, el cuento se abre con una oración que deja al lector asombrado. La personificación del machete por el uso de la palabra "y" en vez de "con" hace contraste con el anonimato del protagonista que, a su vez, hace contraste con la precisión espacial: "El hombre y su machete acababan de limpiar la quinta calle del bananal". La anonimidad del protagonista refleja el aspecto arquetípico, junguiano del realismo mágico reforzado por su posición algo fetal después del accidente: "Estaba como hubiera deseado estar, las rodillas dobladas y la mano izquierda sobre el pecho".

A pesar de que la acción del cuento está ubicada en Misiones, cerca del río Paraná, Quiroga, a diferencia de sus propios cuentos criollistas y de los cuentos criollistas de toda Hispanoamérica, no emplea giros regionales. También es irónico que el gran iniciador y divulgador del criollismo haya ubicado sus cuentos en una región tan poco típica o representativa de Argentina.

No obstante estas anomalías, Quiroga es, sin duda alguna,

una de las figuras excelsas del cuento hispanoamericano tanto por haber abierto las sendas del criollismo como por la alta calidad artística de su obra. En sus mejores cuentos, Quiroga se esfuerza por presentar lo universal a través de lo regional; domina completamente la técnica del género y elabora sus relatos con un lenguaje sencillo que desmiente sus orígenes modernistas.

MARTÍN LUIS GUZMÁN
[1887-1976]

Mexicano. Nació en Chihuahua, pero se crió en la capital. Estudió para abogado. En 1911 ingresó en el Ateneo de la Juventud, que contaba entre sus miembros a Antonio Caso, Alfonso Reyes, José Vasconcelos y otros jóvenes ilustres. Después del asesinato de Madero se unió a las fuerzas revolucionarias del Norte. En su obra maestra, El águila y la serpiente *(1928), narra sus andanzas con Villa, de quien se separó en 1915 para ir a España y después a Nueva York. De vuelta a México en 1920, cuatro años más tarde tuvo que refugiarse otra vez en España por causas políticas. Allí salió la primera edición de* El águila y la serpiente *y de su novela política* La sombra del Caudillo *(1929). Volvió a México en 1936 para dedicarse al periodismo. En las* Memorias de Pancho Villa *(1938-1951) imita el estilo que habría empleado el caudillo norteño para contar las peripecias de su vida. Fundador y director de la revista* Tiempo *durante tres décadas. Octogenario, fue elegido al Congreso. "La fiesta de las balas" es un capítulo de* El águila y la serpiente.

LA FIESTA DE LAS BALAS

ATENTO a cuanto se decía de Villa y el villismo, y a cuanto veía a mi alrededor, a menudo me preguntaba en Ciudad Juárez qué hazañas serían las que pintaban más a fondo a la División del Norte: si las que se suponían estrictamente históricas, o las que se calificaban de legendarias; si las que se contaban como algo visto dentro de la más escueta

215

exactitud, o las que traían ya, con el toque de la exaltación poética, la revelación tangible de las esencias. Y siempre eran las proezas de este segundo orden las que se me antojaban más verídicas, las que, a mis ojos, eran más dignas de hacer historia.

Porque ¿dónde hallar, pongo por caso, mejor pintura de Rodolfo Fierro —y Fierro y el villismo eran espejos contrapuestos, modos de ser que se reflejaban infinitamente uno en otro— que en el relato que ponía a aquél ante mis ojos, después de una de las últimas batallas, entregado a consumar, con fantasía tan cruel como creadora de escenas de muerte, las terribles órdenes de su jefe? Verlo así era como sentir en el alma el roce de una tremenda realidad y conservar después la huella de eso para siempre.

Aquella batalla, fecunda en todo, había terminado dejando en manos de Villa no menos de quinientos prisioneros. Villa mandó separarlos en dos grupos: de una parte, los voluntarios orozquistas a quienes llamaban "colorados"; de la otra, los federales. Y como se sentía ya bastante fuerte para actos de grandeza, resolvió hacer un escarmiento con los prisioneros del primer grupo, mientras se mostraba generoso con los del segundo. A los "colorados" se les pasaría por las armas antes de que oscureciera; a los federales se les daría a elegir entre unirse a las tropas revolucionarias o bien irse a su casa mediante la promesa de no volver a hacer armas contra la causa constitucionalista.

Fierro, como era de esperar, fue el encargado de la ejecución, a la cual dedicó, desde luego, la eficaz diligencia que tan buen camino le auguraba ya en el ánimo de Villa, o de su "jefe", según él decía.

Declinaba la tarde. La gente revolucionaria, tras de levantar el campo, iba reconcentrándose lentamente en torno del humilde pueblecito que había sido objeto de la acción. Frío y tenaz, el viento de la llanura chihuahuense empezaba a despegar del suelo y apretaba los grupos de jinetes y de infantes: unos y otros se acogían al socaire de las casas. Pero Fierro —a quien nunca detuvo nada ni nadie— no iba a rehuir un airecillo fresco que a lo sumo barruntaba la helada de la noche. Cabalgó en su caballo de anca corta, contra cuyo pelo oscuro, sucio por el polvo de la batalla, rozaba el borde del sarape gris. Iba al paso. El viento le daba de lleno en la cara, mas él no trataba de evitarlo clavando la barbilla en el pecho ni levantando los pliegues del embozo. Llevaba enhiesta la cabeza, arrogante el busto, bien puestos los pies en los estribos y elegantemente dobladas las piernas entre los arreos de campaña sujetos a los tientos de la montura. Nadie lo veía, salvo la desolación del llano y uno que otro soldado que pasaba a distancia. Pero él, acaso inconscientemente, arrendaba de modo que el animal hiciera piernas como para lucirse en un paseo. Fierro estaba contento: lo embargaba el placer de la victoria —de la victoria, en que nunca creía hasta no consumarse la derrota completa del enemigo—, y su alegría interior le afloraba en sensaciones físicas que tornaban grato el hostigo del viento y el andar del caballo después de quince horas de no apearse. Sentía como caricia la luz del sol —sol un tanto desvaído, sol prematuramente envuelto en fulgores de incendio.

Llegó al corral donde tenía encerrados, como rebaño de reses, a los trescientos prisioneros "colorados" condenados a morir, y se detuvo un instante a mirar por sobre las tablas de la cerca. Por su aspecto, aquellos trescientos huertistas hubieran podido pasar por otros tantos revolucionarios. Eran de la fina raza de Chihuahua: altos los cuerpos, sobrias las carnes, robustos los cuellos, bien conformados los hombros sobre espaldas vigorosas y flexibles. Fierro consideró de una ojeada el pequeño ejército preso, lo apreció en su valor guerrero —y en su valor— y sintió una rara pulsación, un estremecimiento que le bajaba desde el corazón, o desde la frente, hasta el índice de la mano derecha. Sin quererlo, la palma de esa mano fue a posarse en las cachas de la pistola.

"Batalla, ésta", pensó.

Indiferentes a todo, los soldados de caballería que vigilaban a los prisioneros no se fijaban en él. A ellos no les preocupaba más que la molestia de estar montando una guardia fatigosa —guardia incomprensible después de la excitación del combate— y que les exigía tener lista la carabina, cuya culata apoyaban en el muslo. De cuando en cuando, si algún prisionero se apartaba del grupo, los soldados apuntaban con aire resuelto y, de ser preciso, hacían fuego. Una onda rizaba entonces el perímetro informe de la masa de los prisioneros, los cuales se replegaban para evitar el tiro. La bala pasaba de largo o derribaba a alguno de ellos.

Fierro avanzó hasta la puerta del corral; gritó a un soldado, que vino a descorrer las trancas, y entró. Sin quitarse el sarape de sobre los hombros echó pie a tierra. El salto le deshizo el embozo. Tenía las piernas entumecidas de cansancio y de frío: las estiró. Se acomodó las dos pistolas. Se puso luego a observar despacio la disposición de los corrales y sus diversas divisiones. Dio varios pasos, sin soltar la rienda, hasta una de las cercas. Pasó la rienda, para dejar sujeto el caballo, por entre la juntura de dos tablas. Sacó de las cantinas de la silla algo que se metió en los bolsillos de la chaqueta, y atravesó el corral a poca distancia de los prisioneros.

Los corrales eran tres, comunicados entre sí por puertas interiores y callejones estrechos. Del ocupado por los prisioneros, Fierro pasó, deslizando el cuerpo entre las trancas de la puerta, al de en medio. En seguida, al otro. Allí se detuvo. Su figura, grande y hermosa, irradiaba un aura extraña, algo superior, prestigioso, y a la vez adecuado al triste abandono del corral. El sarape había venido resbalándose por el cuerpo hasta quedar pendiente apenas de los hombros: los cordoncillos de las puntas arrastraban por el suelo. Su sombrero, gris y ancho de ala, se teñía de rosa al recibir de soslayo la luz poniente del sol. A través de las cercas, los prisioneros lo veían desde lejos, vuelto de espaldas hacia ellos. Sus piernas formaban compás hercúleo y destellaban: el cuero de las mitasas brillaba en la luz de la tarde.

A unos cien metros, por la parte de fuera de los corrales, estaba el jefe de la tropa encargada de los prisioneros. Fierro lo vio y le indicó a señas que se acercara. El oficial cabalgó hasta el punto de la cerca más próxima a Fierro. Éste caminó hacia él. Hablaron. Por momentos, conforme hablaban, Fierro fue señalando diversos puntos del corral donde se encontraba y del corral contiguo. Después describió, moviendo la mano, una serie de evoluciones que repitió el oficial como con ánimo de entenderlo mejor. Fierro insistió dos o tres veces en una maniobra al parecer muy importante, y el oficial, seguro de las órdenes, partió al galope hacia el corral de los prisioneros.

Entonces tornó Fierro al centro del corral, atento otra vez al estudio de la disposición de las cercas y demás detalles. Aquel corral era el más amplio de los tres y, según parecía, el primero en orden —el primero en relación con el pueblo. Tenía, en dos de sus lados, sendas puertas hacia el campo: puertas de trancas más estropeadas —por mayor uso— que las de los corrales posteriores, pero de maderas más fuertes. En otro lado se abría la puerta que daba al corral inmediato. Y el lado último, en fin, no era una simple cerca de tablas, sino tapia de adobes, de no menos de tres metros de altura. La tapia mediría como sesenta metros de largo, de los cuales veinte servían de fondo a un cobertizo o pesebre, cuyo tejado bajaba de la barda y se asentaba, de una parte, en los postes, prolongados, del extremo de una de las cercas que lindaban con el campo, y de la otra, en una pared, también de adobe, que salía perpendicularmente de la tapia y avanzaba cosa de quince metros hacia los medios del corral. De esta suerte, entre el cobertizo y la cerca del corral inmediato venía a quedar un espacio cerrado en dos de sus lados por paredes macizas. En aquel rincón, el viento de la tarde amontonaba la basura y hacía sonar con ritmo anárquico, golpeándolo contra el brocal de un pozo, un cubo de hierro. Del brocal del pozo se elevaban dos palos toscos, terminados en horqueta, sobre los cuales se atravesaba un tercero, del que pendía una garrucha con cadena, que sonaba también movida por el viento. En lo más alto de una de las horquetas un pájaro, grande, inmóvil, blanquecino, se confundía con las puntas torcidas del palo seco.

Fierro se hallaba a cincuenta pasos del pozo. Detuvo un segundo la vista sobre la figura quieta del pájaro y, como si la presencia de éste encajara a pelo en sus reflexiones, sin cambiar de expresión, ni de postura, ni de gesto, sacó la pistola lentamente. El cañón del arma, largo y pulido, se transformó en dedo de rosa a la luz poniente del sol. Poco a poco, el gran dedo fue enderezándose hasta señalar en dirección del pájaro. Sonó el disparo —seco y diminuto en la inmensidad de la tarde— y cayó el pájaro al suelo. Fierro volvió la pistola a la funda.

En aquel momento un soldado saltó, escalando la cerca, dentro del corral. Era el asistente de Fierro. Había dado el brinco desde tan alto que necesitó varios segundos para erguirse de nuevo. Al fin lo hizo y caminó hacia donde su amo estaba. Fierro le preguntó sin volver la cara:

—¿Qué hubo con ésos? Si no vienen luego va a faltar tiempo.

—Parece que ya vienen ay —contestó el asistente.

—Entonces, tú ponte ahí de una vez. A ver, ¿qué pistola traes?

—La que usted me dio, mi jefe. La "mitigüeson".

—Dácala, pues, y toma estas cajas de parque. ¿Cuántos tiros tienes?

—Unas quince docenas con los que he arrejuntado hoy, mi jefe. Otros hallaron hartos, yo no.

—¿Quince docenas?... Te dije el otro día que si seguías vendiendo el parque para emborracharte iba a meterte una bala en la barriga...

—No, mi jefe.

—No mi jefe ¿qué?

—Que me embriago, mi jefe, pero no vendo el parque.

—Pues cuidadito, porque me conoces. Y ahora ponte vivo

para que me salga bien esta ancheta. Yo disparo y tú cargas las pistolas. Y oye bien esto que voy a decirte: si por tu culpa se me escapa uno siquiera de los "colorados", te acuesto con ellos.

—¡Ah, qué mi jefe!

—Como lo oyes.

El asistente extendió su frazada sobre la tierra y vació allí las cajas de cartuchos que Fierro acababa de darle. Luego se puso a extraer, uno a uno, los tiros que traía en las cananas de la cintura. Tan de prisa quería hacerlo que se tardaba más de la cuenta. Estaba nervioso; los dedos se le embrollaban.

—¡Ah, qué mi jefe! —seguía pensando para sí.

Mientras tanto, tras de la cerca que daba al corral inmediato fueron apareciendo soldados de los de la escolta. Montados a caballo, medio busto les sobresalía del borde de las tablas. Muchos otros se distribuyeron a lo largo de las dos cercas restantes.

Fierro y su asistente eran los únicos que estaban dentro del corral: Fierro, con una pistola en la mano y el sarape caído a los pies; el asistente, en cuclillas, ordenando sobre su frazada las filas de cartuchos.

El jefe de la escolta entró a caballo por la puerta que comunicaba con el corral contiguo, y dijo:

—Ya tengo listos los diez primeros. ¿Te los suelto?

Respondió Fierro:

—Sí; pero antes avísales de lo que se trata; en cuanto asomen por la puerta, yo empezaré a dispararles; los que lleguen a la barda y la salten quedan libres. Si alguno no quiere entrar, tú métele bala.

Volvióse el oficial por donde había venido, y Fierro, pistola en mano, se mantuvo atento, fijos los ojos en el espacio estrecho por donde los prisioneros iban a irrumpir. Se había situado bastante próximo a la cerca divisoria para que, al hacer fuego, las balas no alcanzaran a los "colorados" que

221

todavía estuviesen del lado de allá: quería cumplir lealmente lo prometido. Pero su proximidad a las tablas no era tanta que los prisioneros, así que empezase la ejecución, no descubriesen, en el acto mismo de trasponer la puerta, la pistola que les apuntaría a veinte pasos. A espaldas de Fierro, el sol poniente convertía el cielo en luminaria roja. El viento seguía soplando.

En el corral donde estaban los prisioneros creció el rumor de voces —voces que los silbos del viento destrozaban, voces como de vaqueros que arrearan ganado. Era difícil la maniobra de hacer pasar del corral último al corral de en medio a los trescientos hombres condenados a morir en masa; el suplicio que los amenazaba hacía encresparse su muchedumbre con sacudidas de organismo histérico. Gritaban los soldados de la escolta, y, de minuto en minuto, los disparos de carabina recogían los gritos en la punta de un latigazo.

De los primeros prisioneros que llegaron al corral intermedio, un grupo de soldados segregó diez. Los soldados no bajaban de veinticinco. Echaban los caballos sobre los presos para obligarlos a andar; les apoyaban contra la carne las bocas de las carabinas.

—¡Traidores! ¡Jijos de la rejija! ¡Ora vamos a ver qué tal corren y brincan! ¡Eche usted p'allá, traidor!

Y así los hicieron avanzar hasta la puerta de cuyo otro lado estaban Fierro y su asistente. Allí la resistencia de los "colorados" se acentuó; pero el golpe de los caballos y el cañón de las carabinas los persuadieron a optar por el otro peligro, por el peligro de Fierro, que no estaba a un dedo de distancia, sino a veinte pasos.

Tan pronto como aparecieron dentro de su visual, Fierro los saludó con extraña frase —frase a un tiempo cariñosa y cruel, de ironía y de esperanza—:

—¡Ándeles, hijos: que nomás yo tiro y soy mal tirador!

Ellos brincaban como cabras. El primero intentó abalanzarse sobre Fierro, pero no había dado tres saltos cuando cayó acribillado a tiros por los soldados dispuestos a lo largo de la cerca. Los otros corrieron a escape hacia la tapia —loca carrera que a ellos les parecía como de sueño—. Al ver el brocal del pozo, uno quiso refugiarse allí: la bala de Fierro lo alcanzó primero. Los demás siguieron alejándose; pero uno a uno fueron cayendo —en menos de diez segundos Fierro disparó ocho veces—, y el último cayó al tocar con los dedos los adobes que por un extraño capricho separaban en ese momento la región de la vida de la región de la muerte. Algunos cuerpos dieron aún señales de vida; los soldados, desde su sitio, tiraron sobre ellos para rematarlos.

Y vino otro grupo de diez, y luego otro, y otro, y otro. Las tres pistolas de Fierro —dos suyas, la otra de su asistente— se turnaban en la mano homicida con ritmo perfecto. Cada una disparaba seis veces —seis veces sin apuntar, seis veces al descubrir— y caía después en la frazada del asistente. Éste hacía saltar los casquillos quemados y ponía otros nuevos. Luego, sin cambiar de postura, tendía hacia Fierro la pistola, el cual la tomaba al dejar caer otra. Los dedos del asistente tocaban las balas que segundos después tenderían sin vida a los prisioneros; pero él no levantaba los ojos para ver a los que caían. Toda su conciencia parecía concentrarse en la pistola que tenía en las manos, y en los tiros, de reflejos de oro y plata, esparcidos en el suelo. Dos sensaciones ocupaban todo lo hondo de su ser: el peso frío de los cartuchos que iba metiendo en los orificios del cilindro y el contacto de la epidermis lisa y cálida del arma. Arriba, por sobre su cabeza, se sucedían los disparos con que su "jefe" se entregaba al deleite de hacer blanco.

El angustioso huir de los prisioneros en busca de la tapia salvadora —fuga de la muerte en una sinfonía espantosa donde luchaban como temas reales la pasión de matar y el ansia inagotable de vivir— duró cerca de dos horas.

Ni un instante perdió Fierro el pulso o la serenidad. Tiraba sobre blancos movibles y humanos, sobre blancos que daban brincos y traspiés entre charcos de sangre y cadáveres en posturas inverosímiles, pero tiraba sin más emoción que la de errar o acertar. Calculaba hasta la desviación de la trayectoria por efecto del viento, y de un disparo a otro la corregía.

Algunos prisioneros, poseídos de terror, caían de rodillas al trasponer la puerta: la bala los doblaba. Otros bailaban danza grotesca al abrigo del brocal del pozo hasta que la bala los curaba de su frenesí o los hacía caer heridos por la boca del hoyo. Casi todos se precipitaban hacia la pared de adobes y trataban de escalarla trepando por los montones de cuerpos entrelazados, calientes, húmedos, humeantes: la bala los paralizaba también. Algunos lograban clavar las uñas en la barda de tierra; pero sus manos, agitadas por intensa ansiedad de vida, se tornaban de pronto en manos moribundas.

Hubo un momento en que la ejecución en masa se envolvió en un clamor tumultuoso donde descollaban los chasquidos secos de los disparos opacados por la inmensa voz del viento. De un lado de la cerca gritaban los que huían de morir y morían al cabo; de otro, los que se defendían del empuje de los jinetes y hacían por romper el cerco que los estrechaba hasta la puerta terrible. Y al griterío de unos y otros se sumaban las voces de los soldados distribuidos en el contorno de las cercas. Éstos habían ido enardeciéndose con el alboroto de los disparos, con la destreza de Fierro y con los lamentos y el accionar frenético de los que morían. Saludaban con exclamaciones de regocijo la voltereta de los cuerpos al caer; vociferaban, gesticulaban, reían a carcajadas al hacer fuego sobre los montones de carne humana donde advertían el menor indicio de vida.

El postrer pelotón de los ajusticiados no fue de diez víctimas, sino de doce. Los doce salieron al corral de la muerte atropellándose entre sí, procurando cada uno cubrirse con el cuerpo de los demás, a quienes trataban de adelantarse en la horrible carrera. Para avanzar hacían corcovas sobre los cadáveres hacinados; pero la bala no erraba por eso: con precisión siniestra, iba tocando uno tras otro y los dejaba a medio camino de la tapia —abiertos brazos y piernas— abrazados al montón de sus hermanos inmóviles. Uno de ellos, sin embargo, el último que quedaba con vida, logró llegar hasta la barda misma y salvarla... El fuego cesó de repente y el tropel de soldados se agolpó en el ángulo del corral inmediato para ver al fugitivo...

Pardeaba la tarde. La mirada de los soldados tardó en acostumbrarse al parpadeo interferente de las dos luces. De pronto no vieron nada. Luego, allá lejos, en la inmensidad de la llanura medio en sombra, fue cobrando precisión un punto móvil, un cuerpo que corría. Tanto se doblaba el cuerpo al correr que por momentos se le hubiera confundido con algo rastreante a flor de suelo...

Un soldado apuntó:

—Se ve mal... —dijo, y disparó.

La detonación se perdió en el viento del crepúsculo. El punto siguió su carrera...

Fierro no se había movido de su sitio. Rendido el brazo, lo tuvo largo tiempo suelto hacia el suelo. Luego notó que le dolía el índice y levantó la mano hasta los ojos: en la semioscuridad comprobó que el dedo se le había hinchado ligeramente. Lo oprimió con blandura entre los dedos y la palma de la otra mano. Y así estuvo, durante buen espacio de tiempo, entregado todo él a la dulzura de un suave masaje. Por fin se inclinó para recoger del suelo el sarape, del cual se había desembarazado desde los preliminares de la ejecución; se lo echó sobre los hombros y caminó para acogerse al socaire del pesebre. Sin embargo, a los pocos pasos se detuvo y dijo al asistente:

—Así que acabes, tráete los caballos.

Y siguió andando.

El asistente juntaba los casquillos quemados. En el corral contiguo, los soldados de la escolta desmontaban, hablaban, canturreaban. El asistente los escuchaba en silencio y sin levantar la cabeza. Después se irguió con lentitud. Cogió la frazada por las cuatro puntas y se la echó a la espalda: los casquillos vacíos sonaron dentro con sordo cascabeleo.

Había anochecido. Brillaban algunas estrellas. Brillaban las lucecitas de los cigarros al otro lado de las tablas de la cerca. El asistente rompió a andar con paso tardo, y así fue, medio a tientas, hasta el último de los corrales, y de allá regresó a poco trayendo de la brida los caballos —el de su amo y el suyo— y, sobre uno de los hombros, la mochila de campaña.

Se acercó al pesebre. Sentado sobre una piedra, Fierro fumaba con la oscuridad. En las juntas de las tablas silbaba el viento.

—Desensilla y tiéndeme la cama —ordenó Fierro—, no aguanto el cansancio.

—¿Aquí en este corral, mi jefe? ¿Aquí…?

—Sí, aquí. ¿Por qué no?

Hizo el asistente como le ordenaban. Desensilló y tendió las mantas sobre la paja, arreglando con el maletín y la montura una especie de almohada. Y minutos después de tenderse Fierro en ellas, Fierro se quedó dormido.

El asistente encendió su linterna y dispuso lo necesario para que los caballos pasaran bien la noche. Luego apagó la luz, se envolvió en su frazada y se acostó a los pies de su amo. Pero un momento después se incorporó de nuevo, se hincó de rodillas y se persignó. En seguida volvió a tenderse en la paja…

Pasaron seis, siete horas. Había caído el viento. El silencio de la noche se empapaba en luz de luna. De tarde en tarde sonaba próximo el estornudo de algún caballo. Brillaba el claro lunar en la abollada superficie del cubo del pozo y hacía sombras precisas al tropezar con todos los objetos —con todos, menos con los montones de cadáveres—. Éstos se levantaban, enormes en medio de tanta quietud, como cerros fantásticos, cerros de formas confusas, incomprensibles.

El azul plata de la noche se derramaba sobre los cadáveres como la más pura luz. Pero insensiblemente aquella luz de noche fue convirtiéndose en voz, voz también irreal y nocturna. La voz se hizo distinta: era una voz apenas perceptible, apagada, doliente, moribunda, pero clara en su tenue contorno, como las sombras que la luna dibujaba sobre las cosas. Desde el fondo de uno de los montones de cadáveres la voz parecía susurrar:

—Ay… Ay…

Luego calló, y el azul de plata de la noche volvió a ser sólo luz. Mas la voz se oyó de nuevo:

—Ay… Ay…

Fríos e inertes desde hacía horas, los cuerpos hacinados en el corral seguían inmóviles. Los rayos lunares se hundían en ellos como en una masa eterna. Pero la voz tornó:

—Ay… Ay… Ay…

Y este último ay llegó hasta el sitio donde el asistente de Fierro dormía e hizo que su conciencia pasara del olvido del sueño a la sensación de oír. El asistente recordó entonces la ejecución de los trescientos prisioneros; y el solo recuerdo lo dejó quieto sobre la paja, entreabiertos los ojos y todo él pendiente del lamento de la voz, pendiente con las potencias íntegras de su alma…

—Ay… Por favor…

Fierro se agitó en su cama…

—Por favor…, agua…

Fierro despertó y prestó oído…

—Por favor…, agua…

Entonces Fierro alargó un pie hasta su asistente.

—¡Eh, tú! ¿No oyes? Uno de los muertos está pidiendo agua.

—¿Mi jefe?

—¡Que te levantes y vayas a darle un tiro a ese jijo de la tiznada que se está quejando! ¡A ver si me deja dormir!

—¿Un tiro a quién, mi jefe?

—A ése que pide agua, ¡imbécil! ¿No entiendes?

—Agua, por favor —repetía la voz.

El asistente tomó la pistola de debajo de la montura, y empuñándola, se levantó y salió del pesebre en busca de los cadáveres. Temblaba de miedo y de frío. Uno como mareo del alma le embargaba.

A la luz de la luna buscó. Cuantos cuerpos tocaba estaban yertos. Se detuvo sin saber qué hacer. Luego disparó sobre el punto de donde parecía venir la voz: la voz se oyó de nuevo. El asistente tornó a disparar: se apagó la voz.

La luna navegaba en el mar sin límites de su luz azul. Bajo el techo del pesebre dormía Fierro.

COMENTARIO

La Revolución mexicana sacudió la nación entera cambiando su estructura social. Los artistas respondieron a este fenómeno, y en el campo de las letras se han producido centenares de cuentos y novelas de la Revolución. El único modo de ver claramente esa erupción desordenada es agrupar a los autores según generaciones.

Martín Luis Guzmán (1887-1976) pertenece a la primera generación de escritores de la Revolución que incluye a unas de las figuras más renombradas: Mariano Azuela (1873-1952), José Vasconcelos (1881-1959) y José Rubén Romero (1890-1952).* Son hombres criados bajo el régimen de Porfirio Díaz que se entusiasmaron mucho con los ideales de Madero, pero que por su formación intelectual (Azuela era médico; Guzmán y Vasconcelos, abogados)** pronto se desilusionaron con la brutalidad desencadenada de la Revolución. Las dos tendencias estilísticas que se notaban dentro de este grupo se explican por los orígenes de los autores. Azuela y

* Aunque no nacieron en la misma década, el criarse bajo el régimen porfirista les da rasgos en común.

** Rubén Romero es marginal en este grupo. Por ser el más joven, provinciano y de una familia no muy rica, no tuvo la oportunidad de seguir una carrera. No obstante, comparte con este grupo el entusiasmo por Madero y la desilusión con la brutalidad subsiguiente.

Romero, los provincianos, emplean un estilo que corresponde a la violencia de la Revolución: frases breves, poca descripción y mucho diálogo en el dialecto popular. En cambio, Guzmán y Vasconcelos, con una cultura más universal —los dos pertenecieron al grupo literario-intelectual del Ateneo—, elaboran su prosa de una manera más literaria y emplean poco diálogo. Guzmán y Vasconcelos ven la Revolución a través de los generales, mientras que Azuela y Romero tratan de captar el punto de vista del soldado raso, pero sin identificarse con él.

Aunque "La fiesta de las balas" es un capítulo de *El águila y la serpiente*, que es esencialmente un libro de memorias, no hay ninguna duda sobre su carácter de cuento. El mismo autor nos dice que lo que va a narrar no es estrictamente histórico, sino que tiene "el toque de la exaltación poética". Además, la unidad del tema, el desarrollo matemáticamente lógico de la trama y la creación magistral del suspenso lo colocan dentro del género estudiado.

El retrato de Rodolfo Fierro como el representante más brutal del villismo se consigue mediante el plan elaborado con mucho cuidado. Sin tener en cuenta los dos primeros párrafos, el cuento empieza con la presentación rápida y periodística del fondo histórico. Inmediatamente después, el autor nos coloca dentro del drama con sólo tres palabras —"Declinaba la tarde"—. Con una descripción lenta y precisa, Guzmán hace destacar la figura solitaria de Fierro desafiando el viento de la llanura desolada. La visión de los trescientos prisioneros acorralados como reses también contribuye a la escultura del superhombre. La rara pulsación que siente Fierro crea el suspenso y acelera el ritmo del cuento. Por tres páginas, mientras se hacen los preparativos, se mantiene la expectación y el ritmo equilibrados entre dos tiempos verbales: el imperfecto para describir los corrales llenos de prisioneros y el pretérito para referir los movimientos de Fierro. Para revelar el plan diabólico de Fierro, Guzmán acude por primera vez al diálogo. La ejecución de los prisioneros se prolonga por dos páginas y media alternándose rápidamente varias escenas: la actitud de los condenados; las pistolas de Fierro; el terror del asistente; la serenidad de Fierro; el clamor producido por los disparos, el griterío de los condenados y las exclamaciones alegres de los soldados, todo llevado por el viento; y el escape de uno de los "colorados". La brutalidad inhumana de Fierro llega a impresionar aún más en contraste con el soldado que no logra matar al único que salva la tapia y, sobre todo, con el asistente que se persigna antes de acostarse y que pretende no entender la orden de Fierro de dar el tiro de gracia al hombre herido que pide agua. El retrato de Fierro se remata con su preocupación por el dedo hinchado y con la última frase del cuento: "bajo el techo del pesebre dormía Fierro".

La fuerza de esta obra se deriva en gran parte de la impersonalidad con que Guzmán la narra. Jamás se permite una palabra de compasión por los condenados ni una palabra de censura por Fierro. Es más, en la elaboración artística, Guzmán parece haberse contagiado de la indiferencia de Fierro. Convierte el sufrimiento humano en motivos artísticos: "una onda rizaba entonces el perímetro informe de la masa de los prisioneros, los cuales se replegaban para evitar el tiro"; "ellos brincaban como cabras"; "los otros corrieron a escape hacia la tapia —loca carrera que a ellos les parecía como de sueño—"; "...fuga de la muerte en una sinfonía espantosa..."; "otros bailaban danza grotesca..."; los cadáveres "se levantaban, enormes en medio de tanta quietud, como cerros fantásticos, cerros de formas confusas, incomprensibles". La naturaleza también comparte la indiferencia de Fierro. El sol, el viento, la luna y las estrellas sirven de refuerzos estructurales sin relacionarse directamente con el drama.

Como cuento, "La fiesta de las balas" luce perfección técnica. Como obra de la Revolución mexicana, capta acertadamente la crueldad bestial y épica de Rodolfo Fierro. Como obra mexicana en general, sorprende la falta de compasión por los de abajo, que se puede atribuir a la dificultad que tenían los autores con títulos profesionales para identificarse con los soldados analfabetos. A la generación siguiente le tocaba retratar al pueblo.

JORGE FERRETIS
[1902-1962]

*Mexicano. Nació en el estado de San Luis Potosí. Periodista y
político afiliado al socialismo. Diputado federal. Por siete años
desempeñó el cargo de director general de Cinematografía de
la Secretaría de Gobernación. Autor de dos novelas,* Tierra
caliente *(1935) y* Cuando engorda el Quijote *(1937); dos colecciones de novelas cortas,* El sur quema *(1937) y* San Automóvil *(1938), y dos tomos de cuentos,* Hombres en tempestad
(1941) y El coronel que asesinó un palomo *(1952). Murió
en un accidente automovilístico. Póstumamente se le publicó
en 1968 otra colección de cuentos,* Libertad obligatoria.
"Hombres en tempestad" proviene de la colección de 1941.

HOMBRES EN TEMPESTAD

Pocos árboles, grandes, quietos. Troncos oscuros como de
roca estriada.

Comienza el mundo a desteñirse con el alboreo.

Muge una vaca que no se ve, como si el mugido se diluyera
en la penumbra.

Al pie de uno de aquellos árboles tan solos, hay un bulto,
como protuberancia del tronco, más oscuro que el color de
la corteza. Pero aquel bulto es suave, tibio. Es tata José,
envuelto en su cobija de lana y encuclillado junto al tronco.
Viejo madrugador, de esos que se levantan antes que las gallinas dormilonas.

Antes de sentarse allí, junto al tronco, ya había ido a echar
rastrojos a un buey.

232

En una choza de enfrente, se comienza a ver lumbre entre los carrizos. Adivínase adentro a una mujer, sentada sobre sus talones, en el suelo. Sopla y sopla sobre los rescoldos, hasta hacer que ardan unas ramas secas que rompía con las manos.

Del mismo jacal se ve salir luego una sombra friolenta. Es el hijo de tata José.

Sale embozado en su cobija, hasta los ojos, como su padre.

Llega junto al viejo y se para, mudo, como pedazo de árbol. ¡Se entienden tan bien los hombres cuanto más poco se hablan!

Sin embargo, mucho después, el recién llegado dice:

—Anoche oyí al tío Jesús.

—Sí —contesta el bulto empotrado junto al tronco.

—Oyí que dende ajuera le pidía un güey.

—Sí —repite la voz reseca del viejo.

Tras una pausa, se oye al muchacho insistir:

—¿Y se lo emprestó?

—Pos sí, pa'que acomplete su yunta.

—¿Y'hora con qué barbechamos nosotros?

El viejo, en tono más seco aún, responde casi en son de reproche:

—Jesús 'ta muncho más atrasao que nosotros. Nu ha preparao tierras. Y yo nu iba a negarle mi güey *josco*.

Vuelven a quedar callados, como dos bloques de sombra. Y en aquellos bloques, el amanecer comienza a cincelar con luz rostros humanos, duros, quietos.

Se escucha entonces una voz de mujer. Y se dijera que tiene la virtud de animar esculturas. Una vieja fornida, asomando por el hueco de la choza, grita su conjuro: los llama a almorzar.

¡Almorzar! Los dos hombres acuden a sentarse junto a la lumbre. ¡Oh, aquellas tortillas que se inflan, una a una, sobre el comal! Blancura que se adelgaza entre las manos renegridas de la mujer, para dorarse luego sobre aquel barro quemante. Y unas tiras de carne seca, que por unos instantes se retuercen entre lo rojo de las brasas. Y unos tragos de

233

café, de ese que antes de servirle se oye burbujear en la olla. De ese que cobija a los prójimos por dentro. ¡Aaah! Tan calientito, que cuando lo sirven hace salir del jarro una neblina olorosa, calientita y cobijadora también.

Ya más claro el día, salieron los dos de aquel jacal. Ciertamente, no habían almorzado como para hartarse; pero llevaban los estómagos a medio llenar de aquella agua de café endulzada; de maíz cocido, y hebras de carne con chile. Lo suficiente para engañar a las tripas. Y hacerlas aguantar (aunque gruñeran) hasta ya caído el sol. ¡Sus tripas! Ellas bien que se daban cuenta del precio del maíz. Bien que se daban cuenta, por la parquedad o la abundancia con que la mujer les echaba tortillas.

Tata José y su muchacho no tenían premuras, y menos aquel día. ¡Claro que no hubiera sido posible negarle el *josco* al tío Jesús!

Se echaron, cada uno, un azadón al hombro, y tomaron su vereda, monte arriba.

De las lomas levantábanse vaporcitos de niebla que dejaban los cerros limpiecitos, remendados de milpas.

Sol. Mediodía. El cielo estaba caliente. Pero allá sobre la sierra del norte se amontonaba negrura. Tata José, con unos ojillos que le relumbraban entre arrugas, quedó un momento contemplando lejos aquel amontonamiento de nubes.

El hijo, mirando también, advirtió:

—¡Qué recio 'ta lloviendo allá pa'rriba!

Y siguieron azadonando terrones.

Pero sobre sus espaldas, un trueno hizo temblar los ámbitos, desdoblándose por el espacio estremecido. Si el cielo fuera de cristal azul, aquel enorme trueno lo habría estrellado. Y habría caído sobre la gente hecho trizas.

—Vámonos —dijo el tata, echándose al hombro su azadón—. Esa tempestá nos coge.

Pero el muchacho, atrás, se detuvo con un grito, señalando por una ladera, abajo, donde se contorsionaba el río:

234

—¡Mire, tata!

Los dos sintiéronse como agarrotados por la misma sospecha. Todavía no llegaba la tempestad y, sin embargo, la creciente ya los había sorprendido. Los que trabajaban al otro lado ya no podrían vadearla. ¡Y las tierras del tío Jesús estaban allá!

El viejo y su hijo bajaron al trote por las lomas. Sobre las márgenes del río, la creciente comenzaba a arrancar platanares enteros. A los árboles grandes les escarbaba entre las raíces, hasta ladearlos, entre un estrépito de quebrazón de ramas.

Lejos, al otro lado, se deducía que algunos hombres gritaban desde una lomita. Agitaban los brazos y se desgañitaban, pero los bramidos de la corriente ya no permitían oír sus voces.

El agua subía y subía. Ya hasta dos o tres jacales habían sido arrancados de las vegas.

Mujeres y gallinas, cerdos y niños, chillaban por todas partes.

Tata José y su hijo, corriendo hacia donde el río bajaba, llegaron jadeantes hasta el paralelo de las tierras del tío Jesús. Allí, las vegas estaban convertidas en inmensa y alborotada laguna.

Como a un kilómetro distinguieron al tío. Los bueyes de la yunta estaban desuncidos junto a él y miraban la inundación, medrosos. El viejo estaba inmóvil, erguido, con su larga garrocha en la mano, clavada junto a sus pies. El montículo donde estaban se iba empequeñeciendo más y más, cual si se derritiese. Inútil hasta gritar.

Enormes gotas empezaron a caer, oblicuas, desde el cielo emborronado. ¡Allí apenas empezaba a llover! ¡Y al *josco* se lo iba a llevar la corriente! ¡Su *josco!*

El tata y su muchacho emprendieron otra vez la carrera. ¡El aguacero arreciaba! A todo correr, ellos casi sentían como si las nubes los apedrearan. Eran unos gotazos tan grandes y tan fuertes que se antojaban apuntados a reventarles los

235

ojos. De repente, parecía como si en lo alto, entre chorros de agua tibia, mezclaran cubetazos de alcohol o de gasolina que se incendiasen entre la tormenta. Porque en el cielo empapado se abrían con fragor agujeros de lumbre. Carcajadas de un cielo borracho de tinieblas.

Hasta después de una hora, el chubasco amainó.

El tata y su hijo, como dos duendes desesperados, andaban todavía por el lodo de las laderas, espiando sobre las aguas. De seguro la creciente había arrastrado a su *josco*.

Cuando el cielo se apaciguó del todo, era casi de noche. Y los dos duendes angustiados abrían más grandes los ojos entre la penumbra.

—Nu hay nada, tata.

—Nu hay nada —contestó el viejo desolado, con la camisa y los calzones pegados al cuerpo, empapados en lluvia y en sudor.

Pero de pronto, entre basuras y palos que flotaban, distinguieron una forma que braceaba débilmente sobre las aguas.

—¿Será el tío?

—¡Jesúúús! —gritó el tata desde la orilla.

—¡Tííío! —asegundó el muchacho.

Braceando apenas, para no sumergirse, el tío sacudió entre las aguas la cabeza.

—¡Eeeh! —contestó con un grito apagado.

—¿'On ta'l *josco*, tío? —preguntó a grito abierto el muchacho.

—Por ai viene —respondió sacando fuerzas para gritar ahogadamente, señalando con el brazo hacia atrás.

Y agregó muy apenas:

—Aguárdenlo n'el recodo.

Padre e hijo, efectivamente, distinguieron más lejos un bulto mayor. Y con el corazón a tumbos, adivinaron que era su res.

Movidos por igual impulso, antes que pensar en tirarse al agua para ayudar al tío Jesús a ganar tierra, echaron a correr hacia el recodo.

El cielo se había limpiado. Pero la luna tardaba en encender las crestas de los montes

Y a la muy escasa luz de unas estrellas, el muchacho se tiró a la corriente, que se ensanchaba en un remedo del mar.

Braceó entre la penumbra hasta alcanzar la sombra de la res. Y nadando junto a ella, empujábala, empujábala. Había que orillarla, antes de que a ambos los sorbiese una garganta rocosa donde, a lo lejos, seguía bramando el aluvión. tormenta

Tata José, metido hasta las corvas en el agua, enronquecía entre la oscuridad, gritando a su hijo y a su *josco*.

Hacia la medianoche salió la luna. Hacia la medianoche también, el muchacho, casi desfallecido, logró empujar al buey hasta la orilla. Pero aquel lugar era rocoso, y el animal, entumido por tantas horas en el agua, no podía salir.

Entre la sombra, lejos, oíanse de vez en vez confusos gritos humanos.

Desde la orilla, el viejo se aventó como una gran rama junto al buey, que ya de entumido ni mugía. Tras el chapuzón se vio al viejo manoteando hasta asirse de las ramas de un árbol que aún estaba bien cogido con sus raíces al paredón. Y así, el cuerpo negro se anudó a las ramas, para servir de retén al animal. Aquel gran volumen negro que flotaba se habría deslizado lentamente hacia la desembocadura, si tata José no hubiera estado allí, hecho nudo, atrancándolo con los pies.

El hijo salió empapado y maltrecho, y comenzó a subir lomas. Quizá en el caserío encontrase gente que quisiera bajar en su ayuda.

Era de madrugada cuando el agua comenzó a descender. El muchacho regresó, seguido al trote por su madre y por otro hombrecito de once años al que sobraban deseos de servir, pero le faltaban fuerzas. Y entre jadeos de los cuatro, el *josco*, por fin, estuvo a salvo, aunque sin poderse tener sobre sus patas.

Allí amaneció, echado entre el lodazal, empanzonado de agua, con los ojos más tristes que el común de los bueyes y el hocico en el suelo. Ni siquiera ganas de pastura tenía. Inútil que el muchacho subiera a cortarle zacatón fresco.

Estuvo sin moverse toda la mañana, y tata José quedó cuidándole, encuclillado cerca, dolorido y quieto.

Después del mediodía, el animal, con las patas temblonas, intentó levantarse. Y el viejo suspiró con alivio.

Al tío Jesús lo encontraron hasta el atardecer, exánime, mucho más abajo. El agua lo había dejado en tierra, al bajar la corriente. De seguro peleó, braceando, hasta lo último.

Lo encontraron antes de que se hiciera duro, con el vientre crecido. Y lo empezaron a sacudir.

—Es que ha de 'ber tragado mucha agua— dijo alguien.

Y con una piedra, redonda y pesada, le comenzaron a magullar aquel abultamiento. Otros le movían los brazos, cual si trabajasen con una bomba. Otros le gritaban al oído, larga, muy largamente. Le torcían la cabeza después. Y así, a estrujones y a gritos, fue volviendo a la vida. Cuando empezó a resollar y entreabrió un ojo, se alzó de todos los circunstantes un alarido sagrado. Como si cada uno hubiese realizado, en parte, aquel milagro de resurrección.

Pasaron unos días.

Entre el caserío no acababan aún los comentarios sobre las pérdidas de cada quien: uno, su chilar; otro, tres puercos y una muchachita. El de más abajo, sus platanares llenos de racimos. Otro, su jacal y su mujer encinta. Aquél, su chivo negro. El de más allá, un jarro sin oreja, donde guardaba dineritos.

Pasaron unos días.

Una tarde vieron salir de su jacal al tío Jesús. Eran sus primeros pasos desde la noche aciaga.

Y aquellos pasos los encaminó hacia el jacal de José.

El tata salió a recibirlo.

Como si hiciera mucho tiempo que no se veían, en aquellos rostros ajados fulgía un gozo fraterno, fuerte. Sus cuatro manos se asieron en un gran saludo.

238

Luego, ambos fueron a sentarse frente a la choza, junto al árbol.

El tío Jesús había ido a darle las gracias. Se las debía, por haberle prestado su buey.

Tata José, un poco avergonzado, hubiera preferido no hablar de ello.

—Yo pensaba que 'tarías nojao —le dijo sin verle la cara.

—¿Nojao? —preguntó con extrañeza Jesús.

—Pos sí, porque yo y mi muchacho nos juimos a salvar a mi *josco* antes qui a ti…

—¡Pero hombre! —exclamó Jesús—. ¡Yo 'biera hecho lo mesmo! Como qui un cristiano no cuesta lo qui un güey. ¡Yo 'biera hecho lo mesmo!

Y en su rostro no había, en verdad, sombra alguna de reproche ni de rencor. En verdad, sólo agradecimiento llevaba para quien había sido capaz de prestarle lo que tanto apreciaba.

Sentados en la tierra, el tata y el tío enmudecieron durante mucho rato.

Las nubes, empapadas de ocaso, se quemaban. El horizonte aparatosamente ardía, pero no impresionaba a los dos viejos, por más que les llenara con su lumbre los ojos. Ellos pensaban en la gloria de tener dos bueyes. Como el tata. Ya podía morir tranquilo un viejo que no había malgastado su existencia. Que podía legar a su muchacho aquella fortuna con cuernos y con rabo.

En aquellas tierras, los hombres se mataban por cualquier cosa, a machetazos. O los fusilaban las patrullas por cualquier chisme. Por el hurto más insignificante, los ahorcaban. A una res, en cambio, no se le sacrificaba así como así. Había que pensarlo. A una res, así se pasara una noche dañando en milpa ajena, se le capturaba con miramientos. ¿Quién se ocuparía de pelear por adueñarse de un hombre? De una vaca, en cambio…

El tío Jesús, indiferente al cielo, sobre la tierra floja se volvía sociólogo.

Y decía:

—¿Sabes cómo haría yo pa'que las gentes valiéramos más?

—¿Cómo?

—Pos si yo juera'l dueño de México, mandaría qu'en los abastos se mataran gentes, y que vendieran sus carnes ¡mucho caras!, como a cinco pesos la libra, hasta que nos gustara comernos.

—¿Y eso pa'qué? —preguntó el tata, mirándolo fijamente.

—Pos ansina ¿no se te afigura que ya no se desperdiciarían gentes? ¿A que en ninguna parte has mirao que se desperdicie un chivo?

—Hombre, pos no…

Y los dos viejos quedaron nuevamente silenciosos. Parecían dos figurillas de barro seco, alumbradas por la quemazón de aquellos nubarrones, que el ocaso incineraba como andrajos de cielo.

COMENTARIO

La segunda generación de escritores de la Revolución mexicana nació entre 1895 y 1902. Eran adolescentes o menores cuando estalló la Revolución, así es que quedaron truncos sus estudios en la escuela secundaria o primaria. Igual que la generación anterior, participaron activamente en la Revolución, pero se relacionaron más con las masas. José Mancisidor (1895-1956), Gregorio López y Fuentes (1897-1966), Rafael Muñoz (1899-1971) y Jorge Ferretis (1902-1962) sienten la emoción de la Revolución mucho más que los intelectuales formados bajo el porfirismo. Describen no sólo la acción militar, sino también los efectos de la Revolución y siempre desde el punto de vista del campesino anónimo. Su prosa es rápida, vigorosa y salpicada parcamente de imágenes poéticas que no impresionan por su originalidad literaria, sino por el contraste con la narración llena de diálogo muy realista.

240

Si estos autores no produjeron obras de bastante complejidad literaria para el gusto universal, sí sobresalen por la gran sinceridad y compasión con que tratan a sus personajes anónimos. Su valor en la historia de las letras nacionales podría equipararse con el de sus contemporáneos estadunidenses, John Steinbeck (1902-1968) y Erskine Caldwell (1903).

Aunque "Hombres en tempestad" no tiene nada que ver con la Revolución armada, está íntimamente relacionado con el concepto más amplio de la Revolución: la redención del pueblo mexicano. Ferretis se esfuerza por crear un cuadro primitivo en que el campesino ni siquiera se considera a sí mismo digno de ser humano. Al principio del cuento, se da la impresión de que estamos presenciando la creación del mundo: "comienza el mundo a desteñirse con el alboreo"; el hombre es "bulto, como protuberancia del tronco"; el hijo es "como pedazo de árbol"; y ambos son "como dos bloques de sombra". La imagen del hombre-árbol vuelve a aparecer cuando salvan al buey. El ambiente del Libro del Génesis se refuerza con la inundación y la imagen final de José y Jesús: "parecían dos figurillas de barro seco". El anonimato de la mujer y del hijo, lo mismo que el préstamo fraternal del buey, también ayudan a colocarnos dentro de una época muy primitiva. En cambio, la descripción del almuerzo en la choza con sus exclamaciones y sus diminutivos tiene como propósito precisar el escenario mexicano.

El estilo de Ferretis corresponde muy bien a su tema. Para captar el efecto primitivo, hay párrafos de una sola oración y oraciones de una sola palabra. Para captar el ritmo de la tempestad, Ferretis alarga los párrafos y las oraciones por medio de la repetición ("subía y subía"; "más y más"), la enumeración ("mujeres y gallinas, cerdos y niños") y los adjetivos paralelos ("inmensa y alborotada laguna"; "inmóvil y erguido"). Termina con un gran *crescendo* producido por las imágenes de gotas-piedras, rayos-incendio de alcohol o gasolina y truenos: "carcajadas de un cielo borracho de tinieblas". Inmediatamente después se restaura el ambiente primitivo con la oración sencilla: "hasta después de una hora, el chubasco amainó". Aunque predomina el estilo sencillo, hay otras dos ocasiones en que el autor se sirve de imágenes celestiales que en conjunto refuerzan la estructura del cuento: "si el cielo fuera de cristal azul, aquel enorme trueno lo habría estrellado. Y habría caído sobre la gente hecho trizas"; y al final del cuento "aquellos nubarrones, que el ocaso incineraba como andrajos de cielo". Para intensificar la mexicanidad del cuadro, Ferretis emplea con mucho juicio el diálogo dialectal. Hay un buen equilibrio entre narración y diálogo, y éste se reserva sólo para los momentos más dramáticos.

Los autores de la segunda generación revolucionaria no pueden mantener la impersonalidad absoluta de un Martín Luis Guzmán ante la tragedia humana que sienten. Se les puede perdonar la compasión que revelan por sus personajes, pero a Ferretis hay que censurarle la falla artística de explicar lo obvio: "antes que pensar en tirarse al agua para ayudar al tío Jesús a ganar tierra". La solución, grotesca a lo Jonathan Swift, ofrecida por el tío Jesús, también debilita la obra, que se redime, en parte, por el párrafo final en su evocación de la calma primitiva de la escena inicial.

242

JOSÉ REVUELTAS
[1914-1975]

Mexicano. Nació en Durango. Su hermano Silvestre fue un famoso compositor; su hermano Fermín, pintor, y su hermana Rosaura es actriz de cine. Pasó parte de su juventud en la cárcel por sus ideas radicales. En Los muros de agua *(1941) narra su destierro en la colonia penal de las Islas Marías. Siendo periodista del diario* El Popular, *su novela* El luto humano *(1943) fue escogida para representar a México en el segundo concurso Farrar y Rinehart. Otras novelas son* Los días terrenales *(1949),* En algún valle de lágrimas *(1956),* Los motivos de Caín *(1957),* Los errores *(1964) y* El apando *(1969). Tiene tres colecciones de cuentos:* Dios en la tierra *(1944),* Dormir en tierra *(1960) y* Material de los sueños *(1974). Su encarcelamiento en 1968 por motivos políticos provocó protestas internacionales de escritores y catedráticos. El cuento que reproducimos, "Dios en la tierra", proviene de la colección de 1944.*

DIOS EN LA TIERRA

LA POBLACIÓN estaba cerrada con odio y con piedras. Cerrada completamente como si sobre sus puertas y ventanas se hubieran colocado lápidas enormes, sin dimensión de tan profundas, de tan gruesas, de tan de Dios. Jamás un empecinamiento semejante, hecho de entidades incomprensibles, inabarcables, que venían... ¿de dónde? De la Biblia, del Génesis, de las Tinieblas, antes de la luz. Las rocas se mueven, las inmensas piedras del mundo cambian de sitio, avanzan un milímetro por siglo. Pero esto no se alteraba, este odio

243

venía de lo más lejano y lo más bárbaro. Era el odio de Dios. Dios mismo estaba ahí apretando en su puño la vida, agarrando la tierra entre sus dedos gruesos, entre sus descomunales dedos de encina y de rabia. Hasta un descreído no puede dejar de pensar en Dios. Porque ¿quién si no Él? ¿Quién si no una cosa sin forma, sin principio ni fin, sin medida, puede cerrar las puertas de tal manera? Todas las puertas cerradas en nombre de Dios. Toda la locura y la terquedad del mundo en nombre de Dios. Dios de los Ejércitos; Dios de los dientes apretados; Dios fuerte y terrible, hostil y sordo, de piedra ardiendo, de sangre helada. Y eso era ahí y en todo lugar porque Él, según una vieja y enloquecedora maldición, está en todo lugar: en el siniestro silencio de la calle; en el colérico trabajo; en la sorprendida alcoba matrimonial; en los odios nupciales y en las iglesias, subiendo en anatemas por encima del pavor y de la consternación. Dios se había acumulado en las entrañas de los hombres como sólo puede acumularse la sangre, y salía en gritos, en despaciosa, cuidadosa, ordenada crueldad. En el Norte y en el Sur, inventando puntos cardinales para estar ahí, para impedir algo ahí, para negar alguna cosa con todas las fuerzas que al hombre le llegan desde los más oscuros siglos, desde la ceguedad más ciega de su historia.

¿De dónde venía esa pesadilla? ¿Cómo había nacido? Parece que los hombres habían aprendido algo inaprensible y ese algo les había tornado el cerebro cual una monstruosa bola de fuego, donde el empecinamiento estaba fijo y central, como una cuchillada. Negarse. Negarse siempre, por encima de todas las cosas, aunque se cayera el mundo, aunque de pronto el Universo se paralizase y los planetas y las estrellas se clavaran en el aire.

Los hombres entraban en sus casas con un delirio de eternidad, para no salir ya nunca, y tras de las puertas aglomeraban impenetrables cantidades de odio seco, sin saliva, donde no cabían ni un alfiler ni un gemido.

Era difícil para los soldados combatir en contra de Dios,

porque Él era invisible, invisible y presente, como una espesa capa de aire sólido o de hielo transparente o de sed líquida. ¡Y cómo son los soldados! Tienen unos rostros morenos, de tierra labrantía, tiernos, y unos gestos de niños inconscientemente crueles. Su autoridad no les viene de nada. La tomaron en préstamo quién sabe dónde y prefieren morir, como si fueran de paso por todos los lugares y les diera un poco de vergüenza todo. Llegaban a los pueblos sólo con cierto asombro, como si se hubieran echado encima todos los caminos y los trajeran ahí, en sus polainas de lona o en sus paliacates rojos, donde, mudas, aún quedaban las tortillas crujientes, como matas secas.

Los oficiales rabiaban ante el silencio; los desenfrenaba el mutismo hostil, la piedra enfrente, y tenían que ordenar, entonces, el saqueo, pues los pueblos estaban cerrados con odio, con láminas de odio, con mares petrificados. Odio y sólo odio, como montañas.

—¡Los federales! ¡Los federales!

Y a esta voz era cuando las calles de los pueblos se ordenaban de indiferencia, de obstinada frialdad y los hombres se morían provisionalmente, aguardando dentro de las casas herméticas o disparando sus carabinas desde ignorados rincones.

El oficial descendía con el rostro rojo y golpeaba con el cañón de su pistola la puerta inmóvil, bárbara.

—¡Queremos comer!

—¡Pagaremos todo!

La respuesta era un silencio duradero, donde se paseaban los años, donde las manos no alcanzaban a levantarse. Después un grito como un aullido de lobo perseguido, de fiera rabiosamente triste:

—¡Viva Cristo Rey!

Era un Rey. ¿Quién era? ¿Dónde estaba? ¿Por qué caminos espantosos? La tropa podía caminar leguas y más leguas sin detenerse. Los soldados podían comerse los unos a los otros. Dios había tapiado las casas y había quemado los campos para que no hubiese ni descanso ni abrigo, ni aliento ni semilla.

La voz era una, unánime, sin límites: "Ni agua". El agua es tierna y llena de gracia. El agua es joven y antigua. Parece una mujer lejana y primera, eternamente leal. El mundo se hizo de agua y de tierra y ambas están unidas, como si dos opuestos cielos hubiesen realizado nupcias imponderables. "Ni agua." Y del agua nace todo. Las lágrimas y el cuerpo armonioso del hombre, su corazón, su sudor. "Ni agua." Caminar sin descanso por toda la tierra, en persecución terrible y no encontrarla, no verla, no oírla, no sentir su rumor acariciante. Ver cómo el sol se despeña, cómo calienta el polvo, blando y enemigo, cómo aspira toda el agua por mandato de Dios y de ese Rey sin espinas, de ese Rey furioso, de ese inspector del odio que camina por el mundo cerrando los postigos...

¿Cuándo llegarían?

Eran aguardados con ansiedad y al mismo tiempo con un temor lleno de cólera. ¡Que vinieran! Que entraran por el pueblo con sus zapatones claveteados y con su miserable color olivo, con las cantimploras vacías y hambrientos. ¡Que entraran! Nadie haría una señal, un gesto. Para eso eran las puertas, para cerrarse. Y el pueblo, repleto de habitantes, aparecería deshabitado, como un pueblo de muertos, profundamente solo.

¿Cuándo y de qué punto aparecerían aquellos hombres de uniforme, aquellos desamparados a quienes Dios había maldecido?

Todavía lejos, allá, el teniente Medina, sobre su cabalgadura, meditaba. Sus soldados eran grises, parecían cactus crecidos en una tierra sin más vegetación. Cactus que podían estarse ahí, sin que lloviera, bajo los rayos del sol. Debían tener sed, sin embargo, porque escupían pastoso, aunque preferían tragarse la saliva, como un consuelo. Se trataba de una saliva gruesa, innoble, que ya sabía mal, que ya sabía a lengua calcinada, a trapo, a dientes sucios. ¡La sed!

Es un anhelo, como de sexo. Se siente un deseo inexpresable, un coraje y los diablos echan lumbre en el estómago y en las orejas para que todo el cuerpo arda, se consuma, reviente. El agua se convierte, entonces, en algo más grande que la mujer o que los hijos, más grande que el mundo, y nos dejaríamos cortar una mano o un pie o los testículos, por hundirnos en su claridad y respirar su frescura, aunque después muriésemos.

De pronto aquellos hombres como que detenían su marcha, ya sin deseos. Pero siempre hay algo inhumano e ilusorio que llama con quién sabe qué voces, eternamente, y no deja interrumpir nada. ¡Adelante! Y entonces la pequeña tropa aceleraba su caminar, locamente, en contra de Dios. De Dios que había tomado la forma de la sed. Dios ¡en todo lugar! Allí, entre los cactus, caliente, de fuego infernal en las entrañas, para que no lo olvidasen nunca, nunca, para siempre jamás.

Unos tambores golpeaban en la frente de Medina y bajaban a ambos lados, por las sienes, hasta los brazos y la punta de los dedos: "a...gua, a...gua, a...gua. ¿Por qué repetir esa palabra absurda? ¿Por qué también los caballos, en sus pisadas...?" Tornaba a mirar los rostros de aquellos hombres, y sólo advertía los labios cenizos y las frentes imposibles donde latía un pensamiento en forma de río, de lago, de cántaro, de pozo: agua, agua, agua. "¡Si el profesor cumple su palabra...!"

—Mi teniente... —se aproximó un sargento.

Pero no quiso continuar y nadie, en efecto, le pidió que terminara, pues era evidente la inutilidad de hacerlo.

—¡Bueno! ¿Para qué, realmente...? —confesó, soltando la risa, como si hubiera tenido gracia.

"Mi teniente." ¿Para qué? Ni modo que hicieran un hoyo en la tierra para que brotara el agua. Ni modo. "¡Oh! ¡ Si ese maldito profesor cumple su palabra...!"

—¡Romero! —gritó el teniente.

El sargento movióse apresuradamente y con alegría en

247

los ojos, pues siempre se cree que los superiores pueden hacer cosas inauditas, milagros imposibles en los momentos difíciles.

—¿…crees que el profesor…?

Toda la pequeña tropa sintió un alivio, como si viera el agua ahí enfrente, porque no podía discurrir ya, no podía pensar, no tenía en el cerebro otra cosa que la sed.

—Sí, mi teniente, él nos mandó avisar que con seguro ai'staba…

"¡Con seguro!" ¡Maldito profesor! Aunque maldito era todo: maldita el agua, la sed, la distancia, la tropa, maldito Dios y el Universo entero.

El profesor estaría, ni cerca ni lejos del pueblo para llevarlos al agua, al agua buena, a la que bebían los hijos de Dios.

¿Cuándo llegarían? ¿Cuándo y cómo? Dos entidades opuestas, enemigas, diversamente constituidas aguardaban allá: una masa nacida de la furia, horrorosamente falta de ojos, sin labios, sólo con un rostro inmutable, imperecedero, donde no había más que un golpe, un trueno, una palabra oscura, "Cristo Rey", y un hombre febril y anhelante, cuyo corazón latía sin cesar, sobresaltado, para darles agua, para darles un líquido puro, extraordinario, que bajaría por las gargantas y llegaría a las venas, alegre, estremecido y cantando.

El teniente balanceaba la cabeza mirando cómo las orejas del caballo ponían una especie de signos de admiración al paisaje seco, hostil. Signos de admiración. Sí, de admiración y de asombro, de profunda alegría, de sonoro y vital entusiasmo. Porque ¿no era aquel punto… aquél… un hombre, el profesor…? ¿No?

—¡Romero! ¡Romero! Junto al huizache… ¿distingues algo?

Entonces el grito de la tropa se dejó oír, ensordecedor, impetuoso:

—¡Jajajajay…! —y retumbó por el monte, porque aquello era el agua.

248

Una masa que de lejos parecía blanca, estaba ahí compacta, de cerca fea, brutal, porfiada como una maldición. "¡Cristo Rey!" Era otra vez Dios, cuyos brazos apretaban la tierra como dos tenazas de cólera. Dios vivo y enojado, iracundo, ciego como Él mismo, como no puede ser más que Dios, que cuando baja tiene un solo ojo en mitad de la frente, no para ver sino para arrojar rayos e incendiar, castigar, vencer.

En la periferia de la masa, entre los hombres que estaban en las casas fronteras, todavía se ignoraba qué era aquello. Voces sólo, dispares:

—¡Sí, sí, sí!

—¡No, no, no!

¡Ay de los vecinos! Aquí no había nadie ya, sino el castigo. La Ley Terrible que no perdona ni a la vigésima generación, ni a la centésima, ni al género humano. Que no perdona. Que juró vengarse. Que juró no dar punto de reposo. Que juró cerrar todas las puertas, tapiar las ventanas, oscurecer el cielo y sobre su azul de lago superior, de agua aérea, colocar un manto púrpura e impenetrable. Dios está aquí de nuevo, para que tiemblen los pecadores. Dios está defendiendo su iglesia, su gran iglesia sin agua, su iglesia de piedra, su iglesia de siglos.

En medio de la masa blanca apareció, de pronto, el punto negro de un cuerpo desmadejado, triste, perseguido. Era el profesor. Estaba ciego de angustia, loco de terror, pálido y verde en medio de la masa. De todos lados se le golpeaba, sin el menor orden o sistema, conforme el odio, espontáneo, salía.

—¡Grita viva Cristo Rey...!

Los ojos del maestro se perdían en el aire al tiempo que repetía, exhausto, la consigna:

—¡Viva Cristo Rey!

Los hombres de la periferia ya estaban enterados también. Ahora se les veía el rostro negro, de animales duros.

—¡Les dio agua a los federales, el desgraciado!

¡Agua! Aquel líquido transparente de donde se formó el mundo. ¡Agua! Nada menos que la vida.

—¡Traidor! ¡Traidor!

Para quien lo ignore, la operación, pese a todo, es bien sencilla. Brutalmente sencilla. Con un machete se puede afilar muy bien, hasta dejarla puntiaguda, completamente puntiaguda. Debe escogerse un palo resistente, que no se quiebre con el peso de un hombre, de "un cristiano", dice el pueblo. Luego se introduce y al hombre hay que tirarlo de las piernas, hacia abajo, con vigor, para que encaje bien.

De lejos el maestro parecía un espantapájaros sobre su estaca, agitándose como si lo moviera el viento, el viento, que ya corría, llevando la voz profunda, ciclópea, de Dios, que había pasado por la tierra.

COMENTARIO

El tercer grupo de escritores de la Revolución mexicana nació entre 1904 y 1914. Antes de llegar a la adolescencia, la Revolución, en sus fases armadas, se había acabado. Tranquilizado el país, pudieron dedicarse a los estudios y se formaron como escritores bajo la influencia de la literatura experimental de 1920-1929. Agustín Yáñez (1904-1985), Mauricio Magdaleno (1906) y José Revueltas (1914-1975) sienten, como sus precursores, la fuerza épica y la emoción de la Revolución y además llevan un nuevo aporte al tema. Por estar un poco alejados de la acción, pueden apreciarla más dentro de su perspectiva histórica valiéndose de los adelantos técnicos introducidos en la literatura universal, sobre todo, por James Joyce. En realidad, esta tercera generación debe clasificarse entre los cosmopolitas, pero los incluyo aquí para no romper la unidad temática.

En "Dios en la tierra", un pequeño episodio de la Guerra de los Cristeros (1926-1929) se convierte en una visión trágica del odio primitivo y eterno entre los hombres. Igual que

Ferretis en "Hombres en tempestad", Revueltas empieza su cuento con una visión cósmica. Sin embargo, por tener a la mano más recursos artísticos, no se contenta con sugerir una escena del libro del Génesis; va más allá; crea el escenario del hombre cavernario. Jamás humaniza a sus personajes. Son esculpidos en piedra, lo mismo que los aztecas pétreos del pintor José Clemente Orozco.

La trama se reduce a una lucha entre dos elementos básicos: la piedra y el agua. La piedra, que es el odio, que es la muerte, que es Dios, triunfa sobre el agua suave y amorosa que fecunda el mundo.

Para captar la fuerza de esta lucha, Revueltas maneja la prosa con gran destreza. Sus oraciones y frases tienden a ser breves y de un valor escultural: "La población estaba cerrada con odio y con piedras". A veces, toda una oración consta de una o dos palabras: "Negarse". "Ni agua". Para captar el estilo del Viejo Testamento, emplea varias oraciones que empiezan con la palabra "y". Casi nunca figuran las conjunciones subordinadoras. Esta falta de interdependencia estilística refleja los grandes muros que separan a los hombres unos de otros. Esta misma sensación se intensifica con vocablos "gigantescos": "enormes", "inmensas", "descomunales", "gruesas" y "siglos". Los elementos básicos de la lucha se destacan por su repetición: Dios, odio, piedras, puertas cerradas, agua. A veces un vocablo se repite algo transformado pero con el mismo efecto abrumador: "desde la ceguedad más ciega de su historia". Como otra especie de repetición, la mayor parte de las oraciones están construidas sobre series de dos o tres frases paralelas: "de tan profundas, de tan gruesas, de tan de Dios"; "en despaciosa, cuidadosa, ordenada crueldad"; "donde se paseaban los años, donde las manos no alcanzaban a levantarse"; "nadie haría una señal, un gesto". Escasea casi totalmente el diálogo. Las pocas palabras pronunciadas por los personajes, sean anónimos o tengan nombres sin individualizarse, quedan sin contestación para reforzar la impresión de los muros entre los hombres.

El mismo narrador se permite varias preguntas y exclamaciones retóricas (en series de dos o tres) que sirven tanto para insistir en el aislamiento del hombre como para interrumpir los trozos descriptivos.

Aunque Revueltas crea su mundo de odio con cada palabra, la estructura del cuento depende de su final. Poco a poco se procede de lo más general hasta llegar a la concentración de todo ese odio en el castigo horrible que sufre el profesor pueblerino a manos de los cristeros. Antes de llegar al desenlace, el narrador presenta a ambos grupos mediante nueve cambios de escena, sin decírnoslo. El lector tiene que participar activamente en el cuento para enterarse bien de que a veces las palabras del narrador se refieren a los cristeros y a veces a los federales. La participación del lector en el penúltimo párrafo es de gran importancia: "para quien lo ignore", "debe escogerse" y "dice el pueblo". Ahí se narra la muerte del profesor como si se estuviera dictando una clase desde un pupitre de madera. El tono poco enfático, en contraste con el tono cósmico de todo el cuento, produce el efecto deseado: un horror inolvidable.

La obsesión de los narradores mexicanos con el tema revolucionario siguió hasta mediados de la década de los sesenta. Mientras las décadas de los veinte, los treinta y los cuarenta fueron dominadas respectivamente por las tres generaciones ya estudiadas, la década de los cincuenta fue dominada por la cuarta generación, la de Juan Rulfo (1918-1986), y la década de los sesenta fue dominada por la quinta generación, la de Carlos Fuentes (1928). Sólo fue con la aparición hacia 1965 de la muy precoz sexta generación encabezada por Gustavo Sainz (1940) y José Agustín (1944) cuando se rompió la hegemonía del tema revolucionario.

JOAQUÍN GALLEGOS LARA
[1911-1947]

Ecuatoriano. Nació en Guayaquil y perteneció al grupo litera-
rio de esa ciudad, que incluía a José de la Cuadra, Alfredo
Pareja Díez-Canseco, Aguilera Malta y Gil Gilbert. Autodi-
dacto. Erudito en antigüedades clásicas. Periodista. Planeó
varias novelas, pero sólo logró publicar Las cruces sobre el
agua *(1946). Un cuento suelto, "La última erranza" (1947),*
salió en la colección "Lunes" de México. "¡Era la mama!" se
publicó en 1930 en la famosa antología de Gallegos Lara,
Aguilera Malta y Gil Gilbert Los que se van.

¡ERA LA MAMA!

I

NO SUPO cuántas cuadras había corrido. A pie. Metiéndose en
los brusqueros. Dejando tiras de carne en los grises y mortales zapanes de las alambradas.

—¡Para, negro maldecido!

—Dale vos la vuerta por ahi.

—Ha sido ni venao er moreno.

Jadeaba y sudaba frío. Oía tras él los pasos. Y el casco
bronco del caballo del capitán retumbaba en el muelle piso
del potrero.

—Aquí sí que…

El viento se llevaba las palabras. Al final del potrero había una mancha de arbolillos. Podría esconderse. ¡Aunque
eran tan ralas las chilcas y tan sin hojas los guarumos!

253

—Ris… Ris…

En las orejas se le reían los balazos. Y el golpe de la detonación de los "mánglicher" le llegaba al pecho: porque eran rurales.

Más allá de los árboles sonaba el río. Gritaban unos patillos.

—Er que juye vive…

¿Se estaban burlando de él?

—En los alambres me cogen…

El puyón del viento le zumbaba en las orejas.

—Masque deje medio pellejo yo paso…

Metió la cabeza entre los hilos de púas. Una le rasgó la oreja. Las separó cortándose los dedos. Le chorreaba tibia la sangre por las patillas, por las sienes. Se le escapó el hilo de arriba cerrando la cerca sobre él. De un tirón pasó el torso dibujándose una atarraya de arañazos en las espaldas negras.

—Deje er caballo pa pasar—advertían atrás al montado. Una patada en las nalgas lo acabó de hacer pasar la cerca. Se fue de cara en la hierba.

—¡Ah! Hijo de una perra…

Esta vez la bota del rural le sonó como un campanillazo al patearlo en la oreja. En la ya rasgada.

Se irguió de rodillas. La culata del rifle le dio de lleno en el pecho. Las patadas lo tundían.

—Ajá, yastás arreglao…

Pero era un mogote el negro. Rugía como toro empialado. Y se agarró a las piernas del otro fracasándolo de espaldas. Quiso alzarse y patear también. Veía turbio.

Se culebreó sobre el caído. Forcejeaban sordamente.

—Ajá.

Lo tenía. Le había metido los dedos en la boca. El otro quería morder. El negro le hundía las manos abriéndole la boca sin sentir el dolor de los dientes. Y súbito tiró. Las mejillas del rural le dieron un escalofrío al rasgarse. Chillaron como el ruán que rasgan las mujeres cosiendo. Al retirar las manos sangrientas oyó que la voz se le iba.

No tenía boca. Raigones negruzcos de muelas y de dien-

254

tes reían. Se llevaba las manos a la cara recogiendo las piltrafas desgajadas.

—¡Ah! Hijo de una perra...

De todos lados las culatas y las botas le llovían golpes. Giró el negro los ojos blanqueantes. Agitó la bemba. Quería hablar. Los miró a todos en torno allí de rodillas Recordó que todo había sido por el capitán borracho y belicoso. Se cubrió la cara con el brazo y cayó otra vez.

—¡Ah! ¡Mardecido!

—Lo ha fregao a Rangel...

—Démosle duro.

—¡Negro mardito!

Bailaban sobre el cadáver.

II

—Hei, señora.

Del interior de la casa respondían. Se oían pasos.

—A ver... ¿Qué jue?

—Una posadita...

—¿Son rurales?

—Sí. ¿Y qué?

—Bueno, dentren nomás.

Brilló un candil sobre la cabeza de la vieja negra. El grupo kaki claro al pie de la casucha semejaba una hoja de maíz entreabierta. Hablaban entre ellos:

—Déjenlo áhi guardao adebajo er piso.

—Era de habeslo enterrao allá mesmo todoi... Onde cayó.

—Mañana lo enterramo. Anden. Cuidao se asusta la vieja.

Subieron ruidosamente. El cuerpo del negro muerto a patadas hizo una pirueta y cayó montado en el filo de los guacayes horizontales del chiquero. Bajo el piso.

Apoyaban los rifles cañón arriba en las paredes. El capitán se sentó en la hamaca. Ya se le había pasado la borrachera que lo hizo disputar con el negro. Los otros se acomodaban en bateas boca abajo. En el baúl. Donde pudieron.

—¿Han comido?

—Ya, señora.

—Pero argo caliente. ¿Un matecito e café puro con verde asao?

—Si usté es tan güena...

—Petitaa... ¿Ta apagao er fogón?

Del cuarto interior salió la muchacha.

—No tuavía, mama.

—Entonces vamo a'sar unos verdes y un poquito e café puro pa los señores...

La muchacha había hecho encenderse los pai-pais de los ojos del capitán.

—Oye *Pata e venao,* trai la damajuanita e mayorca. Pa ponesle un poquito en er café puro e la señora y de usté también, niña... niña Petita ¿no? No pensaba habesme encontrao po aquí con una flor de güenas tarde como ella...

Petita reía elevando el traje rosado con la loma de su pecho duro, al respirar. E iba y venía con un ritmo en las caderas que enloquecía al rural.

Después del café puro hubieran conversado un rato con gusto. La vieja negra cortó:

—La conversa ta mui güena... pero ustedes dispensarán que nos vayamos pa adentro a acostarno yo y mi hija... Tenemo que madrugás... Porque tarbés amanezca aquí mijo que llega e Manabí mañana... Ahi les dejo er candil.

La puerta de ocre oscuro, de viejas guaduas latilladas, se cerró. Sus bisagras de veta de novillo chirriaron. Los rurales la miraban con ojos malos. El capitán los detuvo con el planazo de su mirada:

—Naiden se meta... La fruta es pa mí. Y pa mí solo ta que se cai de la mata...

Ella le había guiñado el ojo. Apagó el candil. Por la caña rala de las paredes salían ovillos de amarillenta claridad. Pegó la frente febril a las rendijas frías.

—Se está esvistiendo...

Miraba, tendida atrás la mano deteniendo a los otros. Cruzó

en camisón la vieja hasta la ventana con un mate en la mano. A verterlo afuera. Y ágil metió por la puerta entornada la cabeza el hombre. Una seña violenta y breve: vendré. Espérame. La Petita apretó púdica el camisón, medio descubierto, contra el seno. Sonrió: sí.

La vieja, sin darse cuenta de nada, se metió bajo el toldo colorado de la talanquera del frente. Apagando su candil.

Una hora más tarde crujía la puerta.

Y crujía la talanquera de Petita.

La vieja roncaba. Los rurales soñaban en la cuadrita con la suerte de su jefe.

III

—Señora, muchísimas gracias. ¡Y nos vamo que hai que hacer en er día!

Petita se sonreía con el capitán a espaldas de la vieja. Uno dijo:

—¿La joven es casada u sortera?

—Ta separada el esposo —aclaró la madre.

—Y, una cosa señora pa saber a quién agradecerle, ¿cómo es su gracia?

—Panchita e Llorel.

Petita ve al herido —al de la cara desgarrada en la lucha de ayer— y pregunta:

—¿Qué jue eso, capitán?... Como anoche no lei visto...

—Jue antier una pelea...

—¡Pero qué bruto er que se lo hizo! Sería con navaja...

—No, con los dedos...

—¡Jesús! Lo han dejao guaco pa toda su vida...

Bajaron. Ya era claro. La manga húmeda brillaba como si hubiera llovido del sereno. Cantaban caciques en los ciruelos de las cercas.

Las dos mujeres empezaban sus quehaceres. A Petita le dolían las caderas: ¡es que tres veces!...

257

—Oite Petita… Baja a ver ar chancho que ha estao moviéndose y como hozando toda la noche…

Bajó Petita y la oyó gritar la madre:

—Mama, mama, estos marvaos le han echao un muerto ar chancho… Venga… Eso es lo que ha estao comiendo toda la santa noche… ¡Jesús! ¡San Jacinto lindo! Venga.

—¡Al fin rurales! Son la plaga: con razón nuei dormido naditita: y antes que no han querido argo pior con vos…

Acudió. Como cluecas rodearon el chiquero. No sabían de dónde empuñar el cuerpo mancornado con la cara sumergida en el lodo. Comido por el cuello. Por el pecho. Descubiertas las costillas.

—¡Pero qué mardecidos!… De adeveras: ar fin rurales… ¿Y quién será er pobre hombre este?

Por un brazo lo pudieron alzar. La camiseta tenía mucha sangre. Pero el pantalón ¿lo conocían? Con un canto de la falda limpió Petita el prieto embarrado hediendo de la cara. El cuerpo descansaba a medias en la vieja, a medias en el filo del chiquero.

Fue un grito corto el de Petita:

—¡Ay mama! Si es Ranulfo, mi ñaño…

La vieja no dijo nada. Su cara negra —arrugada como el tronco leñoso de un níspero— se hizo ceniza, ceniza.

A Petita le dolían los besos del rural —los besos de la noche oscura— como si hubieran sido bofetadas…

COMENTARIO

En 1930, la publicación de *Los que se van* produjo en Ecuador un escándalo literario que después tuvo repercusiones continentales. Los autores de este tomo de cuentos eran tres jóvenes: Demetrio Aguilera Malta, que a la sazón tenía 21 años; Joaquín Gallegos Lara, 19, y Enrique Gil Gilbert, 18.

Los que se van refleja el espíritu proletario que imperaba entre los intelectuales del mundo entre 1929 y 1939. Con este libro, ya no hay temas prohibidos para la literatura. Los personajes son los cholos más pobres cuya vida peligra constantemente no sólo por los abusos de la sociedad, sino también por la violencia de su apetito sexual. Las transcripciones fonéticas de su dialecto son las más atrevidas que existen en la literatura hispanoamericana. No obstante los elementos crudos de estas obras, los tres ecuatorianos hacen gala de una maestría técnica que les ha ganado un nicho seguro en la cuentística hispanoamericana.

De los tres autores de *Los que se van*, Gallegos Lara es el más proletario. Aunque a primera vista parece descuidar el arte en favor de la protesta social, "¡Era la mama!" impresiona precisamente por la forma artística con que el autor reviste su tema tan cruel. Dividido en tres escenas, el cuento luce una gran unidad. Además de la trama y el tono violento, el autor refuerza discretamente la estructura del cuento con detalles que ligan las tres escenas. Casi al final de la primera escena, el negro recuerda que su persecución se debe al "capitán borracho y belicoso". Después de la muerte del negro, la escena cambia al interior de la casa, donde al capitán "ya se le había pasado la borrachera que lo hizo disputar con el negro". Al no entrar en más detalles, el autor demuestra que lo que más le preocupa es la sociedad que permite el asesinato cruel de un hombre por un motivo insignificante. La despedida de los rurales en la última escena trae recuerdos de la primera cuando Petita se horroriza irónicamente ante la víctima de su hermano. El lector comparte la sorpresa de las dos mujeres ante el descubrimiento de la identidad del cadáver, aunque en la segunda escena hay una leve insinuación del desenlace cuando la señora dice que llegará su hijo al día siguiente.

La violencia del cuento depende tanto de los hechos como del estilo. Abunda el diálogo muy rápido; casi todas las oraciones son de pocas palabras —en la primera escena, hay 20 oraciones de seis palabras o menos—; y los sonidos del cuento constituyen un fondo musical muy apropiado para el tema: "pasos de soldados… casco del caballo… el viento… los balazos… sonaba el río… gritaban unos patillos… las patadas… rugía… crujía la puerta… la vieja roncaba". En contraste con los sonidos, escasean los colores. Sólo hay unas cuantas alusiones a lo negro. Por eso sobresale tanto el penúltimo párrafo: "La vieja no dijo nada. Su cara negra…, arrugada como el tronco leñoso de un níspero… se hizo ceniza, ceniza". El silencio después de tanto ruido, el cambio de color después de tanta oscuridad y la prolongación de la oración por el símil muy acertado después de tantas oraciones breves, todo contribuye a dar bastante peso a este momento de ternura con la intención de contrarrestar los efectos de todo lo anterior. Teniendo en cuenta la importancia de la mamá —recuérdese el título del cuento— la alusión a la hermana en el párrafo que sigue, con su insistencia en los sonidos y la oscuridad, debilita el fin del cuento.

DEMETRIO AGUILERA MALTA
[1909-1981]

*Ecuatoriano. Nació en Guayaquil. De profesor de colegio
llegó a ser subsecretario de Educación Pública. Sus cuentos
en* Los que se van *y sus novelas* Don Goyo *(1933) y* La isla
virgen *(1942) transcurren en la región limitada de la desembocadura del río Guayas. Sus otras novelas, de menor valor
literario, tienen un escenario más exótico:* Canal Zone *(1935),*
Madrid *(1939) y* Una cruz en la Sierra Maestra *(1961). En
1964 comenzó a publicar una serie de novelas históricas con
el título "galdosiano" de* Episodios Americanos. *Hasta la
fecha han salido tomos sobre Bolívar (1964), Francisco de
Orellana (1964) y Vasco Núñez de Balboa (1965). Se le considera el mejor dramaturgo de su país con obras como* Lázaro
(1941), Dientes blancos *(1955),* El tigre *(1957) e* Infierno negro *(1967). Radicó durante varios años en México. Profesor visitante en Scripps College (1968) y en la Universidad de
California, Irvine (1970). Representante de los autores sud-
americanos en la directiva de la Comunidad Latinoamericana de Escritores. Sus últimas novelas,* Siete lunas y siete ser-
pientes *(1970),* El secuestro del general *(1973) y* Réquiem
para el diablo *(1978), revelan su incorporación en la nueva
narrativa hispanoamericana por el uso de las nuevas técnicas
experimentales. "El cholo que se vengó" fue escrito en 1928
pero no se publicó hasta 1930 cuando se incluyó, junto con
otros cuentos de cholos, en* Los que se van. *En 1980, Aguilera Malta fue nombrado embajador de Ecuador en México.*

EL CHOLO QUE SE VENGÓ

—Tei amao como naide ¿sabés vos? Por ti mei hecho marinero y hei viajao por otras tierras… Por ti hei estao a punto e ser criminal y hasta hei abandonado a mi pobre vieja: por ti que me habís engañao y te habís burlao e mí… Pero mei venga: todo lo que te pasó ya lo sabía yo desde antes. ¡Por eso te dejé ir con ese borracho que hoi te alimenta con golpes a vos y a tus hijos!

La playa se cubría de espuma. Allí el mar azotaba con furor, y las olas enormes caían, como peces multicolores, sobre las piedras. Andrea lo escuchaba en silencio.

—Si hubiera sido otro… ¡Ah!… Lo hubiera desafiao ar machete a Andrés y lo hubiera matao. Pero no. Ér no tenía la curpa. La única curpable eras vos, que me habías engañao. Y tú eras la única que debía sufrir así como hei sufrío yo…

Una ola como "raya" inmensa y transparente cayó a sus pies interrumpiéndole. El mar lanzaba gritos ensordecedores. Para oír a Melquíades, ella había tenido que acercársele mucho. Por otra parte, el frío…

—¿Te acordás de cómo pasó? Yo, lo mesmo que si juera ayer. Tábamos chicos; nos habíamos criao juntitos. Tenía que ser lo que jue. ¿Te acordás? Nos palabriamos, nos íbamos a casar… De repente me llaman pa trabajá en la barsa e don Guayamabe. Y yo, que quería plata, me jui. Tú hasta lloraste creo. Pasó un mes. Yo andaba po er Guayas, con una madera, contento e regresar pronto… Y entonces me lo dijo er Badulaque: vos te habías largao con Andrés. No se sabía nada e ti. ¿Te acordás?

El frío era más fuerte. La tarde más oscura. El mar empezaba a calmarse. Las olas llegaban a desmayar suavemente en la orilla. A lo lejos asomaba una vela de balandra.

—Sentí pena y coraje. Hubiera querido matarlo a ér. Pero después vi que lo mejor era vengarme: yo conocía a Andrés. Sabía que con ér sólo te esperaban er palo y la miseria. Así que ér sería mejor quien me vengaría… ¿Después?

Hei trabajao mucho, muchísimo. Nuei querido saber más de vos. Hei visitao muchas ciudades; hei conocío muchas mujeres. Sólo hace un mes me ije: ¡andá a ver tu obra!

El sol se ocultaba tras los manglares verdinegros. Sus rayos fantásticos danzaban sobre el cuerpo de la chola dándole colores raros. Las piernas parecían coger vida. El mar se dijera una llanura de flores policromas.

—Tei hallao cambiada ¿sabés vos? Estás fea; estás flaca; andás sucia. Ya no vales pa nada. Sólo tienes que sufrir viendo cómo te hubiera ido conmigo y cómo estás ahora ¿sabés vos? Y anda vete que ya tu marido ha destar esperando la merienda, anda vete que sinó tendrás hoi una paliza…

La vela de la balandra crecía. Unos alcatraces cruzaban lentamente por el cielo. El mar estaba tranquilo y callado y una sonrisa extraña plegaba los labios del cholo que se vengó.

COMENTARIO

Aguilera Malta también escribe sobre cholos incultos, el sexo primitivo y la violencia, pero ¡qué diferencia entre este cuento y "¡Era la mama!" De las dos personas que están presentes sólo habla el hombre. Por medio de su monólogo nos enteramos de la gran desilusión sufrida tanto por el hombre traicionado como por la mujer. A medida que se va completando el cuadro, crece el suspenso. A pesar de que el título se explica en el primer párrafo, queda la amenaza de la violencia. Por eso, a pesar de que el final concuerda completamente con todo el cuento, no deja de sorprender.

Aguilera Malta embellece esta escena de la vida chola alternando las descripciones del mar con el monólogo. Esas descripciones tienen una función múltiple. El furor del mar refleja las emociones del hombre igual que la calma que sigue. La presencia del mar sugiere el sexo en su sentido más primitivo y da más universalidad al cuento. Melquíades y

Andrea, por medio del mar, dejan de ser cholos y se convierten en *un* hombre y *una* mujer. Al mismo tiempo que la actuación del mar refleja las emociones del hombre, el lenguaje poético de las descripciones hace contraste con su habla realista. Los distintos juegos de luz y sonido crean una serie de cinco cuadros plásticos que podrían ser interpretados a las mil maravillas por una orquesta sinfónica.

De los tres autores de *Los que se van*, Aguilera Malta es el artista más plástico. El hecho de ser dramaturgo también explica la paradoja de este cuento: la gran fuerza dramática de una escena exenta de acción.

ENRIQUE GIL GILBERT
[1912-1973]

Ecuatoriano. Nació en Guayaquil. Profesor de historia en la Universidad de Guayaquil y profesor de castellano y de literatura en el Colegio Nacional Vicente Rocafuerte. Además de los cuentos de Los que se van, *publicó otros dos tomos de cuentos,* Yunga *(1933) y* Los relatos de Emmanuel *(1939), y una novela,* Nuestro pan *(1942), que ganó el segundo premio del primer concurso Farrar y Rinehart. Militante durante muchos años en el Partido Comunista de su país, dejó de cultivar la literatura y se dedicó al panfletismo. "El malo" proviene de* Los que se van.

EL MALO

> *Duérmase niñito,*
> *duérmase por Dios*
> *duérmase niñito*
> *que allí viene el cuco,*
> *¡ahahá! ¡ahahá!*

Y LEOPOLDO elevaba su destemplada voz meciéndose a todo vuelo en la hamaca, tratando de arrullar a su hermanito menor.

—¡Er moro!

Así lo llamaban porque hasta muy crecido había estado sin recibir las aguas bautismales.

—¡Er moro! ¡Jesú, qué malo ha de ser!

—¿Y nuá venío tuabía la mala pájara a gritajle?

—Iz que cuando uno es moro la mala pájara pare...

—No: le saca los ojitos ar moro.

San José y la virgen
fueron a Belén
a adorar al niño
y a Jesús también.
María lavaba,
San José tendía
los ricos pañales
que el niño tenía,
¡ahahá! ¡Jahahá!

Y seguía meciendo. El cuerpo medio torcido, más elevada una pierna que otra, sólo la más prolongada servía de palanca mecedora. En los labios un pedazo de res: el "rompe camisa".

Más sucio y andrajoso que un mendigo, hacía exclamar a su madre:

—¡Si ya nuai vida con este demonio! ¡Vea: si nuace un ratito que lo hei bestío y ya anda como de un mes!

Pero él era impasible. Travieso y malcriado por instinto. Vivo; tal vez demasiado vivo.

Sus pillerías eran porque sí. Porque se le antojaba hacerlo.

Ahora su papá y su mamá se habían ido al desmonte. Tenía que cocinar. Cuidar a su hermanito. Hacerlo dormir, y cuando ya esté dormido, ir llevando la comida a sus taitas. Y lo más probable era que recibiera su cueriza.

Sabía sin duda lo que le esperaba. Pero aunque ya el sol "estaba bastante paradito", no se preocupaba de poner las ollas en el fogón. Tenía su cueriza segura. Pero ¡bah!

¿Qué era jugar un ratito?... Si le pegaban le dolería un ratito y... ¡nada más! Con sobarse contra el suelo, sobre la yerba de la virgen...

Y viendo que el pequeño no se dormía se agachó; se agachó hasta casi tocarle la nariz contra la de él.

El bebé, espantado, saltó, agitó las manecitas. Hizo un gesto que lo afeaba y quiso llorar.

—¡Duérmete! —ordenó.

Pero el muy sinvergüenza en lugar de dormirse se puso a llorar.

—Vea ñañito: ¡duérmase que tengo que cocinar!

Y empleaba todas las razones más convincentes que hallaba al alcance de su mentalidad infantil.

El bebé no hacía caso.

Recurrió entonces a los métodos violentos.

—¿No quieres dormirte? ¡Ahora verás!

Cogiólo por los hombritos y lo sacudió.

—¡Si no te duermes verás!

Y más y más lo sacudía. Pero el bebé gritaba y gritaba sin dormirse.

—¡Agú! ¡Agú! ¡Agú!

—Parece pito, de esos pitos que hacen con cacho e toro y ombligo de argarrobo.

Y le parecía bonita la destemplada y nada simpática musiquita.

¡Vaya! Qué gracioso resultaba el muchachito, así, moradito, contrayendo los bracitos y las piernitas para llorar.

—¡Ji, ji, ji! ¡Cómo si ase! ¡Ji, ji, ji!

Si él hubiera tenido senos como su mamá, ya no lloraría el chico, pero… ¿Por qué no tendría él?…

…Y él sería cuando grande como su papá…

Iría…

—¡Agú! ¡Agú! ¡Agú!

¡Carambas, si todavía lloraba su ñaño!

Lo bajó de la hamaca.

—¡Leopordo!

—Mande.

—¿Nuás visto mi gallina fina?

—¡Yo no hei visto nada!

Y la Chepa se alejaba murmurando:

—¡Si es malo-malo-malo como er mesmo malo!

¡Vieja majadera! Venir a buscar gallinas cuando él tenía que hacer dormir a su ñaño y cocinar… Y ya el sol "estaba más paradito que endenantes".

¡Qué gritón el muchacho! Ya no le gustaba la musiquita.

Y se puso a saltar alrededor de la criatura. Saltaba. Saltaba. Saltaba.

Y los ocho años que llevaba de vida se alegraron como nunca se habían alegrado.

Si había conseguido hacerlo callar, lo que pocas veces conseguía…

Y más todavía, se reía con él… ¡Con él que nadie se reía!

Por eso tal vez era malo.

¿Malo? ¿Y qué sería eso? A los que les grita la lechuza antes de que los lleven a la pila, son malos… ¡Y a él dizque le había gritado!

Pero nadie se reía con él.

—No te ajuntes con er Leopordo —había oído que le decían a los otros chicos—. ¡No te ajuntes con ése ques malo!

Y ahora le había sonreído su hermanito. ¡Y dizque los chiquitos son angelitos!

—¡Güio! ¡Güio!

Y saltaba y más saltaba a su alrededor.

De repente se paró.

—¡Ay!

Lloró. Agitó las manos. Lo mismo había hecho el chiquito.

—¿Y de ónde cayó er machete?

Tornaba los ojos de uno a otro lado.

—Pero ¿de ónde caería? ¿No sería er diablo?

Y se asustó. El diablo debía estar en el cuarto.

—¡Uy!

Sus ojos se abrieron mucho… mucho… mucho…

Tanto que de tan abiertos se le cerraron. ¡Le entró tanto frío en los ojos! Y por los ojos le pasó al alma.

El chiquito en el suelo… y él viendo: sobre los pañalitos… una mancha como de fresco de pitahaya… no… si era… como de tinta de mangle… y salía y salía… ¡qué colorada!

Pero ya no lloraba.

—¡Ñañito!

268

No, ya no lloraba. ¿Qué le había pasado? Pero ¿de dónde cayó el machete? ¡El diablo!

Y asustado salió. Se detuvo apenas dejó el último escalón de la escalera. ¿Y si su mamá le pegaba? ¡Como siempre le pegaban…!

Volvió a subir… Otra vez estaba llorando el chiquito… ¡Sí! Sí estaba llorando… ¡Pero cómo lloraba! ¡Si casi no se le oía!

—¡Oi! ¡Cómo se ha manchao! ¡Y qué colorao! ¡Qué colorao questá! ¡Si toíto se ha embarrao!

Fue a deshacerle el bulluco de pañales. Con las puntas del índice y del pulgar los cogía: ¡tanto miedo le daban!

Eso que le salía era como la sangre que le salía a él cuando se cortaba los dedos mientras hacía canoítas de palo de balsa.

Eso que le salía era sangre.

—¿Cómo caería er machete?

Allí estaba el diablo…

El diablo. El diablo. El diablo.

Y bajó. No bajó. Se encontró sin saber cómo, abajo. Corrió en dirección "al trabajo" de su papá.

—¡Yo no hei sío! Yo no hei sío.

Y corría.

Lo vio pasar todo el mundo.

Los hijos de la Chepa. Los de la Meche. Los de la Victoria. Los de la Carmen. Y todos se apartaban.

—¡Er malo!

Y se quitaban.

—¿Lo ves cómo llora y cómo habla? ¡Se ha gorbido loco! ¡No se ajunten con él que la lechuza le ha gritao!

Pero él no los veía.

El diablo… su hermanito… ¿cómo fue? El diablo… El malo… El… ¡El que le decían el malo!

—¡Yo no jui! ¡Yo no jui! ¡Si yo no sé!

Llegó. Los vio de lejos. Si les decía le pegaban… No: él les decía…

Y avanzó:

—¡Mama! ¡Taita!

—¿Qué quieres vos aquí? ¿No te dejé cuidando ar chico?

Y lloró asustado. Y vio:

El diablo.

Su hermanito.

El machete.

—Si yo no jui... ¡Solito no más se cayó! ¡Er diablo!

—¿Qué ha pasado?

—En la barriguita... ¡pero yo no jui! ¡Si cayó solito! ¡Naiden lo atacó! ¡Yo no jui!

Ellos adivinaron.

¡Y corrieron! Él asustado. Ella llorosa y atrás. ¡Leopoldo con un espanto más grande que la alegría de cuando su hermanito le sonrió!

Para todos pasó como algo inusitado ver corriendo como locos a toda la familia.

Algunos se reían. Otros se asustaban. Otros quedaban indiferentes.

Los muchachos se acercaban y preguntaban:

—¿Qué ha pasao?

Hablaban por primera vez en su vida al malo.

—¡Yo nuei sío! ¡Jue er diablo!

Y se apartaban de él.

¡Lo que decía!

Y subieron todos y todos vieron y ninguno creyó en lo que veía. Sólo él —el malo— asustado, tan asustado que no hablaba —cosa rara en él—, desgreñado, sucio, hediondo a sudor, miraba y estaba convencido de que era cierto lo que veían.

Y sus ojos interrogaban a todos los rincones. Creía ver al diablo.

La madre lloró.

Al quitarle los pañales vio con los ojos enturbiados por el llanto lo que no hubiera querido ver...

Pero ¿quién había sido?

270

Juan, el padre, explicó: como de costumbre él había dejado el machete entre las cañas... él, nadie más que él, tenía la culpa.

No. Ellos no lo creían. Había sido el malo. Ellos lo acusaban.

Leopoldo llorando imploraba:

—¡Si yo no jui! Jue er diablo.

—¡Er diablo eres vos!

—¡Yo soy Leopordo!

—Tu taita ej er diablo, no don Juan.

—Mentira—gritó la madre ofendida.

Y la vieja Victoria, bruja y curandera, arguyó con su voz cascada:

—¡Nuasido otro quer Leopordo, porque ér ej er malo! ¡Y naiden más quer tiene que haber sido!

Leopoldo como última protesta:

—¡Yo soy hijo e mi taita!

Todos hacían cruces.

Había sido el malo. Tenía que ser. Ya había comenzado. Después mataría más.

—¡Hay que decirle ar Político er pueblo!

Se alejaban del malo. Entonces él sintió repulsión de ellos. Fue la primera vez que odió.

Y cuando todos los curiosos se fueron y quedaron solos los cuatro, María, la madre, lloró. Mientras, Juan se restregaba una mano con otra y las lágrimas rodaban por sus mejillas.

María vio al muerto... ¡Malo, Leopoldo, malo! ¡Mató a su hermanito, malo! Pero ahora vendría el Político y se lo llevaría preso... Pobrecito. ¿Cómo lo tratarían? Mal porque era malo. Y con lo brutos que eran los de la rural. ¡Pero había matado a su hermanito! Malo, Leopoldo, malo... Lo miró. Los ojos llorosos de Leopoldo se encontraron suplicantes con los de ella.

—¡Yo no hei sío, mama!

La vieja Victoria subió refunfuñando:

—¡Si es ques malo de nación: es ér, er malo, naiden más que ér!

271

María abrazó a su hijo muerto… ¿Y el otro? ¿El Leopoldo?… ¡No, no podía ser!

Corrió, lo abrazó y lo llevó junto al cadáver. Y allí abrazó a su hijo muerto y al vivo.

—¡Mijito! ¡Pobrecito!

—Le gritó la lechuza…

El machete viejo, carcomido, manchado a partes de sangre, a partes oxidado, negro, a partes plateado, por no sé qué misterio de luz, parecía reírse.

—¡Es malo, malo Leopoldo!

COMENTARIO

En este cuento, como en "¡Era la mama!", no se ve la mano del artista. La acción se desarrolla mediante el diálogo y los pensamientos de los personajes. La unidad se deriva de la presentación parcial de los personajes y de la trama. El lector tiene que participar activamente en el proceso creativo. En "El malo", el detalle importante de la edad de Leopoldo no se revela hasta casi el fin del primer tercio del cuento y entonces, de una manera poco categórica. La muerte del hermanito impresiona porque la vemos por los ojos de Leopoldo y, como él, tardamos en darnos cuenta exacta de lo que pasó.

"El malo" se distingue de los cuentos anteriores de *Los que se van* por su gran penetración psicológica y por su construcción más compleja. Dividiendo el cuento en tres escenas, se puede comprender el doble propósito del autor: el captar directamente los pensamientos y las emociones de un niño de ocho años y el presentar la fuerza de la opinión pública. En la primera escena, que acaba con la muerte, predomina el mundo interior de Leopoldo, cuyas divagaciones alternan con sus esfuerzos para hacer dormir al chiquito. El tema de los vecinos se insinúa levemente en los recuerdos de Leopoldo y en la entrada inesperada de la Chepa. En la segunda escena, que consta de las dos carreras, el autor funde con gran talento los dos temas. El muchacho aterrorizado pasa volando por entre los comentarios de todos los vecinos. Si se apartan para dejarlo pasar en la primera mitad de la carrera, lo acosan despiadadamente cuando vuelve. "Y subieron todos y todos vieron y ninguno creyó en lo que veía." En la tercera escena, igual que en el tercer acto de algunos dramas del Siglo de Oro *(v. gr. El alcalde de Zalamea* de Calderón de la Barca), el tema principal de comienzos de la obra se opaca mientras el tema secundario se convierte en el principal. Ante los dardos constantes de los vecinos, Leopoldo se calla. La explicación lógica de Juan también cede ante el fanatismo de los vecinos; y para colmo, hasta el amor materno vacila ante la presión pública. Al comienzo del cuento, Leopoldo recuerda cómo también su madre lo llamaba "demonio". Sin embargo, en el momento supremo, acude desesperadamente a la comprensión de su madre. Ella responde abrazándolo, pero ahí no termina el cuento. Todavía faltan los dos comentarios anónimos que, sin que el autor nos lo diga, ponen en duda el amor materno. La oración dedicada a la sonrisa diabólica del machete separa los dos comentarios y les da más relieve.

En fin, el terror delirante y la impotencia angustiosa de Leopoldo se crean con tanta destreza que "El malo" tiene que figurar como una de las obras maestras del cuento hispanoamericano.

SALVADOR SALAZAR ARRUÉ (SALARRUÉ)
[1899-1975]

Salvadoreño. Nació en Sonsonate, de familia acomodada. Su padre era profesor; su madre escribía versos y traducía cuentos del francés. Salarrué estudió arte en El Salvador y en los Estados Unidos. Fue profesor y director del periódico Patria *(1925-1935) y de la revista* Ámatl *(1939-1940). Durante varios años fue agregado cultural de El Salvador en Washington. Es el literato salvadoreño más conocido dentro y fuera de su país tanto por su fecundidad como por la calidad y variedad de sus obras. En éstas se revelan dos tendencias, la regional y la universal (fantástica, exótica, espiritualista):* El Cristo negro *(1926),* El señor de la burbuja *(1927),* O-Yarkandal *(1929),* Remontando el Uluán *(1932),* Cuentos de barro *(1933),* Eso y más *(1940),* Cuentos de cipotes *(1945),* Trasmallo *(1954),* La espada y otras narraciones *(1960),* Íngrimo *(1970),* Sagitario en Géminis *(1970),* La sed de Slind Bader *(1971) y* Catleya Luna *(1974). En los últimos años de su vida sirvió de consejero cultural en el Ministerio de Educación. "La botija" se publicó en* Cuentos de barro.

LA BOTIJA

JOSÉ PASHACA era un cuerpo tirado en un cuero; el cuero era un cuero tirado en un rancho; el rancho era un rancho tirado en una ladera.

Petrona Pulunto era la *nana* de aquella boca:

—¡Hijo: abrí los ojos; ya hasta la color de que los tenés se me olvidó!

274

José Pashaca pujaba, y a lo mucho encogía la pata.

—¿Qué quiere, mama?

—¡Ques nicesario que tioficiés en algo, ya tás indio entero!

—¡Agüén!...

Algo se regeneró el holgazán: de dormir pasó a estar triste, bostezando.

Un día entró Ulogio Isho con un *cuenterete*. Era un como sapo de piedra, que se había hallado arando. Tenía el sapo un collar de pelotitas y tres hoyos: uno en la boca y dos en los ojos.

—¡Qué feyo este baboso! —llegó diciendo. Se carcajeaba—; ¡meramente el tuerto Cande!...

Y lo dejó, para que jugaran los *cipotes* de la María Elena.

Pero a los dos días llegó el anciano Bashuto, y en viendo el sapo dijo:

—Estas cositas son obra denantes, de los agüelos de nosotros. En las aradas se incuentran catizumbadas. También se hallan botijas llenas dioro.

José Pashaca se dignó arrugar el pellejo que tenía entre los ojos, allí donde los demás llevan la frente.

—¿Cómo es eso, ño Bashuto?

Bashuto se prendió al puro con toda la fuerza de sus arrugas, y se fue en humo. *Enseguiditas* contó mil hallazgos de *botijas,* todos los cuales "él bía presenciado con estos ojos". Cuando se fue, se fue sin darse cuenta de que, de lo dicho, dejaba las cáscaras.

Como en esos días se murió la Petrona Pulunto, José levantó la boca y la llevó caminando por la vecindad, sin resultados nutritivos. Comió *majonchos* robados y se decidió a buscar *botijas.* Para ello, se puso a la cola de un arado y empujó. Tras la reja iban arando sus ojos. Y así fue como José Pashaca llegó a ser el indio más holgazán y a la vez el más laborioso de todos los del lugar. Trabajaba sin trabajar —por lo menos sin darse cuenta— y trabajaba tanto, que las horas coloradas le hallaban siempre sudoroso, con la mano en la mancera y los ojos en el surco.

275

Piojo de las lomas, caspeaba ávido la tierra negra, siempre mirando al suelo con tanta atención, que parecía como si entre los borbollos de tierra hubiera ido dejando sembrada el alma. Pa que nacieran perezas; porque eso sí, Pashaca se sabía el indio más sin oficio del valle. Él no trabajaba. Él buscaba las *botijas* llenas de *bambas* doradas, que hacen "¡plocosh!" cuando la reja las topa, y vomitan plata y oro, como el agua del charco cuando el sol comienza a *ispiar* detrás de *lo del ductor Martínez*, que son los llanos que topan al cielo.

Tan grande como él se hacía, así se hacía de grande su obsesión. La ambición más que el hambre, le había parado del cuero y lo había empujado a las laderas de los cerros; donde aró, aró, desde la gritería de los gallos que se tragan las estrellas, hasta la hora en que el *guas* ronco y lúgubre, parado en los ganchos de la ceiba, *puya* el silencio con sus gritos destemplados.

Pashaca se peleaba las lomas. El patrón, que se asombraba del milagro que hiciera de José el más laborioso colono, dábale con gusto y sin medida luengas tierras, que el indio soñador de tesoros rascaba con el ojo presto a dar aviso en el corazón, para que éste cayera sobre la *botija* como un trapo de amor y ocultamiento. Y Pashaca sembraba, por fuerza, porque el patrón exigía los censos. Por fuerza también tenía Pashaca que cosechar, y por fuerza que cobrar el grano abundante de su cosecha, cuyo producto iba guardando despreocupadamente en un hoyo del rancho, por *siacaso*.

Ninguno de los colonos se sentía con hígado suficiente para llevar a cabo una labor como la de José. "Es el hombre de jierro —decían—; ende que le entró asaber qué, se propuso hacer pisto. Ya tendrá una buena huaca…"

Pero José Pashaca no se daba cuenta de que, en realidad, tenía *huaca*. Lo que él buscaba sin desmayo era una *botija* y siendo como se decía que las enterraban en las aradas, allí por fuerza la *incontraría* tarde o temprano.

Se había hecho no sólo trabajador, al ver de los vecinos, sino hasta generoso. En cuanto tenía un día de no poder arar, por no tener tierra cedida, les ayudaba a los otros, les mandaba descansar y se quedaba arando por ellos.

Y lo hacía bien; los surcos de su reja iban siempre pegaditos, *chachados* y *projundos,* que daban gusto.

—¡Ónde te metés, babosada! —pensaba el indio sin darse por vencido—: Y tei de topar, aunque no querrás, así mihaya de tronchar en los surcos.

Y así fue; no lo del encuentro, sino lo de la tronchada.

Un día, a la hora en que se *verdeya* el cielo y en que los ríos se hacen rayas blancas en los llanos, José Pashaca se dio cuenta de que ya no había *botijas.* Se lo avisó un desmayo con calentura; se dobló en la mancera; los bueyes se fueron parando, como si la reja se hubiera enredado en el raizal de la sombra. Los hallaron negros, contra el cielo claro, *"voltiando a ver al indio embruecado, y resollando el viento oscuro".*

José Pashaca se puso malo. No quiso que *naide* lo cuidara. *"Dende que bía finado la Petrona, vivía íngrimo en su rancho."*

Una noche, haciendo *juerzas de tripas,* salió sigiloso llevando, en un cántaro viejo, su *huaca.* Se agachaba detrás de los *matochos* cuando *otiaba* ruidos, y así se estuvo haciendo un hoyo con la *cuma.* Se quejaba a ratos, rendido, pero luego seguía con brío su tarea. Metió en el hoyo el cántaro, lo tapó bien tapado, borró todo rastro de tierra removida; y alzando sus brazos de bejuco hacia las estrellas, dejó ir liadas en un suspiro estas palabras:

—¡Vaya; pa que no se diga que ya nuai botijas en las aradas!...

COMENTARIO

A primera vista, los *Cuentos de barro* parecen tener un regionalismo exagerado. Sí lo tienen, pero al combinarlo con un estilo vanguardista, Salarrué logra ciertos efectos artísticos que traspasan las fronteras nacionales. Emplea las formas dialectales no sólo cuando dialogan sus personajes campesinos, sino también en sus propios trozos narrativos donde alternan con símiles y metáforas elaborados; "tras la reja iban arando sus ojos"; "piojo de las lomas, caspeaba ávido la tierra negra".

A veces las imágenes revelan un sentido humorístico que no se encuentra mucho entre los otros criollistas: "José levantó la boca y la llevó caminando". El uso de letras cursivas para las formas dialectales cuando aparecen en la prosa del autor indica que éste las está saboreando como elemento exótico.

"La botija", lo mismo que los otros "cuenteretes", da la impresión de que el personaje campesino de Salarrué es un ser pintoresco con cuya simplicidad el autor pretende hacer sonreír al lector. Ese punto de vista, característico de los autores costumbristas de fines del siglo XIX, constituye una excepción dentro del criollismo cuyos partidarios penetran más en sus personajes para compartir su sufrimiento. Sin embargo, "La botija" no deja de ser un buen cuento. El final inesperado y humorístico concuerda con el tono de todo el cuento, establecido por el juego lingüístico del primer párrafo y continuado por el contraste entre la ingeniosidad del autor y la ingenuidad del protagonista.

La superioridad de este cuento respecto a los otros *Cuentos de barro* resulta de los brochazos magistrales con que Salarrué pinta a José Pashaca y luego de la transformación total que "sufre" a través de muy pocas páginas.

VÍCTOR CÁCERES LARA
[1915-1993]

*Hondureño. Profesor y periodista, también participó en la po-
lítica sirviendo de diputado, director general del correo y
embajador en Venezuela. Publicó dos tomos de romances, de
los cuales el más conocido es "Romance del hermano sem-
brador". Con la publicación en 1952 de* Humus, *en el cual
"Paludismo" ocupa la posición inicial, se estableció como el
mejor cuentista hondureño de su generación. En 1970, los
cuentos de* Humus *fueron incorporados en el tomo* Tierra
ardiente *junto con otros 15 cuentos. Fue presidente de la Sociedad de Geografía e Historia de su país y director del Instituto Hondureño de Cultura Hispánica.*

PALUDISMO

LA NOCHE iba poniendo oscuros toques de angustia en los ángulos de la habitación destartalada donde el aire penetraba
sometido a racionamiento riguroso y donde la luz, aun en la
hora más soleada del día, no alcanzaba a iluminar plenamente. Afuera, sonaba como temeroso de ser oído el chorro
imperceptible de una llave de agua mal cerrada. La única
llave para la sed de infinidad de personas que habitaban la
misma cuartería. Un niño imploraba pan a voz en cuello y
la madre —posiblemente por la desesperación— le contestaba su pedido con palabras groseras:

—¡Cállate, *jodido*… nadie ha comido aquí!

Ella, la enferma del cuarto destartalado, veía cómo la poca
luz iba terminándose; no disponía de alumbrado eléctrico y

279

el aceite de la humilde lámpara estaba casi agotado. Ella no sentía ni un hilo de fuerza en sus músculos, ni una emanación tibia dentro de sus venas vacías. Un frío torturante iba subiéndole por las carnes enflaquecidas; ascendía por su cintura otrora flexible y delicada como los mimbres silvestres y se apoderaba de su corazón que entonces parecía enroscarse de tristeza, estallando en una plegaria muda, temblorosa de emoción reconcentrada.

La luz del día terminaba lentamente. En la calle se oían pisadas de gentes que iban, en derroche de vida, camino de la diversión barata: del *estanco* consumidor de energías y centavos; del *burdel* lleno de carne pútrida vendida a alto precio; en fin, de toda esa sarta de distracciones que el pobre puede proporcionarse en nuestro medio y que, a la larga, lejos de ocasionar gozo o contento, acarrea desgaste, enfermedad, miseria, desamparo, muerte...

Ella, ahora, en la tarde que afuera tenía gorjeos alegres, se sentía morir. Sentía que la "pálida" se enroscaba en su vida e iba asfixiándola lenta, implacable, seguramente, mientras un frío terrible le destrozaba los huesos y le hacía tamborilear enloquecidamente las sienes.

Abandono total en torno de ella. Nadie llegaba con una palabra, con un mendrugo de cariño, con un vaso de leche. Ella misma tenía que salir, entre uno y otro de los fríos de la fiebre, a buscarse el pedazo de tortilla dura que comía, *vacío* en la imposibilidad de comprarse un poco de *con qué*. En sus salidas pedía limosnas y las había estado obteniendo de centavo en centavo, tras de sufrir horribles humillaciones.

Y ella no podía explicarse el porqué del abandono que sufría... Fue ella siempre buena con el prójimo. Fue siempre caritativa y dadivosa. Por sus vecinas hizo siempre lo que pudo: a los niños los adoró siempre, quizá porque no pudo tenerlos. Pero era posible que la vieran muy delgada, muy amarilla. Quizá la oían toser y pensaban que estaba tísica. Ella sabía que la mataba el paludismo. Pero, ¿cómo hacer para que los demás no creyeran otra cosa? Mientras tanto había que sufrir, que esperar el momento definitivo en que cesaran sus negras penas, sus infructuosas peregrinaciones, su terrible sangrar de plantas recorriendo los pedregales del mundo...

En el techo empezaban a bailotear sombras extrañas; las sienes la martillaban más recio y su vista se le iba hacia lejanías remotas, una lejanía casi imprecisa ya, casi sin contornos, pero que al evocarla en lánguida reminiscencia, la hacía sentir una voz de consuelo y resignación abriendo trocha de luz en lo más puro y en lo más íntimo de su vida.

Vivía entonces sus días de infancia en la aldea remota que atesoraba fragancia tonificante de pinos, música de zorzales enamorados, olor de terneritos retozones, cadencia de torrentes despeñados, frescura de sabanetas empapadas de rocío, pureza de sencilleces campesinas impregnadas de salves y rosarios devotísimos.

En la aldea lozana y cándida vio cómo se levantaban sus senos robustos y cómo le vibraban las carnes a los impulsos primeros del amor, del amor sencillo, sin complicaciones civilizadas, pero con las dulzuras agrestes de los idilios de Longo. Después, sus anhelos por venirse hacia la costa soñada, insinuación de dichas y perspectiva en brazos de promesa cuando desde la lejanía se sueña.

Las ilusiones prendían grandes fogatas en su mente sencilla y buena y los llamados del instinto empezaban a quemar sus carnes morenas, turgentes, con un fuego distinto al del generoso sol de los trópicos. Empezó a deleitarse en la propia contemplación cuando, libre de la prisión del vestido, surgía a la luz la soberbia retadora de su cuerpo y cuando crespos por la cosquilla de la brisa, como dos conos de fuego, se le escapaban los pechos de la prisión delicada de la blusa.

Entonces conoció al hombre que avivó su fuego interior y la predispuso a la aventura en tentativa de dominar horizontes. Oyó la invitación de venirse a la costa como pudo haber oído la de irse para el cielo. El hombre le gustaba por fuerte, por guapo, por *chucano*. Porque le ofrecía aquello que ella quería conocer: el amor y, además del amor, la Costa Norte.

—Allá —le decía él— los bananos crecen frondosos, se ganan grandes salarios y pronto haremos dinero. Tú me ayudarás en lo que puedas y saldremos adelante.

—¿Y si alguna mujer te conquista y *me das viaje?*

—¡De ninguna manera, mi negra, yo te quiero sólo a ti y juntos andaremos siempre!… Andaremos en tren… En automóvil… Iremos al cine, a las verbenas, en fin, a todas partes…

—¿Y son bonitos los trenes?

—¡Como gusanones negros que echaran humo por la cabeza, sabes! Allí va un gentío, de campo en campo, de La Lima al Puerto. Un hombre va diciendo los nombres de las estaciones: "¡Indiana!… ¡Mopala!… ¡Tibombo!… ¡Kele-Kele!…" ¡Es *arrechito!* ¡Lo vas a ver!

Ella deliraba con salir del viejo pueblo de sus mayores. Amar y correr mundo. Para ella su pueblo estaba aletargado en una noche sin amanecer y de nada servía su belleza, acodada junto al riachuelo murmurante de encrespado lecho de riscos y de guijas. Quería dejar el pueblito risueño donde pasó sus años de infancia y donde el campo virgen y la tierra olorosa pusieron en su cuerpo fragancias y urgencias vitales. Así fue como emprendió el camino, cerca de su hombre, bajando estribaciones, cruzando bulliciosos torrentes, pasando valles calcinados por un sol de fuego entre el concierto monótono de los *chiquirines* que introducía menudas astillitas en la monorritmia desesperante de los días.

¡Y qué hombre era su *hombre!* Por las noches de jornada, durmiendo bajo las estrellas, sabía recompensarle todas sus esperanzas, todos sus sueños y todos sus deseos. A la hora en que las tinieblas empezaban a descender sobre los campos, cuando la noche era más prieta y más espesa, cuando la aurora empezaba a regar sus arreboles por la lámina lejana del Oriente… Ella sentía la impetuosidad, el fuego, la valentía, el coraje indomeñable de su *hombre* y sentía que su entraña se le encrespaba en divinos pálpitos de esperanza y de orgullo.

Llegaron, por fin, a La Lima y empezó la búsqueda de trabajo. Demetrio lo obtenía siempre porque por sus *chucanadas* era amigo de capitanes, *taimkípers* y *mandadores*, pero lo perdía luego porque en el fondo tenía mal carácter y por su propensión marcada a los vicios. Montevista, Omonita, Mopala, Indiana, Tibombo, los campos del *otro lado*... en fin, cuanto sitio tiene abierto la Frutera conoció la peregrinación de ellos en la búsqueda de la vida. Unas veces era en las tareas de *chapia*, otras como *cortero* o *juntera* de bananos; después como irrigador de veneno, cubierto de verde desde la cabeza hasta los pies. Siempre de sol a sol, asándose bajo el calor desesperante que a la hora del mediodía hacía rechinar de fatiga las hojas de las matas de banano. Por las noches el hombre regresaba cansado, agobiado, mudo de la fatiga que mordía los músculos otrora elásticos como de fiera en las selvas.

En varias oportunidades enfermó él de paludismo, y, para curarse, acudía con más frecuencia al aguardiente. Todo en vano: la enfermedad seguía, y suspender el trabajo era morirse de hambre. Trabajaban por ese tiempo en Kele-Kele. Ella vendía de comer y él tenía una pequeña contrata. Una noche de octubre los hombres levantaban el *bordo* poniéndole montañas de sacos de arena. Las embestidas del Ulúa eran salvajes. Las aguas sobrepasaban el nivel del dique y Demetrio desapareció entre las tumultuosas aguas que minuto a minuto aumentaba el *temporal*.

Quedó sola y enferma. Enferma también de paludismo. Con un nudo en el alma dejó los *campos* y se fue al *puerto*. Anduvo buscando qué hacer y sólo en *Los Marinos* pudo colocarse en trabajos que en nada la enorgullecían sino que ahora, al evocarlos, le hacían venir a la cara los colores de la vergüenza. Miles de hombres de diferente catadura se refocilaban en su cuerpo. Enferma y extenuada, con el alma envenenada para siempre, dejó el garito y vino a caer a San Pedro Sula. El paludismo no la soltaba, cada día las fiebres fueron más intensas y ahora se encontraba postrada en aquel pobre catre, abandonada de todos, mientras la luz se iba y sombras atemorizadas le hacían extrañas piruetas cabalgando en las vigas del techo.

Sus ojos que supieron amar son ahora dos lagos resecos donde sólo perdura el sufrimiento; sus manos descarnadas no son promesa de caricia ni de tibieza embrujadora; sus senos flácidos casi ni se insinúan bajo la zaraza humilde de la blusa; pasó sobre ella el vendaval de la miseria, y se insinúa, como seguridad única, la certeza escalofriante de la muerte.

En la calle, varios chiquillos juegan enloquecidos de júbilo. Una *pareja* conversa acerca del antiguo y nuevo tema del amor. Un carro hiere el silencio con la arrogancia asesina de su claxon. A la distancia, el *mixto* deja oír la estridencia de su pito, y la vida sigue porque tiene que seguir...

COMENTARIO

"Paludismo" tiene varios elementos de la clásica obra antimperialista: la anonimidad de la protagonista; la tentación de conocer la zona "rica"; el abandono del pueblo sano en busca de mejor vida; las dificultades del trabajo en el trópico; el enviciamiento de la gente; la conversión de la campesina alegre en prostituta envenenada; las enfermedades, el alcoholismo y la muerte a manos de la naturaleza. Sin embargo, "Paludismo" se distingue de tantas otras obras antimperialistas en no echarle la culpa por todos los males a la compañía extranjera. En efecto, sólo una vez se menciona la Frutera, aunque no queda ninguna duda de que se trata de la compañía United Fruit en la Costa Norte de Honduras. Demetrio pierde a menudo su trabajo no por la injusticia de un capataz desalmado, sino por su mal carácter y su "propensión marcada a los vicios". Su muerte no fue causada por una falta de quinina, sino por el temporal. No es que el autor esté tratando de defender la Frutera, sino que prefiere enfocarse en la vida trágica de esas personas que se dejan tentar por lo exótico.

Aunque el tema del antimperialismo suele cultivarse más en la novela que en el cuento a causa de sus complejidades, "Paludismo" luce una gran unidad. El tiempo transcurrido no pasa de los minutos. Al principio, se presencia la llegada de la noche y al final de los recuerdos, el autor nos cuenta que "la luz se iba". Desde luego que la luz se equipara con la vida, y la noche con la muerte. Este contraste acentúa más los contrastes paradójicos de los escalofríos palúdicos y el calor tropical; y la sed, la escasez de agua y los estragos del temporal hacen pensar en el romanticismo, pero la indiferencia del mundo en el párrafo final y el estudio clínico de la protagonista delatan un naturalismo rezagado. Al mismo tiempo, hay que reconocer la sensibilidad artística del cuentista. Hace hincapié en los sentidos: "ella... se *sentía* morir". La luz, representando la vida, aparece con sus variantes de sol, fuego, fogata, alumbrado eléctrico y lámpara. Las impresiones auditivas recorren la escala de la intensidad: "el chorro imperceptible de una llave mal cerrada"; "el riachuelo murmurante"; los "bulliciosos torrentes"; la "arrogancia asesina" del claxon y la estridencia del pito del tren. La "carne pútrida"; la "fragancia tonificante de pinos" y la "tierra olorosa" contribuyen a completar el cuadro sinestésico. Otros artificios estilísticos que realzan el valor de este cuento son la aliteración ("racionamiento riguroso"; "el pobre puede proporcionarse"; "se le escapaban los pechos de la prisión"), las series de palabras o frases paralelas ("con una palabra, con un mendrugo de cariño, con un vaso de leche"; "todas sus esperanzas, todos sus sueños y todos sus deseos") y los muchos refuerzos estructurales basados, sobre todo, en los juegos de la luz y del agua.

JUAN BOSCH
[1909-2001]

Dominicano. Viajó por Europa y América como refugiado político por 25 años. Vivió mucho tiempo en Cuba. Jefe del Partido Revolucionario Dominicano, volvió a su patria en 1961, después del asesinato de Trujillo. Fue elegido presidente de su país en 1963 y pocos meses después fue derrocado por un golpe militar. En 1965, cuando sus partidarios se sublevaron contra la dictadura militar, el presidente Lyndon Johnson mandó tropas a Santo Domingo para "restablecer el orden". Bosch, más radicalizado, perdió las elecciones presidenciales de 1967 contra Joaquín Balaguer. No obstante, ha seguido militando en la política por la prensa y por la televisión hasta la década de los ochenta. Ha publicado una biografía de Hostos; una novela, La mañosa *(1936), y varios tomos de cuentos:* Camino real *(1933),* Indios *(1935),* Dos pesos de agua *(1944),* Ocho cuentos *(1947),* La muchacha de la Guaira *(1955),* Cuento de Navidad *(1956) y* Más cuentos escritos en el exilio *(1964). Entre sus obras político-históricas se destacan* Crisis de la democracia de América en la República Dominicana *(1965),* Pentagonism, a Substitute for Imperialism *(1968),* Composición social dominicana, historia e interpretación *(9ª ed., 1978) y* De Cristóbal Colón a Fidel Castro *(1970). "La mujer" se publicó en la colección* Camino real.

LA MUJER

LA CARRETERA está muerta. Nadie ni nada la resucitará. Larga, infinitamente larga, ni en la piel gris se le ve vida. El sol la

286

mató; el sol de acero, de tan candente al rojo —un rojo que se hizo blanco. Tornóse luego transparente el acero blanco, y sigue ahí sobre el lomo de la carretera.

Debe hacer muchos siglos de su muerte. La desenterraron hombres con picos y palas. Cantaban y picaban; algunos había, sin embargo, que ni cantaban ni picaban. Fue muy largo todo aquello. Se veía que venían de muy lejos; sudaban, hedían. De tarde el acero blanco se volvía rojo; entonces en los ojos de los hombres que desenterraban la carretera se agitaba una hoguera pequeñita, detrás de las pupilas.

La muerte atravesaba sabanas y lomas y los vientos traían polvo sobre ella. Después aquel polvo murió también y se posó en la piel gris.

A los lados hay arbustos espinosos. Muchas veces la vista se enferma de tanta amplitud. Pero las planicies están peladas. Pajonales, a distancia. Tal vez aves rapaces coronen cactos. Y los cactos están allá, más lejos, embutidos en el acero blanco.

También hay bohíos, casi todos bajos y hechos con barro. Algunos están pintados de blanco y no se ven bajo el sol. Sólo se destaca el techo grueso, seco, ansioso de quemarse día a día. Las canas dieron esas techumbres por las que nunca rueda agua.

La carretera muerta, totalmente muerta, está ahí, desenterrada, gris. La mujer se veía, primero como un punto negro, después como una piedra que hubieran dejado sobre la momia larga. Estaba allí, tirada, sin que la brisa le moviera los harapos. No la quemaba el sol; tan sólo sentía dolor por los gritos del niño. El niño era de bronce, pequeñín, con los ojos llenos de luz, y se agarraba a la madre tratando de tirar de ella con sus manecitas. Pronto iba la carretera a quemar el cuerpecito, las rodillas por lo menos, de aquella criatura desnuda y gritona.

La casa estaba allí cerca, pero no podía verse.

A medida que se avanzaba, crecía aquello que parecía una piedra tirada en medio de la gran carretera muerta. Crecía, y Quico se dijo: "Un becerro, sin duda, estropeado por auto".

287

Tendió la vista: la planicie, la sabana. Una colina lejana, con pajonales, como si fuera esa colina sólo un montoncito de arena apilada por los vientos. El cauce de un río; las fauces secas de la tierra que tuvo agua mil años antes de hoy. Se resquebrajaba la planicie dorada bajo el pesado acero transparente. Los cactos, los cactos, coronados de aves rapaces.

Más cerca ya, Quico vio que era persona. Oyó distintamente los gritos del niño.

El marido le había pegado. Por la única habitación del bohío, caliente como horno, la persiguió, tirándola de los cabellos y machacando a puñetazos su cabeza.

—¡Hija de mala madre! ¡Hija de mala madre! ¡Te voy a matar como a una perra, desvergonsá!

—¡Pero si nadie pasó, Chepe; nadie pasó! —quería ella explicar.

—¿Que no? ¡Ahora verá!

Y volvía a golpearla.

El niño se agarraba a las piernas de su papá. Él veía a la mujer sangrando por la nariz. La sangre no le daba miedo, no, solamente deseos de llorar, de gritar mucho. De seguro mamá moriría si seguía sangrando.

Todo fue porque la mujer no vendió la leche de cabra, como él se lo mandara; al volver de las lomas, cuatro días después, no halló el dinero. Ella contó que se había cortado la leche; la verdad es que la bebió. Prefirió no tener unas monedas más a que la criaturita sufriera hambre tanto tiempo.

Le dijo después que se marchara con su hijo:

—¡Te mataré si vuelves a esta casa!

La mujer estaba tirada en el piso de tierra; sangraba mucho y nada oía. Chepe, frenético, la arrastró hasta la carretera. Y se quedó allí, como muerta, sobre el lomo de la gran momia.

Quico tenía agua para dos días más de camino, pero casi toda la gasto en rociar la frente de la mujer. La llevó hasta el bohío, dándole el brazo, y pensó en romper su camisa listada para limpiarla de sangre. Chepe entró por el patio.

—¡Te dije que no quería verte má aquí, condená!

Parece que no había visto al extraño. Aquel acero blanco, transparente, le había vuelto fiera, de seguro. El pelo era estopa y las córneas estaban rojas.

Quico le llamó la atención, pero él, medio loco, amenazó de nuevo a su víctima. Iba a pegarle ya.

Entonces fue cuando se entabló la lucha entre los dos hombres.

El niño pequeñín, pequeñín, comenzó a gritar otra vez; ahora se envolvía en la falda de su mamá.

La lucha era como una canción silenciosa. No decían palabra. Sólo se oían los gritos del muchacho y las pisadas violentas.

La mujer vio cómo Quico ahogaba a Chepe: tenía los dedos engarfiados en el pescuezo de su marido. Éste comenzó por cerrar los ojos; abría la boca y le subía la sangre al rostro.

Ella no supo qué sucedió; pero cerca, junto a la puerta, estaba la piedra; una piedra como lava, rugosa, casi negra, pesada. Sintió que le nacía una fuerza brutal. La alzó. Sonó seco el golpe. Quico primero soltó el pescuezo del otro, luego dobló las rodillas, después abrió los brazos con amplitud y cayó de espaldas, sin quejarse, sin hacer un esfuerzo.

La tierra del piso absorbía aquella sangre tan roja, tan abundante. Chepe veía la luz brillar en ella.

La mujer tenía las manos crispadas sobre la cara, todo el pelo suelto y los ojos pugnando por saltar. Corrió. Sentía flojedad en las coyunturas. Quería ver si alguien venía; pero sobre la gran carretera muerta, totalmente muerta, sólo estaba el sol que la mató. Allá, al final de la planicie, la colina de arenas que amontonaron los vientos. Y cactos, embutidos en el acero.

COMENTARIO

"La mujer", uno de los cuentos hispanoamericanos más antologados, es una sinfonía audiovisual del trópico. Si existiera alguna duda, lo comprueban las palabras del mismo autor: "la lucha era como una canción silenciosa". En esta composición musical se funden los personajes con el escenario. Ellos se deshumanizan mientras la naturaleza y la carretera adquieren rasgos humanos.

La estructura de la composición se basa en el cruce de los dos temas principales: la carretera comienza como tema principal; baja en la segunda y en la tercera parte; y vuelve a subir al final. En cambio, la mujer aparece como un punto negro en la primera parte y poco a poco va cogiendo importancia hasta el acto culminante de la tercera parte. Después, al final vuelve a diluirse en la inmensidad de la carretera. A pesar de caminar por rumbos opuestos, estos dos temas se identifican uno con el otro por la muerte, la piedra y la sangre.

El argumento constituye una parte muy importante de la sinfonía, sin llegar a dominarla excesivamente. La lucha entre los dos hombres es el punto culminante que termina con el golpe seco (tambor) de la piedra.

Este episodio se absorbe dentro de la sinfonía con la vuelta al tema de la carretera. Su piel gris convertida en acero blanco por el sol rojo crea una imagen deslumbrante. Al mismo tiempo, los efectos visuales son respaldados por los efectos auditivos, creados por la repetición sistemática de varios motivos, la aliteración y la brevedad de las oraciones.

A pesar de las descripciones brillantes del paisaje, no deja de impresionar la vida trágica de la gente pobre del trópico. La mujer anónima y abnegada se sacrifica por su niño y acepta los golpes furiosos del marido, trastornado por el sol y por la frustración de no poder ganarse la vida.

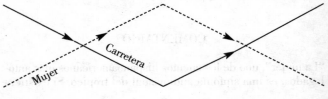

La acción de la mujer sorprende por su falta de lógica, pero se comprende muy bien al tener en cuenta el ambiente primitivo. Conviene notar que el mismo caso ocurre en las novelas *El embrujo* de *Sevilla* de Carlos Reyles e *Historia de arrabal* de Manuel Gálvez.

Tanto la construcción artística como la importancia concedida a la luz y al sonido de la composición denuncian la herencia modernista. Igual que el venezolano Rómulo Gallegos, Juan Bosch sabe adaptar las innovaciones modernistas para dar más relieve a la escena criollista. Además, la imagen deslumbrante de la carretera indica cierta influencia del surrealismo.

MANUEL ROJAS
[1896-1973]

Chileno. Nació en Buenos Aires de padres chilenos. Trabajó de peón en la construcción del ferrocarril transandino, de estibador en Valparaíso, de apuntador para una compañía teatral, de periodista y de profesor. En 1931 fue nombrado director del Departamento de Publicaciones de la Universidad de Chile. En 1957 recibió el Premio Nacional de Literatura. Enseñó en Middlebury College (1959), en la Universidad de California en Los Ángeles (1962) y en la Universidad de Oregon (1963). Sus obras más famosas son las colecciones de cuentos Hombres del sur *(1926) y* El delincuente *(1929), y las novelas* Lanchas en la bahía *(1932),* La ciudad de los césares *(1936),* Hijo de ladrón *(1951),* Mejor que el vino *(1958),* Punta de rieles *(1960),* Sombras contra el muro *(1964) y* La oscura vida radiante *(1971). "El vaso de leche" se publicó en la colección de cuentos* El delincuente.

EL VASO DE LECHE

AFIRMADO en la barandilla de estribor, el marinero parecía esperar a alguien. Tenía en la mano izquierda un envoltorio de papel blanco, manchado de grasa en varias partes. Con la otra mano atendía la pipa.

Entre unos vagones apareció un joven delgado; se detuvo un instante, miró hacia el mar y avanzó después caminando por la orilla del muelle con las manos en los bolsillos, distraído o pensando.

Cuando pasó frente al barco, el marinero le gritó en inglés:

292

—*I say; look here!* (Oiga usted, mire.)

El joven levantó la cabeza y, sin detenerse, contestó en el mismo idioma:

—*Hello! What?* (¡Hola! ¿Qué?)

—*Are you hungry?* (¿Tiene usted hambre?)

Hubo un silencio breve, durante el cual el joven pareció reflexionar y hasta dio un paso más corto que los demás, como para detenerse; pero al fin dijo, mientras dirigía al marinero una sonrisa triste:

—*No. I am not hungry. Thank you, sailor.* (No. No tengo hambre. Muchas gracias, marinero.)

—*Very well.* (Muy bien.)

Sacóse la pipa de la boca el marinero, escupió y colocándosela de nuevo entre los labios, miró hacia otro lado. El joven, avergonzado de que su aspecto despertara sentimientos de caridad, pareció apresurar el paso, como temiendo arrepentirse de su negativa.

Un instante después, un magnífico vagabundo, vestido inverosímilmente de harapos, grandes zapatos rotos, larga barba rubia y ojos azules, pasó ante el marinero, y éste, sin llamarlo previamente, le gritó:

—*Are you hungry?*

No había terminado aún su pregunta cuando el atorrante, mirando con ojos brillantes el paquete que el marinero tenía en sus manos, contestó apresuradamente:

—*Yes, sir, I am very much hungry!* (Sí, señor, yo tengo harta hambre.)

Sonrió el marinero. El paquete voló en el aire y fue a caer entre las manos ávidas del hambriento. Ni siquiera dio las gracias y abriendo el envoltorio calientito aún, sentóse en el suelo, restregándose las manos alegremente al contemplar su contenido. Un atorrante de puerto puede no saber inglés, pero nunca se perdonaría no saber el suficiente como para pedir de comer a uno que hable ese idioma.

El joven que pasara momentos antes, parado a corta distancia de allí, presenció la escena.

293

Él tenía hambre. Hacía tres días justos que no comía, tres largos días. Y más por timidez y vergüenza que por orgullo, se resistía a pararse delante de las escalas de los vapores, a las horas de comida, esperando de la generosidad de los marineros algún paquete que contuviera restos de guisos y trozos de carne. No podía hacerlo, no podría hacerlo nunca. Y cuando, como en el caso reciente, alguno le ofrecía sus sobras, las rechazaba heroicamente, sintiendo que la negativa le aumentara su hambre.

Seis días hacía que vagaba por las callejuelas y muelles de aquel puerto. Lo había dejado allí un vapor inglés procedente de Punta Arenas, puerto en que había desertado de un vapor en que servía como muchacho de un capitán. Estuvo un mes allí, ayudando en sus ocupaciones a un austriaco pescador de centollas, y en el primer barco que pasó hacia el Norte embarcóse ocultamente.

Lo descubrieron al día siguiente de zarpar y enviáronlo a trabajar en las calderas. En el primer puerto grande que tocó el vapor lo desembarcaron, y allí quedó, como un fardo sin dirección ni destinatario, sin conocer a nadie, sin un centavo en los bolsillos y sin saber trabajar en oficio alguno.

Mientras estuvo allí el vapor, pudo comer, pero después... La ciudad enorme, que se alzaba más allá de las callejuelas llenas de tabernas y posadas pobres, no le atraía: parecía un lugar de esclavitud, sin aire, oscura, sin esa grandeza amplia del mar, y entre cuyas altas paredes y calles rectas la gente vive y muere aturdida por un tráfago angustioso.

Estaba poseído por la obsesión terrible del mar, que tuerce las vidas más lisas y definidas como un brazo poderoso una delgada varilla. Aunque era muy joven, había hecho ya varios viajes por las costas de América del Sur, en diversos vapores, desempeñando distintos trabajos y faenas, faenas y trabajos que en tierra no tenían casi aplicación.

Después de que se fue el vapor, anduvo y anduvo, esperando del azar algo que le permitiera vivir de algún modo mientras tornaba a sus canchas familiares; pero no encontró nada.

El puerto tenía poco movimiento y en los contados vapores en que se trabajaba no lo aceptaron.

Ambulaban por allí infinidad de vagabundos de profesión; marineros sin contrata como él, desertados de un vapor o prófugos de algún delito; atorrantes abandonados al ocio, que se mantenían de no se sabe qué, mendigando o robando, pasando los días como las cuentas de un rosario mugriento, esperando quién sabe qué extraños acontecimientos, o no esperando nada, individuos de las razas y pueblos más exóticos y extraños, aun de aquellos en cuya existencia no se cree hasta no haber visto un ejemplar vivo.

Al día siguiente, convencido de que no podría resistir mucho más, decidió recurrir a cualquier medio para procurarse alimentos.

Caminando, fue a dar delante de un vapor que había llegado la noche anterior y que cargaba trigo. Una hilera de hombres marchaba dando la vuelta, al hombro los pesados sacos, desde los vagones, atravesando una planchada, hasta la escotilla de las bodegas, donde los estibadores recibían la carga.

Estuvo un rato mirando hasta que atrevióse a hablar con el capataz, ofreciéndose. Fue aceptado y animosamente formó parte de la larga fila de cargadores.

Durante el primer tiempo de la jornada trabajó bien; pero después empezó a sentirse fatigado y le vinieron vahídos, vacilando en la planchada, cuando marchaba con la carga al hombro, viendo a sus pies la abertura vertiginosa formada por el costado del vapor y el murallón del muelle, en el fondo del cual el mar, manchado de aceite y cubierto de desperdicios, glogloteaba sordamente.

A la hora de almorzar hubo un breve descanso, y en tanto que algunos fueron a comer en los figones cercanos y otros comían lo que habían llevado, él se tendió en el suelo a descansar, disimulando su hambre.

Terminó la jornada completamente agotado, cubierto de sudor, reducido ya a lo último. Mientras los trabajadores se retiraban, se sentó en unas bolsas, acechando al capataz, y cuando se hubo marchado el último, acercóse a él confuso y titubeante, aunque sin contarle lo que le sucedía, le preguntó si podían pagarle inmediatamente o si era posible conseguir un adelanto a cuenta de lo ganado.

Contestóle el capataz que la costumbre era pagar al final del trabajo y que todavía sería necesario trabajar el día siguiente para concluir de cargar el vapor. ¡Un día más! Por otro lado, no adelantaban un centavo.

—Pero —le dijo—, si usted necesita, yo podría prestarle unos cuarenta centavos... No tengo más.

Le agradeció el ofrecimiento con una sonrisa angustiosa y se fue.

Le acometió entonces una desesperación aguda. ¡Tenía hambre, hambre, hambre! Un hambre que lo doblegaba como un latigazo pesado y ancho; veía todo a través de una niebla azul y al andar vacilaba como un borracho. Sin embargo, no habría podido quejarse ni gritar, pues su sufrimiento no era oscuro ni fatigante; no era dolor, sino angustia sorda, acabamiento; le parecía que estaba aplastado por un gran peso.

Sintió de pronto como una quemadura en las entrañas, y se detuvo. Se fue inclinando, inclinando, doblándose forzadamente como una barra de hierro, y creyó que iba a caer. En ese instante, como si una ventana se hubiera abierto ante él, vio su casa, el paisaje que se veía desde ella, el rostro de su madre y el de sus hermanos, todo lo que él quería y amaba apareció y desapareció ante sus ojos cerrados por la fatiga... Después, poco a poco, cesó el desvanecimiento y se fue enderezando, mientras la quemadura se enfriaba suavemente. Por fin se irguió, respirando profundamente. Una hora más y caería sin sentido al suelo.

Apuró el paso, como huyendo de un nuevo mareo, y mientras marchaba resolvió ir a comer a cualquier parte, sin pagar, dispuesto a que lo avergonzaran, a que le pegaran, a que lo mandaran preso, a todo, lo importante era comer, comer, comer. Cien veces repitió mentalmente esta palabra: comer, comer, comer, hasta que el vocablo perdió su sentido, dejándole una impresión de vacío caliente en la cabeza.

No pensaba huir; le diría al dueño: "Señor, tenía hambre, hambre, hambre, y no tengo con qué pagar... Haga lo que quiera".

Llegó hasta las primeras calles de la ciudad y en una de ellas encontró una lechería. Era un negocito muy claro y limpio, lleno de mesitas con cubierta de mármol. Detrás de un mostrador estaba de pie una señora rubia, con un delantal blanquísimo.

Eligió ese negocio. La calle era poco transitada. Habría podido comer en uno de los figones que estaban junto al muelle, pero continuamente se encontraban llenos de gente que jugaba y bebía.

En la lechería no había sino un cliente. Era un vejete de anteojos, que con la nariz metida entre las hojas de un periódico, leyendo, permanecía inmóvil, como pegado a la silla. Sobre la mesita había un vaso de leche a medio consumir.

Esperó que se retirara, paseando por la acera, sintiendo que poco a poco se le encendía en el estómago la quemadura de antes, y esperó cinco, diez, hasta quince minutos. Se cansó y paróse a un lado de la puerta, desde donde lanzaba al viejo unas miradas que parecían pedradas.

¡Qué diablos leería con tanta atención! Llegó a imaginarse que era un enemigo suyo, el cual, sabiendo sus intenciones, se hubiera propuesto entorpecerlas. Le daban ganas de entrar y decirle algo fuerte que le obligara a marcharse, una grosería o una frase que le indicara que no tenía derecho a permanecer uno sentado y leyendo por un gasto tan reducido.

Por fin el cliente terminó su lectura, o por lo menos la interrumpió. Se bebió de un sorbo el resto de leche que contenía el vaso, se levantó pausadamente, pagó y dirigióse a la puerta. Salió; era un vejete corcovado, con trazas de carpintero o barnizador.

Apenas estuvo en la calle, afirmóse los anteojos, metió

de nuevo la nariz entre las hojas del periódico y se fue, caminando despacito y deteniéndose cada diez pasos para leer con más detenimiento.

Esperó que se alejara y entró. Un momento estuvo parado a la entrada, indeciso, no sabiendo dónde sentarse; por fin eligió una mesa y dirigióse hacia ella; pero a mitad de camino se arrepintió, retrocedió, tropezó en una silla, instalándose después en un rincón.

Acudió la señora, pasó un trapo por la cubierta de la mesa y con vez suave, en la que se notaba un dejo de acento español, le preguntó:

—¿Qué se va usted a servir?

Sin mirarla, le contestó:

—Un vaso de leche.

—¿Grande?

—Sí, grande.

—¿Sólo?

—¿Hay bizcochos?

—No; vainillas.

—Bueno, vainillas.

Cuando la señora se dio vuelta, él se restregó las manos sobre las rodillas, regocijado, como quien tiene frío y va a beber algo caliente.

Volvió la señora y colocó ante él un gran vaso de leche y un platillo lleno de vainillas, dirigiéndose después a su puesto detrás del mostrador.

Su primer impulso fue el de beberse la leche de un trago y comerse después las vainillas, pero en seguida se arrepintió; sentía que los ojos de la mujer lo miraban con curiosidad y detención. No se atrevía a mirarla; le parecía que, al hacerlo, ella conocería su estado de ánimo y sus propósitos vergonzosos y él tendría que levantarse e irse, sin probar lo que había pedido.

Pausadamente tomó una vainilla, humedeciéndola en la leche y le dio un bocado; bebió un sorbo de leche y sintió que la quemadura, ya encendida en su estómago, se apagaba y

298

deshacía. Pero, en seguida, la realidad de su situación desesperada surgió ante él y algo apretado y caliente subió desde su corazón hasta la garganta; se dio cuenta de que iba a sollozar, a sollozar a gritos, y aunque sabía que la señora lo estaba mirando no pudo rechazar ni deshacer aquel nudo ardiente que se estrechaba más y más. Resistió, y mientras resistía comió apresuradamente, como asustado, temiendo que el llanto le impidiera comer. Cuando terminó con la leche y las vainillas, se le nublaron los ojos y algo tibio rodó por su nariz, cayendo dentro del vaso. Un terrible sollozo lo sacudió hasta los zapatos.

Afirmó la cabeza en las manos y durante mucho rato lloró, lloró con pena, con rabia, con ganas de llorar, como si nunca hubiese llorado.

Inclinado estaba y llorando, cuando sintió que una mano le acariciaba la cansada cabeza y una voz de mujer, con un dulce acento español, le decía:

—Llore, hijo, llore…

Una nueva ola de llanto le arrasó los ojos y lloró con tanta fuerza como la primera vez, pero ahora no angustiosamente, sino con alegría, sintiendo que una gran frescura lo penetraba, apagando eso caliente que le había estrangulado la garganta. Mientras lloraba, parecióle que su vida y sus sentimientos se limpiaban como un vaso bajo un chorro de agua, recobrando la claridad y firmeza de otros días.

Cuando pasó el acceso de llanto se limpió con su pañuelo los ojos y la cara, ya tranquilo. Levantó la cabeza y miró a la señora, pero ésta no le miraba ya, miraba hacia la calle, a un punto lejano, y su rostro estaba triste.

En la mesita, ante él, había un nuevo vaso de leche y otro platillo colmado de vainillas; comió lentamente, sin pensar en nada, como si nada le hubiera pasado, como si estuviera en su casa y su madre fuera esa mujer que estaba detrás del mostrador.

Cuando terminó ya había oscurecido y el negocio se iluminaba con una bombilla eléctrica. Estuvo un rato sentado, pensando en lo que diría a la señora al despedirse, sin ocurrírsele nada oportuno.

Al fin se levantó y dijo simplemente:

—Muchas gracias, señora; adiós…

—Adiós, hijo… —le contestó ella.

Salió. El viento que venía del mar refrescó su cara, caliente aún por el llanto. Caminó un rato sin dirección, tomando después por una calle que bajaba hacia los muelles. La noche era hermosísima y grandes estrellas aparecían en el cielo de verano.

Pensó en la señora rubia que tan generosamente se había conducido con él, haciendo propósitos de pagarle y recompensarle de una manera digna cuando tuviera dinero; pero estos pensamientos de gratitud se desvanecían junto con el ardor de su rostro, hasta que no quedó ninguno, y el hecho reciente retrocedió y se perdió en los recodos de su vida pasada.

De pronto se sorprendió cantando algo en voz baja. Se irguió alegremente, pisando con firmeza y decisión.

Llegó a la orilla del mar y anduvo de un lado para otro, elásticamente, sintiéndose rehacer, como si sus fuerzas interiores, antes dispersas, se reunieran y amalgamaran sólidamente.

Después la fatiga del trabajo empezó a subirle por las piernas en un lento hormigueo y se sentó sobre un montón de bolsas.

Miró al mar. Las luces del muelle y las de los barcos se extendían por el agua en un reguero rojizo y dorado, temblando suavemente. Se tendió de espaldas, mirando al cielo largo rato. No tenía ganas de pensar, ni de cantar, ni de hablar. Se sentía vivir, nada más.

Hasta que se quedó dormido con el rostro vuelto hacia el mar.

300

COMENTARIO

"El vaso de leche" se distingue de la mayor parte de los cuentos criollistas por su visión optimista del hombre y de la vida en general. Aunque el hambre del protagonista cobra relieve en contraste con el oportunismo del atorrante y con la indiferencia del vejete, la bondad de la señora de la lechería remata la generosidad del marinero inglés y del capataz de los cargadores. Vencida el hambre, el protagonista se duerme "con el rostro vuelto hacia el mar". Es decir, a pesar de la dureza de la vida marítima, el mar simboliza la creación y el renacimiento del hombre.

La importancia del individuo es muy chilena. La anonimidad del protagonista no le quita en absoluto su valor humano. En este cuento, Rojas no está preocupado por la protesta social; sólo quiere analizar lo que siente una persona que está sufriendo hambre. Describe con tanta intensidad los varios momentos críticos para el protagonista que el lector llega a identificarse con éste sin conocerlo. En efecto, se sabe muy poco del protagonista. Es joven y delgado; tiene madre y hermanos; trabajó en un barco, desertó, trabajó con el pescador de centollas y se embarcó ocultamente. Eso es todo. No se saben detalles físicos ni por qué motivos abandonó el hogar. Lo importante es el sufrimiento y la presión ejercida por el hambre sobre la timidez y la vergüenza.

El hincapié en el individuo no quiere decir que el cuento esté desarraigado de la realidad. Al contrario, Rojas se esfuerza por crear el ambiente de puerto: los extranjeros (el marinero inglés, el pescador austriaco —no importa que no esté presente— y la lechera española); los vagabundos; los estibadores; los figones; el montón de bolsas, y las luces del muelle y de los barcos. Sólo que a diferencia de Mariano Latorre, jefe de los criollistas chilenos, el propósito principal de Rojas no es captar los rasgos distintivos de una región, sino presentar un drama humano dentro de un ambiente realista.

"El vaso de leche" da la impresión de ser una narración sencilla y directa, sin trucos literarios. Sin embargo, los recursos estilísticos de Rojas son tan valiosos como los de Aguilera Malta o de Juan Bosch. La comparación del hambre con un fuego abrasador da doble sentido al efecto del vaso de leche, de las lágrimas y del mar. De acuerdo con la sencillez de la acción y con la intensidad de las emociones, el estilo de Rojas, muy chileno, se caracteriza por su lentitud. Las oraciones son largas; abundan las construcciones paralelas; y hasta la traducción de las palabras del marinero inglés contribuye a establecer el ritmo lento. Para reconciliar la intensidad emotiva con el ritmo lento, Rojas construye sus oraciones a base de verbos, que a veces adorna en el lugar apropiado con enclíticos: "Se bebió de un sorbo el resto de leche que contenía el vaso, se levantó pausadamente, pagó y dirigióse a la puerta". El sentido del ritmo también se percibe en el uso del pronombre "las" en la frase bimembre "las luces del muelle y las de los barcos".

En cuanto a la estructura del cuento, Rojas rechaza la técnica común y corriente de encuadrar su obra con motivos artísticos. La unidad del cuento se deriva del solo tema del hambre que se liquida al final. De cierta manera, el desenlace feliz se prepara con el comienzo falso. Parece que el autor nos está tomando el pelo al hacernos creer por más de una página que el marinero inglés va a ser el protagonista. Esa picardía de parte del autor no concordaría con un fin trágico.

La primacía del ser humano en "El vaso de leche" marca el fin del criollismo. En Chile, la preeminencia de la vida citadina y el influjo de los inmigrantes europeos han creado una literatura más "antropocéntrica" que la de la mayoría de los otros países hispanoamericanos. Sin embargo, ya para 1945 la reacción contra el criollismo se había hecho general.

EL COSMOPOLITISMO*

SI BIEN es cierto que el criollismo dominó la prosa hispanoamericana entre 1920 y 1945, no es menos cierto que la corriente cosmopolita nunca murió por completo, y que a partir de 1945 desplazó al criollismo en casi todos los países.

Para el criollista, la literatura sirve para interpretar las condiciones políticas, económicas y sociales de su propio país. En cambio, el autor cosmopolita se preocupa mucho más por la estética, la psicología y la filosofía, aun cuando trata temas criollistas, como en el caso de "La lluvia" de Arturo Uslar Pietri. Frente a la temática criollista, los cosmopolitas se interesan más en el individuo, en la vida urbana y en la fantasía. Los escritores viven en grandes centros metropolitanos, conocen muchas partes del mundo y están al tanto de todos los movimientos literarios.

La capital del cosmopolitismo hispanoamericano tiene que ser Buenos Aires y su máximo sacerdote Jorge Luis Borges, quien se formó en Europa durante la época vanguardista. Aunque muchos de los feligreses, que pertenecen a distintas generaciones y a distintos países, no siguen los rumbos laberínticos de Borges, todos le tienen un gran respeto por su intelectualismo y por su constancia artística.

Dentro de este movimiento muy general, se agrupan distintas "escuelas" más definidas: las que surgieron primero en la pintura: el *surrealismo*, el *cubismo* y el *realismo mágico*; y luego la "escuela" filosófica del *existencialismo*.

EL SURREALISMO

Basado en los trabajos de Freud y otros psicólogos, el surrealismo proclama que la realidad tiene un carácter dualístico, exterior e interior, y trata de captar los dos a la vez. Así es que cierto episodio presenciado por un personaje evoca toda una serie de asociaciones y recuerdos. Si ese personaje está en actitud de soñar, los elementos evocados pueden confundirse unos con otros para lograr mayores efectos artísticos. El tema más frecuente de ese mundo subconsciente es la frustración sexual. Su periodo de auge data desde el fin de la segunda Guerra Mundial hasta el comienzo de la Guerra Fría, como atestiguan las novelas siguientes: *El señor Presidente (1946)* de Miguel Ángel Asturias; *Al filo del agua* (1947) de Agustín Yáñez; *Manglar* (1947) y *Puerto Limón* (1950) de Joaquín Gutiérrez, y *La ruta de su evasión* (1949) de Yolanda Oreamuno. Los autores extranjeros que han ejercido mayor influencia son James Joyce y William Faulkner, quienes también introdujeron en la narrativa algunos procedimientos inspirados en el cubismo.

EL CUBISMO

Todavía no se ha reconocido bastante la influencia del cubismo en la literatura. De él se desprende la técnica de presentar simultáneamente la realidad desde distintos ángulos o puntos de vista. Por lo tanto, el tiempo queda parado o hecho una eternidad. Las obras están planeadas con la exactitud matemática de un arquitecto o de un ajedrecista. La obra maestra del cubismo hispanoamericano es *El señor Presidente* (que también tiene rasgos surrealistas), inspirada en parte por la novela cubista de Valle Inclán, *Tirano Banderas*.

El realismo mágico consiste en la presentación objetiva, estática y precisa de la realidad cotidiana con algún elemento inesperado o improbable cuyo conjunto deja al lector desconcertado, aturdido, maravillado. Con esta definición queda clara la distinción entre el realismo mágico y tanto lo fantástico como el surrealismo que versan sobre elementos no improbables sino imposibles. Además, hay que distinguir muy claramente entre lo real maravilloso, término atemporal inventado en 1949 por Alejo Carpentier, y el realismo mágico, término inventado en 1925 por el crítico de arte alemán Franz Roh (1890-1965) y divulgado entre 1926 y 1929 por el italiano Massimo Bontempelli (1878-1960) en su revista *Novecento*. Mientras lo real maravilloso se refiere al ambiente mágico de ciertas partes de América Latina donde la cultura tiene fuertes raíces indígenas o africanas, el realismo mágico es una tendencia artística internacional, igual que el barroco, el romanticismo o el surrealismo.

Cuando Franz Roh escribió su libro en 1925, él codificaba lo que transcurría en el mundo artístico de Europa y de los Estados Unidos a partir de 1918, o sea la reacción en contra del expresionismo. Si el ascenso al poder de Hitler en 1933 acabó con el realismo mágico en Alemania, la crisis económica de 1929 a 1939 y la segunda Guerra Mundial limitaron por todo el mundo las posibilidades del realismo mágico lo mismo que del surrealismo y de casi toda la vanguardia a favor de un arte más realista de protesta social. Hacia fines de la guerra, el realismo mágico resucita con la exposición en el Museo de Arte Moderno de Nueva York titulada *Realistas y mágicorrealistas estadounidenses* (1943), con los cuentos más famosos de Borges, con el tomo de cuentos de Truman Capote *Un árbol de noche y otros cuentos* (1945), con el cuadro *El mundo de Cristina* (1948) de Andrew Wyeth y con la poesía mágicorrealista de Gunter Eich y otros jóvenes alemanes de la posguerra. De ahí siguió hasta su verdadero florecimiento en la década de los sesenta con la obra ejemplar: *Cien años de soledad.*

EL EXISTENCIALISMO

A diferencia de los movimientos anteriores, el existencialismo se deriva principalmente de la filosofía. El escritor existencialista presenta la situación angustiosa del hombre moderno que se siente totalmente solo e inútil frente a un mundo mecanizado a punto de destruirse. Los valores tradicionales, el amor y la fe en cualquier cosa, ya no existen. El hombre no hace más que existir. Nada tiene importancia. Las colillas y las luces de neón hacen las veces del cisne modernista. El argumento muchas veces no tiene un desenlace dramático. La obra consta de una escena de la vida urbana, casi siempre en una cantina de categoría regular, en la cual un diálogo inconsciente saca a la luz la muralla infranqueable que existe entre los individuos.

Eduardo Mallea introdujo el existencialismo en Hispanoamérica en la década de 1930-1940, 20 años antes de que esa modalidad llegara a generalizarse bajo la amenaza de una guerra atómica y la influencia literaria de Jean Paul Sartre. Sin embargo, fue el uruguayo Juan Carlos Onetti quien combinó la angustia de los seres solitarios con argumentos más originales y con personajes más individualizados para encabezar lo que se convirtió en la tendencia predominante de la década de los cincuenta.

Los cuentos que siguen llevan la marca inconfundible de uno o de varios de estos movimientos y abarcan dos generaciones de escritores: los nacidos entre 1899 y 1910: Jorge Luis Borges (1899-1986), Eduardo Mallea (1903-1982), Rogelio Sinán (1904-1994), Arturo Uslar Pietri (1905), Lino Novás Calvo (1905-1976), Juan Carlos Onetti (1909-1994) y María Luisa Bombal (1910-1980); y los nacidos entre 1917 y 1921: Augusto Roa Bastos (1917), Juan Rulfo (1918-1986), Juan José Arreola (1918) y Ramón Ferreira (1921).

JORGE LUIS BORGES
[1899-1986]

Argentino. Nació en Buenos Aires. Estudió en Ginebra, Suiza y Cambridge, Inglaterra. Viajó por España y otros países europeos asociándose con los vanguardistas de la posguerra. De vuelta a Buenos Aires en 1921, trabajó de bibliotecario, escribió para los periódicos, dio conferencias sobre temas literarios y fundó revistas. Publicó varios tomos de poesía ultraísta y de ensayos literarios a partir de 1923. Su primera colección de cuentos, Historia universal de la infamia, *data de 1935, pero su fama mundial se debe más a la publicación de* El jardín de senderos que se bifurcan *(1941),* Ficciones *(1944),* El aleph *(1949) y* La muerte y la brújula *(1951). La casa Emecé ha publicado desde 1954 varios tomos de sus* Obras completas. *Durante el régimen peronista, Borges perdió su empleo y sufrió toda clase de vejaciones. Con la caída del dictador, los nuevos gobernantes le reconocieron su postura democrática nombrándole director de la Biblioteca Nacional. Fue profesor visitante en la Universidad de Texas en 1961-1962 y en la de Harvard en 1967-1968. Sus obras han sido traducidas y muy bien recibidas en los Estados Unidos y varios países europeos. Después de casi 20 años sin publicar, sorprendió gratamente a sus devotos con las poesías de* Elogio de la sombra *(1969),* La rosa profunda *(1975),* La moneda de hierro *(1976),* La cifra *(1981),* Los conjurados *(1985) y los cuentos de* El informe de Brodie *(1970) y* El libro de arena *(1975).*

EL JARDÍN DE SENDEROS QUE SE BIFURCAN

EN LA página 22 de la *Historia de la guerra europea* de Liddel Hart, se lee que una ofensiva de trece divisiones británicas (apoyadas por mil cuatrocientas piezas de artillería) contra la línea Serre-Montauban había sido planeada para el veinticuatro de julio de 1916 y debió postergarse hasta la mañana del día veintinueve. Las lluvias torrenciales (anota el capitán Liddel Hart) provocaron esa demora, nada significativa, por cierto. La siguiente declaración, dictada, releída y firmada por el doctor Yu Tsun, antiguo catedrático de inglés en la *Hochschule* de Tsingtao, arroja una insospechada luz sobre el caso. Faltan las dos páginas iniciales.

"…y colgué el tubo. Inmediatamente después, reconocí la voz que había contestado en alemán. Era la del capitán Richard Madden. Madden, en el departamento de Viktor Runeberg, quería decir el fin de nuestros afanes y —pero eso parecía muy secundario, o *debía parecérmelo*— también de nuestras vidas. Quería decir que Runeberg había sido arrestado, o asesinado.* Antes que declinara el sol de ese día, yo correría la misma suerte. Madden era implacable. Mejor dicho, estaba obligado a ser implacable. Irlandés a las órdenes de Inglaterra, hombre acusado de tibieza y tal vez de traición, ¿cómo no iba a abrazar y agradecer este milagroso favor: el descubrimiento, la captura, quizá la muerte, de dos agentes del Imperio alemán? Subí a mi cuarto; absurdamente cerré la puerta con llave y me tiré de espaldas en la estrecha cama de hierro. En la ventana estaban los tejados de siempre y el sol nublado de las seis. Me pareció increíble que ese día sin premoniciones ni símbolos fuera el de mi muerte implacable. A pesar de mi padre muerto, a pesar de haber sido un niño en un simétrico jardín de Hai Feng, ¿yo, ahora, iba a morir?

* Hipótesis odiosa y estrafalaria. El espía prusiano Hans Rabener, alias Viktor Runeberg, agredió con una pistola automática al portador de la orden de arresto, capitán Richard Madden. Éste, en defensa propia, le causó heridas que determinaron su muerte.

Después reflexioné que todas las cosas le suceden a uno precisamente, precisamente ahora. Siglos de siglos y sólo en el presente ocurren los hechos; innumerables hombres en el aire, en la tierra y el mar, y todo lo que realmente pasa me pasa a mí... El casi intolerable recuerdo del rostro acaballado de Madden abolió esas divagaciones. En mitad de mi odio y de mi terror (ahora no me importa hablar de terror: ahora que he burlado a Richard Madden, ahora que mi garganta anhela la cuerda) pensé que ese guerrero tumultuoso y sin duda feliz no sospechaba que yo poseía el Secreto. El nombre del preciso lugar del nuevo parque de artillería británico sobre el Ancre. Un pájaro rayó el cielo gris y ciegamente lo traduje en un aeroplano y a ese aeroplano en muchos (en el cielo francés) aniquilando el parque de artillería con bombas verticales. Si mi boca, antes que la deshiciera un balazo, pudiera gritar ese nombre de modo que lo oyeran en Alemania... Mi voz humana era pobre. ¿Cómo hacerla llegar al oído del Jefe? Al oído de aquel hombre enfermo y odioso, que no sabía de Runeberg y de mí sino que estábamos en Staffordshire y que en vano esperaba noticias nuestras en su árida oficina de Berlín, examinando infinitamente periódicos... Dije en voz alta: *Debo huir*. Me incorporé sin ruido, en una inútil perfección de silencio, como si Madden ya estuviera acechándome. Algo —tal vez la mera ostentación de probar que mis recursos eran nulos— me hizo revisar mis bolsillos. Encontré lo que sabía que iba a encontrar. El reloj norteamericano, la cadena de níquel y la moneda cuadrangular, el llavero con las comprometedoras llaves inútiles del departamento de Runeberg, la libreta, una carta que resolví destruir inmediatamente (y que no destruí), una corona, dos chelines y unos peniques, el lápiz rojo-azul, el pañuelo, el revólver con una bala. Absurdamente lo empuñé y sopesé para darme valor. Vagamente pensé que un pistoletazo puede oírse muy lejos. En diez minutos mi plan estaba maduro. La guía telefónica me dio el nombre de la única persona capaz de trasmitir la noticia: vivía en un suburbio de Fenton, a menos de media hora de tren.

Soy un hombre cobarde. Ahora lo digo, ahora que he llevado a término un plan que nadie no calificará de arriesgado. Yo sé que fue terrible su ejecución. No lo hice por Alemania, no. Nada me importa un país bárbaro, que me ha obligado a la abyección de ser un espía. Además, yo sé de un hombre de Inglaterra —un hombre modesto— que para mí no es menos que Goethe. Arriba de una hora no hablé con él, pero durante una hora fue Goethe... Lo hice, porque yo sentía que el Jefe tenía en poco a los de mi raza —a los innumerables antepasados que confluyen en mí—. Yo quería probarle que un amarillo podía salvar a sus ejércitos. Además, yo debía huir del capitán. Sus manos y su voz podían golpear en cualquier momento a mi puerta. Me vestí sin ruido, me dije adiós en el espejo, bajé, escudriñé la calle tranquila y salí. La estación no distaba mucho de casa, pero juzgué preferible tomar un coche. Argüí que así corría menos peligro de ser reconocido; el hecho es que en la calle desierta me sentía visible y vulnerable, infinitamente. Recuerdo que le dije al cochero que se detuviera un poco antes de la entrada central. Bajé con lentitud voluntaria y casi penosa; iba a la aldea de Ashgrove, pero saqué un pasaje para una estación más lejana. El tren salía dentro de muy pocos minutos, a las ocho y cincuenta. Me apresuré; el próximo saldría a las nueve y media. No había casi nadie en el andén. Recorrí los coches: recuerdo unos labradores, una enlutada, un joven que leía con fervor los *Anales* de Tácito, un soldado herido y feliz. Los coches arrancaron al fin. Un hombre que reconocí corrió en vano hasta el límite del andén. Era el capitán Richard Madden. Aniquilado, trémulo, me encogí en la otra punta del sillón, lejos del temido cristal.

De esa aniquilación pasé a una felicidad casi abyecta. Me dije que ya estaba empeñado mi duelo y que yo había ganado el primer asalto al burlar, siquiera por cuarenta minutos, siquiera por un favor del azar, el ataque de mi adversario. Argüí que esa victoria mínima prefiguraba la victoria total. Argüí que no era mínima, ya que sin esa diferencia preciosa que el horario de trenes me deparaba, yo estaría en la cárcel o muerto. Argüí (no menos sofísticamente) que mi felicidad cobarde probaba que yo era hombre capaz de llevar a buen término la aventura. De esa debilidad saqué fuerzas que no me abandonaron. Preveo que el hombre se resignará cada día a empresas más atroces; pronto no habrá sino guerreros y bandoleros; les doy este consejo: *El ejecutor de una empresa atroz debe imaginar que ya la ha cumplido, debe imponerse un porvenir que sea irrevocable como el pasado.* Así procedí yo, mientras mis ojos de hombre ya muerto registraban la fluencia de aquel día que era tal vez el último, y la difusión de la noche. El tren corría con dulzura, entre fresnos. Se detuvo, casi en medio del campo. Nadie gritó el nombre de la estación. *¿Ashgrove?*, les pregunté a unos chicos en el andén. *Ashgrove*, contestaron. Bajé.

Una lámpara ilustraba el andén, pero las caras de los niños quedaban en la zona de sombra. Uno me interrogó: *¿Usted va a casa del doctor Stephen Albert?* Sin aguardar contestación, otro dijo: *La casa queda lejos de aquí, pero usted no se perderá si toma ese camino a la izquierda y en cada encrucijada del camino dobla a la izquierda.* Les arrojé una moneda (la última), bajé unos escalones de piedra y entré en el solitario camino. Éste, lentamente, bajaba. Era de tierra elemental, arriba se confundían las ramas, la luna baja y circular parecía acompañarme.

Por un instante pensé que Richard Madden había penetrado de algún modo mi desesperado propósito. Muy pronto comprendí que eso era imposible. El consejo de siempre doblar a la izquierda me recordó que tal era el procedimiento común para descubrir el patio central de ciertos laberintos. Algo entiendo de laberintos: no en vano soy bisnieto de aquel Ts'ui Pên, que fue gobernador de Yunnan y que renunció al poder temporal para escribir una novela que fuera todavía más populosa que el *Hung Lu Meng* y para edificar un laberinto en el que se perdieran todos los hombres. Trece años dedicó a esas heterogéneas fatigas, pero la mano de un forastero lo asesinó y su novela era insensata y nadie encontró el laberinto. Bajo árboles ingleses medité en ese laberinto perdido: lo imaginé inviolado y perfecto en la cumbre secreta de una montaña, lo imaginé borrado por arrozales o debajo del agua, lo imaginé infinito, no ya de quioscos ochavados y de sendas que vuelven, sino de ríos y provincias y reinos... Pensé en un laberinto de laberintos, en un sinuoso laberinto creciente que abarcara el pasado y el porvenir y que implicara de algún modo los astros. Absorto en esas ilusorias imágenes, olvidé mi destino de perseguido. Me sentí, por un tiempo indeterminado, percibidor abstracto del mundo. El vago y vivo campo, la luna, los restos de la tarde, obraron en mí; asimismo el declive que eliminaba cualquier posibilidad de cansancio. La tarde era íntima, infinita. El camino bajaba y se bifurcaba, entre las ya confusas praderas. Una música aguda y como silábica se aproximaba y se alejaba en el vaivén del viento, empañada de hojas y de distancia. Pensé que un hombre puede ser enemigo de otros hombres, de otros momentos de otros hombres, pero no de un país: no de luciérnagas, palabras, jardines, cursos de agua, ponientes. Llegué, así, a un alto portón herrumbrado. Entre las rejas descifré una alameda y una especie de pabellón. Comprendí, de pronto, dos cosas, la primera trivial, la segunda casi increíble: la música venía del pabellón, la música era china. Por eso yo la había aceptado con plenitud, sin prestarle atención. No recuerdo si había una campana o un timbre o si llamé golpeando las manos. El chisporroteo de la música prosiguió.

Pero del fondo de la íntima casa un farol se acercaba: un farol que rayaban y a ratos anulaban los troncos, un farol de papel que tenía la forma de los tambores y el color de la luna. Lo traía un hombre alto. No vi su rostro, porque me cegaba la luz. Abrió el portón y dijo lentamente en mi idioma:

—Veo que el piadoso Hsi P'êng se empeña en corregir mi soledad. ¿Usted sin duda querrá ver el jardín?

Reconocí el nombre de uno de nuestros cónsules y repetí desconcertado:

—¿El jardín?

—El jardín de senderos que se bifurcan.

Algo se agitó en mi recuerdo y pronuncié con incomprensible seguridad:

—El jardín de mi antepasado Ts'ui Pên.

—¿Su antepasado? ¿Su ilustre antepasado? Adelante.

El húmedo sendero zigzagueaba como los de mi infancia. Llegamos a una biblioteca de libros orientales y occidentales. Reconocí, encuadernados en seda amarilla, algunos tomos de la *Enciclopedia Perdida* que dirigió el Tercer Emperador de la Dinastía Luminosa y que no se dio nunca a la imprenta. El disco del gramófono giraba junto a un fénix de bronce. Recuerdo también un jarrón de la familia rosa y otro, anterior de muchos siglos, de ese color azul que nuestros artífices copiaron de los alfareros de Persia...

Stephen Albert me observaba, sonriente. Era (ya lo dije) muy alto, de rasgos afilados, de ojos grises y barba gris. Algo de sacerdote había en él y también de marino; después me refirió que había sido misionero en Tientsin "antes de aspirar a sinólogo".

Nos sentamos; yo en un largo y bajo diván; él de espaldas a la ventana y a un alto reloj circular. Computé que antes de una hora no llegaría mi perseguidor, Richard Madden. Mi determinación irrevocable podía esperar.

—Asombroso destino el de Ts'ui Pên —dijo Stephen Albert—. Gobernador de su provincia natal, docto en astronomía, en astrología y en la interpretación infatigable de los libros canónicos, ajedrecista, famoso poeta y calígrafo: todo lo abandonó para componer un libro y un laberinto. Renunció a los placeres de la opresión, de la justicia, del numeroso lecho, de los banquetes y aun de la erudición y se enclaustró durante trece años en el Pabellón de la Límpida Soledad. A su muerte, los herederos no encontraron sino manuscritos caóticos. La familia, como usted acaso no ignora, quiso adjudicarlos al fuego, pero su albacea —un monje taoísta o budista— insistió en la publicación.

—Los de la sangre de Ts'ui Pên —repliqué— seguimos execrando a ese monje. Esa publicación fue insensata. El libro es un acervo indeciso de borradores contradictorios. Lo he examinado alguna vez: en el tercer capítulo muere el héroe, en el cuarto está vivo. En cuanto a la otra empresa de Ts'ui Pên, a su Laberinto…

—Aquí está el Laberinto —dijo indicándome un alto escritorio laqueado.

—¡Un laberinto de marfil! —exclamé—. Un laberinto mínimo.

—Un laberinto de símbolos —corrigió—. Un invisible laberinto de tiempo. A mí, bárbaro inglés, me ha sido deparado revelar ese misterio diáfano. Al cabo de más de cien años, los pormenores son irrecuperables, pero no es difícil conjeturar lo que sucedió. Ts'ui Pên diría una vez: *Me retiro a escribir un libro.* Y otra: *Me retiro a construir un laberinto.* Todos imaginaron dos obras; nadie pensó que libro y laberinto eran un solo objeto. El Pabellón de la Límpida Soledad se erguía en el centro de un jardín tal vez intrincado; el hecho puede haber sugerido a los hombres un laberinto físico. Ts'ui Pên murió; nadie, en las dilatadas tierras que fueron suyas, dio con el laberinto; la confusión de la novela me sugirió que ése era el laberinto. Dos circunstancias me dieron la recta solución del problema. Una: la curiosa leyenda de que Ts'ui Pên se había propuesto un laberinto que fuera estrictamente infinito. Otra: un fragmento de una carta que descubrí.

Albert se levantó. Me dio, por unos instantes, la espalda; abrió un cajón del áureo y renegrido escritorio. Volvió con un papel antes carmesí; ahora rosado y tenue y cuadriculado. Era justo el renombre caligráfico de Ts'ui Pên. Leí con incomprensión y fervor estas palabras que con minucioso pincel redactó un hombre de mi sangre: *Dejo a los varios porvenires (no a todos) mi jardín de senderos que se bifurcan.* Devolví en silencio la hoja. Albert prosiguió:

—Antes de exhumar esta carta, yo me había preguntado de qué manera un libro puede ser infinito. No conjeturé otro

314

procedimiento que el de un volumen cíclico, circular. Un volumen cuya última página fuera idéntica a la primera, con posibilidad de continuar indefinidamente. Recordé también esa noche que está en el centro de las 1001 Noches, cuando la reina Shahrazad (por una mágica distracción del copista) se pone a referir textualmente la historia de las 1001 Noches, con riesgo de llegar otra vez a la noche en que la refiere, y así hasta lo infinito. Imaginé también una obra platónica, hereditaria, trasmitida de padre a hijo, en la que cada nuevo individuo agregara un capítulo o corrigiera con piadoso cuidado la página de los mayores. Esas conjeturas me distrajeron; pero ninguna parecía corresponder, siquiera de un modo remoto, a los contradictorios capítulos de Ts'ui Pên. En esa perplejidad, me remitieron de Oxford el manuscrito que usted ha examinado. Me detuve, como es natural, en la frase: *Dejo a los varios porvenires (no a todos) mi jardín de senderos que se bifurcan.* Casi en el acto comprendí; *el jardín de senderos que se bifurcan* era la novela caótica; la frase *varios porvenires (no a todos)* me sugirió la imagen de la bifurcación en el tiempo, no en el espacio. La relectura general de la obra confirmó esa teoría. En todas las ficciones, cada vez que un hombre se enfrenta con diversas alternativas opta por una y elimina las otras; en la del casi inextricable Ts'ui Pên, opta —simultáneamente— por todas. *Crea,* así, diversos porvenires, diversos tiempos, que también proliferan y se bifurcan. De ahí las contradicciones de la novela. Fang, digamos, tiene un secreto; un desconocido llama a su puerta; Fang resuelve matarlo. Naturalmente, hay varios desenlaces posibles; Fang puede matar al intruso, el intruso puede matar a Fang, ambos pueden salvarse, ambos pueden morir, etcétera. En la obra de Ts'ui Pen, todos los desenlaces ocurren; cada uno es el punto de partida de otras bifurcaciones. Alguna vez, los senderos de ese laberinto convergen: por ejemplo, usted llega a esta casa, pero en uno de los pasados posibles usted es mi enemigo, en otro mi amigo. Si se resigna usted a mi pronunciación incurable, leeremos unas páginas.

Su rostro, en el vívido círculo de la lámpara, era sin duda el de un anciano, pero con algo inquebrantable y aun inmortal. Leyó con lenta precisión dos redacciones de un mismo capítulo épico. En la primera, un ejército marcha hacia una batalla a través de una montaña desierta; el horror de las piedras y de la sombra le hace menospreciar la vida y logra con facilidad la victoria; en la segunda, el mismo ejército atraviesa un palacio en el que hay una fiesta; la resplandeciente batalla les parece una continuación de la fiesta y logran la victoria. Yo oía con decente veneración esas viejas ficciones, acaso menos admirables que el hecho de que las hubiera ideado mi sangre y de que un hombre de un imperio remoto me las restituyera, en el curso de una desesperada aventura, en una isla occidental.

Recuerdo las palabras finales, repetidas en cada redacción como un mandamiento secreto: *Así combatieron los héroes, tranquilo el admirable corazón, violenta la espada, resignados a matar y a morir.*

Desde ese instante sentí a mi alrededor y en mi oscuro cuerpo una invisible, intangible pululación. No la pululación de los divergentes, paralelos y finalmente coalescentes ejércitos, sino una agitación más inaccesible, más íntima y que ellos de algún modo prefiguraban. Stephen Albert prosiguió:

—No creo que su ilustre antepasado jugara ociosamente a las variaciones. No juzgo verosímil que sacrificara trece años a la infinita ejecución de un experimento retórico. En su país, la novela es un género despreciable. Ts'ui Pên fue un novelista genial, pero también un hombre de letras que sin duda no se consideró un mero novelista. El testimonio de sus contemporáneos proclama —y harto lo confirma su vida— sus aficiones metafísicas, místicas. La controversia filosófica usurpa buena parte de su novela. Sé que de todos los problemas, ninguno lo inquietó y lo trabajó como el abismal problema del tiempo. Ahora bien, ése es el *único* problema que no figura en las páginas del *Jardín*. Ni siquiera usa la palabra que quiere decir *tiempo*. ¿Cómo se explica usted esa voluntaria omisión?

Propuse varias soluciones; todas, insuficientes. Las discutimos; al fin, Stephen Albert me dijo:

—En una adivinanza cuyo tema es el ajedrez, ¿cuál es la única palabra prohibida?

Reflexioné un momento y repuse.

—La palabra *ajedrez*.

—Precisamente —dijo Albert—. *El jardín de senderos que se bifurcan* es una enorme adivinanza, o parábola, cuyo tema es el tiempo; esa causa recóndita le prohíbe la mención de su nombre. Omitir *siempre* una palabra, recurrir a metáforas ineptas y a perífrasis evidentes, es quizá el modo más enfático de indicarla. Es el modo tortuoso que prefirió, en cada uno de los meandros de su infatigable novela, el oblicuo Ts'ui Pên. He confrontado centenares de manuscritos, he corregido los errores que la negligencia de los copistas ha introducido, he conjeturado el plan de ese caos, he restablecido, he creído restablecer, el orden primordial, he traducido la obra entera: me consta que no emplea una sola vez la palabra *tiempo*. La explicación es obvia: *El jardín de senderos que se bifurcan* es una imagen incompleta, pero no falsa, del universo tal como lo concebía Ts'ui Pên. A diferencia de Newton y de Schopenhauer, su antepasado no creía en un tiempo uniforme, absoluto. Creía en infinitas series de tiempo, en una red creciente y vertiginosa de tiempos divergentes, convergentes y paralelos. Esa trama de tiempos que se aproximan, se bifurcan, se cortan o que secularmente se ignoran, abarca *todas* las posibilidades. No existimos en la mayoría de esos tiempos; en algunos existe usted y no yo; en otros, yo, no usted; en otros, los dos. En éste, que un favorable azar me depara, usted ha llegado a mi casa; en otro, usted, al atravesar el jardín, me ha encontrado muerto; en otro, yo digo estas mismas palabras, pero soy un error, un fantasma.

—En todos —articulé no sin un temblor—, yo agradezco y venero su recreación del jardín de Ts'ui Pen.

—No en todos —murmuró con una sonrisa—. El tiempo se bifurca perpetuamente hacia innumerables futuros. En uno de ellos soy su enemigo.

Volví a sentir esa pululación de que hablé. Me pareció que el húmedo jardín que rodeaba la casa estaba saturado hasta lo infinito de invisibles personas. Esas personas eran Albert y yo, secretos, atareados y multiformes en otras dimensiones de tiempo. Alcé los ojos y la tenue pesadilla se disipó. En el amarillo y negro jardín había un solo hombre; pero ese hombre era fuerte como una estatua, pero ese hombre avanzaba por el sendero y era el capitán Richard Madden.

—El porvenir ya existe —respondí—, pero yo soy su amigo. ¿Puedo examinar de nuevo la carta?

Albert se levantó. Alto, abrió el cajón del alto escritorio; me dio por un momento la espalda. Yo había preparado el revólver. Disparé con sumo cuidado: Albert se desplomó sin una queja, inmediatamente. Yo juro que su muerte fue instantánea: una fulminación.

Lo demás es irreal, insignificante. Madden irrumpió, me arrestó. He sido condenado a la horca. Abominablemente he vencido: he comunicado a Berlín el secreto nombre de la ciudad que deben atacar. Ayer la bombardearon; lo leí en los mismos periódicos que propusieron a Inglaterra el enigma de que el sabio sinólogo Stephen Albert muriera asesinado por un desconocido, Yu Tsun. El Jefe ha descifrado ese enigma. Sabe que mi problema era indicar (a través del estrépito de la guerra) la ciudad que se llama Albert y que no hallé otro medio que matar a una persona de ese nombre. No sabe (nadie puede saber) mi innumerable contrición y cansancio.

COMENTARIO

Jorge Luis Borges, más que nadie, ha promovido la reacción en contra del criollismo mediante sus cuentos filosóficos

318

que lucen una visión de mundo mágicorrealista y que se han asociado (en varios casos equivocadamente) con la literatura fantástica. "El jardín de senderos que se bifurcan" es uno de sus cuentos más representativos y apreciados por el ingenioso entretejimiento de sus ideas filosóficas con los ingredientes del cuento detectivesco: el misterio, los muertos, la fuga, la persecución, el suspenso y el castigo del criminal. Igual que en las historias de Sherlock Holmes y de Fu Man Chu, Borges desafía al lector a una competencia intelectual, sólo que Borges escribe para un público mucho más selecto y la competencia es más ardua. Partiendo de la trama detectivesca, Borges hilvana un laberinto en que trata de perder al lector. La propia discusión de los laberintos de Ts'ui Pên tiende a distraer la atención del lector de la misión de Yu Tsun. Sólo al final se descubre el propósito del viaje a la casa de Stephen Albert. Sin embargo, las divagaciones son importantes porque contienen las ideas básicas de la filosofía de Borges: el carácter laberíntico del mundo; el eterno regreso, o sea, la repetición de acontecimientos del pasado; la simultaneidad del pasado, del presente y del futuro; la identidad del hombre con sus antepasados y con todos los hombres; y la anulación del individuo. El concepto del tiempo circular se refuerza por "la luna baja y circular", el "alto reloj circular" y el "círculo de la lámpara". Además, el aparte parentético del protagonista hacia el principio del cuento "(...ahora que he burlado a Richard Madden, ahora que mi garganta anhela la cuerda)" forma el punto de partida del círculo que se cierra en el último párrafo con la frase igualmente *insignificante:* "he sido condenado a la horca".

Como Gide, Unamuno, Pirandello y otros autores del siglo XX, Borges comenta su propio proceso creativo dentro de la obra. Cuando habla Albert de los meandros de la infatigable novela de Ts'ui Pên, Borges está refiriéndose a su propio cuento. Para complicar los "meandros" de este cuento, Borges junta lo exacto con lo improbable. Al principio, pretende escribir con la precisión de un catedrático de historia, hasta con una nota al pie de la página, pero la presencia en Inglaterra de un espía alemán de nacionalidad china es algo inverosímil y la casualidad de que un señor Albert, sacado por azar de la guía telefónica, resultara sinólogo no es imposible, pero sí extremadamente improbable. El aspecto improbable del cuento se refuerza en el tren cuando el protagonista ve a un joven que lee con fervor los *Anales* de Tácito y a un soldado herido y feliz.

En la presentación de sus ideas filosóficas, Borges emplea un estilo que parece más propio del ensayo que del cuento. En efecto, algunos de sus cuentos podrían rotularse ensayos. "El jardín de senderos que se bifurcan" no se incluye entre éstos porque en él se combinan astutamente el estilo expositivo con el estilo detectivesco: "me vestí sin ruido, me dije adiós en el espejo, bajé, escudriñé la calle tranquila y salí".

Nadie niega la importancia de Borges en el desarrollo del cuento hispanoamericano. Hombre erudito e ingenioso, sus cuentos fascinan a sus colegas, a los críticos y a los catedráticos de literatura. Sin embargo, algunos críticos, sobre todo argentinos de la generación de David Viñas y otros más jóvenes, le han tachado de escapista y de reaccionario por lo que llaman su actitud despreocupada frente a los graves problemas nacionales y continentales. Toca preguntar si se le puede llamar escapista a un hombre que ha convertido el cuento en un género capaz de expresar conceptos filosóficos sobre la naturaleza del hombre, de la historia y de la realidad de todas las épocas.

MARÍA LUISA BOMBAL
[1910-1980]

Chilena. Nació en Viña del Mar. Estudió en la Sorbona, don-
de presentó una tesis sobre Prosper Mérimée. En Santiago
representó en distintos grupos teatrales. Vivió varios años en
Buenos Aires, donde publicó sus únicos tres cuentos en la
revista Sur: *"Las islas nuevas" (1938), "El árbol" (1939) y*
"María Gricelda" (1946). Su fama depende más de sus dos
novelas, La última niebla *(1935) y* La amortajada *(1938).*
Residió en Nueva York durante muchos años antes de volver a
Viña del Mar.

EL ÁRBOL

EL PIANISTA se sienta, tose por prejuicio y se concentra un
instante. Las luces en racimo que alumbran la sala declinan
lentamente hasta detenerse en un resplandor mortecino de
brasa, al tiempo que una frase musical comienza a subir en
el silencio, a desenvolverse, clara, estrecha y juiciosamente
caprichosa.

"Mozart, tal vez", piensa Brígida. Como de costumbre se
ha olvidado de pedir el programa. "Mozart, tal vez, o Scar-
latti." ¡Sabía tan poca música! Y no era porque no tuviese
oído ni afición. De niña fue ella quien reclamó lecciones de
piano; nadie necesitó imponérselas, como a sus hermanas.
Sus hermanas, sin embargo, tocaban ahora correctamente y
descifraban a primera vista, en tanto que ella... Ella había
abandonado los estudios al año de iniciarlos. La razón de
su inconsecuencia era tan sencilla como vergonzosa: jamás
había conseguido aprender la llave de Fa, jamás. "No com-

321

prendo, no me alcanza la memoria más que para la llave de Sol." ¡La indignación de su padre! "¡A cualquiera le doy esta carga de un hombre solo con varias hijas que educar! ¡Pobre Carmen! Seguramente habría sufrido por Brígida. Es retardada esta criatura."

Brígida era la menor de seis niñas, todas diferentes de carácter. Cuando el padre llegaba por fin a su sexta hija, llegaba tan perplejo y agotado por las cinco primeras que prefería simplificarse el día declarándola retardada. "No voy a luchar más, es inútil. Déjenla. Si no quiere estudiar, que no estudie. Si le gusta pasarse en la cocina oyendo cuentos de ánimas, allá ella. Si le gustan las muñecas a los dieciséis años, que juegue." Y Brígida había conservado sus muñecas y permanecido totalmente ignorante.

¡Qué agradable es ser ignorante! ¡No saber exactamente quién fue Mozart, desconocer sus orígenes, sus influencias, las particularidades de su técnica! Dejarse solamente llevar por él de la mano, como ahora.

Y Mozart la lleva, en efecto. La lleva por un puente suspendido sobre un agua cristalina que corre en un lecho de arena rosada. Ella está vestida de blanco, con un quitasol de encaje, complicado y fino como una telaraña, abierto sobre el hombro.

—Estás cada día más joven, Brígida. Ayer encontré a tu marido, a tu ex marido, quiero decir. Tiene todo el pelo blanco.

Pero ella no contesta, no se detiene, sigue cruzando el puente que Mozart le ha tendido hacia el jardín de sus años juveniles.

Altos surtidores en los que el agua canta. Sus dieciocho años, sus trenzas castañas que desatadas le llegaban hasta los tobillos, su tez dorada, sus ojos oscuros tan abiertos y como interrogantes. Una pequeña boca de labios carnosos, una sonrisa dulce y el cuerpo más liviano y gracioso del mundo. ¿En qué pensaba sentada al borde de la fuente? En nada. "Es tan tonta como linda", decían. Pero a ella nunca le importó ser tonta, ni "planchar" en los bailes. Una por una iban pidiendo en matrimonio a sus hermanas. A ella no la pedía nadie.

¡Mozart! Ahora le brinda una escalera de mármol azul por donde ella baja entre una doble fila de lirios de hielo. Y ahora le abre una verja de barrotes con puntas doradas para que ella pueda echarse al cuello de Luis, el amigo íntimo de su padre. Desde muy niña, cuando todos la abandonaban, corría hacia Luis. Él la alzaba y ella le rodeaba el cuello con los brazos, entre risas que eran como pequeños gorjeos y besos que le disparaba aturdidamente sobre los ojos, la frente y el pelo ya entonces canoso (¿es que nunca había sido joven?) como una lluvia desordenada. "Eres un collar —le decía Luis—. Eres como un collar de pájaros."

Por eso se había casado con él. Porque al lado de aquel hombre solemne y taciturno no se sentía culpable de ser tal cual era: tonta, juguetona y perezosa. Sí; ahora que han pasado tantos años comprende que no se había casado con Luis por amor; sin embargo, no atina a comprender por qué, por qué se marchó ella un día, de pronto…

Pero he aquí que Mozart la toma nerviosamente de la mano y arrastrándola en un ritmo segundo por segundo más apremiante, la obliga a cruzar el jardín en sentido inverso, a retomar el puente en una carrera que es casi una huida. Y luego de haberla despojado del quitasol y de la falda transparente, le cierra la puerta de su pasado con un acorde dulce y firme a la vez, y la deja en una sala de conciertos, vestida de negro, aplaudiendo maquinalmente en tanto crece la llama de las luces artificiales.

De nuevo la penumbra y de nuevo el silencio precursor. Y ahora Beethoven empieza a remover el oleaje tibio de sus notas bajo una luna de primavera. ¡Qué lejos se ha retirado el mar! Brígida se interna playa adentro hacia el mar contraído allá lejos, refulgente y manso, pero entonces el mar se levanta, crece tranquilo, viene a su encuentro, la envuelve, y con suaves olas la va empujando, empujando por la espalda

323

hasta hacerle recostar la mejilla sobre el cuerpo de un hombre. Y se aleja, dejándola olvidada sobre el pecho de Luis.

—No tienes corazón, no tienes corazón —solía decirle a Luis. Latía tan adentro el corazón de su marido que no pudo oírlo sino rara vez y de modo inesperado—. Nunca estás conmigo cuando estás a mi lado —protestaba en la alcoba, cuando antes de dormirse él abría ritualmente los periódicos de la tarde—. ¿Por qué te has casado conmigo?

—Porque tienes ojos de venadito asustado —contestaba él y la besaba. Y ella, súbitamente alegre, recibía orgullosa sobre su hombro el peso de su cabeza cana. ¡Oh, ese pelo plateado y brillante de Luis!

—Luis, nunca me has contado de qué color era exactamente tu pelo cuando eras chico, y nunca me has contado tampoco lo que dijo tu madre cuando te empezaron a salir canas a los quince años. ¿Qué dijo? ¿Se rio? ¿Lloró? ¿Y tú estabas orgulloso o tenías vergüenza? Y en el colegio, tus compañeros ¿qué decían? Cuéntame, Luis, cuéntame...

—Mañana te contaré. Tengo sueño, Brígida, estoy muy cansado. Apaga la luz.

Inconscientemente él se apartaba de ella para dormir, y ella inconscientemente, durante la noche entera, perseguía el hombro de su marido, buscaba su aliento, trataba de vivir bajo su aliento, como una planta encerrada y sedienta que alarga sus ramas en busca de un clima propicio.

Por las mañanas, cuando la mucama abría las persianas, Luis ya no estaba a su lado. Se había levantado sigiloso y sin darle los buenos días, por temor al collar de pájaros que se obstinaba en retenerlo fuertemente por los hombros. "Cinco minutos, cinco minutos nada más. Tu estudio no va a desaparecer porque te quedes cinco minutos más conmigo, Luis."

Sus despertares. ¡Ah, qué tristes sus despertares! Pero —era curioso— apenas pasaba a su cuarto de vestir, su tristeza se disipaba como por encanto.

Un oleaje bulle, bulle muy lejano, murmura como un mar de hojas. ¿Es Beethoven? No.

Es el árbol pegado a la ventana del cuarto de vestir. Le bastaba entrar para que sintiese circular en ella una gran sensación bienhechora. ¡Qué calor había siempre en el dormitorio por las mañanas! ¡Y qué luz cruda! Aquí en cambio, en el cuarto de vestir, hasta la vista descansaba, se refrescaba. Las cretonas desvaídas, el árbol que desenvolvía sombras como de agua agitada y fría por las paredes, los espejos que doblaban el follaje y se ahuecaban en un bosque infinito y verde. ¡Qué agradable era ese cuarto! Parecía un mundo sumido en un acuario. ¡Cómo parloteaba ese inmenso gomero! Todos los pájaros del barrio venían a refugiarse en él. Era el único árbol de aquella estrecha calle en pendiente que desde un costado de la ciudad se despeñaba directamente al río.

—Estoy ocupado. No puedo acompañarte… Tengo mucho que hacer, no alcanzo a llegar para el almuerzo… Hola, sí, estoy en el Club. Un compromiso. Come y acuéstate… No. No sé. Más vale que no me esperes, Brígida.

—¡Si tuviera amigas! —suspiraba ella. Pero todo el mundo se aburría con ella. ¡Si tratara de ser un poco menos tonta! Pero ¿cómo ganar de un tirón tanto terreno perdido? Para ser inteligente hay que empezar desde chica ¿no es verdad?

A sus hermanas, sin embargo, los maridos las llevaban a todas partes, pero Luis —¿por qué no había de confesárselo a sí misma?— se avergonzaba de ella, de su ignorancia, de su timidez y hasta de sus dieciocho años. ¿No le había pedido que dijera que tenía por lo menos veintiuno, como si su extrema juventud fuera una tara secreta?

Y de noche ¡qué cansado se acostaba siempre! Nunca la escuchaba del todo. Le sonreía, eso sí, le sonreía con una sonrisa que ella sabía maquinal. La colmaba de caricias de las que él estaba ausente. ¿Por qué se habría casado con ella? Para continuar una costumbre, tal vez para estrechar la vieja relación de amistad con su padre. Tal vez la vida consistía para los hombres en una serie de costumbres consentidas y continuas. Si alguna llegaba a quebrarse, probablemente se producía el desbarajuste, el fracaso. Y los hombres empezaban entonces a errar por las calles de la ciudad, a sentarse en los bancos de las plazas, cada día peor vestidos y con la barba más crecida. La vida de Luis, por lo tanto, consistía en llenar con una ocupación cada minuto del día. ¡Cómo no haberlo comprendido antes! Su padre tenía razón al declararla retardada.

—Me gustaría ver nevar alguna vez, Luis.

—Este verano te llevaré a Europa, y como allá es invierno, podrás ver nevar.

—Ya sé que es invierno en Europa cuando aquí es verano. ¡Tan ignorante no soy!

A veces, como para despertarlo al arrebato del verdadero amor, ella se echaba sobre su marido y lo cubría de besos, llorando, llamándolo: Luis, Luis, Luis…

—¿Qué? ¿Qué te pasa? ¿Qué quieres?

—Nada.

—¿Por qué me llamas de ese modo, entonces?

—Por nada, por llamarte. Me gusta llamarte.

Y él sonreía, acogiendo con benevolencia aquel nuevo juego. Llegó el verano, su primer verano de casada. Nuevas ocupaciones impidieron a Luis ofrecerle el viaje prometido.

—Brígida, el calor va a ser tremendo este verano en Buenos Aires. ¿Por qué no te vas a la estancia con tu padre?

—¿Sola?

—Yo iría a verte todas las semanas de sábado a lunes.

Ella se había sentado en la cama, dispuesta a insultar. Pero en vano buscó palabras hirientes que gritarle. No sabía nada, nada. Ni siquiera insultar.

—¿Qué te pasa? ¿En qué piensas, Brígida?

Por primera vez Luis había vuelto sobre sus pasos y se inclinaba sobre ella inquieto, dejando pasar la hora de llegada a su despacho.

—Tengo sueño… —había replicado Brígida puerilmente, mientras escondía la cara en las almohadas.

Por primera vez él la había llamado desde el Club del

326

almuerzo. Pero ella había rehusado salir al teléfono, esgrimiendo rabiosamente el arma aquella que había encontrado sin pensarlo: el silencio.

Esa misma noche comía frente a su marido sin levantar la vista, contraídos todos sus nervios.

—¿Todavía estás enojada, Brígida?

Pero ella no quebró el silencio.

—Bien sabes que te quiero, collar de pájaros. Pero no puedo estar contigo a toda hora. Soy un hombre muy ocupado. Se llega a mi edad hecho un esclavo de mil compromisos.

—...

—¿Quieres que salgamos esta noche?

—...

—¿No quieres? Paciencia. Dime, ¿llamó Roberto desde Montevideo?

—...

—¡Qué lindo traje! ¿Es nuevo?

—...

—¿Es nuevo, Brígida? Contesta, contéstame...

Pero ella tampoco esta vez quebró el silencio.

Y en seguida lo inesperado, lo asombroso, lo absurdo. Luis que se levanta de su asiento, tira violentamente la servilleta sobre la mesa y se va de la casa dando portazos.

Ella se había levantado a su vez, atónita, tiritando de indignación por tanta injusticia. —"Y yo, y yo" —murmuraba desorientada—, "yo que durante casi un año... cuando por primera vez me permito un reproche... ¡Ah, me voy, me voy esta misma noche! No volveré a pisar nunca más esta casa..." Y abría con furia los armarios de su cuarto de vestir, tiraba desatinadamente la ropa al suelo.

Fue entonces cuando alguien golpeó con los nudillos en los cristales de la ventana.

Había corrido, no supo cómo ni con qué insólita valentía, hacia la ventana. La había abierto. Era el árbol, el gomero que un gran soplo de viento agitaba, el que golpeaba con sus ramas los vidrios, el que la requería desde fuera como para que lo viera retorcerse hecho una impetuosa llamarada negra bajo el cielo encendido de aquella noche de verano.

Un pesado aguacero no tardaría en rebotar contra sus frías hojas. ¡Qué delicia! Durante toda la noche, ella podría oír la lluvia azotar, escurrirse por las hojas del gomero como por los canales de mil goteras fantasiosas. Durante toda la noche oiría crujir y gemir el viejo tronco del gomero contándole de la intemperie, mientras ella se acurrucaría, voluntariamente friolenta, entre las sábanas del amplio lecho, muy cerca de Luis.

Puñados de perlas que llueven a chorros sobre un techo de plata. Chopin. *Estudios* de Federico Chopin.

¿Durante cuántas semanas se despertó de pronto, muy temprano, apenas sentía que su marido, ahora también él obstinadamente callado, se había escurrido del lecho?

El cuarto de vestir: la ventana abierta de par en par, un olor a río y a pasto flotando en aquel cuarto bienhechor, y los espejos velados por un halo de neblina.

Chopin y la lluvia que resbala por las hojas del gomero con ruido de cascada secreta, y parece empapar hasta las rosas de las cretonas, se entremezclan en su agitada nostalgia.

¿Qué hacer en verano cuando llueve tanto? ¿Quedarse el día entero en el cuarto fingiendo una convalecencia o una tristeza? Luis había entrado tímidamente una tarde. Se había sentado muy tieso.

Hubo un silencio.

—Brígida, ¿entonces es cierto? ¿Ya no me quieres?

Ella se había alegrado de golpe, estúpidamente. Puede que hubiera gritado: —"No, no; te quiero Luis, te quiero" —si él le hubiese dado tiempo, si no hubiese agregado, casi de inmediato, con su calma habitual:

—En todo caso, no creo que nos convenga separarnos, Brígida. Hay que pensarlo mucho.

En ella los impulsos se abatieron tan bruscamente como se habían precipitado. ¡A qué exaltarse inútilmente! Luis la quería con ternura y medida; si alguna vez llegaba a odiarla la odiaría con justicia y prudencia. Y eso era la vida. Se acercó a la ventana, apoyó la frente contra el vidrio glacial. Allí estaba el gomero recibiendo serenamente la lluvia que lo golpeaba, tranquila y regular. El cuarto se inmovilizaba en la penumbra, ordenado y silencioso. Todo parecía detenerse, eterno y muy noble. Eso era la vida. Y había cierta grandeza en aceptarla así, mediocre, como algo definitivo, irremediable. Y del fondo de las cosas parecía brotar y subir una melodía de palabras graves y lentas que ella se quedó escuchando: "Siempre". "Nunca"... Y así pasan las horas, los días y los años. ¡Siempre! ¡Nunca! ¡La vida, la vida!

Al recobrarse cayó en la cuenta de que su marido se había escurrido del cuarto. ¡Siempre! ¡Nunca!...

Y la lluvia, secreta e igual, aún continuaba susurrando en Chopin.

El verano deshojaba su ardiente calendario. Caían páginas luminosas y enceguecedoras como espadas de oro, y páginas de una humedad malsana como el aliento de los pantanos; caían páginas de furiosa y breve tormenta, y páginas de viento caluroso, del viento que trae el "clavel del aire" y lo cuelga del inmenso gomero.

Algunos niños solían jugar al escondite entre las enormes raíces convulsas que levantaban las baldosas de la acera, y el árbol se llenaba de risas y de cuchicheos. Entonces ella se asomaba a la ventana y golpeaba las manos; los niños se dispersaban asustados, sin reparar en su sonrisa de niña que a su vez desea participar en el juego.

Solitaria, permanecía largo rato acodada en la ventana mirando el tiritar del follaje —siempre corría alguna brisa en aquella calle que se despeñaba directamente hasta el río— y era como hundir la mirada en un agua movediza o en el fuego inquieto de una chimenea. Una podía pasarse así las horas muertas, vacía de todo pensamiento, atontada de bienestar.

Apenas el cuarto empezaba a llenarse del humo del crepúsculo, ella encendía la primera lámpara, y la primera lámpara resplandecía en los espejos, se multiplicaba como una luciérnaga deseosa de precipitar la noche.

Y noche a noche dormitaba junto a su marido, sufriendo por rachas. Pero cuando su dolor se condensaba hasta herirla como un puntazo, cuando la asediaba un deseo demasiado imperioso de despertar a Luis para pegarle o acariciarlo, se escurría de puntillas hacia el cuarto de vestir y abría la ventana. El cuarto se llenaba instantáneamente de discretos ruidos y discretas presencias, de pisadas misteriosas, de aleteos, de sutiles chasquidos vegetales, del dulce gemido de un grillo escondido bajo la corteza del gomero sumido en las estrellas de una calurosa noche estival.

Su fiebre decaía a medida que sus pies desnudos se iban helando poco a poco sobre la estera. No sabía por qué le era tan fácil sufrir en aquel cuarto.

Melancolía de Chopin engranando un estudio tras otro, engranando una melancolía tras otra, imperturbable.

Y vino el otoño. Las hojas secas revoloteaban un instante antes de rodar sobre el césped del estrecho jardín, sobre la acera de la calle en pendiente. Las hojas se desprendían y caían... La cima del gomero permanecía verde, pero por debajo el árbol enrojecía, se ensombrecía como el forro gastado de una suntuosa capa de baile. Y el cuarto parecía ahora sumido en una copa de oro triste.

Echada sobre el diván, ella esperaba pacientemente la hora de la cena, la llegada improbable de Luis. Había vuelto a hablarle, había vuelto a ser su mujer sin entusiasmo y sin ira. Ya no lo quería. Pero ya no sufría. Por el contrario, se había apoderado de ella una inesperada sensación de plenitud, de placidez. Ya nadie ni nada podría herirla. Puede que la verdadera felicidad esté en la convicción de que se ha perdido irremediablemente la felicidad. Entonces empezamos a movernos por la vida sin esperanzas ni miedos, capaces de gozar por fin todos los pequeños goces, que son los más perdurables.

Un estruendo feroz, luego una llamarada blanca que la echa hacia atrás toda temblorosa.

¿Es el entreacto? No. Es el gomero, ella lo sabe.

Lo habían abatido de un solo hachazo. Ella no pudo oír los trabajos que empezaron muy de mañana. "Las raíces levantaban las baldosas de la acera y entonces, naturalmente, la comisión de vecinos..."

Encandilada se ha llevado las manos a los ojos. Cuando recobra la vista se incorpora y mira a su alrededor. ¿Qué mira? ¿La sala bruscamente iluminada, la gente que se dispersa? No. Ha quedado aprisionada en las redes de su pasado, no puede salir del cuarto de vestir. De su cuarto de vestir invadido por una luz blanca, aterradora. Era como si hubieran arrancado el techo de cuajo; una luz cruda entraba por todos lados, se le metía por los poros, la quemaba de frío. Y todo lo veía a la luz de esa fría luz; Luis, su cara arrugada, sus manos que surcan gruesas venas desteñidas, y las cretonas de colores chillones. Despavorida ha corrido hacia la ventana. La ventana abre ahora directamente sobre una calle estrecha, tan estrecha que su cuarto se estrella casi contra la fachada de un rascacielos deslumbrante. En la planta baja, vidrieras y más vidrieras llenas de frascos. En la esquina de la calle, una hilera de automóviles alineados frente a una estación de servicio pintada de rojo. Algunos muchachos, en mangas de camisa, patean una pelota en medio de la calzada.

Y toda aquella fealdad había entrado en sus espejos. Dentro de sus espejos había ahora balcones de níquel y trapos colgados y jaulas con canarios.

Le habían quitado su intimidad, su secreto; se encontraba desnuda en medio de la calle, desnuda junto a un marido viejo que le volvía la espalda para dormir, que no le había dado hijos. No comprende cómo hasta entonces no había deseado tener hijos, cómo había llegado a conformarse a la idea de que iba a vivir sin hijos toda su vida. No comprende cómo pudo soportar durante un año esa risa de Luis, esa risa demasiado jovial, esa risa postiza de hombre que se ha adiestrado en la risa porque es necesario reír en determinadas ocasiones.

—¡Mentira! Eran mentiras su resignación y su serenidad; quería amor, sí, amor, y viajes y locuras, y amor, amor...

—Pero Brígida ¿por qué te vas?, ¿por qué te quedabas? —había preguntado Luis.

Ahora habría sabido contestarle:

—¡El árbol, Luis, el árbol! Han derribado el gomero.

COMENTARIO

El individuo suele gozar de más prestigio en la prosa chilena que en la prosa argentina, donde han predominado los problemas metafísicos, y que en la prosa de los otros países hispanoamericanos, que ha llegado a caracterizarse por la lucha del hombre anónimo contra la naturaleza y contra la sociedad. Por eso, no es de extrañar que el surrealismo con su interés en el psicoanálisis les haya servido a los jóvenes chilenos para librar la batalla contra los criollistas. Las dos novelas de María Luisa Bombal, *La última niebla* (1935) y *La amortajada* (1938), anteceden por unos diez años el establecimiento de una "moda" surrealista, cuyo tema predilecto es la penetración en el alma femenina.

En "El árbol", la vida desgraciada de la protagonista se representa simbólicamente por tres cosas: el árbol, el calendario y la música. Las tres piezas del concierto corresponden a tres épocas en la vida de Brígida. La música frívola y rococó de Mozart acompaña su niñez despreocupada, que termina inconscientemente con su matrimonio. La música romántica de Beethoven refleja la pasión de la joven esposa, en cuanto la melancólica de Chopin evoca los recuerdos tristes del otoño del matrimonio. La separación definitiva de su marido coincide con el fin del concierto marcado por el estruendo del aplauso y con el hachazo que derriba al gomero.

Además de la música, el agua y los espejos —como en todas las obras surrealistas— contribuyen a estimular los recuerdos. Con Mozart, el agua asume la forma de una fuente; con Beethoven, el mar; y con Chopin, la lluvia y la cascada. Los espejos se introducen al mismo tiempo que el árbol, los vidrios de la ventana y el río, al cual se despeña la calle estrecha. "Parecía un mundo sumido en un acuario." Esa visión pesadillesca es una de las pocas veces en que la autora se aventura a sumergirse en el surrealismo. También titubea en el uso surrealista de símiles y metáforas de valor complejo; no hay más que tres dignos de notar: "lirios de hielo", "collar de pájaros" y "un mar de hojas".

El punto y el contrapunto del drama personal y el concierto; la fluidez de la conciencia; la nota existencialista en las relaciones tirantes de los esposos denotan ciertos influjos literarios en este cuento, pero no constituyen el secreto de su éxito. La alta calidad de "El árbol" depende aún más de la gran sinceridad con la cual Brígida repasa su historia trágica. La desnudez que ella siente al derribarse el árbol es la misma desnudez que ella ha revelado al lector durante todo el cuento.

RAMÓN FERREIRA
[1921]

Cubano. Nació en la provincia de Lugo en España, pero a los ocho años emigró a Cuba con su familia. Sus estudios fueron interrumpidos en 1939 por razones económicas. Fue a los Estados Unidos a tomar cursos de fotografía y se quedó en Boston por dos años. De vuelta en Cuba, se dio a conocer como cuentista ganando premios en varios concursos. En 1952 publicó su primer libro, Tiburón y otros cuentos. *Luego se interesó en el teatro, estrenando* Donde está la luz, Un color para este miedo *y* El hombre inmaculado. *En octubre de 1960 renunció a su trabajo como jefe de propaganda de la General Electric de Cuba y viajó a México por ocho meses. Después se trasladó a Puerto Rico, donde volvió a ocupar su puesto con la General Electric. Su cuento "Sueño sin nombre" ganó una mención honorífica en el concurso de* Life en español *y fue publicado en el volumen "Ceremonia secreta" y otros cuentos de la América Latina premiados en el concurso literario de* Life en español *(1960-1961). Ha publicado un nuevo tomo de cuentos,* Los malos olores de este mundo *(1970), escritos entre 1952 y 1960. "Cita a las nueve" se publicó por primera vez en* Tiburón y otros cuentos.

CITA A LAS NUEVE

ELLA estaba otra vez frente al espejo porque eran ya las cinco de la tarde, pero todavía no se asomaría al balcón hasta el anochecer, cuando el sol rodara por detrás de las azoteas de enfrente.

Sintió la gata alrededor de los tobillos y la empujó con el pie, haciendo un sonido amable con los labios para suavizar el rechazo, y luego volvió a ver el peine y el pelo, como ayer o el año pasado, o como siempre, porque desde hacía tanto tiempo que ya no se acordaba, podía peinarse sin verse la cara ni sentir que era ella; y así era más fácil salir luego al balcón e imaginarse que era otra. Entonces la espera se llenaba de promesas y cada hombre que mirara hacia arriba podía desearla.

El pensamiento la hizo sonreír, pero cuando se buscó en el espejo para ver la sonrisa, ya se había ido; y ahora volvió a verse como las pocas veces que lo hacía por casualidad o por un deseo secreto de encontrar a otra en el reflejo; pero por más que quiso hacerlo sin fijar los ojos en ningún rasgo, esta vez se vio en los ojos de la imagen y la imagen en los ojos de ella; y, de pronto, la idea de asomarse al balcón perdió alegría; sólo que todavía estaba a tiempo de olvidarse de todo si pensaba en Daniel, como lo podía hacer siempre que volvía al miedo; y lo vio otra vez, no como había tenido que hacerlo desde que él se había casado con su hermana y se habían ido, sino como antes, antes de todo, cuando se paraban juntas en el balcón a esperar la noche y lo descubrieron por primera vez allá abajo, trabajando en el café de enfrente, detrás de la cantina, buscando con los ojos sus miradas.

Hubiera querido parar ahí, detener el recuerdo y volver a vivir los días de aquellas semanas en que se había asomado aferrada a la esperanza de que cuando Daniel le hablara sería para decirle que la quería, porque la había visto en el balcón todos los atardeceres esperando sus miradas, aunque ella pretendía no fijarse y hablaba con su hermana o se reía o miraba a otro lado; pero la ilusión no volvía aunque la tenía guardada en el recuerdo, porque volvió a ver a Daniel dando vueltas al parque y cómo ella y su hermana habían pasado pretendiendo no haberlo visto, porque eso era parte del juego hasta que él la cogiera por la mano para decirle que había esperado tanto; y cómo había sido su hermana la que le

335

cogió la mano para decirle que la esperara en el banco, y ella se había sentado sin pensar y se quedó mirándolos dando vueltas al parque y riéndose por encima de lo que le dolía a ella; y cómo al pasar otra vez a su lado sin siquiera verle, se levantó y echó a andar hacia la casa, y cómo luego en la cama, con la cabeza debajo de la almohada, escuchó la voz de su hermana hablando con la tía:

—Me quiere, tía, me quiere y va a pedir entrada.

Volvió a escuchar las palabras, como si hubieran estado escondidas detrás del espejo esperando a que las recordara, y aunque la gata volvió en busca de la pierna, no pudo hacer un gesto para rechazarla, porque se sentía atada al recuerdo, quieta y erguida, espiando los ruidos de la calle, o cualquier cosa que se llevara las risas, que la acosaban igual que el día que se echó a llorar frente a las dos que la miraban como si por primera vez hubieran descubierto que estaba viva. La tía arrugó los ojos en las esquinas para afilarlos antes de herirla:

—*Tú te has visto bien, muchacha, quién te va a querer con esa cara...*

Ni la tía ni su hermana vieron lo que le pasó en la cara; pero fue ese día, en ese mismo instante, que ella sintió por primera vez la fealdad surgir dentro de ella y crecer hacia afuera hasta bañarla, como una nube delante del sol va creciendo las sombras en el monte; y la sombra le subió de los pies hasta taparle la cara, dejándola inmóvil en medio de las olas, sintiendo la cara como se siente el cuerpo cuando se tiene calentura: un pedazo de algo que estaba vivo sólo porque latía, como la estrella de mar que había encontrado en la playa, y la había pisado porque sabía que no gritaría ni haría un gesto de dolor, ni echaría sangre.

Sacudió el recuerdo y el peine saltó sobre las losas, sin que el gesto se llevara al miedo; ni aun los ruidos de la calle, que entraban sin rozarla, o la presión de la gata contra la pierna, que al inclinarse para tocarla también se escurrió lejos sin mirarla. Era temprano para refugiarse en el balcón, porque todavía el sol estaba pintado en la baranda y le iluminaba la cara; pero cuando la tía se fuera al parque por la noche, apagaría la luz y pondría el radio bajito, y después se pararía en el balcón y se enamoraría de todos los hombres que le gustaran, igual que todas las noches; y luego, antes de dormirse, volvería a escoger con el que se casaría, y recordaría todas las caras y las iría descartando hasta quedarse dormida con una sola. *"¿Qué haces ahí como una idiota?... el espejo no te va a arreglar la cara..."*

No bastaba dejar de pensar en ella para borrarla de su vida, ni olvidarse de su propia cara para ser bonita otra vez; porque su tía sabía que era fea, y bastaba mirarla, o sentirla a través de cualquiera de los objetos que llenaban el cuarto, para recordar que ella no era más que eso: una cara; y otra vez volvió a pensar en una cosa viva que puede pisarse sin sentir pena, y se sorprendió de lo que duele cuando no se habla ni se grita ni se llora. Al apoyarse en la coqueta tocó las tijeras con la mano, y el contacto duro le despertó el odio, como si sólo pudiera llegar a ella a través de un objeto de defensa; y se quedó quieta en espera de la fuerza que podía llevarse para siempre el terror de ser fea; si sólo pudiera alzar la mano y apagar en los ojos de la tía el secreto que ardía en ellos. Fue como si las palabras no salieran de ella ni su voz fuera la que las decía, y las escuchó sorprendida de que hubieran estado ahí todo el tiempo, sin saberlo, y que pudieran salir así, sin pensarlo:

—*Tú tienes la culpa... tú. Tú me has hecho fea...*

No sintió la mano en la cara, porque el dolor de la cabeza al chocar contra las losas del piso llegó primero; y el balcón dio un vuelco desapareciendo delante de los ojos.

Se quedó quieta en espera del llanto, y abrió los ojos para dejar resbalar las lágrimas; pero la cara de la tía se adelantó con una solicitud nueva en la mirada, y eso las detuvo, porque había algo en sus ojos que la hizo sentir horror de que fuera a acariciarla; y debió ser la revulsión que le sacudió el cuerpo lo que contuvo la mano de la tía y borró de sus ojos la caricia, alargándolos otra vez en las esquinas antes de desaparecer por encima del cuerpo erguido. Fue en ese instante que vio por primera vez a la tía como realmente era; en ese instante en que había sentido la necesidad de defenderse del gesto de intimidad que bajaba hacia ella; y ya no tendría que esperar a que estuviera muerta para acercarse a la caja y mirarla sin miedo; como el día que murió su madre ella había descubierto, al verla así, que nunca la había visto de verdad, y que se puede vivir una vida entera viendo una cara sin ver la persona, cuando tampoco quiere una que la vean. El odio le sacudió el pecho llevándose el deseo de llorar; como el día que su hermana le había roto la muñeca, el llanto no había dejado volver el deseo de tener otra.

Desde el fregadero escuchó el radio y por entre el ruido de los platos buscó el de la puerta al cerrarse o de la voz que dijera hasta luego, sin que acabara de llegar; los pasos alejándose en el pasillo. Entró en el cuarto y volvió a sentirse libre de vergüenza, como si nunca antes la hubiera sentido, y respiró ávidamente y luego fue hasta el radio y puso un programa de música que empezó a llenar su soledad de una intimidad angustiosa, como si todo ello flotara en ese mundo de sonidos o fuera un sonido mismo, sin cuerpo, sin manos, sin cara; y al pasar frente al espejo volvió a mirarse, porque otra vez podía verse como si tuviera el sol a las espaldas y fuera una silueta fosforescente. Era por eso que ya podía asomarse al balcón y conquistar todos los hombres que quisiera.

La cantina allá abajo estaba llena de gente, y aun antes de que pudiera saber que lo había presentido ya sabía que el cantinero era nuevo; y cuando lo vio con las manos metidas en el fregadero y la cara por encima del mostrador, pensó que iba a levantar los ojos y descubrirla. Sintió otra vez la nube de vergüenza llegar a subirle por el cuerpo y se aferró con las manos a la baranda para resistir el impulso de taparse la cara; pero ya era tarde para defenderse, porque los ojos de él le subieron por el cuerpo y se quedaron pegados a los suyos.

La cara del cantinero sonrió sin enseñar los dientes, sólo con los ojos, sin dejar de mover las manos en el fregadero ni quitar los ojos del balcón; y ella también sonrió por dentro, empujando la nube lejos de la cara, por la línea del cuello hacia abajo, alrededor de los senos, rodeándole la cintura y luego los muslos hacia los tobillos, hasta sentirse desnuda ante él, que seguía acariciándola con los ojos.

Hizo un gesto que ella no comprendió todavía, y luego lo volvió a hacer y ella no quiso comprender, y cuando lo hizo otra vez, ella pensó que serían las ocho y que no lo vería hasta las nueve, y que el banco del parque que daba por la línea del tranvía estaría vacío y sería un buen sitio para esperar; mientras decía que sí con la cabeza y volvía a pensar en la hora entera que tendría que esperar, después de haber esperado tanto tiempo sin saberlo; y sonrió otra vez, porque sabía que eso lo haría sonreír a él; y era como si de pronto estuviera a su lado y necesitara tocarlo, porque sólo así comprendería por qué estaba viva. Cuando hizo el gesto con la mano para acariciarlo desde lejos, la voz de la tía llegó como un tajo cortando el sentimiento, y al volverse la buscó desafiante, para enseñarle que ya no le tenía miedo; pero sólo vio su forma debajo del bombillo sin pantalla, deforme y con huecos de sombra debajo de los párpados. Eso le hizo recordar la pantalla de porcelana azul que vendían en el Ten Cent y que no había podido comprar porque le faltó un "medio"; y se quedó mirando el bombillo hasta que se inflamó dentro de los ojos cegándola del todo. La tía siguió hacia el balcón, y la dejó pasar sin echarse a un lado, adivinándola ya en la baranda con el cuerpo inclinado hacia afuera; y quiso hablar para que no descubriera su secreto; y pensó en Daniel y en su hermana, y en cómo hacía meses que no escribían; y pensó también en todas las cosas que se pueden decir de los vecinos o del radio o del tiempo o de la noche o del calor; pero toda ella se hizo espera, concentrada en lo que iba a escuchar, porque sabía que lo diría otra vez para desarmarla, y que ella lo oiría siempre, mientras pudiera verle los ojos, olerla, como la olía ahora, por encima de los polvos de olor, como si fuera parte de ella, esa parte de la que no podía separarse, a no ser que... La mano se crispó sobre la muñeca, tratando de detener el gesto que crecía y que sólo aguardaba el pensamiento; pero fue otra vez la voz de la tía la que la contuvo, siguiéndola dentro del cuarto, y en seguida el cuerpo casi a su lado, y de pronto la mano en el hombro y hasta el aliento en el cuello magullando las palabras.

—No seas boba, ningún hombre te hará caso. No importa lo que sientas... eso no importa cuando somos feas... feas como tú y yo...

Las palabras no la tocaban, porque no importaba lo que dijeran, ya hacía tiempo que habían perdido el significado; el significado estaba en la tía, en su presencia viva detrás de ella, como si el recuerdo tuviera dedos y la estuviera tocando siempre, en silencio.

—Ningún hombre... ninguno. No para nosotras.

Seguía hablando en la oscuridad del cuarto, porque había apagado el bombillo y se estaba desnudando; y el cuarto se llenó de luna que entró por el balcón abierto, sin que pudiera darse cuenta cuándo había dejado de ver a la tía para adivinarla, lentamente, como si los ojos la fueran sacando de una pesadilla olvidada, de la que sólo quedaba el recuerdo del miedo, y no fuera más que eso: un recuerdo sin filo, sentada ahora en el borde de la cama, en silencio, tanteando el suelo en busca de las chancletas, y los ojos húmedos de luna fijos en ella, esperando en la otra esquina del cuarto a que todo eso que sentía tomara forma y pudiera hacer algo: gritar o salir al balcón y tirarse, o bajar a la cantina y pedirle a él que la defendiera; un gesto de rebeldía que la arrancara de la tía, que la sentía pegada a ella como una telaraña envolviéndole el cuerpo desnudo. Sintió miedo de que volviera a hablar y la amenaza cobrara vida, porque mientras permaneciera callada y diera una vuelta y se echara a dormir, ella no podía moverse de la banqueta ni cruzar el cuarto hacia la puerta y abrirla a la luz del pasillo, porque tampoco ese bombillo tenía pantalla y le escupiría la luz en la cara; y ella no podría bajar la escalera mientras no pudiera hacerlo lentamente, sin huir, dejando que la luz de todos los bombillos la rodeara, sin sentir deseos de llevarse las manos a la cara.

La respiración de la tía empezó a llenar el cuarto, hasta que ella dejó de escuchar el tráfico y ni siquiera entendió lo que gritó el vendedor de periódicos debajo del balcón; porque la respiración se aceleró hasta dominarlo todo; y cuando el silbido llegó de la calle como un mensaje sin destino, ella no lo oyó, aferrada como estaba a la amenaza que crecía entre las sábanas.

Sintió un escalofrío dulce, como si hubiera caído en el espacio y supiera que nunca llegaría al suelo, y cuando se llevó las manos a los senos para detenerlo allí, volvió a escuchar el silbido por encima de la respiración, porque había comprendido; y las manos apretaron duramente hasta el dolor, sin poder atrapar el escalofrío. Se levantó tratando de no mover un ruido, sin quitarse las manos de los senos; y cuando se acercó al balcón sin adentrarse en la noche inclinó la cabeza hacia afuera tanteando con los ojos la pared de enfrente hasta ver la acera, y luego la fue ladeando en busca de la esquina, donde el hombre debajo del farol esperaba recostado contra un letrero de cocacola. Él levantó los ojos como si la hubiera presentido, y ella se sintió pegada a ellos, sin poder retroceder hacia la oscuridad del cuarto, porque ya él se había enderezado y hecho otra vez el gesto con la cabeza, sin que ella pudiera decir que no, ni meterse dentro. Él echó a andar en dirección al parque, y cuando llegó a la acera de enfrente volvió la cabeza para verla, y ella dijo que sí otra vez porque sabía que ya nada podría detenerla si podía cruzar el cuarto y salir al pasillo. Estuvo un rato quieta en espera de que la luna rebotara en la profundidad del cuarto y le enseñara el camino hacia la puerta, y ya de espaldas a la calle volvió a escuchar la respiración prendida al animal agazapado entre las sábanas, acechando su paso. La raya de luz debajo de la puerta le cruzaba el camino como un filo de navaja esperando la cara, y la respiración empezó a arrastrarse hacia ella, algo vivo llegando de todas partes, hundiéndole dedos de sombra en la cara y torciéndole las líneas de los ojos primero y luego la boca, mientras toda ella cedía blandamente al contacto, y se desfiguraba sin un grito de dolor ni echar sangre.

Caminó hacia el espejo, y la imagen tembló en la profundidad del azogue, moviéndose hacia ella, hasta llegar a ser ella de los dos lados, los ojos en los ojos, la boca en la boca, y el llanto en un solo lado. El contacto del espejo le quemó la cara, y la mano apoyada en la mesa se cerró sobre la tijera, porque la respiración a sus espaldas rastreaba las sombras y le buscaba otra vez la cara con los dedos.

El reloj dio la media. Enderezó el cuerpo y alzó la mano poniendo la tijera entre ella y el tiempo, porque acababa de recordar las noches que se despertaba sobresaltada al escuchar la media, y luego se quedaba adivinando si serían las doce y media, o la una, o la una y media; sólo que ahora era tarde aunque fuera la media de las ocho, porque allá en el parque él podía levantarse de un momento a otro y marcharse, mirando hacia atrás antes de doblar la esquina, y luego no regresar más, aunque ella se sentara en el banco a esperar la media de las doce, la una, o la una y media.

El filo de luz seguía debajo de la puerta y la respiración había regresado a la cama, amenazando en las sábanas, sin atacar, en espera de que ella volviera a acercarse a la puerta para agarrarse a ella con los dedos, como cada vez que ella se acercaba a una luz o a cualquier objeto en que se reflejara el recuerdo de su cara. Con la punta del pie empujó una chancleta debajo de la cama, y ahora se dio cuenta de que estaba al lado de la tía que dormía, la respiración palpitando el secreto por la boca abierta, y la garganta hinchándose como una estrella de mar tirada al sol en espera de la resaca, sin presentir el peligro del pie que se alzaba calculando la violencia del golpe antes de herir, porque sabía que no haría un gesto de dolor ni gritaría ni echaría sangre. La mano cayó rayando las sombras, y los brazos en reposo saltaron hacia arriba como las alas de un pájaro herido. El cuerpo se sacudió enroscándose en busca del grito, que llegó ronco hasta la garganta y se ahogó allí, regresando hacia las entrañas en busca de nueva fuerza para pasar la punta de la tijera; y luego una vez más, y otra, hasta gastarse y ceder lentamente, como un tambor que se apaga cuando las manos que tiemblan sobre el cuero dejan de rozarlo con las puntas de los dedos y se quedan quietos, matando el sonido.

Con el tacón del zapato le dio un golpe a la otra chancleta que resbaló sobre las losas hacia el balcón; y eso la hizo pensar que la tía no las encontraría por la mañana; y ya de pie el cuerpo se le fue helando, menos las manos, que parecían escurrir fuego; y en el cuarto sin respiración escuchó la suya pegada a las orejas, y luego, lentamente, la calle llegando, como si los recuerdos salieran en su busca para perderse en ella, hasta quedar vacía y sin odio, como antes de Daniel, y fuera igual que tener otra vez quince años y estar de pie en el balcón con una cinta en la cabeza y los ojos llenos de un hombre allá abajo. Echó a andar hacia el filo de luz debajo de la puerta, libre de miedo a la herida. La puerta se abrió y la luz alumbró el cuarto, pero ella alzó la cabeza hacia el bombillo al fondo del pasillo, y por un instante se quedó así, desafiante, sintiendo el contacto acariciarle la cara y, lentamente, borrarle la fealdad de todos los contornos, sin que tuviera que cerrar los ojos ni pensar en pantallas de porcelana azul con que cubrir todos los bombillos de la tierra. Caminó sin apurarse hasta llegar debajo de la luz y pasar por encima de su propia sombra hacia la otra luz al fondo de la escalera; y así en busca del hombre que hacía años la esperaba en el parque, mientras del cuarto olvidado llegó el ritmo de un reloj dando las nueve.

COMENTARIO

"Cita a las nueve", escrito hacia 1950 en pleno apogeo surrealista (en Hispanoamérica), se distingue de "El árbol" por
su tema y por su estilo más atrevidos. Como tantos personajes
de William Faulkner, Tennessee Williams y Arthur Miller,
cuyas obras Ferreira debió conocer durante su permanencia
en los Estados Unidos, la protagonista es un caso de psicología anormal. Frustrada sexualmente, se refugia en un mundo
de fantasía. Su actitud resignada al principio del cuento recuerda a la protagonista del *Zoológico de cristal* de Williams,
pero poco a poco el caso se vuelve más complejo. Odia a su
tía porque ésta le echa en cara su fealdad. Después se da
cuenta de que esa fealdad y su frustración son reflejos de las
de su tía. Se siente irremediablemente identificada con ella
y sólo matándola puede liberarse.

Mientras la trama de "El árbol" se basa exclusivamente
en los recuerdos, la de "Cita a las nueve" transcurre en un
presente aclarado con varios recuerdos: el matrimonio de
Daniel y la hermana, la muerte de la madre, la muñeca rota,
la pantalla de porcelana azul y la media hora marcada en el
reloj. El estímulo para los recuerdos es el espejo, que
desempeña un papel primordial como prueba constante de
la fealdad de la protagonista. El estado psicótico de ésta se
refuerza con la abundancia de los verbos sensorios que delatan su sensibilidad excesiva: ver, mirar, sentir, oler y
tocar. De ahí también se deriva la gran importancia de los
ojos, la luz y la sombra, el radio y las caricias. El agua sólo
interviene en el uso simbólico de la estrella de mar y en la
sensación de la protagonista de encontrarse en medio de las
olas cuando la tía le hace sentir su fealdad por primera vez.

Los símiles y las metáforas extravagantes también concuerdan con el estado mental de la protagonista y acom-
pañan a ésta en la carrera cada vez más agitada hacia el
asesinato: "la tía arrugó los ojos en las esquinas para afilarlos antes de herirla"; "la voz de la tía llegó como un tajo

cortando el sentimiento"; "un gesto de rebeldía que la arrancara de la tía, que la sentía pegada a ella como una telaraña envolviéndole el cuerpo desnudo"; "la raya de luz debajo de la puerta le cruzaba el camino como un filo de navaja esperando la cara... hundiéndole dedos de sombra en la cara y torciéndole las líneas de los ojos"; "el filo de luz". Al llegar al crimen mismo, el autor intensifica aún más su empleo de imágenes: una estrella de mar, un pájaro herido y un tambor.

Después de la escena del crimen, transformada en pesadilla por el temblor de la imagen en el espejo (recuérdese el uso de esta técnica en las películas), el autor nos devuelve a la realidad con la alusión a las chancletas. Cuando la protagonista piensa que su tía no las encontraría por la mañana, da la impresión momentánea de que en efecto no mató a su tía, pero su salida en busca del hombre hace desaparecer esa duda y completa el marco del cuento iniciado con el recuerdo del episodio de Daniel.

ROGELIO SINÁN
[1904-1994]

Seudónimo de Bernardo Domínguez Alba. Panameño. Nació en la isla de Taboga. Estudió en el Instituto Pedagógico de Santiago de Chile y en la Universidad de Roma. En 1938 fue nombrado cónsul de Panamá en Calcuta, India, y visitó varias partes de Asia. Organizó el Departamento de Bellas Artes en 1941 y fundó la "Biblioteca Selecta" que publicó las obras de los nuevos cuentistas panameños. Representó a su país en México por muchos años. En 1994 fue catedrático de literatura dramática en la Universidad de Panamá. Considerado el maestro de las letras nacionales, escribió poesía, teatro y una novela, Plenilunio *(1947), pero se destaca sobre todo en el cuento: "Todo un conflicto de sangre" y "A la orilla de las estatuas maduras" (1946), "Dos aventuras en el Lejano Oriente" (1947) y* La boina roja y cinco cuentos *(1954, 1961). En 1971, 14 cuentos suyos fueron publicados por la Editorial Universitaria de Centroamérica con el título* Cuentos de Rogelio Sinán. *En 1977, una nueva novela,* La isla mágica, *fue premiada en Panamá en el concurso anual Ricardo Miró. En 1982 se le publicó en México otro tomo de cuentos titulado* El candelabro de los malos ofidios.

LA BOINA ROJA

—MIRE, doctor Paul Ecker, su silencio no corresponde en nada a la buena voluntad que hemos tenido en su caso. Debe usted comprender que la justicia requiere hechos concretos. No me puedo explicar la pertinacia que pone en su mutismo.

346

Paul Ecker clava sus ojos verdes en el vacío. Siente calor. Transpira. Las pausas isocrónicas de un gran ventilador le envían a ratos un airecillo tenue, que juguetea un instante con las rojizas hebras de su barba.

(...Allá en la islita no hacía tanto calor. Era agradable sentarse en los peñascos a la orilla del mar... Hundir los ojos en la vasta movilidad oceánica... Ver cómo se divierten los raudos tiburones... Y sentir la caricia del viento que te echa al rostro la espuma de las olas...)

—Hemos tenido, doctor, no sólo en cuenta el merecido prestigio de que goza como biólogo y médico, sino también las múltiples demandas de clemencia enviadas por hombres celebérrimos, por universidades, academias, museos... ¡Vea qué arsenal de cartas!... De Londres, Buenos Aires, Estocolmo, París... Ésta de Francia nos hace recordar que dos años antes tuvo usted el honor de presidir el Gran Congreso Mundial de Ictiología que se reunió en la Sorbonne... ¿Recuerda?... Menos mal que sonríe.

(¡La Sorbonne!... Sí, allí la conoció... Tenía el aspecto de una inocente colegiala, pero ¡qué embrujadora!... Lo que más lo sedujo fue su faldita corta azul marino y aquella boina roja levemente ladeada sobre una sien... "Sólo quiero su autógrafo —le dijo—. Yo me llamo Linda Olsen y estudio en la Sorbonne. Me interesan las ciencias. Quisiera hacer prodigios como madame Curie... ¿De qué estado es usted? Yo soy de Atlanta.")

Paul Ecker se estremece, sin saber definir si es por el aire de los ventiladores o por otras mil causas que procura olvidar sin conseguirlo.

El funcionario prosigue:

—En estas cartas nos ruegan ser clementes... Nos mencionan sus recientes estudios sobre diversos temas de ictiología y, asimismo, como dice John Hamilton, por la gran importancia de su "Memoria sobre la vida erótica de los peces", en la cual relaciona con las fases lunares los cambios de color que, durante el desove, sufren ciertas especies.

(*...Por culpa de John Hamilton se la encontró de nuevo en Pensilvania... "¿No me recuerda ya? ¡Soy Linda Olsen, la de la boina roja!... ¡Qué memoria la suya, doctor Ecker! Claro, como no llevo mi casquete purpúreo ni la faldita azul... ¿Qué tal me veo con lentes? Parezco gente seria, ¿verdad? Tal vez por eso no me ha reconocido... Jamás olvidaré nuestros paseos en París... ¿Recuerda, en el otoño, cómo caían las hojas?... ¿Y el paseo vespertino en las barcazas del Sena? ¿Y aquella tarde alegre en lo más alto de la Tour Eiffel? Tengo en casa la foto, ¿la recuerda?... Bueno, doctor, no quiero fastidiarlo... Le debo declarar de todos modos que este encuentro no ha sido casual... He venido a buscarlo porque en la prensa he visto que el Instituto de Piscicultura lo envía a estudiar los peces del Archipiélago de las Perlas, cerca de Panamá... ¡Qué maravilla!... ¡Pasar un año entero disfrutando del trópico, del mar, del sol, del aire, libremente y en íntimo contacto con la naturaleza!... ¡Tiene usted que llevarme!... Es necesario que yo sea su asistente... ¡Doctor, se lo suplico!... Vea que tengo razones para hacerle este ruego... Ya estoy desesperada... Mire si no: usted sabe que me gradué en París... Bueno, de nada me ha valido todo eso. Todavía ando cesante... ¡Sí, sí, no he de negarle que recibí una oferta de John Hamilton!... ¡Qué ofensa! ¿Se imagina? Yo, asistente de un hombre de color... ¡Oh, sí!... Todo lo célebre que usted quiera llamarlo... Ni me lo diga... Ya sé que es candidato al Premio Nobel... ¡Sí, sí!... Pero aun así... Usted comprende, doctor..."*)

El juez respira incómodo. Se enjuga la calva con el humedecido pañuelo. Y, haciendo mil esfuerzos por conservar la calma, declara:

—Todo ello nos obliga a ser un tanto indulgentes... pero necesitamos saber de todos modos el paradero de miss Olsen... Cuando lo hallaron a usted sobre la playa de Saboga, parecía enajenado... Llevaba en la cabeza la boina roja de ella... Su ropa, hecha jirones, daba a entender su lucha con las olas entre los arrecifes... Tenía, además, las manos y los pies rasguñados… La sangre de una herida más honda había manchado parte de la camisa… A medida que fue recuperando su lucidez mental daba diversos y hasta contradictorios detalles del siniestro, lo cual fue buen estímulo para que los marineros de la Base imaginaran e hicieran circular las más extrañas versiones del suceso… Unos, al ver deshecha la pequeña chalupa, pensaron que iba usted con miss Olsen cuando lo sorprendió la tempestad… Otros, por ciertos datos inconexos que usted dejó entrever, supusieron que usted había empujado a miss Olsen entre los tiburones… Hubo quienes creyeron lo del suicidio por no sé qué percance sentimental…

(…¿Cómo iba a asesinarla? ¿Suicidio? ¡Ni pensarlo! Las causas y los hechos eran muy diferentes; pero ¿cómo decirlos sin despertar la duda de que fuesen producto del desvarío causado por el naufragio?… Todavía le quedaba en los oídos la escalofriante risa de la haitiana y aun parecíale oír sobre las olas el canto de Linda Olsen tremolando como una banderola…)

—Por eso decidimos celebrar esta audiencia preliminar muy en privado. Sólo estarán presentes las personas estrictamente necesarias y eso cuando hagan falta. No le hemos dado pase ni a los señores de la prensa. Usted comprende: sería un gran desprestigio para la ciencia. Y así nos lo ha advertido por cable cifrado el Instituto de Piscicultura… Aun de Washington se recibió un mensaje en el que insisten sobre la discreción que este proceso requiere, tratándose de una celebridad como usted… Sin embargo, no debemos negar que ciertos trámites de obligada rutina… Oh, tan sólo para cubrir las apariencias… Ya que, según lo han confirmado sus colegas de la universidad, no existe indicio alguno que no dé fe absoluta de su inocencia… De todos modos, usted debe ayudarnos… ¿Por qué motivo insiste en su rotundo silencio? Yo no podría eximirlo de rendir declaración de los hechos… La ley lo exige, mi querido doctor… Mire, para ayudarlo, le voy a refrescar la memoria… Hace un año, tal vez un año y medio, llegó usted a la Base Militar de Saboga con buenas credenciales y en compañía de su asistente Linda Olsen... Iba usted a explorar todas las costas del archipiélago y a seguir estudiando, como dice esta nota del instituto, "...la época de la freza en ciertos peces de desove heteróclito, como también la ovulación de las hembras denominadas partenogenéticas..." El Comando Militar de la Base le prestó la más franca colaboración... Se le asignó, para uso exclusivo de usted y su asistente, una lancha de motor y dos adjutores: un maquinista de raza afrodinense, Joe Ward, y un marinero blanco, Ben Parker...

(...*Paul Ecker se contempla a sí mismo en la Base Militar de Saboga. El comandante lo recibió cordial y se mostró festivo con miss Olsen, que lucía nuevamente su boina roja. "Se va usted a aburrir en ese islote", le dijo. Sorprendida, miss Olsen le preguntó a su vez: "¿Es que no vamos a residir aquí?" Y él, yendo hacia la puerta, contestó: "No, señores. Vengan conmigo al porche". Y, señalándoles un islote cercano, agregó: "¿Ven esa ínsula con varios farallones? Es allí donde está el laboratorio. Las investigaciones las inició Frank Russell, pero como era médico militar, no hace mucho se embarcó para Asia. Yo mismo sugerí la conveniencia de traer a un civil. Les aseguro que van a estar ustedes muy cómodos. Verán en el islote una cabaña debidamente equipada. La asea Yeya, una haitiana, que cuida las gallinas y cultiva la tierra. Es vejancona. Le dicen la Vudú. Habla una jerga rara, pero entiende el inglés. Ella verá la forma de que nada les falte. Si aún necesitan algo, pueden mandarme a Joe. Es buen muchacho. Vivirá con ustedes y les será muy útil. No hay nada que él no sepa. Es cocinero, mecánico, marino y hasta —¡asómbrese!— gran tocador de banjo. Ben Parker es un buen ayudante y toca armónica. Es aparcero de Joe. Siempre andan juntos"...*)

El funcionario mueve su corpulencia provocando un discordante chirriar de muelles flojos y de piezas gastadas.

—No sé por qué motivo, al poco tiempo, usted mismo solicitó el retiro de ambos jóvenes, ¿no es así?

El doctor Ecker sufre un ligero estremecimiento. Mira al juez, suplicante. Y, moviendo en el aire entrambas manos con gesto de impaciencia, declara:

—Hay circunstancias en las que... ¿sabe usted?... Es tan complejo todo esto que... Para explicar los hechos y evocar claramente la pura realidad sería preciso acusar a personas que a lo mejor son inocentes...

—Si hay fe de esa inocencia, no las complica usted en absoluto... Y, además, ya le he dicho que esta causa la estamos ventilando con la más rigurosa reserva... Puede estar bien seguro de que nada de lo que aquí se diga saldrá de este recinto. Prosiga usted.

—Nuestros primeros días en el islote fueron de una belleza inexpresable... La casa era muy cómoda... Mientras la vieja la arreglaba y atendía la cocina, Linda, los muchachos y yo deambulábamos de roquedo en roquedo reconociendo las encantadas costas... No podría describirle la sensación de magia que iba sobrecogiéndonos en aquel tibio ambiente de luz, color y trinos... Yo, pecador de mí, perdí mi tiempo, si así puede decirse, entusiasmado por múltiples hallazgos de índole puramente científica. Ben y Joe, los dos jóvenes, tenían que acompañarme cargando mis enseres... Aquello, al parecer, los distraía; pero ella, en pleno goce de su explosiva adolescencia, languidecía de hastío... A veces nos seguía coleccionando conchas y caracoles, pero más le agradaba vagar entre los árboles. Y era que, sin nosotros, no quería estar en casa, porque sentía no sé qué desconfianza contra la vieja... Era más bien como una especie de repulsión, de asco, de vago presentimiento. Por las tardes, después de las labores, yo solía dar con ella largos paseos románticos.

"Debo advertirle que jamás pensé en la posibilidad de un idilio. Hubiera sido ridículo, ¿comprende usted?... Mi edad y la misión que fungía me daban cierto tono de tutor frente a ella... De modo que por ética profesional y, sobre todo, por mi constante razón de estar en éxtasis abstraído, embebido, no podía darse aquello..."

Ecker reprime un gesto que deja traslucir una ligera aflicción. El funcionario comprende que ha presionado un punto neurálgico. Casi inconscientemente oprime un timbre.

—Descanse usted, doctor.

Y, al entrar el ujier, se enjuga el rostro mientras le dice:

—Tráiganos agua fresca.

El doctor Ecker vuelve a clavar sus ojos en la verde lejanía del recuerdo.

¿Cómo hacerle entender a aquel obeso señor de piel viscosa lo que fue para ellos el farallón?... ¿De qué modo hacerle inferir que aquello tenía cierto epicúreo sabor de égloga antigua, de pastoral pagana, de bucólica sinfonía tropical?...

(...*Trastornado por la naturaleza alegre de la isla, enceguecido por la gran soledad que lo rodeaba frente al mar y el cielo, y obsedido por el jovial efluvio de Linda Olsen, Paul Ecker despertó como a un mundo jamás imaginado; sufrió una especie de mágica metamorfosis, y, al dejar la crisálida que lo hacía parecer severamente científico, sintió de sopetón el estallido solar y la excitante fragancia de las olas... En vano resultaba que, tratando de aferrarse a la ciencia, procurara esconderse entre las celdas de sus razonamientos... Cuando más concentrado analizaba ciertos epifenómenos como el de las anguilas que cambian de color durante el celo, o cuando iba a sacar la conclusión de que las glándulas hipófisis rezuman las hormonas... oía la voz de Linda que, subida a los árboles o hundida entre las olas, le dejaba entrever su boina roja... Recordaba Paul Ecker varios acantilados en forma de escalones, donde dejaba el mar pequeñas pozas que miss Olsen usaba para bañarse... Una vez cayó en una de la que no podía salir porque los bordes estaban resbalosos...Él escuchó sus gritos y, pensando en Andrómeda atacada por el monstruo, se lanzó a rescatarla... La tuvo que sacar así desnuda —¡maldita timidez!— tras mil esfuerzos y graves resbalones...*

Esa noche Linda Olsen hizo bromas y rio bajo la luna poniendo en entredicho su varonía. Hubo, claro, un instante en que la sangre se le encendió de pronto... Sintió que se iba hundiendo en un abismo profundo... Y esa noche fue Andrómeda quien devoró a Perseo... Desde entonces...)

Una golosa mosca queda presa en las alas del gran ventilador.

El mofletudo custodio de la ley se abanica.

—Se dice que Linda Olsen iba a tener un niño, ¿no es así?

—Desde luego.

—Todo ello a consecuencia...

—¿De qué?

—De sus amores...

—No sé a qué se refiere.

—Bueno, en definitiva, queda casi probado...

—Que el hijo no era mío.

—¡En qué quedamos, mi querido doctor!

—Creo haberle dicho que miss Olsen erraba de un lado para otro, rebosante de vida, plena de juventud, trastornada por los encantos mágicos de la isla. Yo no podía atenderla... Usted comprende... Yo estaba dedicado en cuerpo y alma a vigilar en las charcas y entre los arrecifes la heteróclita ovulación de los peces... Mis severas costumbres ponían entre nosotros una muralla rígida de austeridad...

(Mas allá de ese muro, todo era égloga bárbara, pagana libertad en la que él, lujurioso, saltaba como un sátiro tras una ninfa en celo...)

—¿Cómo se entiende entonces que Linda Olsen?...

—Déjeme usted decirle... Convencida de que yo no era el tipo que requerían sus veleidades de juventud, sonsacaba por turno a Ben y a Joe con el pretexto de que la acompañasen a buscar frutas... Yo no veía en todo ello nada malo... Comprendía que eran cosas de adolescencia... Me pareció al principio que miss Olsen se divertía flirteando con Ben Parker... Eso era lo normal, dado su enojo contra la gente de color... En efecto, noté que Ben y Linda se perdían con frecuencia. Sin embargo, pude entrever que al poco tiempo Ben Parker la rehuía... Desde entonces (¡caso bien anormal!)

ella buscaba a Joe para sus juegos y andanzas… Aquello parecía divertirla, pues la sentía reír de buena gana… También me sorprendió lo acicalado que andaba el negro Joe, quien, a la luz de la luna, solía entonar canciones quejumbrosas al son del banjo. Aún recuerdo una de ellas de indudable intención enamorada…

> *¡Qué bonita boina roja,*
> *la boina mía,*
> *oh mar azur…*
> *Cuando la veo se me antoja*
> *una sandía*
> *de Carolina del Sur…!*

Una tarde, lo recuerdo muy bien, yo examinaba al microscopio no sé qué tegumentos… Me estaba adormilando por causa del bochorno, cuando escuché los gritos de miss Olsen. Pensé que a lo mejor la habría picado una coral o acaso una tarántula… Al asomarme atónito la vi venir corriendo, desgreñada, gritando… "¡Socorro! ¡Me ha violado!"… Noté que el negro Joe, loco de pánico, descendía hacia la rada casi volando… Bajé por el barranco precipitadamente para pedirle explicaciones, pero él logró embarcarse, cuchicheó con Ben Parker, y ambos partieron en la lancha… Sin perder un minuto subí hasta el promontorio para hacer las señales con el semáforo dando parte a la Base, pero lo sorprendente, lo increíble, fue que en ese momento miss Olsen, muy sumisa y al parecer tranquilizada, se me acercó rogándome que por favor desistiera de dar la alarma… Me explicó que un escándalo podía perjudicarla… Prefería que el abuso quedara impune… Yo, que la había pensado toda plagada de prejuicios, sentí la más profunda veneración por ella; resolví defenderla, darle amparo y aun brindarle mi nombre, ya que su gesto, para mí, era un indicio de plena madurez y de cordura total… Desde esa tarde, viéndola acongojada, resolví distraerla y procuré interesarla nuevamente en los asuntos científicos que ella había abandonado no sé por qué...

—Perdone: ¿Ben y Joe no regresaron a la isla?

—No, por cierto... Cuando fue el comandante a investigar...

—¿Qué inventaron?

—Le habían hecho creer que yo deseaba estar solo. Desde luego, preferí confirmar esa versión... Y aun dije al comandante que como ya era tiempo de la freza, prohibiera que sus hombres se aproximaran al islote porque espantaban a los peces y hasta podían interrumpir el desove... Cuando él quiso insistir, le aseguré que *la Vudú* nos bastaba para los menesteres de la casa... Desde entonces, ya no hubo distracciones y nos dimos de lleno a los cultivos y a la atinada observación de las aguas... La haitiana vivía distante de nosotros, y poco la veíamos; sobre todo porque pasaba el tiempo pescando en alta mar. Navegaba en una frágil chalupa que parecía una nuez entre las olas... Fue entonces cuando Linda pareció darse cuenta de que en su vientre...

—¡El niño! ¿Era del negro, entonces?

—Sólo puedo decirle que era de ella. Yo iba a reconocerlo como si fuera mío, pero las cosas tomaron otro rumbo.

El doctor Ecker pone el oído atento. Cree escuchar a lo lejos un canto misterioso que parece surgir de entre las olas y siente nuevamente la infernal carcajada de la haitiana, que lo persigue a todas horas.

El juez insiste:

—Y en resumidas cuentas, no estaba usted seguro de que el niño fuese suyo o del negro. Sé que hubo relaciones...

—Exactamente. Ella y yo... Usted comprende. De allí mi estado de ánimo, de duda. Sobre todo, porque existe en mi vida un precedente que me hacía presentir dificultades. Me refiero... No sé si ya le he hablado de mi primer divorcio por incapacidad genésica... Mi suegro, que era rico y muy dado a esas sonseras de alcurnia, deseaba a todo trance un nieto debidamente sano, robusto y fuerte que le heredase el nombre y la fortuna. Nació un niño, varón, pero tarado, contrahecho, deforme... Menos mal que sólo duró unas horas... Se estudió el historial clínico de mi gente y se encontró... Usted sabe... No hace falta insistir sobre estas cosas. Mi suegro me obligó a cederle el puesto a un semental de indubitable facundia... A aquel fracaso inicial debo mis glorias en el campo científico... Conociendo el oprobio de mi destino, preferí refugiarme entre mis libros y me negué al deleite de una familia. ¿Por qué insistir, sabiendo que mis hijos nacerían defectuosos?... Por eso, en el islote, procuré estar distante de miss Olsen... Sin embargo, las cosas no suceden siempre según queremos. La soledad a veces nos precipita en brazos de la lujuria... Ocurrió, pues, aquello, y ella esperaba un niño que suponía hijo mío, lleno de vida, rozagante y hermoso... Yo, que estaba inseguro de su paternidad, me angustiaba... Mi zozobra crecía a la par de aquello que iba a nacer... Era un dilema sin solución posible, pues si me ilusionaba creyéndolo hijo mío, pensaba en monstruos, en seres anormales, en fenómenos; y si lo imaginaba hijo del negro, ¡imagínese!... Una secreta esperanza me confortaba a veces al juzgar que, a lo mejor, aquel ambiente embellecido de la isla podía haber ejercido una influencia benéfica sobre la gestación de la criatura... Sólo por eso o a lo mejor llevado por mi interés científico, no quise deshacer lo dispuesto por la Naturaleza. Lo que más me aterraba era que Linda pudiese abandonarme al enterarse de mi fatalidad; por eso, puesto a escoger entre los dos alumbramientos posibles, yo prefería el del negro... Linda Olsen me pedía que la llevara a la Base para que la atendieran debidamente. Yo se lo prometía, pero estaba dispuesto a realizar yo mismo la operación en la isla, sin testigos odiosos, habiendo decidido adormecerla para que ella ignorara la realidad hasta el momento oportuno... Era tal mi impaciencia, que los días y los meses me parecían más lentos... Aún faltaban como siete semanas para la fecha justa, cuando me di a pensar que a lo mejor el cálculo estaba errado, ya que me parecían excesivos sus sufrimientos y la absoluta tirantez de la piel... Olvidaba decirle que así como avanzaba el lapso genésico, Linda era presa de caprichos extraños... Le agradaba pasarse horas enteras sumergida en el mar; y a pesar de su estado casi monstruoso, obsceno, se negaba a usar malla alegando que no la resistía... A la hora de comer, daba señales de la más absoluta inapetencia... Sin embargo, después la sorprendía comiendo ostiones y otros mariscos, vivos... Aquella noche, los truenos y relámpagos habían sobrecogido a Linda Olsen. La veía horrorizada... Temía morir en la isla... Y, ya obcecada por los terrores de la muerte, llamaba a la haitiana para que la ayudara a bien morir... Yo me había dado cuenta de que la negra *Vudú* se dedicaba durante mis ausencias a prácticas ocultas para aliviarle a Linda los dolores... La tempestad rugía bajo los fuertes trallazos de la lluvia... Contorsionada sobre el lecho, la grávida gemía, atormentada por los desgarramientos más atroces... Yo, que ya enloquecía por la tensión de mis nervios, preferí (no había otra escapatoria) precipitar aquello para salvar a Linda. De lo contrario, yo estaba bien seguro de que, aun faltando un mes, su organismo no podría resistir... Enfebrecido por la más angustiosa desesperanza, me resolví a operar... La inyecté... Al poco rato le entró un sueño profundo... En ese estado como de duermevela nació por fin aquello. No quiero recordarlo... Era una cosa deforme, muerta, fofa... Temiendo que Linda Olsen pudiera darse cuenta al despertarse, corrí bajo la noche aún tempestuosa y eché el engendro al mar; así borraba toda huella o vestigio de su fealdad. Desde entonces tengo los nervios rotos...

—No debe preocuparse. Lo importante era salvar a Linda Olsen.

—Y la salvé, en efecto, pero tuve el temor de que al saber la verdad me abandonara, y preferí inventarle la mentira de una criatura negra. "¿Dónde está? —me gritaba—. ¡Quiero verla!" No sabiendo mentirle, me enredé más y más hasta quedar frente a ella convertido en un vulgar asesino.

(…Paul Ecker se estremece… Abre los ojos desmesurada-
mente como sobrecogido por una extraña visión. Cree oír de
nuevo la carcajada de la haitiana y el misterioso canto del
huracán. Ante sus ojos se extiende el mar inmenso, y le pa-
rece ver surgir de sus olas la cabeza de Linda con las pupi-
las fijas como en estado de trance. Sólo Ecker oye su voz
que dice:

—No me agradan los negros… No puedo remediarlo…
Es algo que he llevado en la sangre desde pequeña… Son
taras de familia que no es el caso discutir… Con todo y eso,
confieso que Joe Ward no tuvo nada que ver con nuestro
asunto… Si a alguien le cabe culpa es a mí… Yo te mentí,
Paul Ecker, premeditadamente o por irreflexión momentánea… Mejor dicho, no hubo ficción alguna; más bien
malentendido… Lo cierto es que el ambiente de la isla me
hechizó transformándome, me hizo ver en mí misma a otra
persona distinta de la de antes… Para mí, pobre víctima de
las inhibiciones sociales, aquello era un milagro de libertad… Allí en la isla no había prejuicios que me ataran…
Deshice mis cadenas y me sentí a mis anchas, con ganas de
gritar, de hundirme íntegra en la embriaguez del ambiente… Todo en la isla me parecía un milagro de la Naturaleza… Los colores del mar; el juego alegre de espumas y
gaviotas; el canto de los pájaros; el brillo de la luz; la exuberancia de vida; la canícula; y el olor penetrante de la tierra
después de la tormenta… Todo hablaba de amor, todo era un
himno pagano que me inundaba como en una vorágine luju-
riosa, lasciva… Mi juventud ardía… Mi cuerpo joven se deshacía en un delirio deslumbrado… Por eso, en pleno goce de
mis actos, retozaba descalza bajo la lluvia… Quería ser una
nota en el gran canto de la naturaleza… ¡Con qué placer
ansiaba vengarme de la vida dejada atrás…! Por eso me entregué sin preámbulos al rubio Parker… Lo hice sencillamente,
como lo hacen los pájaros y las aves del mar… Aquello para
Ben sólo fue un rato de ofuscación… Pensó en las consecuencias y, aterrado, ya no quiso acercárseme… Me huía…

358

Yo, en cambio, lo deseaba sin compromiso alguno... Quería saciar mi sed, pues ya era tarde para frenar mi impulso. Y, decidida a dominar sus temores, dispuse darle celos coqueteando con Joe. No he de negar que, aunque siento repudio contra los negros, no probé desagrado sino más bien placer... Me causaban deleite las piruetas y las mil ocurrencias de Joe Ward... Joven, fuerte, radiante, tenía los dientes blancos y reía con una risa atractiva... La atmósfera de la isla y la fragancia de la brisa yodada me lo hicieron mirar embellecido como un Apolo negro... Comencé a darme cuenta de que estaba en peligro de entregarme, pues ya me le insinuaba con insistencia... él, viéndose deseado, fue cayendo en la urdimbre devoradora... Una tarde [Ben Parker lo esperaba en la lancha pero Joe prefirió jugar conmigo] yo le tiraba frutas de un árbol cuando de pronto me zumbó un abejorro... Asustada, quise bajar del tronco y resbalé... Joe, acercándose, me recibió en sus brazos y me besó en la boca... Sentí como una especie de vórtice que me arrastraba... Ya a punto de caer, lancé un grito y huí aterrorizada... Cuando tú, Paul, saliste, tuve vergüenza de parecerte una chiquilla ridícula e irreflexivamente grité como una histérica: "¡Socorro! ¡Me ha violado!"... ¡Pobre Joe!... Sobrecogido de pánico, se retiró cuesta abajo y, embarcándose, puso rumbo a la Base en compañía de Ben Parker... Luego, puestos de acuerdo, no quisieron volver... El negro dijo que había visto fantasmas en la isla... Seguramente lo que sí presintió fue la horca y el espectro de Lynch... La premura que tú pusiste en mi defensa y tus prolijos cuidados, aparte de tu oferta de matrimonio [que yo no comprendí a primera vista], me hicieron acercarme a tu vida, a tus estudios... Luego, al notar que iba a ser madre, me apresuré a aceptar tu propuesta matrimonial... Que el niño era de Parker, no había duda; pero eso qué importaba... Yo sabía que tú estabas embebecido... Me casaría contigo, y la criatura tendría un padre más digno que el rubio marinero... Cuando me puse grave... Recuerdo que esa noche llovía terriblemente... Brillaban mil relámpagos... Y me atemorizaban

los truenos y el estruendo del mar... Después, no supe más...
Al despertarme, ya era de madrugada... Pensé en mi hija...
No sé por qué pensaba que era una niña, con su carita linda
y sus bracitos que le besaría... ¿Sería idéntica a Ben?...
Abrí los ojos... Me vi sola en la estancia... Pensé: "¿Qué
será de Paul Ecker y de mi niña?..." Llamé. No hubo res-
puesta. De pronto oí tus pasos. Esperé ansiosa. Entraste...
¿Qué te pasaba? Te noté preocupado, las ropas húmedas, el
semblante sombrío. "¡Pobre! —pensé—, seguramente se ha
fatigado mucho." Te acercaste a mi cuerpo con dulzura
infinita; me besaste las sienes; me hablaste de tu oferta de
matrimonio y aun me dijiste que ya faltaba poco para el via-
je de vuelta a Filadelfia... Yo, desde luego, sólo insistía en
mi anhelo de ver a la criatura, pero no me hacías caso...
Seguías hablando, como si nada... Cuando, ya recelosa, te
insté a mostrármela, te vi tartamudear. Adujiste, primero,
que hiciste lo imposible por salvarla. Después, compadecido,
me dijiste que era una niña negra... Aquel infundio me ilu-
minó. Tuve la clara percepción del crimen... Vi en seguida
que habías matado a mi hija por celos de Ben Parker. Bien
sabías que era de él... ¡Asesinaste a mi niña, a mi pequeña
criatura hermosa y bella!... ¡Asesino, asesino!...)

El funcionario golpea impacientemente la mesa con un lápiz, como para llamar la atención del acusado.

Luego, con gran paciencia, dictamina:

—La circunstancia del naufragio y a lo mejor los golpes recibidos le han grabado los hechos, exagerándolos al punto de crearle en la conciencia un fastidioso complejo de culpa. Sin embargo, lo que hizo aquella noche es lo normal. ¿Quién va a acusarlo por no guardar un feto?... Lo que deseo saber son los motivos que lo obligaron a embarcarse en una frágil chalupa, bajo la tempestad, en compañía de Linda Olsen. Yo pensé que, creyéndole incapaz de operarla, quiso llevarla a todo trance a la Base; pero debió ser otra la razón, ¿no es así?

(...¿Cómo explicarle al juez la gran verdad, si a medida
que avanzaba hacia ella la creía menos real? Y él mismo

comenzaba a dudar de lo que había comprobado con sus manos, en las que aún persistía la sensación del milagro. ¿Cómo hacerle entender sin prueba alguna que aquel raro prodigio no fue ilusión de sus sentidos? Paul Ecker sabe bien que si declara la verdad que él conoce, traerán a un alienista para que lo examine. Sin embargo, sólo piensa en aquello... Esa noche, mientras la tempestad ponía su infierno de luces y de ruidos, él, deseando conocer la verdad y ya cansado de ver sufrir a Linda, resolvió adormecerla... En ese instante surgió el raro misterio... Vio una carita fina, muy tierna, sonrosada, unos bracitos tersos impecables... Sintió un júbilo tal que estuvo a punto de descuidar el parto... Y ya anhelaba recibir en sus manos a la criatura para sentirla suya, perfecta y sana, cuando aquello saltó, dio un coletazo y rebotó sobre el lecho... Quedó paralizado, con la esperanza en éxtasis como si de su gesto dependiera la paz del mundo... Lo que bullía frente a él, sobre las sábanas, era un mito viviente: un pez rosado como un hermoso barbo, pero con torso humano, con bracitos inquietos y con carita de querubín... Aquella cosa de rasgos femeninos tenía todo el aspecto de una sirena... Él las había admirado en obras de arte, en poemas... Todavía recordaba los divinos hexámetros de la Odisea; pero jamás pensó ni por asomo que una hija suya... ¡Cáspita!... ¿Qué misterioso génesis la originaba?... Recordó que, al marcharse Ben y Joe, es decir, cuando Linda recuperó a su lado la afición al estudio, una mañana, con las primeras luces, iban a darse un baño entre las rocas, cuando ella lo llamó haciéndole señas desde un pretil... La inquietud de sus gestos le hizo entrever la magnitud del hallazgo... Se cubrió a la ligera y, acercándosele, fueron ambos testigos, desde el reborde, de una escena de amor que era un poema de la naturaleza.. Nadaba entre las aguas un pez enorme de colores fastuosos... La nacarada bestia [que era una hembra] se apoyó en sus aletas, dejó gotear sus huevos hacia el fondo arenoso y, la misión concluida, se retiró con suaves ondulaciones... Al poco rato, llegó el macho gallardo, nadó

parsimonioso sobre la freza y, acomodándose con ritual cere-
monia, fue cubriéndola con su rocío blancuzco... Satisfecho el
instinto, se alejó muy orondo... La especie estaba a salvo...
Deslumbrados por la pasión científica, Linda y él sumergié-
ronse para observar de cerca la ovulación... En mal momento
los juntaba la ciencia... La impresión producida por lo que
habían mirado, la tibieza del agua y el olor excitante de aque-
lla mezcla... Sólo al pensar en ello se le crispan los nervios...
Fue un grito de la sangre que no pudieron sofocar... Era el
dictamen de la naturaleza... Y sucumbieron entre aquella
sustancia gelatinosa...

Todo estaba muy claro: la pequeña sirena con su piel son-
rosada tenía ancestros oceánicos... Era el connubio del pez y
el ser humano... Sin embargo, la pasión de la ciencia se im-
puso en él... Fue superior a su fracaso genésico... Y, olvidan-
do la burla que le estaba jugando el destino, pensó en la
trascendencia del acto en sí... Nada en el mundo tendría
más importancia que aquel hecho científico. Su nombre vo-
laría en alas del triunfo, de la fama, del genio... Las univer-
sidades le brindarían honores y condecoraciones... Y ya veía
su nombre en los carteles, anunciando la gloria de Paul
Ecker, *cuando notó que la sirena perdía vitalidad y retardaba*
sus saltos poco a poco como lo hacen los peces sobre la pla-
ya... Comprendió que, siendo el mar su elemento, no tarda-
ría en morir fuera de él... Ya apenas susultaba y abría la
boca, agonizante, poseída de asfixia, en un esfuerzo final de
vida o muerte... Oh, en ese instante, todo lo hubiera dado
por salvarla... La recogió en sus brazos con el mayor esmero
y, apresuradamente, corrió hacia el mar... Ya las primeras
luces anunciaban la aurora y el huracán había cesado...
Sólo seguía cayendo una llovizna suave, persistente... Se
hundió en el agua casi hasta la cintura y en ella sumergió a
la sirena con la ritualidad de quien impone el bautismo...
Poco a poco la notó revivir. Y, al ver que ya su cola abanicaba
las aguas lánguidamente, la dejó rebullirse para ver si nada-
ba. ¡Fue una absurda locura!. . Nunca debió intentarlo...

La sirena dio un coletazo fuerte, hizo un esguince y, aunque él quiso evitarlo, sumergióse fugaz... Aún percibió un instante sus relumbres entre la transparencia y, al perderla definitivamente, se quedó como en Babia... Había dejado huir de entre sus manos la gloria y había ocurrido todo con tal celeridad que aún Paul Ecker se imaginaba aquello cual jirones de nieblas entre el sueño... ¿Cómo explicarle a Linda aquel misterio? ¿Cómo hacerle creer lo que ya él mismo condenaba a la duda?)

El juez insiste:

—Si había ocurrido todo, ¿por qué desafió usted la tempestad en esa frágil chalupa con miss Olsen? ¿No quiso resignarse a aceptar la realidad de los hechos?

—Pareció que en efecto se resignaba, que creía a pie juntillas lo que le dije... Yo me mostré solícito con ella e hice venir a la haitiana para que la cuidara... Había quedado muy débil y fue preciso restaurarla con tónicos y caldos... Cuando ya se sintió fortalecida, la acompañé unos días en sus paseos, y, como ya las lluvias iban cesando, proseguí mis estudios entre los arrecifes... Fue entonces cuando noté en Linda los trastornos que me pusieron en estado de alerta... Linda sufría una angustia cuyas causas no me sabía explicar... La asediaban los fantasmas del mar en pesadillas nocturnas con sobresaltos... El mundo de los sueños era para ella un antro de tormentos del que se liberaba despertándose con alaridos de terror... No se atrevía a dormirse, pues se veía rodeada por monstruos pisciformes que danzaban en una extraña ronda de risas, cantos, espumas y coletazos...; una especie de carrusel proteico con ritmo acelerado en cuyo vórtice le parecía caer hasta ir hundiéndose en viscosas sustancias de frialdad tan intensa que le paralizaba las piernas... Yo tenía que frotárselas porque se le dormían y alegaba que eran un solo témpano de hielo... La vieja haitiana diagnosticaba que eso era de índole reumática debido a que Linda Olsen pasábase las horas sumergida en el mar, no tan sólo por el goce del baño sino que había insistido en su nauseante costumbre de alimentarse con moluscos vivientes... Esta rara manía que antes supuse antojo de gravidez llegó a acentuarse al punto de serme intolerable... Su gran voracidad no hacía distingos entre algas y babosas... La vi engullir medusas a mordiscos con la fruición de quien deglute moldes de gelatina...

El funcionario no logra reprimir un gesto de asco.

Confundido, no sabe qué decir y explica:

—Por lo que veo, tratábase de una extraña psicosis... Afortunadamente el psicoanálisis...

—¡No hay remedio mejor que el sol, el mar y el aire!... Lo grave es que el conflicto fue agudizándose con manifestaciones de terror...

—Motivado...

—Por un poder ignoto... Ella explicaba que se sentía atraída por un abismo de deleitables transparencias... Ese augurio de goces con posibilidades de agonía la ponía en trances contradictorios de repulsión y simpatía como ocurre con la inexperta adolescente que, sintiendo la seducción erótica, frena el deseo por miedo de la culpa... Esa idea nebulosa de su trastorno adquiría a veces la seductora forma de tritones que la inhibían cantando obscenidades cuando no retozaban con carcajadas ebrias... de allí su afán constante de chapalear entre las ondas; tan intenso, que a veces levantábase del lecho, sonámbula, y desnuda, se dirigía a la playa a grandes saltos... Estos diversos síntomas me fueron indicando su fatal propensión a convertirse en sirena... Tenía que darle alcance, despertarla y devolverla a su lecho... En ese estado de éxtasis me hablaba y razonaba sin percepción de sus actos... Una noche me confesó que estaba enamorada del mar, y, seducida por él, aseguraba que llegaría el momento en que tendría que dársele definitivamente... Meditando sobre ello elucubré lo del complejo de Glauco de que tanto se ha hablado en los periódicos... Debe usted recordar que ese héroe mítico comió de ciertas yerbas y se sintió atraído por el mar hasta el grado de no poder frenar su ciego impulso… El pobre no tuvo más remedio que sucumbir… Sumergido en sus ondas, las nereidas lo metamorfosearon en tritón o algo por el estilo… Yo, en mi tesis, traté de demostrar que tal complejo resulta frecuentísimo en nuestros días… La extraña enfermedad se manifiesta en gradaciones diversas que van desde el ligero chapuzón deleitable hasta el suicidio fatal, cuando el ahogado, con los ojos abiertos, reposa al fin sobre algas que hacen las veces de mortaja…

El juez siente un ligero estremecimiento. El desagrado le hace expresar su encono:

—Si sabía que el conflicto podía llegar a excesos tan macabros, ¿por qué se descuidó, por qué motivos no puso usted reparo?… Pienso que lo aceptado hubiera sido conducirla a la Base.

—¡Ni pensarlo!

—¿Por qué? ¿Quiere explicarse?

—Porque sencillamente Linda era para mí el único campo de experimentación. Oh, usted no sabe lo que eso significa para un científico… Yo deseaba sacar mis conclusiones sobre el nuevo complejo, lo cual hubiera sido imposible sin el debido estudio de su proceso evolutivo hasta hallarle solución terapéutica… Y aunque ésa le parezca una razón egoísta, no era la única… Si me sentía capaz de mejorar a Linda Olsen, ¿cómo iba a darme por vencido?… Se habría clasificado como un fracaso de mi parte. Dejar que otros colegas atendiesen el caso me hubiera parecido un absurdo, ¿comprende?… Se habría venido abajo mi teoría del complejo. Por tal motivo…

—…No tuvo usted reparo en descuidar una vida…

—¡No! ¡Eso no! ¡Se lo juro! ¿Quién más capacitado que yo para atenderla, sobre todo cuando en el caso de ella yo no veía al paciente casual sino algo íntimamente ligado a mis afectos? Mi pasión por la ciencia no era tanta como para sacrificar a Linda Olsen. Muy a la inversa… Mi vida hubiera dado por su existencia… Yo deseaba curarla siguiendo un plan preestablecido... Lo malo es que nosotros, a veces, creamos síntomas jamás imaginados por el paciente... Con gran razón se ha dicho que las enfermedades las hemos inventado los médicos... En el caso de Linda me apasionó el complejo de Glauco a tal extremo que sólo hablaba de él. A lo mejor todo ello fue contraproducente.

—¿Qué insinúa usted con eso?

—No sé... Suposiciones... Tal vez fue mi insistencia lo que la hizo pensar que era posible transformarse en sirena.

—Siga usted.

—En efecto, vi presentarse en ella síntomas parecidos a los de Glauco... Por ejemplo, noté que lo de la parálisis de sus piernas era, hasta cierto punto, ficticio, ya que podía moverlas... Se las imaginaba, eso sí, unidas como si algo invisible les impidiera su ritmo individual... A cada rato se las palpaba inquieta, pues tenía la impresión de que su piel iba adquiriendo características viscosas... No había duda de que el mal avanzaba sin que yo hubiera hallado su mejoría...

Meditando sobre las causas que motivaron su dolencia, recordé que en la noche del parto lo que más la afectó fue el explosivo fragor del huracán. Los truenos y relámpagos, el bramido del mar y los silbidos del viento le infundieron la idea de un cataclismo final en el que todo se hundía... No era difícil, pues, imaginar que una impresión parecida podía serle benéfica... Por eso yo esperaba con verdadera vehemencia la borrasca... No sé por qué tardaba... Ya usted sabe que en las islas del trópico son frecuentes las lluvias. El buen tiempo dura pocas semanas... Sin embargo, para desesperarme, no hubo días tan espléndidos como aquéllos... Con lo que yo pensaba que hasta los mismos elementos se oponían a mis planes... Y en verdad resultaba que cuando convenía la bonanza para estudiar la freza caían lluvias tan fuertes y torrenciales que enfangaban las aguas; y cuando me hacía falta un ciclón, no soplaba ni la más tenue brisa.

—Viéndolo bien, la culpa no era suya —dice el juez—.

Por lo que me ha contado, he podido inferir que, asimismo, miss Olsen fue solamente víctima de la fatalidad... Si, como habrá observado, me interesan los hechos, no es porque abrigue dudas de su inocencia, sino por liberarlo del complejo de culpa que lo deprime. Prosiga usted, doctor.

—Posiblemente no le he contado todo con el orden debido, pero recuerdo un síntoma que aumentó mi zozobra. Una mañana me había alejado un poco entre los árboles con la idea de cazar, cuando empezó a llover y resolví regresar. Llegando al promontorio, me di cuenta de que era un simple amago, una farúa pasajera, y, distraído, me quedé contemplando el raudo vuelo de las gaviotas. De pronto vi a Linda Olsen, desnuda, dando saltos con rumbo hacia las olas... Me apresuré a bajar para llevarla nuevamente a su lecho... La haitiana había salido con el mismo propósito, pero al ver las piruetas que en cada brinco hacía la enferma, se echó a reír con esa risa brutal característica de los negros. Al oírla, Linda Olsen dio muestras inmediatas de desagrado... Yo pensé que la burla podía ser un estímulo para que la paciente, sintiéndose en ridículo, dejase de saltar y utilizara normalmente sus piernas... Pensando en ella y además contagiado de hilaridad, me eché a reír también; de modo que Yeya y yo asediamos a Linda a carcajadas... Lo que yo había previsto no se produjo, pues, sin poder frenarse, Linda perdió la calma y proseguía dando saltos enfurecida; sintiéndose agotada y ya frenética, se echó al suelo, gritando, poseída de un ataque de histeria... Me apresuré a atenderla y, al acercármele, noté que se asfixiaba por falta de aire. No sé por qué pensé que lo más cuerdo sería llevarla al mar... Así lo hice, corriendo, y, al chapuzarla, me quedé sorprendido... Linda reía feliz como si nada, y hacía raros esguinces chapaleando con las piernas unidas. Ya no dudé que el mar, siendo la causa, podía ser el remedio de su trastorno... Sólo hundiéndose en él podía salvarse, si era que en esa lucha no era el mar quien vencía hasta poseerla definitivamente... Y así fue en realidad...

367

—¿La risa de la haitiana no tuvo consecuencias desagradables?

—Creo que sí, por desgracia. Aquella burla fue una prueba nefasta. Como es de suponer, desde ese día Linda no soportó junto a ella a *la Vudú*. La estridencia de aquellas carcajadas había herido su sensibilidad de tal manera que las oía por todas partes: en el bramido del mar, en el susurro del viento y en el canto de las aves marinas. A veces despertaba y con las manos se cubría los oídos para no oír la risa y un misterioso canto que la angustiaba sin poder definirlo… Yo mismo, al despertarme para atenderla, creí una noche oír… Usted comprende… Ya me sentía agotado… Recuerdo que al librarse de la atroz pesadilla me confesó que ya sentía muy próxima su repulsiva y total metamorfosis… Había soñado que se veía en el mar ya convertida en sirena y había experimentado lo que es tener las piernas transformadas en cola… "¡No quiero que eso ocurra!" —me decía—. "¡No me dejes!"… Y se me echaba al cuello llorando… Al día siguiente, ya más tranquilizada, me hizo la confidencia más extraña… Con una leve sombra de picardía y sonrojo me dijo que había visto a un vigoroso tritón de largos rizos y espesa barba rubia como la mía… Al evocar el sueño se echó a reír alegre… Parece que el tritón le hizo la corte de manera brutal… La empujó hasta la playa sin miramiento alguno y allí la poseyó entre bufidos y mordiscos feroces. "Aún siento sus mordiscos por todo el cuerpo", dijo.

El funcionario se abanica molesto y carraspea varias veces. Ecker prosigue:

—No sé por qué le cuento todo esto… Mejor es relatarle sin dilaciones el pavoroso desenlace… ¿Me permite beber un sorbo de agua?

—Desde luego, doctor.

Paul Ecker bebe.

—Entonces…

—El viento había cambiado, y el mar, ligeramente picado, era un seguro anuncio de que ya estaban próximas las lluvias... Parece que la atmósfera, cargada de corrientes magnéticas, excitó en esas noches a Linda Olsen hasta el punto de enfurecerla a cada instante. Quería salir a todo trance. "¡Tengo una cita con el mar!" —gritaba—... Yo estaba ya cansado y llamé a la haitiana para que me ayudara a cuidarla... Y así andaban las cosas cuando ocurrió la noche del vendaval... La lluvia se anunció con estruendosa demostración de truenos y relámpagos. Los silbidos del viento se mezclaban con los trallazos de las olas... Todo hacía suponer que se acercaba un pavoroso huracán... Yo observaba a Linda Olsen para ver los efectos que el fragor atmosférico le causaba... Y pude confirmar que mi diagnóstico no estaba equivocado porque la vi calmarse y hasta pude observar que había olvidado lo de la rigidez de sus piernas... Al notarla dormida, consideré que había pasado la crisis, y viendo que la haitiana quería marcharse me atreví a licenciarla... "No hay peligro —le dije—, puedes irte." La haitiana me explicó que su deseo de marcharse era porque la lancha se le estaba golpeando entre las rocas y deseaba sacaría de entre los arrecifes. Cuando cerró la puerta, me sentí tan cansado que me estiré en la hamaca y me dispuse a fumar... No creo que tuve tiempo de encender la pipa, pues me quedé profundamente dormido...

Me despertó de golpe un ruido seco. La puerta estaba abierta. La furia clamorosa del huracán rugía, y el viento hacía volar las cortinas. Pensé de pronto que a lo mejor la haitiana no la había dejado bien cerrada, pero al buscar a Linda, no la hallé. Inútilmente registré la casa. De súbito pensé, vi, la desgracia. Me lancé hacia la playa bajo la lluvia. La noche era un infierno de ruidos y de luces.

Me eché a gritar:

—¡Linda Olsen! ¡Linda Olsen!

Nadie me contestaba... La vieja había acercado su chalupa a la playa, pero el viento y las olas le impedían ensecarla... Seguía lloviendo recio y la tormenta ponía en la noche lóbrega un concierto de aullidos y de truenos... Me subí a los roquedos y a la luz de un relámpago creí ver a Linda Olsen llevada hacia alta mar por la corriente. Volví a llamarla haciendo bocina con las manos.

—¡¡¡Linda Olsen!!!

Me pareció escuchar muy a lo lejos su voz en una especie de alarido angustiado.

Corrí a la playa, me embarqué en la chalupa y eché a la vieja a un lado.

—¡Ya es inútil! —gruñó.

Empuñé los remos e hice avanzar la lancha mar afuera. Luchando rudamente con el viento y la furia de las olas me fui acercando al sitio en que creía divisarla. La luz de los relámpagos me la hacía ver a ratos flotando en la corriente y a veces la perdía. Pero ahora me doy cuenta de que acaso no pude verla nunca ni escuché su alarido desgarrador. Tal vez fue sólo ilusión de mis sentidos. En efecto, cuando me parecía que iba acercándomele, la veía más distante. Hasta que hubo un momento en que, agotadas mis fuerzas, perdí el sentido de las cosas. No recuerdo haber izado la vela ni si fue la corriente la que me hizo estrellar contra las rocas de la isla próxima. Tampoco hago memoria del momento en que me puse la boina en la cabeza. Tal vez fue en el instante de salir del bohío. Lo que no olvido nunca es que, debido al loco pavor de que fui presa o al ruido de la lluvia, no dejé de escuchar un solo instante el doloroso alarido de miss Olsen y un misterioso canto.

"...¿Cómo llegué a la playa? No lo sé. A lo mejor anduve perdido entre las rocas hasta caer rendido sobre la arena. Lo cierto es que al volver de mi colapso ya el alba despuntaba y había amainado la tormenta, pero yo seguía oyendo dentro de mí el eco lejano de aquel canto mezclado a la honda resonancia del mar como si mi alma entera se hubiese transformado en un gigantesco caracol..."

COMENTARIO

Rogelio Sinán utiliza en "La boina roja" tanto la técnica surrealista como la cubista para presentar dos casos de psicología anormal que están subordinados a un argumento fantástico.

El doctor Paul Ecker, citado ante el juez, explica la muerte de Linda Olsen hablando y recordando alternamente como buen personaje surrealista. La conversión psicológica de Linda en sirena se hace verosímil con una serie de antecedentes. Ella acompañó al doctor Ecker en su viaje a la isla para estudiar el desove de los peces. Un día, Ecker la poseyó en la misma agua donde los dos acababan de observar el acto sexual de los peces. Cuando ella da a luz, el doctor Ecker mata a la criatura o la deja escaparse en el mar. No se sabe con certeza porque la misma realidad, vista simultáneamente desde cuatro ángulos distintos, refleja la influencia del cubismo. Al juez, Ecker le dice que mató a la criatura porque había nacido informe como el hijo de su ex esposa. A Linda, Ecker le dijo que la niña había nacido negra. Ella sabía que eso fue imposible porque nunca se había entregado al negro Joe Ward. Por lo tanto, ella creía que Ecker mató a la niña porque había nacido rubia, hija de Ben Parker. A sí mismo, Ecker se dice que había nacido una sirena que se le deslizó de las manos cuando la llevó al mar para conservarle la vida. El autor presenta las cuatro posibilidades y el lector tiene que participar en el proceso creativo escogiendo la más verosímil... o la más artística.

El misterio también rodea la muerte de Linda. Al bañarse en el mar, ella siente que se le paralizan las piernas y retoza en las olas. Ecker quiere curarle el complejo de Glauco, pero la noche del huracán se duerme y ella escapa de la casa y se pierde en el mar. Ecker la busca en vano. La actitud enigmática de la haitiana da lugar a la posibilidad de que ésta tuviera hechizada a Linda. Y Ecker ¿se dejó vencer por el sueño a propósito?

Igual que en los cuentos psicozoológicos de Rafael Arévalo Martínez, el lenguaje de "La boina roja" es antiartístico en el sentido de que el autor no intenta crear la belleza por medio del idioma. En efecto, necesita una prosa seudocientífica para hacer más crédula esta historia exótica, fantástica y enigmática.

JUAN RULFO
[1918-1986]

Mexicano. Nació en Sayula, Jalisco. Pasó su niñez en la hacienda de sus abuelos. En 1924 perdió a su padre: "lo mataron una vez cuando huía... y a mi tío lo asesinaron, y a otro y a otro... y al abuelo lo colgaron de los dedos gordos, los perdió... todos morían a los 33 años".* Pocos años después se le murió su madre. Estudió para contador y trabajó en la Oficina de Migración, la Compañía Goodrich y la Comisión del Papaloapan. Publicó sus primeros cuentos en la revista Pan *de Guadalajara. Sus únicos dos libros son muy conocidos y estimados: la colección de cuentos* El Llano en llamas *(1953) y la novela* Pedro Páramo *(1955), ambas publicadas por el Fondo de Cultura Económica. Después de un silencio editorial de más de 20 años, Rulfo se reveló en 1980 como guionista de cine y como fotógrafo en* El gallo de oro y otros textos para cine *y en* Inframundo o el México de Juan Rulfo.

¡DILES QUE NO ME MATEN!

—¡DILES que no me maten, Justino! Anda, vete a decirles eso. Que por caridad. Así diles. Diles que lo hagan por caridad.

—No puedo. Hay allí un sargento que no quiere oír hablar nada de ti.

—Haz que te oiga. Date tus mañas y dile que para sustos ya ha estado bueno. Dile que lo haga por caridad de Dios.

* Juan Rulfo en *Los narradores ante el público*. México, Joaquín Mortiz, 1966, p. 26.

—No se trata de sustos. Parece que te van a matar de a de veras. Y yo ya no quiero volver allá.

—Anda otra vez. Solamente otra vez, a ver qué consigues.

—No. No tengo ganas de ir. Según eso, yo soy tu hijo. Y, si voy mucho con ellos, acabarán por saber quién soy y les dará por afusilarme a mí también. Es mejor dejar las cosas de ese tamaño.

—Anda, Justino. Diles que tengan tantita lástima de mí. Nomás eso diles.

Justino apretó los dientes y movió la cabeza diciendo:

—No.

Y siguió sacudiendo la cabeza durante mucho rato.

—Dile al sargento que te deje ver al coronel. Y cuéntale lo viejo que estoy. Lo poco que valgo. ¿Qué ganancia sacará con matarme? Ninguna ganancia. Al fin y al cabo él debe de tener un alma. Dile que lo haga por la bendita salvación de su alma.

Justino se levantó de la pila de piedras en que estaba sentado y caminó hasta la puerta del corral. Luego se dio vuelta para decir:

—Voy, pues. Pero si de perdida me afusilan a mí también, ¿quién cuidará de mi mujer y de los hijos?

—La Providencia, Justino. Ella se encargará de ellos. Ocúpate de ir allá y ver qué cosas haces por mí. Eso es lo que urge.

Lo habían traído de madrugada. Y ahora era ya entrada la mañana y él seguía todavía allí, amarrado a un horcón, esperando. No se podía estar quieto. Había hecho el intento de dormir un rato para apaciguarse, pero el sueño se le había ido. También se le había ido el hambre. No tenía ganas de nada. Sólo de vivir. Ahora que sabía bien a bien que lo iban a matar, le habían entrado unas ganas tan grandes de vivir como sólo las puede sentir un recién resucitado.

Quién le iba a decir que volvería aquel asunto tan viejo, tan rancio, tan enterrado como creía que estaba. Aquel asunto de cuando tuvo que matar a don Lupe. No nada más por nomás como quisieron hacerle ver los de Alima, sino porque tuvo sus razones. Él se acordaba:

Don Lupe Terreros, el dueño de la Puerta de Piedra, por más señas su compadre. Al que él, Juvencio Nava, tuvo que matar por eso; por ser el dueño de la Puerta de Piedra y que, siendo también su compadre, le negó el pasto para sus animales.

Primero se aguantó por puro compromiso. Pero después, cuando la sequía, en que vio cómo se le morían uno tras otro sus animales hostigados por el hambre y que su compadre don Lupe seguía negándole la yerba de sus potreros, entonces fue cuando se puso a romper la cerca y a arrear la bola de animales flacos hasta las paraneras para que se hartaran de comer. Y eso no le había gustado a don Lupe, que mandó tapar otra vez la cerca, para que él, Juvencio Nava, le volviera a abrir otra vez el agujero.

Así, de día se tapaba el agujero y de noche se volvía a abrir, mientras el ganado estaba allí, siempre pegado a la cerca, siempre esperando; aquel ganado suyo que antes nomás se vivía oliendo el pasto sin poder probarlo.

Y él y don Lupe alegaban y volvían a alegar sin llegar a ponerse de acuerdo.

Hasta que una vez don Lupe le dijo:

—Mira, Juvencio, otro animal más que metas al potrero y te lo mato.

Y él contestó:

—Mire, don Lupe, yo no tengo la culpa de que los animales busquen su acomodo. Ellos son inocentes. Ahi se lo haiga si me los mata.

"Y me mató un novillo.

"Esto pasó hace treinta y cinco años, por marzo, porque ya en abril andaba yo en el monte, corriendo del exhorto. No me valieron ni las diez vacas que le di al juez, ni el embargo de mi casa para pagarle la salida de la cárcel. Todavía después se pagaron con lo que quedaba nomás por no perseguirme, aunque de todos modos me perseguían. Por eso me vine a vivir junto con mi hijo a este otro terrenito que yo tenía y que se nombra Palo de Venado. Y mi hijo creció y se casó con la nuera Ignacia y tuvo ya ocho hijos. Así que la cosa ya va para viejo, y según eso debería estar olvidada. Pero, según eso, no lo está.

"Yo entonces calculé que con unos cien pesos quedaba arreglado todo. El difunto don Lupe era solo, solamente con su mujer y los dos muchachitos todavía de a gatas. Y la viuda pronto murió también dizque de pena. Y a los muchachitos se los llevaron lejos, donde unos parientes. Así que, por parte de ellos, no había que tener miedo.

"Pero los demás se atuvieron a que yo andaba exhortado y enjuiciado para asustarme y seguir robándome. Cada que llegaba alguien al pueblo me avisaban:

"—Por ahi andan unos fuereños, Juvencio.

"Y yo echaba pal monte, entreverándome entre los madroños y pasándome los días comiendo sólo verdolagas. A veces tenía que salir a la medianoche, como si me fueran correteando los perros. Eso duró toda la vida. No fue un año ni dos. Fue toda la vida."

Y ahora habían ido por él, cuando no esperaba ya a nadie, confiado en el olvido en que lo tenía la gente; creyendo que al menos sus últimos días los pasaría tranquilo. "Al menos esto —pensó— conseguiré con estar viejo. Me dejarán en paz."

Se había dado a esta esperanza por entero. Por eso era que le costaba trabajo imaginar morir así, de repente, a estas alturas de su vida, después de tanto pelear para librarse de la muerte; de haberse pasado su mejor tiempo tirando de un lado para otro arrastrado por los sobresaltos y cuando su cuerpo había acabado por ser un puro pellejo correoso curtido por los malos días en que tuvo que andar escondiéndose de todos.

Por si acaso, ¿no había dejado hasta que se le fuera su

mujer? Aquel día en que amaneció con la nueva de que su mujer se le había ido, ni siquiera le pasó por la cabeza la intención de salir a buscarla. Dejó que se fuera sin indagar para nada ni con quién ni para dónde, con tal de no bajar al pueblo. Dejó que se fuera como se le había ido todo lo demás, sin meter las manos. Ya lo único que le quedaba para cuidar era la vida, y ésta la conservaría a como diera lugar. No podía dejar que lo mataran. No podía. Mucho menos ahora.

Pero para eso lo habían traído de allá, de Palo de Venado. No necesitaron amarrarlo para que los siguiera. Él anduvo solo, únicamente maniatado por el miedo. Ellos se dieron cuenta de que no podía correr con aquel cuerpo viejo, con aquellas piernas flacas como sicuas secas, acalambradas por el miedo de morir. Porque a eso iba. A morir. Se lo dijeron.

Desde entonces lo supo. Comenzó a sentir esa comezón en el estómago, que le llegaba de pronto siempre que veía de cerca la muerte y que le sacaba el ansia por los ojos, y que le hinchaba la boca con aquellos buches de agua agria que tenía que tragarse sin querer. Y esa cosa que le hacía los pies pesados mientras su cabeza se le ablandaba y el corazón le pegaba con todas sus fuerzas en las costillas. No, no podía acostumbrarse a la idea de que lo mataran.

Tenía que haber alguna esperanza. En algún lugar podría aún quedar alguna esperanza. Tal vez ellos se hubieran equivocado. Quizá buscaban a otro Juvencio Nava y no al Juvencio Nava que era él.

Caminó entre aquellos hombres en silencio, con los brazos caídos. La madrugada era oscura, sin estrellas. El viento soplaba despacio, se llevaba la tierra seca y traía más, llena de ese olor como de orines que tiene el polvo de los caminos.

Sus ojos, que se habían apeñuscado con los años, venían viendo la tierra, aquí, debajo de sus pies, a pesar de la oscuridad. Allí en la tierra estaba toda su vida. Sesenta años de vivir sobre de ella, de encerrarla entre sus manos, de haberla probado como se prueba el sabor de la carne.

Se vino largo rato desmenuzándola con los ojos, saboreando cada pedazo como si fuera el último, sabiendo casi que sería el último.

Luego, como queriendo decir algo, miraba a los hombres que iban junto a él. Iba a decirles que lo soltaran, que lo dejaran que se fuera: "Yo no le he hecho daño a nadie, muchachos", iba a decirles, pero se quedaba callado. "Más adelantito se los diré", pensaba.

Y sólo los veía. Podía hasta imaginar que eran sus amigos; pero no quería hacerlo. No lo eran. No sabía quiénes eran. Los veía a su lado ladeándose y agachándose de vez en cuando para ver por dónde seguía el camino.

Los había visto por primera vez al pardear de la tarde, en esa hora desteñida en que todo parece chamuscado. Habían atravesado los surcos pisando la milpa tierna. Y él había bajado a eso: a decirles que allí estaba comenzando a crecer la milpa. Pero ellos no se detuvieron.

Los había visto con tiempo. Siempre tuvo la suerte de ver con tiempo todo. Pudo haberse escondido, caminar unas cuantas horas por el cerro mientras ellos se iban y después volver a bajar. Al fin y al cabo la milpa no se lograría de ningún modo. Ya era tiempo de que hubieran venido las aguas y las aguas no aparecían y la milpa comenzaba a marchitarse. No tardaría en estar seca del todo.

Así que ni valía la pena de haber bajado; haberse metido entre aquellos hombres como en un agujero, para ya no volver a salir.

Y ahora seguía junto a ellos, aguantándose las ganas de decirles que lo soltaran. No les veía la cara; sólo veía los bultos que se repegaban o se separaban de él. De manera que cuando se puso a hablar, no supo si lo habían oído. Dijo:

—Yo nunca le he hecho daño a nadie —eso dijo. Pero nada cambió. Ninguno de los bultos pareció darse cuenta. Las caras no se volvieron a verlo. Siguieron igual como si hubieran venido dormidos.

Entonces pensó que no tenía nada más que decir, que

tendría que buscar la esperanza en algún otro lado. Dejó caer otra vez los brazos y entró en las primeras casas del pueblo en medio de aquellos cuatro hombres oscurecidos por el color negro de la noche.

—Mi coronel, aquí está el hombre.

Se habían detenido delante del boquete de la puerta. Él, con el sombrero en la mano, por respeto, esperando ver salir a alguien. Pero sólo salió la voz:

—¿Cuál hombre? —preguntaron.

—El de Palo de Venado, mi coronel. El que usted nos mandó a traer.

—Pregúntale que si ha vivido alguna vez en Alima —volvió a decir la voz de allá adentro.

—¡Ey, tú! ¿Que si has habitado en Alima? —repitió la pregunta el sargento que estaba frente a él.

—Sí. Dile al coronel que de allá mismo soy. Y que allí he vivido hasta hace poco.

—Pregúntale que si conoció a Guadalupe Terreros.

—¿Qué dizque ni conociste a Guadalupe Terreros?

—¿A don Lupe? Sí. Dile que sí lo conocí. Ya murió.

Entonces la voz de allá adentro cambió de tono:

—Ya sé que murió —dijo. Y siguió hablando como si platicara con alguien allá, al otro lado de la pared de carrizos:

—Guadalupe Terreros era mi padre. Cuando crecí y lo busqué me dijeron que estaba muerto. Es algo difícil crecer sabiendo que la cosa de donde podemos agarrarnos para enraizar está muerta. Con nosotros, eso pasó.

"Luego supe que lo habían matado a machetazos, clavándole después una pica de buey en el estómago. Me contaron que duró más de dos días perdido y que, cuando lo encontraron, tirado en un arroyo, todavía estaba agonizando y pidiendo el encargo de que le cuidaran a su familia.

"Esto, con el tiempo, parece olvidarse. Uno trata de olvidarlo. Lo que no se olvida es llegar a saber que el que hizo aquello está aún vivo, alimentando su alma podrida con la ilusión de la vida eterna. No podría perdonar a ése, aunque no lo conozco; pero el hecho de que se haya puesto en el lugar donde yo sé que está, me da ánimos para acabar con él. No puedo perdonarle que siga viviendo. No debía haber nacido nunca."

Desde acá, desde afuera, se oyó bien claro cuanto dijo. Después ordenó:

—¡Llévenselo y amárrenlo un rato, para que padezca, y luego fusílenlo!

—¡Mírame, coronel! —pidió él—. Ya no valgo nada. No tardaré en morirme solito, derrengado de viejo. ¡No me mates...!

—¡Llévenselo! —volvió a decir la voz de adentro.

—...Ya he pagado, coronel. He pagado muchas veces. Todo me lo quitaron. Me castigaron de muchos modos. Me he pasado cosa de cuarenta años escondido como un apestado, siempre con el pálpito de que en cualquier rato me matarían. No merezco morir así, coronel. Déjame que, al menos, el Señor me perdone. ¡No me mates! ¡Diles que no me maten!

Estaba allí, como si lo hubieran golpeado, sacudiendo su sombrero contra la tierra. Gritando.

En seguida la voz de allá adentro dijo:

—Amárrenlo y denle algo de beber hasta que se emborrache para que no le duelan los tiros.

Ahora, por fin, se había apaciguado. Estaba allí arrinconado al pie del horcón. Había venido su hijo Justino y su hijo Justino se había ido y había vuelto y ahora otra vez venía.

Lo echó encima del burro. Lo apretaló bien apretado al aparejo para que no se fuera a caer por el camino. Le metió la cabeza dentro de un costal para que no diera mala impresión. Y luego le hizo pelos al burro y se fueron, arrebiatados, de prisa, para llegar a Palo de Venado todavía con tiempo para arreglar el velorio del difunto.

—Tu nuera y los nietos te extrañarán —iba diciéndole—. Te mirarán a la cara y creerán que no eres tú. Se les afigu-

380

rará que te ha comido el coyote, cuando te vean con esa cara
tan llena de boquetes por tanto tiro de gracia como te dieron.

COMENTARIO

"¡Diles que no me maten!" parece a primera vista una manifestación rezagada del criollismo. El protagonista es el mismo
campesino trágico de Jorge Ferretis y de tantos otros autores
de la Revolución mexicana. Abunda el diálogo con un sabor
muy mexicano pero sin la transcripción de las formas
dialectales tan típica de los criollistas. A diferencia de éstos,
se evita la especificidad cronotópica, y el protagonista y su
víctima no son los personajes muy pobres de "Hombres en
tempestad", sino los dueños de los ranchos. Además de distinguirse del criollismo, el cuento de Rulfo representa también una excepción al exotismo de los cosmopolitas sin dejar
de pertenecer a este grupo a causa del sentido cósmico del
protagonista más *individualizado* y su técnica experimental.

La profusión de escenas simultáneas con el cambio rápido
del punto de vista da la impresión de un cuadro cubista con
sus múltiples poliedros. La presentación varía entre diálogos,
narración y recuerdos con cuatro puntos de vista: de Juvencio,
de su hijo, del coronel y del narrador. Los cuatro diálogos
desempeñan un papel fundamental marcando el principio
(Juvencio y su hijo Justino), el fin (Justino y el cadáver de su
padre) y los motivos tanto por el crimen (Juvencio y don Lupe)
como por el castigo (el coronel, el soldado y Juvencio). La intervención del autor como narrador se hace sutilmente con un
estilo seudopopular a la manera de Hemingway para no romper el tono. Las oraciones son breves y contundentes, el vocabulario es sencillo y predominan los verbos. Los recuerdos
de Juvencio y del coronel, presentados a través del autor lo
mismo que directamente, sirven para aclarar la trama sin entrar en el mundo surrealista del subconsciente.

El propósito de la técnica experimental en este cuento no es tanto el desafiar al lector a que resuelva un rompecabezas como hacer resaltar la vida trágica del hombre rural mexicano. Juvencio y los otros personajes son individuos y a la vez podrían reunirse para formar el retrato eterno del hombre universal sufrido. Juvencio tiene 60 años de estar identificado con la tierra. Por una cuestión de pasto, mató a su vecino y se ha sentido perseguido por 35 años. Cuando su mujer lo abandonó, ni quiso buscarla. A pesar de todo, su obsesión ha sido continuar viviendo. De ahí proviene la emoción de la súplica titular, "¡Diles que no me maten!", dirigida primero al hijo y después al coronel. El hijo Justino acompaña a su padre en el momento supremo, pero no se atreve a intervenir. Teme por su propia vida y piensa en su esposa y en los ocho hijos. Su casi indiferencia ante la muerte de su padre hace contraste con la actitud del coronel que sintió más la muerte del suyo porque ocurrió cuando él era más joven: "Es algo difícil crecer sabiendo que la cosa de donde podemos agarrarnos para enraizar está muerta". El afán de venganza del coronel no le permite perdonar a Juvencio, pero no puede reprimir del todo su compasión humana: "—Amárrenlo y denle algo de beber hasta que se emborrache para que no le duelan los tiros".

La aplicación de una técnica experimental a un tema nacional demuestra la madurez del cosmopolitismo. Igual que el modernismo, el cosmopolitismo ha enriquecido la temática, la técnica y el estilo del género. Las innovaciones de los modernistas fueron aplicadas a temas nacionales por los primeros criollistas. Las innovaciones de los cosmopolitas ya se están aplicando a temas nacionales también. Juan Rulfo, que publicó en 1953 su colección de cuentos *El Llano en llamas*, dos años después publicó la novela *Pedro Páramo*, que fundió a la perfección temas, personajes y espacios nacionales con arquetipos universales mediante una técnica experimental bastante novedosa y genial.

ARTURO USLAR PIETRI
[1906-2001]

*Venezolano. Nació y estudió en Caracas. Colaboró en la funda-
ción de las revistas* Válvula *y* El Ingenioso Hidalgo, *donde se
publicaron las primeras obras de la llamada Generación de
1928. Se doctoró en ciencias políticas en 1929. Agregado
cultural en Francia (1929) y secretario de la delegación
venezolana en la Liga de Naciones (1930-1933). Catedrático
de economía (1935) y de literatura venezolana (1950) en la
Universidad Central de su país, y de literatura hispanoamericana en la Universidad de Columbia en Nueva York (1947-
1950). Ministro de Educación Nacional (1939-1941), de Hacienda (1943), de Relaciones Interiores (1945) y secretario
de la Presidencia (1941-1943). Fue candidato presidencial
en 1963 y durante la década de los setenta se le nombró jefe de
la delegación venezolana a la* UNESCO *en París. La segunda
edición de sus* Obras selectas *(1956) incluye los tres tomos
de cuentos* Barrabás y otros relatos *(1928),* Red *(1936) y*
Treinta hombres y sus sombras *(1949); las dos novelas históricas* Las lanzas coloradas *(1931) y* El camino de El Dorado
(1947); crítica literaria, Letras y hombres de Venezuela
*(1948); libros inspirados por sus viajes, y un estudio sobre
problemas fundamentales de su país —el petróleo, la población y la educación—,* De una a otra Venezuela *(1949). En
1962 comenzó a publicar otra novela,* El laberinto de fortuna, *de la cual han salido dos tomos,* Un retrato en la
geografía *(1962) y* Estación de máscaras *(1964). En 1976
contribuyó a la racha de novelas sobre las dictaduras hispanoamericanas* (El otoño del patriarca, Yo el Supremo, El
recurso del método) *con la publicación de* Oficio de difuntos
sobre Juan Vicente Gómez. Después publicó otras dos novelas

históricas: La isla de Robinson *(1981)* y La visita en el tiempo *(1990). "La lluvia" fue escrito en 1935 y se publicó al año siguiente en* Red. *Otras dos colecciones de cuentos más recientes son* Pasos y pasajeros *(1966)* y Moscas, árboles y hombres *(1973).*

LA LLUVIA

LA LUZ de la luna entraba por todas las rendijas del rancho y el ruido del viento en el maizal, compacto y menudo como de lluvia. En la sombra acuchillada de láminas claras oscilaba el chinchorro lento del viejo zambo; acompasadamente chirriaba la atadura de la cuerda sobre la madera y se oía la respiración corta y silbosa de la mujer que estaba echada sobre el catre del rincón.

La patinadura del aire sobre las hojas secas del maíz y de los árboles sonaba cada vez más a lluvia, poniendo un eco húmedo en el ambiente terroso y sólido.

Se oía en lo hondo, como bajo piedra, el latido de la sangre girando ansiosamente.

La mujer sudorosa e insomne prestó oído, entreabrió los ojos, trató de adivinar por las rayas luminosas, atisbó un momento, miró el chinchorro, quieto y pesado, y llamó con voz agria:

—¡Jesuso!

Calmó la voz esperando respuesta y entretanto comentó alzadamente:

—Duerme como un palo. Para nada sirve. Si vive como si estuviera muerto...

El dormido salió a la vida con la llamada, desperezóse y preguntó con voz cansina:

—¿Qué pasa, Usebia? ¿Qué escándalo es ése? ¡Ni de noche puedes dejar en paz a la gente!

—Cállate, Jesuso, y oye.

—¿Qué?

384

—Está lloviendo, ¡lloviendo, Jesuso!, y ni lo oyes. ¡Hasta sordo te has puesto!

Con esfuerzo, malhumorado, el viejo se incorporó, corrió a la puerta, la abrió violentamente y recibió en la cara y en el cuerpo medio desnudo la plateadura de la luna llena y el soplo ardiente que subía por la ladera del conuco agitando las sombras. Lucían todas las estrellas.

Alargó hacia la intemperie la mano abierta, sin sentir una gota.

Dejó caer la mano, aflojó los músculos y recostóse en el marco de la puerta.

—¿Ves, vieja loca, tu aguacero? Ganas de trabajar la paciencia. —La mujer quedóse con los ojos fijos mirando la gran claridad que entraba por la puerta. Una rápida gota de sudor le cosquilleó en la mejilla. El vaho cálido inundaba el recinto.

Jesús tornó a cerrar, caminó suavemente hasta el chinchorro, estiróse y se volvió a oír el crujido de la madera en la mecida. Una mano colgaba hasta el suelo resbalando sobre la tierra del piso.

La tierra estaba seca como una piel áspera, seca hasta en el extremo de las raíces, ya como huesos; se sentía flotar sobre ella una fiebre de sed, un jadeo, que torturaba a los hombres.

Las nubes oscuras como sombra de árbol se habían ido, se habían perdido tras de los últimos cerros más altos, se habían ido como el sueño, como el reposo. El día era ardiente. La noche era ardiente, encendida de luces fijas y metálicas.

En los cerros y los valles pelados, llenos de grietas como bocas, los hombres se consumían torpes, obsesionados por el fantasma pulido del agua, mirando señales, escudriñando anuncios...

Sobre los valles y los cerros, en cada rancho, pasaban y repasaban las mismas palabras.

—Cantó el carrao. Va a llover...

—¡No lloverá!

Se las daban como santo y seña de la angustia.

—Ventó del abra. Va a llover…

—¡No lloverá!

Se lo repetían como para fortalecerse en la espera infinita.

—Se callaron las chicharras. Va a llover…

—¡No lloverá!

La luz y el sol eran de cal cegadora y asfixiante.

—Si no llueve, Jesuso, ¿qué va a pasar?

Miró la sombra que se agitaba fatigosa sobre el catre, comprendió su intención de multiplicar el sufrimiento con las palabras, quiso hablar, pero la somnolencia le tenía tomado el cuerpo, cerró los ojos y se sintió entrando en el sueño.

Con la primera luz de la mañana Jesuso salió al conuco y comenzó a recorrerlo a paso lento. Bajo sus pies descalzos crujían las hojas vidriosas. Miraba a ambos lados las largas hileras del maizal amarillas y tostadas, los escasos árboles desnudos y en lo alto de la colina, verde profundo, un cactus vertical. A ratos deteníase, tomaba en la mano una vaina de frijol reseca y triturábala con lentitud haciendo saltar por entre los dedos los granos rugosos y malogrados.

A medida que subía el sol, la sensación y el color de aridez eran mayores. No se veía nube en el cielo de un azul de llama. Jesuso, como todos los días, iba, sin objeto, porque la siembra estaba ya perdida, recorriendo las veredas del conuco, en parte por inconsciente costumbre, en parte por descansar de la hostil murmuración de Usebia.

Todo lo que se dominaba del paisaje, desde la colina, era una sola variedad de amarillo sediento sobre valles estrechos y cerros calvos, en cuyo flanco una mancha de polvo calcáreo señalaba el camino.

No se observaba ningún movimiento de vida, el viento quieto, la luz fulgurante. Apenas la sombra si se iba empequeñeciendo. Parecía aguardarse un incendio.

Jesuso marchaba despacio, deteniéndose a ratos como un

animal amaestrado, la vista sobre el suelo, y a ratos conversando consigo mismo.

—¡Bendito y alabado! ¿Qué va a ser de la pobre gente con esta sequía? Este año ni una gota de agua y el pasado fue un inviernazo que se pasó de aguado, llovió más de la cuenta, creció el río, acabó con las vegas, se llevó el puente... Está visto que no hay manera... Si llueve, porque llueve... Si no llueve, porque no llueve...

Pasaba del monólogo a un silencio desierto y a la marcha perezosa, la mirada por tierra, cuando sin ver sintió algo inusitado en el fondo de la vereda y alzó los ojos.

Era el cuerpo de un niño. Delgado, menudo, de espaldas, en cuclillas, fijo y abstraído mirando hacia el suelo.

Jesuso avanzó sin ruido, y sin que el muchacho lo advirtiera, vino a colocársele por detrás, dominando con su estatura lo que hacía. Corría por tierra culebreando un delgado hilo de orina, achatado y turbio de polvo en el extremo, que arrastraba algunas pajas mínimas. En ese instante, de entre sus dedos mugrientos, el niño dejaba caer una hormiga.

—Y se rompió la represa... y ha venido la corriente... bruum... bruuuum... bruuuuuum... y la gente corriendo... y se llevó la hacienda de tío sapo... y después el hato de tía tara... y todos los palos grandes... zaaaas... bruuuuum... y ahora tía hormiga metida en esa aguazón ...

Sintió la mirada, volvióse bruscamente, miró con susto la cara rugosa del viejo y se alzó entre colérico y vergonzoso.

Era fino, elástico, las extremidades largas y perfectas, el pecho angosto, por entre el dril pardo la piel dorada y sucia, la cabeza inteligente, móviles los ojos, la nariz vibrante y aguda, la boca femenina. Lo cubría un viejo sombrero de fieltro, ya humano de uso, plegado sobre las orejas como bicornio, que contribuía a darle expresión de roedor, de pequeño animal inquieto y ágil.

Jesuso terminó de examinarlo en silencio y sonrió.

—¿De dónde sales, muchacho?

—De por ahí...

—¿De dónde?

—De por ahí…

Y extendió con vaguedad la mano sobre los campos que se alcanzaban.

—¿Y qué vienes haciendo?

—Caminando.

La impresión de la respuesta dábale cierto tono autoritario y alto, que extrañó al hombre.

—¿Cómo te llamas?

—Como me puso el cura.

Jesuso arrugó el gesto, desagradado por la actitud terca y huraña.

El niño pareció advertirlo y compensó las palabras con una expresión confiada y familiar.

—No seas malcriado —comenzó el viejo, pero desarmado por la gracia bajó a un tono más íntimo—. ¿Por qué no contestas?

—¿Para qué pregunta? —replicó con candor extraordinario.

—Tú escondes algo. O te has ido de casa de tu taita.

—No, señor.

Preguntaba casi sin curiosidad, monótonamente, como jugando un juego.

—O has echado alguna lavativa.

—No, señor.

—O te han botado por maluco.

—No, señor.

Jesuso se rascó la cabeza y agregó con sorna:

—O te empezaron a comer las patas y te fuistes, ¿ah, vagabundito?

El muchacho no respondió, se puso a mecerse sobre los pies, los brazos a la espalda, chasqueando la lengua contra el paladar.

—¿Y para dónde vas ahora?

—Para ninguna parte.

—¿Y qué estás haciendo?

—Lo que usted ve.

—¡Buena cochinada!

El viejo Jesuso no halló más que decir; quedaron callados frente a frente, sin que ninguno de los dos se atreviese a mirarse a los ojos. Al rato, molesto por aquel silencio y aquella quietud que no hallaba cómo romper, empezó a caminar lentamente como un animal enorme y torpe, casi como si quisiera imitar el paso de un animal fantástico, advirtió que lo estaba haciendo, y lo ruborizó pensar que pudiera hacerlo para divertir al niño.

—¿Vienes? —le preguntó simplemente. Calladamente el muchacho se vino siguiéndole.

En llegando a la puerta del rancho halló a Usebia atareada encendiendo fuego. Soplaba con fuerza sobre un montoncito de maderas de cajón y papeles amarillos.

—Usebia, mira —llamó con timidez—. Mira lo que ha llegado.

—Ujú —gruñó sin tornarse, y continuó soplando.

El viejo tomó al niño y lo colocó ante sí, como presentándolo, las dos manos oscuras y gruesas sobre los hombros finos.

—¡Mira, pues!

Giró agria y brusca y quedó frente al grupo, viendo con esfuerzo por los ojos llorosos de humo.

—¿Ah?

Una vaga dulzura le suavizó lentamente la expresión.

—Ajá. ¿Quién es?

Ya respondía con sonrisa a la sonrisa del niño.

—¿Quién eres?

—Pierdes tu tiempo en preguntarle, porque este sinvergüenza no contesta.

Quedó un rato viéndolo, respirando su aire, sonriéndole, pareciendo comprender algo que escapaba a Jesuso. Luego muy despacio se fue a un rincón, hurgó en el fondo de una bolsa de tela roja y sacó una galleta amarilla, pulida como metal de dura y vieja. La dio al niño y mientras éste mascaba con dificultad la tiesa pasta, continuó contemplándolos,

389

a él y al viejo alternativamente, con aire de asombro, casi de angustia.

Parecía buscar dificultosamente un fino y perdido hilo de recuerdo.

—¿Te acuerdas, Jesuso, de Cacique? El pobre.

La imagen del viejo perro fiel desfiló por sus memorias. Una compungida emoción los acercaba.

—Ca-ci-que... —dijo el viejo como aprendiendo a deletrear.

El niño volvió la cabeza y lo miró con su mirada entera y pura. Miró a su mujer y sonrieron ambos, tímidos y sorprendidos.

A medida que el día se hacía grande y profundo, la luz situaba la imagen del muchacho dentro del cuadro familiar y pequeño del rancho. El color de la piel enriquecía el tono moreno de la tierra pisada, y en los ojos la sombra fresca estaba viva y ardiente.

Poco a poco las cosas iban dejando sitio y organizándose para su presencia. Ya la mano corría fácil sobre la lustrosa madera de la mesa, el pie hallaba el desnivel del umbral, el cuerpo se amoldaba exacto al butaque de cuero y los movimientos cabían con gracia en el espacio que los esperaba.

Jesuso, entre alegre y nervioso, había salido de nuevo al campo y Usebia se atareaba, procurando evadirse de la soledad frente al ser nuevo. Removía la olla sobre el fuego, iba y venía buscando ingredientes para la comida, y a ratos, mientras le volvía la espalda, miraba de reojo al niño.

Desde donde lo vislumbraba quieto, con las manos entre las piernas, la cabeza doblada mirando los pies golpear el suelo, comenzó a llegarle un silbido menudo y libre que no recordaba música.

Al rato preguntó casi sin dirigirse a él:

—¿Quién es el grillo que chilla?

Creyó haber hablado muy suave, porque no recibió respuesta sino el silbido, ahora más alegre y parecido a la brusca exaltación del canto de los pájaros.

390

—¡Cacique! —insinuó casi con vergüenza—. ¡Cacique!

Mucho gozo le produjo al oír el ¡ah! del niño.

—¿Cómo que te está gustando el nombre?

Una pausa y añadió:

—Yo me llamo Usebia.

Oyó como un eco apagado:

—Velita de sebo…

Sonrió entre sorprendida y disgustada.

—¿Cómo que te gusta poner nombres?

—Usted fue quien me lo puso a mí.

—Verdad es.

Iba a preguntarle si estaba contento, pero la dura costra que la vida solitaria había acumulado sobre sus sentimientos le hacía difícil, casi dolorosa, la expresión.

Tornó a callar y a moverse mecánicamente en una imaginaria tarea, eludiendo los impulsos que la hacían comunicativa y abierta. El niño recomenzó el silbido.

La luz crecía, haciendo más pesado el silencio. Hubiera querido comenzar a hablar disparatadamente de todo cuanto le pasaba por la cabeza, o huir a la soledad para hallarse de nuevo consigo misma.

Soportó callada aquel vértigo interior hasta el límite de la tortura, y cuando se sorprendió hablando ya no se sentía ella, sino algo que fluía como la sangre de una vena rota.

—Tú vas a ver cómo todo cambiará ahora, Cacique. Ya yo no podía aguantar más a Jesuso…

La visión del viejo oscuro, callado, seco, pasó entre las palabras. Le pareció que el muchacho había dicho "lechuzo", y sonrió con torpeza, no sabiendo si era la resonancia de sus propias palabras.

—…no sé cómo lo he aguantado toda la vida. Siempre ha sido malo y mentiroso. Sin ocuparse de mí…

El sabor de la vida amarga y dura se concentraba en el recuerdo de su hombre, cargándolo con las culpas que no podía aceptar.

—…ni el trabajo del campo lo sabe con tantos años.

391

Otros hubieran salido de abajo y nosotros para atrás y para atrás. Y ahora este año, Cacique...

Se interrumpió suspirando y continuó con firmeza y la voz alzada, como si quisiera que la oyese alguien más lejos:

—...no ha venido el agua. El verano se ha quedado viejo quemándolo todo. ¡No ha caído ni una gota!

La voz cálida en el aire tórrido trajo un ansia de frescura imperiosa, una angustia de sed. El resplandor de la colina tostada, de las hojas secas, de la tierra agrietada, se hizo presente como otro cuerpo y alejó las demás preocupaciones.

Guardó silencio algún tiempo y luego concluyó con voz dolorosa:

—Cacique, coge esa lata y baja a la quebrada a buscar agua.

Miraba a Usebia atarearse en los preparativos del almuerzo y sentía un contento íntimo como si se preparara una ceremonia extraordinaria, como si acaso acabara de descubrir el carácter religioso del alimento.

Todas las cosas usuales se habían endomingado, se veían más hermosas, parecían vivir por primera vez.

—¿Está buena la comida, Usebia?

La respuesta fue tan extraordinaria como la pregunta.

—Está buena, viejo.

El niño estaba afuera, pero su presencia llegaba hasta ellos de un modo imperceptible y eficaz.

La imagen del pequeño rostro, agudo y huroneante, les provocaba asociaciones de ideas nuevas. Pensaban con ternura en objetos que antes nunca habían tenido importancia. Alpargaticas menudas, pequeños caballos de madera, carritos hechos con ruedas de limón, metros de vidrio irisado.

El gozo mutuo y callado los unía y hermoseaba. También ambos parecían acabar de conocerse, y tener sueños para la vida venidera. Estaban hermosos hasta sus nombres y se complacían en decirlos solamente.

392

—Jesuso…

—Usebia…

Ya el tiempo no era un desesperado aguardar, sino una cosa ligera, como fuente que brotaba.

Cuando estuvo lista la mesa, el viejo se levantó, atravesó la puerta y fue a llamar al niño que jugaba afuera, echado por tierra, con una cerbatana.

—¡Cacique, vente a comer!

El niño no lo oía, abstraído en la contemplación del insecto verde y fino como el nervio de una hoja. Con los ojos pegados a la tierra, la veía crecida como si fuese de su mismo tamaño, como un gran animal terrible y monstruoso. La cerbatana se movía apenas, girando sobre sus patas, entre la voz del muchacho, que canturreaba interminablemente:

—Cerbatana, cerbatanita, ¿de qué tamaño es tu conuquito?

El insecto abría acompasadamente las dos patas delanteras, como mensurando vagamente. La cantinela continuaba acompañando el movimiento de la cerbatana, y el niño iba viendo cada vez más diferente e inesperado el aspecto de la bestezuela, hasta hacerla irreconocible en su imaginación.

—Cacique, vente a comer.

Volvió la cara y se alzó con fatiga, como si regresase de un largo viaje.

Penetró tras el viejo en el rancho lleno de humo. Usebia servía el almuerzo en platos de peltre desportillados. En el centro de la mesa se destacaba blanco el pan de maíz, frío y rugoso.

Contra su costumbre, que era estarse lo más del día vagando por las siembras y laderas, Jesuso regresó al rancho poco después del almuerzo.

Cuando volvía a las horas habituales, le era fácil repetir gestos consuetudinarios, decir las frases acostumbradas y hallar el sitio exacto en que su presencia aparecía como un fruto natural de la hora, pero aquel regreso inusitado representaba una tan formidable alteración del curso de su vida, que entró como avergonzado y comprendió que Usebia debía estar llena de sorpresa.

Sin mirarla de frente, se fue al chinchorro y echóse a lo largo. Oyó sin extrañeza cómo lo interpelaba.

—¡Ajá! ¿Como que arreció la flojera?

Buscó una excusa.

—¿Y qué voy a hacer en ese cerro achicharrado?

Al rato volvió la voz de Usebia, ya dócil y con más simpatía.

—¡Tanta falta que hace el agua! Si acabara de venir un buen aguacero, largo y bueno. ¡Santo Dios!

—La calor es mucha y el cielo purito. No se mira venir agua de ningún lado.

—Pero si lloviera se podría hacer otra siembra.

—Sí, se podría.

—Y daría más plata, porque se ha secado mucho conuco.

—Sí, daría.

—Con un solo aguacero se pondría verdecita toda esa falda.

—Y con la plata podríamos comprarnos un burro, que nos hace mucha falta. Y unos camisones para ti, Usebia.

La corriente de ternura brotó inesperadamente y con su milagro hizo sonreír a los viejos.

—Y para ti, Jesuso, una buena cobija que no se pase.

Y casi en coro los dos:

—¿Y para Cacique?

—Lo llevaremos al pueblo para que coja lo que le guste.

La luz que entraba por la puerta del rancho se iba haciendo tenue, difusa, oscura, como si la hora avanzase y sin embargo no parecía haber pasado tanto tiempo desde el almuerzo. Llegaba brisa teñida de humedad que hacía más grato el encierro de la habitación.

Todo el mediodía lo habían pasado casi en silencio, diciendo sólo, muy de tiempo en tiempo, algunas palabras vagas y banales por las que secretamente y de modo basto asomaba un estado de alma nuevo, una especie de calma, de paz, de cansancio feliz.

—Ahorita está oscuro —dijo Usebia, mirando el color ceniciento que llegaba a la puerta.

—Ahorita —asintió distraídamente el viejo.

E inesperadamente agregó:

—¿Y qué se ha hecho Cacique en toda la tarde?… Se habrá quedado por el conuco jugando con los animales que encuentra. Con cuanto bichito mira, se para y se pone a conversar como si fuera gente.

Y más luego añadió, después de haber dejado desfilar lentamente por su cabeza todas las imágenes que suscitaban sus palabras dichas:

—…y lo voy a buscar, pues.

Alzóse del chinchorro con pereza y llegó a la puerta. Todo el amarillo de la colina seca se había tornado en violeta bajo la luz de gruesos nubarrones negros que cubrían el cielo. Una brisa aguda agitaba todas las hojas tostadas y chirriantes.

—Mira, Usebia —llamó.

Vino la vieja al umbral preguntando:

—¿Cacique está ahí?

—¡No! Mira el cielo negrito, negrito.

—Ya así se ha puesto otras veces y no ha sido agua.

Ella quedó enmarcada en la puerta y él salió al raso, hizo hueco con las manos y lanzó un grito lento y espacioso.

—¡Cacique! ¡Caciiique!

La voz se fue con la brisa, mezclada al ruido de las hojas, al hervor de mil ruidos menudos que como burbujas rodeaban la colina.

Jesuso comenzó a andar por la vereda más ancha del conuco.

En la primera vuelta vio de reojo a Usebia, inmóvil, incrustada en las cuatro líneas del umbral, y la perdió siguiendo las sinuosidades.

Cruzaba un ruido de bestezuelas veloces por la hojarasca caída y se oía el escalofriante vuelo de las palomitas pardas sobre el ancho fondo del viento inmenso que pasaba pesadamente. Por la luz y el aire penetraba una frialdad de agua.

Sin sentirlo, estaba como ausente y metido por otras veredas más torcidas y complicadas que las del conuco, más oscuras y misteriosas. Caminaba mecánicamente cambiando de velocidad, deteniéndose y hallándose de pronto parado en otro sitio.

Suavemente las cosas iban desdibujándose y haciéndose grises y mudables, como de sustancia de agua.

A ratos parecía a Jesuso ver el cuerpecito del niño en cuclillas entre los tallos del maíz, y llamaba rápido: —Cacique —pero pronto la brisa y la sombra deshacían el dibujo y formaban otra figura irreconocible.

Las nubes mucho más hondas y bajas aumentaban por segundos la oscuridad. Iba a media falda de la colina y ya los árboles altos parecían columnas de humo deshaciéndose en la atmósfera oscura.

Ya no se fiaba de los ojos, porque todas las formas eran sombras indistintas, sino que a ratos se paraba y prestaba oído a los rumores que pasaban.

—¡Cacique! —llamaba con voz todavía tímida y se paraba a oír. Parecíale que había sonado algo como su pisada, pero no, era una rama seca que crujía. —¡¡Cacique!!

Hervía una sustancia de murmullos, de ecos, de crujidos, resonante y vasta.

Había distinguido clara su voz entre la zarabanda de ruidos menudos y dispersos que arrastraba el viento.

—Cerbatana, cerbatanita…

Era eso, eran sílabas, eran palabras de su voz infantil y no el eco de un guijarro que rodaba, y no algún canto de pájaro desfigurado en la distancia, ni siquiera su propio grito que regresaba decrecido y delgado.

—Cerbatana, cerbatanita…

Entre el humo vago que le llenaba la cabeza, una angustia fría y aguda lo hostigaba acelerando sus pasos y precipitándolo locamente. Entró en cuclillas, a ratos a cuatro patas, hurgando febril entre los tallos del maíz, y parándose continuamente a no oír sino su propia respiración, que resonaba grande.

Buscaba con rapidez que crecía vertiginosamente, con ansia incontenible, casi sintiéndose él mismo, perdido y llamado.

—¡Cacique! ¡Caciiiiique!

Había ido dando vueltas entre gritos y jadeos, extraviado, y sólo ahora advertía que iba de nuevo subiendo la colina. Con la sombra, la velocidad de la sangre y la angustia de la búsqueda inútil, ya no reconocía en sí mismo al manso viejo habitual, sino un animal extraño presa de un impulso de la naturaleza. No veía en la colina los familiares contornos, sino como un crecimiento y una deformación inopinados que se la hacían ajena y poblada de ruidos y movimientos desconocidos.

El aire estaba espeso e irrespirable, el sudor le corría copioso y él giraba y corría siempre aguijoneado por la angustia.

—¡Cacique!

Ya era una cosa de vida o muerte hallar. Hallar algo desmedido que saldría de aquella áspera soledad torturadora. Su propio grito ronco parecía llamarlo hacia mil rumbos distintos, donde algo de la noche aplastante lo esperaba.

Era agonía. Era sed. Un olor de surco recién removido flotaba ahora a ras de tierra, olor de hoja tierna triturada.

Ya irreconocible, como las demás formas, el rostro del niño se deshacía en la tiniebla gruesa, ya no le miraba aspecto humano, a ratos no le recordaba la fisonomía, ni el timbre, no recordaba su silueta.

—¡Cacique!

Una gruesa gota fresca estalló sobre su frente sudorosa. Alzó la cara y otra le cayó sobre los labios partidos, y otras en las manos terrosas.

—¡Cacique!

Y otras frías en el pecho grasiento de sudor, y otras en los ojos turbios, que se empañaron.

—¡Cacique! ¡Cacique! ¡Cacique!

Ya el contacto fresco le acariciaba toda la piel, le adhería las ropas, le corría por los miembros lasos.

Un gran ruido compacto se alzaba de toda la hojarasca y ahogaba su voz. Olía profundamente a raíz, a lombriz de tierra, a semilla germinada, a ese olor ensordecedor de la lluvia.

Ya no reconocía su propia voz, vuelta en el eco redondo de las gotas. Su boca callaba como saciada y parecía dormir marchando lentamente, apretado en la lluvia, calado en ella, acunado por su resonar profundo y vasto.

Ya no sabía si regresaba. Miraba como entre lágrimas al través de los claros flecos del agua la imagen oscura de Usebia, quieta entre la luz del umbral.

COMENTARIO

"La lluvia" luce el mismo brillo y exuberancia tropical que el cuento criollista "La mujer" de Juan Bosch, pero esto no le quita en absoluto su cualidad cosmopolita. El revestir de ambiente mágico un tema tradicionalmente criollista como la sequía lo coloca dentro del realismo mágico. Por intensa que sea la descripción de la sequía, la intención del autor no es lanzar una protesta social, sino convertir la sequía en un símbolo de la aridez de un matrimonio. La aparición misteriosa del niño alivia esa aridez a tal punto que cuando él desaparece, Jesuso y Usebia apenas se dan cuenta de que ha empezado a llover. Es decir, que un fenómeno de la naturaleza va cediendo su importancia a un valor humano, todo lo contrario de lo que ocurre en tantos cuentos criollistas.

El realismo mágico proviene tanto del niño Cacique como del estilo de todo el cuento. Aunque no hay nada extraordinario en el comportamiento del niño, su aparición y su desaparición repentinas junto con otros detalles hacen pensar en el espejismo. Además de su función simbólica, Cacique parece capaz de apagar el fuego de la sequía. Orinando, recita una historia infantil: "...y se rompió la represa... y ha venido la corriente..." Después Usebia lo manda a buscar agua (¿la hay?) en la quebrada. Lo identifica con el viejo perro desaparecido y el uso de las palabras "imagen" y "cuadro" en la frase siguiente también sirven para deshumanizarlo y convertirlo en una especie de duende: "...la luz situaba la imagen del muchacho dentro del cuadro familiar y pequeño del rancho". Los mismos protagonistas entran a veces en este mundo mágico. Usebia dice que Jesuso "vive como si estuviera muerto". Ella misma se mueve "mecánicamente en una imaginaria tarea".

La mezcla de términos que intensifican y otros que alivian la sequía es verdaderamente ingeniosa. El autor maneja las palabras caloríferas con tanto talento que logra crear un cuadro digno de compararse con el de la "Rima del viejo marinero" de Coleridge: *as idle as a painted ship upon a painted ocean*". El contraste irónico de las palabras y frases líquidas hace sentir más la sequía lo mismo que el ambiente mágico: "árboles que sonaban a lluvia", "eco húmedo", "algo que fluía como la sangre de una vena rota", "fuente que brotaba", "ruidos como burbujas", etcétera.

La abundancia de símiles, metáforas y frases que se introducen con "como si..." no sólo atestiguan la procedencia vanguardista del autor, sino que también refuerzan el ambiente mágico del cuento. Entre las imágenes novedosas merecen destacarse: "sombra acuchillada de láminas claras", "sombras de árboles" (las nubes) y "hojas vidriosas".

Igual que en "¡Diles que no me maten!", "La lluvia" está estructurado sobre varios poliedros fragmentarios. Las descripciones alternan con los distintos diálogos y el punto de vista cambia entre el autor, Usebia y Jesuso.

Por medio de una técnica experimental, Uslar Pietri logra crear un cuadro inolvidable de una sequía latinoamericana en que los personajes llegan a humanizarse a pesar de su sufrimiento. Su propósito queda claro. Por mucho que le embrutezca el ambiente, el hombre tiene que conservar su dignidad humana.

JUAN JOSÉ ARREOLA
[1918-2001]

*Mexicano. Nació en Ciudad Guzmán (Zapotlán), Jalisco.
Autodidacto, no terminó la escuela primaria. De niño y de
joven trabajó en todo, desde mozo de cuerda en el mercado
de Guadalajara hasta profesor de historia y literatura en Ciudad Guzmán. Aficionado al teatro, estudió en México con
Usigli y Villaurrutia y también en París. Con Antonio Ala-
torre fundó en Guadalajara la revista* Pan *(1945), donde
aparecieron sus primeros cuentos. Corrector de pruebas en el
Fondo de Cultura Económica, El Colegio de México le dio
una beca que le permitió terminar y publicar su primer libro
de cuentos,* Varia invención *(1949). La primera edición de*
Confabulario *salió en 1952. Las dos obras juntas volvieron a
publicarse en forma ampliada en 1955 y 1962. Esta última
edición, llamada* Confabulario *total (Fondo de Cultura
Económica), también incluye una comedia en un acto,* La
hora de todos. *Arreola dirigió durante algún tiempo "Los
Presentes", una colección que publica libros de jóvenes literatos mexicanos. En 1963 publicó su única novela,* La feria.
*Desde entonces se ha dedicado a la pintura y se ha conver-
tido en una personalidad de la televisión. Ajedrecista excelente y entusiasta practicante de ping pong. "El guardagujas" se publicó en el* Confabulario *de 1952.*

EL GUARDAGUJAS

EL FORASTERO llegó sin aliento a la estación desierta. Su gran
valija, que nadie quiso cargar, le había fatigado en extremo.

Se enjugó el rostro con un pañuelo, y con la mano en visera miró los rieles que se perdían en el horizonte. Desalentado y pensativo consultó su reloj: la hora justa en que el tren debía partir.

Alguien, salido de quién sabe dónde, le dio una palmada muy suave. Al volverse, el forastero se halló ante un viejecillo de vago aspecto ferrocarrilero. Llevaba en la mano una linterna roja, pero tan pequeña que parecía de juguete. Miró sonriendo al viajero, y éste le dijo ansioso su pregunta:

—Usted perdone, ¿ha salido ya el tren?

—¿Lleva usted poco tiempo en este país?

—Necesito salir inmediatamente. Debo hallarme en T. mañana mismo.

—Se ve que usted ignora por completo lo que ocurre. Lo que debe hacer ahora mismo es buscar alojamiento en la fonda para viajeros. —Y señaló un extraño edificio ceniciento que más bien parecía un presidio.

—Pero yo no quiero alojarme, sino salir en el tren.

—Alquile usted un cuarto inmediatamente, si es que lo hay. En caso de que pueda conseguirlo, contrátelo por mes, le resultará más barato y recibirá mejor atención.

—¿Está usted loco? Yo debo llegar a T. mañana mismo.

—Francamente, debería abandonarlo a su suerte. Sin embargo, le daré unos informes.

—Por favor...

—Este país es famoso por sus ferrocarriles, como usted sabe. Hasta ahora no ha sido posible organizarlos debidamente, pero se han hecho ya grandes cosas en lo que se refiere a la publicación de itinerarios y a la expedición de boletos. Las guías ferroviarias comprenden y enlazan todas las poblaciones de la nación; se expenden boletos hasta para las aldeas más pequeñas y remotas. Falta solamente que los convoyes cumplan las indicaciones contenidas en las guías y que pasen efectivamente por las estaciones. Los habitantes del país así lo esperan; mientras tanto, aceptan las irregularidades del

401

servicio y su patriotismo les impide cualquier manifestación de desagrado.

—Pero ¿hay un tren que pase por esta ciudad?

—Afirmarlo equivaldría a cometer una inexactitud. Como usted puede darse cuenta, los rieles existen, aunque un tanto averiados En algunas poblaciones están sencillamente indicados en el suelo, mediante dos rayas de gis. Dadas las condiciones actuales, ningún tren tiene la obligación de pasar por aquí, pero nada impide que eso pueda suceder. Yo he visto pasar muchos trenes en mi vida y conocí algunos viajeros que pudieron abordarlos. Si usted espera convenientemente, tal vez yo mismo tenga el honor de ayudarle a subir a un hermoso y confortable vagón.

—¿Me llevará ese tren a T.?

—¿Y por qué se empeña usted en que ha de ser precisamente a T.? Debería darse por satisfecho si pudiera abordarlo. Una vez en el tren, su vida tomará efectivamente algún rumbo. ¿Qué importa si ese rumbo no es el de T.?

—Es que yo tengo un boleto en regla para ir a T. Lógicamente, debo ser conducido a ese lugar, ¿no es así?

—Cualquiera diría que usted tiene razón. En la fonda para viajeros podrá usted hablar con personas que han tomado sus precauciones, adquiriendo grandes cantidades de boletos. Por regla general, las gentes previsoras compran pasajes para todos los puntos del país. Hay quien ha gastado en boletos una verdadera fortuna...

—Yo creí que para ir a T. me bastaba un boleto. Mírelo usted...

—El próximo tramo de los ferrocarriles nacionales va a ser construido con el dinero de una sola persona que acaba de gastar su inmenso capital en pasajes de ida y vuelta para un trayecto ferroviario cuyos planos, que incluyen extensos túneles y puentes, ni siquiera han sido aprobados por los ingenieros de la empresa.

—Pero el tren que pasa por T. ¿ya se encuentra en servicio?

—Y no sólo ése. En realidad, hay muchísimos trenes en la nación, y los viajeros pueden utilizarlos con relativa frecuencia, pero tomando en cuenta que no se trata de un servicio formal y definitivo. En otras palabras, al subir a un tren, nadie espera ser conducido al sitio que desea.

—¿Cómo es eso?

—En su afán de servir a los ciudadanos, la empresa debe recurrir a ciertas medidas desesperadas. Hace circular trenes por lugares intransitables. Esos convoyes expedicionarios emplean a veces varios años en su trayecto, y la vida de los viajeros sufre algunas transformaciones importantes. Los fallecimientos no son raros en tales casos, pero la empresa, que todo lo ha previsto, añade a esos trenes un vagón capilla ardiente y un vagón cementerio. Es motivo de orgullo para los conductores depositar el cadáver de un viajero —lujosamente embalsamado— en los andenes de la estación que prescribe su boleto. En ocasiones, estos trenes forzados recorren trayectos en que falta uno de los rieles. Todo un lado de los vagones se estremece lamentablemente con los golpes que dan las ruedas sobre los durmientes. Los viajeros de primera —es otra de las previsiones de la empresa— se colocan del lado en que hay riel. Los de segunda padecen los golpes con resignación. Pero hay otros tramos en que faltan ambos rieles; allí los viajeros sufren por igual, hasta que el tren queda totalmente destruido.

—¡Santo Dios!

—Mire usted: la aldea de F. surgió a causa de uno de esos accidentes. El tren fue a dar en un terreno impracticable. Lijadas por la arena, las ruedas se gastaron hasta los ejes. Los viajeros pasaron tanto tiempo juntos, que de las obligadas conversaciones triviales surgieron amistades estrechas. Algunas de esas amistades se transformaron pronto en idilios, y el resultado ha sido F., una aldea progresista llena de niños traviesos que juegan con los vestigios enmohecidos del tren.

—¡Dios mío, yo no estoy hecho para tales aventuras!

—Necesita usted ir templando su ánimo; tal vez llegue usted a convertirse en héroe. No crea que faltan ocasiones para que los viajeros demuestren su valor y sus capacidades de sacrificio. Recientemente, doscientos pasajeros anónimos escribieron una de las páginas más gloriosas en nuestros anales ferroviarios. Sucede que en un viaje de prueba, el maquinista advirtió a tiempo una grave omisión de los constructores de la línea. En la ruta faltaba un puente que debía salvar un abismo. Pues bien, el maquinista, en vez de poner marcha hacia atrás, arengó a los pasajeros y obtuvo de ellos el esfuerzo necesario para seguir adelante. Bajo su enérgica dirección, el tren fue desarmado pieza por pieza y conducido a hombros al otro lado del abismo, que todavía reservaba la sorpresa de contener en su fondo un río caudaloso. El resultado de la hazaña fue tan satisfactorio que la empresa renunció definitivamente a la construcción del puente, conformándose con hacer un atractivo descuento en las tarifas de los pasajeros que se atreven a afrontar esa molestia suplementaria.

—¡Pero yo debo llegar a T. mañana mismo!

—¡Muy bien! Me gusta que no abandone usted su proyecto. Se ve que es usted un hombre de convicciones. Alójese por de pronto en la fonda y tome el primer tren que pase. Trate de hacerlo cuando menos; mil personas estarán para impedírselo. Al llegar un convoy, los viajeros, irritados por una espera demasiado larga, salen de la fonda en tumulto para invadir ruidosamente la estación. Muchas veces provocan accidentes con su increíble falta de cortesía y de prudencia. En vez de subir ordenadamente se dedican a aplastarse unos a otros; por lo menos, se impiden para siempre el abordaje, y el tren se va dejándolos amotinados en los andenes de la estación. Los viajeros, agotados y furiosos, maldicen su falta de educación, y pasan mucho tiempo insultándose y dándose de golpes.

—¿Y la policía no interviene?

—Se ha intentado organizar un cuerpo de policía en cada

estación, pero la imprevisible llegada de los trenes hacía tal servicio inútil y sumamente costoso. Además, los miembros de ese cuerpo demostraron muy pronto su venalidad, dedicándose a proteger la salida exclusiva de pasajeros adinerados que les daban a cambio de ese servicio todo lo que llevaban encima. Se resolvió entonces el establecimiento de un tipo especial de escuelas, donde los futuros viajeros reciben lecciones de urbanidad y un entrenamiento adecuado, que los capacita para que puedan pasar su vida en los trenes. Allí se les enseña la manera correcta de abordar un convoy, aunque esté en movimiento y a gran velocidad. También se les proporciona una especie de armadura para evitar que los demás pasajeros les rompan las costillas.

—Pero, una vez en el tren, ¿está uno a cubierto de nuevas dificultades?

—Relativamente. Sólo le recomiendo que se fije muy bien en las estaciones. Podría darse el caso de que usted creyera haber llegado a T., y sólo fuese una ilusión. Para regular la vida a bordo de los vagones demasiado repletos, la empresa se ve obligada a echar mano de ciertos expedientes. Hay estaciones que son pura apariencia: han sido construidas en plena selva y llevan el nombre de alguna ciudad importante. Pero basta poner un poco de atención para descubrir el engaño. Son como las decoraciones del teatro, y las personas que figuran en ellas están rellenas de aserrín. Esos muñecos revelan fácilmente los estragos de la intemperie, pero son a veces una perfecta imagen de la realidad: llevan en el rostro las señales de un cansancio infinito.

—Por fortuna, T. no se halla muy lejos de aquí.

—Pero carecemos por el momento de trenes directos. Sin embargo, no debe excluirse la posibilidad de que usted llegue mañana mismo, tal como lo desea. ßLa organización de los ferrocarriles, aunque deficiente, no excluye la posibilidad de un viaje sin escalas. Vea usted, hay personas que ni siquiera se han dado cuenta de lo que pasa. Compran un boleto para ir a T. Llega un tren, suben, y al día siguiente oyen que el conductor anuncia: "Hemos llegado a T." Sin tomar precaución alguna, los viajeros descienden y se hallan efectivamente en T.

—¿Podría yo hacer alguna cosa para facilitar ese resultado?

—Claro que puede usted. Lo que no se sabe es si le servirá de algo. Inténtelo de todas maneras. Suba usted al tren con la idea fija de que va a llegar a T. No trate a ninguno de los pasajeros. Podrían desilusionarlo con sus historias de viaje, y hasta denunciarlo a las autoridades.

—¿Qué está usted diciendo?

—En virtud del estado actual de las cosas, los trenes viajan llenos de espías. Estos espías, voluntarios en su mayor parte, dedican su vida a fomentar el espíritu constructivo de la empresa. A veces uno no sabe lo que dice y habla sólo por hablar. Pero ellos se dan cuenta en seguida de todos los sentidos que puede tener una frase, por sencilla que sea. Del comentario más inocente saben sacar una opinión culpable. Si usted llegara a cometer la menor imprudencia, sería aprehendido sin más; pasaría el resto de su vida en un vagón cárcel, o le obligarían a descender en una falsa estación, perdida en la selva. Viaje usted lleno de fe, consuma la menor cantidad posible de alimentos y no ponga los pies en el andén antes de que vea en T. alguna cara conocida.

—Pero yo no conozco en T. a ninguna persona.

—En ese caso redoble usted sus precauciones. Tendrá, se lo aseguro, muchas tentaciones en el camino. Si mira usted por las ventanillas, está expuesto a caer en la trampa de un espejismo. Las ventanillas están provistas de ingeniosos dispositivos que crean toda clase de ilusiones en el ánimo de los pasajeros. No hace falta ser débil para caer en ellas. Ciertos aparatos, operados desde la locomotora, hacen creer, por el ruido y los movimientos, que el tren está en marcha. Sin embargo, el tren permanece detenido semanas enteras, mientras los viajeros ven pasar cautivadores paisajes a través de los cristales.

—¿Y eso qué objeto tiene?

—Todo esto lo hace la empresa con el sano propósito de disminuir la ansiedad de los viajeros y de anular en todo lo posible las sensaciones de traslado. Se aspira a que un día se entreguen plenamente al azar, en manos de una empresa omnipotente, y que ya no les importe saber adónde van ni de dónde vienen.

—Y usted ¿ha viajado mucho en los trenes?

—Yo, señor, sólo soy guardagujas. A decir verdad, soy un guardagujas jubilado, y sólo aparezco aquí de vez en cuando para recordar los buenos tiempos. No he viajado nunca, ni tengo ganas de hacerlo. Pero los viajeros me cuentan historias. Sé que los trenes han creado muchas poblaciones además de la aldea de F., cuyo origen le he referido. Ocurre a veces que los tripulantes de un tren reciben órdenes misteriosas. Invitan a los pasajeros a que desciendan de los vagones, generalmente con el pretexto de que admiren las bellezas de un determinado lugar. Se les habla de grutas, de cataratas o de ruinas célebres: "Quince minutos para que admiren ustedes la gruta tal o cual", dice amablemente el conductor. Una vez que los viajeros se hallan a cierta distancia, el tren escapa a todo vapor.

—¿Y los viajeros?

—Vagan desconcertados de un sitio a otro durante algún tiempo, pero acaban por congregarse y se establecen en colonia. Estas paradas intempestivas se hacen en lugares adecuados, muy lejos de toda civilización y con riquezas naturales suficientes. Allí se abandonan lotes selectos, de gente joven, y sobre todo con mujeres abundantes. ¿No le gustaría a usted pasar sus días en un pintoresco lugar desconocido, en compañía de una muchachita?

El viejecillo hizo un guiño y se quedó mirando al viajero con picardía, sonriente y lleno de bondad. En ese momento se oyó un silbido lejano. El guardagujas dio un brinco, lleno de inquietud, y se puso a hacer señales ridículas y desordenadas con su linterna.

—¿Es el tren? —preguntó el forastero.

El anciano echó a correr por la vía, desaforadamente. Cuando estuvo a cierta distancia, se volvió para gritar:

—¡Tiene usted suerte! Mañana llegará a su famosa estación. ¿Cómo dice usted que se llama?

—¡X! —contestó el viajero.

En ese momento el viejecillo se disolvió en la clara mañana. Pero el punto rojo de la linterna siguió corriendo y saltando entre los rieles, imprudentemente, al encuentro del tren.

Al fondo del paisaje, la locomotora se acercaba como un ruidoso advenimiento.

COMENTARIO

En "El guardagujas", el papel de la filosofía es más importante y el realismo mágico es más mágico que en "La lluvia". Arreola presenta, en este cuento relativamente largo para él, su interpretación del mundo de mediados del siglo XX. Los sucesos mágicos que narra el viejo guardagujas constituyen la respuesta de Arreola al materialismo y al existencialismo. Admite con tristeza que no vivimos en el mejor mundo posible y se ríe de aquellas personas que se dejan absorber tanto por ese mundo que nunca pueden librarse de su succión irresistible. Al mismo tiempo, su actitud es más mexicana en que no se desespera, sino que aboga por el viaje a bordo del tren de la vida sin preocuparse de la ruta que lleva. El solo hecho de abordar el tren es una verdadera hazaña y debe apreciarse como tal. ¿Por qué desesperarse cuando el hombre es capaz de adaptarse a cualquier peripecia? Para cruzar el abismo, los pasajeros tienen que desarmar el tren, llevar las piezas a través del abismo y armar el tren de nuevo. Lo importante es que el tren siga. Los rumbos fijos son ridículos porque algunos pasajeros son capaces de llegar sin saberlo. Al fin del cuento, el tren verdadero llega a la estación y el viejo guardagujas desaparece, igual que Cacique en "La lluvia", poniendo en duda su propia existencia.

Como el realismo mágico siempre tiene una base realista, Arreola funde su simbolismo exagerado con una sátira de los defectos del sistema ferroviario de México. Se burla de los trenes que no respetan los horarios; de los planes para túneles y puentes que ni han sido aprobados por los ingenieros; del mejor trato que reciben los pasajeros de primera clase; de la falta de cortesía de la gente en el momento de abordar el tren; de la venalidad de los policías, y de la costumbre consagrada de subir y bajar del tren sin esperar a que éste se pare. Arreola combina en "El guardagujas" la realidad mexicana con la magia, dos elementos que se hallan totalmente separados en la mayoría de los cuentos de su colección *Confabulario*. Hay que leer todo el volumen para apreciar el propósito estético del autor. Como hombre representativo de su época, es un ecléctico que pretende escribir la historia del cuento moderno utilizando lo mejor de todos los que le antecedieron. El título de su primera colección, *Varia invención* (1949), indica su intención de componer un panorama del cuento. La unión de *Varia invención* (1949) y *Confabulario* (1952) en un solo volumen (1955) y su ampliación bajo el título de *Confabulario total* (1962) atestigua la interdependencia de todos los cuentos. La unidad artística ya no es exclusivamente el cuento individual, sino también el conjunto.

Actualmente, la actitud cosmopolita de Arreola ha provocado muchas polémicas entre los mexicanos. Muchas veces le ponen frente a Juan Rulfo, cuya temática cae más dentro de la tradición de la literatura revolucionaria. No es la primera vez que se ha planteado en México la cuestión de los valores relativos de la literatura cosmopolita y la criollista. En efecto, esta dicotomía caracteriza la prosa mexicana del siglo actual. Aunque la Revolución ha sido el tema constante de la mayoría de los escritores, siempre ha habido un pequeño grupo de herejes cosmopolitas. Entre los ateneístas, colonialistas y contemporáneos, han figurado autores de la estirpe de Alfonso Reyes, Artemio de Valle-Arizpe y Jaime Torres Bodet, cuyos cuentos revelan un escape total de los grandes problemas sociales de este siglo. Arreola ha sido identificado con este grupo, un poco injustamente. Si es cierto que les pertenece por un intelectualismo y por su cultura enciclopédica, no es menos cierto que en "El guardagujas" y otros cuentos revela que está constantemente preocupado por el verdadero sentido del mundo en que vive.

EDUARDO MALLEA
[1903-1982]

Argentino. Nació en Bahía Blanca. Se crió en un ambiente culto; su padre era médico, literato y amigo de Sarmiento. Estudió cuatro años en la Facultad de Derecho, pero abandonó la carrera para dedicarse a la literatura. Fundó revistas, publicó libros, hizo dos viajes a Europa (1928, 1934) y desde 1931 dirigió el suplemento literario de La Nación. *Después desempeñó varios cargos diplomáticos. Además de los dos tomos de cuentos,* Cuentos para una inglesa desesperada *(1926) y* La ciudad junto al río inmóvil *(1936), Mallea se conoce más por su ensayo autobiográfico* Historia de una pasión argentina *(1937) y por sus novelas* Fiesta en noviembre *(1938),* La bahía de silencio *(1940),* Todo verdor perecerá *(1941),* Las águilas *(1943),* El retorno *(1946),* El vínculo *(1946),* Los enemigos del alma *(1950),* La torre *(1951),* Chaves *(1954),* Simbad *(1957), y los tomos de novelas cortas* Sala de espera *(1954) y* La razón humana *(1960). Con la novela* La barca de hielo *(1967), Mallea demuestra su capacidad para renovarse. Sus obras más recientes son* La penúltima puerta *(1969),* Gabriel Andaral *(1971),* Triste piel del universo *(1971) y* En la creciente oscuridad *(1973). "Conversación" pertenece a la colección* La ciudad junto al río inmóvil.

CONVERSACIÓN

ÉL NO contestó, entraron en el bar. Él pidió un whisky con agua; ella pidió un whisky con agua. Él la miró; ella tenía un gorro de terciopelo negro apretándole la pequeña cabeza;

411

sus ojos se abrían, oscuros, en una zona azul; ella se fijó en la corbata de él, roja, con las pintas blancas sucias, con el nudo mal hecho. Por el ventanal se veía el frente de una tintorería; al lado de la puerta de la tintorería jugaba un niño; la acera mostraba una gran boca por la que, inconcebible nacimiento, surgía el grueso tronco de un castaño; la calle era muy ancha. El mozo vino con la botella y dos vasos grandes y hielo; "Cigarrillos —le dijo él— Máspero"; el mozo recibió la orden sin mover la cabeza, pasó la servilleta por la superficie manchada de la mesa, donde colocó después los vasos; en el salón casi todas las mesas estaban vacías; detrás de una kentia gigantesca escribía el patrón en las hojas de un bibliorato; en una mesa del extremo rincón hablaban dos hombres, las cabezas descubiertas, uno con bigote recortado y grueso, el otro rasurado, repugnante, calvo y amarillento; no se oía, en el salón, el vuelo de una mosca; el más joven de los dos hombres del extremo rincón hablaba precipitadamente, haciendo pausas bruscas; el patrón levantaba los ojos y lo miraba, escuchando ese hablar rudo e irregular, luego volvía a hundirse en los números; eran las siete.

Él le sirvió whisky, cerca de dos centímetros, y luego le sirvió un poco de hielo, y agua; luego se sirvió a sí mismo y probó en seguida un trago corto y enérgico; prendió un cigarrillo y el cigarrillo le quedó colgando de un ángulo de la boca y tuvo que cerrar los ojos contra el humo, mirándola; ella tenía su vista fija en la criatura que jugaba junto a la tintorería; las letras de la tintorería eran plateadas y la *T*, que había sido una mayúscula pretenciosa, barroca, tenía sus dos extremos quebrados y en lugar del adorno quedaban dos manchas más claras que el fondo homogéneo de la tabla sobre la que muchos años habían acumulado su hollín; él tenía una voz autoritaria, viril, seca.

—Ya no te pones el traje blanco —dijo.

—No —dijo ella.

—Te quedaba mejor que eso —dijo él.

—Seguramente.

412

—Mucho mejor.

—Sí.

—Te has vuelto descuidada. Realmente te has vuelto descuidada.

Ella miró el rostro del hombre, las dos arrugas que caían a pico sobre el ángulo de la boca pálida y fuerte; vio la corbata, desprolijamente hecha, las manchas que la cubrían en diagonal, como salpicaduras.

—Sí —dijo.

—¿Quieres hacerte ropa?

—Más adelante —dijo ella.

—El eterno "más adelante" —dijo él—. Ya ni siquiera vivimos. No vivimos el momento que pasa. Todo es "más adelante".

Ella no dijo nada; el sabor del whisky era agradable, fresco y con cierto amargor apenas sensible; el salón servía de refugio a la huida final de la tarde; entró un hombre vestido con un traje de brin blanco y una camisa oscura y un pañuelo de puntas marrones saliéndole por el bolsillo del saco; miró a su alrededor y fue a sentarse al lado del mostrador y el patrón levantó los ojos y lo miró y el mozo vino y pasó la servilleta sobre la mesa y escuchó lo que el hombre pedía y luego lo repitió en voz alta; el hombre de la mesa lejana que oía al que hablaba volublemente volvió unos ojos lentos y pesados hacia el cliente que acababa de entrar; un gato soñoliento estaba tendido sobre la trunca balaustrada de roble negro que separaba dos sectores del salón, a partir de la vidriera donde se leía, al revés, la inscripción: "Café de la Legalidad"; ella pensó: ¿Por qué se llamará Café de la Legalidad? Una vez había visto, en el puerto, una barca que se llamaba *Causalidad*; ¿qué quería decir *Causalidad*, por qué había pensado el patrón en la palabra *Causalidad*, qué podía saber de *Causalidad* un navegante gris a menos de ser un hombre de ciertas lecturas venido a menos?; tal vez tuviera que ver con ese mismo desastre la palabra *Causalidad*; o sencillamente habría que-

413

rido poner *Casualidad* —es decir, podía ser lo contrario, esa palabra, puesta allí por ignorancia o por un asomo de conocimiento—; junto a la tintorería, las puertas ya cerradas pero los escaparates mostrando el acumulamiento ordenado de carátulas grises, blancas, amarillas, con cabezas de intelectuales fotográficos y avisos escritos en grandes letras.

—Éste no es un buen whisky —dijo él.

—¿No es? —preguntó ella.

—Tiene un gusto raro.

Ella no le tomaba ningún gusto raro; verdad que había tomado whisky tan pocas veces; él tampoco tomaba mucho; algunas veces, al volver a casa cansado, cinco dedos, antes de comer; otros alcoholes tomaba, con preferencia, pero nunca solo sino con amigos, al mediodía; pero no se podía deber a eso, tan pocas cosas, aquel color verdoso que le bajaba de la frente, por la cara ósea, magra, hasta el mentón; no era un color enfermizo, pero tampoco eso puede indicar salud; ninguno de los remedios habituales había podido transformar el tono mate que tendía algunas veces hacia lo ligeramente cárdeno.

Le preguntó él:

—¿Qué me miras?

—Nada —dijo ella.

—Al fin, ¿vamos a ir o no, mañana, a lo de Leites?…

—Sí —dijo ella—, por supuesto, si quieres. ¿No les hemos dicho que íbamos a ir?

—No tiene nada que ver —dijo él.

—Ya sé que no tiene nada que ver, pero en caso de no ir habría que avisar ya.

—Está bien. Iremos.

Hubo una pausa.

—¿Por qué dices, así, que iremos? —preguntó ella.

—¿Cómo "así"?

—Sí, con un aire resignado. Como si no te gustara ir.

—No es de las cosas que más me entusiasman, ir.

Hubo una pausa.

414

—Sí. Siempre dices eso. Y sin embargo, cuando estás allí…

—Cuando estoy allí, ¿qué? —dijo él.

—Cuando estás allí parece que te gustara, y que te gustara de un modo especial…

—No entiendo —dijo él.

—Que te gustara de un modo especial. Que la conversación con Ema te fuera una especie de respiración, algo refrescante, porque cambias…

—No seas tonta.

—Cambias —dijo ella—. Creo que cambias. O no sé. En cambio, no lo niegues, por verlo a él no darías un paso.

—Es un hombre insignificante y gris, pero al que debo cosas —dijo él.

—Sí. En cambio, no sé, me parece que dos palabras de Ema te levantaran, te hicieran bien.

—No seas tonta —dijo él—. También me aburre.

—¿Por qué pretender que te aburre? ¿Por qué decir lo contrario de lo que realmente es?

—No tengo por qué decir lo contrario de lo que realmente es. Eres terca. Me aburre Leites y me aburre Ema, y me aburre todo lo que los rodea y las cosas que tocan.

—Te fastidia todo lo que los rodea. Pero por otra cosa —dijo ella.

—¿Por qué otra cosa?

—Porque no puedes soportar la idea de esa cosa grotesca que es Ema unida a un hombre tan inferior, tan trivial.

—Pero es absurdo lo que dices. ¿Qué se te ha metido en la cabeza? Cada cual crea relaciones en la medida de su propia exigencia. Si Ema vive con Leites no será por una imposición divina, por una ley fatal, sino tranquilamente porque no ve más allá de él.

—Te es difícil concebir que no vea más allá de él.

—Por Dios, basta; no seas ridícula.

Hubo otra pausa. El hombre del traje blanco salió del bar…

—No soy ridícula —dijo ella.

Habría querido agregar algo más, decir algo más significativo que echara una luz sobre todas esas frases vagas que cambiaban, pero no dijo nada; volvió a mirar las letras de la palabra Tintorería; el patrón llamó al mozo y le dio una orden en voz baja, y el mozo fue y habló con uno de los dos clientes que ocupaban la mesa extrema del salón; ella sorbió la última gota del aguardiente ámbar.

—En el fondo, Ema es una mujer bastante conforme con su suerte —dijo él.

Ella no contestó nada.

—Una mujer fría de corazón —dijo él.

Ella no contestó nada.

—¿No crees? —dijo él.

—Tal vez —dijo ella.

—Y a ti, a veces, te da por decir cosas tan absolutamente fantásticas.

Ella no dijo nada.

—¿Qué crees que me puede interesar en Ema? ¿Qué es lo que crees?

—Pero, ¿para qué volver sobre lo mismo? —dijo ella—. Es una cosa que he dicho al pasar. Sencillamente al pasar.

Los dos permanecieron callados; él la miraba, ella miraba hacia afuera, la calle que iba llenándose, muy lentamente, muy lentamente, de oscuridad, la calle donde la noche entraba en turno; el pavimento que, de blanco, estaba ya gris, que iba a estar pronto negro, con cierto reflejo azul mar brillando sobre su superficie; pasaban automóviles, raudos, alguno que otro ómnibus, cargado; de pronto se oía una campanilla extraña; ¿de dónde era esa campanilla?; la voz de un chico se oyó, lejana, voceando los diarios de la tarde, la quinta edición, que aparecía; el hombre pidió otro whisky para él; ella no tomaba nunca más de una pequeña porción; el mozo volvió la espalda a la mesa y gritó el pedido con la misma voz estentórea y enfática con que había hecho los otros pedidos y con que se dan el gusto de ser autoritarios

416

estos subordinados de un patrón tiránico; el hombre golpeó la vidriera y el chico que pasaba corriendo con la carga de diarios oliendo a tinta entró en el salón, y el hombre compró un diario y lo desplegó y se puso a leer los títulos; ella se fijó en dos o tres fotografías que había en la página postrera: una joven de la aristocracia que se casaba y un fabricante de automóviles británicos que acababa de llegar a Argentina en gira comercial; el gato se había levantado sobre la balaustrada y jugaba con la pata en un tiesto de flores, moviendo los tallos de las flores viejas y escuálidas; ella preguntó al hombre si había alguna novedad importante y el hombre vaciló antes de contestar, y después dijo:

—La eterna cosa. No se entienden los rusos con los alemanes. No se entienden los alemanes con los franceses. No se entienden los franceses con los ingleses. Nadie se entiende. Tampoco se entiende nada. Todo parece que de un momento a otro se va a ir al diablo. O que las cosas van a durar así: todo el mundo sin entenderse, y el planeta andando.

El hombre movió el periódico hacia uno de los flancos, llenó la copa con un poco de whisky y después le echó un terrón de hielo y después agua.

—Es mejor no revolverlo. Los que saben tomarlo dicen que es mejor no revolverlo.

—¿Habrá guerra, crees? —le preguntó ella.

—¿Quién puede decir sí, quién puede decir no? Ni ellos mismos, yo creo. Ni ellos mismos.

—Duraría dos semanas la guerra, con todos esos inventos...

—La otra también; la otra también dijeron que iba a durar dos semanas.

—Era distinto...

—Era lo mismo. Siempre es lo mismo. ¿Detendrían al hombre unos gramos más de sangre, unos millares más de sacrificados? Es como la plata del avaro. Nada sacia el amor de la plata por la plata. Ninguna cantidad de odio saciará el odio del hombre por el hombre.

417

—Nadie tiene ganas de ser masacrado —dijo ella—. Eso es más fuerte que todos los odios.

—¿Qué? —dijo él—. Una ceguera general todo lo nubla. En la guerra, la atroz plenitud de matar es más grande que el pavor de morir.

Ella calló; pensó en aquello; iba a contestar, pero no dijo nada; pensó que no valía la pena. Una joven de cabeza canosa, envuelta en un guardapolvo gris, había salido a la acera de enfrente y con ayuda de un hierro largo bajaba las cortinas metálicas de la tintorería, que cayeron con seco estrépito. La luz eléctrica era muy débil en la calle y el tráfico se había hecho ahora ralo, pero seguía pasando gente con intermitencias.

—Me das rabia cada vez que tocas el asunto de Ema —dijo él.

Ella no dijo nada. Él tenía ganas de seguir hablando.

—Las mujeres debían callarse a veces —dijo.

Ella no dijo nada; el hombre rasurado, de piel amarillenta, se despidió de su amigo y caminó por entre las mesas y salió del bar; el propietario levantó los ojos hacia él y luego los volvió a bajar.

—¿Quieres ir a alguna parte a comer? —preguntó él, con agriedad.

—No sé —dijo ella—, como quieras.

Cuando hubo pasado un momento, ella dijo:

—Si uno pudiera dar a su vida un fin.

Seguía él callado.

Estuvieron allí un rato más y luego salieron; echaron a andar por esas calles donde rodaban la soledad, la pobreza y el templado aire nocturno; parecía haberse establecido entre los dos una atmósfera, una temperatura que no tenía nada que ver con el clima de la calle; caminaron unas pocas cuadras, hasta el barrio céntrico donde ardían los arcos galvánicos, y entraron al restaurante.

¡Qué risas, estrépito, hablar de gentes! Sostenía la orquesta de diez hombres su extraño ritmo; comieron en silencio;

418

de vez en cuando cruzaba entre los dos una pregunta, una réplica; no pidieron nada después del pavo frío; más que la fruta, el café; la orquesta sólo se imponía pequeñas pausas.

Cuando salieron, cuando los recibió nuevamente el aire nocturno, la ciudad, caminaron un poco a la deriva entre las luces de los cinematógrafos. Él estaba distraído, exacerbado, y ella miraba los carteles rosa y amarillo; habría deseado decir muchas cosas, pero no valía la pena; callaba.

—Volvamos a casa —dijo él—. No hay ninguna parte a donde ir.

—Volvamos —dijo ella—. ¿Qué otra cosa podríamos hacer?

COMENTARIO

En 1936, en plena época criollista, el argentino Eduardo Mallea publicó *La ciudad junto al río inmóvil,* un tomo de cuentos existencialistas cuya única relación con el criollismo proviene del prólogo y del epílogo.

"Conversación", hasta en el sentido irónico de su título, refleja la falta de comprensión entre los seres humanos. Los protagonistas, que se identifican sólo con los pronombres "él" y "ella", se hablan sin llegar a comunicarse. Cuando él le critica el vestido, ella nota lo descuidado que está él, *sin decírselo.* ¿Para qué? Luego comen en silencio en un restaurante bullicioso y, al fin, vuelven a casa con la pregunta recargada de angustia: "¿Qué otra cosa podríamos hacer?"

Los personajes secundarios, por breve que sea su actuación, refuerzan la impresión de la soledad humana. En la cantina, el mozo recibe el pedido sin mover la cabeza; el patrón escribe; dos hombres hablan en silencio y no se oye el vuelo de una mosca. Afuera, un niño juega solo delante de la tintorería que una joven *de cabeza canosa* cierra. En el restaurante y en la calle, entre una multitud de gente, los protagonistas no se sienten menos solos. Para demostrar la universalidad de este mal, el hombre lee el periódico y comenta la falta de entendimiento internacional.

Mientras el autor naturalista buscaba detalles para pintar un cuadro con la mayor exactitud, el existencialista escoge unos cuantos detalles especiales que reflejan el estado de ánimo de sus personajes: la corbata con el nudo mal hecho y las pintas blancas sucias; la superficie manchada de la mesa; los dos centímetros de whisky; el cigarrillo colgando de un ángulo de la boca; la *T* quebrada del letrero, y un gato soñoliento. El árbol que sale de la gran boca en la acera es más que un detalle descriptivo: simboliza el aprisionamiento del hombre (o si se tienen en cuenta el prólogo y el epílogo, simboliza el nacimiento y el crecimiento del hombre, a pesar de un ambiente poco apropiado).

No sólo lo que dice Mallea sino también su manera de decirlo producen una sensación abrumadora. Hay una falta de comprensión entre las mismas palabras y frases. La repetición de palabras en una frase o en frases consecutivas da una gran pesadez al estilo, que se hace aún más pesado con la abundancia del punto y coma, que suple la ausencia de palabras correlativas.

Aunque "Conversación" es un buen ejemplo del cuento existencialista, su técnica no es típica del arte de Mallea. En la mayor parte de sus cuentos, la acción interior predomina sobre la exterior; hay poco diálogo y el narrador interviene más activamente. No obstante, "Conversación" encaja perfectamente con los otros cuentos numerados de *La ciudad junto al río inmóvil*.

Al numerar los cuentos, Mallea hace hincapié en la unidad del libro. Tiene el mismo propósito que Sherwood Anderson en *Winesburg, Ohio* y que James Joyce en *Dubliners*: captar el espíritu de una ciudad por medio de pequeños dramas individuales. Además de la independencia de los cuentos, todos existencialistas, Mallea los coloca dentro de un marco que recuerda paradójicamente al Dos Passos de *U. S. A.* En el prólogo, "Diálogo oído en una calle", y en el epílogo, "Adiós", Mallea se aparta del existencialismo con un optimismo dinámico que no parece concordar con el pesimismo de los cuentos. Es que, según Mallea, el mundo americano lleno de soledad y de angustia no está totalmente desprovisto de esperanza. Al contrario, todo el tormento de los personajes está asociado con el proceso de gestación. En América, los hombres se están buscando; "es un gran silencio en marcha".

JUAN CARLOS ONETTI
[1909-1994]

Uruguayo. Nació en Montevideo, hijo de un oficial aduanero de ascendencia irlandesa —el apellido es una adaptación de O'Nety—. Su madre, Honoria Borges, provenía de una familia de hacendados brasileños. Poco aventajado como estudiante, trabajó de mozo, mesero y taquillero antes de ir a Buenos Aires en 1929 de periodista. En 1939 participó en la fundación del semanario Marcha *y llegó a dirigirlo durante varios años. En 1941 fue nombrado jefe de la oficina de la agencia noticiaria* Reuters *en Buenos Aires. Regresó a Montevideo en 1957 para aceptar la dirección de las bibliotecas municipales, cargo que mantuvo hasta 1975 cuando la represión del inusitado gobierno militar de Uruguay y la salud deteriorada lo obligaron a renunciar y trasladarse a Madrid con su cuarta esposa.*

Aunque se publicó su primera obra importante, El pozo, *en 1939, no se cuajó su fama internacional hasta 1967 cuando concursó para el premio Rómulo Gallegos con su novela* Juntacadáveres *y el ganador Mario Vargas Llosa lo distinguió en los festejos de Caracas como el precursor más importante de los nuevos autores de "la novela de creación".*

La publicación de sus otras novelas abarca un periodo de más de 50 años: Tierra de nadie *(1941),* Para esta noche *(1943),* La vida breve *(1950),* Los adioses *(1954),* Para una tumba sin nombre *(1959),* La cara de la desgracia *(1960),* El astillero *(1961),* Tan triste como ella *(1963),* La muerte y la niña *(1973),* Tiempo de abrazar *(1974),* Dejemos hablar al viento *(1979) y* Cuando ya no me importe *(1993). Tan estimado como cuentista que como novelista, Onetti publicó sus mejores cuentos en 1951 bajo el título* Un sueño realizado y otros cuentos. *Aunque se han lanzado posteriormente varias colecciones con otros títulos, no varían esencialmente de la original. "Un sueño realizado" se publicó por primera vez en 1941 en* La Nación *de Buenos Aires.*

UN SUEÑO REALIZADO*

LA BROMA la había inventado Blanes; venía a mi despacho —en los tiempos en que yo tenía despacho, y al café, cuando las cosas iban mal y había dejado de tenerlo— y, parado sobre la alfombra, con un puño apoyado en el escritorio, la corbata de lindos colores sujeta a la camisa con un broche de oro y aquella cabeza —cuadrada, afeitada, con ojos oscuros que no podían sostener la atención más de un minuto y se aflojaban en seguida como si Blanes estuviera a punto de dormirse o recordara algún momento limpio y sentimental de su vida que, desde luego, nunca había podido tener—, aquella cabeza sin una sola partícula superflua, alzada contra la pared cubierta de retratos y carteles, me dejaba hablar y comentaba redondeando la boca: "Porque usted, naturalmente, se arruinó dando el *Hamlet*". O también: "Sí, ya sabemos. Se ha sacrificado siempre por el arte, y si no fuera por su enloquecido amor por el *Hamlet*…"

Y yo me pasé todo ese montón de años aguantando tanta miserable gente, autores y actores y actrices y dueños de teatro y críticos de los diarios y la familia, los amigos y los amantes de todos ellos, todo ese tiempo perdiendo y ganando un dinero que Dios y yo sabíamos que era necesario que volviera a perder en la próxima temporada, con aquella gota de agua en la cabeza pelada, aquel puño en las costillas, aquel trago agridulce, aquella burla no comprendida del todo de Blanes:

* © Juan Carlos Onetti.

423

—Sí, claro. Las locuras a que lo ha llevado su desmedido amor por *Hamlet*...

Si la primera vez le hubiera preguntado por el sentido de aquello, si le hubiera confesado que sabía tanto del *Hamlet* como de conocer el dinero que puede dar una comedia desde su primera lectura, se habría acabado el chiste. Pero tuve miedo a la multitud de bromas no nacidas que haría saltar mi pregunta y sólo hice una mueca y lo mandé a paseo. Y así fue que pude vivir los veinte años sin saber qué era el *Hamlet,* sin haberlo leído, pero sabiendo, por la intención que veía en la cara y el balanceo de la cabeza de Blanes, que el *Hamlet* era el arte, el arte puro, el gran arte, y sabiendo también, porque me fui empapando de eso sin darme cuenta, que era, además, un actor o una actriz, en este caso siempre una actriz con caderas ridículas, vestido de negro con ropas ajustadas, una calavera, un cementerio, un duelo, una venganza, una muchachita que se ahoga. Y, también, W. Shakespeare.

Por eso, cuando ahora, sólo ahora, con una peluca rubia peinada al medio que prefiero no sacarme para dormir, una dentadura que nunca logró venirme bien del todo y que me hace silbar y hablar con mimo, me encontré en la biblioteca de este asilo para gente de teatro arruinada al que dan un nombre más presentable, aquel libro tan pequeño encuadernado en azul oscuro donde había unas hundidas letras doradas que decían *Hamlet,* me senté en mi sillón sin abrir el libro, resuelto a no abrir nunca el libro y a no leer una sola línea, pensando en Blanes, en que así me vengaba de su broma, y en la noche en que Blanes fue a encontrarme en el hotel de alguna capital de provincia y, después de dejarme hablar, fumando y mirando el techo y la gente que entraba en el salón, hizo sobresalir los labios para decirme, delante de la pobre loca:

—Y pensar... Un tipo como usted que se arruinó por el *Hamlet.*

Lo había citado en el hotel para que se hiciera cargo de un

personaje en un rápido disparate que se llamaba, me parece, *Sueño realizado*. En el reparto de la locura aquella había un galán sin nombre, y este galán sólo podía hacerlo Blanes porque cuando la mujer vino a verme, no quedábamos allí más que él y yo; el resto de la compañía pudo escapar a Buenos Aires.

La mujer había estado en el hotel a mediodía y, como yo estaba durmiendo, había vuelto a la hora que era, para ella y todo el mundo en aquella provincia caliente, la del fin de la siesta y en la que yo estaba en el lugar más fresco del comedor comiendo una milanesa redonda y tomando vino blanco, lo único bueno que podía tomarse allí. No voy a decir que a la primera mirada —cuando se detuvo en el halo del calor de la puerta encortinada, dilatando los ojos en la sombra del comedor y el mozo le señaló mi mesa y en seguida ella empezó a andar en línea recta hacia mí con remolinos de la pollera— yo adiviné lo que había adentro de la mujer ni aquella cosa como una cinta blanduzca y fofa de locura, que había ido desenvolviendo, arrancando con suaves tirones, como si fuese una venda pegada a una herida, de sus años pasados, solitarios, para venir a fajarme con ella, como a una momia, a mí y a algunos de los días pasados en aquel sitio aburrido, tan abrumado de gente gorda y mal vestida. Pero había, sí, algo en la sonrisa de la mujer que me ponía nervioso, y me era imposible sostener los ojos en sus pequeños dientes irregulares exhibidos como los de un niño que duerme y respira con la boca abierta. Tenía el pelo casi gris, peinado en trenzas enroscadas y su vestido correspondía a una vieja moda; pero no era el que se hubiera puesto una señora en los tiempos en que fue inventado, sino, también esto, el que hubiera usado entonces una adolescente. Tenía una pollera hasta los zapatos, de aquellos que llaman botas o botinas, larga, oscura, que se iba abriendo cuando ella caminaba y se encogía y volvía a temblar al paso inmediato. La blusa tenía encajes y era ajustada, con un gran camafeo entre los senos agudos de muchacha, y la blusa y la pollera se unían y estaban divididas por una rosa en la cintura, tal vez artificial ahora que pienso, una flor de corola grande y cabeza baja, con el tallo erizado amenazando el estómago.

La mujer tendría alrededor de cincuenta años, y lo que no podía olvidarse en ella, lo que siento ahora cuando la recuerdo caminar hasta mí en el comedor del hotel, era aquel aire de jovencita de otro siglo que hubiera quedado dormida y despertara ahora un poco despeinada, apenas envejecida pero a punto de alcanzar su edad en cualquier momento, de golpe, y quebrarse allí en silencio, desmoronarse roída por el trabajo sigiloso de los días. Y la sonrisa era mala de mirar, porque uno pensaba que frente a la ignorancia que mostraba la mujer del peligro de envejecimiento y muerte repentina en cuyos bordes estaba, aquella sonrisa sabía, o, por lo menos, los descubiertos dientecillos presentían, el repugnante fracaso que los amenazaba.

Todo aquello estaba ahora de pie en la penumbra del comedor y torpemente puse los cubiertos al lado del plato y me levanté. "¿Usted es el señor Langman, el empresario de teatro?" Incliné la cabeza sonriendo y la invité a sentarse. No quiso tomar nada: separados por la mesa, le miré con disimulo la boca con su forma intacta y su poca pintura, allí justamente en el centro donde la voz un poco española había canturreado al deslizarse entre los filos desparejos de la dentadura. De los ojos, pequeños y quietos, esforzados en agrandarse, no pude sacar nada. Había que esperar que hablara y, pensé, cualquier forma de mujer y de existencia que invocaran sus palabras iban a quedar bien con su curioso aspecto, y el curioso aspecto iba a desvanecerse.

—Quería verlo por una representación —dijo—. Quiero decir que tengo una obra de teatro...

Todo indicaba que iba a seguir, pero se detuvo y esperó mi respuesta; me entregó la palabra con un silencio irresistible, sonriendo. Esperaba tranquila, las manos enlazadas en la falda. Aparté el plato con la milanesa a medio comer y

426

pedí café. Le ofrecí cigarrillos y ella movió la cabeza, alargó un poco la sonrisa, lo que quería decir que no fumaba. Encendí el mío y empecé a hablarle, buscando sacármela de encima sin violencias, pero pronto y para siempre, aunque con un estilo cauteloso que me era impuesto no sé por qué.

—Señora, es una verdadera lástima... Usted nunca ha estrenado, ¿verdad? Naturalmente. ¿Y cómo se llama su obra?

—No, no tiene nombre —contestó—. Es tan difícil de explicar... No es lo que usted piensa. Claro, se le puede poner un título. Se le puede llamar *El sueño, El sueño realizado. Un sueño realizado.*

Comprendí, ya sin dudas, que estaba loca y me sentí más cómodo.

—Bien; *Un sueño realizado,* no está mal el nombre. Es muy importante el nombre. Siempre he tenido interés, digamos personal, desinteresado en otro sentido, en ayudar a los que empiezan. Dar nuevos valores al teatro nacional. Aunque es innecesario decirle que no son agradecimientos los que se cosechan, señora. Hay muchos que me deben a mí el primer paso, señora, muchos que hoy cobran derechos increíbles en la calle Corrientes y se llevan los premios anuales. Ya no se acuerdan de cuando venían casi a suplicarme...

Hasta el mozo del comedor podía comprender, desde el rincón junto a la heladera donde se espantaba las moscas y el calor con la servilleta, que a aquel bicho raro no le importaba ni una sílaba de lo que yo decía. Le eché una última mirada con un solo ojo, desde el calor del pocillo de café, y le dije:

—En fin, señora. Usted debe saber que la temporada aquí ha sido un fracaso. Hemos tenido que interrumpirla y me he quedado sólo por algunos asuntos personales. Pero ya la semana que viene me iré yo también a Buenos Aires. Me he equivocado una vez más, qué hemos de hacer. Este ambiente no está preparado, y a pesar de que me resigné a hacer la temporada con sainetes y cosas así... ya ve cómo me ha ido. De manera que... Ahora, que podemos hacer una cosa, señora. Si usted puede facilitarme una copia de su obra yo veré si en Buenos Aires… ¿Son tres actos?

Tuvo que contestar, pero sólo porque yo, devolviéndole el juego, me callé y había quedado inclinado hacia ella, rascando con la punta del cigarrillo en el cenicero. Parpadeó:

—¿Qué?

—Su obra, señora. *Un sueño realizado.* ¿Tres actos?

—No, no son actos.

—O cuadros. Se extiende ahora la costumbre de…

—No tengo ninguna copia. No es una cosa que yo haya escrito —seguía diciéndome ella. Era el momento de escapar.

—Le dejaré mi dirección de Buenos Aires y cuando usted la tenga escrita…

Vi que se iba encogiendo, encorvando el cuerpo; pero la cabeza se levantó con la sonrisa fija. Esperé, seguro de que iba a irse; pero un instante después ella hizo un movimiento con la mano frente a la cara y siguió hablando.

—No, es todo distinto a lo que piensa. Es un momento, una escena se puede decir, y allí no pasa nada, como si nosotros representáramos esta escena en el comedor y yo me fuera y ya no pasara nada más. No —contestó—, no es cuestión de argumento, hay algunas personas en una calle y las casas y dos automóviles que pasan. Allí estoy yo y un hombre y una mujer cualquiera que sale de un negocio de enfrente y le da un vaso de cerveza. No hay más personas, nosotros tres. El hombre cruza la calle hasta donde sale la mujer de su puerta con la jarra de cerveza y después vuelve a cruzar y se sienta junto a la misma mesa, cerca mío, donde estaba al principio.

Se calló un momento y ya la sonrisa no era para mí ni para el armario con mantelería que se entreabría en la pared del comedor; después concluyó:

—¿Comprende?

Pude escaparme porque recordé el término *teatro intimista* y le hablé de eso y de la imposibilidad de hacer arte puro en estos ambientes y que nadie iría al teatro para ver eso y que, acaso sólo, en toda la provincia, yo podría comprender la calidad de aquella obra y el sentido de los movimientos y el símbolo de los automóviles y la mujer que ofrece un *bock* de cerveza al hombre que cruza la calle y vuelve junto a ella, "junto a usted, señora".

Ella me miró y tenía en la cara algo parecido a lo que había en la de Blanes cuando se veía en la necesidad de pedirme dinero y me hablaba de *Hamlet:* un poco de lástima y todo el resto de burla y antipatía.

—No es nada de eso, señor Langman —me dijo—. Es algo que yo quiero ver y que no lo vea nadie más, nada de público. Yo y los actores, nada más. Quiero verlo una vez, pero que esa vez sea tal como yo se lo voy a decir y hay que hacer lo que yo diga y nada más. ¿Sí? Entonces usted, haga el favor, me dice cuánto dinero vamos a gastar para hacerlo y yo se lo doy.

Ya no servía hablar de teatro intimista ni de ninguna de esas cosas, allí frente a frente con la mujer loca que abrió la cartera y sacó dos billetes de cincuenta pesos —"Con esto contrata a los actores y atiende los primeros gastos y después me dice cuánto más necesita"—. Yo, que tenía hambre de plata, que no podía moverme de aquel maldito agujero hasta que alguno en Buenos Aires contestara a mis cartas y me hiciera llegar unos pesos. Así que le mostré la mejor de mis sonrisas y cabeceé varias veces mientras me guardaba el dinero en cuatro dobleces en el bolsillo del chaleco.

—Perfectamente, señora. Me parece que comprendo la clase de cosa que usted... —mientras hablaba, no quería mirarla, porque estaba pensando en Blanes y porque no me gustaba encontrarme con la expresión humillante de Blanes también en la cara de la mujer—. Dedicaré la tarde a este asunto y si podemos vernos... ¿Esta noche? Perfectamente, aquí mismo; ya tendremos al primer actor y usted podrá explicarnos claramente esa escena y nos pondremos de acuerdo para que *Sueño, Un sueño realizado*...

Acaso fuera simplemente porque estaba loca; pero podía

ser también que ella comprendiera, como lo comprendía yo, que no me era posible robarle los cien pesos y por eso no quiso pedirme recibo, no pensó siquiera en ello y se fue luego de darme la mano, con un cuarto de vuelta de la pollera en sentido inverso a cada paso, saliendo erguida de la media luz del comedor para ir a meterse en el calor de la calle, como volviendo a la temperatura de la siesta que había durado un montón de años y donde había conservado aquella juventud impura que estaba siempre a punto de deshacerse podrida.

Pude dar con Blanes en una pieza desordenada y oscura, con paredes de ladrillos mal cubiertos, detrás de plantas, esteras verdes, detrás del calor húmedo del atardecer. Los cien pesos seguían en el bolsillo de mi chaleco y, hasta no encontrar a Blanes, hasta no conseguir que me ayudara a dar a la mujer loca lo que ella pedía a cambio de su dinero, no me era posible gastar un centavo. Lo hice despertar y esperé con paciencia que se bañara, se afeitara, volviera a acostarse, se levantara nuevamente para tomar un vaso de leche —lo que significaba que había estado borracho el día anterior— y otra vez en la cama encendiera un cigarrillo; porque se negó a escucharme antes y, todavía entonces, cuando arrimé aquellos restos de sillón de tocador en que estaba sentado y me incliné con aire grave para hacerle la propuesta, me detuvo diciendo:

—¡Pero mire un poco ese techo!

Era un techo de tejas, con dos o tres vigas verdosas y unas hojas de caña de la India que venían de no sé dónde, largas y resecas. Miré el techo un poco y no hizo más que reírse y mover la cabeza.

—Bueno. Déle —dijo después.

Le expliqué lo que era y Blanes me interrumpía a cada momento, riéndose, diciendo que todo era mentira mía, que era alguno que para burlarse me había mandado la mujer. Después me volvió a preguntar qué era aquello y no tuve más remedio que liquidar la cuestión ofreciéndole la mitad de lo que pagara la mujer una vez deducidos los gastos y le contesté que, en verdad, no sabía lo que era ni de qué se trataba ni qué demonios quería de nosotros aquella mujer; pero que ya me había dado cincuenta pesos y que eso significaba que podíamos irnos a Buenos Aires o irme yo, por lo menos, si él quería seguir durmiendo allí. Se rió y al rato se puso serio; y de los cincuenta pesos que le dije haber conseguido adelantados quiso veinte en seguida. Así que tuve que darle diez, de lo que me arrepentí muy pronto porque aquella noche, cuando vino al comedor del hotel, ya estaba borracho y sonreía torciendo un poco la boca y con la cabeza inclinada sobre el platito de hielo empezó a decir:

—Usted no escarmienta. El mecenas de la calle Corrientes y toda calle del mundo donde una ráfaga de arte... Un hombre que se arruinó cien veces por el *Hamlet* va a jugarse desinteresadamente por un genio ignorado y con corsé.

Pero cuando vino ella, cuando la mujer salió de mis espaldas vestida totalmente de negro, con velo, un paraguas diminuto colgando de la muñeca y un reloj con cadena del cuello, y me saludó y extendió la mano a Blanes con la sonrisa aquella un poco apaciguada en la luz artificial, él dejó de molestarme y sólo dijo:

—En fin, señora; los dioses la han guiado hasta Langman. Un hombre que ha sacrificado cientos de miles por dar correctamente el *Hamlet*.

Entonces pareció que ella se burlaba mirando un poco a uno y un poco a otro; después se puso grave y dijo que tenía prisa, que nos explicaría el asunto de manera que no quedara lugar para la más chica duda y que volvería solamente cuando todo estuviera pronto. Bajo la luz suave y limpia, la cara de la mujer y también lo que brillaba en su cuerpo, zonas del vestido, las uñas en la mano sin guante, el mango del paraguas, el reloj con su cadena, parecían volver a ser ellos mismos, liberados de la tortura del día luminoso; y yo tomé de inmediato una relativa confianza y en toda la noche no volví a pensar que ella estaba loca, olvidé que había algo con olor a estafa en todo aquello, y una sensación de negocio normal y frecuente pudo dejarme enteramente tranquilo. Aunque yo no tenía que molestarme por nada, ya que estaba allí Blanes, correcto, bebiendo siempre, conversando con ella como si se hubieran encontrado ya dos o tres veces, ofreciéndole un vaso de *whisky*, que ella cambió por una taza de tilo. De modo que lo que tenía que contarme a mí se lo fue diciendo a él, y yo no quise oponerme porque Blanes era el primer actor y cuanto más llegara a entender de la obra mejor saldrían las cosas. Lo que la mujer quería que representáramos para ella era esto (a Blanes se lo dijo con otra voz, y aunque no lo mirara, aunque al hablar de eso bajaba los ojos, yo sentía que lo contaba ahora de un modo personal, como si confesara alguna cosa cualquiera íntima de su vida y que a mí me lo había dicho como el que cuenta esa misma cosa en una oficina, por ejemplo, para pedir un pasaporte o cosa así):

—En la escena hay casas y aceras, pero todo confuso, como si se tratara de una ciudad y hubieran amontonado todo eso para dar impresión de una gran ciudad. Yo salgo, la mujer que voy a representar yo sale de una casa y se sienta en el cordón de la acera, junto a una mesa verde. Junto a la mesa está sentado un hombre en un banco de cocina. Ése es el personaje suyo. Tiene puesta una tricota y gorra. En la acera de enfrente hay una verdulería con cajones de tomates en la puerta. Entonces aparece un automóvil que cruza la escena, y el hombre, usted, se levanta para atravesar la calle y yo me asusto pensando que el coche lo atropella. Pero usted pasa antes que el vehículo y llega a la acera de enfrente en el momento en que sale una mujer vestida con traje de paseo y un vaso de cerveza en la mano. Usted lo toma de un trago y vuelve en seguida que pasa un automóvil, ahora de abajo para arriba, a toda velocidad; y usted vuelve a pasar con el tiempo justo y se sienta en el banco de cocina. Entretanto yo estoy acostada en la acera, como si fuera una chica. Y usted se inclina un poco para acariciarme la cabeza.

La cosa era fácil de hacer pero le dije que el inconveniente estaba, ahora que lo pensaba mejor, en aquel tercer personaje, en aquella mujer que salía de su casa a paseo con el vaso de cerveza.

—Jarro —me dijo ella—. Es un jarro de barro con asa y tapa.

Entonces Blanes asintió con la cabeza y le dijo:

—Claro, con algún dibujo, además, pintado.

Ella dijo que sí y parecía que aquella cosa dicha por Blanes la había dejado muy contenta, feliz, con esa cara de felicidad que sólo una mujer puede tener y que me dan ganas de cerrar los ojos para no verla cuando se me presenta, como si la buena educación ordenara hacer eso. Volvimos a hablar de la otra mujer y Blanes terminó por estirar una mano diciendo que ya tenía lo que necesitaba y que no nos preocupáramos más. Tuve que pensar que la locura de la loca era contagiosa, porque cuando le pregunté a Blanes con qué actriz contaba para aquel papel, me dijo que con la Rivas, y, aunque yo no conocía a ninguna con ese nombre, no quise decir nada, porque Blanes me estaba mirando furioso. Así que todo quedó arreglado, lo arreglaron ellos dos, y yo no tuve que pensar para nada en la escena; me fui en seguida a buscar al dueño del teatro y lo alquilé por dos días pagando el precio de uno, pero dándole mi palabra de que no entraría nadie más que los actores.

Al día siguiente conseguí un hombre que entendía de instalaciones eléctricas y por un jornal de seis pesos me ayudó también a mover y repintar un poco los bastidores. A la noche, después de trabajar cerca de quince horas, todo estuvo pronto, y, sudando y en mangas de camisa, me puse a comer *sandwiches* con cerveza mientras oía sin hacer caso historias de pueblo que el hombre me contaba. El hombre hizo una pausa y, después, dijo:

—Hoy vi a su amigo bien acompañado. Esta tarde; con aquella señora que estuvo en el hotel anoche con ustedes. Aquí todo se sabe. Ella no es de aquí; dicen que viene en los veranos. No me gusta meterme, pero los vi entrar en un hotel. Sí, qué gracia; es cierto que usted también vive en un hotel. Pero el hotel donde entraron esta tarde era distinto... De ésos, ¿eh?

Cuando al rato llegó Blanes, le dije que lo único que faltaba era la famosa actriz Rivas y arreglar el asunto de los automóviles, porque sólo se había podido conseguir uno, que era del hombre que me había estado ayudando y lo alquilaría por unos pesos, además de manejarlo él mismo. Pero yo tenía mi idea para solucionar aquello, porque como el coche era un cascajo con capota, bastaba hacer que pasara primero con la capota baja y después alzada o al revés. Blanes no me contestó nada porque estaba completamente borracho, sin que me fuera posible adivinar de dónde había sacado dinero. Después se me ocurrió que acaso hubiera tenido el cinismo de recibir directamente dinero de la pobre mujer. Esta idea me envenenó y seguía comiendo los *sandwiches* en silencio mientras él, borracho y canturreando, recorría el escenario, se iba colocando en posiciones de fotógrafo, de espía, de boxeador, de jugador de rugby, sin dejar de canturrear, con el sombrero caído sobre la nuca y mirando a todos lados, desde todos los lados, rebuscando vaya a saber el diablo qué cosa. Como a cada momento me convencía más de que se había emborrachado con dinero robado casi, a aquella pobre mujer enferma, no quería hablarle y, cuando acabé de comer los *sandwiches,* mandé al hombre que me trajera media docena más y una botella de cerveza.

A todo esto, Blanes se había cansado de hacer piruetas; la borrachera indecente que tenía le dio por el lado sentimental y vino a sentarse cerca de donde yo estaba, en un cajón, con las manos en los bolsillos del pantalón y el sombrero en las rodillas, mirando con ojos turbios, sin moverlos, hacia la escena. Pasamos un tiempo sin hablar y pude ver que estaba envejeciendo y el cabello rubio lo tenía descolorido y escaso. No le quedaban muchos años para seguir haciendo el galán ni para llevar señoras a los hoteles, ni para nada.

—Yo tampoco perdí el tiempo —dijo de golpe.

—Sí, me lo imagino —contesté sin interés.

Sonrió, se puso serio, se encajó el sombrero y volvió a levantarse. Me siguió hablando mientras iba y venía, como me había visto hacer tantas veces en el despacho, todo lleno de fotos dedicadas, dictando una carta a la muchacha.

—Anduve averiguando de la mujer —dijo—. Parece que la familia o ella misma tuvo dinero, y después ella tuvo que trabajar de maestra. Pero nadie, ¿eh?, nadie dice que esté loca. Que siempre fue un poco rara, sí. Pero no loca. No sé por qué le vengo a hablar a usted, ¡oh, padre adoptivo del triste *Hamlet!*, con la trompa untada de manteca de *sandwich*… Hablarle de esto.

—Por lo menos —le dije tranquilamente—, no me meto a espiar en vidas ajenas. Ni a dármelas de conquistador con mujeres un poco raras —me limpié la boca con el pañuelo y me di vuelta para mirarlo con cara aburrida—. Y tampoco me emborracho vaya a saber con qué dinero.

Él se estuvo con las manos en los riñones, de pie, mirándome a su vez pensativo, y seguía diciéndome cosas desagradables, pero cualquiera se daba cuenta de que estaba pensando en la mujer y que no me insultaba de corazón, sino para hacer algo mientras pensaba, algo que evitara que yo me diera cuenta de que estaba pensando en aquella mujer. Volvió hacia mí, se agachó y se alzó en seguida con la botella de cerveza y se fue tomando lo que quedaba sin apurarse, con la boca fija al gollete, hasta vaciarla. Dio otros pasos por el escenario y se sentó nuevamente, con la botella entre los pies y cubriéndola con las manos.

Pero yo le hablé y me estuvo diciendo —dijo—: "Quería saber qué era todo esto. Porque no sé si usted comprende que no se trata sólo de meterse la plata en el bolsillo. Yo le pregunté qué era esto que íbamos a representar y entonces supe que estaba loca. ¿Le interesa saber? Todo es un sueño que tuvo, ¿entiende? Pero la mayor locura está en que ella dice que ese sueño no tiene ningún significado para ella, que

435

no conoce al hombre que estaba sentado con la tricota azul, ni a la mujer de la jarra, ni vivió tampoco en una calle parecida a este ridículo mamarracho que hizo usted. ¿Y por qué, entonces? Dice que mientras dormía y soñaba eso era feliz, pero no es feliz la palabra, sino otra clase de cosa. Así que quiere verlo todo nuevamente. Y aunque es una locura, tiene su cosa razonable. Y también me gusta que no haya ninguna vulgaridad de amor en todo esto".

Cuando nos fuimos a acostar, a cada momento se entreparaba en la calle —había un cielo azul y mucho calor— para agarrarme de los hombros y las solapas y preguntarme si yo entendía, no sé qué cosa, algo que él no debía entender tampoco muy bien, porque nunca acababa de explicarlo.

La mujer llegó al teatro a las diez en punto y traía el mismo traje negro de la otra noche, con la cadena y el reloj, lo que me pareció mal para aquella calle de barrio pobre que había en escena y para tirarse en el cordón de la acera mientras Blanes le acariciaba el pelo. Pero tanto daba: el teatro estaba vacío; no estaba en la platea más que Blanes, siempre borracho, fumando, vestido con una tricota azul y una gorra gris doblada sobre una oreja. Había venido temprano acompañado de una muchacha, que era quien tenía que asomar en la puerta de al lado de la verdulería a darle su jarrita de cerveza; una muchacha que no encajaba, ella tampoco, en el tipo del personaje, el tipo que me imaginaba yo, claro, porque sepa el diablo cómo era en realidad; una triste y flaca muchacha, mal vestida y pintada, que Blanes se había traído de cualquier cafetín, sacándola de andar en la calle por una noche y empleando un cuento absurdo para traerla, era indudable, porque ella se puso a andar con aires de primera actriz y, al verla estirar el brazo con la jarrita de cerveza, daban ganas de llorar o de echarla a empujones. La otra, la loca, vestida de negro, en cuanto llegó, se estuvo un rato mirando el escenario con las manos juntas frente al cuerpo y me pareció que era enormemente alta, mucho más alta y flaca de lo que yo había creído hasta entonces. Después, sin decir palabra a nadie, teniendo siempre, aunque más débil, aquella sonrisa de enfermo que me erizaba los nervios, cruzó la escena y se escondió detrás del bastidor por donde debía salir. La había seguido con los ojos, no sé por qué, mi mirada tomó exactamente la forma de su cuerpo alargado vestido de negro y apretada a él, ciñéndolo, lo acompañó hasta que el borde del telón separó la mirada del cuerpo.

Ahora era yo quien estaba en el centro del escenario y, como todo estaba en orden y habían pasado ya las diez, levanté los codos para avisar con una palmada a los actores. Pero fue entonces que, sin que yo me diera cuenta de lo que pasaba por completo, empecé a saber cosas y qué era aquello en que estábamos metidos, aunque nunca pude decirlo, tal como se sabe el alma de una persona y no sirven las palabras para explicarlo. Preferí llamarlos por señas y, cuando vi que Blanes y la muchacha que había traído se pusieron en movimiento para ocupar sus lugares, me escabullí detrás de los telones, donde ya estaba el hombre sentado al volante de su coche viejo que empezó a sacudirse con un ruido tolerable. Desde allí, trepado en un cajón, buscando esconderme, porque yo nada tenía que ver en el disparate que iba a comenzar, vi cómo ella salía de la puerta de la casucha, moviendo el cuerpo como una muchacha —el pelo, espeso y casi gris, suelto a la espalda, anudado sobre los omóplatos con una cinta clara—, daba unos largos pasos que eran, sin duda, de la muchacha que acababa de preparar la mesa y se asoma un momento a la calle para ver caer la tarde y estarse quieta sin pensar en nada; vi cómo se sentaba cerca del banco de Blanes y sostenía la cabeza con una mano, afirmando el codo en las rodillas, dejando descansar las yemas sobre los labios entreabiertos y la cara vuelta hacia un sitio lejano que estaba más allá de mí mismo, más allá también de la pared que yo tenía a la espalda. Vi cómo Blanes se levantaba para cruzar la calle, y lo hacía matemáticamente antes que el automóvil, que pasó echando humo con su capota alta y desapareció en seguida. Vi cómo el brazo

437

de Blanes y el de la mujer que vivía en la casa de enfrente se unían por medio de la jarrita de cerveza y cómo el hombre bebía de un trago y dejaba el recipiente en la mano de la mujer que se hundía nuevamente, lenta y sin ruido, en su portal. Vi, otra vez, al hombre de la tricota azul cruzar la calle un instante antes de que pasara un rápido automóvil de capota baja que terminó su carrera junto a mí, apagando en seguida su motor, y, mientras se desgarraba el humo azuloso de la máquina, divisé a la muchacha del cordón de la acera que bostezaba y terminaba por echarse a lo largo en las baldosas, la cabeza sobre un brazo que escondía el pelo, y una pierna encogida. El hombre de la tricota y la gorra se inclinó entonces y acarició la cabeza de la muchacha, comenzó a acariciarla y la mano iba y venía, se enredaba en el pelo, estiraba la palma por la frente, apretaba la cinta clara del peinado, volvía a repetir sus caricias.

Bajé del banco, suspirando, más tranquilo, y avancé en puntas de pie por el escenario. El hombre del automóvil me siguió sonriendo intimidado, y la muchacha flaca que se había traído Blanes volvió a salir de su zaguán para unirse a nosotros. Me hizo una pregunta, una pregunta corta, una sola palabra sobre aquello, y yo contesté sin dejar de mirar a Blanes y a la mujer echada; la mano de Blanes, que seguía acariciando la frente y la cabellera desparramada de la mujer, sin cansarse, sin darse cuenta de que la escena había concluido y que aquella última cosa, la caricia en el pelo de la mujer, no podía continuar siempre. Con el cuerpo inclinado, Blanes acariciaba la cabeza de la mujer, alargaba el brazo para recorrer con los dedos la extensión de la cabellera gris desde la frente hasta los bordes que se abrían sobre el hombro y la espalda de la mujer acostada en el piso. El hombre del automóvil seguía sonriendo, tosió y escupió a un lado. La muchacha que había dado el jarro de cerveza a Blanes empezó a caminar hacia el sitio donde estaban la mujer y el hombre inclinado, acariciándola. Entonces me di vuelta y le dije al dueño del automóvil que podía ir sacándolo, así nos íbamos temprano, y caminé junto a él, metiendo la mano en el bolsillo para darle unos pesos. Algo extraño estaba sucediendo a mi derecha, donde estaban los otros, y cuando quise pensar en eso tropecé con Blanes, que se había quitado la gorra y tenía un olor desagradable a bebida y me dio una trompada en las costillas, gritando:

—¡No se da cuenta que está muerta, pedazo de bestia!

Me quedé solo, encogido por el golpe, y mientras Blanes iba y venía por el escenario, borracho, como enloquecido, y la muchacha del jarro de cerveza y el hombre del automóvil se doblaban sobre la mujer muerta comprendí qué era aquello, qué era lo que buscaba la mujer, lo que había estado buscando Blanes borracho la noche anterior en el escenario y parecía buscar todavía, yendo y viniendo con sus prisas de loco: lo comprendí todo claramente como si fuera una de esas cosas que se aprenden para siempre desde niño y no sirven después las palabras para explicar.

COMENTARIO

"Un sueño realizado" es uno de los cuentos más originales no sólo del existencialismo sino de toda la cuentística hispanoamericana y tal vez internacional. El lector comparte la perplejidad de Langman frente al pedido raro de la mujer de ver representar su sueño y por lo tanto, terminado el cuento, tiene que volver a leerlo para comprender el desenlace y el sentido de todos los otros ingredientes.

Igual que los cuentos de Mallea, el tema es la soledad humana, pero complementada por la vejez y el fracaso de los sueños —de ahí, la ironía del título. Las caricias ansiadas por la protagonista se realizan sólo después de su muerte. Por otra parte, es posible que el sueño realizado en escena coincida con su entrega anterior a Blanes. Es decir, que la mujer sabía que iba a morir y que tenía miedo de morir sin la caricia de un prójimo, aunque fuera de un tipo aparentemente cínico como Blanes.

El cuento se enriquece con la fusión de los tres protagonistas. Blanes abandona al final su cinismo emocionándose con la muerte de la mujer por haberse identificado con ella. Langman se da cuenta de que Blanes buscaba lo mismo que buscaba la mujer y al tratarlo de loco ("sus prisas de loco"), lo empareja con ella. Como Blanes había calificado de loco a Langman por su "desmedido amor por *Hamlet*", los tres llegan a fundirse en uno. Además de la locura, Langman y Blanes representan dos aspectos del mismo hombre, el idealista y el realista, cuyos papeles se trastruecan algo al final. Esa aproximación de los dos hombres se anticipa con la oración: "Me siguió hablando, mientras iba y venía, como me había visto hacer tantas veces en el despacho". Al narrar la historia de la mujer unos 20 años después del suceso, Langman se encuentra en un asilo para gente de teatro arruinada, con una peluca rubia y una dentadura mal adaptada, lo que le da un aspecto tan trágico como el de la mujer. Blanes, aun en la época de la representación, "estaba envejecido y el cabello rubio lo tenía descolorido y escaso". Con las palabras "Y, también, W. Shakespeare", Onetti confiesa su identificación con los tres protagonistas.

El prototipo del protagonista existencialista en este cuento es Hamlet, personaje solitario, loco (fingido o verdadero) y lleno de angustia porque no puede dejar de cuestionar, reflexionar y cavilar y nunca llega a decidirse a actuar. Otros puntos de contacto con la obra de Shakespeare son: el suicidio de Ofelia, que sugiere la posibilidad de que la mujer del cuento se haya suicidado, el teatro dentro del teatro y la intensidad con que Hamlet observa a su madre y a su padrastro, que se relaciona con el uso anafórico de "vi" en la penúltima página del cuento, el cual remata el motivo recurrente de los ojos: "dilatando los ojos", "sostener los ojos", "una última mirada con un solo ojo", "mirando con ojos turbios".

La indecisión de Hamlet y el fracaso de los protagonistas

existencialistas se simbolizan por el ir y venir ya citado, que se repite dos veces en el último párrafo del cuento, el ir y venir del automóvil y el cruzar la calle y regresar de Blanes —o sea, que el protagonista existencialista no progresa; está atrapado en una especie de zanja ciega, fumando y bebiendo, sin realizar su sueño—.

Aunque Juan Carlos Onetti no haya podido realizar su sueño íntimo, esta pequeña obra maestra, igual que "Bienvenido, Bob", "El infierno tan temido" y "Jacob y el otro", lo han inmortalizado como cuentista. Dentro del plano de la literatura internacional, los críticos lo han comparado con William Faulkner, pero por su visión de mundo pesimista se parece más al francés Celine (1894-1971), al norteamericano Nathaniel West (1902-1940) y al argentino Roberto Arlt (1900-1942).

LINO NOVÁS CALVO
[1905-1983]

*Cubano. Nació en una aldea de Galicia y a los siete años
emigró a Cuba. De joven trabajó en múltiples oficios, inclusive chofer de alquiler por varios años. En 1926 fue a Nueva York.
De vuelta a Cuba, se dedicó al periodismo. En 1930 fue a
España y visitó también Francia y Alemania. Presenció la Guerra Civil de España como corresponsal. Redactor por muchos
años de la revista* Bohemia. *Traductor de Aldous Huxley, D. H.
Lawrence y Faulkner. Profesor de francés en la Escuela Normal de La Habana. Por su manejo de la técnica experimental,
ha influido mucho en los escritores cubanos más jóvenes. Publicó novelas:* El negrero *(1933),* Experimento en el barrio
chino *(1936); una novela corta:* No sé quién soy *(1945); y,
sobre todo, cuentos:* La luna nona y otros cuentos *(1942),* Un
dedo encima *(1943),* Cayo Canas *(1946) y* En los traspatios
*(1946). En agosto de 1960 salió de Cuba y enseñó literatura
hispanoamericana por varios años en la Universidad de
Syracuse en el estado de Nueva York. En 1970 publicó* Maneras de contar, *que incluye algunos de sus cuentos consagrados más nueve cuentos antirrevolucionarios. "La noche
de Ramón Yendía" fue escrito en 1933, cuando ocurrieron los
sucesos elaborados en el cuento, pero no se publicó hasta
1942, en* La luna nona y otros cuentos.

LA NOCHE DE RAMÓN YENDÍA

RAMÓN YENDÍA despertó de un sueño forzado con los músculos
doloridos. Se quedara rendido sobre el timón, todavía andan-

442

do el automóvil, rozando el borde que separaba la calle del "placer". A la izquierda se sucedían las casas: una fila de casas nuevas, simétricamente yuxtapuestas y apretadas unas contra otras. Algunas estaban todavía por terminar; otras eran habitadas por gentes nuevas, "pequeños burgueses; grandes obreros", que todavía no se sentían afirmadas en el lugar; por tanto, menos agresivas. Por instinto, o por accidente, Ramón buscó este lugar, para el descanso. Desde hacía cuatro días no iba a casa; dormía en el "carro", en distintos lugares. Una noche la pasó en la piquera misma de los *Parados*. Fuera precisamente allí donde todo se *enyerbara*. Tuvo miedo, pero se esforzó por dominarse, por demostrarse a sí mismo que podía ahora hacer frente a la cosa. No quería huir; sabía, oscuramente, que al que huye le corren atrás —salvo, desde luego, que alguien protegiera su fuga—. Estos cuatro días habían sido, cada minuto, una sentencia de muerte. La veía venir, la sentía formarse, como una nube densa, cobrar forma, salirle garfios. Ramón no podía huir, lo sabía; quizás pudiera quedarse, ocultarse, o simplemente esperar. En todo terremoto queda siempre alguien para contarlo. Es un juego terrífico; pero luego, la vida es toda ella un poco juego. La segunda noche, sin embargo, fue a parar a las afueras, junto a una valla; y la siguiente se detuvo junto a la casa de un revolucionario. Conocía a aquel hombre, aunque probablemente no fuera conocido por él. "Acaso me alquile", pensó. Si lo hacía, tal vez pudiera pasar la borrasca inadvertido. De algún modo presentía que la borrasca tenía que venir, y que pasaría. Sus "clientes" se habían ausentado ya; luego, esto se hundía.

Ramón no tenía experiencia en estas luchas. Había caído como en un remolino. Hacía tres años que era chofer, y cuatro que le había nacido la primera niña —ahora eran tres, las tres hembras, ninguna sana—. La mujer hacía cuanto le era posible. Dejaba a la menor en una cunita, amarrada con cintas, y se iba a pegar badanas al taller. Pero esto era ahora; antes no tenía siquiera taller.

Durante estos cuatro días no fue él a casa sino dos veces, y eso furtivamente. Vivían aún en aquel cuarto de Cuarteles, con puerta al patio y a la calle. Estela había suspirado por una casita suya —un bohío que fuera—. Les habían ofrecido una de madera, en un "reparto", con cien pesos en mano solamente. Los hubieran podido tener reunidos, de no ser por la enfermedad y la muerte del niño, que era el mayor, y que los dos lucharon desesperadamente por salvar. Ahora comenzaba a levantarse de nuevo. Ramón tenía un buen "carro", por el que pagaba tres pesos. También él suspiraba por un carro suyo —un Ford que fuera—. Tenía buenos clientes, trabajaba dando rueda hasta quince horas, pues además de su casa, tenía a Balbina, la mujer pródiga, con sus ocho hijitos de tres hombres. Todo era penoso. El carro bebía gasolina como agua. Era un seis en línea, pero Ramón no tenía paciencia para aguantar en la piquera. Ahora, cuatro días antes, había cambiado de carro y de garaje. Era un hombre nervioso, de grandes ojos castaños, que captaba antes que muchos los mensajes. A veces, sin que hubiera ninguna manifestación exterior, veía venir las cosas. Los choferes reían; lo hacían espiritista.

El día 6 por la noche fue a guardar temprano, y al otro día no volvió por aquel garaje. El día 8 se fue al de Palanca y sacó un carro más nuevo. Ya no había en la calle ninguno de sus "marchantes" habituales; sin duda también ellos se habían olido la tolvanera. Hacía más de un año que le alquilaban, todos los días. Buena gente, después de todo, al menos para él. Hablaban con calor humano y familiar en la voz, y parecían creer en lo que hacían. No eran cazadores; su misión era informar, y nada más. Y Ramón, también, les había ayudado; él les había prestado sus servicios.

Esta mañana del 12 el *mensaje* se le hizo apremiante; lo recibió como un sueño doloroso. Hasta las tres de la mañana había estado dando rueda o parado en "academias" o cabarets. No había sido un mal día; en esto, apenas se notaba nada insólito. Antes de retirarse, detuvo el carro junto a un farol, cerca del Capitolio, y pasó balance: había seis pesos y centavos. En ese momento pasó un individuo a su lado y lo miró detenidamente; era un joven, con aire de estudiante y llevaba una mano en el bolsillo del saco. Ramón pensó en ir a su casa, a llevar el dinero; dio un rodeo y se paró en la calle paralela, y caminó hasta allí; se acercó por la transversal, cruzó por el patio y entró sigilosamente. Hizo funcionar su lámpara de pila (se la había regalado uno de sus clientes, y era una prenda excelente), como un ladrón o como un policía, más bien que como un perseguido. Nada le daba a entender todavía que él fuese un perseguido; lo presentía, simplemente. No se atrevió a encender la luz, porque la luz revela el blanco, y él entraba allí a escondidas. Enfocó la lámpara sobre las camas; dos de las niñas, las jimaguas, dormían, con las caritas juntas, en una colombina; estaban desnuditas, sobre la sábana, y tenían las manos abiertas en torno a los hombros. En la otra colombina dormían Estela y la menor; la tercera colombina era la suya y estaba vacía. Nadie se despertó. Estela tenía puesta una camisa de dormir, y las manos, palma hacia arriba, a ambos lados de la cara. A pesar de los trabajos pasados, era aún bella; era joven, tenía la nariz fina, los ojos grandes, el pelo copioso, la barbilla saliente, los labios gruesos y la boca grande y golosa; Ramón adivinó su fuerte fila de dientes, algo "botados"; sus ojos despiertos color de miel; su mirada avispada. La contempló un instante; luego puso el dinero sobre la mesa (allí estaba, esperándolo, la comida) y salió. No había nadie en torno al automóvil; todo parecía normal; pasaban demasiados automóviles y a demasiada velocidad; había luces encendidas en varias casas: eso era todo —¡bastante!—.

De retirada pasó frente a la estación central de policía. Se advertía una agitación interior inusitada; le pareció que la pareja de guardias había hecho, al sentir su auto, un movimiento nervioso con las armas. Él dobló por la primera calle a la derecha, sin pensar en si era o no dirección contraria.

En la siguiente esquina se detuvo, dudando hacia dónde dirigirse; pero su pensamiento se había remontado varios años atrás, y viejas imágenes se reprodujeron ante sus ojos, como evocadas por un proyector de cine. Por aquella fecha había prendido en él una especie de fiebre revolucionaria; no sabía exactamente por qué; nunca había podido someter sus emociones a un examen frío y analítico. Quizás se hubiese contagiado, simplemente. No solía leer gran cosa, y no pertenecía a ningún grupo donde se le hubiesen inculcado principios o aclarado posiciones propias. Había llegado del campo doce años antes, con todos sus hermanos, después que su padre, perdidos sus ahorros en la quiebra bancaria, se había ido, manigua adentro, con la cabeza echada hacia atrás, rígido como un cadáver. (Nadie lo había visto jamás desde entonces.) El contagio le vino sin aviso; estaba en el aire. Todavía no había tenido ninguna de las niñas y el niño crecía fuerte y bello, a Ramón no le iba mal en la calle; tenía suerte para los clientes fijos, quizás porque tenía buen pulso al timón, y sabía correr, y a la vez, sabía ir despacio.

Fue así la cosa. Casi a diario le alquilaban tres o cuatro jóvenes a veces juntos, otras separados. Él no sabía aún quiénes eran; sabía tan sólo que eran revolucionarios y que manejaban alguna plata. Ser revolucionario era un mérito; la palabra resonaba a gesta nacional de independencia; la había oído desde niño, a los de arriba y a los de abajo; era moneda nacional de buena ley. Luego, estaba bien. En casa había un poco de luz; los clientes le tomaron cariño; les inspiró confianza; hablaban con él y, gradualmente, su tono, sus frases, su entusiasmo lo impregnaron. Hablaba ya como ellos en la piquera, en el garaje casi todo el mundo empezaba a hablar así, aún no parecía haber en ello mucho peligro. Se hablaba en voz alta, y se hacían visitas rápidas, a veces, a la alta noche. En ocasiones, él mismo servía de enlace, con su máquina, sin nadie dentro, le pagaban regularmente; no le pagaban mal. Al fin, Ramón era uno de ellos.

Cambió entonces la marea. Justino, el niño, se enfermó.

Estela estaba encinta, y también algo alterada. Vinieron las jimaguas, la penuria, y —¿quién sabe?— la duda. Ramón podía encenderse, emocionarse; creer con firmeza, no. Vio entonces que ser revolucionario no era tan llano. Una noche como ésta, a principios de agosto, de sobre mañana le alquilaron dos hombres. Al instante notó que había algo anormal. Podrían ser "expertos"; otras veces le habían alquilado así, y una vez dentro le habían dicho: "Vamos a la estación". Una vez en la estación descubría que estaba circulando, que había desobedecido la luz roja, que se le había ido el pie en el acelerador, u otra cosa por el estilo. Un abuso, desde luego, pero la Sociedad ponía la fianza, y a veces había un juez tan benigno que le condonaba la multa. Estos dos hombres no eran tampoco pasajeros de los que pagan; dijeron también "a la estación", pero la revelación fue distinta.

Ramón aguantó la primera. Lo pasaron a un cuarto pelado con el piso y las paredes garapiñados de cemento; le golpearon en la cara, en el estómago, en los fondillos. Lo insultaron con las frases más injustas y más soeces; le ensuciaron con palabras todo lo que más quería; le amenazaron con hacerle cosas a su mujer. Lo aguantó todo. Para su sorpresa, tras esa prueba, lo pasaron por la carpeta y el teniente lo puso en libertad. Subió entonces a su automóvil y con gran trabajo lo llevó hasta el garaje. Aquella noche no fue a su casa, pues tenía los labios rotos y echaba sangre por la boca. Podía decir que había chocado; en la misma estación le recomendaron que diera en casa esta disculpa. Gracias; no hacía falta: él no iría a su mujer con más disgustos. Sus mejores clientes andaban juidos en estos días, y apenas había podido llevar a casa dos pesetas cada día. Durmió en el garaje, y al día siguiente salió temprano. Fue a su casa y dijo a su mujer que había estado alquilado toda la noche, si bien todo se lo habían quedado a deber. Una de las niñas estaba enferma; la madre creía que era la dentición, pero él temía otra cosa; la niña lloraba constantemente, y estaba

447

como un hilo. En los días siguientes no vio a ninguno de los clientes significados, y tuvo la sensación de que había por todas partes ojos que lo vigilaban. En el término del día y la noche le pusieron dos multas, y al día siguiente tres multas. El cuarto día lo volvieron a llevar a la estación, repitiendo la prueba, más dura aún que la anterior. Entonces lo dejaron ir de nuevo y le echaron de "diplomático" a otro chofer que él conocía; un tipo resbaloso, que él veía trabajando siempre de noche, *boteando* por los hoteles y los cabarets, o parado en las piqueras. Éste comenzó la carga con vaselina; poco a poco, lo fue impresionando, con la idea de que los políticos sólo trabajan para sí, para ser ellos los mandones. Le hizo varios cuentos. Ramón veía cada vez más oscuro aquel cuarto donde vivía; más anémica y suplicante la gente que lo habitaba. Luchó consigo mismo antes de ceder, pero el otro tenía un argumento persuasivo. Le dijo que, en fin de cuentas, era asunto de políticos contra políticos. ¿No tenían "aquéllos" dinero para alquilarle? Así comenzaban todos, y al cabo se olvidaban de los que les habían servido de peldaño. No, Ramón era un imbécil si seguía así. Podía, desde luego, seguir sirviendo a sus clientes. Lo único que se le pedía era que obedeciera ciertas indicaciones de él, y le diera ciertos informes.

Tal fuera el cómo y el porqué. Se vio acosado y cedió; se le perdonaba todo, y se le ayudaría. Fue entonces cuando Estela, al tiempo que luchaba por salvar a las niñas, soñaba con la casita de madera, y él con el carro propio. El médico dijo que las niñas necesitaban alimento y aire libre. Lo de todos; no hay un hijo de obrero que no necesite eso; las suyas acaso llegaran a tenerlo. Ramón era un hombre humano, después de todo; no se movía, como otros, por esas venas frías que, de vez en cuando, laten en el alma de las gentes. Cedió entonces, por los suyos, por sí mismo. ¿Qué hacer, si no? ¿Dejarse prender, estropear, dejar morir a Estela y a las niñas? Luego se lo preguntaba a sí mismo, justificándose. Sabía que estaba procediendo mal; esto le remordía, y necesitaba hacer un enorme esfuerzo y desdoblamiento de su voluntad. Para calmarse, apelaba siempre a sus fines: quizás hiciera mal, pero lo hacía por bien. ¿Sería mejor haberse negado, haberse dejado aniquilar?

Sufrió mucho, desde entonces. Adelgazó, se tornó más nervioso y sombrío, cada vez necesitaba más fuerza de voluntad para ocultar a su mujer el drama que lo roía por dentro. Sabía que varios de los que él había delatado penaban en presidio, que acaso alguno hubiese sido asesinado. Ante esto, sólo le aliviaba el pensamiento de que, después de todo, ninguno era tan pobre como él; todos tenían por lo menos familiares y amigos que podían algo y no los abandonarían. A él, en cambio, nadie le echaría una mano. Tenía que depender solamente de sí mismo. Si un día no podía llevar las tres pesetas a casa, los suyos no comerían; si un día no pagaba la cuenta, le quitaban el carro; si se enfermaba, ni siquiera le darían entrada en el hospital. Luego, era justo y humano defenderse, a costa de quien fuese. Constantemente necesitaba echar mano de estos argumentos para acallar su alma, pero dentro de sí llevaba a la vez la acusación que lo torturaba y perseguía. Cada nuevo día sentía más cargado su ánimo. Presentía que un día u otro algo tendría que estallar. La atmósfera se cargaba; sus mejores clientes habían comenzado a desconfiar de él. Temía incluso, una agresión, y esto le obligó a ir armado y a sentirse en lucha. Llevaba siempre el Colt al alcance de la mano; su contacto parecía tener un efecto sedante sobre sus nervios.

Finalmente, los mismos que lo dirigían —el otro chofer, dos o tres secretas— parecieron abandonarlo. Tenían demasiado consigo mismo y, por otro lado, ya les servía de poco. Se le habían cerrado todas las puertas entre los revolucionarios; se sentía inmovilizado, sin poder avanzar ni retroceder. Esta tensión duró algunos meses, no podría sobrellevarla por mucho tiempo. Cuando vio venir la furia, cuando la vio desatarse y comenzar a cundir, sintió una especie de alivio. "Salgamos de esto", se dijo, y esperó.

Pero este alivio, producido por el cambio de postura, dio pronto paso a una nueva angustia. Se sentía rodeado, copado, bloqueado; sabía que en alguna parte y a alguna hora, ojos que acaso no hubiese visto lo buscaban; o acaso esperaran tan sólo la ocasión más propicia que se acercaba. Y entonces, la situación sería la misma, aunque al revés, que cuando lo habían llevado por primera vez a la estación —sólo que ahora todo cobraría una forma más violenta y decisiva—. Ahora era un acabar, y nada más. Si estaba descubierto —y él creía que lo estaba— y si "los nuevos" ganaban —y él sabía que estaban ganando—, entonces, no había salida. Sólo quedaba una cosa: agacharse y esperar; y otra: saltar y defenderse.

Las dos eran malas. Ahora, mientras esperaba conciliar una decisión sobre dónde debía ir, pensó si no habría un tercer camino. Tenía imaginación, pero le faltaba fe para creer en la posibilidad de sus propias imágenes. Sin embargo, ahora era cuestión de probar algo. A Estela no le harían nada: ella no tenía la culpa; lo más que podía pasarle era padecer todavía más miserias; se le morirían las niñas, ella misma, quién sabe… Pero si él se salvaba, algún día volvería por ella. ¿Podía salvarse?

Pensó que sí. Puso el automóvil en marcha y lo dejó ir lentamente, no sabía exactamente a dónde. Pensó que lo llevaría al garaje y que de allí se iría a pie o como pudiera al campo. En Nuevitas había aún gente que lo recordara, o que recordara a su padre. Podían darle amparo, esconderlo y esperar. Ahora bien —se le ocurrió de pronto—, este levantamiento sería general, y meterse en un pueblo era ponerse aún más a descubierto, y en aquel pueblo no les querían bien. Sólo tenían dos o tres familias amigas, tan pobres como ellos. Aquí, en La Habana, por lo menos había mucha gente, muchas casas. Mudaría de garaje nuevamente. ¡Si pudiera mudar de casa! Con esta idea se fue en busca de aquella fila de casas, frente al "placer", donde estaban fabricando, pero de pronto le había sobrevenido una terrible fatiga, y estaba dormido antes de que el auto se detuviera completamente.

450

Y ahora, despertaba en esta mañana de agosto en que todo había estallado ya. Ramón se dio cuenta de que ya no había nada que hacer.

Dos hombres entraban, revólver al cinto, en una de estas casas donde no parecía haber nadie. En ese momento, otro asomó a una de las ventanas, todavía sin ventana; los de abajo le hicieron una seña de complicidad, y el de arriba bajó corriendo, también armado. Ramón se había apeado y fingía estar arreglando el motor, con la cabeza hundida bajo el "capot". No conocía a ninguno de aquéllos, pero ellos podían conocerlo a él. Los tres siguieron, sin embargo, a paso ligero, calle arriba, con porte vencedor. En situación normal no se hubieran atrevido a ir así porque Ramón estaba seguro de que éstos eran revolucionarios y de que iban en busca de alguien. No eran obreros como él; vestían bien (aunque ahora iban sin saco) y lucían bien nutridos. La lucha era entre ellos, entre los de arriba. ¿Por qué tenían que haberlo comprometido a él, primero los de un bando y luego los del otro? Sin embargo, así era; inútil ya evadirse. Primero lo hubieran aniquilado *los viejos;* ahora, lo rematarían *los nuevos.* ¿O no? Tal vez. Todavía llamaba en él una esperanza, aunque no sabía en qué fundamentarla. Por de pronto, resolvió no separarse del automóvil. No iría a guardar. Tenía aún dinero para ocho galones de gasolina. Por de pronto se le ocurrió ir a explorar las salidas de la ciudad; pero al entrar en la calzada notó, de lejos, que había una especie de guardia de control en Aguadulce. Dobló por la primera esquina y se sumergió de nuevo en plena ciudad.

La vida se había desatado. La huelga se había roto. Las calles estaban llenas de gente a pie. Pasaban automóviles llenos de civiles y soldados. Gritaban, vitoreaban, voceaban, saltaban, esgrimían armas. Ramón quitó el "alquila", pero fue inútil. En seguida se le metieron en el automóvil cuatro hombres de aspecto respetable. Salían de una casa de la calle San Joaquín, y le ordenaron que los llevara al Cerro. En Tejas había un remolino de gente; un hombre forcejeaba por desprenderse de los que lo aprehendían, y éstos eran azuzados por los espectadores. Había hombres y mujeres. Ramón aprovechó un claro para seguir delante, pero alguien puso la mirada en el interior de su coche. Un grupo se lanzó en su persecución, disparando; una de las balas entró por la ventana posterior del fuelle y salió a través del parabrisas. Ramón se detuvo; sus pasajeros se tiraron del auto, y emprendieron una carrera loca, por las calles laterales, perseguidos por varios jóvenes; entre éstos, algunos eran casi niños (uno, no mayor de quince años), pero llevaban grandes revólveres y disparaban hacia adelante. Ramón esperó arrimado a la acera, pensando: "ahora vienen por mí", pero nadie pareció pensar en él. Algunos espectadores excitados llegaron hasta él, preguntándole dónde le habían alquilado. Ramón dijo la verdad, y el grupo se disolvió, yendo en dirección a la calle San Joaquín. Ramón había dado el número de la casa de donde habían salido los pasajeros, pero acaso no viviesen allí; lo más probable era que se hubiesen escondido de noche en una de aquellas escaleras. ¡Quién sabe lo que ocurriría ahora a los que habitaban allí! Todo el mundo llevaba armas a la vista, y buscaban a alguien contra quién hacerlas funcionar.

Ramón puso de nuevo el coche en marcha, y regresó por el mismo lugar. "Me sumergiré en ellos —se dijo, casi en voz alta—; haré que me crean de los suyos; esto les despistará." Después de todo había sido de los suyos. Pero en seguida le entraron dudas en cuanto a su sangre fría. Se miró en el espejo del parabrisas, y se encontró demudado, barbudo, como un fugitivo. Solamente aquella cara bastaba, en casos así, para hacerse sospechoso. Pero, al tiempo que pasaba Cuatrocaminos, vio otro grupo de hombres corriendo, con armas en las manos, y algunos de ellos iban tan barbudos y descompuestos como él. Sin duda eran hombres que habían estado escondidos en los últimos meses, o que habían sido libertados de presidio. Él podía parecer lo mismo; en todo caso, nadie lo tomaría por uno de los que se habían beneficiado con el régimen caído. Siguió andando, y algunas cuadras más adelante, otro molote perseguía frenéticamente a un hombre solitario, que se precipitaba, furiosamente, en zigzag, al tiempo que arrojaba puñados de billetes a sus perseguidores. Éstos pasaban por encima de los billetes sin recogerlos, disparando. Ramón se detuvo, interesado, a ver el final. Por fin, el hombre, que ya venía herido y dejaba tras de sí un reguero de sangre, cayó de bruces, a poca distancia del lugar donde Ramón había detenido su carro. Uno de los perseguidores, al verlo caído, se dirigió a Ramón revólver en mano, y lo conminó a que le diera una lata de gasolina. Ramón obedeció, sacándola del tanque con una goma, el otro cogió la lata y roció al caído, que todavía se retorcía, al tiempo que algún otro le prendía fuego. Ramón volvió la espalda.

Las calles estaban llenas de gentes, civiles y soldados. Ramón puso de nuevo su carro en marcha; unos metros más allá se le llenó de jóvenes armados que lo tuvieron varias horas dando vueltas, sin un propósito aparente. A veces se apeaban, hacían entrada en una casa y volvían a salir. Pasando junto al garaje a que pertenecía su carro, notó que había sido allanado. Se detuvo y pidió que le llenaran el tanque de gasolina; viéndole alquilado por jóvenes armados, el que estaba al cuidado del surtidor hizo lo que se le pedía; Ramón siguió con sus "pasajeros" sin ocuparse de pagar. Al cabo de una hora más, los jóvenes lo mandaron parar frente a una fonda, y lo invitaron a comer.

Era más de mediodía. Ramón se sentó a la mesa con aquellos desconocidos. Le sorprendió que ninguno de ellos se ocupara de hacerle ninguna pregunta; aparentemente, daban por supuesto que era de los suyos, que no podía ser otra cosa él, un simple chofer de alquiler. Mientras comían aquellos jóvenes hablaban en un tono sibilino y con intensa excitación. Comieron apresuradamente y salieron a la calle, olvidándose aparentemente de él. En vez de tomar de nuevo el auto, siguieron acera abajo, y a poco se perdieron entre el gentío, que invadía esta zona más densamente que ninguna otra.

Se hallaba en el corazón mismo de la ciudad. Ramón subió al pescante y se quedó un rato allí, pensando qué decisión tomar. Se sentía fatigado; hacía tanto tiempo que no comía, que el estómago parecía ya desacostumbrado. Sin embargo, la fatiga no conseguía dominar su zozobra interior. Ahora tenía plena conciencia de hallarse en un mundo al que no pertenecía, en el cual posiblemente no hubiera lugar para él. Las relaciones que se adquirieran en este momento no tenían valor; nadie conocería a uno con el cual hubiese cometido un asesinato horas antes, si con él no tenía relaciones anteriores. Estos jóvenes que le habían alquilado lo desconocerían unas horas después. Todo el mundo parecía andar mirando demasiado alto o demasiado bajo; nadie al nivel natural. Sin embargo —llegó a pensar—, esto podía tener una ventaja; la gente parecía poseída de una euforia mística y frenética que tal vez le impidiera controlar las cosas.

De este sueño despierto salió Ramón al ver que un hombre lo miraba insistentemente desde la acera de enfrente. Aquel hombre lo observaba con una mirada fría y atenta cuyo significado no podía descifrar. Pero estaba seguro de que había intención en ella. Hizo un esfuerzo por dominar la inquietud. Se apeó, y con toda calma y la soltura posible fingió examinar algo en el motor. Montó de nuevo, pisó el arranque sin abrir la gasolina, como dando a entender que no funcionaba bien (como si toda su preocupación estuviera en esto) y luego arrancó, dando tirones. El hombre sacó un papel del bolsillo y apuntó el número de la chapa. Quizás no estuviese seguro. Ramón podía ser para él una de esas imágenes que no nos gustan, pero que no recordamos, de momento, exactamente dónde nos hemos encontrado con ellas. De lo contrario, hubiera procedido allí mismo. Ramón estaba seguro. Contaba de antemano con que en alguna parte, y por personas que desconocía, se había decidido, al menos mentalmente, su suerte. Escapar fuera de este remolino le parecía totalmente imposible; ni siquiera se atrevía ya a intentarlo, pues ello daría lugar a sospechas. Si alguna salvación había, estaba en el centro mismo de la vorágine.

Las calles estaban por aquí intransitables. La ciudad entera se había volcado a ellas. Ramón dobló por una calle transversal, y al llegar a la esquina de Prado se detuvo. Le pareció que éste era un buen sitio para no parecer sospechoso. Para que no le alquilaran desinfló una goma, y montó aquella rueda sobre un gato. Además, abrió la cajuela de las herramientas y comenzó a hurgar en el motor. Le sacó la tapa, desmontó el carburador, desmontó una válvula. Luego desmontó las otras válvulas y comenzó a esmerilarlas. Notó que traían mucho carbón, y cuando le tocó su turno descubrió que el carburador estaba sucio y casi obstruido. No en balde daba tirones y cancaneaba. Este trabajo aplacaba un tanto sus nervios. No miraba para nadie ni para nada fuera de su carro, y esto contribuía también a que nadie se fijara en él. Se había quitado el saco. Como puesto allí a propósito, descubrió que en la capa posterior había un *overall* viejo de mecánico. Se lo puso, y se tiznó la cara con grasa. Entonces se subió al pescante, pisando el arranque, pero mirándose al espejo al mismo tiempo. Pensó que difícilmente lo conocerían en aquella facha, salvo que lo miraran muy de cerca y con intención. Sin embargo, su cara tenía algunos rasgos difíciles de olvidar. Tenía los ojos grandes, pardos y un poco prendidos a los lados; tenía una pequeña cicatriz sobre uno de sus grandes pómulos; y los labios describían una línea curiosa, que lo hacían siempre a punto de sonreírse con una sonrisa amarga. *Risita-de-conejo,* le pusieron en un garaje. En conjunto, sus rasgos se pegaban de un modo persistente. Nunca se le había ocurrido pensar en que esto tuviera importancia.

Se apeó del pescante y siguió trabajando. Ahora sacó el acumulador, le limpió los bornes, lo volvió a su lugar. Cuando hubo terminado de montar todo lo desmontado, era ya bastante más de media tarde. Este tiempo se le había ido menos penosamente que ningún otro desde que comenzara la huelga. Este trabajo le había aliviado, y el carro funcionaba también con más soltura que nunca. Ramón le había revisado las cuatro cámaras, comprobando que estaban nuevas. Tenía aceite y gasolina. Antes de ponerlo en marcha sacó el revólver de la bolsa de la puerta delantera y lo examinó; era un Colt nuevo; con él tenía una caja de balas. Le quitó las del tambor y lo martilló seis veces verificando que funcionaba bien. Cuando lo hubo vuelto a cerrar, descubrió que dos o tres muchachos le estaban observando, con mirada codiciosa. Cualquiera de ellos hubiera dado cuanto poseía por un arma así. Para ellos, estos revolucionarios eran hoy los seres más felices del mundo. Y Ramón —pensarían— era uno de ellos.

El automóvil se puso nuevamente en marcha. Sin saber cómo, minutos después se encontró Ramón a una cuadra de su casa. Se detuvo. Sintió un impulso irresistible de volver allí, a hacerles una breve visita; pero en aquel momento vio venir un gran gentío por la calle transversal. Traían trofeos en alto, daban vivas y mueras. Los trofeos eran pedazos de cortinas, adornos de camas, retratos, un auricular de teléfono, jarrones... Ramón no tuvo tiempo de mirar más. Se metió en la primera bodega y volvió la espalda a la multitud. Cuando hubieron pasado levantó de nuevo el capot del automóvil, y a uno de los niños que se acercaron a mirar, le dijo: "Ve al número doce de esa calle y dile a cualquiera que esté allí que venga un momento". El niño desapareció rápidamente, contento de que se fijaran en él; volvió a los dos minutos, diciendo que no había nadie en casa. "Habrán ido a casa de Balbina —pensó Ramón—; Estela se debe de haber dado cuenta." Como pensar: "Estela sabe que soy hombre muerto, y ha ido a consultar con Balbina, sobre lo que hará, para que las niñas no se le mueran".

De nuevo puso en marcha el automóvil. Siguió, sin propósito, por la misma calle hasta desembocar en la Avenida de las Misiones, y de allí dobló hacia el mar; pero en seguida dio vuelta, temiendo alejarse del centro. Le parecía que tan pronto se viera en un lugar desolado, lo atacarían, y no habría siquiera un testigo que lo contara. ¿Servían todavía los testigos? Desde luego que no; pero Ramón no quería morir, ser asesinado, sin que al menos alguien pudiera dar fe. No importa si no podían socorrerlo; por lo menos, el acto quedaría grabado en sus ojos, en su memoria, y serviría de algún modo como acusación. "Ningún crimen conocido queda por castigar", dijera una vez, en su casa, un loco pariente de su mujer. No estaría tan loco, cuando decía cosas tan profundas.

Se ponía el sol cuando volvió a encontrarse en el centro de la ciudad, andando despacio. Parques y paseos estaban inundados de gente, que gritaba y corría excitada; oficiales y soldados se mezclaban en una tremenda exaltación de triunfo. Todos los automóviles estaban en movimiento; gentes y vehículos se movían en remolinos, de los cuales sólo se advertían impulsos ciertos de venganza. Sonaban tiros, pero altos; y todo el mundo andaba con los ojos encendidos, inyectados, a caza de algo. Era esto lo que más le angustiaba: todo el mundo tenía, en sus ojos, una intención de caza. El menor motivo, la menor justificación, hubieran bastado para hacer salir aquella cólera que él veía asomada a todos los ojos. Al caer la noche, los movimientos de masas humanas parecieron adquirir un nuevo propósito, en direcciones ciertas. Se veían grupos que marchaban con paso unánime y decidido, y cruzaban entre los demás, amorfos y blandos, como escuadras de hierro. En seguida vio Ramón que, en medio de la excitación y exaltación general, eran estos grupos de compañeros los que realmente tenían una automisión de ejecutar algo.

Muchas veces se había preguntado en los últimos días qué habría sido de Servando, el chofer que lo había iniciado a él en la traición. Había dejado de ir a la piquera; había dejado su auto en el garaje (era propiedad suya), y nada sabía de él. Ahora se hallaba Ramón parado justamente en la misma piquera que el otro solía ocupar; rodando al azar, había venido a parar aquí sin saber cómo ni por qué. Pocas veces solía detenerse en este lugar. Un carretón asomó entonces por la calle del tranvía; venía cargado, aparentemente, de sacos de azúcar; lo conducía un carrero solo, con un par de mulas viejas y amatadas. En el momento que cruzaba frente a la piquera, salió de un portal un grupo de ocho o diez jóvenes, que se dirigieron al carrero y le hicieron parar las mulas. Seguidamente comenzaron a echar sacos al suelo, y cuando habían descargado una buena cantidad, saltaron de debajo tres hombres. Los tres se tiraron a la calle y se precipitaron ciegamente en dirección al Prado. Uno de ellos consiguió llegar hasta el primer molote de gente y desaparecer; otro dobló por la siguiente calle, perseguido de cerca por algunos de los jóvenes, que le disparaban a quemarropa; Ramón no tuvo tiempo de ver el fin. El tercero cayó allí mismo. Apenas había saltado sobre la acera, iniciando el impulso hacia el portal, cuando se enderezó súbitamente, giró sobre los talones, y se desplomó. Ramón asomó la cabeza por la ventanilla, y pudo ver la cara del hombre al tiempo que, al girar, se volvía sobre el hombro, en una mueca de espanto. Era Servando.

Por entonces se había hecho completamente de noche. El gentío comenzó a despejarse, quedando sólo aquellos que parecían ir a alguna parte. Ramón distinguía perfectamente entre éstos, dos grupos o clases de gente: los que iban a alguna parte; los que no parecían tener a dónde ir. Estos últimos se recogieron temprano, dejando las calles libres a los otros. "Ahora sólo quedamos ellos y nosotros", pensó Ramón. Todavía siguió un rato en la piquera. Era el único allí; ahora no se atrevía ya a moverse, pues el centro de la ciudad estaba abierto, y las calles tenían portales oscuros y esquinas aviesas. Su suerte estaba echada, pensó. Servando había caído primero: le correspondía. Él tenía el mismo delito; estas gentes enfurecidas no estaban ahora para disquisiciones; no preguntarían si los motivos habían sido éstos o los otros; sólo preguntarían si él era Ramón Yendía. Pronto empezarían a aparecer los fantasmas de sus vendidos.

Pensando esto, advirtió que un peatón solitario se detenía en la esquina y miraba de reojo hacia él. Habían retirado ya el cadáver de Servando, y no había agitación por este lugar. El peatón atravesó la calle, en sesgo, pasando a su auto y mirando de lado. Al subir a la acera de enfrente le dio en la cara una luz que manaba del interior de aquel edificio, donde unos obreros empujaban unas bobinas de papel. Instantáneamente reconoció Ramón la cara de aquel hombre; era justamente uno de sus primeros marchantes (de los menores); había sido uno de los primeros en desaparecer, cuando Ramón comenzó a informar a la policía. Mala suerte, sin duda. Ahora era el primero en reaparecer. Detrás vendrían los otros que aún quedaran con vida. Lo cercarían; acaso estuvieran ya montando guardia en todas las bocacalles por donde tuviera que salir, dispuestos a cazarlo; lo tenían allí; lo dejaban estar, como a un cimarrón emboscado, al que se han cortado todos los caminos; pronto le lanzarían los perros.

¿Qué perros? Éste que pasó mirándolo era uno de ellos; estaba seguro. Minutos después, vino otro —desconocido éste— que le miró también con insistencia. Ramón comprendió ahora que los ejecutores estaban allí, y que la *plaza* estaba comprendida en aquel cuadrado formado por dos manzanas. Imaginativamente vio a los que lo esperaban apostados, armas al brazo, en las seis esquinas. ¿Por qué no venían ya por él?

Esta idea fue como un golpe de espuela en sus nervios. No se quedaría allí, no se dejaría matar pasivamente, encogido en el pescante. Correría, lucharía, por lo menos, con las fuerzas que le restaran. ¿Quién sabe? La vida está llena de imprevistos, y el que pelea llama a la suerte.

Con esta decisión pisó el arranque y arrancó en segunda. Salió a buena velocidad por la primera calle, concentrado solamente en la conducción. El ruido del motor, la velocidad *en crescendo*, le dio un alivio total y repentino. Instantáneamente dejó de pensar con angustia, para sentir con acción. Desapareció el peligro, la tortura, la previsión y sólo existía una cosa: aquella decisión de cruzar por entre sus enemigos y vencer. Al acercarse a la bocacalle donde suponía que lo esperaban, alargó la mano y, guiando con la otra, levantó el revólver al nivel de la ventanilla. Para su sorpresa, nadie lo molestó; nadie parecía esperarlo. Siguió adelante algunos metros, por la calle ancha del tranvía, y entonces moderó la velocidad. Había poca gente por las aceras, y los que pasaban no parecían reparar en él. Nadie pensaba que un condenado a muerte pudiera andar ahora, suelto, por la ciudad, manejando un automóvil. Quizás ni sus probables ejecutores. Sin embargo, aquellos tipos lo habían mirado significativamente, y uno de ellos —no había duda— era de los que tenían algo contra él. ¿Por qué no lo había atacado allí mismo? Tal vez porque no era de los que ejecutan; probablemente no estaría hecho de esa materia. Hay hombres que, no importa lo que sientan, son incapaces de hacerlo. Algunos, ni siquiera de ordenarlo. Éste habría ido a dar el aviso; y el otro probablemente no tendría nada que ver con Ramón.

Había detenido el auto justamente delante de uno de los faroles que alumbraban el parque. Alzando la vista hacia un letrero luminoso, tropezó con un reloj; el tiempo se había ido con demasiada velocidad; sumido en su drama, no lo había sentido pasar: eran ya las nueve. Ahora sí no quedaban ya en la calle sino los que tenían algo que hacer. Se veía en su porte y en su paso; pero ninguno le prestaba a él una atención especial, aunque le parecía que todos ocultaban alguna desconfianza, o bien que se les hacía excesivamente visible. Su carro era el más visible de cuantos rodaban entonces por la ciudad. Pensó que, si lo tenía parado, se haría más de notar.

Comenzó entonces una marcha lenta y penosa. Le pareció a Ramón que estas horas eran las últimas de su vida, y que muy pronto —quizás antes del día— todo lo que veía con sus ojos y oía con sus oídos habría desaparecido, se habría disuelto en un vacío de eternidad. Como si nada hubiese existido jamás en el mundo; como si él mismo, Ramón Yendía, no hubiese nacido jamás; como si cuanto había amado, sufrido, gustado, no hubiese tenido jamás realidad.

Las imágenes de su vida comenzaron entonces a destilar por su mente, como por una pantalla: claras, precisas, exactas, sin prisa y sin pausa. La misma realidad presente cobraba un sentido que jamás había tenido; era una realidad de sueño, donde se ven muchas cosas a la vez, sin que por eso se interpongan o confundan. Todo —pasado, presente, gentes, cosas, sentimientos— tenía un sentido neto, transparente y seguro. Y, sin embargo, todo esto pasaba como en una procesión, sin que uno solo de sus detalles se le escapara. Las calles estaban bastante despejadas y no había policías de tránsito. Ramón manejaba como si el auto marchara solo sobre rieles, o como si flotara en el aire. Sin saber por qué, fue recorriendo todos los principales lugares que habían estado ligados a su vida. Se llegó primero a la casa donde él y sus hermanos —sus dos hermanas y sus dos hermanos— habían pasado la primera noche, en casa de Balbina. Fue luego al taller donde trabajaba ésta, y a continuación pasó por la casa donde Lenaida, su hermana mayor (¿qué sería de ella?) había vivido con el español. Después se pasó por delante de la casa del chino que se había casado con su hermana Zoila y, siguiendo hacia las afueras (se olvidaba ahora que pudiera haber guardias de control), se llegó a la casuca de madera donde había muerto la menor. En aquel mismo barrio había conocido él a Estela, primero en un baile y luego detrás de la gallera. En lugar de la terraza de bailes había ahora una fábrica, y a la puerta un sereno armado de fusil. Ramón pasó sin que le molestaran. Los mismos soldados que guardaban la salida de la ciudad le dieron paso después de cerciorarse de que no iba nadie dentro. Al volver, ni siquiera lo registraron. Volvió a pasar por los lugares conocidos, por los teatros, los cines, los cabarets, las casas secretas, todos aquellos lugares donde había llevado gente a divertirse. Nunca se le había ocurrido pensar que la vida tuviera, realmente, tantos encantos. ¿Sería por estos encantos por los que luchaban y se mataban los hombres? Sin embargo, no se conformaban con ellos; querían siempre más; querían subir, lucirse, soñar, poder, mandar, ser, regir, poseer. Querían subir unos sobre otros, por el hecho mismo, y no solamente por esas cosas; músicas, mujeres, bebidas, tiempo, lisonjas, servicios, manjares, salud —¡salud!—.

Este concepto le hizo salir repentinamente de su ensimismamiento. Su coche seguía como por sí mismo. No había interrupciones ni paradas; nadie se atravesaba en el camino; además, él llevaba cinco años manejando, y hubiera podido hacerlo un día entero, en medio del tránsito más denso y más nervioso, sin tener su atención despierta en lo que hacía; podía pasarse horas y horas pensando en otras cosas, viendo otras cosas imaginativamente y, sin embargo, respetar todas las leyes del tránsito. Ahora esto era más fácil; pero de pronto concentró todos sus sentidos en una cosa: su mujer, sus niñas. Por ellas, después de todo, había hecho lo que había hecho, y se veía ahora así. ¿Cómo se veía? Se dio cuenta de que en ese momento pasaba justamente frente a la estación central de policía, el sitio donde lo habían "persuadido" a cambiar de bando. Sin haberlo notado, había pasado a una cuadra de su casa, y subía ahora por Monserrate arriba. A la puerta había golpe de soldados y civiles; dentro se notaba mucha actividad. Frenó un poco para tomar una nueva decisión: quería volver todavía a su casa, y ver si Estela había vuelto, y cómo seguían las niñas. Dejaría el carro a cierta distancia; allí mismo, a la vuelta, frente a Palacio, era buen sitio.

Antes de que llegara a la esquina, con intención de doblar, un auto ligero pasó casi rozando su guardafango. Por la ventanilla asomó una cara; fue como un fogonazo. La cara asomó sólo un instante y apenas pudo revelarse por la luz de uno de los faroles más próximos, pero fue más que suficiente. Ramón quiso salir adelante, enganchando rápidamente la segunda, pero antes de que lo consiguiera, la otra máquina, más nueva y pronta, se le había atravesado delante. Ramón "le mandó" entonces la marcha atrás, dio un corte maestro, y partió, en dirección al mar, a toda la velocidad que daba su auto.

Y así empezó la persecución. La otra máquina, del último modelo, partió tras él con la misma furia. Otras dos máquinas nuevas y ligeras puestas repentinamente en movimiento se lanzaron en su ayuda, yendo al atajo, por otras calles, sin tener en cuenta las flechas del tránsito. Ramón había reconocido aquella cara; antes de que hubiera podido emprender la fuga, dos balas de revólver le habían pasado junto a las orejas. Cosa extraña, no sintió miedo; nunca nadie le había tirado, a dar, tan cerca; sin embargo, no fue miedo lo que sintió. Y ni siquiera se sintió oprimido. De un golpe, aquel encuentro había hecho desaparecer la terrible angustia que lo envolvía. Su cerebro, a punto de estallar, solicitado por mil hilos, torturado por mil alambres, comenzó a funcionar claramente y en una sola dirección. Como el aviador que se encuentra, a mil pies, en un duelo singular, sólo tenía un propósito: sobreponerse a sus enemigos, aunque fuera sólo burlando su caza. Antes de llegar al mar, el primer Ford se le "había ido encima"; había conseguido tenerlo a tiro y en línea recta. Inmediatamente sus ocupantes —debían de ser tres o cuatro— abrieron fuego, con fusiles y revólveres, pero ninguna de las balas dio en las gomas ni en el conductor. Una de ellas le pasó rozando justamente el casco de la cabeza; se había agachado instintivamente. Pero al salir a la avenida, abrió el escape, giró rápidamente y le fue abriendo, gradualmente, toda la gasolina. Entonces apartó el pie del freno y concentró todos sus sentidos en el timón y en el acelerador.

El otro siguió de cerca. Uno de sus auxiliares, al verlo doblar a lo lejos, cortó a salir al paseo del Malecón algunas cuadras más allá, pero Ramón dobló allí mismo, y subió por la Avenida de las Misiones. Sin que tuviera tiempo de pensarlo, sabía que en las curvas tenía ventaja; en los regateos se había distinguido siempre por su habilidad en los virajes cerrados, cerrando la gasolina al entrar en la curva y abriéndola de golpe al salir de ella; además, él era el condenado, y huía por su vida: los de la velocidad eran peligros menores. El primer persecutor viró también rápidamente y le "cayó atrás", dispuesto a no perderlo de vista. La carrera se inició entonces en las calles céntricas. Ramón, al llegar al Parque Central, se disparó como una flecha hacia la ciudad antigua, donde la estrechez de las calles le daba ventaja. Además, en este dédalo de calles, mil veces recorridas por él, podría maniobrar constantemente, despistando a los autos auxiliares. Ramón no tenía, desde luego, tiempo de hacerse estas reflexiones. El hombre ensimismado que era él rompía de pronto a la acción dirigido y empujado por un ser oculto en él mismo, que era el que asumía el mando. Viéndolo descender por Obispo, uno de los auxiliares se lanzó a atajarlo por una calle lateral, pensando que doblaría hacia la derecha. En esto acertó; a las dos o tres cuadras, Ramón dobló por una transversal a la derecha, y, sintiéndolo venir, el otro intentó atravesársele en el camino; pero Ramón seguía con tal velocidad, que el otro montó la acera y se fue de cabeza contra una puerta de madera, irrumpiendo en el interior de una casa nocturna. Éste quedaba eliminado, por el momento.

Los otros dos continuaron la caza, de cerca y sin ceder un punto. Sólo girando constantemente conseguía hurtarles el blanco. Lo veían un instante, allá a lo lejos abrían fuego contra él, pero en ese momento había llegado a la bocacalle, y doblaba rápidamente. Las gomas rechinaban sobre el pavimento; a veces retiraba por un instante el pie del acelerador; otras, seguía pisando fuerte y a todo riesgo. La gente se apartaba, ya de lejos, sintiendo la carrera. Un hombre se subió a un poste de la luz, como un gato, y a una velocidad increíble, en el instante en que Ramón salía al parque Cristo y viraba —"como un rayo", dijo el hombre— en dirección a Muralla. De algún modo, el segundo auxiliar presintió también que Ramón querría salir por la parte de la Estación Terminal, y mandó dos o tres autos más a ocupar aquella salida. Pero antes de desembocar en tal punto, el ser oscuro que ahora guiaba a Ramón le hizo dar la vuelta. Bajó, a todo lo que daba el carro, por la calle San Isidro; desembocó en la Alameda de Paula, subió a Oficios y finalmente, por Tacón, salió a la Avenida del Malecón. Ahora su propósito era otro, distinto al de esquivar los tiros de sus perseguidores en calles estrechas. De pronto se le ocurrió que, saliendo a campo abierto, podía lanzarse del carro, dejar que éste siguiera adelante, y emprender él una fuga a monte traviesa...

Pero la salida del monte no podía ser por calles anchas, donde sería blanco fácil, de modo que en seguida dobló hacia el corazón de la ciudad, y de allí, a través de la parte alta partió en busca de una salida. Ahora eran más de dos los que corrían tras él, pero todavía no habían conseguido ganar la desventaja con que habían iniciado su persecución. Su ventaja estaba en las armas que llevaban, en el número de hombres que iban dentro y en que, si a uno se le acababa la gasolina, los otros seguirían. Él, en cambio, no podría poner gasolina; esta idea fue, acaso, la que le hizo tomar la decisión de salir al campo.

Después de algunos minutos zigzagueando por las calles altas, tomó la decisión de hacer la salida. Al fin, habría que tomar una calle ancha, al menos por un buen tramo. Era un albur que había que correr. Su intención primera era tomar la Avenida de Carlos Tercero, ir en demanda de Zapata, pasar junto al cementerio y precipitarse entonces más allá del río. Pero antes de tomar definitivamente este camino, le saltó a la conciencia una idea peregrina, que se planteó a sí mismo en un instante: no saldría al campo; llegaría hasta el hospital, metería el carro contra una esquina y, herido —si no lo estaba se heriría a sí mismo—, entraría en el hospital y pediría auxilio. Puede que sus perseguidores no lo siguieran hasta allí, y lo buscaran, en cambio, por las casas más próximas al lugar donde hallaran el auto. Al mismo tiempo pensó que acaso con el día viniera algún remedio. No sabía de cierto qué remedio podía ser; pero, de algún modo, muy vaga y oscuramente, todavía lo esperaba. Ignoraba, desde luego, que también el hospital estuviese tomado por los que ahora eran sus enemigos.

Pensando esto se precipitó a su ejecución. En un segundo previó el lugar exacto en que estrellaría el auto, y la velocidad que llevaría para que quedara inutilizado y sin embargo pudiera él salir con vida. La idea del hospital le vino por puro accidente. Pasando por una esquina donde años antes había arrollado a un niño, recordó que lo había llevado al hospital; había sido una de las más terribles angustias de su vida. Mientras esperaba la intervención del médico, se había puesto tan pálido, tan desencajado su rostro, tan despavoridos sus ojos, que otro médico se había detenido delante de él y había mandado que le dieran no sabía qué medicina. Después lo habían llevado a una sala con muchos aparatos blancos y extraños, y le habían examinado el corazón, y le habían hecho varias preguntas Para su asombro, Ramón no padecía ni había padecido ninguna enfermedad; aquella expresión descompuesta le venía tan sólo de su conciencia. Los mismos médicos le habían pedido a la madre del niño —que por fortuna se había salvado— que no fuera severa en sus acusaciones. Era una mujer muy pobre, y ni siquiera lo acusó; luego, Ramón lo iba a ver cuando podía, y le hacía algún pequeño regalo. Recordó siempre aquella atención de los médicos como una de las más amables de su vida. Y ahora, en el trance supremo, cuando todo lo había puesto en salvarse, pensó en ellos —o en otros— como sus posibles protectores.

Puso entonces toda la intensidad de su empeño en alcanzar el hospital. Se hallaba todavía en el centro de la parte superior de la ciudad y tendría que cruzar una ancha plazoleta antes de poder alcanzar el sitio donde esperaba estrellar el auto. Timoneando constantemente, dando cortes y virando sobre dos ruedas, consiguió por fin acercarse a su meta, pero cuando estaba a punto de desembocar en la ancha vía advirtió de pronto que dos autos, nada menos, se le habían atravesado a la salida. Probablemente estarían allí parados. Ramón frenó lo más lentamente posible, montó una de las aceras y dio la vuelta. Los de delante abrieron fuego contra él; una de las balas le atravesó la muñeca izquierda, pero él apenas sintió más dolor que el de una picada de alfiler. Al volverse, notó que su inevitable perseguidor venía calle arriba, como un torpedo hacia él, y disparando. Sus balas dieron en el coche, pero ninguna consiguió inutilizarlo. Ramón abrió toda la gasolina y se precipitó, en línea recta también, hacia el otro. Por un instante pareció inevitable un choque mortal para ambos; el persecutor vio venir el auto de Ramón sobre el suyo y frenó, justamente antes de salir a la penúltima bocacalle; por ésta dobló entonces Ramón, sin moderar la velocidad, atravesando una cortina de balas. El persecutor perdió unos segundos en volver a imprimir velocidad a su coche, pero otra bala había alcanzado a Ramón, ésta, justamente sobre la sien. Le había pasado raspando, como el hierro de un arado que levanta la corteza vegetal de la tierra. No le dolía, pero la sangre le obligaba a cerrar el ojo y le escocía en él. Así, con un solo ojo, y con una muñeca taladrada, perdiendo sangre continuó la carrera, sin disminuir velocidad, y con el propósito más resuelto aún de llegar al hospital. Otra vez se lanzó Ramón en demanda de aquel lugar, pero por distinta dirección. Habiendo ganado alguna ventaja, pudo llegar a la calle de San Lázaro, y doblando por ella emprendió una carrera recta, con el acelerador enterrado hasta el final.

Pero esta salida estaba también cerrada. Tres automóviles se habían atravesado en una de las últimas bocacalles, y abriendo fuego; lo hicieron, sin embargo, demasiado pronto, pues Ramón tuvo tiempo de doblar a la derecha, y salirse de su línea. El primer persecutor ganó entonces el tiempo perdido y se le fue encima.

Ramón se encontró ahora proa a la ciudad, en la ancha avenida del Maine. Había perdido bastante sangre y, con ella, sin duda, parte de las energías y de la agudeza mental que le permitieran continuar aquel duelo desigual. Comenzaba a sentirse desfallecido; su pulso vacilaba sobre el timón. El auto siguió corriendo por el medio de la avenida, pero ya no con la constante seguridad de antes. Su persecutor lo advirtió. A veces moderaba la velocidad, como si fuera a parar, y a continuación volvía a lanzarse a toda máquina. Además, ya no corría con el ritmo estable, a veces se iba sobre un lado. Otras sobre el opuesto, como si llevara la dirección torcida. Tres máquinas más se emparejaron al primer persecutor. El perseguido perdía velocidad. ¡Ya lo tenían!

Sin embargo, no se le acercaron inmediatamente; temían una emboscada. Dentro del auto iba —sin duda— alguien más que el chofer. Si no, ¿a qué venía la persecución? Uno de los que ocupaban el primer auto aseguraba haber visto, al empezar la caza, cómo un hombre se tiraba al suelo dentro del auto de Ramón. Sin embargo, nadie había contestado a sus disparos; tan sólo aquel chofer loco, huyendo como un desesperado. El mismo chofer tenía que ser culpable; de otro modo, no se explicaba que se expusiera de modo tan extraño. Lo siguieron a distancia, ya sin disparar, pero sin acercarse demasiado. El perseguido perdía, visiblemente, velocidad, estabilidad. A veces parecía que iba a detenerse definitivamente, pero cobraba un nuevo impulso y seguía, aunque a tirones. Lo tenían ya, no sólo al alcance de los fusiles, sino de los revólveres. Gradualmente se fueron acercando. Con las fuerzas que le quedaban, Ramón llegó de nuevo hasta la Avenida de las Misiones, y dobló hacia la ciudad ¡quien sabe con qué intención! Repetidamente, sin embargo, volvía a esta zona, donde se hallaban, a la vez, su casa y la estación de policía, donde había comenzado la persecución. Los que le seguían adivinaron que intentaba llegar a la estación. Toda su atención estaba ahora en evitar que se les escapara el que se suponía ocupaba el asiento posterior del auto. Las dos máquinas de los lados tomaron precauciones en ese sentido, encañonando los costados de la de Ramón, mientras que la del centro se iba acercando por detrás.

Frente al Palacio, el auto de Ramón llegó casi a detenerse, pero cobró un nuevo y breve impulso, y siguió adelante, como remolcado por una fuerza invisible. Los otros guardaron la distancia; se fueron aproximando. Ramón se detuvo, nuevamente, en el mismo sitio de donde había partido.

Dentro de la estación continuaban las luces encendidas; entraba y salía gente; el aire parecía lleno de un rumor lejano, un rumor filtrado y amortiguado a través de un denso muro de fieltro. Las voces distintas se hicieron un solo murmullo igual, desvaneciente. Ramón volvió la mirada hacia el edificio, cuya iluminación interior brotaba por las ventanas; y su cabeza se inclinó sobre el hombro izquierdo, se dobló, se derribó. Todavía aquel rumor apagado y desvaneciente, a lo lejos, muy a lo lejos…

Los tres autos se pararon, pareados, en medio de la calle. Varios hombres armados se tiraron de ellos; otros, salidos de la estación, rodearon el auto de Ramón. Uno abrió la puerta delantera, y el chofer se desplomó sobre el estribo, todavía con los pies en los pedales. Simultáneamente, otros hombres abrían las puertas posteriores, y buscaban dentro con sus lámparas de bolsillo. Luego se miraron unos a otros asombrados. ¡No había nadie dentro! Uno de los principales se inclinó entonces sobre el chofer, que había quedado derribado, el cuerpo retorcido, con la cabeza colgando y los ojos cerrados. Le enfocó la lámpara: lo miró despacio; apagó la lámpara y se quedó pensando, como tratando de recordar; nuevamente volvió a bañar el rostro con la luz de la lámpara, y otra vez se quedó pensando. Todos en derredor se habían quedado callados, esperando una explicación. El hombre dijo: "¿Lo conoce alguno?"

Nadie lo conocía. De la estación vinieron más hombres. Se sacó el cuerpo, todavía caliente, y se le condujo al interior. Y a la luz eléctrica podían distinguirse bien sus facciones; no eran rasgos vulgares; cualquiera que lo hubiese conocido lo reconocería. Pero allí nadie lo reconocía. Se llamó al primero que había disparado contra él.

—¿Qué viste tú ahí dentro? —preguntó el oficial de guardia.

—Estoy seguro de que vi un hombre; asomó por la ventanilla y se escondió. Entonces miré al chofer y éste instantáneamente intentó escapar. Por eso lo seguí; y él allá abajo, contestó a los tiros.

Se buscó en el auto, pero no había ningún arma. Ramón no había disparado; alguien lo había hecho, sin duda, de alguna de las casas. Además, su revólver había sido robado de la bolsa de la puerta derecha delantera, posiblemente en la piquera, mientras se fijaba en uno de los hombres que lo habían mirado con insistencia.

Nadie había visto nada más. El único testimonio era el de aquel muchacho, que creía haber visto un hombre en el asiento posterior. Pero ¿por qué había huido el chofer? ¿Qué interés podía tener él, un simple fotinguero? Se examinó su título; se preguntó a la Secreta, a la Judicial. Su nombre no figuraba en ninguno de los archivos. En tanto, el cuerpo seguía allí, tendido sobre una mesa. Lo habían dado por muerto, aunque en realidad sólo estaba desangrado, pero antes de dos horas, su cuerpo se había tornado rígido y frío. Junto con su título estaba su dirección; un agente fue a su casa, despertó a Estela y le hizo preguntas. Nada. La mujer, atemorizada, temblando, no aclaraba nada. Vivía en medio de la mayor pobreza; era imposible que hubiese un agente especial del gobierno tan mal pagado.

Todos los que habían tomado parte en la persecución rodeaban ahora el cuerpo con aire de perplejidad. ¿Por qué la carrera, por qué la persecución, por qué aquella víctima? Nadie podía aclarar nada. Era imposible que el pasaje, si hubiera, se hubiese tirado del auto. No había tenido tiempo; no lo habían perdido de vista y en ningún momento había ido a tan poca velocidad que pudiese hacerlo. Respecto al chofer, en el garaje nada habían podido aclarar. Todos lo conocían como un buen muchacho; nadie sabía que tuviese concomitancias políticas (evidentemente, le habían dado poca importancia; la única persona que podía dar fe era su jefe inmediato, el otro chofer, y ése había sido silenciado para siempre, y no había dejado ningún dato impreso, pues todo lo llevaba en la memoria). Por fin, hacia la madrugada, un hombrecito uniformado, antiguo policía convertido en ordenanza, se abrió paso entre los presentes y se quedó mirando fijamente el cadáver. Miró en derredor, al tiempo que se mesaba los caídos bigotes tabacosos.

—¿Por qué han matado a éste? —preguntó—. Si es uno de los suyos… Yo lo recuerdo. No sé quién es, ni cómo se llama, pero lo he visto traer aquí, hace bastante tiempo, y golpearlo. Era, según decían, un revolucionario. ¡Y tenía que ser de los bravos! Dos o tres veces lo metieron ahí, y le dieron golpes de todos colores, sin que pudieran hacerlo hablar. Luego no volvió más…

Se miraron unos a otros. El viejo dio la vuelta, se abrió de nuevo paso por entre el gentío, volvió a su trabajo, doblegado por los años y por las experiencias.

COMENTARIO

Cerramos el ciclo del cuento cosmopolita con dos cuentos que demuestran la aplicación de las distintas modalidades de esta tendencia a un argumento muy localizado.

El protagonista, a pesar de ser identificado como un chofer pobre en la ciudad de La Habana durante una época revolucionaria, representa al hombre existencialista tanto como los protagonistas anónimos de "Conversación". Ramón Yendía, sintiéndose cercado por la muerte, se sugestiona tanto que se impulsa hacia su propio fin. A pesar del aspecto melodramático de la persecución, prevalece una sensación de pesadez basada en el miedo y en la angustia de Ramón; en sus pensamientos filosóficos sobre la vida, que no llega a comunicar a nadie; en la imposibilidad de ponerse en contacto con su familia; y en algunos rasgos estilísticos: las frases entrecortadas —muchos párrafos comienzan con oraciones muy breves, la repetición contigua de palabras; y la abundancia del punto y coma—. Por lentamente que se prolongue el desarrollo de la acción, el desenlace es fulminante. La revelación inesperada de que Ramón ha muerto por equivocación remata la visión existencialista de un mundo sin propósito.

Al surrealismo se le puede atribuir la presentación fragmentaria del pasado por medio de los recuerdos pesadillescos. El cuento empieza con los recuerdos de los cuatro últimos días. Al pasar por la estación de policía, Ramón evoca la escena de la tortura y de cómo él se convirtió en delator. En otras ocasiones, recuerda algunos pormenores de sus dos familias. Aunque los recuerdos ayudan a comprender el presente, no desempeñan un papel tan importante como en los cuentos más exclusivamente surrealistas, como "El árbol" y "Cita a las nueve".

En cambio, un elemento primordial de este cuento es la combinación cubista del tiempo muy fijo con el tiempo eterno. Toda la acción transcurre en un día y una noche. Por lo tanto, el título va más allá de su sentido cronológico. La noche de Ramón Yendía se refiere a su vida agónica. Es casi una escena dantesca: el tiempo parece haberse parado y Ramón sigue rodando en su esfuerzo inútil por escaparse. Es un "vivir sin tiempo" que también caracteriza al protagonista de "¡Diles que no me maten!". Como Rulfo, Novás Calvo utiliza el cambio del punto de vista dentro del cuento, pero solamente una vez, en el momento del desenlace.

La suma de los elementos surrealistas y cubistas junto con el realismo exagerado de los detalles automovilísticos y del plano de La Habana envuelve todo el cuento en un ambiente de ensueño, o de pesadilla, propio del realismo mágico. No hay personaje que aparece inesperadamente como en "La lluvia" y en el "El guardagujas", pero la persecución se narra tan minuciosamente que llega a ser algo mágica.

La aglutinación en este cuento de las distintas tendencias cosmopolitas y experimentales con un tema muy cubano indica que el cuento hispanoamericano, ya muy enriquecido, está preparado a pasar adelante a su próxima etapa.

AUGUSTO ROA BASTOS
[1917]

Paraguayo. Desde muy joven se dedicó al periodismo. Durante la segunda Guerra Mundial viajó con carácter de corresponsal por muchos países de Europa y de África. Conocido como poeta por algunas poesías publicadas de su libro inédito El naranjal ardiente, *Roa Bastos parece haber abandonado la poesía por la narrativa.* El trueno entre las hojas *(1953) es una colección de cuentos que delatan los distintos temas y artificios estilísticos que habían de combinarse magistralmente en una de las mejores novelas americanas,* Hijo de hombre *(1960). Guionista de cine, ha realizado los libretos de* Shunko, *alias* Gardelito *y otras películas que han removido polémicamente el cine argentino. En 1966 publicó* El baldío, *una colección de cuentos escritos entre 1955 y 1961. En* Los pies sobre el agua *(1968) recoge otros cuentos inéditos, además de algunos ya publicados y dos pasajes de* Hijo de hombre. *Su última obra es* Yo, el Supremo *(1974), una novela biográfica bien documentada y compleja sobre el doctor Francia. Desde hace unos cuantos años vive en Francia. "El prisionero" proviene del tomo* El trueno entre las hojas.

EL PRISIONERO

LOS DISPAROS se respondían intermitentemente en la fría noche invernal. Formaban una línea indecisa y fluctuante en torno al rancho; avanzaban y retrocedían, en medio de largas pausas ansiosas, como los hilos de una malla que se iba cerrando cautelosa, implacablemente, a lo largo de la selva

y los esteros adyacentes a la costa del río. El eco de las detonaciones pasaba rebotando a través de delgadas capas acús-
ticas que se rompían al darle paso. Por su duración podía
calcularse el probable diámetro de la malla cazadora tomando el rancho como centro: eran tal vez unos cuatro o cinco
kilómetros. Pero esa legua cuadrada de terreno rastreado y
batido en todas direcciones no tenía prácticamente límites.
En todas partes estaba ocurriendo lo mismo.

El levantamiento popular se resistía a morir del todo. Ignoraba que se le había escamoteado el triunfo y seguía alen-
tando tercamente, con sus guerrillas deshilachadas, en las
ciénagas, en los montes, en las aldeas arrasadas.

Más que durante los propios combates de la rebelión, al
final de ellos el odio escribió sus páginas más atroces. La lucha de facciones degeneró en una bestial orgía de venganzas.
El destino de familias enteras quedó sellado por el color de
la divisa partidaria del padre o de los hermanos. El trágico
turbión asoló cuanto pudo. Era el rito cíclico de la sangre.
Las carnívoras divinidades aborígenes habían vuelto a mostrar entre el follaje sus ojos incendiados; los hombres se reflejaban en ellos como sombras de un viejo sueño elemental. Y las verdes quijadas de piedra trituraban esas sombras
huyentes. Un grito en la noche, el inubicable chistido de
una lechuza, el silbo de la serpiente en los pajonales, levantaban paredes que los fugitivos no se atrevían a franquear.
Estaban encajonados en un embudo siniestro; atrapados
entre las automáticas y los máuseres, a la espalda, y el terror
flexible y alucinante, acechando la fuga. Algunos preferían
afrontar a las patrullas gubernistas. Y acabar de una vez.

El rancho incendiado, en medio del monte, era un escenario adecuado para las cosas que estaban pasando. Resultaba
lúgubre y al mismo tiempo apacible; una decoración cuyo
mayor efecto residía en su inocencia destruida a trechos. La
violencia misma no había completado su obra; no había
podido llegar a ciertos detalles demasiado pequeños en que
el recuerdo de otro tiempo sobrevivía. Los horcones quema-

dos apuntaban al cielo fijamente entre las derruidas paredes de adobe. La luna bruñía con un tinte de lechosa blancura los cuatro carbonizados muñones. Pero no era esto lo principal. En el reborde de una ventana, en el cupial del rancho, por ejemplo, persistía una diminuta maceta: una herrumbrada latita de conservas de donde emergía el tallo de un clavel reseco por las llamas; persistía allí a despecho de todo, como un recuerdo olvidado, ajena al cambio, rodeada por el brillo inmemorial de la luna, como la pupila de un niño ciego que ha mirado el crimen sin verlo.

El rancho estaba situado en un punto estratégico; dominaba la única salida de la zona de los esteros donde se estaban realizando las batidas y donde se suponía permanecía oculta la última montonera rebelde de esa región. El rancho era algo así como el centro de operaciones del destacamento gubernista.

Las armas y los cajones de proyectiles se hallaban amontonados en la que había sido la única habitación del rancho. Entre las armas y los cajones de proyectiles había un escaño viejo y astillado. Un soldado con la gorra puesta sobre los ojos dormía sobre él. Bajo la débil reverberación del fuego que, pese a la estricta prohibición del oficial, los soldados habían encendido para defenderse del frío, podían verse los bordes pulidos del escaño, alisados por años y años de fatigas y sudores rurales. En otra parte, un trozo de pared mostraba un solero casi intacto con una botella negra chorreada de sebo y una vela a medio consumir ajustada en el gollete. Detrás del rancho, recostado contra el tronco de un naranjo agrio, un pequeño arado de hierro con la reja brillando opacamente parecía esperar el tiro tempranero de la yunta en su balancín y en las manceras los puños rugosos y suaves que se estarían pudriendo ahora quién sabe en qué arruga perdida de la tierra. Por estas huellas venía el recuerdo de la vida. Los soldados nada significaban; las automáticas, los proyectiles, la violencia tampoco. Sólo esos detalles de una desvanecida ternura contaban.

476

A través de ellos se podía ver lo invisible; sentir en su trama secreta el pulso de lo permanente. Por entre las detonaciones, que parecían a su vez el eco de otras detonaciones más lejanas, el rancho se apuntalaba en sus pequeñas reliquias. La latita de conserva herrumbrada con su clavel reseco estaba unida a unas manos, a unos ojos. Y esas manos y esos ojos no se habían disuelto por completo; estaban allí, duraban como una emanación inextinguible del rancho, de la vida que había morado en él. El escaño viejo y lustroso, el arado inútil contra el naranjo, la botella negra con su cabo de vela y sus chorreaduras de sebo, impresionaban con un patetismo más intenso y natural que el conjunto del rancho semidestruido. Uno de los horcones quemados, al cual todavía se hallaba adherido un pedazo de viga, continuaba humeando tenuemente. La delgada columna de humo ganaba altura y luego se deshacía en azuladas y algodonosas guedejas que las ráfagas se disputaban. Era como la respiración de la madera dura que seguiría ardiendo por muchos días más. El corazón del timbó es testarudo al fuego, como es testarudo al hacha y al tiempo. Pero allí también estaba humeando y acabaría en una ceniza ligeramente rosada.

En el piso de tierra del rancho los otros tres soldados del retén se calentaban junto al raquítico fuego y luchaban contra el sueño con una charla incoherente y agujereada de bostezos y de irreprimibles cabeceos. Hacía tres noches que no dormían. El oficial que mandaba el destacamento había mantenido a sus hombres en constante acción desde el momento mismo de llegar.

Un silbido lejano que venía del monte los sobresaltó. Era el santo y seña convenido. Aferraron sus fusiles; dos de ellos apagaron el fuego rápidamente con las culatas de sus armas y el otro despertó al que dormía sobre el escaño, removiéndolo enérgicamente:

—¡Arriba..., Saldívar! Epac-pue... Oúma jhina, Teniente... Te va arrelar la cuenta, recluta kangüeaky...

El interpelado se incorporó restregándose los ojos, mien-

477

tras los demás corrían a ocupar sus puestos de imaginaria bajo el helado relente.

Uno de los centinelas contestó el peculiar silbido que se repitió más cercano. Se oyeron las pisadas de los que venían. Un instante después, apareció la patrulla. Se podía distinguir al oficial caminando delante, entre los cocoteros, por sus botas, su gorra y su campera de cuero. Su corta y gruesa silueta avanzaba bajo la luna que un campo de cirros comenzaba a enturbiar. Tres de los cinco soldados que venían detrás traían arrastrando el cuerpo de un hombre. Probablemente otro rehén —pensó Saldívar—, como el viejo campesino de la noche anterior a quien el oficial había torturado para arrancarle ciertos datos sobre el escondrijo de los montoneros. El viejo murió sin poder decir nada. Fue terrible. De pronto, cuando le estaban pegando, el viejo se puso a cantar a media voz, con los dientes apretados, algo así como una polca irreconocible, viva y lúgubre a un tiempo. Parecía que había enloquecido. Saldívar se estremeció al recordarlo.

La caza humana no daba señales de acabar todavía. Peralta estaba irritado, obsedido, por este reducto fantasma que se hallaba enquistado en alguna parte de los esteros y que continuaba escapándosele de las manos.

El teniente Peralta era un hombre duro y obcecado; un elemento a propósito para las operaciones de limpieza que se estaban efectuando. Antiguo oficial de la Policía Militar, durante la guerra del Chaco, se hallaba retirado del servicio cuando estalló la revuelta. Ni corto ni perezoso, Peralta se reincorporó a filas. Su nombre no sonó para nada durante los combates, pero empezó a destacarse cuando hubo necesidad de un hombre experto e implacable para la persecución de los insurrectos. A eso se debía su presencia en este foco rebelde. Quería acabar con él lo más pronto posible para volver a la capital y disfrutar de su parte en la celebración de la victoria.

Evidentemente Peralta había encontrado una pista en sus rastreos y se disponía a descargar el golpe final. En medio de la atonía casi total de sus sentidos, Saldívar oyó borrosamente la voz de Peralta dando órdenes. Vio también borrosamente que sus compañeros cargaban dos ametralladoras pesadas y salían en la dirección que Peralta les indicó. Algo oyó como que los guerrilleros estaban atrapados en la isleta montuosa de un estero. Oyó que Peralta borrosamente le decía:

—Usté, Saldívar, queda solo aquí. Nosotro' vamo' a acorralar a eso' bandido' en el estero. Lo dejo responsable del prisionero y de lo' pertrecho'.

Saldívar hizo un esfuerzo doloroso sobre sí mismo para comprender. Sólo comprendió un momento después que los demás ya se habían marchado. La noche se había puesto muy oscura. El viento gemía ásperamente entre los cocoteros que rodeaban circularmente el rancho. Sobre el piso de tierra estaba el cuerpo inmóvil del hombre. Posiblemente dormía o estaba muerto. Para Saldívar era lo mismo. Su mente se movía entre difusas representaciones cada vez más carentes de sentido. El sueño iba anestesiando gradualmente su voluntad. Era como una funda de goma viscosa en torno a sus miembros. No quería dormir. Pero sabía de alguna manera muy confusa que no debía dormir. Sentía en la nuca una burbuja de aire. La lengua se le había vuelto pastosa; tenía la sensación de que se le iba hinchando en la boca lentamente y que en determinado momento le llegaría a cortar la respiración. Trató de caminar alrededor del prisionero, pero sus pies se negaban a obedecerle; se bamboleaba como un borracho. Trató de pensar en algo definido y concreto, pero sus recuerdos se mezclaban en un tropel lento y membranoso que planeaba en su cabeza con un peso muerto, desdibujado e ingrávido. En uno o dos destellos de lucidez, Saldívar pensó en su madre, en su hermano. Fueron como estrías dolorosas en su abotagamiento blando y fofo. El sueño no parecía ya residir en su interior; era una cosa exterior, un elemento de la naturaleza que se frotaba contra él desde la noche, desde el tiempo, desde la violencia, desde la fatiga de las cosas, y lo obligaba a inclinarse, a inclinarse...

El cuerpo del muchacho tiritaba menos del frío que de ese sueño que lo iba doblegando en una dolorosa postración. Pero aún se mantenía en pie. La tierra lo llamaba; el cuerpo inmóvil del hombre sobre el piso de tierra lo llamaba con su ejemplo mudo y confortable, pero el muchachuelo se resistía con sus latidos temblorosos, como un joven pájaro en la cimbra de goma.

Hugo Saldívar era con sus dieciocho años uno de los tantos conscriptos de Asunción que el estallido de la guerra civil había atrapado en las filas del servicio militar. La enconada cadena de azares que lo había hecho atravesar absurdas peripecias lo tenía allí, absurdamente, en el destacamento de cazadores de cabezas humanas que comandaba Peralta, en los esteros del Sur, cercanos al Paraná.

Era el único imberbe del grupo; un verdadero intruso en medio de esos hombres de diversas regiones campesinas, acollarados por la ejecución de un designio siniestro que se nutría de sí mismo como un cáncer. Hugo Saldívar pensó varias veces en desertar, en escaparse. Pero al final decidió que era inútil. La violencia lo sobrepasaba, estaba en todas partes. Él era solamente un brote escuálido, una yema lánguida alimentada de libros y colegio, en el árbol podrido que se estaba viniendo abajo.

Su hermano Víctor sí había luchado denodadamente. Pero él era fuerte y recio y tenía sus ideas profundas acerca de la fraternidad viril y del esfuerzo que era necesario desplegar para lograrla. Sentía sus palabras sobre la piel, pero hubiera deseado que ellas estuviesen grabadas en su corazón:

—Todos tenemos que unirnos, Hugo, para voltear esto que ya no da más, y hacer surgir en cambio una estructura social en la que todos podamos vivir sin sentirnos enemigos, en la que querer vivir como amigos sea la finalidad natural de todos...

480

Víctor había combatido en la guerra del Chaco y de allí había traído esa urgencia turbulenta y también metódica de hacer algo por sus semejantes. La transformación del hermano mayor fue un fenómeno maravilloso para el niño de diez años que ahora tenía ocho más y ya estaba viejo. Víctor había vuelto de la inmensa hoguera encendida por el petróleo del Chaco con una honda cicatriz en la frente. Pero detrás del surco rojizo de la bala, traía una convicción inteligente y generosa. Y se había construido un mundo en que, más que recuerdos turbios y resentimientos, había amplia fe y exactas esperanzas en las cosas que podrían lograrse.

Por el mundo de Víctor sí sería hermoso vivir, pensó el muchacho muchas veces, emocionado, pero distante de sí mismo. Después vio muchas cosas y comprendió muchas cosas. Las palabras de Víctor estaban entrando lentamente de la piel hacia el corazón. Cuando volvieran a encontrarse, todo sería distinto. Pero eso todavía estaba muy lejos.

No sabía siquiera dónde podía hallarse Víctor en esos momentos. Tenía sin embargo la vaga idea de que su hermano había ido hacia el sur, hacia los yerbales, a levantar a los mensúes. ¿Y si Víctor estuviese entre esos últimos guerrilleros perseguidos por Peralta a través de los esteros? Esta idea descabellada se le ocurrió muchas veces, pero trató de desecharla con horror. No; su hermano debía vivir, debía vivir… Necesitaba de él.

El mandato imperioso del sueño seguía frotándose contra su piel, contra sus huesos; se anillaba en torno a él como una kuriyú viscosa, inexorable, que lo iba ahogando lentamente. Iba a dormir, pero ahí estaba el prisionero. Podía huir, y entonces sería implacable Peralta con el centinela negligente. Ya lo había demostrado en otras ocasiones.

Moviéndose con torpeza en su pesada funda de goma, Saldívar hurgó en la oscuridad en busca de un trozo de alambre o de soga para amarrar al prisionero. Podía ser un cadáver, pero a lo mejor se estaba fingiendo muerto para escapar en un descuido. Sus manos palparon en vano los rincones de la casucha incendiada. Al final encontró un trozo de ysypó, reseco y demasiado corto. No servía. Entonces, en un último y desesperado destello de lucidez, Hugo Saldívar recordó que frente al rancho había un hoyo profundo que se habría cavado tal vez para plantar un nuevo horcón que nunca sería levantado. En el hoyo podría entrar un hombre parado hasta el pecho. Alrededor del agujero estaba el montículo de la tierra excavada. Hugo Saldívar apoyó el máuser contra un resto de tapia y empezó a arrastrar al prisionero hacia el hoyo. Con un esfuerzo casi sobrehumano consiguió meterlo en el agujero negro que resultó ser un tubo hecho como de medida. El prisionero quedó erguido en el pozo. Sólo sobresalían la cabeza y los hombros. Saldívar empujó la tierra del montículo con las manos y los reyunos, hasta rellenar mal que mal todos los huecos alrededor del hombre. El prisionero en ningún momento se resistió; parecía aceptar con absoluta indiferencia la operación del centinela. Hugo Saldívar apenas se fijó en esto. El esfuerzo desplegado lo reanimó artificialmente por unos instantes. Aún tuvo fuerzas para traer su fusil y apisonar con la culata el relleno de tierra. Después se tumbó como una piedra sobre el escaño, cuando el tableteo de las ametralladoras arreciaba en la llanura pantanosa.

El teniente Peralta regresó con sus hombres hacia el mediodía. La batida había terminado. Una sonrisa bestial le iluminaba el rostro oscuro de ave de presa. Los soldados arreaban dos o tres prisioneros ensangrentados. Los empujaban con denuestos e insultos obscenos, a culatazos. Eran más mensúes del Alto Paraná. Solamente sus cuerpos estaban vencidos. En sus ojos flotaba el destello de una felicidad absurda. Pero ese destello flotaba ya más allá de la muerte. Ellos sólo se habían demorado físicamente un rato más sobre la tierra impasible y sedienta.

Peralta llamó reciamente:

—¡Saldívar!

Los prisioneros parpadearon con un resto de dolorido asombro. Peralta volvió a llamar con furia:

—¡Saldívar!

Nadie contestó. Después se fijó en la cabeza del prisionero que sobresalía del hoyo. Parecía un busto tallado en una madera mugrosa; un busto olvidado allí hacía mucho tiempo. Una hilera de hormigas guaikurú trepaba por el rostro abandonado hasta la frente, como un cordón oscuro al cual el sol no conseguía arrancar ningún reflejo. En la frente del busto había una profunda cicatriz, como una pálida media luna.

Los ojos de los prisioneros estaban clavados en la extraña escultura. Habían reconocido detrás de la máscara verdosa, recorrida por las hormigas, al compañero capturado la noche anterior. Creyeron que el grito de Peralta nombrando al muerto con su verdadero apellido era el supremo grito de triunfo del milicón embutido en la campera de cuero.

El fusil de Hugo Saldívar estaba tumbado en el piso del rancho como la última huella de su fuga desesperada. Peralta se hallaba removiendo en su estrecha cabeza feroces castigos para el desertor. No podía adivinar que Hugo Saldívar había huido como un loco al amanecer perseguido por el rostro de cobre sanguinolento de su hermano a quien él mismo había enterrado como un tronco en el hoyo.

Por la cara de Víctor Saldívar, el guerrillero muerto, subían y bajaban las hormigas.

Al día siguiente, los hombres de Peralta encontraron el cadáver de Hugo Saldívar flotando en las aguas fangosas del estero. Tenía el cabello completamente encanecido y de su rostro había huido toda expresión humana.

COMENTARIO

Amigo de Miguel Ángel Asturias y contemporáneo de Juan Rulfo y del puertorriqueño René Marqués, Roa Bastos utiliza la técnica cosmopolita para captar tanto la realidad dolorosa de Paraguay como las relaciones básicas entre los seres humanos.

Aunque el argumento se basa en un solo episodio de una rebelión fracasada, el autor lo aprovecha para presentar su visión del mundo.

La clave para comprender el mundo paraguayo de Roa Bastos es su concepto del tiempo que, a pesar de su parecido con el de Jorge Luis Borges y otros cosmopolitas, tiene un sentido especial dentro del ambiente paraguayo. Las guerras que han asolado toda la nación desde 1865 llevan al autor a anular la marcha del tiempo. Todo se repite y el pasado se confunde con el presente, y a veces hasta con el futuro: "era el rito cíclico de la sangre"; "las carnívoras divinidades aborígenes"; "cuando volvieran a encontrarse, todo sería distinto". El recuerdo del viejo campesino que murió enloquecido es un presagio de la muerte del propio Hugo.

Como el pasado no se distingue del presente, tampoco se distingue la muerte de la vida. Los soldados viven muertos mientras los detalles del rancho muerto recuerdan la vida. De la misma manera se entremezclan la realidad y la fantasía. La exactitud geométrica —rasgo cubista— de la descripción del primer párrafo se vuelve fantasía con la frase "no tenía prácticamente límites". El sueño de los hombres lo envuelve todo en un mundo de sombras y de fantasía. Tres veces en un párrafo se emplea la palabra "borrosamente" para captar el sueño de Hugo.

Dentro de ese mundo demasiado realista por una parte e increíblemente irreal por otra, predomina la casualidad con todos sus absurdos. De éstos, el mayor para Roa Bastos es que el hombre sea condenado a matar a su propio hermano como herencia de la tragedia bíblica de Caín y Abel. En este cuento, la tragedia personal de los Saldívar no es más que un pequeño reflejo de lo que ha acontecido, está aconteciendo y acontecerá en toda la nación. Peralta es capaz de perseguir con verdadero odio a Víctor Saldívar y a los suyos, a pesar de que todos pelearon juntos contra los bolivianos durante la Guerra del Chaco.

Caín y Abel, realidad y fantasía, vida y muerte, presente y pasado, forman parte del mundo dualístico de Paraguay con sus orígenes en la coexistencia de las dos lenguas, el guaraní y el español, y las culturas que representan. Los personajes de Roa hablan una mezcla de los dos idiomas y el mismo autor emplea de vez en cuando palabras en guaraní. Hay también un eco estilístico del dualismo paraguayo, la predilección por series de dos palabras o frases parecidas o antagónicas: "indecisa y fluctuante"; "avanzaban y retrocedían"; "cautelosa, implacablemente"; el rancho "lúgubre y al mismo tiempo apacible"; "escaño viejo y astillado"; "en desertar, en escaparse".

Para reforzar el ambiente soñoliento e irreal, el narrador se sirve respectivamente de un ritmo muy lento logrado por medio de la descripción detallada y la repetición de palabras y frases; y la selección de símiles y metáforas surrealistas: "y las verdes quijadas de piedra trituraban esas sombras huyentes"; "la luna bruñía con un tinte de lechosa blancura los cuatro carbonizados muñones"; "el brillo inmemorial de la luna, como la pupila de un niño ciego que ha mirado el crimen sin verlo"; "era como una funda de goma viscosa en torno a sus miembros".

Aunque Roa Bastos se revela aquí como un autor de talento con mucho material temático, tanto este cuento como los otros que integran *El trueno entre las hojas* no son más que ensayos para su obra maestra, la novela *Hijo de hombre*.

"El prisionero" es superior a los otros cuentos por su unidad, su creación del ambiente paraguayo y su trascendencia universal, pero falla al final. El realismo de la vuelta brusca de Peralta y la excesiva explicación de la identidad de Víctor Saldívar y de la muerte de Hugo no concuerdan con el ambiente irreal y el ritmo lento que el autor ha creado con gran cuidado durante la mayor parte del cuento.

EL NEORREALISMO

A PRINCIPIOS de la década de los sesenta, parecía que el cosmopolitismo iba a ser remplazado por el neorrealismo, tendencia seguida por los jóvenes nacidos hacia 1930. Muchos de ellos estrenaron luciendo los adelantos técnicos de la generación anterior, pero pronto se convencieron de la necesidad de una literatura menos libresca y más comprometida. Formados en la sombra de la Guerra Fría y llenos de angustia por la amenaza de una guerra atómica, estos jóvenes no aceptaron el existencialismo como la respuesta final. El establecimiento de las nuevas naciones de Asia y de África y el ambiente revolucionario de toda Latinoamérica les despertaron el entusiasmo y la conciencia social.

Para su temática, los neorrealistas rehuyeron tanto la fantasía de algunos de los cosmopolitas como el ruralismo de los criollistas. Sus personajes son casi exclusivamente los pobres —a menudo niños o adolescentes— que viven en los barrios inmundos de las grandes ciudades. No hay protesta ni contra la naturaleza ni contra los explotadores humanos. Dándose cuenta de la mayor complejidad de los problemas, no ofrecen soluciones fáciles. Influidos por Hemingway, sus cuentos tienen un solo plano: el presente. Hay un mínimo de antecedentes históricos, geográficos, sociales y personales. El hincapié se hace en un solo episodio por medio del cual el lector puede crearse todo el fondo que quiera. El estilo es escueto, sin las descripciones épicas de los criollistas ni el experimentalismo de los cosmopolitas.

Aunque la tendencia neorrealista fue aplastada por el alud de las novelas del *boom*, no se puede negar el papel importante que desempeñó en el desarrollo del cuento hispanoamericano. En contraste con los movimientos anteriores, el neorrealismo rechaza el tono exaltado del romanticismo, el aspecto caricaturesco del realismo, los estudios clínicos y el exceso de detalles del naturalismo, la temática exótica y el preciosismo del modernismo, el tono épico del criollismo y el carácter hermético del cosmopolitismo. Los neorrealistas conocían las obras de sus antecesores, las absorbieron y, con un concepto profesional de su oficio, dejaron sus huellas en el género.

PEDRO JUAN SOTO
[1928-2002]

Puertorriqueño. Nació en Cataño. Fue a Nueva York para estudiar la premédica. Su interés en la literatura lo alejó de la medicina y comenzó a escribir reportajes, entrevistas y cuentos para los periódicos y revistas de Nueva York y de Puerto Rico. Llamado al ejército, le tocó participar en la Guerra de Corea. Después obtuvo el grado de maestro en artes, en inglés, del Teachers College, de la Universidad de Columbia. Sin poder abrirse camino en Nueva York, volvió a Puerto Rico en 1954, donde trabajó por más de 10 años en la Editorial de la División de Educación de la Comunidad. Además de su tomo de cuentos Spiks *(1957), tiene tres novelas:* Los perros anónimos *(1950, inédita),* Usmaíl *(1959) y* Ardiente suelo, fría estación *(1961) y dos dramas:* El huésped *(1955) y* Las máscaras *(1958). Entre sus colegas de la llamada Generación del 40, es quien mejor interpreta los conflictos psicológicos causados por el choque de la cultura puertorriqueña con la anglosajona, tanto en Nueva York como en Puerto Rico. En 1969, la editorial Joaquín Mortiz de México publicó* El francotirador, *sobre la Revolución cubana, y en 1970 salió* Temporada de duendes, *en torno a la filmación de una película en Puerto Rico. En 1976 se doctoró en Filosofía y Letras en la Universidad de Toulouse. Su última novela,* Un oscuro pueblo sonriente, *ganó el Premio Casa de las Américas para 1982.* "Campeones" *figura en el tomo* Spiks.

CAMPEONES

EL TACO hizo un último vaivén sobre el paño verde, picó al mingo y lo restalló contra la bola quince. Las manos rollizas, cetrinas, permanecieron quietas hasta que la bola hizo "clop" en la tronera y luego alzaron el taco hasta situarlo diagonalmente frente al rostro ácnico y fatuo: el ricito envaselinado estaba ordenadamente caído sobre la frente, la oreja atrapillaba el cigarrillo, la mirada era oblicua y burlona, y la pelusilla del bigote había sido acentuada a lápiz.

—¿Qui'ubo, men? —dijo la voz aguda—. Ése sí fue un tiro de campión, ¿eh?

Se echó a reír, entonces.

Su cuerpo chaparro, grasiento, se volvió una mota alegremente tembluzca dentro de los ceñidos mahones y la camiseta sudada.

Contemplaba a Gavilán —los ojos, demasiado vivos, no parecían tan vivos ya; la barba, de tres días, pretendía enmarañar el malhumor del rostro y no lo lograba; el cigarrillo, cenizoso, mantenía cerrados los labios, detrás de los cuales nadaban las palabrotas— y disfrutaba de la hazaña perpetrada.

Le había ganado dos mesas corridas. Cierto que Gavilán había estado seis meses en la cárcel, pero eso no importaba ahora. Lo que importaba era que había perdido dos mesas con él, a quien estas victorias colocaban en una posición privilegiada. Lo ponían sobre los demás, sobre los mejores jugadores del barrio y sobre los que le echaban en cara la inferioridad de sus dieciséis años —su "nenura"— en aquel ambiente. Nadie podría ahora despojarle de su lugar en Harlem. Era el *nuevo*, el sucesor de Gavilán y los demás individuos respetables. Era igual... No. Superior, por su juventud: tenía más tiempo y oportunidades para sobrepasar todas las hazañas de ellos.

Tenía ganas de salir a la calle y gritar: "¡Le gané dos mesas corridas a Gavilán! ¡Digan ahora! ¡Anden y digan ahora!"

No lo hizo. Tan sólo entizó su taco y se dijo que no valía la pena. Hacía sol afuera, pero era sábado y los vecinos andarían por el mercado a esta hora de la mañana. No tendría más público que chiquillos mocosos y abuelas desinteresadas. Además, cierta humildad era buena característica de campeones.

Recogió la peseta que Gavilán tiraba sobre el paño y cambió una sonrisa ufana con el coime y los tres espectadores.

—Cobra lo tuyo —dijo al coime, deseando que algún espectador se moviera hacia las otras mesas para regar la noticia, para comentar cómo él, Puruco, aquel chiquillo demasiado gordo, el de la cara barrosa y la voz cómica, había puesto en ridículo al gran Gavilán. Pero, al parecer, estos tres esperaban otra prueba.

Guardó sus quince centavos y dijo a Gavilán, que se secaba su demasiado sudor de la cara:

—¿Vamos pa'la otra?

—Vamoh —dijo Gavilán, cogiendo de la taquera otro taco para entizarlo meticulosamente.

El coime desenganchó el triángulo e hizo la piña de la próxima tanda.

Rompió Puruco, dedicándose en seguida a silbar y a pasearse alrededor de la mesa elásticamente, casi en la punta de las tenis.

Gavilán se acercó al mingo con su pesadez característica y lo centró, pero no picó todavía. Simplemente alzó la cabeza, peludísima, dejando el cuerpo inclinado sobre el taco y el paño, para decir:

—Oye, déjame el pitito.

—Okey, men —dijo Puruco, y batuteó su taco hasta que oyó el tacazo de Gavilán y volvieron a correr y chasquear las bolas. Ninguna se entroneró.

—Ay, bendito —dijo Puruco—. Si lo tengo muerto a ehte hombre.

Picó hacia la uno, que se fue y dejó a la dos enfilada hacia la tronera izquierda. También la dos se fue. Él no podía dejar de sonreír hacia uno y otro rincón del salón. Parecía invitar a las arañas, a las moscas, a los boliteros dispersos entre la concurrencia de las demás mesas, a presenciar esto.

Estudió cuidadosamente la posición de cada bola. Quería ganar esta otra mesa también, aprovechar la reciente lectura del libro de Willie Hoppe y las prácticas de todos aquellos meses en que había recibido la burla de sus contrincantes. El año pasado no era más que una chata; ahora comenzaba la verdadera vida, la de campeón. Derrotado Gavilán, derrotaría a Mamerto y al Bimbo… "¡Ábranle paso al Puruco!", dirían los conocedores. Y él impresionaría a los dueños de billares, se haría de buenas conexiones. Sería guardaespaldas de algunos y amigo íntimo de otros. Tendría cigarrillos y cerveza gratis. Y mujeres, no chiquillas estúpidas que andaban siempre con miedo y que no iban más allá de algún apretujón en el cine. De ahí, a la fama: el macho del barrio, el individuo indispensable para cualquier asunto —la bolita, el tráfico de narcóticos, la hembra de Riverside Drive de paseo por el barrio, la pelea de esta pandilla con la otra para resolver "cosas de hombres".

Con un pujido, pifió la tres y maldijo. Gavilán estaba detrás de él cuando se dio vuelta.

—¡Cuidado con echarme fufú! —dijo, encrespándose.

Y Gavilán:

—Ay, deja eso.

—No; no me vengah con eso, men. A cuenta que estah perdiendo.

Gavilán no respondió. Centró al mingo a través del humo que le arrugaba las facciones y lo disparó para entronerar dos bolas en bandas contrarias.

—¿Lo ve? —dijo Puruco, y cruzó los dedos para salvaguardarse.

—¡Cállate la boca!

Gavilán tiró a banda, tratando de meter la cinco, pero falló. Puruco estudió la posición de su bola y se decidió por la tronera más lejana, pero más segura. Mientras centraba, se dio cuenta de que tendría que descruzar los dedos. Miró a Gavilán con suspicacia y cruzó las dos piernas para picar. Falló el tiro.

Cuando alzó la vista, Gavilán sonreía y se chupaba la encía superior para escupir su piorrea. Ya no dudó de que era víctima de un hechizo.

—No relajeh, men. Juega limpio.

Gavilán lo miró extrañado, pisando el cigarrillo distraídamente.

—¿Qué te pasa a ti?

—No —dijo Puruco—; que no sigah con ese bilongo.

—¡Adió! —dijo Gavilán—. Si éste cree en brujoh.

Llevó el taco atrás de su cintura, amagó una vez y entroneró fácilmente. Volvió a entronerar en la próxima. Y en la otra. Puruco se puso nervioso. O Gavilán estaba recobrando su destreza, o aquel bilongo le empujaba el taco. Si no sacaba más ventaja, Gavilán ganaría esta mesa. Entizó su taco, tocó madera tres veces y aguardó turno. Gavilán falló su quinto tiro. Entonces Puruco midió distancia. Picó, metiendo la ocho. Hizo una combinación para entronerar la once con la nueve. La nueve se fue luego. Caramboleó la doce a la tronera y falló luego la diez. Gavilán también la falló. Por fin logró Puruco meterla, pero para la trece casi rasga el paño. Sumó mentalmente. No le faltaban más que ocho tantos, de manera que podía calmarse.

Pasó el cigarrillo de la oreja a los labios. Cuando lo encendía, de espaldas a la mesa para que el abanico no apagara el fósforo, vio la sonrisa socarrona del coime. Se volvió rápidamente y cogió a Gavilán *in fraganti:* los pies levantados del piso, mientras el cuerpo se ladeaba sobre la banda para hacer fácil el tiro. Antes de que pudiera hablar, Gavilán había entronerado la bola.

—¡Oye, men!

—¿Qué pasa? —dijo Gavilán tranquilamente, ojeando el otro tiro.

—¡No me vengah con eso, chico! Así no me ganah.

Gavilán arqueó una ceja para mirarlo, y aguzó el hocico mordiendo el interior de la boca.

—¿Qué te duele? —dijo.

—No, que así no —abrió los brazos Puruco, casi dándole al coime con el taco. Tiró el cigarrillo violentamente y dijo a los espectadores—: Uhtedeh lo han vihto, ¿veldá?

—¿Vihto qué? —dijo, inmutable, Gavilán.

—Na, la puercá esa —chillaba Puruco—. ¿Tú te creh que yo soy bobo?

—Adioh, cará —rió Gavilán—. No me pregunteh a mí, porque a lo mejol te lo digo.

Puruco dio con el taco sobre una banda de la mesa.

—A mí me tieneh que jugar limpio. No te conformah con hacerme cábala primero, sino que dehpueh te meteh hacer trampa.

—¿Quién hizo trampa? —dijo Gavilán. Dejó el taco sobre la mesa y se acercó, sonriendo, a Puruco—. ¿Tú diceh que yo soy tramposo?

—No —dijo Puruco, cambiando de tono, aniñando la voz, vacilando sobre sus pies—. Pero eh qui así no se debe jugar, men. Si ti han vihto.

Gavilán se viró hacia los otros.

—¿Yo he hecho trampa?

Sólo el coime sacudió la cabeza. Los demás no dijeron nada, cambiaron de vista.

—Pero si ehtabah encaramao en la mesa, men —dijo Puruco.

Gavilán le empuñó la camiseta como sin querer, desnudándole la espalda fofa cuando lo atrajo hacia él.

—A mí nadie me llama tramposo.

En todas las otras mesas se había detenido el juego. Los demás observaban desde lejos. No se oía más que el zumbido del abanico y de las moscas, y la gritería de los chiquillos en la calle.

—¿Tú te creeh qui un pilemielda como tú me va a llamar a mí tramposo? —dijo Gavilán, forzando sobre el pecho de Puruco el puño que desgarraba la camiseta—. Te dejo ga-

494

nar doh mesitah pa que tengas de qué echártelah, y ya te creeh rey. Echa p'allá, infelih —dijo entre dientes—. Cuando crehcas noh vemo.

El empujón lanzó a Puruco contra la pared de yeso, donde su espalda se estrelló de plano. El estampido llenó de huecos el silencio. Alguien rio, jijeando. Alguien dijo: "Fanfarrón que es".

—Y lárgate di aquí anteh que te meta tremenda patá —dijo Gavilán.

—Okey, men —tartajeó Puruco, dejando caer el taco.

Salió sin atreverse a alzar la vista, oyendo de nuevo tacazos en las mesas, risitas. En la calle tuvo ganas de llorar, pero se resistió. Esto era de mujercitas. No le dolía el golpe recibido; más le dolía lo otro: aquel "cuando crehcas noh vemo". Él era un hombre ya. Si le golpeaban, si lo mataban, que lo hicieran olvidándose de sus dieciséis años. Era un hombre ya. Podía hacer daño, mucho daño, y también podía sobrevivir a él.

Cruzó a la otra acera pateando furiosamente una lata de cerveza, las manos pellizcando, desde dentro en los bolsillos, su cuerpo clavado a la cruz de la adolescencia.

Le había dejado ganar dos mesas, decía Gavilán. Embuste. Sabía que las perdería todas con él, ahora en adelante, con el nuevo campeón. Por eso la brujería, por eso la trampa, por eso el golpe. Ah, pero aquellos tres individuos regarían la noticia de la caída de Gavilán. Después Mamerto y el Bimbo. Nadie podía detenerle ahora. El barrio, el mundo entero, iba a ser suyo.

Cuando el aro del barril se le enredó entre las piernas, lo pateó a un lado. Le dio un manotazo al chiquillo que venía a recogerlo.

—Cuidao, men, que te parto un ojo —dijo, iracundo.

Y siguió andando, sin preocuparse de la madre que le maldecía y corría hacia el chiquillo lloroso. Con los labios apretados, respiraba hondo. A su paso, veía caer serpentinas y llover vítores de las ventanas desiertas y cerradas.

Era un campeón. Iba alerta sólo al daño.

COMENTARIO

Por medio de un episodio muy limitado, Pedro Juan Soto esboza la vida de los puertorriqueños en Nueva York y penetra en la psicología de cualquier joven de 16 años.

Al principio, el vocabulario técnico y el español híbrido del diálogo pueden desconcertar al lector no iniciado, pero poco a poco se impone el aspecto universal del cuento. Desde la primera página, la actitud de fanfarrón del protagonista y el detalle de que Gavilán había pasado seis meses en la cárcel crean una tensión que crece hasta el desenlace. A través del cuento, Puruco va cobrando vida a medida que el narrador le va concediendo el punto de vista. En los últimos siete párrafos ya no hay necesidad de mencionar el nombre de Puruco. El lector sabe que todos los verbos y pronombres de la tercera persona singular se refieren a él. La actitud posterior de Puruco —su desquite contra el chiquillo del aro y su visión de serpentinas— completa la universalización del episodio.

"Campeones" forma parte del libro *Spiks*, cuyo propósito es más sociológico que estético. En "Campeones", los detalles siguientes, presentados sin relieve, sugieren toda la vida de los jóvenes puertorriqueños de Harlem que frecuentan los salones de billares: el ricito envaselinado, el cigarrillo detrás de la oreja, la cerveza, las mujeres, la superstición, la bolita, los narcóticos y las peleas de pandillas. Los otros siete cuentos del libro y las seis "miniaturas" (cuentos muy breves) con que alternan presentan otros aspectos del mismo problema. El hecho de denominar toda la colección *Spiks* indica la rebeldía del autor contra el prejuicio y las otras dificultades que encuentran estos nuevos inmigrantes. Hay que tener en cuenta que Soto y sus contemporáneos latinoamericanos pertenecen a la misma generación que los *beatniks* y los *angry young men*. Por ende, no se interesan tanto en la experimentación de los cosmopolitas. De los siete cuentos y seis "miniaturas", sólo "Los inocentes" podría llamarse experimental. En todos los demás predomina la conciencia social muy intensa del neorrealismo.

ENRIQUE CONGRAINS MARTÍN
[1932]

Peruano. Nació en Lima, donde hizo sus estudios primarios y secundarios. De joven trabajó en varias cosas, inclusive la fabricación de jabones. A los 16 años comenzó a colaborar en la página dominical de La Crónica. *En 1953, fundó el "Círculo de Novelistas Peruanos" con el propósito de publicar obras inéditas de los escritores jóvenes. Sus propios cuentos se publicaron en* Lima, hora cero *(1954),* Anselmo Amancio *(1955) y* Kikuyo *(1955). Su última obra literaria fue una novela:* No una, sino muchas muertes *(1957). Últimamente se dedica a escribir textos pedagógicos y vive en Caracas.*

EL NIÑO DE JUNTO AL CIELO

POR ALGUNA desconocida razón, Esteban había llegado al lugar exacto, precisamente al único lugar... Pero ¿no sería más bien que "aquello" había venido hacia él? Bajó la vista y volvió a mirar. Sí, ahí seguía el billete anaranjado, junto a sus pies, junto a su vida.

¿Por qué, por qué él?

Su madre se había encogido de hombros al pedirle él autorización para conocer la ciudad, pero después le advirtió que tuviera cuidado con los carros y con las gentes. Había descendido desde el cerro hasta la carretera y, a los pocos pasos, divisó "aquello" junto al sendero que corría paralelamente a la pista.

Vacilante, incrédulo, se agachó y lo tomó entre sus manos. Diez, diez, diez, era un billete de diez soles, un billete que contenía muchísimas pesetas, innumerables reales. ¿Cuántos reales, ¿cuántos medios exactamente? Los conocimientos de Esteban no abarcaban tales complejidades y, por otra parte, le bastaba con saber que se trataba de un papel anaranjado que decía "diez" por sus dos lados.

Siguió por el sendero, rumbo a los edificios que se veían más allá de ese otro cerro cubierto de casas. Esteban caminaba unos metros, se detenía y sacaba el billete del bolsillo para comprobar su indispensable presencia. ¿Había venido el billete hacia él —se preguntaba— o era él el que había ido hacia el billete?

Cruzó la pista y se internó en un terreno salpicado de basuras, desperdicios de albañilería y excrementos; llegó a una calle y desde allí divisó el famoso mercado, el mayorista, del que tanto había oído hablar. ¿Eso era Lima, Lima, Lima?... La palabra le sonaba a hueco. Recordó: su tío le había dicho que Lima era una ciudad grande, tan grande que en ella vivían un millón de personas.

¿La bestia con un millón de cabezas? Esteban había soñado hacía unos días, antes del viaje, en eso: una bestia con un millón de cabezas. Y ahora él, con cada paso que daba, iba internándose dentro de la bestia...

Se detuvo, miró y meditó: la ciudad, el mercado mayorista, los edificios de tres y cuatro pisos, los autos, la infinidad de gentes —algunas como él, otras no como él— y el billete anaranjado, quieto, dócil en el bolsillo de su pantalón. El billete llevaba el "diez" por ambos lados y en eso se parecía a Esteban. Él también llevaba el "diez" en su rostro y en su conciencia. El "diez años" lo hacía sentirse seguro y confiado, pero sólo hasta cierto punto. Antes, cuando comenzaba a tener noción de las cosas y de los hechos, la meta, el horizonte había sido fijado en los diez años. ¿Y ahora? No, desgraciadamente no. Diez años no era todo. Esteban se sentía incompleto aún. Quizá si cuando tuviera doce, quizá si cuando llegara a los quince. Quizá ahora mismo, con la ayuda del billete anaranjado.

Estuvo dando vueltas, atisbando dentro de la bestia, hasta

498

que llegó a sentirse parte de ella. Un millón de cabezas y, ahora, una más. La gente se movía, se agitaba, unos iban en una dirección, otros en otra, y él, Esteban, con el billete anaranjado, quedaba siempre en el centro de todo, en el ombligo mismo.

Unos muchachos de su edad jugaban en la vereda. Esteban se detuvo a unos metros de ellos y quedó observando el ir y venir de las bolas; jugaban dos y el resto hacía ruedo. Bueno, había andado unas cuadras y por fin encontraba seres como él, gente que no se movía incesantemente de un lado a otro. Parecía, por lo visto, que también en la ciudad había seres humanos.

¿Cuánto tiempo estuvo contemplándolos? ¿Un cuarto de hora? ¿Media hora? ¿Una hora, acaso dos? Todos los chicos se habían ido, todos menos uno. Esteban quedó mirándolo, mientras su mano dentro del bolsillo acariciaba el billete.

—¡Hola, hombre!

—Hola... —respondió Esteban, susurrando casi.

El chico era más o menos de su misma edad y vestía pantalón y camisa de un mismo tono, algo que debió ser caqui en otros tiempos, pero que ahora pertenecía a esa categoría de colores vagos e indefinibles.

—¿Eres de por acá? —le preguntó a Esteban.

—Sí, este... —se aturdió y no supo cómo explicar que vivía en el cerro y que estaba de viaje de exploración a través de la bestia de un millón de cabezas.

—¿De dónde, ah? —se había acercado y estaba frente a Esteban. Era más alto y sus ojos, inquietos, le recorrían de arriba abajo—. ¿De dónde, ah? —volvió a preguntar.

—De allá, del cerro —y Esteban señaló en la dirección en que había venido.

—¿San Cosme?

Esteban meneó la cabeza negativamente.

—¿Del Agustino?

—¡Sí, de ahí! —exclamó sonriendo. Ése era el nombre y ahora lo recordaba Desde hacía meses, cuando se enteró de la decisión de su tío de venir a radicarse a Lima, venía averiguando cosas de la ciudad. Fue así como supo que Lima era muy grande, demasiado grande tal vez; que había un sitio que se llamaba Callao y que ahí llegaban buques de otros países; que había lugares muy bonitos, tiendas enormes, calles larguísimas... ¡Lima!... Su tío había salido dos meses antes que ellos con el propósito de conseguir casa. Una casa. "¿En qué sitio será?", le había preguntado a su madre. Ella tampoco sabía. Los días corrieron y después de muchas semanas llegó la carta que ordenaba partir. ¡Lima!... ¿El cerro del Agustino, Esteban? Pero él no lo llamaba así. Ese lugar tenía otro nombre. La choza que su tío había levantado quedaba en el barrio de Junto al Cielo. Y Esteban era el único que lo sabía.

—Yo no tengo casa... —dijo el chico, después de un rato. Tiró una bola contra la tierra y exclamó—: ¡Caray, no tengo!

—¿Dónde vives, entonces? —se animó a inquirir Esteban.

El chico recogió la bola, la frotó en su mano y luego respondió:

—En el mercado; cuido la fruta, duermo a ratos... —amistoso y sonriente, puso una mano sobre el hombro de Esteban y le preguntó—: ¿Cómo te llamas tú?

—Esteban...

—Yo me llamo Pedro —tiró la bola al aire y la recibió en la palma de su mano—. Te juego, ¿ya, Esteban?

Las bolas rodaron sobre la tierra, persiguiéndose mutuamente. Pasaron los minutos, pasaron hombres y mujeres junto a ellos, pasaron autos por la calle, siguieron pasando los minutos. El juego había terminado, Esteban no tenía nada que hacer junto a la habilidad de Pedro. Las bolas al bolsillo y los pies sobre el cemento gris de la acera. ¿Adónde ahora? Empezaron a caminar juntos. Esteban se sentía más a gusto en compañía de Pedro que estando solo.

Dieron algunas vueltas. Más y más edificios. Más y más gentes. Más y más autos en las calles. Y el billete anaranjado seguía en el bolsillo. Esteban lo recordó.

500

—¡Mira lo que me encontré! —lo tenía entre sus dedos y el viento lo hacía oscilar levemente.

—¡Caray! —exclamó Pedro y lo tomó, examinándolo al detalle—. ¡Diez soles, caray! ¿Dónde lo encontraste?

—Junto a la pista, cerca del cerro —explicó Esteban.

Pedro le devolvió el billete y se concentró un rato. Luego preguntó: —¿Qué piensas hacer, Esteban?

—No sé, guardarlo, seguro... —y sonrió tímidamente.

—¡Caray, yo con una libra haría negocios, palabra que sí!

—¿Cómo?

Pedro hizo un gesto impreciso que podía revelar, a un mismo tiempo, muchísimas cosas. Su gesto podía interpretarse como una total despreocupación por el asunto —los negocios— o como una gran abundancia de posibilidades y perspectivas. Esteban no comprendió.

—¿Qué clase de negocios, ah?

—¡Cualquier clase, hombre! —pateó una cáscara de naranja, que rodó desde la vereda hasta la pista; casi inmediatamente pasó un ómnibus que la aplastó contra el pavimento—. Negocios hay de sobra, palabra que sí. Y en unos dos días cada uno de nosotros podría tener otra libra en el bolsillo.

—¿Una libra más? —preguntó Esteban, asombrándose.

—¡Pero, claro; claro que sí!... —volvió a examinar a Esteban y le preguntó—: ¿Tú eres de Lima?

Esteban se ruborizó. No, él no había crecido al pie de las paredes grises, ni jugando sobre el cemento áspero e indiferente. Nada de eso en sus diez años, salvo lo de ese día.

—No, no soy de acá, soy de Tarma; llegué ayer...

—¡Ah! —exclamó Pedro, observándolo fugazmente—. ¿De Tarma, no?

—Sí, de Tarma...

Habían dejado atrás el mercado y estaban junto a la carretera. A medio kilómetro de distancia se alzaba el cerro del Agustino, el barrio de Junto al Cielo, según Esteban. Antes del viaje, en Tarma, se había preguntado: "¿Iremos a vivir a Miraflores, al Callao, a San Isidro, a Chorrillos; en cuál de esos barrios quedará la casa de mi tío?" Habían tomado el ómnibus y después de varias horas de pesado y fatigante viaje arribaban a Lima. ¿Miraflores? ¿La Victoria? ¿San Isidro? ¿Callao? ¿Adónde, Esteban, adónde? Su tío había mencionado el lugar y era la primera vez que Esteban lo oía nombrar. "Debe ser algún barrio nuevo", pensó. Tomaron un auto y cruzaron calles y más calles. Todas diferentes, pero, cosa curiosa, todas parecidas también. El auto los dejó al pie de un cerro. Casas junto al cerro, casas en mitad del cerro, casas en la cumbre del cerro.

Habían subido, y una vez arriba, junto a la choza que había levantado su tío, Esteban contempló a la bestia con un millón de cabezas. La "cosa" se extendía y se desparramaba, cubriendo la tierra de casas, calles, techos, edificios, más allá de lo que su vista podía alcanzar. Entonces Esteban había levantado los ojos y se había sentido tan encima de todo —o tan abajo quizá— que había pensado que estaba en el barrio de Junto al Cielo.

—Oye, ¿quisieras entrar en algún negocio conmigo? —Pedro se había detenido y lo contemplaba, esperando respuesta.

—¿Yo?... —titubeando, preguntó—: ¿Qué clase de negocio? ¿Tendría otro billete mañana?

—¡Claro que sí, por supuesto! —afirmó resueltamente.

La mano de Esteban acarició el billete y pensó que podría tener otro billete más, y otro más y muchos más. Muchísimos billetes más, seguramente. Entonces el "diez años" sería esa meta que siempre había soñado.

—¿Qué clase de negocios se puede, ah? —preguntó Esteban.

Pedro se sonrió y explicó:

—Negocios hay muchos... Podríamos comprar periódicos y venderlos por Lima; podríamos comprar revistas, chistes... —hizo una pausa y escupió con vehemencia. Luego dijo, entusiasmándose—: Mira, compramos diez soles de revistas y las vendemos ahora mismo, en la tarde, y tenemos quince soles, palabra.

502

—¿Quince soles?

—¡Claro, quince soles! ¡Dos cincuenta para ti y dos cincuenta para mí! ¿Qué te parece, ah?

Convinieron en reunirse al pie del cerro dentro de una hora; convinieron en que Esteban no diría nada, ni a su madre ni a su tío; convinieron en que venderían revistas y que de la libra de Esteban saldrían muchísimas cosas.

Esteban había almorzado apresuradamente y le había vuelto a pedir permiso a su madre para bajar a la ciudad. Su tío no almorzaba con ellos, pues en su trabajo le daban de comer gratis, completamente gratis, como había recalcado al explicar su situación. Esteban bajó por el sendero ondulante, saltó la acequia y se detuvo al borde de la carretera, justamente en el mismo lugar en que había encontrado, en la mañana, el billete de diez soles. Al poco rato apareció Pedro y empezaron a caminar juntos, internándose dentro de la bestia de un millón de cabezas.

—Vas a ver qué fácil es vender revistas, Esteban. Las ponemos en cualquier sitio, la gente las ve y, listo, las compra para sus hijos. Y si queremos nos ponemos a gritar en la calle el nombre de las revistas, y así vienen más rápido... ¡Ya vas a ver qué bueno es hacer negocios!...

—¿Queda muy lejos el sitio? —preguntó Esteban, al ver que las calles seguían alargándose casi hasta el infinito. Qué lejos había quedado Tarma, qué lejos había quedado todo lo que hasta hace unos días había sido habitual para él.

—No, ya no. Ahora estamos cerca del tranvía y nos vamos gorreando hasta el centro.

—¿Cuánto cuesta el tranvía?

—¡Nada, hombre! —y se rió de buena gana—. Lo tomamos no más y le decimos al conductor que nos deje ir hasta la Plaza de San Martín.

Más y más cuadras. Y los autos, algunos viejos, otros increíblemente nuevos y flamantes, pasaban veloces, rumbo sabe Dios dónde.

—¿Adónde va toda esa gente en auto?

Pedro sonrió y observó a Esteban. Pero, ¿adónde iban realmente? Pedro no halló ninguna respuesta satisfactoria y se limitó a mover la cabeza de un lado a otro. Más y más cuadras. Al fin terminó la calle y llegaron a una especie de parque.

—¡Corre! —le gritó Pedro, de súbito. El tranvía comenzaba a ponerse en marcha. Corrieron, cruzaron en dos saltos la pista y se encaramaron al estribo.

Una vez arriba, se miraron sonrientes. Esteban empezó a perder el temor y llegó a la conclusión de que seguía siendo el centro de todo. La bestia de un millón de cabezas no era tan espantosa como había soñado, y ya no le importaba estar allí siempre, aquí o allá, en el centro mismo, en el ombligo mismo de la bestia.

Parecía que el tranvía se había detenido definitivamente esta vez, después de una serie de paradas. Todo el mundo se había levantado de sus asientos y Pedro lo estaba empujando.

—Vamos, ¿qué esperas?

—¿Aquí es?

—Claro, baja.

Descendieron y otra vez a rodar sobre la piel de cemento de la bestia. Esteban veía más gente y la veía marchar —sabe Dios dónde— con más prisa que antes. ¿Por qué no caminaban tranquilos, suaves, con gusto, como la gente de Tarma?

—Después volvemos y por estos mismos sitios vamos a vender las revistas.

—Bueno —asintió Esteban. El sitio era lo de menos, se dijo, lo importante era vender las revistas y que la libra se convirtiera en varias más. Eso era lo importante.

—¿Tú tampoco tienes papá? —le preguntó Pedro, mientras doblaban hacia una calle por la que pasaban los rieles del tranvía.

—No, no tengo… —y bajó la cabeza, entristecido. Luego de un momento, Esteban preguntó—: ¿Y tú?

504

—Tampoco, ni papá ni mamá —Pedro se encogió de hombros y apresuró el paso. Después inquirió descuidadamente—. ¿Y al que le dices "tío"?

—Ah… él vive con mi mamá; ha venido a Lima de chofer… —calló, pero en seguida dijo—: Mi papá murió cuando yo era chico…

—¡Ah, caray!… Y tu "tío", ¿qué tal te trata?

—Bien; no se mete conmigo para nada.

—¡Ah!

Habían llegado al lugar. Tras un portón se veía un patio más o menos grande, puertas, ventanas y dos letreros que anunciaban revistas al por mayor.

—Ven, entra —le ordenó Pedro.

Estaban adentro. Desde el piso hasta el techo había revistas, y algunos chicos como ellos; dos mujeres y un hombre seleccionaban sus compras. Pedro se dirigió a uno de los estantes y fue acumulando revistas bajo el brazo. Las contó y volvió a revisarlas.

—Paga.

Esteban vaciló un momento. Desprenderse del billete anaranjado era más desagradable de lo que había supuesto. Se estaba bien teniéndolo en el bolsillo y pudiendo acariciarlo cuantas veces fuera necesario.

—Paga —repitió Pedro, mostrándole las revistas a un hombre gordo que controlaba la venta.

—¿Es justo una libra?

—Sí, justo. Diez revistas a un sol cada una.

Oprimió el billete con desesperación, pero al fin terminó por extraerlo del bolsillo. Pedro se lo quitó rápidamente de la mano y lo entregó al hombre.

—Vamos —dijo, jalándolo.

Se instalaron en la Plaza San Martín y alinearon las diez revistas en uno de los moros que circundan el jardín. "Revistas, revistas, revistas, señor; revistas, señora, revistas, revistas." Cada vez que una de las revistas desaparecía con un comprador, Esteban suspiraba aliviado. Quedaban seis revistas y pronto, de seguir así las cosas, no habría de quedar ninguna.

—¿Qué te parece, ah? —preguntó Pedro, sonriendo con orgullo.

—Está bueno, está bueno... —y se sintió enormemente agradecido con su amigo y socio.

—Revistas, revistas; ¿no quiere un chiste, señor?

El hombre se detuvo y examinó las carátulas.

—¿Cuánto?

—Un sol cincuenta, no más...

La mano del hombre quedó indecisa sobre dos revistas. ¿Cuál, cuál llevará? Al fin se decidió.

—Cóbrese.

Y las monedas cayeron, tintineantes, al bolsillo de Pedro. Esteban se limitaba a observar; meditaba y sacaba sus conclusiones: una cosa era soñar, allá en Tarma, con una bestia de un millón de cabezas, y otra era estar en Lima, en el centro mismo del universo, absorbiendo y paladeando con fruición la vida. Él era el socio capitalista y el negocio marchaba estupendamente bien. "Revistas, revistas", gritaba el socio industrial, y otra revista más que desaparecía en manos impacientes. "¡Apúrate con el vuelto", exclamaba el comprador. Y todo el mundo caminaba aprisa, rápidamente. "¿Adónde van, que se apuran tanto?", pensaba Esteban.

Bueno, bueno, la bestia era una bestia bondadosa, amigable, aunque algo difícil de comprender. Eso no importaba; seguramente, con el tiempo, se acostumbraría. Era una magnífica bestia que estaba permitiendo que el billete de diez soles se multiplicara. Ahora ya no quedaban más que dos revistas sobre el muro. Dos nada más y ocho desparramándose por desconocidos e ignorados rincones de la bestia. "Revistas, revistas, chistes a sol cincuenta, chistes..." Listo, ya no quedaba más que una revista y Pedro anunció que eran las cuatro y media.

—¡Caray, me muero de hambre, no he almorzado!... —prorrumpió luego.

506

—¿No has almorzado?

—No, no he almorzado... —observó a posibles compradores entre las personas que pasaban y después sugirió—: ¿Me podrías ir a comprar un pan o un bizcocho?

—Bueno —aceptó Esteban inmediatamente.

Pedro sacó un sol del bolsillo y explicó:

—Esto es de los dos cincuenta de mi ganancia, ¿ya?

—Sí, ya sé.

—¿Ves ese cine? —preguntó Pedro, señalando a uno que quedaba en esquina. Esteban asintió—. Bueno, sigues por esa calle y a mitad de cuadra hay una tiendecita de japoneses. Anda y cómprame un pan con jamón o tráeme un plátano y galletas, cualquier cosa, ¿ya, Esteban?

—Ya.

Recibió el sol, cruzó la pista, pasó por entre dos autos estacionados y tomó la calle que le había indicado Pedro. Sí, ahí estaba la tienda. Entró.

—Déme un pan con jamón —pidió a la muchacha que atendía.

Sacó un pan de la vitrina, lo envolvió en un papel y se lo entregó. Esteban puso la moneda sobre el mostrador.

—Vale un sol veinte —advirtió la muchacha.

—¡Un sol veinte!... —devolvió el pan y quedó indeciso un instante. Luego se decidió—: Dame un sol de galletas entonces.

Tenía el paquete de galletas en la mano y andaba lentamente. Pasó junto al cine y se detuvo a contemplar los atrayentes avisos. Miró a su gusto y, luego, prosiguió caminando. ¿Habría vendido Pedro la revista que le quedaba?

Más tarde, cuando regresara a Junto al Cielo, lo haría feliz, absolutamente feliz. Pensó en ello, apresuró el paso, atravesó la calle, esperó que pasaran unos automóviles y llegó a la vereda. Veinte o treinta metros más allá había quedado Pedro. ¿O se había confundido? Porque ya Pedro no estaba en ese lugar ni en ninguno otro.

Llegó al sitio preciso y nada, ni Pedro ni revista, ni quince soles, ni… ¿Cómo había podido perderse o desorientarse? Pero ¿no era ahí donde habían estado vendiendo las revistas? ¿Era o no era? Miró a su alrededor. Sí, en el jardín de atrás seguía la envoltura de un chocolate. El papel era amarillo con letras rojas y negras, y él lo había notado cuando se instalaron, hacía más de dos horas. Entonces, ¿no se había confundido? ¿Y Pedro, y los quince soles, y la revista?

"Bueno, no era necesario asustarse", pensó. Seguramente se había demorado y Pedro lo estaba buscando. Eso tenía que haber sucedido obligadamente. Pasaron los minutos. No, Pedro no había ido a buscarlo: ya estaría de regreso de ser así. Tal vez había ido con un comprador a conseguir cambio. Más y más minutos fueron quedando a sus espaldas. No, Pedro no había ido a buscar sencillo: ya estaría de regreso de ser así. ¿Entonces?…

—Señor, ¿tiene hora? —le preguntó a un joven que pasaba.

—Sí, las cinco en punto.

Esteban bajó la vista, hundiéndola en la piel de la bestia, y prefirió no pensar. Comprendió que, de hacerlo, terminaría llorando y eso no podía ser. Él ya tenía diez años, y diez años no eran ni ocho ni nueve. ¡Eran diez años!

—¿Tiene hora, señorita?

—Sí —sonrió y dijo con una voz linda—: Las seis y diez— y se alejó, presurosa.

¿Y Pedro, y los quince soles, y la revista?… ¿Dónde estaban, en qué lugar de la bestia con un millón de cabezas estaban?… Desgraciadamente no lo sabía y sólo quedaba la posibilidad de esperar y seguir esperando…

—¿Tiene hora, señor?

—Un cuarto para las siete.

—Gracias…

¿Entonces?… Entonces, ¿ya Pedro no iba a regresar?… ¿Ni Pedro, ni los quince soles, ni la revista iban a regresar entonces?… Decenas de letreros luminosos se habían encendido. Letreros luminosos que se apagaban y se volvían a encender; y más y más gente sobre la piel de la bestia. Y la gente caminaba más aprisa ahora. Rápido, rápido, apúrense, más rápido aún, más, más, hay que apurarse muchísimo más, apúrense más... Y Esteban permanecía inmóvil, recostado en el muro, con el paquete de galletas en la mano y con las esperanzas en el bolsillo de Pedro... Inmóvil, dominándose para no terminar en pleno llanto.

Entonces, ¿Pedro lo había engañado?... ¿Pedro, su amigo, le había robado el billete anaranjado?... ¿O no sería, más bien, la bestia con un millón de cabezas la causa de todo?... Y ¿acaso no era Pedro parte integrante de la bestia?...

Sí y no. Pero ya nada importaba. Dejó el muro, mordisqueó una galleta y, desolado, se dirigió a tomar el tranvía.

COMENTARIO

La nueva promoción de cuentistas peruanos parece haberse puesto de acuerdo sobre una temática: las barriadas de Lima. "La sequía" de José Bonilla Amado (1927), "El muñeco" de Carlos E. Zavaleta (1928), "Los gallinazos sin plumas" de Julio Ramón Ribeyro (1929), "El niño de Junto al Cielo" de Enrique Congrains Martín (1932) y "Arreglo de cuentas" de Mario Vargas Llosa (1936), todos penetran en el mundo cruel en que se crían los niños pobres de una gran ciudad. Sociológicamente reflejan el abandono del campo y el crecimiento desordenado de los grandes centros de población de todo el mundo. Los autores, sin embargo, que son literatos profesionales —algunos se han doctorado en literatura— no se olvidan de su oficio y saben destacar los dramas personales que resultan de los problemas sociológicos.

Aunque la combinación de la fantasía y la realidad en "El niño de Junto al Cielo" hace pensar en el realismo mágico, no hay ninguna duda sobre la realidad del argumento ni sobre la existencia de los dos protagonistas. En efecto, los toques fantásticos sirven para reforzar el realismo del mundo infantil del protagonista. De la misma manera, el tiempo rápido e inmóvil a la vez en la contemplación del juego y en la espera del regreso de Pedro no proviene tanto de la experimentación cubista como de la inconsciencia infantil del paso del tiempo.

Desde el principio, el autor emplea las preguntas retóricas y la repetición para captar la manera de hablar de un niño y para que toda la narración parezca surgir del interior del protagonista. La insistencia en la imagen de la ciudad como la bestia con un millón de cabezas, en contraste con el nombre del barrio, Junto al Cielo, se hace no tanto para producir un efecto artístico, sino para darle al cuento trazas de la literatura infantil. El momento en que Esteban se da cuenta de la traición de Pedro coincide con el movimiento vertiginoso de la bestia que quiere tragárselo. La resistencia inmóvil del niño puede indicar la fuerza inquebrantable del indio estoico, pero en este cuento, el autor no insiste en el carácter indio de Esteban. Éste es, antes que todo, un niño para quien la vida es una serie de casualidades incomprensibles. El encuentro de los 10 soles, que él asocia con sus propios 10 años, es tan fortuito como la revelación del descubrimiento de Pedro. Ahí está uno de los aciertos del cuento. Pedro se hace amigo de Esteban sin malicia alguna; sólo después de que éste le cuenta, por impulso propio, el descubrimiento del billete, comienza Pedro a planear el robo. La incredulidad de Esteban frente a la primera (?) traición de un prójimo se vuelve certidumbre desolada. El mordisquear la galleta es una reacción tan amarga, resignada... y universal como la del desquite de Puruco en "Campeones" contra la injusticia irracional del mundo.

GABRIEL GARCÍA MÁRQUEZ
[1927*]

Colombiano. Nació en Aracataca, pueblo tropical en la zona bananera del Caribe. Criado en gran parte por los abuelos, cursó los dos primeros años de la secundaria en un colegio de jesuitas en Barranquilla (1940-1942) para luego trasladarse al Liceo Nacional de Zipaquirá, cerca de Bogotá, donde obtuvo el bachillerato en 1946. Se matriculó en la Universidad Nacional, pero abandonó los estudios de derecho en 1948 para regresar a la costa, donde empezó su carrera periodística escribiendo una columna diaria en la prensa de Cartagena. En 1950 se mudó a Barranquilla incorporándose al grupo de jóvenes literatos y bohemios formado por Álvaro Cepeda Samudio, Germán Vargas y Alfonso Fuenmayor bajo la tutela del padre de éste y del sabio catalán Ramón Vinyes. En 1954 ganó el premio de la Asociación Nacional de Escritores y Artistas por su cuento "Un día después del sábado". Su primera novela, La hojarasca *(1955), fue aclamada en el momento de su publicación como la mejor novela colombiana desde* La vorágine. *Nombrado corresponsal de* El Espectador *en París, quedó varado en esa ciudad entre 1955 y 1957 después de que el dictador Rojas Pinilla cerró el periódico. Se entusiasmó con el triunfo de la Revolución cubana en 1959 y trabajó brevemente en Nueva York con Prensa Latina, agencia de noticias internacionales establecida por Cuba para ofrecer otra opción frente a las agencias* AP *y* UP. *La publicación en 1961 de la novela corta* El coronel no tiene quien le escriba

* Aunque se suele decir y escribir que nació en 1928, su amigo barranquillero Germán Vargas asegura que posee la partida de bautismo que indica que nació el 6 de marzo de 1927 (igual que este antólogo). También lo asegura el padre de García Márquez según una nota publicada en *Hispania* (septiembre de 1978, p. 541) por Harley D. Oberhelman.

aumentó su fama literaria y todavía se considera una de sus mejores obras. Radicado en México a partir de 1962 donde ha trabajado de guionista, publicó otra novela corta, La mala hora *(1962) y la colección de cuentos* Los funerales de la Mamá Grande *(1962), que incluye* "La prodigiosa tarde de Baltazar". *Esos cuentos más las tres novelas cortas anteriores llegaron a fundirse, a cuajarse, a transformarse en una de las obras maestras de la literatura internacional,* Cien años de soledad *(1967), que le valió 15 años después el Premio Nobel. En 1970 volvió a publicarse una de sus primeras crónicas periodísticas:* Relato de un náufrago. *Los cuentos de* La increíble y triste historia de la cándida Eréndira y su abuela desalmada *(1972) constituyen una transición a la prosa mas densa de* El otoño del patriarca *(1975), una de las mejores novelas sobre el dictador latinoamericano publicadas en esos años por Carpentier, Roa Bastos, Aguilera Malta, Ibargüengoitia, Murena, Thorne y Avilés Fabila. Con* Crónica de una muerte anunciada *(1981), García Márquez volvió a la novela corta dando otra versión de la vida pueblerina en la costa de Colombia.*

Desde 1967 ha vivido en Barcelona, México, Bogotá y Cartagena, dedicándose a la literatura y a los reportajes políticos, entre los que se destacan el de "Cuba en Angola" *sobre la* Operación Carlota *(1975) y el del asalto al Palacio Nacional por Edén Pastora y los sandinistas en 1979. Su obra periodística se ha recopilado en seis tomos gruesos publicados a partir de 1981. Desde entonces, García Márquez ha publicado cuatro novelas:* El amor en los tiempos del cólera *(1985),* El general en su laberinto *(1989),* Del amor y otros demonios *(1994) y* Noticia de un secuestro *(1996); un tomo de cuentos,* Doce cuentos peregrinos *(1992), y en 1988 estrenó en Buenos Aires su primera obra teatral,* Diatriba de un amor contra un hombre sentado.

LA PRODIGIOSA TARDE DE BALTAZAR*

LA JAULA estaba terminada. Baltazar la colgó en el alero, por la fuerza de la costumbre, y cuando acabó de almorzar ya se decía por todos lados que era la jaula más bella del mundo. Tanta gente vino a verla, que se formó un tumulto frente a la casa, y Baltazar tuvo que descolgarla y cerrar la carpintería.

—Tienes que afeitarte —le dijo Úrsula, su mujer—. Pareces un capuchino.

—Es malo afeitarse después del almuerzo —dijo Baltazar.

Tenía una barba de dos semanas, un cabello corto, duro y parado como las crines de un mulo, y una expresión general de muchacho asustado. Pero era una expresión falsa. En febrero había cumplido 30 años, vivía con Úrsula desde hacía cuatro, sin casarse y sin tener hijos, y la vida le había dado muchos motivos para estar alerta, pero ninguno para estar asustado. Ni siquiera sabía que para algunas personas, la jaula que acababa de hacer era la más bella del mundo. Para él, acostumbrado a hacer jaulas desde niño, aquel había sido apenas un trabajo más arduo que los otros.

—Entonces repósate un rato —dijo la mujer—. Con esa barba no puedes presentarte en ninguna parte.

Mientras reposaba tuvo que abandonar la hamaca varias veces para mostrar la jaula a los vecinos. Úrsula no le había prestado atención hasta entonces. Estaba disgustada porque su marido había descuidado el trabajo de la carpintería para dedicarse por entero a la jaula, y durante dos semanas había dormido mal, dando tumbos y hablando disparates, y no había vuelto a pensar en afeitarse. Pero el disgusto se disipó ante la jaula terminada. Cuando Baltazar despertó de la siesta, ella le había planchado los pantalones y una camisa, los había puesto en un asiento junto a la hamaca, y había llevado la jaula a la mesa del comedor. La contemplaba en silencio.

* © Gabriel García Márquez, 1962.

—¿Cuánto vas a cobrar? —preguntó.

—No sé —contestó Baltazar—. Voy a pedir treinta pesos para ver si me dan veinte.

—Pide cincuenta —dijo Úrsula—. Te has trasnochado mucho en estos quince días. Además, es bien grande. Creo que es la jaula más grande que he visto en mi vida.

Baltazar empezó a afeitarse.

—¿Crees que me darán los cincuenta pesos?

—Eso no es nada para don Chepe Montiel, y la jaula los vale —dijo Úrsula—. Debías pedir sesenta.

La casa yacía en una penumbra sofocante. Era la primera semana de abril y el calor parecía menos soportable por el pito de las chicharras. Cuando acabó de vestirse, Baltazar abrió la puerta del patio para refrescar la casa, y un grupo de niños entró en el comedor.

La noticia se había extendido. El doctor Octavio Giraldo, un médico viejo, contento de la vida pero cansado de la profesión, pensaba en la jaula de Baltazar mientras almorzaba con su esposa inválida. En la terraza interior donde ponían la mesa en los días de calor había muchas macetas con flores y dos jaulas con canarios.

A su esposa le gustaban los pájaros, y le gustaban tanto que odiaba a los gatos porque eran capaces de comérselos. Pensando en ella, el doctor Giraldo fue esa tarde a visitar a un enfermo, y al regreso pasó por la casa de Baltazar a conocer la jaula.

Había mucha gente en el comedor. Puesta en exhibición sobre la mesa, la enorme cúpula de alambre con tres pisos interiores, con pasadizos y compartimientos especiales para comer y dormir, y trapecios en el espacio reservado al recreo de los pájaros, parecía el modelo reducido de una gigantesca fábrica de hielo. El médico la examinó cuidadosamente, sin tocarla, pensando que en efecto aquella jaula era superior a su propio prestigio, y mucho más bella de lo que había soñado jamás para su mujer.

—Esto es una aventura de la imaginación —dijo. Buscó

a Baltazar en el grupo y agregó, fijos en él sus ojos maternales—: Hubieras sido un extraordinario arquitecto.

Baltazar se ruborizó.

—Gracias —dijo.

—Es verdad —dijo el médico. Tenía una gordura lisa y tierna como la de una mujer que fue hermosa en su juventud, y unas manos delicadas. Su voz parecía la de un cura hablando en latín—. Ni siquiera será necesario ponerle pájaros —dijo, haciendo girar la jaula frente a los ojos del público, como si la estuviera vendiendo—. Bastará con colgarla entre los árboles para que cante sola. —Volvió a ponerla en la mesa, pensó un momento, mirando la jaula, y dijo:

—Bueno, pues me la llevo.

—Está vendida —dijo Úrsula.

—Es del hijo de don Chepe Montiel —dijo Baltazar—. La mandó a hacer expresamente.

El médico asumió una actitud respetable.

—¿Te dio el modelo?

—No —dijo Baltazar—. Dijo que quería una jaula grande, como ésa, para una pareja de turpiales.

El médico miró la jaula.

—Pero ésta no es para turpiales.

—Claro que sí, doctor —dijo Baltazar, acercándose a la mesa. Los niños lo rodearon—. Las medidas están bien calculadas —dijo, señalando con el índice los diferentes compartimientos. Luego golpeó la cúpula con los nudillos, y la jaula se llenó de acordes profundos.

—Es el alambre más resistente que se puede encontrar, y cada juntura está soldada por dentro y por fuera —dijo.

—Sirve hasta para un loro —intervino uno de los niños.

—Así es —dijo Baltazar.

El médico movió la cabeza.

—Bueno, pero no te dio el modelo —dijo—. No te hizo ningún encargo preciso, aparte de que fuera una jaula grande para turpiales. ¿No es así?

—Así es —dijo Baltazar.

—Entonces no hay problema —dijo el médico—. Una cosa es una jaula grande para turpiales y otra cosa es esta jaula. No hay pruebas de que sea ésta la que te mandaron hacer.

—Es esta misma —dijo Baltazar, ofuscado—. Por eso la hice.

El médico hizo un gesto de impaciencia.

—Podrías hacer otra —dijo Úrsula, mirando a su marido. Y después, hacia el médico—: Usted no tiene apuro.

—Se la prometí a mi mujer para esta tarde —dijo el médico.

—Lo siento mucho, doctor —dijo Baltazar—, pero no se puede vender una cosa que ya está vendida.

El médico se encogió de hombros. Secándose el sudor del cuello con un pañuelo, contempló la jaula en silencio, sin mover la mirada de un mismo punto indefinido, como se mira un barco que se va.

—¿Cuánto te dieron por ella?

Baltazar buscó a Úrsula sin responder.

—Sesenta pesos —dijo ella.

El médico siguió mirando la jaula.

—Es muy bonita —suspiró—. Sumamente bonita.

Luego, moviéndose hacia la puerta, empezó a abanicarse con energía, sonriente, y el recuerdo de aquel episodio desapareció para siempre de su memoria.

—Montiel es muy rico —dijo.

En verdad, José Montiel no era tan rico como parecía, pero había sido capaz de todo por llegar a serlo. A pocas cuadras de allí, en una casa atiborrada de arneses donde nunca se había sentido un olor que no se pudiera vender, permanecía indiferente a la novedad de la jaula. Su esposa, torturada por la obsesión de la muerte, cerró puertas y ventanas después del almuerzo y yació dos horas con los ojos abiertos en la penumbra del cuarto, mientras José Montiel hacía la siesta. Así la sorprendió un alboroto de muchas voces. Entonces abrió la puerta de la sala y vio un tumulto frente a la casa, y

516

a Baltazar con la jaula en medio del tumulto, vestido de blanco y acabado de afeitar, con esa expresión de decoroso candor con que los pobres llegan a la casa de los ricos.

—Qué cosa tan maravillosa —exclamó la esposa de José Montiel, con una expresión radiante, conduciendo a Baltazar hacia el interior—. No había visto nada igual en mi vida —dijo, y agregó, indignada con la multitud que se agolpara en la puerta—: Pero llévesela para adentro que nos van a convertir la sala en una gallera.

Baltazar no era un extraño en la casa de José Montiel. En distintas ocasiones, por su eficacia y buen cumplimiento, había sido llamado para hacer trabajos de carpintería menor. Pero nunca se sintió bien entre los ricos. Solía pensar en ellos, en sus mujeres feas y conflictivas, en sus tremendas operaciones quirúrgicas, y experimentaba siempre un sentimiento de piedad. Cuando entraba en sus casas no podía moverse sin arrastrar los pies.

—¿Está Pepe? —preguntó.

Había puesto la jaula en la mesa del comedor.

—Está en la escuela —dijo la mujer de José Montiel—. Pero ya no debe demorar. —Y agregó—: Montiel se está bañando.

En realidad José Montiel no había tenido tiempo de bañarse. Se estaba dando una urgente fricción de alcohol alcanforado para salir a ver lo que pasaba. Era un hombre tan prevenido, que dormía sin ventilador eléctrico para vigilar durante el sueño los rumores de la casa.

—Ven a ver qué cosa tan maravillosa —gritó su mujer.

José Montiel —corpulento y peludo, la toalla colgada en la nuca— se asomó por la ventana del dormitorio.

—¿Qué es eso?

—La jaula de Pepe —dijo Baltazar.

La mujer lo miró perpleja.

—¿De quién?

—De Pepe —confirmó Baltazar. Y después dirigiéndose a José Montiel—: Pepe me la mandó a hacer.

Nada ocurrió en aquel instante, pero Baltazar se sintió como si le hubieran abierto la puerta del baño. José Montiel salió en calzoncillos del dormitorio.

—Pepe —gritó.

—No ha llegado —murmuró su esposa, inmóvil.

Pepe apareció en el vano de la puerta. Tenía unos doce años y las mismas pestañas rizadas y el quieto patetismo de su madre.

—Ven acá —le dijo José Montiel—. ¿Tú mandaste a hacer esto?

El niño bajó la cabeza. Agarrándolo por el cabello, José Montiel lo obligó a mirarlo a los ojos.

—Contesta.

El niño se mordió los labios sin responder.

—Montiel —susurró la esposa.

José Montiel soltó al niño y se volvió hacia Baltazar con una expresión exaltada.

—Lo siento mucho, Baltazar —dijo—. Pero has debido consultarlo conmigo antes de proceder. Sólo a ti se te ocurre contratar con un menor. —A medida que hablaba, su rostro fue recobrando la serenidad. Levantó la jaula sin mirarla y se la dio a Baltazar—. Llévatela en seguida y trata de vendérsela a quien puedas —dijo—. Sobre todo, te ruego que no me discutas. —Le dio una palmadita en la espalda, y explicó—: El médico me ha prohibido coger rabia.

El niño había permanecido inmóvil, sin parpadear, hasta que Baltazar lo miró perplejo con la jaula en la mano. Entonces emitió un sonido gutural, como el ronquido de un perro, y se lanzó al suelo dando gritos.

José Montiel lo miraba impasible, mientras la madre trataba de apaciguarlo.

—No lo levantes —dijo—. Déjalo que se rompa la cabeza contra el suelo y después le echas sal y limón para que rabie con gusto.

El niño chillaba sin lágrimas, mientras su madre lo sostenía por las muñecas.

—Déjalo —insistió José Montiel.

Baltazar observó al niño como hubiera observado la agonía de un animal contagioso. Eran casi las cuatro.

A esa hora, en su casa, Úrsula cantaba una canción muy antigua, mientras cortaba rebanadas de cebolla.

—Pepe —dijo Baltazar.

Se acercó al niño, sonriendo, y le tendió la jaula. El niño se incorporó de un salto, abrazó la jaula, que era casi tan grande como él, y se quedó mirando a Baltazar a través del tejido metálico, sin saber qué decir. No había derramado una lágrima.

—Baltazar —dijo Montiel, suavemente—. Ya te dije que te la lleves.

—Devuélvela —ordenó la mujer al niño.

—Quédate con ella —dijo Baltazar. Y luego, a José Montiel—: Al fin y al cabo, para eso la hice.

José Montiel lo persiguió hasta la sala.

—No seas tonto, Baltazar —decía, cerrándole el paso—. Llévate tu trasto para la casa y no hagas más tonterías. No pienso pagarte ni un centavo.

—No importa —dijo Baltazar—. La hice expresamente para regalársela a Pepe. No pensaba cobrar nada.

Cuando Baltazar se abrió paso a través de los curiosos que bloqueaban la puerta, José Montiel daba gritos en el centro de la sala. Estaba muy pálido y sus ojos empezaban a enrojecer.

—Estúpido —gritaba—. Llévate tu cacharro. Lo último que faltaba es que un cualquiera venga a dar órdenes en mi casa. ¡Carajo!

En el salón de billar recibieron a Baltazar con una ovación. Hasta ese momento, pensaba que había hecho una jaula mejor que las otras, que había tenido que regalársela al hijo de José Montiel para que no siguiera llorando, y que ninguna de esas cosas tenía nada de particular.

Pero luego se dio cuenta de que todo eso tenía una cierta importancia para muchas personas, y se sintió un poco excitado.

—De manera que te dieron cincuenta pesos por la jaula.

—Sesenta —dijo Baltazar.

—Hay que hacer una raya en el cielo —dijo alguien—. Eres el único que ha logrado sacarle ese montón de plata a don Chepe Montiel. Esto hay que celebrarlo.

Le ofrecieron una cerveza, y Baltazar correspondió con una tanda para todos. Como era la primera vez que bebía, al anochecer estaba completamente borracho, y hablaba de un fabuloso proyecto de mil jaulas de a sesenta pesos, y después de un millón de jaulas hasta completar sesenta millones de pesos.

—Hay que hacer muchas cosas para vendérselas a los ricos antes que se mueran —decía, ciego de la borrachera—. Todos están enfermos y se van a morir. Cómo estarán de jodidos que ya ni siquiera pueden coger rabia.

Durante dos horas, el tocadiscos automático estuvo por su cuenta tocando sin parar. Todos brindaron por la salud de Baltazar, por su suerte y su fortuna, y por la muerte de los ricos, pero a la hora de la comida lo dejaron solo en el salón.

Úrsula lo había esperado hasta las ocho, con un plato de carne frita cubierto de rebanadas de cebolla. Alguien le dijo que su marido estaba en el salón de billar, loco de felicidad, brindando cerveza a todo el mundo, pero no lo creyó porque Baltazar no se había emborrachado jamás. Cuando se acostó, casi a la medianoche, Baltazar estaba en un salón iluminado, donde había mesitas de cuatro puestos con sillas alrededor, y una pista de baile al aire libre, por donde se paseaban los alcaravanes. Tenía la cara embadurnada de colorete, y como no podía dar un paso más, pensaba que quería acostarse con dos mujeres en la misma cama. Había gastado tanto, que tuvo que dejar el reloj como garantía, con el compromiso de pagar al día siguiente. Un momento después, despatarrado por la calle, se dio cuenta de que le estaban quitando los zapatos, pero no quiso abandonar el sueño más feliz de su vida. Las mujeres que pasaron para la misa de cinco no se atrevieron a mirarlo, creyendo que estaba muerto.

COMENTARIO

Después de estrenar en 1955 con la novela corta faulkneriana *La hojarasca*, García Márquez se incorpora al neorrealismo hemingwayano con todos los cuentos de *Los funerales de la Mamá Grande* (1962), menos el cuento titular. Es el mismo cambio que ocurre con Carlos Fuentes entre *La región más transparente* (1958) y *Las buenas conciencias* (1959) y coincide con los cuentos neorrealistas de Perú y de otros países antes de que la experimentación exuberante de *Rayuela* (1963), *La casa grande* (1966), *Cambio de piel* (1967) y *Cien años de soledad* (1967) se impusiera de un modo aplastante por toda América Latina.

A pesar de su gran sencillez formal, "La prodigiosa tarde de Baltazar" trasciende el carácter episódico de la mayoría de los cuentos neorrealistas. El mismo título advierte al lector que está frente a una parábola bíblica tanto por la palabra hiperbólica "prodigiosa" como por el nombre del protagonista que evoca la escena de la adoración de los tres reyes magos.

De acuerdo con su ideología socialista, García Márquez pregona en este cuento la apoteosis del pobre, por encima de los ricos, y del artista por encima de los seres racionales. Por eso, la culminación final de su felicidad corresponde con su ruina económica total. Tirado en la calle por la madrugada después de una tremenda borrachera, sin dinero, sin reloj y sin jaula, hasta se deja robar los zapatos como acto de verdadero cristianismo en contraste con las mujeres que pasan rumbo a la misa sin atreverse a mirarlo, sin ayudar al prójimo.

La tremenda felicidad de Baltazar se debe a su triunfo sobre el rico José Montiel y el sentirse superior a un hombre a quien el médico le tiene prohibido que coja rabia, que duerme sin ventilador eléctrico para poder sentir los rumores de un posible ladrón, y cuya esposa vive "torturada por la obsesión de la muerte".

La victoria de Baltazar sobre don Chepe se anticipa con su victoria sobre el doctor Octavio Giraldo. Éste, aunque no es nada antipático, trata de convencer a Baltazar de que no tiene ningún compromiso con Montiel y que debe venderle la jaula a él para su esposa inválida. A pesar de toda la lógica científica del médico, triunfa la honradez sencilla de Baltazar: "no se puede vender una cosa que ya está vendida".

Además de representar el triunfo de los pobres contra los ricos, la prodigiosa tarde de Baltazar también representa el triunfo del creador arquetípico contra la mujer práctica. La borrachera, por ser la primera de su vida, constituye un acto de rebeldía contra la esposa, que le ha preparado la cena cortando rebanadas de cebolla a las cuatro de la tarde y que lo espera hasta las ocho. Ella le había dicho que tenía que afeitarse; ella estaba disgustada porque Baltazar había descuidado la carpintería mientras trabajaba en la jaula; y ella determinó el precio de la jaula. El hecho de que se llame Úrsula la establece como antecedente directa de la protagonista de *Cien años de soledad,* quien también hace el papel de la mujer práctica arquetípica frente al arquetipo masculino del genio soñador y loco de José Arcadio Buendía. (Recuérdese que la rebeldía contra la vida pragmática, rutinaria y tecnológicamente "perfecta" es uno de los temas predilectos de Julio Cortázar: "No se culpe a nadie", "El otro cielo", "El perseguidor" y *Rayuela.)*

Aunque el corte neorrealista de este cuento dista mucho de la exuberancia de *Cien años de soledad,* no deja de ser "una aventura de la imaginación" digna del futuro Premio Nobel. Después de describir la jaula como "la más bella del mundo" y "la jaula más grande que he visto en mi vida", se le da aún más valor con una imagen original que también hace pensar en *Cien años de soledad:* "parecía el modelo reducido de una gigantesca fábrica de hielo". Tampoco faltan los atisbos del gran sentido del humor del autor aracataqueño: "en una casa atiborrada de arneses donde nunca se había sentido un olor que no se pudiera vender". Tal vez el acierto más genial del cuento es que los amigos de Baltazar creen que están celebrando la venta de la jaula a Montiel mientras que Baltazar goza sin desengañarlos.

LA DÉCADA DEL "BOOM": 1960-1970

EL AUGE alcanzado por el cuento hispanoamericano entre 1950 y 1960 ha servido de estímulo para el mantenimiento de la alta calidad de este género, a pesar de la competencia feroz del llamado *boom* de la nueva novela. Aunque no han surgido nuevos valores de la trascendencia de Borges, Arreola, Rulfo, Onetti y Cortázar, la producción continua de los dos últimos y el número verdaderamente asombroso de nuevas antologías y estudios generales y monográficos han contribuido a una gran difusión del cuento entre un público-lector cada día más amplio.

Además de la labor constante del Fondo de Cultura Económica de México y la actividad intensificada de la Editorial Sudamericana de Buenos Aires, el cuento hispanoamericano —y la literatura hispanoamericana en general— ha recibido un impulso muy fuerte de varias nuevas empresas editoriales del continente; en México, Joaquín Mortiz, Era y Siglo XXI; en Montevideo, Alfa y Arca; en Caracas, Monte Ávila; en Cuba, la Casa de las Américas con sus concursos anuales, su revista y las ediciones de autores cubanos lo mismo que extranjeros. En España, el mayor interés en la literatura hispanoamericana lo mantienen Seix Barral de Barcelona y Alianza Editorial de Madrid. Agréguese, además, el papel divulgador muy importante de algunas revistas como *Imagen* (1967-...) de Caracas y *Mundo Nuevo* (1966-...) que iniciara en París Emir Rodríguez Monegal.

El gran aumento del número de lectores refleja, en parte, el crecimiento vertiginoso de las principales ciudades con el aumento correspondiente de la población universitaria y de otros valiosos sectores culturales. Por otra parte, los consumidores hispanoamericanos de la generación de 1954 ya no rechazan tanto los productos nacionales sólo por ser nacionales. Este nacionalismo cultural se refuerza con el vivo interés de los intelectuales europeos y norteamericanos despertado tanto por el valor intrínseco de las nuevas obras como por las repercusiones internacionales de la Revolución cubana.

La generación de 1954, según la teoría generacional de José Juan Arrom,* consta de los autores nacidos entre 1924 y 1954 que dominan el periodo entre 1954 y 1984. Por lo tanto, los mismos acontecimientos señalados como decisivos en la formación de los neorrealistas puertorriqueños y peruanos del capítulo anterior siguen vigentes en la década del 60. La necesidad de comprometerse ha llegado a ser inevitable por la Guerra de Vietnam y por las protestas estudiantiles que se produjeron en 1968 en México, en Francia, en Japón, en los Estados Unidos y en tantos otros países. Este espíritu revolucionario con su reacción contra los valores consagrados del mundo burgués y racionalista se ve reflejado no sólo en la literatura, sino también en el cine y en la música popular. Asimismo, se procura eliminar las barreras tanto entre los géneros literarios como entre los distintos medios de expresión artística.

No cabe duda de que precisamente a partir de 1960 la novela recobra su hegemonía tradicional sobre el cuento. Desde la publicación de *Hijo de hombre* de Roa Bastos, pasando por el año glorioso de 1967 (junio: publicación y éxito inmediato de *Cien años de soledad* de García Márquez; agosto: consagración de *La casa verde* de Vargas Llosa en el Congreso de Caracas; octubre: otorgamiento del Premio Nobel a Miguel Ángel Asturias) y hasta la actualidad, todos los autores importantes prefieren la novela para captar su visión panorámica de una realidad que trasciende las fronteras nacionales. Aunque Roa Bastos, García Márquez, Carlos Fuentes, José Donoso, Cabrera Infante y Julio Cortázar publicaron

* *Esquema generacional de las letras hispanoamericanas*, Bogotá, Instituto Caro y Cuervo, 1953.

tomos de cuentos durante el decenio, sólo los de Cortázar superan a sus novelas y aun en este caso algunos críticos abogarían por la primacía de *Rayuela*.

Tanto como Borges dominaba la década de los cincuenta con sus cuentos fantásticos y filosóficos, Julio Cortázar se impone como maestro indiscutible en la década de los sesenta con la moda del realismo mágico. A fines de la década de los cincuenta el neorrealismo comenzaba a ofrecer otra posibilidad ante el cosmopolitismo borgiano. Ensanchada la perspectiva con otro decenio muy productivo, el neorrealismo parece haber llegado a un callejón sin salida. Precisamente en los dos países, Perú y Puerto Rico, donde mostraba más vigor, la producción cuentística ha decaído mucho. De los pocos cuentos verdaderamente neorrealistas de la década de los sesenta sobresalen dos del chileno Fernando Alegría (1918), "A veces, peleaba con su sombra" y "Los simpatizantes". Hay que señalar, sin embargo, que el mismo Alegría en sus otros cuentos no se contenta con el desarrollo lineal de solamente un episodio en el momento actual, sino que se entrega a la experimentación vanguardista.

En efecto, si existe un solo rasgo que caracterice a la mayoría de los cuentos escritos entre 1960 y 1970, éste es la experimentación formal, sea en la sencillez alegórica de los minicuentos, en la complejidad cronológica de los cuentos psicoanalíticos o en las ambigüedades del realismo mágico. Más que una reacción contra Borges, se debe hablar de distintas modificaciones. En Argentina, el mismo Borges parecía haber abandonado el cuento a favor de la poesía, pero luego sorprendió al mundo literario publicando otras dos colecciones, *El informe de Brodie* (1970) y *El libro de arena* (1975). Su colega Adolfo Bioy Casares continúa en la tradición del cuento fantástico con el libro *El gran serafín* (1967). Otros autores siguen la interpretación borgiana de la historia ("Historia del guerrero y de la cautiva"), inspirándose más directamente en los ejemplos de Juan José Arreola ("Teoría de Dulcinea", "El discípulo") y de Alejo Carpentier ("Semejante a la noche") para tratar acontecimientos o personajes históricos como si fueran actuales: el guatemalteco Augusto Monterroso (1921), los colombianos Pedro Gómez Valderrama (1923) y Álvaro Mutis (1923), y el ecuatoriano Vladimiro Rivas Iturralde (1944).

De Borges, pasando por Arreola, también proviene el gusto por los cuentos del absurdo, que a veces llegan a comprimirse en los mini o microcuentos de los argentinos Cortázar, Enrique Anderson Imbert (1910) y Marco Denevi (1922); del cubano Virgilio Piñeira (1912); del guatemalteco Monterroso; del salvadoreño Álvaro Menéndez Leal (1931); del hondureño Óscar Acosta (1933); del mexicano René Avilés Fabila (1940).

En los cuentos de los más jóvenes de este último grupo se nota una mayor preocupación sociopolítica, ausente en la obra de Borges. Aunque es totalmente injusto llamarlo escapista, Borges sí prefería los temas metafísicos del hombre universal a los problemas inmediatos de los argentinos. No obstante, hay que destacar uno de sus últimos cuentos, y tal vez el mejor de todos, "El sur", como punto de partida para el realismo mágico. Esta tendencia, aunque tiene sus antecedentes en algunos cuentos de Uslar Pietri, Arreola, Novás Calvo y Roa Bastos, no llega a su apogeo hasta la década de los sesenta. En esos mismos años sobresale todo un equipo de cuentistas, encabezado por Cortázar, que revelan una gran variedad temática y estilística: los uruguayos Juan Carlos Onetti (1909) y el Mario Benedetti de *La muerte y otras sorpresas* (1968), el chileno Jorge Edwards (1931), los colombianos Gabriel García Márquez (1927) y Óscar Collazos (1942), los venezolanos Salvador Garmendia (1928) y Adriano González León (1931) y los mexicanos Carlos Fuentes (1928) y Juan Tovar (1941).

En contra del realismo mágico comienza a notarse una reacción de los jóvenes revolucionarios, inspirados en parte por el Cortázar de *Rayuela*. Herederos del movimiento *beatnik*, divulgado literariamente por Jack Kerouac (1922-1969), los "onderos" mexicanos Gerardo de la Torre (1938), José Agustín (1944), Juan Ortuño Mora (1944) y Manuel Farill Guzmán (1945), el colombiano J. Mario Arbeláez (1939), el chileno Antonio Skármeta (1940) y otros rechazan el elemento mágico para captar la sensación del momento. Lectores voraces de Cortázar y de Fuentes, de Gunter Grass y de Malcolm Lowry, de J. D. Salinger y de Truman Capote, estos jóvenes emplean un tono antisolemne para comentar con el lector el proceso creativo, no respetan los límites genéricos, convierten el lenguaje en protagonista de la obra y no tienen reparos en expresar sin disimulo su ideología revolucionaria siguiendo el ejemplo de la música *rock*.

Llegue o no la utopía revolucionaria, lo más probable es que estos cuentistas y los de la década de los setenta seguirán buscando innovaciones formales para captar sus inquietudes personales y sociales. Por casualidad, la próxima generación no estrenará su nueva visión de la realidad con su nueva estética hasta 1984, el mismo año escogido por George Orwell para su novela sobre las consecuencias deshumanizadoras de un gobierno basado en la tecnocracia.

JULIO CORTÁZAR
[1914-1984]

Argentino. Nació en Bélgica, hijo de un diplomático argentino, pero se crió al lado de su madre en las afueras de Buenos Aires. Enseñó por cinco años en varios colegios y en 1945-1946 dictó clases de literatura francesa en la Universidad de Cuyo en Mendoza, antes de renunciar en protesta contra el régimen peronista. Se trasladó a Buenos Aires y en 1951 salió de Argentina. Desde 1952 vivió en Francia trabajando por varios años como traductor para la UNESCO. *Gran aficionado del jazz. Después de la publicación en 1949 del poema dramático* Los reyes, *se dedicó casi exclusivamente a la narrativa. Aunque sus dos primeras colecciones,* Bestiario *(1951) y* Final del juego *(1956), contienen algunos de sus cuentos más famosos, no fue hasta 1959, con la publicación de "El perseguidor" en* Las armas secretas, *cuando adquirió una reputación verdaderamente internacional. Con su novela* Rayuela *(1963) llegó a ser una de las figuras cumbre del* boom. *Su voluminosa obra incluye otras tres novelas:* Los premios *(1960),* 62. Modelo para armar *(1968) y* Libro de Manuel *(1973), y otras dos antiguas publicadas póstumamente:* Divertimento *(1949, 1986) y* El examen *(1950, 1986). Otros siete tomos de cuentos:* Historias de cronopios y de famas *(1962),* Todos los fuegos el fuego *(1966),* Octaedro *(1974),* Alguien que anda por ahí *(1977),* Queremos tanto a Glenda *(1980),* Deshoras *(1983) y* Los autonautas de la cosmopista *(1984), esta última con su mujer Carol Dunlop; un volumen de poesía:* Pameos y meopas *(1971); cinco libros ensayísticos e híbridos:* La vuelta al día en ochenta mundos *(1967),* Último round *(1969),* Prosa del observatorio *(1972),* Un tal Lucas *(1979) y* Nicaragua tan violentamente dulce *(1983). Esta última obra indica, junto con las siguientes, un mayor compromiso político que data de su identifica-*

ción con la Revolución cubana a mediados de la década de los sesenta: Literatura en la revolución y revolución en la literatura, *con Óscar Collazos y Mario Vargas Llosa (1969),* Policrítica a la hora de los chacales *(1971) y una versión experimental en forma de tiras cómicas del Tribunal Bertrand Russell celebrado en 1975 en Bruselas,* Fantomas contra los vampiros multinacionales. *"Cartas de mamá" proviene de* Las armas secretas.

CARTAS DE MAMÁ*

MUY BIEN hubiera podido llamarse libertad condicional. Cada vez que la portera le entregaba un sobre, a Luis le bastaba reconocer la minúscula cara familiar de José de San Martín para comprender que otra vez más habría de franquear el puente. San Martín, Rivadavia, pero esos nombres eran también imágenes de calles y de cosas, Rivadavia al seis mil quinientos, el caserón de Flores, mamá, el café de San Martín y Corrientes donde lo esperaban a veces los amigos, donde el mazagrán tenía un leve gusto a aceite de ricino. Con el sobre en la mano, después del *Merci bien, madame Durand,* salir a la calle no era ya lo mismo que el día anterior, que todos los días anteriores. Cada carta de mamá (aun antes de esto que acababa de ocurrir, este absurdo error ridículo) cambiaba de golpe la vida de Luis, lo devolvía al pasado como un duro rebote de pelota. Aun antes de esto que acababa de leer —que ahora releía en el autobús entre enfurecido y perplejo, sin acabar de convencerse—, las cartas de mamá eran siempre una alteración del tiempo, un pequeño escándalo inofensivo dentro del orden de cosas que Luis había querido, trazado y conseguido, calzándolo en su vida como había calzado a Laura en su vida y a París en su vida. Cada nueva

* © Editorial Sudamericana, S. A., Buenos Aires, Argentina, 1959.

carta insinuaba por un rato (porque después él las borraba en el acto mismo de contestarlas cariñosamente) que su libertad duramente conquistada, esa nueva vida recortada con feroces golpes de tijera en la madeja de lana que los demás habían llamado su vida, cesaba de justificarse, perdía pie, se borraba como el fondo de las calles mientras el autobús corría por la rue de Richelieu. No quedaba más que una parva libertad condicional, la irrisión de vivir a la manera de una palabra entre paréntesis, divorciada de la frase principal de la que, sin embargo, es casi sostén y explicación. Y desazón, y una necesidad de contestar en seguida, como quien vuelve a cerrar una puerta.

Esa mañana había sido una de las tantas mañanas en que llegaba carta de mamá. Con Laura hablaban poco del pasado, casi nunca del caserón de Flores. No es que a Luis no le gustara acordarse de Buenos Aires. Más bien se trataba de evadir nombres (las personas, evadidas hacía ya tanto tiempo, pero los nombres, los verdaderos fantasmas que son los nombres, esa duración pertinaz). Un día se había animado a decirle a Laura: "Si se pudiera romper y tirar el pasado como el borrador de una carta o de un libro. Pero ahí queda siempre, manchando la copia en limpio, y yo creo que eso es el verdadero futuro". En realidad, por qué no habían de hablar de Buenos Aires, donde vivía la familia, donde los amigos de cuando en cuando adornaban una postal con frases cariñosas. Y el rotograbado de *La Nación* con los sonetos de tantas señoras entusiastas, esa sensación de ya leído, de para qué. Y de cuando en cuando alguna crisis de gabinete, algún coronel enojado, algún boxeador magnífico. ¿Por qué no habían de hablar de Buenos Aires con Laura? Pero tampoco ella volvía al tiempo de antes, sólo al azar de algún diálogo, y sobre todo cuando llegaban cartas de mamá, dejaba caer un nombre o una imagen como monedas fuera de circulación, objetos de un mundo caduco en la lejana orilla del río.

—*Eh oui, fait lourd* —dijo el obrero sentado frente a él.

"Si supiera lo que es calor —pensó Luis—. Si pudiera andar una tarde de febrero por la Avenida de Mayo, por alguna callecita de Liniers."

Sacó otra vez la carta del sobre, sin ilusiones: el párrafo estaba ahí, bien claro. Era perfectamente absurdo pero estaba ahí. Su primera reacción, después de la sorpresa, el golpe en plena nuca, era como siempre de defensa. Laura no debía leer la carta de mamá. Por más ridículo que fuese el error, la confusión de nombres (mamá habría querido escribir "Víctor" y había puesto "Nico"), de todos modos Laura se afligiría, sería estúpido. De cuando en cuando se pierden cartas; ojalá ésta se hubiera ido al fondo del mar. Ahora tendría que tirarla al *water* de la oficina, y por supuesto unos días después Laura se extrañaría: "Qué raro, no ha llegado carta de tu madre". Nunca decía *tu mamá,* tal vez porque había perdido a la suya siendo niña. Entonces él contestaría: "De veras, es raro. Le voy a mandar unas líneas hoy mismo", y las mandaría, asombrándose del silencio de mamá. La vida seguiría igual, la oficina, el cine por las noches, Laura siempre tranquila, bondadosa, atenta a sus deseos. Al bajar del autobús en la rue de Rennes se preguntó bruscamente (no era una pregunta, pero cómo decirlo de otro modo) por qué no quería mostrarle a Laura la carta de mamá. No por ella, por lo que ella pudiera sentir. (¿No le importaba gran cosa lo que ella pudiera sentir, mientras lo disimulara?) No, no le importaba gran cosa. (¿No le importaba?) Pero la primera verdad, suponiendo que hubiera otra detrás, la verdad más inmediata por decirlo así, era que le importaba la cara que pondría Laura, la actitud de Laura. Y le importaba por él, naturalmente, por el efecto que le haría la forma en que a Laura iba a importarle la carta de mamá. Sus ojos caerían en un momento dado sobre el nombre de Nico, y él sabía que el mentón de Laura empezaría a temblar ligeramente, y después Laura diría: "Pero qué raro… ¿qué le habrá pasado a tu madre?" Y él habría sabido todo el tiempo que Laura se contenía para no gritar, para no esconder entre las manos un rostro desfigurado ya por el llanto, por el dibujo del nombre de Nico temblándole en la boca.

En la agencia de publicidad donde trabajaba como diseñador, releyó la carta, una de las tantas cartas de mamá, sin nada de extraordinario fuera del párrafo donde se había equivocado de nombre. Pensó si no podría borrar la palabra, remplazar Nico por Víctor, sencillamente remplazar el error por la verdad, y volver con la carta a casa para que Laura la leyera. Las cartas de mamá interesaban siempre a Laura, aunque de una manera indefinible no le estuvieran destinadas. Mamá le escribía a él; agregaba al final, a veces a mitad de la carta, saludos muy cariñosos para Laura. No importaba, las leía con el mismo interés, vacilando ante alguna palabra ya retorcida por el reuma y la miopía. "Tomo Saridón, y el doctor me ha dado un poco de salicilato…" Las cartas se posaban dos o tres días sobre la mesa de dibujo; Luis hubiera querido tirarlas apenas las contestaba, pero Laura las releía, a las mujeres les gusta releer las cartas, mirarlas de un lado y de otro, parecen extraer un segundo sentido cada vez que vuelven a sacarlas y a mirarlas. Las cartas de mamá eran breves, con noticias domésticas, una que otra referencia al orden nacional (pero esas cosas ya se sabían por los telegramas de *Le Monde*, llegaban siempre tarde por su mano). Hasta podía pensarse que las cartas eran siempre la misma, escueta y mediocre, sin nada interesante. Lo mejor de mamá era que nunca se había abandonado a la tristeza que debía causarle la ausencia de su hijo y de su nuera, ni siquiera al dolor —tan a gritos, tan a lágrimas al principio— por la muerte de Nico. Nunca, en los dos años que llevaban ya en París, mamá había mencionado a Nico en sus cartas. Era como Laura, que tampoco lo nombraba. Ninguna de las dos lo nombraba, y hacía más de dos años que Nico había muerto. La repentina mención de su nombre a mitad de la carta era casi un escándalo. Ya el solo hecho de que el nombre de Nico apareciera de golpe en una frase, con la *N* larga y temblorosa, la *o* con una cola torcida; pero era peor, porque el nombre se situaba en una frase incomprensible y absurda, en algo que no podía ser otra cosa que un anuncio de senilidad. De golpe mamá perdía la noción del tiempo, se imaginaba que... El párrafo venía después de un breve acuse de recibo de una carta de Laura. Un punto apenas marcado con la débil tinta azul comprada en el almacén del barrio, y a quemarropa: "Esta mañana Nico preguntó por ustedes". El resto seguía como siempre: la salud, la prima Matilde se había caído y tenía una clavícula sacada, los perros estaban bien. Pero Nico había preguntado por ellos.

En realidad hubiera sido fácil cambiar Nico por Víctor, que era el que sin duda había preguntado por ellos. El primo Víctor, tan atento siempre. Víctor tenía dos letras más que Nico, pero con una goma y habilidad se podían cambiar los nombres. Esta mañana Víctor preguntó por ustedes. Tan natural que Víctor pasara a visitar a mamá y le preguntara por los ausentes.

Cuando volvió a almorzar, traía intacta la carta en el bolsillo. Seguía dispuesto a no decirle nada a Laura, que lo esperaba con su sonrisa amistosa, el rostro que parecía haberse desdibujado un poco desde los tiempos de Buenos Aires, como si el aire gris de París le quitara el color y el relieve. Llevaban más de dos años en París, habían salido de Buenos Aires apenas dos meses después de la muerte de Nico, pero en realidad Luis se había considerado como ausente desde el día mismo de su casamiento con Laura. Una tarde, después de hablar con Nico que estaba ya enfermo, se había jurado escapar de la Argentina, del caserón de Flores, de mamá y los perros y su hermano (que ya estaba enfermo). En aquellos meses todo había girado en torno a él como las figuras de una danza: Nico, Laura, mamá, los perros, el jardín. Su juramento había sido el gesto brutal del que hace trizas una botella en la pista, interrumpe el baile con un chicotear de vidrios rotos. Todo había sido brutal en esos días: su casamiento, la partida sin remilgos ni consideraciones para con mamá, el olvido de todos los deberes sociales, de los amigos, entre sorprendidos y desencantados. No le había importado nada, ni siquiera el asomo de protesta de Laura. Mamá se quedaba sola en el caserón, con los perros y los frascos de remedios, con la ropa de Nico colgada todavía en un ropero. Que se quedara, que todos se fueran al demonio. Mamá había parecido comprender, ya no lloraba a Nico y andaba como antes por la casa, con la fría y resuelta recuperación de los viejos frente a la muerte. Pero Luis no quería acordarse de lo que había sido la tarde de la despedida, las valijas, el taxi en la puerta, la casa ahí con toda la infancia, el jardín donde Nico y él habían jugado a la guerra, los dos perros indiferentes y estúpidos. Ahora era casi capaz de olvidarse de todo eso. Iba a la agencia, dibujaba afiches, volvía a comer, bebía la taza de café que Laura le alcanzaba sonriendo. Iban mucho al cine, mucho a los bosques, conocían cada vez mejor París. Habían tenido suerte, la vida era sorprendentemente fácil, el trabajo pasable, el departamento bonito, las películas excelentes. Entonces llegaba carta de mamá.

No las detestaba; si le hubieran faltado habría sentido caer sobre él la libertad como un peso insoportable. Las cartas de mamá le traían un tácito perdón (pero de nada había que perdonarlo), tendían el puente por donde era posible seguir pasando. Cada una lo tranquilizaba o lo inquietaba sobre la salud de mamá, le recordaba la economía familiar, la permanencia de un orden. Y a la vez odiaba ese orden y lo odiaba por Laura, porque Laura estaba en París pero cada carta de mamá la definía como ajena, como cómplice de ese orden que él había repudiado una noche en el jardín, después de oír una vez más la tos apagada, casi humilde de Nico.

No, no le mostraría la carta. Era innoble sustituir un nombre por otro, era intolerable que Laura leyera la frase de mamá. Su grotesco error, su tonta torpeza de un instante —la veía luchando con una pluma vieja, con el papel que se ladeaba, con su vista insuficiente—, crecería en Laura como una semilla fácil. Mejor tirar la carta (la tiró esa tarde misma) y por la noche ir al cine con Laura, olvidarse lo antes

537

posible de que Víctor había preguntado por ellos. Aunque fuera Víctor, el primo tan bien educado, olvidarse de que Víctor había preguntado por ellos.

Diabólico, agazapado, relamiéndose, Tom esperaba que Jerry cayera en la trampa. Jerry no cayó, y llovieron sobre Tom catástrofes incontables. Después Luis compró helados, los comieron mientras miraban distraídamente los anuncios en colores. Cuando empezó la película, Laura se hundió un poco más en su butaca y retiró la mano del brazo de Luis. Él la sentía otra vez lejos, quién sabe si lo que miraban juntos era ya la misma cosa para los dos, aunque más tarde comentaran la película en la calle o en la cama. Se preguntó (no era una pregunta, pero cómo decirlo de otro modo) si Nico y Laura habían estado así de distantes en los cines, cuando Nico la festejaba y salían juntos. Probablemente habían conocido todos los cines de Flores, toda la rambla estúpida de la calle Lavalle, el león, el atleta que golpea el gongo, los subtítulos en castellano por Carmen de Pinillos, los personajes de esta película son ficticios, y toda relación… Entonces, cuando Jerry había escapado de Tom y empezaba la hora de Barbara Stanwyck o de Tyrone Power, la mano de Nico se acostaría despacio sobre el muslo de Laura (el pobre Nico, tan tímido, tan novio), y los dos se sentirían culpables de quién sabe qué. Bien le constaba a Luis que no habían sido culpables de nada definitivo; aunque no hubiera tenido la más deliciosa de las pruebas, el veloz desapego de Laura por Nico hubiera bastado para ver en ese noviazgo un mero simulacro urdido por el barrio, la vecindad, los círculos culturales y recreativos que son la sal de Flores. Había bastado el capricho de ir una noche a la misma sala de baile que frecuentaba Nico, el azar de una presentación fraternal. Tal vez por eso, por la facilidad del comienzo, todo el resto había sido inesperadamente duro y amargo. Pero no quería acordarse ahora, la comedia había terminado con la blanda derrota de Nico, su melancólico refugio en una muerte de tísico. Lo raro era que Laura no lo nombrara nunca, y que por eso tampoco él lo nombrara, que Nico no fuera ni siquiera el difunto, ni siquiera el cuñado muerto, el hijo de mamá. Al principio le había traído un alivio después del turbio intercambio de reproches, del llanto y los gritos de mamá, de la estúpida intervención del tío Emilio y del primo Víctor (Víctor preguntó esta mañana por ustedes), el casamiento apresurado y sin más ceremonia que un taxi llamado por teléfono y tres minutos delante de un funcionario con caspa en las solapas. Refugiados en un hotel de Adrogué, lejos de mamá y de toda la parentela desencadenada, Luis había agradecido a Laura que jamás hiciera referencia al pobre fantoche que tan vagamente había pasado de novio a cuñado. Pero ahora, con un mar de por medio, con la muerte y dos años de por medio, Laura seguía sin nombrarlo, y él se plegaba a su silencio por cobardía, sabiendo que en el fondo ese silencio lo agravaba por lo que tenía de reproche, de arrepentimiento, de algo que empezaba a parecerse a la traición. Más de una vez había mencionado expresamente a Nico, pero comprendía que eso no contaba, que la respuesta de Laura tendía solamente a desviar la conversación. Un lento territorio prohibido se había ido formando poco a poco en su lenguaje, aislándolos de Nico, envolviendo su nombre y su recuerdo en un algodón manchado y pegajoso. Y del otro lado mamá hacía lo mismo, confabulada inexplicablemente en el silencio. Cada carta hablaba de los perros, de Matilde, de Víctor, del salicilato, del pago de la pensión. Luis había esperado que alguna vez mamá aludiera a su hijo para aliarse con ella frente a Laura, obligar cariñosamente a Laura a que aceptara la existencia póstuma de Nico. No porque fuera necesario, a quién le importaba nada de Nico vivo o muerto, pero la tolerancia de su recuerdo en el panteón del pasado hubiera sido la oscura, irrefutable prueba de que Laura lo había olvidado verdaderamente y para siempre. Llamado a la plena luz de su nombre el íncubo se hubiera desvanecido, tan débil e inane como cuando pisaba la tierra. Pero Laura seguía callando el nombre de Nico, y cada vez que lo callaba, en el momento preciso en que hubiera sido natural que lo dijera y exactamente lo callaba, Luis sentía otra vez la presencia de Nico en el jardín de Flores, escuchaba su tos discreta preparando el más perfecto regalo de bodas imaginable, su muerte en plena luna de miel de la que había sido su novia, del que había sido su hermano.

Una semana más tarde Laura se sorprendió de que no hubiese llegado carta de mamá. Barajaron las hipótesis usuales, y Luis escribió esa misma tarde. La respuesta no lo inquietaba demasiado, pero hubiera querido (lo sentía al bajar la escalera por las mañanas) que la portera le diese a él la carta en vez de subirla al tercer piso. Una quincena más tarde reconoció el sobre familiar, el rostro del almirante Brown y una vista de las cataratas del Iguazú. Guardó el sobre antes de salir a la calle y contestar al saludo de Laura asomada a la ventana. Le pareció ridículo tener que doblar la esquina antes de abrir la carta. El Boby se había escapado a la calle y unos días después había empezado a rascarse, contagio de algún perro sarnoso. Mamá iba a consultar a un veterinario amigo del tío Emilio, porque no era cosa de que el Boby le pegara la peste al Negro. El tío Emilio era de parecer que los bañara con acaroína, pero ella ya no estaba para esos trotes y sería mejor que el veterinario recetara algún polvo insecticida o algo para mezclar con la comida. La señora de al lado tenía un gato sarnoso, vaya a saber si los gatos no eran capaces de contagiar a los perros, aunque fuera a través del alambrado. Pero qué les iba a interesar a ellos esas charlas de vieja, aunque Luis siempre había sido muy cariñoso con los perros y de chico hasta dormía con uno a los pies de la cama, al revés de Nico que no le gustaban mucho. La señora de al lado aconsejaba espolvorearlos con dedeté por si no era sarna, los perros pescan toda clase de pestes cuando andan por la calle; en la esquina de Bacacay paraba un circo con animales raros, a lo mejor había microbios en el aire, esas cosas. Mamá no ganaba para sustos, entre el chico de la modista que se había quemado el brazo con leche hirviendo y el Boby sarnoso.

Después había como una estrellita azul (la pluma cucharita que se enganchaba en el papel, la exclamación de fastidio de mamá) y entonces unas reflexiones melancólicas sobre lo sola que se quedaría si también Nico se iba a Europa como parecía, pero ése era el destino de los viejos, los hijos son golondrinas que se van un día, hay que tener resignación mientras el cuerpo vaya tirando. La señora de al lado...

Alguien empujó a Luis, le soltó una rápida declaración de derechos y obligaciones con acento marsellés. Vagamente comprendió que estaba estorbando el paso de la gente que entraba por el angosto corredor del metro. El resto del día fue igualmente vago, telefoneó a Laura para decirle que no iría a almorzar, pasó dos horas en un banco de plaza releyendo la carta de mamá, preguntándose qué debería hacer frente a la insania. Hablar con Laura, antes de nada. Por qué (no era una pregunta, pero cómo decirlo de otro modo) seguir ocultándole a Laura lo que pasaba. Ya no podía fingir que esta carta se había perdido como la otra, ya no podía creer a medias que mamá se había equivocado y escrito Nico por Víctor, y que era tan penoso que se estuviera poniendo chocha. Resueltamente esas cartas eran Laura, eran lo que iba a ocurrir con Laura. Ni siquiera eso: lo que ya había ocurrido desde el día de su casamiento, la luna de miel en Adrogué, las noches en que se habían querido desesperadamente en el barco que los traía a Francia. Todo era Laura, todo iba a ser Laura ahora que Nico quería venir a Europa en el delirio de mamá. Cómplices como nunca, mamá le estaba hablando a Laura de Nico, le estaba anunciando que Nico iba a venir a Europa, y lo decía así, Europa a secas, sabiendo tan bien que Laura comprendería que Nico iba a desembarcar en Francia, en París, en una casa donde se fingía exquisitamente haberlo olvidado, pobrecito.

Hizo dos cosas: escribió al tío Emilio señalándole los síntomas que lo inquietaban y pidiéndole que visitara inmediatamente a mamá para cerciorarse y tomar las medidas del

541

caso. Bebió un coñac tras otro y anduvo a pie hacia su casa para pensar en el camino lo que debía decirle a Laura, porque al fin y al cabo tenía que hablar con Laura y ponerla al corriente. De calle en calle fue sintiendo cómo le costaba situarse en el presente, en lo que tendría que suceder media hora más tarde. La carta de mamá lo metía, lo ahogaba en la realidad de esos dos años de vida en París, la mentira de una paz traficada, de una felicidad de puertas para afuera, sostenida por diversiones y espectáculos, de un pacto involuntario de silencio en que los dos se desunían poco a poco como en todos los pactos negativos. Sí, mamá, sí, pobre Boby sarnoso, mamá. Pobre Boby, pobre Luis, cuánta sarna, mamá. Un baile del club de Flores, mamá, fui porque él insistía, me imagino que quería darse corte con su conquista. Pobre Nico, mamá, con esa tos seca en que nadie creía todavía, con ese traje cruzado a rayas, esa peinada a la brillantina, esas corbatas de rayón tan cajetillas. Uno charla un rato, simpatiza, cómo no va a bailar esa pieza con la novia del hermano, oh, novia es mucho decir, Luis, supongo que puedo llamarlo Luis, verdad. Pero sí, me extraña que Nico no la haya llevado a casa todavía, usted le va a caer tan bien a mamá. Este Nico es más torpe, a que ni siquiera habló con su papá. Tímido, sí, siempre fue igual. Como yo. ¿De qué se ríe, no me cree? Pero si yo no soy lo que parezco... ¿Verdad que hace calor? De veras, usted tiene que venir a casa, mamá va a estar encantada. Vivimos los tres solos, con los perros. Che Nico, pero es una vergüenza, te tenías esto escondido, malandra. Entre nosotros somos así, Laura, nos decimos cada cosa. Con tu permiso, yo bailaría este tango con la señorita.

Tan poca cosa, tan fácil, tan verdaderamente brillantina y corbata rayón. Ella había roto con Nico por error, por ceguera, porque el hermano rana había sido capaz de ganar de arrebato y darle vuelta la cabeza. Nico no juega al tenis, qué va a jugar, usted no lo saca del ajedrez y la filatelia, hágame el favor. Callado, tan poca cosa el pobrecito, Nico se había ido quedando atrás, perdido en un rincón del patio, consolándose con el jarabe pectoral y el mate amargo. Cuando cayó en cama y le ordenaron reposo coincidió justamente con un baile en Gimnasia y Esgrima de Villa del Parque. Uno no se va a perder esas cosas, máxime cuando va a tocar Edgardo Donato y la cosa promete. A mamá le parecía tan bien que él sacara a pasear a Laura, le había caído como una hija apenas la llevaron una tarde a la casa. Vos fijáte, mamá, el pibe está débil y capaz que le hace impresión si uno le cuenta. Los enfermos como él se imaginan cada cosa, de fijo que va a creer que estoy afilando con Laura. Mejor que no sepa que vamos a Gimnasia. Pero yo no le dije eso a mamá, nadie de casa se enteró nunca que andábamos juntos. Hasta que se mejorara el enfermito, claro. Y así el tiempo, los bailes, dos o tres bailes, las radiografías de Nico, después el auto del petiso Ramos, la noche de la farra en casa de la Beta, las copas, el paseo en auto hasta el puente del arroyo, una luna, esa luna como una ventana de hotel allá arriba, y Laura en el auto negándose, un poco bebida, las manos hábiles, los besos, los gritos ahogados, la manta de vicuña, la vuelta en silencio, la sonrisa de perdón.

La sonrisa era casi la misma cuando Laura le abrió la puerta. Había carne al horno, ensalada, un flan. A las diez vinieron unos vecinos que eran sus compañeros de canasta. Muy tarde, mientras se preparaban para acostarse, Luis sacó la carta y la puso sobre la mesa de luz.

—No te hablé antes porque no quería afligirte. Me parece que mamá...

Acostado, dándole la espalda, esperó... Laura guardó la carta en el sobre, apagó el velador. La sintió contra él, no exactamente contra pero la oía respirar cerca de su oreja.

—¿Vos te das cuenta? —dijo Luis, cuidando su voz.

—Sí. ¿No creés que se habrá equivocado de nombre?

Tenía que ser. Peón cuatro rey, peón cuatro rey. Perfecto.

—A lo mejor quiso poner Víctor —dijo, clavándose lentamente las uñas en la palma de la mano.

—Ah, claro. Podría ser —dijo Laura. Caballo rey tres alfil.

543

Empezaron a fingir que dormían.

A Laura le había parecido bien que el tío Emilio fuera el único en enterarse, y los días pasaron sin que volvieran a hablar de eso. Cada vez que volvía a casa, Luis esperaba una frase o un gesto insólitos en Laura, un claro en esa guardia perfecta de calma y de silencio. Iban al cine como siempre, hacían el amor como siempre. Para Luis ya no había en Laura otro misterio que el de su resignada adhesión a esa vida en la que nada había llegado a ser lo que pudieron esperar dos años atrás. Ahora la conocía bien, a la hora de las confrontaciones definitivas tenía que admitir que Laura era como había sido Nico, de las que se quedan atrás y sólo obran por inercia, aunque empleara a veces una voluntad casi terrible en no hacer nada, en no vivir de veras para nada. Se hubiera entendido mucho mejor con Nico que con él, y los dos lo venían sabiendo desde el día de su casamiento, desde las primeras tomas de posición que siguen a la blanda aquiescencia de la luna de miel y el deseo. Ahora Laura volvía a tener la pesadilla. Soñaba mucho, pero la pesadilla era distinta, Luis la reconocía entre muchos otros movimientos de su cuerpo, palabras confusas o breves gritos de animal que se ahoga. Había empezado a bordo, cuando todavía hablaban de Nico porque Nico acababa de morir y ellos se habían embarcado unas pocas semanas después. Una noche, después de acordarse de Nico y cuando ya se insinuaba el tácito silencio que se instalaría luego entre ellos, Laura había tenido la pesadilla. Se repetía de tiempo en tiempo y era siempre lo mismo, Laura lo despertaba con un gemido ronco, una sacudida convulsiva de las piernas, y de golpe un grito que era una negativa total, un rechazo con las dos manos y todo el cuerpo y toda la voz de algo horrible que le caía desde el sueño como un enorme pedazo de materia pegajosa. Él la sacudía, la calmaba, le traía agua que bebía sollozando, acosada aún a medias por el otro lado de su vida. Decía no recordar nada, era algo horrible pero no se podía explicar, y acababa por dormirse llevándose su secreto, porque Luis sabía que ella sabía, que acababa de enfrentarse con aquel que entraba en su sueño, vaya a saber bajo qué horrenda máscara, y cuyas rodillas abrazaría Laura en un vértigo de espanto, quizá de amor inútil. Era siempre lo mismo, le alcanzaba un vaso de agua, esperando en silencio a que ella volviera a apoyar la cabeza en la almohada. Quizá un día el espanto fuera más fuerte que el orgullo, si eso fuera orgullo. Quizá entonces él podría luchar desde su lado. Quizá no todo estaba perdido, quizá la nueva vida llegara a ser realmente otra cosa que ese simulacro de sonrisas y de cine francés.

Frente a la mesa de dibujo, rodeado de gentes ajenas, Luis recobraba el sentido de la simetría y el método que le gustaba aplicar a la vida. Puesto que Laura no tocaba el tema, esperando con aparente indiferencia la contestación del tío Emilio, a él le correspondía entenderse con mamá. Contestó su carta limitándose a las menudas noticias de las últimas semanas, y dejó para la posdata una frase rectificatoria: "De modo que Víctor habla de venir a Europa. A todo el mundo le da por viajar, debe ser la propaganda de las agencias de turismo. Decíle que escriba, le podemos mandar todos los datos que necesite. Decíle también que desde ahora cuenta con nuestra casa".

El tío Emilio contestó casi a vuelta de correo, secamente como correspondía a un pariente tan cercano y tan resentido por lo que en el velorio de Nico había calificado de incalificable. Sin haberse disgustado de frente con Luis, había demostrado sus sentimientos con la sutileza habitual en casos parecidos, absteniéndose de ir a despedirlo al barco, olvidando dos años seguidos la fecha de su cumpleaños. Ahora se limitaba a cumplir con su deber de hermano político de mamá, y enviaba escuetamente los resultados. Mamá estaba muy bien pero casi no hablaba, cosa comprensible teniendo en cuenta los muchos disgustos de los últimos tiempos. Se notaba que estaba muy sola en la casa de Flores, lo cual era lógico puesto que ninguna madre que ha vivido toda la vida con sus dos hijos puede sentirse a gusto en una enorme casa llena de recuerdos. En cuanto a las frases en cuestión, el tío Emilio había procedido con el tacto que se requería en vista de lo delicado del asunto, pero lamentaba decirles que no había sacado gran cosa en limpio, porque mamá no estaba en vena de conversación y hasta lo había recibido en la sala, cosa que nunca hacía con su hermano político. A una insinuación de orden terapéutico, había contestado que aparte del reumatismo se sentía perfectamente bien, aunque en esos días la fatigaba tener que planchar tantas camisas. El tío Emilio se había interesado por saber de qué camisas se trataba, pero ella se había limitado a una inclinación de cabeza y un ofrecimiento de jerez y galletitas Bagley.

Mamá no les dio demasiado tiempo para discutir la carta de tío Emilio y su ineficacia manifiesta. Cuatro días después llegó un sobre certificado, aunque mamá sabía de sobra que no hay necesidad de certificar las cartas aéreas a París. Laura telefoneó a Luis y le pidió que volviera lo antes posible. Media hora más tarde la encontró respirando pesadamente, perdida en la contemplación de unas flores amarillas sobre la mesa. La carta estaba en la repisa de la chimenea, y Luis volvió a dejarla ahí después de la lectura. Fue a sentarse junto a Laura, esperó. Ella se encogió de hombros.

—Se ha vuelto loca —dijo.

Luis encendió un cigarrillo. El humo le hizo llorar los ojos. Comprendió que la partida continuaba, que a él le tocaba mover. Pero esa partida la estaban jugando tres jugadores, quizá cuatro. Ahora tenía la seguridad de que también mamá estaba al borde del tablero. Poco a poco resbaló en el sillón, y dejó que su cara se pusiera la inútil máscara de las manos juntas. Oía llorar a Laura, abajo corrían a gritos los chicos de la portera.

La noche trae consejo, etcétera. Les trajo un sueño pesado y sordo, después que los cuerpos se encontraron en una monótona batalla que en el fondo no habían deseado. Una vez más se cerraba el tácito acuerdo: por la mañana hablarían del tiempo, del crimen de Saint-Cloud, de James Dean. La carta seguía sobre la repisa y mientras bebían té no pudieron dejar de verla, pero Luis sabía que al volver del trabajo ya no la encontraría. Laura borraba las huellas con su fría, eficaz diligencia. Un día, otro día, otro día más. Una noche se rieron mucho con los cuentos de los vecinos, con una audición de Fernandel. Se habló de ir a ver una pieza de teatro, de pasar un fin de semana en Fontainebleau.

Sobre la mesa de dibujo se acumulaban los datos innecesarios, todo coincidía con la carta de mamá. El barco llegaba efectivamente al Havre el viernes 17 por la mañana, y el tren especial entraba en Saint-Lazare a las 11.45. El jueves vieron la pieza de teatro y se divirtieron mucho. Dos noches antes Laura había tenido otra pesadilla, pero él no se molestó en traerle agua y la dejó que se tranquilizara sola, dándole la espalda. Después Laura durmió en paz, de día andaba ocupada cortando y cosiendo un vestido de verano. Hablaron de comprar una máquina de coser eléctrica cuando terminaran de pagar la heladera. Luis encontró la carta de mamá en el cajón de la mesa de luz y la llevó a la oficina. Telefoneó a la compañía naviera, aunque estaba seguro de que mamá daba las fechas exactas. Era su única seguridad, porque todo el resto no se podía siquiera pensar. Y ese imbécil del tío Emilio. Lo mejor sería escribir a Matilde, por más que estuviesen distanciados Matilde comprendería la urgencia de intervenir, de proteger a mamá. Pero ¿realmente (no era una pregunta, pero cómo decirlo de otro modo) había que proteger a mamá, precisamente a mamá? Por un momento pensó en pedir larga distancia y hablar con ella. Se acordó del jerez y las galletitas Bagley, se encogió de hombros. Tampoco había tiempo de escribir a Matilde, aunque en realidad había tiempo pero quizá fuese preferible esperar al viernes diecisiete antes de… El coñac ya no lo ayudaba ni siquiera a no pensar, o por lo menos a pensar sin tener miedo. Cada vez recordaba con más claridad la cara de mamá en las últimas semanas de Buenos Aires, después del entierro de Nico. Lo que él había entendido como dolor, se le mostraba ahora como otra cosa, algo en donde había una rencorosa desconfianza, una expresión de animal que siente que van a abandonarlo en un terreno baldío lejos de la casa, para deshacerse de él. Ahora empezaba a ver de veras la cara de mamá. Recién ahora la veía de veras en aquellos días en que toda la familia se había turnado para visitarla, darle el pésame por Nico, acompañarla de tarde, y también Laura y él venían de Adrogué para acompañarla, para estar con mamá. Se quedaban apenas un rato porque después aparecía el tío Emilio, o Víctor, o Matilde, y todos eran una misma fría repulsa, la familia indignada por lo sucedido, por Adrogué, porque eran felices mientras Nico, pobrecito, mientras Nico. Jamás sospecharían hasta qué punto habían colaborado para embarcarlos en el primer buque a mano; como si se hubieran asociado para pagarles los pasajes, llevarlos cariñosamente a bordo con regalos y pañuelos.

Claro que su deber de hijo lo obligaba a escribir en seguida a Matilde. Todavía era capaz de pensar cosas así antes del cuarto coñac. Al quinto las pensaba de nuevo y se reía (cruzaba París a pie para estar más solo y despejarse la cabeza), se reía de su deber de hijo, como si los hijos tuvieran deberes, como si los deberes fueran los de cuarto grado, los sagrados deberes para la sagrada señorita del inmundo cuarto grado. Porque su deber de hijo no era escribir a Matilde. ¿Para qué fingir (no era una pregunta, pero cómo decirlo de otro modo) que mamá estaba loca? Lo único que se podía hacer era no hacer nada, dejar que pasaran los días, salvo el viernes. Cuando se despidió como siempre de Laura diciéndole que no vendría a almorzar porque tenía que ocuparse de unos afiches urgentes, estaba tan seguro del resto que hubiera podido agregar: "Si querés vamos juntos". Se refugió en el café de la estación, menos por disimulo que para tener la pobre ventaja de ver sin ser visto. A las once y treinta y cinco descubrió a Laura por su falda azul, la siguió a distancia, la vio mirar el tablero, consultar a un empleado, comprar un boleto de plataforma, entrar en el andén donde ya se juntaba la gente con el aire de los que esperan. Detrás de una zorra cargada de cajones de fruta miraba a Laura que parecía dudar entre quedarse cerca de la salida del andén o internarse por él. La miraba sin sorpresa, como a un insecto cuyo comportamiento podía ser interesante. El tren llegó casi en seguida y Laura se mezcló con la gente que se acercaba a las ventanillas de los coches buscando cada uno lo suyo, entre gritos y manos que sobresalían como si dentro del tren se estuvieran ahogando. Bordeó la zorra y entró al andén entre más cajones de fruta y manchas de grasa. Desde donde estaba veía salir a los pasajeros, veía pasar otra vez a Laura, su rostro lleno de alivio porque el rostro de Laura, ¿no estaría lleno de alivio? (No era una pregunta, pero cómo decirlo de otro modo.) Y después, dándose el lujo de ser el último una vez que pasaran los últimos viajeros y los últimos changadores, entonces saldría a su vez, bajaría a la plaza llena de sol para ir a beber coñac al café de la esquina. Y esa misma tarde escribiría a mamá sin la menor referencia al ridículo episodio (pero no era ridículo) y después tendría valor y hablaría con Laura (pero no tendría valor y no hablaría con Laura). De todas maneras coñac, eso sin la menor duda, y que todo se fuera al demonio. Verlos pasar así en racimos, abrazándose con gritos y lágrimas, las parentelas desatadas, un erotismo barato como un carrusel de feria barriendo el andén, entre valijas y paquetes y por fin, por fin, cuánto tiempo sin vernos, qué quemada estás, Ivette, pero sí, hubo un sol estupendo, hija.

Puesto a buscar semejanzas, por gusto de aliarse a la imbecilidad, dos de los hombres que pasaban cerca debían ser argentinos por el corte de pelo, los sacos, el aire de suficiencia disimulando el azoramiento de entrar en París. Uno sobre todo se parecía a Nico, puesto a buscar semejanzas. El otro no, y en realidad éste tampoco, apenas se le miraba el cuello mucho más grueso y la cintura más ancha. Pero puesto a buscar semejanzas por puro gusto, ese otro que ya había pasado y avanzaba hacia el portillo de salida, con una sola valija en la mano izquierda, Nico era zurdo como él, tenía esa espalda un poco cargada, ese corte de hombros. Y Laura debía haber pensado lo mismo porque venía detrás mirándolo, y en la cara una expresión que él conocía bien, la cara de Laura cuando despertaba de la pesadilla y se incorporaba en la cama mirando fijamente el aire, mirando, ahora lo sabía, a aquel que se alejaba dándole la espalda, consumada la innominable venganza que la hacía gritar y debatirse en sueños.

Puestos a buscar semejanzas, naturalmente el hombre era un desconocido, lo vieron de frente cuando puso la valija en el suelo para buscar el billete y entregarlo al del portillo. Laura salió la primera de la estación, la dejó que tomara distancia y se perdiera en la plataforma del autobús. Entró en el café de la esquina y se tiró en una banqueta. Más tarde no se acordó si había pedido algo de beber, si eso que le quemaba la boca era el regusto del coñac barato. Trabajó toda la tarde en los afiches, sin tomarse descanso. A ratos pensaba que tendría que escribirle a mamá, pero lo fue dejando pasar hasta la hora de salida. Cruzó París a pie, al llegar a casa encontró a la portera en el zaguán y charló un rato con ella. Hubiera querido quedarse hablando con la portera o los vecinos, pero todos iban entrando en los departamentos y se acercaba la hora de cenar. Subió despacio (en realidad siempre subía despacio para no fatigarse los pulmones y no toser) y al llegar al tercero se apoyó en la puerta antes de tocar el timbre, para descansar un momento en la actitud del que escucha lo que pasa en el interior de una casa. Después llamó con los dos toques cortos de siempre.

—Ah, sos vos —dijo Laura, ofreciéndole una mejilla fría—. Ya empezaba a preguntarme si habrías tenido que quedarte más tarde. La carne debe estar recocida.

No estaba recocida, pero en cambio no tenía gusto a nada. Si en ese momento hubiera sido capaz de preguntarle a Laura por qué había ido a la estación, tal vez el café hubiese recobrado el sabor, o el cigarrillo. Pero Laura no se había movido de casa en todo el día, lo dijo como si necesitara mentir o esperara que él hiciera un comentario burlón sobre la fecha, las manías lamentables de mamá. Revolviendo el café, de codos sobre el mantel, dejó pasar una vez más el momento. La mentira de Laura ya no importaba, una más entre tantos besos ajenos, tantos silencios donde todo era Nico, donde no había nada en ella o en él que no fuera Nico. ¿Por qué (no era una pregunta pero cómo decirlo de otro modo) no poner un tercer cubierto en la mesa? ¿Por qué no irse, por qué no cerrar el puño y estrellarlo en esa cara triste y sufrida que el humo del cigarrillo deformaba, hacía ir y venir como entre dos aguas, parecía llenar poco a poco de odio como si fuera la cara misma de mamá? Quizá estaba en la otra habitación, o quizá esperaba apoyado en la puerta como había esperado él, o se había instalado ya donde siempre había sido el amo, en el territorio blanco y tibio de las sábanas al que tantas veces había acudido en los sueños de Laura. Allí esperaría, tendido de espaldas, fumando también él su cigarrillo, tosiendo un poco, riéndose con una cara de payaso como la cara de los últimos días, cuando no le quedaba ni una gota de sangre sana en las venas.

Pasó al otro cuarto, fue a la mesa de trabajo, encendió la lámpara. No necesitaba releer la carta de mamá para contestarla como debía. Empezó a escribir, querida mamá. Escribió: querida mamá. Tiró el papel, escribió: mamá. Sentía la casa como un puño que se fuera apretando. Todo era más estrecho, más sofocante. El departamento había sido suficiente para dos, estaba pensando exactamente para dos. Cuando levantó los ojos (acababa de escribir: mamá), Laura estaba en la puerta, mirándolo. Luis dejó la pluma.

—¿A vos no te parece que está mucho más flaco? —dijo.

Laura hizo un gesto. Un brillo paralelo le bajaba por las mejillas.

—Un poco —dijo—. Uno va cambiando…

551

COMENTARIO

En "Cartas de mamá", Julio Cortázar, hombre de dos mundos, logra convertir la historia trágica de un matrimonio en un símbolo nacional y revestirlo de un aire mágico mediante una técnica experimental elaborada disimuladamente con el mayor cuidado.

Pariente literario de *Hamlet, Los derechos de la salud* de Florencio Sánchez y "Talpa" de Juan Rulfo, este cuento revela con una precisión casi matemática el derrumbe del matrimonio de Laura y Luis. La primera indicación de que Laura no está contenta surge suavemente de una imagen plástica: "El rostro que parecía haberse desdibujado un poco desde los tiempos de Buenos Aires, como si el aire gris de París le quitara el color y el relieve". De ahí en adelante, poco a poco se va intensificando el tema del fracaso matrimonial reflejado tanto en la monotonía de la vida moderna —"el trabajo pasable, el departamento bonito, las películas excelentes"— como en una serie de pequeños detalles: el retiro del brazo en el cine; el silencio sobre Nico, ya muerto de tisis, por su aspecto de reproche, de arrepentimiento, de traición; el recuerdo de cómo se habían querido desesperadamente en la luna de miel; la resignación de Laura, el simulacro de sonrisa; el llanto de Laura mientras "abajo corrían a gritos los chicos de la portera"; el sexo monótono no deseado; la pesadilla de Laura que no recibe el consuelo acostumbrado de Luis; la contemplación de Laura como a un insecto.

Sólo hacia el final se recalca la importancia del título con la transformación por el humo de la cara triste y sufrida de Laura en la cara llena de odio de mamá. Esa identificación de Laura con mamá, anunciada antes con la complicidad de Laura en el orden tan odiado de mamá, destaca el carácter edípico del problema (como en *Hamlet*) y explica el anhelo de libertad de Luis. Aunque logró escaparse de Buenos Aires, las cartas de mamá constituyen un eslabón con el pasado que dan un carácter condicional a esa libertad. Es más, tanto como anhelaba en otra época la libertad, anhela ahora las cartas de mamá porque "si le hubieran faltado habría sentido caer sobre él la libertad como un peso insoportable".

La "libertad duramente conquistada" y provisional de Luis es un reflejo al revés de la independencia de Argentina. Para conseguir su libertad, Luis tuvo que rechazar a su madre y refugiarse en Europa pero descubre que no puede borrar el pasado. De una manera paralela, Argentina tuvo que rechazar a su madre europea para liberarse, pero también ha descubierto que la libertad es condicional y que no puede romper por completo el puente hacia el pasado. La trascendencia nacional de este problema individual se insinúa levemente con los retratos de los próceres San Martín, Rivadavia y el almirante Brown en las estampillas que llegan con las cartas de mamá. La importancia de esas estampillas se refuerza por el interés filatélico de Nico.

Como la novela *Rayuela* y el cuento "El otro cielo", "Cartas de mamá" tiene el doble escenario de París y de Buenos Aires que se refleja en la estructura lo mismo que en el estilo del cuento. El puente entre las dos ciudades se construye sobre una serie de detalles paralelos: el calor, los nombres de las calles, el cine, el coñac de Luis y el jerez de mamá, "Tom y Jerry" en París y el gato y el perro en Buenos Aires y las alusiones al ajedrez. Además, se insiste tanto en el número dos que refuerza la monotonía que sienten los protagonistas: los dos años que llevan en París, la salida de Buenos Aires dos meses después de la muerte de Nico, los dos perros de mamá, las dos horas pasadas en el banco de plaza, "hizo dos cosas", un rechazo con las dos manos, los dos hijos de mamá, la pesadilla dos noches antes de la llegada de Nico, los dos viajeros argentinos, los dos toques cortos de siempre, "entre dos aguas" y el departamento suficiente "exactamente para dos".

Esta simetría estructural que refleja la visión del doble mundo de París-Buenos Aires concuerda perfectamente con el trabajo y el carácter del protagonista Luis: es diseñador en una agencia de publicidad y le gusta el sentido de la simetría. Más que nada la presencia simultánea de las dos ciudades se afirma por las series sin fin de dos palabras o dos frases paralelas. Baste un solo ejemplo:

> De calle en calle fue sintiendo cómo le costaba situarse en el presente, en lo que tendría que suceder media hora más tarde. La carta de mamá lo metía, lo ahogaba en la realidad de esos dos años de vida en París, la mentira de una paz traficada, de una felicidad de puertas para afuera, sostenida por diversiones y espectáculos, de un pacto involuntario de silencio en que los dos se desunían poco a poco como en todos los pactos negativos.

Además de los paralelismos estilísticos, las oraciones citadas contienen la clave para comprender dos aspectos básicos de la estructura del cuento: el juego entre la realidad y la mentira y el manejo muy sutil de los tres planos cronológicos del presente, del futuro y del pasado. La conversión de la realidad en mentira o fantasía o viceversa es uno de los trucos predilectos de Cortázar: "Continuidad de los parques", "El río" y "La noche boca arriba". En "Cartas de mamá", tanto Luis como Laura viven la mentira de un matrimonio feliz. La madre vive la mentira de que Nico no ha muerto y que va a emprender un viaje a Europa. Los esposos, incrédulos y todo, van a la estación para recibir a Nico y al final la mentira se impone tanto a la verdad que los dos creen que en efecto lo han visto. El mismo autor se sugestiona con el juego y simboliza la mentira por la explicación parentética, tantas veces repetida, de lo que es una pregunta retórica: "(no era una pregunta, pero cómo decirlo de otro modo)". Poco antes del fin, el autor insinúa otra mentira identificando a Luis con Nico por medio de la tisis: "siempre subía despacio para no fatigarse los pulmones y no toser".

Esta identificación algo mágica concuerda con el ambiente de todo el cuento, creado en parte por el punto de vista y también por el entretejimiento de los tres planos cronológicos.

A pesar de la narración en tercera persona, todo el cuento se presenta desde el punto de vista de Luis, que vive muy poco en el presente, que recuerda mucho del pasado y que piensa constantemente en lo que va a suceder. En el presente, Luis lee las tres cartas de mamá, viaja en autobús, trabaja en la agencia de publicidad, vuelve a casa para almorzar, acompaña a Laura al cine, escribe a mamá y al tío Emilio, bebe, conversa con los vecinos, pasa un fin de semana en Fontainebleau y va a la estación para recibir a Nico. Mientras camina por el presente de una manera automática, piensa tanto en el pasado como en el futuro. El pasado revela la historia de cómo Luis fue presentado por su hermano Nico a Laura y de cómo poco a poco éste fue sustituido por aquél hasta llegar a la posesión en el automóvil. Al mismo tiempo que recuerda el pasado, Luis anticipa las reacciones futuras de Laura respecto a la "resurrección" de Nico: "por supuesto, unos días después Laura se extrañaría… y él contestaría…" Aunque los tres planos cronológicos se entremezclan frecuentemente, mantienen su propia vida independiente hasta el fin cuando, como tres ríos afluentes, desembocan en el estuario del primer verdadero diálogo, por breve que sea, entre los esposos. Antes no se hablan directamente más que una vez en el dormitorio con el velador apagado y con él dándole la espalda a ella. En cambio, en el diálogo final el pasado y el futuro se funden con el presente y los dos se miran como cómplices en la perpetuación de la mentira de la resurrección de Nico.

La multiplicidad de elementos tapados por una capa antirretórica que se encuentran en este cuento y en tantos otros de Cortázar le han merecido la distinción de ser el digno sucesor de Jorge Luis Borges. De todos los nuevos novelistas del llamado *boom* (Fuentes, García Márquez, Vargas Llosa *et al.*), Cortázar es el mejor cuentista. Sin lugar a dudas, es el mejor cuentista hispanoamericano de la década de los sesenta.

HUMBERTO ARENAL
[1926]

Cubano. Nació en La Habana. En 1948 salió de Cuba para los Estados Unidos y no volvió hasta poco después del triunfo de la Revolución. Director de teatro y colaborador en las principales revistas nacionales. Autor de la primera novela de la Revolución cubana, El sol a plomo *(1959); de otras novelas,* Los animales sagrados *(1967),* A Tarzán: con seducción y engaño *(1995),* ¿Quién mató a Iván Ivánovich? *(1995),* Caríbal *(1997), novela de humor negro; y de dos colecciones de cuentos,* La vuelta en redondo *(1962) y* El tiempo ha descendido *(1964). De ésta proviene "El caballero Charles".*

EL CABALLERO CHARLES

—AH, AQUELLOS eran tiempos mejores —dijo el hombre—, ¿verdad, doña Clarita? Entonces todo era distinto. Como decía la hermana del caballero Charles… ¿Cómo era aquello…? ¿Eh, doña Clarita?

—¿Eh…?

—Lo que decía la hermana del caballero Charles… Aquello de la opu… ¿Opu qué?

La mujer estaba tendida en la cama con los ojos cerrados, casi sin oír lo que el hombre decía. Los párpados le temblaban imperceptiblemente. Los entreabrió un poco.

—¡Qué opulencia y qué riqueza! —dijo y contrajo los ojos. Con una mano se aseguró de que la bata de casa estaba bien cerrada y con la otra buscó un pañuelo. Después siguió oyendo la música del radio que tenía a su lado.

—Usted sabe lo que yo digo. ¿Eh, doña Clarita? El difunto Charles, que en paz descanse, sabía cómo vivir. ¡Qué trajes aquellos! Dril cien; sí señor, dril cien. ¿Se acuerda de *La viuda alegre*, de doña Esperanza Iris? Era toda una dama, una princesa doña Esperanza. ¿Verdad, doña Clarita?

—No tanto —dijo la mujer, abriendo los ojos por un instante. Volvió a cerrarlos y siguió escuchando la música. También sintió al gato de la vecina ronroneando por el pasillo. Había llegado a identificar todos los sonidos de la casa.

Hacía algunos años que Jacinto venía a verla todos los domingos por la mañana y decía las mismas cosas. Al principio le había servido de compañía, ahora le resultaba cargante. Después de un rato se marchaba. Había sido chofer de Charles durante veinte o treinta años; hasta su muerte.

—Yo apenas si salgo. Vengo a verla a usted. Y voy al cementerio a llevarle flores a mi madre, que en gloria esté y al caballero Charles, y más nada. ¿Para qué?

Se quedó en silencio un instante. La mujer sintió cuando la gata entró en el cuarto; siempre se echaba debajo de la mesa a esperar la comida que ella le daba todos los días.

—¿Se acuerda cuando Caruso cantó en La Habana?

La mujer asintió con la cabeza.

—Todavía me acuerdo. Lo veo clarito, clarito. Usted tenía aquel vestido rojo que tanto le gustaba al caballero Charles. Dicen que para entonces ya Caruso había perdido condiciones. ¿Qué cree usted, doña Clarita?

"Me lo ha preguntado tantas veces que no puedo recordarlas." Le contestó que entonces Caruso conservaba sus facultades.

—Envidias de la gente... envidias de la gente. Había un jardinero gallego allá en la casa del caballero Charles, que decía que Lázaro era mejor cantante que Caruso. ¡Usted que los conoció a los dos; usted que estuvo en las tablas! ¿Qué cree usted, doña Clarita? —la mayoría de las preguntas no se las contestaba, así se marchaba más pronto.

—¿Eh, doña Clarita?

La mujer se incorporó. Se miró en el espejo. Estaba gorda y por debajo del tinte asomaban las canas. Ya casi nunca se miraba. Tampoco recordaba el día de su cumpleaños. En un tiempo vivía de recuerdos, de fechas, de momentos del pasado. Ahora le importaba más el presente, el poco presente que le quedaba.

—¿Usted estuvo en México varias veces, verdad doña Clarita?

—Ocho veces —dijo, tomando el gato de debajo de la mesa.

—¿Y trabajó allí, verdad doña Clarita?

Él lo sabía, pero siempre se lo volvía a preguntar. Sabía detalles de su vida mejor que ella. Tenía álbumes de fotografías y recuerdos de toda su carrera teatral, que Charles había guardado y que al morir él había logrado sacar de la casa sin que la esposa del otro se diera cuenta.

—Sí, yo trabajé allí.

—¿Con doña Esperanza Iris?

—Con la Iris.

—Ay, qué suerte la suya. Yo siempre lo he pensado: usted es una mujer de suerte, de mucha suerte.

Pensó decirle: "Qué sabe usted, Jacinto".

En un tiempo ella también creía que era una mujer de mucha suerte. Miró al hombre un instante: observaba la fotografía de Charles que estaba sobre el escaparate. Después ella le pasó la mano por el lomo al gato, que ahora comía despacio lo que le había servido. El gato la miró y se relamió el hocico.

—Cuando usted y el caballero Charles se fueron a París y a Madrid y a todos esos lugares allá lejanos, en la Europa, yo los llevé a los muelles. Lo recuerdo clarito. Usted parecía una reina allí en el Packard, y el caballero Charles, que era lo que se llama un *gentleman,* un *gentleman* de verdad, llevaba unos pantalones de franela blancos y un saco azul. Todo el mundo tenía que ver con ustedes. Doña Eusebia, la hermana del caballero Charles, decía que él se parecía al príncipe de Gales. Todavía tengo en casa la tarjeta que ustedes me mandaron desde París. Yo todo lo guardo… Yo pensaba el otro día…

"En París, Charles me prometió que cuando regresáramos se divorciaría y nos casábamos inmediatamente. Después no volvió a hablarme del asunto hasta que seis meses después del regreso de Europa se lo recordé.

"—Yo sé, yo sé que te lo prometí, pero ahora vas a tener que esperar. Las cosas en casa no están bien. Vas a tener que esperar —dijo entonces."

También le explicó que su hija Alicia ya iba a cumplir quince años y que él quería ahorrarle un disgusto ahora. Iba a tener que esperar un poco. "Yo no había pensado nunca tener un hijo con él pero desde entonces traté de convencerlo de que me serviría de compañía, pero Charles siempre se opuso."

—Usted llevaba una pamela rosa y unos impertinentes color nácar. Todo el mundo tenía que ver con ustedes.

—Ya hace mucho tiempo de eso, Jacinto.

—Para mí no —la miró por primera vez—; yo a veces pienso que no ha pasado ni un minuto —se llevó a la frente la mano y se puso a mirar por la ventana que estaba a su lado, por la que se veía el mar—; mi hermana Eloísa dice que yo sufro mucho por eso, pero yo creo que ella es la que sufre. Yo siempre tengo mis recuerdos. Ella dice que me olvide de todas esas cosas, que eso me hace daño, pero yo no quiero que me las quiten. A veces cierro los ojos y veo todo clarito. A veces oigo la voz del caballero Charles como si estuviera al lado mío. ¿Se acuerda cómo se reía, doña Clarita? Yo recuerdo todas las conversaciones de él y las cosas que me decía. Él me decía: Jacinto, tú eres un negro muy especial; tú eres un negro distinto; tú casi eres blanco... Qué gracioso... Eso me decía, doña Clarita. Yo todo lo recuerdo.

La mujer tomó un vestido del escaparate y entró en el baño.

Antes este hombre era parte de un esquema y ella jamás se fijó en él, ni lo analizó, ni lo juzgó. Era parte inevitable y eficiente de una serie de factores que hacían fácil su vida. Ahora le parecía otro hombre.

Salió del baño y fue al espejo. Mientras ella se empolvaba la cara, el hombre seguía mirando por la ventana.

—Yo empecé a trabajar con el caballero Charles en el gobierno del general Menocal —dijo sin volverse—. Cuando las famosas peleas de conservadores y liberales. Cómo ha llovido desde entonces; sí señor. Yo entonces jugaba pelota en el antiguo Almendares. Yo le batié una vez un jonrón al gran Adolfo Luque.

Hizo una pausa y sonrió. Después se volvió para sentarse de nuevo en la silla:

—Me acuerdo como si fuera ahoritica mismo. Había un negrito muy refistolero que jugaba la primera base y me dijo que le habían hablado de un puesto de chofer, que si yo lo quería. Él creo que trabajaba a medias un fotingo en la plaza del mercado con un primo suyo. Y además tenía delirio de jugar en las grandes ligas y todo eso. Decía que si Luque se lo iba a llevar para el Norte, que para aquí, que para allá.

La mujer se estaba peinando y lo miró por el espejo. Ahora parecía más interesada.

—Figúrese, yo estaba pasando una canina tremenda. En casa éramos doce para comer y prácticamente lo único que entraba era lo que hacía mi hermana Eulalia, que era modista y trabajaba para el modisto Bernabeu, y lo que ganaba mi madre, que no era mucho la pobre, lavando para afuera. Entonces este negrito amigo mío, Genovevo, Genovevo se llamaba, hace rato que tenía en la punta de la lengua el nombre. Genovevo me llevó a ver al caballero Charles.

La mujer había terminado de arreglarse y tomó un bolso que había encima de la cama.

—Jacinto, yo tengo que salir a hacer unas compras; usted me va a perdonar, pero...

—Yo la acompaño, doña Clarita, yo la acompaño con mucho gusto. No faltaba más.

Ella lo miró un instante muy seria, como si fuera a decirle algo importante y por fin dijo:

—Bueno.

Salieron al pasillo.

—El caballero Charles me recibió en su despacho en la

Manzana de Gómez y yo le entregué el papelito que me había dado Genovevo, y él lo leyó así serio como acostumbraba él. Y yo en seguida me dije que me gustaba aquel hombre. Y él terminó de leer el papel y...

Pasaron frente a una puerta abierta y una mujer muy gorda vestida de blanco que estaba sentada en un sillón abanicándose lentamente los miró y dijo:

—Oiga vecina, ¿dónde va tan elegante?

—A unas compras —contestó la otra.

—...y después me dijo que empezara a trabajar el lunes. Era un sábado; un sábado o un viernes, no lo recuerdo bien.

—Oiga, Fefa, yo le di a la gatica un poco de picadillo y un poco de arroz que me sobró del almuerzo.

—Gracias, vecina. ¿Y cómo ha seguido del reuma?

—Mejor, mejor. Creo que me voy a ir a dar unos baños sulfurosos a San Diego con una amiga mía, a ver si se me acaba de quitar. He pasado unos días muy adolorida, pero ya estoy mejor —comenzó a caminar—. Hasta luego, Fefa, hasta luego.

—Adiós, vecina, que se mejore. Si ve a Julito me lo echa para acá, que quiero mandar a buscar algo a la bodega.

El hombre se había separado un poco de ella y la observaba sonriente. Bajó la cabeza y dijo:

—Yo le contaba que fue un sábado o un viernes cuando conocí al caballero Charles...

—Fue un sábado, Jacinto; ya usted me lo ha contado otras veces.

El hombre pareció no oírla.

—Sacó diez pesos de la cartera y me dijo que me comprara una camisa blanca y una corbata negra y una gorra y que estuviera el lunes a las ocho de la mañana en su casa. Así empecé con el caballero Charles. Yo nunca me olvido. —La mujer caminaba delante, sin oírlo, sin apenas percatarse de él. Él se había puesto la gorra que hasta ahora había llevado en las manos y trataba de alcanzarla.

"El día que le dije a Charles que estaba preñada, se quedó un rato sin decir nada y después dijo:

"—Mira Divina, eso no puede ser. Yo conozco un médico que te puede hacer un curetaje. Es un amigo mío de toda la vida y es un buen médico. Vive aquí cerca, en la calle San Lázaro. Yo te voy a llevar esta misma semana. No te ocupes.

"Le pedí dos veces que me dejara tener el hijo, traté de explicarle que yo no tenía nada, que me dejara por lo menos el hijo.

"—Déjate de esas tonterías, Divina —dijo él—; tú sabes que eso no es posible. Tú me tienes a mí y tú tienes tu carrera. A ti no te falta nada. Eso hay que arreglarlo en seguida. Lo que se llama nada."

Ella se fue a llorar a su cuarto y él le tocó varias veces la puerta y ella no le contestó y por fin él se marchó. Al día siguiente vino y le dijo que ya había arreglado todo con su amigo el médico y que al día siguiente por la tarde lo irían a ver.

—Yo al principio me ponía un poco nervioso con él. Era un hombre que inspiraba tanto respeto. Yo lo veía con los abogados y con toda aquella gente de dinero de los ingenios y veía con el respeto que lo trataban. El caballero Charles era una persona de pocas palabras, pero cuando hablaba inspiraba mucho respeto. Todo el mundo lo oía.

Ella estaba mirando unas frutas y el vendedor se acercó.

—¿Cómo está, señora, cómo sigue de su reuma? —le preguntó.

—Mejorcita, gracias. Estos mameyes… ¿a cómo son?

—Éstos a 25 y estos otros a 40. También tengo aquí unos zapotes preciosos —se agachó y sacó un cesto de debajo del carro—. Están dulcecitos como almíbar, señora.

—El día que enterramos a mi pobre madre —dijo Jacinto— el caballero me llamó y me dijo que no me ocupara de nada, que él iba a correr con todos los gastos. Sin contar el dinero que me había dado para las medicinas por adelantado y que después no me quiso cobrar. Y la corona que mandó. Era la mejor de todas, doña Clarita. La mejor.

Ella tomó uno de los mameyes y se lo dio al vendedor y comenzó a tantear los zapotes.

—Él siempre me dio muy buenos consejos. A él le debo el no haberme enredado con aquella viuda que tuve. Un día yo le conté el asunto y él me oyó todo el cuento y me dijo: "Mira, Jacinto, ¿por qué te vas a buscar una viuda con hijos? Búscate una muchacha jovencita igual que tú, si quieres casarte, y no te compliques la vida. Además, tú estas bien así como estás. No te compliques la vida". Eso me dijo el caballero Charles. Él era un hombre muy bueno. ¿Verdad, doña Clarita?

"Íbamos en la cubierta del *Santa Rosa*. Un amigo de Charles que era agente teatral me había conseguido un buen contrato para trabajar en Colombia. A Charles le gustaba que yo cantara. Yo creo que lo estimulaba, que lo ponía en contacto con un mundo que a él siempre le había atraído mucho: una vez me dijo que su gran ilusión hubiera sido ser actor. Habíamos planeado el viaje durante varios meses. Charles tenía unos negocios en Colombia y los había tomado como excusa para irse conmigo. Siempre que yo trabajaba fuera de La Habana le gustaba acompañarme, ver quiénes trabajaban conmigo, leer la música que iba a cantar y hasta aprobar el vestuario que iba a usar. Él decía que no me podía dejar sola porque a mí me faltaba malicia y sentido práctico para tratar con esa gente que él decía era muy inmoral y muy astuta. A mí me gustaba ver la aurora. Nos levantábamos muy temprano y nos íbamos a la proa del barco a ver salir el sol. Lo hacíamos casi a diario. Charles me tomaba del brazo y nos quedábamos allí casi sin hablar. Eran momentos de gran placer que nunca olvidaré. Una mañana mientras estábamos allí, Charles vio un matrimonio amigo de él y de su mujer paseando por la cubierta. No nos vieron pero Charles, como medida de precaución, no se dejó ver más en público conmigo. Él siempre decía: lo más importante en la vida es guardar las apariencias."

Doña Fefa había vivido durante veinte años al lado de doña Clarita. En verdad no eran amigas, pero siempre se habían respetado y sentido un afecto mutuo. Doña Fefa era

563

viuda. Su marido había trabajado cuarenta años como tenedor de libros. Nunca tuvieron hijos. Una mañana amaneció muerto a su lado. Ahora sólo hablaba de él cuando iba al cementerio una vez al mes. Siempre lo llamaba "el pobre Faustino". Doña Fefa tenía una gata y un canario a los que hablaba el día entero. Ella afirmaba que entendían todo lo que les decía. A veces doña Clarita llegó a pensar que esto era algo más que una locura, como afirmaban los otros vecinos de la casa.

Doña Fefa estaba preocupada por doña Clarita. Últimamente la veía muy pálida y la sentía durante toda la noche caminando por el cuarto y ya no la oía cantar como antes, que siempre entonaba trozos de zarzuelas y operetas. Ella, que siempre se había conservado tan joven, de pronto había envejecido visiblemente. El rostro se le había endurecido. Hacía tiempo que quería decirle todas estas cosas, pero doña Clarita era una mujer tan hermética y tan fuerte que ella temía una respuesta intempestiva.

Doña Fefa estaba pensando todas estas cosas y pasándose un cepillo por su pelo largo y canoso, como hacía todos los domingos, cuando pasó doña Clarita con Jacinto.

—Oiga, vecina —le dijo—, he estado pensando en una medicina que tomaba el pobre Faustino para el reuma y que a usted seguramente le iba a sentar.

Doña Clarita se detuvo un instante y Jacinto le sonrió a la mujer.

—Yo estoy tomando unas píldoras y creo que si me voy a dar los baños a San Diego se me pasará.

—Yo le voy a buscar un pomito que tengo por ahí guardado para que las pruebe, vecina. A ver si le asienta.

Le dijo que estaba bien y siguió caminando para su habitación.

Mientras ella pelaba unas papas y después cuando se fue detrás del parabán a ponerse de nuevo la bata, Jacinto decía:

—Yo a veces me pongo a pensar… no sé… ¿Usted cree en el más allá, doña Clarita?

Ella encogió los hombros para decir que no sabía.

—Yo antes no creía en esas cosas porque pensaba que era cosa de brujería y esas cosas atrasan, pero un amigo mío muy inteligente me dio los libros de ese científico Alan Kardec y además conocí hace algún tiempo a la hermana Blanca Rosa, una médium que vive por allá por Mantilla, y la verdad que he tenido muy buenas pruebas. ¿Usted sabe que yo he hablado con mi madre, que en paz descanse?

Ella lo miró un instante y después le dijo que no.

—Mire, yo nunca hablo estas cosas con nadie, pero yo siempre he pensado que usted es como de mi familia, y usted perdone el atrevimiento, y yo le digo que yo he hablado con mi madre. Para mí ha sido un gran consuelo. Usted, ¿sabe una cosa, doña Clarita?, yo creo que usted debía ir a verla.

—Yo, ¿para qué?

—Pues, a mí me parece que sería bueno para usted ver si se comunica con el caballero Charles... Usted está tan solita aquí todo el tiempo... Sería un gran consuelo. ¿No cree usted?

Ella estaba quitándose la bata detrás del parabán y se quedó un instante pensando lo que iba a contestarle.

—Yo no creo en esas cosas, Jacinto.

—Hay que tener una fe, doña Clarita, la fe salva.

No le contestó. Cuando salió, Jacinto se le quedó mirando y no le dijo nada. Parecía contrariado. Ella fue a la cama y se tendió con gran cuidado.

—Jacinto —le dijo y él miró con atención—, el domingo que viene yo no voy a estar aquí, así que no venga. Voy a darme unos baños a San Diego.

—Entonces será el otro domingo, doña Clarita.

—No, el otro domingo todavía no estaré aquí. Mejor es que me llame por teléfono.

Jacinto se quedó mirando al suelo y haciendo unos guiños, como hacía siempre que estaba nervioso.

—Está bien, doña Clarita; yo la llamo. Está bien —se puso de pie—; yo creo que ahora me voy yendo. Mi hermana me pelea si no estoy para el almuerzo.

Ella sonrió.

—Bueno, hasta luego, doña Clarita. Que se mejore de sus males. Hasta luego.

—Adiós, Jacinto.

Lo vio irse y después cerró los ojos. Sintió a doña Fefa meciéndose lentamente en el sillón, el motor del tanque de agua, un radio lejano, una pila que goteaba, el burbujear del agua en que se cocían las papas, el aire batiendo las cortinas de la ventana. Abrió los ojos un instante y miró el retrato de Charles. Volvió a cerrarlos en seguida.

COMENTARIO

Durante el último decenio, Cuba se ha convertido en uno de los centros culturales de América. Respecto al cuento, se han publicado unos 100 tomos y unas 10 antologías, tanto en La Habana como en Madrid, Buenos Aires, Montevideo, Lima y México. Los autores provienen de cuatro promociones literarias. De los que se identifican con la *Revista de Avance* sobresale el novelista Alejo Carpentier (1904-1980). En la segunda promoción se destacan dos verdaderos cuentistas, Virgilio Piñera (1912), de afiliación fantástica, y el criollista Onelio Jorge Cardoso (1914). De los autores que nacieron entre 1923 y 1935 y estrenaron en la década de los cincuenta, siete residieron durante mucho tiempo en los Estados Unidos y todos parecen obsesionados por la angustia existencialista. Los más importantes son Calvert Casey (1923-1969), Humberto Arenal (1926), Guillermo Cabrera Infante (1929) y Antonio Benítez (1931). De la promoción más joven, los nacidos por 1940, se han distinguido más Jesús Díaz Rodríguez (1941), Reinaldo Arenas (1943) y Ana María Simó (1943).

Los cuentos de estas cuatro promociones pueden dividirse principalmente en tres categorías temáticas: la persecución y la tortura de los revolucionarios urbanos por los esbirros batistianos; la soledad, la angustia y la falta de idealismo en la vida prerrevolucionaria; el cuento fantástico o de ciencia ficción.

En "El caballero Charles" Humberto Arenal se sirve de una historia personal para captar el espíritu no sólo de la gran época cubana de la primera Guerra Mundial, sino también de la Cuba prerrevolucionaria en general. El caballero Charles, por su nombre, por su opulencia, por sus viajes al extranjero, por sus contactos con los abogados y con los dueños de los ingenios, simboliza al cubano rico y xenófilo que explotaba a sus compatriotas apasionados por la música (doña Clarita) y por el beisbol (Jacinto). Ese mundo ya se acabó: el caballero Charles está muerto; doña Clarita sufre del reuma en medio de una gran soledad; Jacinto se alimenta de los recuerdos. Para indicar que el sufrimiento de doña Clarita no se debe al carácter ilícito de sus amores, el autor nos presenta al personaje igualmente trágico de doña Fefa, cuyo marido, tenedor de libros por 40 años, tampoco le dejó hijos.

La tensión dramática del cuento se basa en el contrapunto entre los recuerdos de Jacinto y los de doña Clarita. Mientras ésta no guarda ninguna ilusión sobre el carácter de Charles, prefiere no desengañar al chofer negro que todavía mantiene la mentalidad del esclavo. En efecto, se subraya la castración psicológica de Jacinto por el marco del cuento: doña Clarita tendida en la cama.

La soledad de los personajes en el momento actual se recalca por la falta de verdadero diálogo. El narrador penetra en la psicología de los personajes pero no les permite independizarse. Con un estilo muy sencillo (frases muy breves, ritmo lento, tono antidramático, ausencia de imágenes, uso frecuente de "el hombre" y "la mujer", de "él" y "ella") y el gato existencialista, Arenal logra pintar un mundo totalmente desprovisto de ilusiones. Los personajes sólo existen.

Por eso, el desenlace feliz (desde el punto de vista de

doña Clarita) es ilusorio. Aunque logra mostrarse bastante enérgica para despedir definitivamente a Jacinto —contrástese el "hasta luego" de éste con el "adiós" de ella—, doña Clarita queda sola en su cama, atenta a los pequeños ruidos que delatan la insignificancia de la vida humana.

ÁLVARO MENÉNDEZ LEAL
[1931-2000]

Salvadoreño. Nació en Santa Ana. Exiliado por sus ideas políticas, estudió y ejerció el periodismo en México. Al volver a su país enseñó sociología en la Universidad de El Salvador entre 1961 y 1966, y publicó su libro de sociología urbana Ciudad, casa de todos *en 1968. Entre 1970 y 1975 impartió cursos universitarios de literatura y civilización latinoamericana en Konstanz, Alemania; Irvine, California; St. Etienne, Francia; y Argel, Argelia. Volvió otra vez a El Salvador en 1978 para dirigir el Teatro Nacional y entre 1980 y 1984 fue director general de Cultura y Comunicación del Ministerio de Relaciones Exteriores. Estrenó literariamente en 1962 con* Cuentos breves y maravillosos. *La segunda colección,* Una cuerda de nylon y oro *(1969), incluye entre otros cuentos* "Fire and Ice" *(escrito en 1965) y 13 minicuentos. Otras colecciones son* Revolución en el país que edificó un castillo de hadas *(1971),* La ilustre familia androide *(1972),* Hacer el amor en el refugio atómico *(1972) y* Los vicios de papá *(1978). Como dramaturgo, ha estrenado y publicado* El circo y otras piezas falsas *(1966) y la pieza beckettiana* Luz negra *(1967). Suele firmar sus libros como Álvaro Menén Desleal.*

"FIRE AND ICE"

FUEGO Y HIELO... Fuego y Hielo... ¿Es ése el título?... Sí...; ése es: *Fire and Ice*... No sé por qué, justamente ahora, adquiere importancia algo que nunca la tuvo, como no fuera en el colegio, cuando el profesor se empeñó en que aprendiéramos de memoria el poema de Frost:

Some say the world will end in fire,
Some say in ice...
From what I've tasted of desire
I hold with those who favor fire.

Yo no lo aprendí nunca —por lo menos entonces yo no pude
repetir más de dos o tres versos—; sin embargo, creo que
hoy lo recuerdo perfectamente —pero ¿qué importancia
tiene eso?— no sé —no tuvo importancia nunca— por más
que se molestara el profesor —no tuvo importancia que lo
supiera— que lo supiera de memoria —salvo en el interna-
do— y ahora tampoco es importante que lo recuerde —por
qué habría de ser importante— no es más —no es más
importante que aquel niño que ahora yace aplastado cerca
de la cabina de los pilotos— no es más importante —por qué
habría de serlo— veo parte de su cara desecha —sangre
por la nariz— sangre por los oídos —sangre por la boca—
sangre por grietas y hendiduras que normalmente no se tienen —heridas— esas hendiduras son heridas —por qué habría de ser importante ahora— dentro de un momento no
habrá una gota de sangre —todo todo estará quemado— y
no puedo sentir lástima por él —aunque fue buenito— durante todo el vuelo permaneció quieto —sin pedir— sin molestar a nadie —sin orinar— sin pedir mayor cosa —pese
al asedio de la azafata— pese al acoso de las viejas —sin
molestar a nadie— sin importancia —se mantuvo quieto—
hechizado por el paso entre las nubes —por la leve vibra-
ción del aparato— por la maravilla que es para un niño el
vuelo en un *jet* —sin molestar a nadie— ni aun cuando
el avión —después de romperse el ala en aquel pico— dio de
panza —y / a / todo / lo / largo / del / piso / se / a-b-r-i-ó / la /
ancha / horrible / grieta / entre las dos filas de asientos—
desde los de primera hasta los de... —la horrible grieta desde la cabina hasta la cola— y ahora mana sangre —le
mana sangre— y temí que el niño desapareciera tragado
por la voracidad del piso —del piso abierto— sexo de la

570

tierra —pero no podía ocurrir así porque nada salía del avión— sólo entraba —entraba tierra— entraban piedras —tierra y piedra y trozos de árboles— pinos —sí— pinos —alerces— píceas —abetos— no sé —y tierra— coníferas —y tierra— entraba tierra —y nieve— mucha nieve —y tierra y piedra y nieve.

But if it had to perish twice

no tiene importancia / por qué habría de tenerla / y menos ahora que el fuego llega al cuerpo de aquella señora de traje azul / la señora del sombrero extravagante / le cubre el traje / lo consume / le chamusca la maceta con flores de la testa / el pelo le crepita un poco / le crepita un poco no más / porque todo es tan rápido / y el fuego la quema / la señora que tenía el traje azul no grita / es una pira como un bonzo / pero no grita / ella no grita / nadie grita / y yo me pregunto por qué nadie grita / y me respondo que no grita nadie porque quizás todos han muerto / (porque) (quizás) (todos) (hemos) (muerto) y no lo creo pues unas mujeres buscan sus zapatos / no tiene importancia pero todas las mujeres perdieron sus zapatos / después de darme el golpe en la cabeza / me golpeé la cabeza / el argentino sentado a mi altura en la otra fila de asientos mira desconcertado trata de encontrar una explicación no tiene importancia pero el accidente lo pilló dormido el argentino mira abriendo desmesuradamente un ojo / uno solo / uno ( ) solo / porque el otro se le ha saltado / abre desmesuradamente un ojo ojO ojO / por la cuenca del otro le comienza a correr una cascada de sangre / le corre una cascada de sangre y de nervios / él no sabe que ya le falta un ojo / cree que mira con los dos / yo me persigné / no tiene importancia pero yo me persigné antes de… / antes de arrellanarme en la butaca / y me miraba con los dos ojos / con uno solo no / con los dos / me mira con un ojo desencajado que le cuelga de unos hilos blancuzcos mientras yo me acomodo mejor en mi asiento / me mira con

571

un ojo me miraba con dos / y el argentino también se acomodó en su asiento / y la sangre se le ancha por la mejilla / el otro ojo lo cierra con aire de / no tiene importancia / por qué habría de tenerla / satisfecho de encontrar una explicación para su sueño disturbado / y no puede cerrar el otro porque le cuelga lejos / varios kilómetros de su voluntad / pero no tiene importancia pues dentro de un rato arderá también / y arderé yo como ardió el niño / como ardió la señora del sombrero ridículo / como han ardido ya las otras gentes / dentro del avión todo es fuego / fuego sonoro y rápido que va que viene devorando gentes cosas / equipajes cabelleras / zapatos / caras / un fuego que se ríe mientras camina sobre las epidermis sobre las ropas empapadas de combustible / todos nos empapamos de combustible / en alguna forma debieron de romperse los conductos / los tanques / los depósitos / y entonces cada uno de nosotros es como la mecha de un encendedor / no tiene importancia / mas en cuanto llega la chispa / ¡chaz! / uno es lumbre u)n)o e)s l)u)m)b)r)e) ///// candela de los pies a la cabeza / como aquella pareja de recién casados que arde allá / u.n.o.s. a.s.i.e.n.t.o.s adelante / uno es lumbre / así arderé yo dentro de un rato / una pira / dentro de un segundo / dentro de menos tiempo / uno no sabe cuánto tiempo pues todo parece ir más despacio / la sangre del argentino va despacio / le brota despacio en borbotón del agujero / el globo ocular que cuelga a kilómetros de su voluntad / el ojo / desinflado / pero la sangre parece como detenida en el aire / en el tiempo / no acaba de llegar al pie de la mejilla / y yo veo bien cuando camina la sangre / se arrastra como ofidio / repta como *lombriz* / una lombriz gruesa y caliente / y rápida / sí / rápida / no / despacio / no tiene importancia / cuando el fuego llegue al argentino la sangre se tostará sobre la piel / se detendrá para siempre en su carrera / porque lo único que marcha rápido es el fuego / la pura llama que llena más de la mitad del todo / la llama viva que se aproxima a mí con sus dedos cálidos / moviendo sus seudópodos sobre el piso y el techo /

572

arrastrándose sobre cosas y gentes / es lo único veloz / lo único deseable / lo único que anima el interior del avión / no tiene importancia / la llama se parte lo suficiente para permitir que uno vea lo que ha quedado adelante / lo que ha dejado a su paso / el metal retorcido / quemado / los cuerpos / después de su caricia / los cuerpos achicharrados / empequeñecidos / nadie podrá reconocerlos si acaso un día llegan a esta soledad / las partidas de salvamento / no hay noticias / encuentran los restos del aparato / el ojo que cuelga / y eso me hace sentir superior / yo sé todavía quiénes eran quiénes son / sé quién era sé quién es aquel pedazo de carne chamuscada / ese montoncito era es un niño que no molestó durante el vuelo / el pedazo mayor / ahumado y maloliente / era es una recién casada / el trozo que está a la par era es su marido / el traje blanco de la boda / una boda sencilla / yo sé que allá estaba está una señora vestida de azul /una-señora-de-sombrero-ridículo / esa-carne-contraída-y-maltrecha-era-es-suya / y-sé-que-esa-sangre-que-ha-caminado-unos-milímetros- / que-apenas-llega- / -con-lo-catarata-que-es / -a-me-dio-carrillo- / -sé-yo-y-sólo- yo-que-es-la-sangre-de-un-argentino- / -nadie-más-podrá-decir-eso-mismo-dentro-de-un-rato- / ni yo podré repetirlo porque el fuego es celoso / afuera —en cambio— todo es nieve y frío —la nieve está sucia y maltrecha en los alrededores del aparato— descompuestas las suaves colinas que se ven unos metros más allá / descompuesto este mundo de silencio y soledad / esta-postal-navideña-que-la-natur… que la naturaleza se regala todos los días— en-estas-latitudes-crepita el fuego —crepita Frost—

> *But if it had to perish twice,*
> *I think I know enough of hate*
> *To say that for destruction ice*
> *Is also great*
> *And would suffice.*

—yo no alcancé a gozar del paisaje nevado / el vuelo fue tan breve / no alcancé a gozar nada del paisaje nevado / los oídos me dolieron mucho / el cerebro lo sentía a punto de estallar / uno así no goza del paisaje / no puede gozar del paisaje / no tuve tiempo de acostumbrarme a la altura / no tiene importancia pero entre Santiago y Buenos Aires todo lo que el avión hace es subir / es subir como un endemoniado (de) (pronto) (choca) (con) (algo) uno no sabe lo que ocurre— un golpe seco —profundo— uno no sabe lo que ocurre pero (de) (pronto) (el) (avión) (choca) (con) (algo) un - ala - se - le - d/e/s/p/r/e/n/d/e=. (—/...por la grieta grieta del piso entra nieve y tierra y tierra y nieve y roca y roca árboles no son trozos de cuerpos brazos troncos piernas brazos manos hombros y Santiago queda allí y Buenos Aires allá de Cerrillos a Ezeiza todo lo que el avión hace es subir es subir... unos días en la ciudad me enseñaron que la Cordillera estaba al final de la calle más-larga-justamente-la-calle-más-larga... se podía esquiar a unos kilómetros del centro... allí aquí la Cordillera con sus nieves eternas... la Cordillera entraba por la ventanilla... por la ventana de mi cuarto... Quinto Piso del Hotel Bonaparte... por la ventana de mi cuarto... la nieve entraba todas las mañanas... en la Avenida O'Higgins... el sol pegaba a toda hora en los picos nevados... la nieve entra por la gran grieta... y yo sabía que esto podía ocurrir / cuando tomé el avión yo temía algo / en realidad siempre temí algo / ahora yo temía más / temía más / temía más certeramente / quizás no tiene importancia / pero yo temía más certeramente / tenía pasaje en otro avión / las cosas están tan mal en Argentina / transferí el pasaje a esta compañía / un nuevo modelo de *jet* / el más seguro —el avión más seguro— el más probado —pero las cosas están tan mal que una compañía argentina es un peligro— pero era —al fin de cuentas— un modelo reciente de *jet* —no gocé del paisaje porque un *jet* que parta de Santiago para Buenos Aires todo lo que hace es subir / subir / subir como un endemoniado / la Cordillera queda abajo— queña —de ju-

574

guete— y de pronto —la Cordillera entra por la gran grieta
me dolieron los oídos tanto subir tanto subir la aeromoza
me dice que trague saliva aplasto con desesperación la
goma de mascar el avión sube no hay tiempo de ver la nieve
(sino hasta ahora) (pero la veo tranquilo pues no me duelen
más los oídos) ((no me duele nada)) (ni siquiera ese hueso
que perforó la piel de mi brazo izquierdo) (ni la piel per-
forada) (no me duele la sangre que me inunda la garganta)
(ni el hueso ni la piel del brazo izquierdo que ahora
descarada (con el hueso (así (allí (no es del todo blanco
(quizás no tiene importancia pero el hueso no es del todo
blanco (y la gozo (gozo esa nieve tranquila (tranquilo (esa
postal navideña... no me importan los cadáveres mutilados
y sanguinolentos que ensucian el paisaje; ni los trozos de
metal, ni los restos de equipaje. Aquellos reactores aplasta-
dos no me importan; mejor así, pues no subirán más, no
rugirán más, no martirizarán a nadie más... Ni esas mara-
ñas de alambres y conexiones eléctricas... No me importa
nada; sólo la nieve limpia que está al fondo... los suaves
montoncitos de postal................ Y el fuego / el argentino
de mi lado coge fuego ahora / la sangre le brota siempre en
borbotón / una vena gruesa como un conducto de agua / el
argentino enciende como yesca / y no dice nada / nadie
dice nada / cuando caemos no grita nadie / cuando se quiebra y se incendia el aparato nadie dice nada / el argentino
se quiebra y se incendia ahora / el fuego seca y pega la sangre / el fuego le dio un límite a su carrera / no llegó ni al
mentón / no y sin embargo / yo pensaba que alcanzaría a llegar más abajo / arrastrarse desde el ojo reventado y caer
en un hilillo / caer como una breve catarata sobre el pecho
del vecino / que ahora arde / y el otro ojo le arde abierto / se
queman las pestañas / los palitos se hacen leves rizos antes
de coger fuego / y huele el cuerpo quemado / huele como
cuando abandonan una res al fuego / horno de cremación /
sus cenizas serán esparcidas al viento / sobre el Ganges /
polvo eres / polvo eres / horno de cremación / seis millones

de judíos / y ahora / el-fuego-viene-a-mí / me-toca-el-brazo / ése que tiene el hueso de fuera / inicia-su-desfile / hacia abajo hacia arriba / quema-mi-piel / la-chamusca / siento-cómo-la-achicharra / ha de oler mal / y no duele (más todavía) (el fuego tranquiliza) (cuando todos nos hayamos quemado) (cuando todos seamos sólo irreconocibles trozos) (troncos ennegrecidos) (cuando vuelva el silencio y penetre la nieve por las grietas) (carbonizados todos) (ya no habrá fuego) (es cierto que ya no habrá fuego) (el frío endurecerá el miembro que no haya sido quemado) (la nieve cristalizará la gota de sangre que no sea polvo) (ceniza) (pero nada importará eso seremos carbones apagados no sentiremos frío) aunque) (el) (fuego) (no) (quema) (es mentira que el fuego quema) (ahora-lo-tengo-en-la-ingle) (lo-siento-llegar-a-las-caderas) caminar-por-los-muslos /subir/siempre subir / detenerse por un rato más largo en los zapatos/ lo-siento-subir-por-el-pecho /sube/ya/por/el/cuello/ me-cubre/me-está-cubriendo/ la-cara/ arden las pestañas (no veo la nieve) (no veo nada) y sí / es-suficiente / el fuego es suficiente / y es amigo… es amigo…

COMENTARIO

Desde el estreno de las piezas de Samuel Beckett (1906) y de Eugène Ionesco (1912) en la década de los cincuenta se ha hablado mucho del teatro del absurdo. En Hispanoamérica ya hay bastantes cuentistas que comparten la misma actitud filosófica y artística para justificar el empleo del término "cuento del absurdo". Aunque la mayor parte de los afiliados a esta tendencia no pertenecen a las nuevas promociones —Julio Cortázar (1914), Juan José Arreola (1918), Virgilio Piñera (1912), Augusto Monterroso (1921)— sus obras absurdistas se publicaron tanto en la década de los cincuenta como en la de los sesenta: *Historias de cronopios y de famas* (1962); *Confabulario* (1952), *Confabulario total (1941-1961)*

(1962); *Cuentos fríos* (1956), *Cuentos* (1964); *Obras completas y otros cuentos* (1960), *La oveja negra y demás fábulas* (1970).

Menéndez Leal (1931) comparte con sus contemporáneos neorrealistas el concepto del arte comprometido, pero su visión del mundo coincide con la de los maestros absurdistas. Cuando firma su nombre Menén Desleal, no se trata exclusivamente de un juego de silabificación sino de las diferencias imperceptibles que a veces existen entre el bien y el mal, la lealtad y la deslealtad, en un mundo donde los valores tradicionales ya no cuentan. En el minicuento "El hacedor de lluvia" —"En cierto pueblo había un hombre que hacía llover a voluntad. Un día, borracho, desató una tormenta y murió ahogado"—, la primera reacción del lector es la risa, pero unos momentos de reflexión revelan el intento del autor de captar el suicidio actual de la raza humana, igual que Arreola en "Topos".

Si en el plano realista "Fire and Ice" narra el choque de un avión en la cordillera andina, en un plano más profundo simboliza la destrucción de la sociedad tecnológica por haber cometido el pecado capital de considerarse superior a la obra de Dios: "subir subir subir como un endemoniado la Cordillera queda abajo —pequeña— de juguete". Esta interpretación concuerda no sólo con los versos de "Fire and Ice" sino también con la filosofía de Robert Frost en general.

Para despistar al lector desprevenido, el autor absurdista emplea un lenguaje muy sencillo y un tono antidramático en la descripción de los detalles más horripilantes: el niño aplastado que sangra, la señora del sombrero extravagante que se quema, el argentino a quien se le ha saltado un ojo. En efecto, la repetición de la frase "no tiene importancia" con todas sus variantes es la manera absurdista de realzar la importancia del relato.

Esta contradicción es una de las muchas del cuento que en su conjunto logran producir cierto ambiente fantástico. Los pasajeros mueren carbonizados... en medio de la nieve

("Fire and Ice"). El narrador no puede sentir lástima por el niño aplastado. Nadie grita. La muerte del narrador debe ser casi instantánea y, sin embargo, hay tiempo para los recuerdos del colegio y de sus días en Santiago, y el ritmo a veces llega a ser lento. Otros elementos que contribuyen a lo fantástico son: la crueldad grotesca del ojo que "le cuelga lejos a varios kilómetros de su voluntad"; la casualidad humorística de que todas las mujeres perdieron los zapatos; los juegos de puntuación en la tradición de e. e. cummings. El empleo de los paréntesis sugiere visualmente la muerte de los pasajeros (el cadáver encerrado en el ataúd); los juegos tipográficos con la palabra "ojo" intensifican la condición del argentino; los paréntesis y las líneas diagonales hacen pensar en el movimiento de las llamas; los puntos entre las letras de "u.n.o.s. a.s.i.e.n.t.o.s" representan la separación bien ordenada pero fría de los seres humanos; la prolongación del subrayado delante de "lombriz" da la idea de cómo repta; el desprendimiento del ala se capta con la combinación de subrayados, un abre-paréntesis y una línea diagonal.

A pesar de los rasgos absurdistas, este cuento se distingue de sus congéneres por cierto fondo realista que proviene, si se me perdona la incursión en la crítica biográfica, de una experiencia del propio autor: en 1959 se estrelló en un jet comercial en Paraguay.

JOSÉ AGUSTÍN
[1944]

Mexicano. Nació en Guadalajara. Fue becario del Centro Mexicano de Escritores en 1966-1967. Polígrafo, estrenó a los 20 años con una novela, La tumba *(1964). En sus otras obras narrativas* De perfil *(1969),* Inventando que sueño *(1968) y* Abolición de la propiedad *(1969), quedan borrosos los límites genéricos entre el cuento, la novela y el teatro. Además ha publicado una autobiografía (1966), un libro de ensayos sobre el rock,* La nueva música clásica *(1968) y escribe canciones y guiones de cine. En las últimas décadas publicó la pieza* Círculo vicioso *(1974), tres tomos de cuentos,* La mirada en el centro *(1977),* No hay censura *(1988) y* No pases esta puerta *(1992), y cuatro novelas:* El rey se acerca a su templo *(1978),* Ciudades desiertas *(1982),* Cerca del fuego *(1986) y* Dos horas de sol *(1994). Los dos tomos de* Tragicomedia mexicana. La vida en México de 1940 a 1988 *(1990, 1992), historia política, social y cultural por sexenios, ha tenido mucho éxito. Ha sido profesor visitante en la Universidad de Denver (1978) y en la Universidad de California, Irvine (1978 y 1995). Actualmente trabaja en el cine mexicano y vive en Cuautla. "Cuál es la onda" se publicó en* Inventando que sueño.

CUÁL ES LA ONDA

"Cuando me pongo a tocar me olvido de todo. De manera que estaba picando, repicando, tumbando, haciendo contracanto o concertando con el piano y el bajo y apenas distinguía la mesa de mis amigos los plañideros y los tímidos y los divertidos, que quedaron en la oscuridad de la sala."

GUILLERMO CABRERA INFANTE: *Tres tristes tigres.*

"Show me the way to the next whisky bar. And don't ask why. Show me the way to the next whisky bar. I tell you we must die."

BERTOLT BRECHT y KURT WEILL según The Doors.

Requelle sentada, inclinando la cabeza para oír mejor.

Mesa junto a la orquesta, pero muy.

Requelle se volvió hacia el baterista y dirigió, con dedos sabios, los movimientos de las baquetas.

Su badness, esta niña
está lo que se dice: pasada,
pero Oliveira, el baterista, muy estúpido como nunca debe esperarse en un baterista, se equivocaba.

Equivocábase, diría ella.

Requelle se hallaba sobria, *bien* sobria, quizá sólo para llevar la contraria a los muchachos que la invitaron al Prado Floresta. Ellos bailaban y reían y bebían disfrutando de Una Noche Fuera Estamos Cabareteando y Cosas De Esa Onda.

Cuál es la onda, no dijo nadie.

Pero olvidémonos de ellos y de Nadie: Requelle es quien importa; y el baterista, puesto que Requelle lo dirigía.

Una pregunta: querida, cara Requelle, puedes afirmar que estás haciendo lo debido; es decir; tus amigos se van a enojar.

Requelle miró con ojos húmedos el cuero golpeadísimo del tambor; y aunque no lo puedan imaginar —y seguramente *no* podrán— se levantó de la silla —claro— y fue hasta el baterista, le dijo:

me gustaría bailar contigo.

Él la miró quizá con fastidio, más bien sin interés, Sin verla; a fin de cuentas la miró como diciendo:

580

pero niñabonita, no te das cuenta de que estoy tocando.

Requelle, al ver la mirada, supuso que Oliveira quiso agregar:

música mala, de acuerdo, pero ya que la toco lo menos que puedo hacer es echarle las ganas.

Requelle no se dio por aludida ante la muda respuesta

(dígase: respuesta muda, no

hay por qué variar el orden

de los facs aunque no alteren

el resultado).

Simplemente permaneció al lado de Baterista, sin saber que se llamaba Oliveira; quizá de haberlo sabido nunca se habría quedado allí, como niña buena.

El caso es que Baterista nunca pareció advertir la presencia de la muchacha, Requelle, toda fresca en su traje de noche, maquillada apenas como sólo puede pintarse una muchacha que no está segura de ser bonita y desconfía de Mediomundo.

Requelle se habría sorprendido si hubiese adivinado que Oliveira Baterista pensaba:

qué muchacha tan atractiva, otra que se me escapa a causa de los tambores

(de tontos tamaños,

diría Personaje).

Cuando, un poco sudoroso pero no dado a la desgracia, Oliveira terminó de tocar, Requelle, sin ningún titubeo, decidió repetir, repitió:

me gustaría bailar contigo;

no dijo:

guapo,

pero la mirada de Requelle parecía decirlo.

Oliveira se sorprendió al máximo, siempre se había considerado el abdominable yetis Detcétera. Miró a Requelle como si ella no hubiera permanecido, de pie, junto a él casi una hora.

581

(léase horeja, por aquello
de los tamborazos).

Sin decir una palabra (Requelle ya lo consideraba cuasimudo, tartamudo, pues) dejó los tambores, tomó la mano de
Requelle,
linda muchacha, pensó,
y sin más la condujo hasta la pista.

Casi estaban solos: para entonces tocaba una orquesta *peor*
y quién de los monos muchachos se pararía a bailar bajo
aquella casimúsica.

Oliveira Baterista y Linda Requelle sí lo hicieron: es más,
sin titubeos, a pesar de las bromas poco veladas, más bien
obvias, de los conocidos requellianos desde la mesa:

ya te fijaste en la Requelle|

              siempre a la caza demociones
fuertes|

     fuerte tu olor|

          bella Erre con quién fuiste a caer.

Erre no dio importancia a las gritadvertencias y bailó con
Oliveira.

Bríncamo, gritó alguien de la orquestavaril y el ritmo, lamentablemente sincronizado, se disfrazó de afrocubano: en ese
momento Requelle y Oliveira advirtieron que estaban solos
en la pista y decidieron hacer el show, jugar a Secuencia de
Film Sueco; esto es:

                  Oliveira la tomó gen-
tilmente y atrajo el cuerpecito fragante y tembloroso, que a
pesar de los adjetivos anteriores, no presentó ninguna resistencia.

Entonces siguieron los ejejé
ejejé|

     ándale te vamos a acusar con Mamis|

                    muchachita
destrampada|

Requelle, como buena niña destrampada, no hizo caso; sólo
recargó su cabeza en el hombro olivérico y se le ocurrió decir:

582

quisiera leer tus dedos.

Y lo dijo, es decir, dijo:

quisiera leerte los dedos.

Oliveira o Baterista o Cuasimudo para Erre despegó la mejilla y miró a la muchacha con ojos profundos, conmovidos y sabios al decir:

me cae que no te entiendo.

Sí, insistió Erre con Erre, quisiera leer tus fingers.

La mand, digo, la mano querrás decir.

Nop, Cuasi, yo *sé* leer la mano: en tu caso quisiera leerte los dedos.

Trata, pecaminosa, pensó Oliveira.

pero sólo dijo:

trata.

Aquí, imposible, my queridísimo.

I wonder, insistió Oliveira, why.

You can wonder lo que quieras, arremetió Requelle, y luego dijo: con los ojos, porque en realidad no dijo nada:

porque aquí hay unos imbéciles acompañándome, chato, y no me encontraría en la onda necesaria.

Y aunque parezca inconcebible, Oliveira —sólo-un-baterista— comprendió; quizá porque había visto Les Cousins

(sin declaración conjunta)

y suponía que en una circunstancia de ésas es riguroso saber leer los ojos. Él supo hacerlo y dijo:

alma mía, tengo que tocar otra vez.

Yo, aseguró Requelle muy seria, dejaría todo sabiendo lo que tengo entre manos.

Faux pas, porque Oliveira quiso saber qué tenía entre manos y la abrazó: así:

la abrazó.

Uy, pensó Muchacha Temeraria, pero no protestó para parecer muy mundana.

Tú victorias, gentildama, al carash con mi laboro.

583

Se separaron

(o separáronse, para evitar el sesé):

Olivista corrió a la calle con el preolímpico truco de comprar cigarros y la buena de Requelle fue a su mesa, tomó su saco (muy marinero, muy buenamodamod), dijo:

chao conforgueses

a sus amigos azorados y salió en busca de Baterista Irresponsable. Naturalmente lo encontró, así como se encuentra la forma de inquirir:

ay, hija mía, Requelle, qué

haces con ese hombre, tanto

interés tienes en este patín.

Requelle sonrió al ver a Oliveira esperándola: una sonrisa que respondía afirmativamente a la pregunta anterior sin intuir que patín puede ser, y debe de, lo mismo que:

onda,

aventura, relajo, kick, desmoñe, et caetera,

en este caló tan

expresivo y ahora literario.

El problema que tribulaba al buen Olivista era:

do debo llevar a esta niña guapa.

Optó, como buen baterista, por lo peor: le dijo

(o dijo, para qué el le):

bonita, quieres ir a un hotelín.

Ella dijo sí para total sorpresa de Oliconoli y aun agregó:

siempre he querido conocer un hotel de paso, vamos al *más* de paso.

Oliveira, más que titubeante, tartamudeó:

tú lo has dicho.

¡Oliveira cristiano!

Quiso buscar un taxi, roído por los nervios

(frase para exclusivo solaz

de lectores tradicionales),

pero Libre no

acudió a su auxilio.

Buen gosh, se dijo Oliverista. No recordaba en ese momento ningún hotel barato por allí. Dijo entonces, muy estúpidamente:

vamos caminando por Vértiz, quien quita y encontremos lo que buscamos y ya solitos gozaremos de lo que hoy apetecemos, qué dice usted, muchachita, si quiere muy bien lo hacemos.

Híjole, susurró Requelle expresiva.

Hotel Joutel, plañía Oliveira al no saber qué decir. Sólo musitó:

tú estudias o trabajas.

Tú estudias o trabajas, ecoeó ella.

Bueno, cómo te llamas, niña.

Niña tu abuela, contestó Requelle, ya estoy grandecita y tengo buena pierna, de lo contrario no me propondrías un hotel-quinientospesos.

De acuervo, accedió Oliveira, pero cómo te apelas.

Yo no pelo *nada*.

Cómo te haces llamar.

Requelle.

¿Requejo?

No: Requelle, viejo.

Viejos los cerros.

Y todavía dan matas, suspiró Requelle.

Ay me matates, bromeó Oliqué sin ganas.

Cuáles petates, dijo Req Ingeniosa.

Mal principio para Granamor, agrega Autor, pero no puede remediarlo.

Requelle y Oliveira caminando varias cuadras sin decir palabra.

Y los dedos, al fin preguntó Olidictador.

Qué, juzgó oportuno inquirir Heroína.

Digo, que cuándo vas a leerme los dedos.

Eso, en el hotel.

Jajajó, rebuznó Oliclaus sin cansancio hasta que vio:

Hotel Esperanza.

y Olivitas creyó leer momentáneamente:

te cayó en el Floresta dejaste a su orquesta mete pues la panza y adhiérete a la esperanza.

Esperanza. Esperanza.

¡Cómo te llamas!, aulló Baterista.

Requelle, ya díjete.

Si, ya dijísteme, suspiró el músico,

cuando pagaba los dieciocho pesos del hotel, sorprendido porque Requelle ni siquiera intentó ocultarse, sino que sólo preguntó:

qué horas no son,

e Interpelado respondió:

no son las tres; son las doce, Requita.

Ah, respondió Requita con el entrecejo fruncido, molesta y con razón:

era la primera vez que le decían Requita.

Dieciséis, anunció el empleado del hotel.

No dijo dieciocho.

No, dieciséis. ·

Entonces le di dos pesos de más.

Ja ja. Le toca el cuarto dieciséis, señor.

Dijo señor con muy mala leche, o así creyó pertinente considerarlo Baterongo.

Segundo piso a la izquierda.

A la gaucha, autochisteó Requelle,

y claro: la respuesta: es una argentina.

No; soy argentona, gorila de la Casa Rosada.

Riendo fervientemente, para
sí misma.

Oliveira, a pesar de su nombre, se quitó el saco y la corbata, pero Requita no pareció impresionarse. El joven músico suspiró entonces y tomó asiento en la cama, junto a Niña.

A ver los dedos.

Tan rápido, bromeó él.

No te hagas, a lo que te traje, Puncha.

586

Con otro suspiro —más bien berrido a pesar de la asonancia— Oliveira extendió los dedos.

Uno dos tres cuatro cinco. Tienes cinco, inteligenteó ella, sonriendo.

Deveras.

Cinco años de dicha te aguardan.

Oliveira contó sus dedos también, descubrió que eran cinco y pensó:

buen grief, qué inteligente es esta muchacha;

más bien

lo dijo.

Forget el cotorreo, especificó Requelle.

Bonito inglés, dónde lo aprendiste.

Y Requelle cayó en Trampa al contar:

oldie, estuve *siglos* que literalmente quiere decir centuries en el Instituto Mexicano Norteamericano de Relaciones Culturales Hamburgo casi esquina con Génova buen cine los lunes.

Relaciones sexuales, casi dijo Oliveto, pero se contuvo y prefirió:

eso es todo lo que te sugieren mis dedos.

A Requelle, niña lista, le pareció imbécil la alusión y dijo:

nanay, músico; y más y más: tus dedos indican que tienes una alcantarilla en lugar de boca y que eres la prueba irrefutable de las teorías de Darwin tal como fueron analizadas por el Tuerto Reyes en el Colegio de México y que deberías verte en un espejo para darte de patadas y que sería bueno que cavaras un foso para en, uf, terrarte y que harías mucho bien ha, aj aj, ciendo como que te callas y te callas de a deveras y todo lo demás, es decir, o escir: etcétera.

No entiendo, se defendió él.

Claro, arremetió Requelle Sarcástica, tú deberías trabajar en un hotel déstos.

Dios, erré la vocación.

Tú lo has dicho.

¡Requelle, cristiana!

Para entonces —como pueden imaginarse aunque seguramente les costará trabajo— Requelle no consideraba ni mudo ni tartaídem a Oliveira, así es que preguntó, segura de que obtendría una respuesta dócil:

y tú cómo te llamas.

Oliveira, todavía.

Oliveira Todavía, ah caray, tu nombre tiene cierto pedigree, te quiamas Oliveira Todavía Salazar Cócker.

Sí, Requelle Belle dijo él con galantería, y vaticinó:

apuesto que eres una cochina intelectual.

Claro, dijo ella, no ves que digo puras estupideces.

Eso mero; digo, eso mero pensaba; pues chócala, Requilla, yo también soy intelectual, músico de la nueva bola y todo eso.

Intelectonto, Olivista: exageras diciendo estupideces.

Así es, pero no puedo evitarlo: soy intelectual de quore matto; pero dime, Rebelle, quiénes eran los apuestos imbéciles que acompañábante.

Amigos míos eran y de Las Lomas, pero no son intelojones.

Ni tienen, musitó Oliveira Lépero.

Y aunque parezca increíble, Muchacha comprendió.

Y hasta le dio gusto, pensó:

qué emoción, estoy en un hotel con un tipo ingenioso y hasta gro

se

ro

te.

Olilúbrico, la mera verdad, miraba con gula los muslos de Requelle. Pero no sabía qué hacer.

Je je, asonanta Autor sin escrúpulos.

Oliveira optó por trucoviejo.

Me voy a bañar, anunció.

Te vas a *qué*.

Es questoy muy sudado por los tamborazos, presumió él, y Requelle estuvo de acuerdo como buena muchachita inexperimentada.

Sin agregar más, Oliveira esbozó una sonrisacanalla y se metió en el baño,

a pesar de la molestia que
nos causa el reflexivo, puesto
que bien se pudo decir simplemente y sin ambages: entró en el baño.

El caso et la chose es que se metió y Requelle lo escuchó desvestirse, en verdad:

oyó el ruido de las prendas
al caer en el suelo.

Y lo único que se le ocurrió fue ponerse de pie también, y como quien no quería la cosa, arregló la cama:

y no sólo extendió las colchas

sino que destendió la
cama para poder tenderla otra vez,

con sumo detenimiento.

Híjole, quel bruta soy, pensaba al oír el chorro de la regadera. Mas por otra parte se sentía molesta porque el cuarto no era tan *sucio* como ella esperaba.

(Las cursivas indican énfasis; no es mero capricho, estúpidos.)

Hasta tiene regadera, pensó incómoda.

Pero oyó:

ey, linda, por qué no vienes pacá paplaticar.

Papapapapá, rugió una ametralladora imaginaria, con la cual se justifica el empleo cínico de los coloquialismos.

Requelle no quiso pensar nada y entró en el baño

589

(¡al fin!, es decir: al fin
entró en el baño)
para contemplar una cortina plus que sucia y entrever un
cuerpo desnudo bajo el agua que no cantaba cmon baby
light my fire.

Hélas, pensó ella pedantemente, no todos somos perfectos.

Tomó asiento en la taza del perdonado tratando de no
quedarse bizca al querer vislumbrar el cuerpo desnudo de,
oh Dios, Hombre en la regadera.

> (Private joke dedicado a John
> Toovad. N. del traductor.)

Él sonreía, y sin explicárselo, preguntó:
por qué eres una mujer fácil, Rebelle.

Por herencia, lucubró ella, sucede que todas las damiselas
de mi tronco genealógico han sido de lo *peor*. Te fijas dije
tronco en vez de árbol, la Procuraduría me perdone, hasta
esos extremos llega mi perversión.

And how, como dijera Jacqueline Kennedy; comentó Oliveira Limpio.

Y sabes cuál es el colmo de mi perversión, aventuró ella.

Pues, no la respuesta.

Olito, el colmo de mi perversión es llegar a un hotel de a
pesol

De a dieciocho.

Bueno, de a dieciocho; estar junto a un hombre desnudo,
tras una cortina, de acuerdo, y no hacer niente, rien, nichts,
ni soca. Qué tal suena.

Oliveira quedó tan sorprendido ante el razonamiento que
pensó y hasta dijo:
a ésta yo la amo.

dijo, textualmente:
Requelle, yo te amo.

No seas grosero; además no tengo ganas, acabo de expli-
cártelo.

Te amo.

Bueno, tú me hablas y yo te escucho.

590

No, te amo.

No me amas.

Sí, sí te amo, después de una cosa como ésta no puedo más que amarte. Sal de este cuarto, vete del hotel, no puedo atentar contra ti; fila, scram, pírate.

Estás loco, Olejo; lo que considero es que si ya estás desudado podemos volver al Floresta.

Deliras, Requita, no ves que me escapé.

Se dice escapéme.

No ves que escapéme.

No veo que escapástete.

Bueno, darlita, entonces podemos ir a otro lugar.

A tu departamento, porjemplo, Salazar.

No la amueles, almademialma, mejor a tu chez.

En mi casa está *toda* mi familia: ocho hermanos y mis papás.

¡Ocho hermanos!

¡Ocho hermanos…!

Yep, mi apá está en contra de la píldora; pero explica: qué tiene de malo tu departamento.

Ah pues en mi departamento están mi mamá, mi tía Irene y mis dos primas Renata y Tompiata: son gemelas.

Incestuoso, acusó ella.

Mientes como cosaca, ya conocerás a mis primuchas, son el antídoto más eficaz contra el incesto: me gustaría presentárselas a algunos escribanos mexicones.

Entonces a dónde vamos a ir.

Podemos ir a otro hotel,

bromeó Oliveira.

Perfecto, tengo muchas ganas de conocer lugaresdeperdición, aseguró Requelle sin titubeos.

Baterista

vestido, sin permitir que ella atisbara su cuerpo desnudo: no por decencia, sino porque le costaba trabajo estar sumiendo la panza todo el tiempo.

Hábil y necesaria observación:

591

Requelle, mide las consecuencias de los actos con los cuales estás infringiendo nuestras mejores y más sólidas tradiciones.

Los dos caminando por Vértiz, atravesando Obrero Mundial, el Viaducto, o

el Viaduto como dijo él

para que ella contestara

ay cómo eres lépero tú,

y la avenida Central.

Sabes qué, principió Baterista, estamos en la regenerada colonia Buenos Aires; allá se ve un hotel.

Allá vese un hotel.

Está bien: allá vese un hotel. Quieres ir.

Juega, enfatizó Requelle; pero yo pago, si no vas a gastar un dineral.

No te preocupes, querida, acabo de cobrar.

Any old way, yo pago, seamos justos.

Seamos: al fin perteneces al habitat Las Lomas, sentenció Oliveira sonriendo.

La verdad es que se equivocaba y lo vino a saber en el cuarto once del hotel Buen Paso.

Requelle explicó:

a su familia de rica sólo le quedan los nombres de los miembros.

Estás bien acomodada, deslizó él pero Niñalinda no entendió.

Como queiras, Oliveiras.

Pero cómo que no eres rica, eso sí me alarma, preguntó Oliveira después de que ella confesó que

lo de los ocho hermanos no era mentira y que, ay, se llamaban

Euclevio, alma fuerte,

Simbrosio, corazón de roca,

Everio, poeta deportista,

592

Leporino, negro pero noble,
Ruto, buen cuerpo,
Ano, pásame la sal,
Hermenegasto, el imponente,
y
ella,
Requelle.

nombres de hermanos

Ma belle, insistió él, amándola verdaderamente.

Se lo dijo.

te amo, dijo.

Ella empezó a excitarse quizá porque el cuarto había costado catorce pesos.

Dame tu mano, pidió.

Sinceramente preocupada.

Él la tendió.

Y Requelle se puso a estudiar las líneas, montes, canales, y supo

(premonición):

este hombre morirá de leucemia, oh Dios, vive en Xochimilco, poor darling, y batalla todas las noches para encontrar taxis que no le cobren demasiado por conducirlo a casa.

Como si leyera su pensamiento Olivín relató:

sabes por qué conozco algunos hoteluchos, miamor, pues porque vivo lejos, que no far out, y muchas veces prefiero quedarme por aquí antes de batallar con los taxis para que me lleven a casa.

Premonición déjà ronde.

Requelle lo miró con ojos húmedos, a punto de llorar: dejó de sentirse excitada pero confirmó amarlo.

lo puedo llegar a amar en todo caso, se aseguró

En el hotel Nuevoleto.

Por qué dices que tu familia sólo es rica en los nombres.

Pues porque mi papito nos hizo la broma siniestra de vivir cuando estaba arruinado, tú sabes, si se hubiera muerto un poquito antes la fam habría heredado casi un milloncejo.

Pero tú no quieres a tu familia, gritó Oliveira.

593

Pero cómo no, contragritó ella, son tantos hermanos plus madre y padre que si no los quisiera me volvería loca buscando a quién odiar más.

Transición requelliana:

mira, músico, lo grave es que los quiero, porque si no los quisiera sería una niña intelectual con bonitos traumas y todo eso; pero dime, tú quieres a tu madre y a tus primas y a tu tía.

> Dolly in de la Smith Corona-250 sin rieles, en la mano, hasta encuadrar en bcu el rostro —inmerso en el interés— de Heroína.

A mi tía no, a mis primas regular y a mami un chorro.

Ves cómo tenía razón al hablar de incesto.

Ah caray, nada más porque he fornicado cuatrocientas doce veces con mein Mutter me quieres acusar dincesto; eso no se lo aguanto a nadie; bueno, a ti sí porque te amo.

No no no, viejecín, out las payasadas y explica: cómo llegaste a baterista si deveras quieres a tu fammy.

Pues porque me gusta, ah qué caray.

¿Eh?

Eh.

Dios tuyo, qué payasa eres, amormío, hasta parece que te llamas Requelle la Belle.

Si me vuelves a decir la Belle te muerdo un tobillo, soy fea fea fea aunque nadie me lo crea.

estás loquilla, Rejilla, eres bonitilla, además, son palabras que van muy bien juntas.

Requelle se lanzó a la pierna de Oliveira con rapidez fulminante

(rápida como fulminante)

y le mordió un tobillo.

Baterista gritó pero luego se tapó la boca, sintiendo deseos de reír y de hacer el amor confundidos con el dolor, puesto que Bonita seguía mordiéndole el tobillo con furia.

594

Oye, Requelle.

Mmmmm, contestó ella, mordiéndolo.

Hija, no exageres, te juro que me está saliendo sangre.

Mmmjmmm, afirmó ella, sin dejar de morder.

Fíjate, observó él aguantando las ganas de gritar por el dolor; que me duele mucho, sería mucha molestia para ti dejar de morderme.

Requelle dejó de morderlo;

ya me cansé, fue todo lo que dijo.

Y los dos estudiaron con detenimiento las marcas de las huellas requellianas.

Requelita, si me hubieras mordido un dedo me lo cortas.

Ella rió pero calló en el acto cuando

tocaron

la

puerta.

Ni él ni ella aventuraron una palabra, sólo se miraron, temerosos.

Oigan, qué pasahi, por qué gritan.

No es nada no es nada, dijo Oliveira sintiéndose perfectamente idiota.

Ah bueno, que no pueden hacer sus cosas en silencio.

Sus *cosas,* qué desgraciado.

Unos pasos indicaron que el tipo se iba, como inteligentemente descubrieron Nuestros Héroes.

Qué señor tan canalla, calificó Requelle, molesta.

y tan poco objetivo, dijo él.

para agregar sin transición:

oye, Reja, por qué te enojas si te digo que eres bonita.

Porque soy fea y qué y qué.

Palabra que no, cielomío, eres un cuero.

Si insistes te vuelvo a morder, yo soy Fea, Requelle la Fea; a ver, dilo, cobarde.

Eres Requelle la Fea.

Pero de cualquier manera me quieres; atrévete a decirlo, retrasado mental, hijo del coronel Cárdenas.

Pero de cualquier maniobra te amo.

Ah, me clamas.

Te amo y te extraño, clamó él.

Te ramo y te empaño, corrigió ella.

Te ano y te extriño, te mamo y te encaño, te tramo y te engaño, quieres más, ahí van

Te callas o te pego, sí o no; amenazó Requelle.

Clarines dijo Trombones.

Caray, viejito, ya te salió el pentagrama y la mariguana.

Y esta réplica permitió a Oliveira explicar:

adora los tambores, comprende que no se puede hacer gran cosa en una orquesta *pésima* como en la que toca y tiene el descaro de llamarse Babo Salliba y los Gajos del Ritmo.

Los Gargajos del Rismo deberíamos llamarnos, aseguró Oliveira. Sabes quién es el amo, niñadespistada, agregó, pues nada menos que Bigotes Starr y también este muchacho Carlitos Watts y Keith Moon; te juro, yo quisiera tocar en un grupo de esa onda.

Ah, eres un cochino rocanrolero, agredió ella, qué tienes contra Mahler.

Nada, Rävel, si a ti te gusta: lo que te guste es ley para mich.

Para tich.

Sich.

Uch.

Noche no demasiado fría.

Caminaron por Vértiz y con pocos titubeos se metieron

(se adentraron, por qué no)

en la colonia de los Doctores.

Docs, gritó Oliveira Macizo, a cómo el ciento de demeroles, pero Requelle:

seria.

En el hotel Morgasmo.

Ella decidió bañarse, para no quedar atrás.

No te vayas a asomar porque patéote, Baterongo.

Sus reparos eran comprensibles porque no había cortina junto a la regadera.

596

Regadera.

Oliveira decidió que verdaderamente la amaba pues resistió la tentación de asomarse para vislumbrar la figura delgadita pero bien proporcionada de su Requelle.

Oh, Goshito, es *mi* Requelle; tantas mujeres he conocido y vine a parar con una Requelle Trèsbelle; así es la vida, hijos míos y lectores también.

En este momento Oliveira se dirige a los lectores:

oigan, lectores, entiendan que es *mi* Requelle; no de ustedes, no crean que porque mi amor no nació en las formas habituales la amo menos. Para estas alturas la amo como loco; la adoro, pues. Es la primera vez que me sucede, ay, y no me importa que esta Requelle haya sido transitada, pavimentada, aplaudida u ovacionada con anterioridad. Aunque pensándolo bien... Con su permisito, voy a preguntárselo.

Oliveira se acercó cauteloso a la puerta del baño.

Requelle. Requita.

No hubo respuesta.

Oliveira carraspeó y pudo balbucir:

Requelle, contéstame; a poco ya te fuiste por el agujero del desagüe.

No te contesto, dijo ella, porque tú quieres entrar en el baño y gozarme; quieto en esa puerta, Satanás; no te atrevas a entrar o llueve mole.

Requelle, perdóname pero el mole no llueve.

Olito, ésa es una expresión coloquial mediante la cual algunas personas se enteran de que la sangre brotará en cantidades donables.

Sí, y ése es un lugar común.

Aj, de lugarcomala a coloquial hay un abismo y yo permanezco en la orilla.

Ésa es una metáfora, y mala.

No, ése es un aviso de que te voy a partir die Mutter si te atreves a meterte.

No, vidita, cieloazul, My Very Blue Life, sólo quise preguntar, pregunto: cuántos galanes te has cortejado,

a quiénes

de ellos has amado,

hasta qué punto con ellos has llegado,
qué

sientes hacia este pobre desgraciado.

No siento, lamento: que seas tan imbécil y rimes al preguntar esas *cosas*.

Requelle Rubor.

Oliveira explicó que le interesaban y para su sorpresa ella no respondió.

Baterista consideró entonces que por primera vez se encontraba ante una mujer de mundo, con pasado-turbulento.

Requelle entró en el cuarto con el pelo mojado pero perfectamente vestida, aun con medias y bolsa colgante en el brazo.

Brazo.

Oye, Requeja, tú eres una mujer de mundo.

Yep, actuó ella, he recorrido los principales lenocinios Doriente, pero sin talonear: acompañada por los magnates más sonados, Gusy Díaz porjemplo.

Eso, Requi, te lo credo.

Ya no te duele el tobillo.

Y cómo, cual dijo la hija de Monseñor.

Efectivamente

el tobillo le ardía y estaba hinchado.

Ella condujo a Oliveira hasta el baño y le hizo alzar el pie hasta el lavabo para masajear el tobillo con agua tibia.

Mi muerte, Requeshima miamor, clamó él; no sería más fácil que yo pusiera el pie en la regadera.

A pesar de tu pésima construcción, tienes razón, Olivón.

Qué tiene de mala mi constitución, quieres un quemón.

Y como castigo a un juego de palabras tan elemental, Requelle le dejó el pie en el lavabo.

Exterior. Calles lóbregas con

galanes incógnitos de la colonia Obrera. Noche. (Interior. Taxi. Noche.) [O back
proyection.]

El radiotaxi llegó en cinco minutos. Requelle, pelo mojado subió sin prisas mientras, cortésmente, Oliveira le abría
la puerta.

Chofer con gorrita a cuadros, la cabeza de un niño de plástico incrustada en la palanca de velocidades, diecisiete estampitas de vírgenes con niñosjesuses y sin ellos, visite la Basí-
lica de Guadalupe cuando venga a las olimpiadas, Protégeme
santo patrono de los choferes, Cómo le tupe la Lupe; calco-
manías del América América ra ra ra, chévrolet 1949.

A dónde, jovenazos.

Oliveira Cauto.

Sabe usted, estimado señor, estamos un poco desorienta-
dos, nos gustaría localizar un establecimiento en el cual
pudiésemos reposar unas horas.

Híjole, joven, pues está canijo con esto de los hoteles; la
mera verdad a mí me da cisca.

Pero por qué señor.

Requelle Risitas.

Pues porque usted sabe que ésa no es de atiro nuestra
chamba, digo si usted me dice a dónde, yo como si nada,
pero yo decirle se me hace gacho sobre todo si trae usted
una muchachita tan tiernita como la que trae.

Hombre, pero usted debe de conocer algún lugar.

Pos sí pero como que no aguanta, imagínese.

Me imagino, dijo Requelle automáticamente.

Además luego como que se arman muchos relajos, ve usted, la gente se porta muy lépera y tovía quiere que uno entre en uno de esos moteles como los de aquí con garash de
la colonia ésta la Obrera y pues uno nomás tiene la obligación de andar en la calle, no de meterse en el terreno particular, ah qué caray.

Perdone, señor, pero nosotros realmente no tenemos deseos

599

de que usted entre en ningún hotel, sino que sólo nos deje en la puerta.

Híjole, joven, es que deveras no aguanta.

Mire, señor, con todo gusto le daremos una propina por su información.

Así la cosa cambea y varea, mi estimado, nomás no se le vaya a olvidar. Uno tiene que ganarse la vida de noche y casi no hay pasaje, hay veces en que nos vamos de oquis en todo el turno.

Claro.

Ahora verá, los voy a llevar al hotel de un compadre mío que la mera verdad está *muy* decente y la señorita no se va a sentir incómoda sino hasta a gusto. Hay agua caliente y toallas limpias.

Requelle aguantando la risa.

No sirve su radio, señor, curioseó Requelle.

No, señito, fíjese que se me descompuso desde hace un año y sirve a veces, pero nomás agarra la Hora nacional.

Es que ha de ser un radio armado en México.

Pues quién sabe, pero es de la cachetada prender el radio y oír siempre las mismas cosas, claro que son cosas buenas, porque hablan de la patria y de la familia y luego se echan sentidos poemas y así, pero luego uno como que se aburre.

Pues a *mí* no me aburre la Hora nacional, advirtió Requelle.

No no, si a mí tampoco, es cosa buena, lo que pasa es que uno oye toda esa habladera de quel gobierno es lo máximo y quel progreso y lestabilidad y el peligro comunista en todas partes, porque a poco no es cierto que a uno lo cansan con toda esa habladera. En los periódicos y en el radio y en la tele y hasta en los excusados, perdone usted, señorita, dicen eso. A veces como que late que no ha de ser cierto si tienen que repetirlo tanto.

Pues para mí *sí* hacen bien repitiéndolo, dijo Requelle, es necesario que todos los mexicanos seamos conscientes de que vivimos en un país ejemplar.

Eso sí, señito, como México no hay dos. Por eso hasta la virgen María dijo que aquí estaría mucho mejor, ya ve que lo dice la canción.

Oliveira Serio y Adulto.

Es verdaderamente notable encontrar un taxista como usted, señor, lo felicito.

Gracias, señor, se hace lo que se puede. Nomás quisiera hacerle una pregunta, si no se ofende usted y la señito, pero es para que luego no me vaya a remorder la conciencia.

El auto se detuvo frente a un hotel siniestro.

Sí, diga, señor.

Es que me da algo así como pena.

No se preocupe. Mi novia es muy comprensiva.

Bueno, señito, usted haga como que no oye, pero yo me las pelo por saber si usted, digo, cómo decirle, pues si usted no va a estrenar a la señito.

Eso sí que no, señor, se lo juro. Mi palabra de honor. Sería incapaz.

Ah pues no sabe qué alivio, qué peso me quita de encima. Es así como gacho llevar a una señorita tan decente como aquí la señito para que le den pa sus tunas por primera vez. Usted sabe, uno tiene hijas.

Lo comprendo perfectamente, señor. Ni hablar. Yo también tengo hermanas. Además, mi novia y yo ya nos vamos a casar.

Ah qué suave está eso, señor. Deveras cásense, porque no nomás hay que andar en el vacile como si no existiera Diosito; hay que poner las cosas en orden. Bueno, ya llegamos al hotel de mi compadre, si quieren se los presento para que me los trate a todo dar.

Muchas gracias, señor. No se moleste. Cuánto le debo.

Bueno, ahí usted sabe. Lo que sea su voluntad.

No no, dígame cuánto es.

Hombre, señor, usted es cuate y comprende. Lo que sea su voluntad.

Bueno, aquí tiene diez pesos.

601

Cómo diez pesos, joven.

Diez pesos está bien, yo creo. Nomás recorrimos como diez cuadras.

Sí pero usted dijo que me iba a dar una buena propela, además los traje a un hotel no a cualquier lugar. Al hotel de mi compadre.

Cuánto quiere entonces.

Cómo que cuánto quiero, no me chingue, suelte un cincuenta de perdida. Usted orita va a gozarla a toda madre y nomás me quiere dar diez pesos. Qué pasó.

Mire usted, cincuenta pesos se me hace realmente excesivo.

Ah ora excesivo, ah qué la canción. Por eso me gusta trabajar con los gringos, en los hoteles, ellos no se andan con mamadas y sueltan la lana. Carajo, yo que creí que usted era gente decente, si hasta viste bien.

Mire, deveras no le puedo dar cincuenta pesos.

Uh pues qué pinche pobretón, para qué llama radio-taxi, se hubiera venido a pata. Déme sus diez pinches pesos y váyase al carajo.

Óigame no me insulte. Tenga respeto, aquí hay una dama.

Una dama, jia jia, eso sí me da una risa; si ni siquiera es quinto.

Mire, desgraciado, bájese para que le parta el hocico.

No se me alebreste, jovenazo; deme los diez varos y ahí muere.

Aquí tiene. Ahi muere.

Ahi muere.

Oliveira y Requelle bajaron del taxi. El chofer arrancó a gran velocidad, gritándoles groserías a todo volumen, para el absoluto regocijo de Héroes.

Hotel Novena Nube, *cualquier* cosa nomás écheme un grito. El cuarto treinta y dos, tercer piso, daba a la calle. Dos pesos más.

En la ventana, abrazados, Requelle y Oliveira vieron que un auto criminalmente chocado se las arreglaba para entrar en el garaje de una casa. Al instante, sin ponerse de acuerdo, los dos imitaron un silbato de agente de tránsito y sirenas, y cerraron las cortinas, riendo sin poder contenerse.

Riendo incansablemente.

Pero Olivinho seguía preocupado porque ella no respondió a sus t r a s c e n d e n t a l e s p r e g u n t a s; es decir, se hizo guaje, se salió por la tangente, eludió el momento de la verdad, parafraseando a Jaime Torres.

Y Oliveira acabó inquiriéndose (¿inquiriéndose?), viendo las preguntas en sobreimposición sobre el rostro (¡rostro!) sonriente

(casi disonante con el último gerundio)

y un poco fatigado

(on se peut voir sans aucune hésitation l'absense de consonance; nota del lector)

de Requelle:

acaso soy un macho mexicón, qué me importa su turbulento pasado si veramente lamo.

Decidió sonreír cuando Requelle descompuso su cara con un sollozo.

Por qué lloras, Requelle.

No lloro, imbécil, nada más sollocé.

Por qué sollozas, Requelle.

Porque se siente muy bonito.

Oh, en serio…

¿En sergio?

Sergio Conavab, a poco lo conoces.

Sí, Oli, me cae *mal,* es un vicioso y estoy pensando que tú también eres un vicioso.

Qué clase de vicioso; explica, reinísima: vicioso de mora, motivosa, maripola, mostaza, bandón u chanchomón, te refieres a lente oscuro macizo seguro o vicioso de qué, de ácido, de silociba, de mezcalina o peyotuco, porque nada de eso hace vicio.

Vicioso de lo que sea, todos los músicos son viciosos y más los roqueros.

Yo, Requina, sólo me doy mis pases de vez en diario al grado de que agarro el ondón cuando estoy sobrio, como ahorita; pero no soy un vicioso, y aun si lo fuera ése no es motivo para llorar, sólo un idiota lloraría, como este Sergio Lupanal.

Cuál Sergio Lupanar. No menciones a gente que no conozco, es una descortesía; y además sólo una idiota *no* lloraría.

Eso es, pero como tú eres inteligente y lumbrera, nada más sollozas; y para tu exclusiva información es mi melancólico deber agregar que te ves bonita sollozando.

Yo no me veo bonita, Oliveira, ya te dije.

No seas payasa, linda, como broma ya atole.

Ya pozole tu familia de Xochimilco.

Mi familia de dónde.

De Xochimilco, no vive en Xochimilco.

Claro que no, vivimos en la colonia Sinatel.

Dónde está eso.

Por la calzada von Tlalpan, bueno: a la izquierda.

¡Eso es camino a Xochimilco!

Sí, por qué no, pero también es camino a Ixtapalapa, mi queen, y asimismo, a Acapulco pasando por Cuernavaca, Taxco y Anexas el Chico.

Oliveira, tú tienes leucemia, vas a morirte; lo sé, a mí no me engañas.

Nada más tengo legañas; tu lengua en chole, mi duquesa, yostoy sano cual roble.

Bonita y original metáfora pero no me convences: vas a morir.

Bueno; si insistes, que sea esta noche y en tus brazos, como dijera el pendejo Evtushenko; ven, vamos a la cama.

No tengo ganas, deveras.

No le hace.

Aparentemente convencida, Requelle se recostó: cuerpotenso como es de imaginarse,

pero él no intentó nada; bueno:
le acarició un seno con naturalidad y se recargó en el estómago requelliano,
y ella pudo relajarse al ver que Oliveira permanecía quieto.

Sólo musitó, esta vez sinceramente:
siento como si escuchara a Mozart.
Ésas son mamadas, dijo él, déjame dormir.

Y se dur-

mió, para el completo azoro de Requelle. Primero era muy
bonito sentirlo recargado en su estómago, mas luego se descubrió incomodísima;

ahora me siento como perso-
naje de Mary McCarthy,

pero sólo pudo suspirar y decir, suponiéndolo dormido:
Oliveira Salazar, te hablo para no sentirme tan incómoda,
déjame te decir, yo estudio teatro con todos los lugares co-
munales que eso apareja; voy a ser actriz, soy actriz,

soy Requelle Lactriz;

estudio en la Universidad, no fui a Nancy y no lo lamento
demasiado. Cuando viva contigo voy a seguir trabajando aunque no te guste, lero lero Olivero buey, mi rey; supongo que
no te gustará porque ya desde ahorita muestras tu inconformidad roncando.

La verdad es que Oliveira roncaba pero no dormía
————————————————al contrario, pensaba:
conque actriz, muy bonito, seguro ya has andado en mi*llo-
nes* de balinajes, ese medio es de lo peor, my chulis.

Claro que bromeaba, pero luego Oliveira
ya
no
estaba
seguro
de
bromear.

En la móder, soy un pinche clasemedia en el fondo.
Requelle tenía entumido el vientre y se había resignado al

sacrificio estomacal cuando, sin ninguna soñolencia, Oliveira se incorporó y dijo casi sin ansiedad:

Requeya, Reyuela, Rayuela, hija de Cortázar; además de ser el amo con la batería, sé tocar guitarra rickenbaker, piano, bajo eléctrico, órgano, moog synthesizer, manejo el gua, vibrador, assorted percussions, distortion booster et fuzztone; sé pedir ecolejano para mis platillos en el feedback y medio le hago al clavecín digo, me encantaría tocar bien el clavecín y ser el amo con la viola eléctrica y con el melotrón; y además compongo, mi vida, mi boda, mi bodorrio; te voy a componer sentidas canciones que causarán sensación.

Ay qué suave, dijo ella, yo nunca había inspirado nada.

Y sigues sin inspirar nada, bonita, digo: feíta, te dije que *voy* a componerlas, no que lo haya hecho ya.

Mira mira, a poco no te inspiré cuando estabas tocando en el Floresta.

Claro que no.

En la calle, luz del alba.

Tengo hambre, anunció Requelle.

Caminando en busca de un restorán.

Un policía apareció mágicamente y ladró:

por qué está molestando a la señorita.

Yo no estoy molestando a la señohebrita.

Él no me está molestando.

Usted no la está molestando, afirmó el policía antes de retirarse.

Requelle y Oliveira rieron aun cuando comían unos caldos de pollo con inevitables sopes de pechuga.

A qué hora abren los registros civiles, preguntó Oliveira.

Creo que como a las nueve, respondió ella

con solemnidad.

Ah, entonces nos da tiempo de ir a otro hotelín.

Hotel Luna de Miel

El empleado del hotel miraba a Oliveira con el entrecejo fruncido.

Armóse finalmente, intuyó Requelle.

Están ustedes casados.

Claro, respondió Oliveira sin convicción.

Requelle lo tomó del brazo y recargó su cabeza en el hombro olivérico al completar:

que no.

Y su equipaje.

No tenemos, vamos a pagar por adelantado.

Sí, señor, pero éste es un hotel decente, señor.

Ah pues nosotros creímos que era un hotel de paso.

Pues no, señor; y no que me dijo questaban casados.

Y lo estamos, mi estimated, pero nos da la gana venir a un hotel, qué no se puede.

Y a poco cren que les voy a crer.

No, ni queremos.

Pues es que aquí cuesta el cuarto cuarenta pesos, presumió Empleado.

Újule, ni que fuera el Fucklton, ahi nos vemos.

Oye no, Oli, estoy muy cansada: yo pago.

Qué se me hace que usted está extorsionando aquí a la señorita.

Qué se me hace que usted es un pendejo.

Mire, a mí nadie me insulta, señor, ah qué caray; va a ver si no le hablo a la policía.

No antes de que le rompa el hocico.

Usted y cuántos más.

Yo solito.

Olifiero, por favor, no te pelees.

Si no me voy a pelear, nomás voy a pegarle a este tarugo, como dijera la canción de los Castrado Brothers, discos RCA Victor.

Ah sí, muy macho.

No señor, macho *jamás* pero le pego.

No me diga.

Sí le digo.

No mesté calentando o deveras le hablo a los azules.

Vámonos, Oliveira.

Vámonos, mangos.

Bueno, van a querer el cuarto sí o no.

A cuarenta pesos, ni locos.

Ándele pues, ahi que sean veinte.

Ése es otro poemar, venga la llave.

El cuarto resultó más corriente que los anteriores.

> Ella se desplomó en la cama
> pero el crujido la hizo levan-
> tarse en el acto.

Se ruborizó.

No seas payasa, Requelle.

Ay cómo eres.

Ay cómo soy.

> Pausa conveniente.

Uy, tengo un sueño, aventuró ella.

Yo también; vamos a dormirnos, órale.

No. Digo, ya no tengo sueño.

> Olivérica mirada de exaspe-
> ración contenida.

Ándale.

Pero luego quién nos despierta.

Yo me despierto, no te apures.

Oliveira empezó a quitarse los zapatos.

Te vas a desvestir.

Claro, respondió él.

Y yo.

Desvístete también, a poco en Las Lomas duermen vestidos.

No.

Ahí está.

Oliveira ya se había quitado los pantalones y los aventó a un rincón.

Se van a arrugar, Oli.

> Despreocupación con sueño.

608

Qué le hace.

Se quitó la camisa.

Estás re flaco, necesitas vitaminarte.

Al diablo con las vitavetas y ésa es una seria advertencia que te ofrezco.

Se metió bajo las sábanas.

> Tilt up hasta mejor muestra del rubor requelliano.

No te vas a dormir.

Es que no tengo sueño, Olichondo.

Bueno, yo sí; hasta pasado mañana.

Le dio un beso en la mejilla y cerró los ojos.

Requelle consideró:

siempre sí tengo sueño.

> Muriéndose de vergüenza,

Muchacha se quitó la ropa, la acomodó con cuidado, se metió en la cama y trató de dormir...

.

.

.

.

> Oliveira cambió

de posición y Requelle pegó un salto.

Oliveira, despiértate, tienes las patas muy frías.

Cómo eres, Requi, ya me estaba durmiendo. Y además no era mi pata sino mi mano.

Sí, ya lo sé. Me quiero ir.

> Aporrearon la puerta.

Quién, gruñó Baterista.

La policía.

Al carajo, gritó Oliveira.

Abra la puerta o la abrimos nosotros, tenemos una llave maestra.

Requelle trataba de vestirse a toda velocidad.

Váyanse al diablo, nosotros no hemos hecho nada.

Y cómo no, no está ahi dentro una menor de edad.

Eres menor de edad, preguntó Oliveira a Requelle.

No, contestó ella.

No, gritó Baterista a la puerta.

Cómo no. Abra o abrimos.

Pues abran.

Abrieron. Un tipo vestido de civil y Empleado.

Requelle había terminado de vestirse.

Ya ve que abrimos.

Ya veo que abrieron.

Bueno, cómo se llama usted, preguntó el civil a Requelle, pero fue Oliveira quien respondió:

se llama la única y verdadera Lupita Tovar.

Señorita Tovar, es usted señorita, quiero decir, es usted menor de edad.

Usted *es,* deslizó Oliveira sin levantarse de la cama.

Déjese de payasadas o lo llevo a la cárcel.

Usted no me lleva a ninguna parte, menos a la cárcel porque el barrio me extraña. Quién es usted, a propósito.

La policía.

Híjole, qué uniformes tan corrientes les dieron, deberían protestar.

Soy la policía secreta, payaso.

Usted es la policía secreta.

Sí señor.

Fíjese que se lo creo, puede verse en sus bigotes llenos de nata.

Oliveira guardó silencio y Requelle tomó asiento en la cama.

(Nótese la ausencia
del habitual e incorrec-
to: se sentó.)

La nuestra Requelle repentinamente tranquilizada.

Hasta bostezó.

El secreto: callado también, perplejo;

panzón se le deja, agrega un amigo del Autor.

Oliveira los miró un momento y luego se acomodó mejor en la cama, cerró los ojos.

Oiga, no se duerma.

No me dormí, señor, nada más cerré los ojos; cómo voy a poder dormirme si no se largan.

Ves cómo es re bravero, mano, lloriqueó Empleado.

Qué horas son, preguntó Baterista.

Las ocho y media, le respondieron.

Ah caray, ya es tarde; hay que ir al registro civil, vidita, dijo Oliveira como si los intrusos no estuvieran allí: se puso de pie y empezó a vestirse.

> (Adviértase ahora la ausencia
> de: se paró; nota del editor.)

Señorita Tovar, decía el agente, usted es menor de edad.

Si usted lo dice, señor. Tengo doce años y nadie me mantiene, y no me hable golpeado porque mi hermano se lo suena.

Ah sí, échemelo.

Yo soy su hermano, especificó Oliveira.

> Agente escandalizado.

Cómo que su hermano, no diga esas cosas o le va pior.

Me va peor, corrigió Oliveira,

permitiendo que la Academia

de la Lengua suspire con alivio.

Se puso el saco y guardó su corbata en el bolsillo.

Bueno, vámonos, dijo a Requelle.

A dónde van, no le saquen, culeros.

Oliveira miró al secreto con cara de influyente.

Se acabó el jueguito. Cómo se llama usted.

Víctor Villela, contestó el secreto.

No se te vaya a olvidar el nombre, hermanita.

No, hermanito.

> Salieron con lentitud, sin que intentaran detenerlos. Al llegar a la calle, los dos se echaron a correr desesperadamente. Al llegar a la esquina, se detuvieron.

Nadie los seguía.

Por qué corremos, preguntó Requelle Lingenua.

La pícara ingenua.

Nomás, respondió él.

Cómo nomás.

Sí, hay que ejercitarse para las olimpiadas, pequeña: mens marrana in corpore sano.

Llegaron al registro civil cuando apenas lo abrían y tuvieron que esperar al juez durante media hora.

> (Échese ojo esta vez al inteligente empleo de: durante; nota del linotipista.)

Al fin llegó, hombre anciano, eludiste la jubilación. Oliveira aseguró:

aquí la seño tiene *ya* sus buenos veinticinco añejos y cuatro abortos en su *currí*culum; *yo*, veintiocho años, claro; la mera verdad, mi juez, es que vivimos arrejuntadones, éjele, y hasta tenemos un niño, un machito, y pues como que queremos legalizar esta innoble situación para alivio de nuestros retardatarios vecinos con un billete de a quinientos.

Y sus papeles, preguntó el oficial del registro civil.

Ya le dije, mi ultradecano, nomás es uno: de a quinientos.

El juez sonrió con una cara de qué muchachos tan modernos y explicó:

miren, en el De Efe no van a lograr casarse así, si hasta parece que no lo supieran, esas cosas se hacen en el estado de México o en el de Morelos. Ni modo.

Ni modo, concedió Baterista, nada se perdió con probar.

Afuera el sol estaba cada vez más fuerte y Requelle se quitó el abrigo.

Chin, dijo ella, voy a tener que pedirle permiso a mi mamá y todo eso.

Eres o no menor de edad, preguntó Oliveira.

Claro que sí.

Chin, consintió él.

> Caminando despacio.
> Bajo el sol.

Criadas con bolsa de pan miraban el vestido de noche de Requelle.

Requelle, ma belle, sont des mots qui vont très bien ensemble, cantó Oliveira.

Que no me digas así, sangrón: juro por el *honor* de tus primas Renata y Tompiata que vuélvote a morder.

Sácate, todavía tengo hinchado el tobillo.

Ah, ya ves.

Se renta departamento una pieza todos servicios.

Lo vemos, propuso Requelle.

Edificio viejo.

Parece teocalli, pero aguanta, aventuró él.

Está espantoso, aseguró Requelle, pero no le hace.

El portero los llevó con la dueña del edificio, ella da los informes ve usted.

Señora amable. Con perrito.

Oliveira se entretuvo haciendo cariños al can.

Queríamos ver el departamento que se alquila, señora, dijo Requelle,
sa belle;

le presento a mi marido, el licenciado Filiberto Rodríguez Ramírez; Filiberto, mi amor, deja a ese perrito tan bonito y saluda a la señora.

Buenos días, señora, declamó Oliveira Obediente, licenciado Domínguez Martínez a sus rigurosas órdenes y a sus pies si no le rugen, como dijera el doctor Vargas.

Ay, qué pareja tan mona hacen ustedes, y tan jóvenes, tan tiernitos.

Entrecruzando miradas.

Favor que nos hace, señora, verdad Elota, comentó Oliveira.

Sí, mazorquito mío.

Vengan, les va a encantar el departamento, tiene mucha luz, imagínense.

Nos imaginamos, respondió Requelle automáticamente.

Para Angélica María

613

COMENTARIO

Frente a los cuentos pulidos hasta la perfección de los "monstruos sagrados"* Revueltas, Arreola y Rulfo, irrumpe el arte aparentemente caótico de José Agustín. Representante de la juventud alborotada que rechaza todos los valores de los treintones, Agustín rompe con la consagrada perfección formal del cuento, tradición que desciende de Poe y de Quiroga y que en México culmina en Arreola y Rulfo. Ni criollismo ni absurdismo, ni existencialismo ni realismo mágico, "Cuál es la onda" capta el mundo dinámico, anárquico y sentimental de la juventud revolucionaria.

Inspirado en las novelas de Cortázar, Cabrera Infante y Carlos Fuentes, este cuento luce una actitud verdaderamente internacional donde se funden preocupaciones lingüísticas, literarias, musicales, políticas y sociales.

El epígrafe de *Tres tristes tigres* anuncia que los personajes y el argumento ceden su papel primordial al lenguaje. El diálogo está no solamente salpicado de palabras inglesas, francesas, italianas, portuguesas y alemanas, sino que los personajes hablan una especie de nuevo lenguaje internacional, donde entre otras cosas se inventan chistes bilingües ("a mand", "a la gaucha", "darlita") y se juega con la sintaxis tradicional ("muda respuesta"-"respuesta muda", "leer tus dedos"-"leerte los dedos", "se separaron"-"separáronse"). Las múltiples variaciones de los nombres Oliveira y Requelle constituyen otro ejemplo de la virtuosidad lingüística del autor y además se convierten en un motivo recurrente que da cierta unidad a esta sinfonía caótica.

Sin embargo, a pesar de todo el acento en los juegos lingüísticos y a pesar del tono antisolemne, no deja de haber cierto sentimentalismo en el cuento. Tanto como la "nueva

* José Agustín, "Los monstruos sagrados del cuento mexicano", *Deslinde*, 2-3, septiembre-diciembre de 1968; enero-abril de 1969, pp. 31-35.

música clásica" incluye los dos ramos del *hard rock* de los Rolling Stones y del *folk rock* de Bob Dylan, "Cuál es la onda" presenta debajo del exterior lúdico el viaje casi mítico de la pareja enamorada en busca de la felicidad duradera. A pesar de toda la aparente libertad sexual, Requelle nunca se entrega a Oliveira y acaban por llegar al registro civil. Es cierto que el juez no puede casarlos sin los papeles necesarios, pero de todos modos ellos se consideran casados y dejan de buscar los hoteles de paso para alquilar un departamento bajo el nombre burgués del licenciado Rodríguez Ramírez, o Domínguez Martínez. Claro que el autor se está burlando de la manera muy mexicana de hablar de la señora de la casa, pero al mismo tiempo la comunicación lingüística que existe entre Elota y su "mazorquito" refleja el encuentro del amor entre dos seres humanos, antítesis de la falta de comunicación entre los seres angustiados de la literatura existencialista.

Más que tratar de disimular —a la manera tradicional— las influencias literarias, Agustín las ostenta. Su personaje Oliveira lleva exactamente el mismo nombre que el protagonista de *Rayuela*, cuyo título se equipara con Requelle. Mientras los personajes de Cortázar son más aficionados al saxofón, que concuerda más con el tono contemplativo y filosófico de sus obras, el Oliveira agustiniano es baterista, que capta con su *staccato* la violencia del mundo de fines de la década de los sesenta.

El segundo epígrafe, inspirado en Brecht, identifica a éste como uno de los precursores de los jóvenes rebeldes por su actitud irreverente tanto hacia la sociedad como hacia las formas literarias. Igual que Brecht, Agustín interrumpe de diversas maneras el diálogo de sus personajes para impedir que el lector se identifique emotivamente con ellos.

Estos jóvenes, al mismo tiempo que rechazan la idea de que el amor entre los seres humanos es imposible, tampoco aceptan la inevitabilidad de los gobiernos injustos. Por eso, están dispuestos a protestar tanto contra los "gorilas de la

Casa Rosada" de Argentina como contra la policía secreta y los programas de la Hora Nacional en México.

Iniciador del movimiento de los jóvenes escritores mexicanos con la publicación en 1964 de la novela *La tumba*, José Agustín es el que mejor ha logrado expresar su visión del mundo dentro de los límites tradicionalmente estrechos del cuento. Al hacerlo, abre nuevas perspectivas para la evolución del género.

EL FEMINISMO Y LA VIOLENCIA: 1970-1985

NO CABE duda de que uno de los sucesos más importantes en la cuentística de estos tres lustros ha sido el movimiento feminista. La celebración de congresos y la publicación de antologías y de varios estudios críticos han servido tanto para revalorizar a las cuentistas consagradas del pasado, desde la argentina Juana Manuela Gorriti (1819-1892) hasta la chilena María Luisa Bombal (1910-1980), como para afianzar la reputación de las que escriben y publican cuentos durante los años 1970 a 1985, desde la mexicana Rosario Castellanos (1925-1974) hasta la puertorriqueña Ana Lydia Vega (1947).

La presencia en este periodo de una cantidad relativamente grande de escritoras fue estimulada obviamente por el movimiento pro liberación de la mujer, que tomó fuerza en la década de los setenta después de que se había apaciguado el movimiento estudiantil internacional. Además de la lucha pro trato igual en la educación, en el trabajo, en el matrimonio y en las relaciones sexuales, el movimiento feminista, que coincide con el auge de los teóricos estructuralistas y posestructuralistas, ha engendrado una serie de teóricas que buscan los orígenes de la explotación de la mujer tanto en las sociedades primitivas como en las capitalistas. En cuanto a la cantidad relativamente pequeña de mujeres que figuran en las historias de la literatura, hay algunas teóricas que abogan por rechazar los criterios estéticos seguidos a través de los años por los críticos hombres. O sea que para apreciar la literatura femenina habrá que elaborar nuevos criterios estéticos con los cuales se podría reescribir la historia de la literatura. Sin embargo, las teóricas menos radicales reconocen que la literatura no es sexista en sí. Como dice Sara

617

Sefchovich en la introducción a *Mujeres en espejo* (México, 1983):

> No se trata de hacer una crítica literaria particularista que justifique cualquier escrito de mujeres por el hecho de serlo, pues en el análisis, como en el placer de la lectura, no hay masculino ni femenino, negro ni blanco, sino buena literatura... En este caso, como en muchos otros que se quieren reivindicar (la negritud, el tercermundismo, el exilio) no hay un "nosotras las mujeres": hay buena y hay mala literatura y no podemos permitirnos la complacencia [pp. 19, 22].

Aunque las mujeres del pasado, por sus propias experiencias vitales, hayan cultivado en su gran mayoría una literatura intimista más que una literatura comprometida, esto no ha impedido que los críticos hombres hayan reconocido el alto valor literario de cuentos como "El árbol" de la chilena María Luisa Bombal o como "Valle Alto" de la costarricense Yolanda Oreamuno.

Un censo de las cuentistas hispanoamericanas contemporáneas revela la hegemonía del Cono Sur de Sudamérica, de México y de Puerto Rico. En Argentina, Uruguay y Chile, el porcentaje relativamente alto de inmigrantes europeos y la existencia de una clase media numerosa y relativamente próspera han contribuido a fomentar el cultivo de las letras entre las mujeres. Sin embargo, aun en Argentina, el país tradicionalmente más próspero y más europeizado de toda Hispanoamérica, la mayoría de las cuentistas de renombre continental publican sus obras sólo a partir de la década de los cincuenta, tal vez estimuladas en parte por el prestigio de Victoria Ocampo (1891-1979), fundadora en 1931 y directora durante décadas de la revista *Sur*, y de su hermana Silvina (1903-1993), colaboradora activa de su esposo Adolfo Bioy Casares y de Jorge Luis Borges. Entre las escritoras más destacadas, muchas de las cuales siguen escribiendo en los tres últimos lustros, figuran Luisa Mercedes Levinson (1909-1988), Silvina Bullrich (1915-1990), Beatriz Guido (1925-1988), Elvira Orphée (1930), Marta Lynch (1930-1985), Marta Traba (1930-1983), Syria Poletti (1919) y Luisa Valenzuela (1938), hija de Luisa Mercedes Levinson. En Uruguay sobresalen Armonía Sommers (1917) y Cristina Peri Rossi (1941) y en la antología de Rubén Cotelo, *Narradores uruguayos* (1969), cuatro de los 12 autores representados son mujeres: Sommers, María de Montserrat (1915), María Inés Silva Vila (1929) y Silvia Lago (1932). A pesar de que las chilenas Marta Brunet (1901-1967) y María Luisa Bombal (1910-1980) figuran entre las primeras autoras de cuentos verdaderamente sobresalientes, ellas mismas y sus compatriotas parecen haber preferido la novela. En la antología del Instituto de Literatura Chilena (1963), sólo aparece Marta Jara junto con Bombal y Brunet entre 23 hombres. En los tres tomos de la antología de Enrique Lafourcade (1969), hay un total de seis mujeres y 53 hombres. Y aun en *Joven narrativa chilena después del golpe* (1976) de Antonio Skármeta, sólo hay una mujer frente a 10 hombres.

Mientras no hay ni una sola cuentista o novelista importante en el México del siglo XIX, la Revolución de 1910 parece haber proporcionado mayores oportunidades a la mujer, debido a sus programas de desarrollo económico y de educación universitaria, su anticlericalismo y su modernización en general. Desde una representación casi nula en la antología de dos tomos de José Mancisidor (1946), en la de Luis Leal (1957) y en *Narrativa mexicana de hoy* (1969) de Emmanuel Carballo, la mujer mexicana ha avanzado al grado de constituir el 13% (siete mujeres de un total de 52 escritores) en *Jaula de palabras* (1980) de Gustavo Sainz. En términos de calidad, las siguientes cuentistas tienen que figurar entre las mejores de toda Hispanoamérica: Elena Garro (1917), Rosario Castellanos (1925-1974), Inés Arredondo (1928-1989) y Elena Poniatowska (1933).

En Puerto Rico ocurre un fenómeno único en América Latina. Durante las décadas de los treinta, cuarenta y cincuenta, la literatura en general estaba en manos de un matriarcado de investigadoras, críticas y profesoras muy respetadas —Concha Meléndez, Edna Coll, Nilita Vientós, Margot Arce y María Teresa Babín— sin que irrumpiera ninguna cuentista de renombre. La antología de René Marqués (1958) no incluye a ninguna mujer y la de Concha Meléndez (1961) sólo incluye a una, la relativamente desconocida Esther Feliciano Mendoza (1917). En cambio, desde los setenta, Rosario Ferré (1942), Carmen Lugo Filippi (1940) y Ana Lydia Vega (1947) se destacan entre los mejores cuentistas puertorriqueños y las mujeres representan el 40% de los autores antologados por Efraín Barradas (1983) y José Luis Vega (1983).

La brevedad de esta introducción a la cuentística de 1970-1985 no permite un estudio extenso ni mucho menos de las cuentistas de cada país. Sin embargo, además de las ya mencionadas, es imprescindible citar a Alba Lucía Ángel (1939) y a Fanny Buitrago (1940) de Colombia; a Antonia Palacios (1904) de Venezuela; a Alicia Yáñez Cossío (1939) de Ecuador; a Julieta Pinto (1922), a Carmen Naranjo (1931) y a Rima Vallbona (1931) de Costa Rica, y a Lydia Cabrera (1900) y a Ana María Simó (1943) de Cuba. Llama la atención que la Revolución cubana de 1959 no haya producido una nueva generación de narradoras sobresalientes a pesar de la eliminación del sexismo. En este recorrido también sorprende la ausencia de una sola cuentista peruana a pesar de los ejemplos decimonónicos de Clorinda Matto de Turner (1854-1909) y de Mercedes Cabello de Carbonera (1845-1909).

Dada la mayor participación de la mujer en distintos aspectos de la vida nacional y dado el predominio de las mujeres entre los estudiantes de las facultades de letras por toda Hispanoamérica, se puede esperar que la mujer no tardará en alcanzar la igualdad con el hombre en la producción cuentística del futuro.

En cuanto a los cuentos escritos por los hombres entre 1970 y 1985, de ninguna manera podrían considerarse ni inferiores ni superiores a los cuentos escritos por las mujeres. En realidad, hay que afirmar que en general, durante esos 15 años, el cuento no ha sido cultivado con tanto afán ni con tanto éxito como la novela. En contraste con los verdaderos maestros de las décadas anteriores —Borges, Onetti, Rulfo, Arreola, Cortázar y Fuentes— no ha aparecido ningún cuentista que se les iguale en importancia estética. En cuanto al carácter del nuevo cuento, sí parece haber una reacción en contra de la experimentación de la década de los sesenta. En contraste con el realismo mágico de "Cartas de mamá", con los juegos tipográficos y el absurdismo cruel de "Fire and Ice" y con los juegos lingüísticos de "Cuál es la onda", el nuevo cuento de 1970-1985 se empeña en captar la violencia de esos años: las dictaduras militares en Argentina, Uruguay y Chile; las luchas revolucionarias en América Central y la crisis financiera que afectó a toda América Latina.

Aunque esas condiciones repercutieron más en los autores —hombres y mujeres— nacidos hacia 1940, también se dejan ver en dos de los maestros que siguieron publicando durante este periodo. En una serie de conferencias dictadas en 1980 en Berkeley, Julio Cortázar dividió su propia obra en tres etapas llamadas estética, metafísica e histórica. La tercera etapa implica un compromiso con la Revolución cubana, con el gobierno de la Unidad Popular de Salvador Allende en Chile (1970-1973) y con el de los sandinistas en Nicaragua (1979-1990). Sin embargo, Cortázar nunca deja de agregar que el compromiso ideológico de un escritor no debe en absoluto restringir su libertad creativa. Por eso, no es de extrañar que, pese a la violencia de "Apocalipsis de Solentiname", "Alguien que anda por ahí" y "La noche de Mantequilla" en *Alguien que anda por ahí* (1977); pese a la violencia de "Recortes de prensa" y "Graffiti" en *Queremos tanto a Glenda* (1980); y pese a la violencia de "Pesadilla" en *Deshoras* (1983), la mayoría de los cuentos en esos tres tomos no representan ninguna ruptura con los temas y la forma de los cuentos anteriores de Cortázar. En cambio, los lazos entre los cuatro cuentos de *Agua quemada* (1981) de Carlos Fuentes recalcan la violencia y la lucha de clases que se va recrudeciendo a partir de la masacre de Tlatelolco (1968) en la región menos transparente del D. F. con sus más de 18 millones de habitantes. Una comparación con *Cantar de ciegos* (1964) revela que, por lo menos en el cuento, Fuentes se ha vuelto más preocupado por la situación actual de su país y más pesimista, dejando de cultivar el cuento psicológico ("Una alma pura") y la crítica algo frívola de la nueva clase alta ("Las dos Elenas").

De cierta manera, el tono de la cuentística hispanoamericana de 1970-1985 lo establece el venezolano Luis Britto García (1940) con el volumen *Rajatabla* (1970), premiado en Cuba, como tantos otros tomos de cuentos publicados en este periodo. A pesar de que parodia una gran variedad de estilos, todos los cuentos son breves y predomina la violencia, tanto dentro del mundo de los guerrilleros como dentro de la sociedad del consumo. En la misma categoría caben algunos de los cuentos del ecuatoriano Raúl Pérez Torres (1941), Premio Casa de las Américas en 1980, pero el hecho de que su quinta colección *Musiquero joven, musiquero viejo* (1978) fuera prologado por el farsista argentino Eduardo Gudiño Kieffer (1935), refleja un tono menos sombrío. En *Días y noches de amor y de guerra,* Premio Casa de las Américas en 1978, del uruguayo Eduardo Galeano (1940), la preocupación por la violencia hasta llega a esfumar los límites entre el cuento y la crónica o la memoria para presentar personajes y sucesos históricos de las últimas décadas.

En realidad se encuentra mayor parentesco con los cuentos de *Rajatabla* en la antología mexicana de Gustavo Sainz, *Jaula de palabras,* donde de un total de 52 cuentos escritos entre 1977 y 1980, 37 son de autores nacidos entre 1940 y 1957. La mayoría de ellos reacciona en contra de los onderos como José Agustín y el propio Sainz, o sea que rechazan el tono antisolemne y la gran importancia concedida al lenguaje coloquial de los jóvenes capitalinos de la clase media y vuelven a preocuparse por los problemas sociales de mayor trascendencia. Con mayor realismo que Britto García, la protesta contra la violencia oficial o semioficial que se hizo notoria con la masacre de Tlatelolco aparece como tema central en "Lorenzo" de Jorge Arturo Ojeda (1943), "Lección de anatomía" de Raúl Hernández Viveros (1944), "Sin salida" de Alberto Huerta (1945), "Si el viejo no aparece…" de Salvador Castañeda (1946) y "Blood rock o ahora va la nuestra" de Javier Córdova (1955). Otro aspecto de la misma actitud política es la crítica de la sociedad del consumo: "El convoy de tropas" de David Ojeda (1950), Premio Casa de las Américas en 1978; "Acidez mental del pasado" de Carlos Chimal (1954) y "Para habitar en la felicidad" de Jesús Luis Benítez (1949-1980). En éste un oficinista se exalta frente al televisor viendo cómo el equipo de futbol de Brasil, por el cual había apostado el dinero para los pagos mensuales del coche y del departamento, va perdiendo frente al equipo de Cuba, mientras su esposa, obediente y sin carácter, le sirve cerveza y botanas. En cambio, la esposa de "Aquí, Georgina" de Guillermo Samperio (1948), Premio Casa de las Américas en 1977, escribe un ensayo para el Partido Comunista y escucha un disco de Bob Dylan mientras el marido comprensivo lleva a la hijita al parque zoológico. Luego, ella es quien propone que hagan el amor y ella es la que monta al hombre. Su idilio feminista marxista termina violentamente con la llegada de los carros llenos de hombres armados de metralletas. El mundo hampesco visto desde adentro está representado por "Ratera" de Armando Ramírez (1951) y "Una de cal" de Luis Zapata (1951). En éste, el narrador cuenta sin arrepentimiento y sin sentimentalismo cómo llegó a ser un asesino profesional. O sea que la cuentística postondera de México se caracteriza por su menor grado de literariedad y su mayor grado de documento o testimonio social. Las distintas formas de experimentación de escritores como Borges, Cortázar, Arreola y Agustín se rechazan en favor de un tipo de neonaturalismo. Sin pelos en la lengua, los nuevos cuentistas hurgan en las capas más bajas de la sociedad para revelar directa e impasivamente las condiciones de vida y las actividades de los que no están compartiendo los frutos de la modernización.

LUIS BRITTO GARCÍA
[1940]

Venezolano. Nació en Caracas y estudió derecho en la Universidad Central de Venezuela. Fue profesor asistente en la cátedra de historia del pensamiento político en la Escuela de Estudios Internacionales. Estrenó literariamente con Los fugitivos y otros cuentos *(1964), pero fue* Rajatabla *(1970), Premio Casa de las Américas, la obra con que se hizo famoso. El mismo año publicó su primera novela,* Vela de armas, *con Arca de Montevideo. En 1976 publicó en un tomo dos piezas teatrales:* El tirano Aguirre o la conquista de El Dorado y Suena el teléfono. *Volvió a ganar el Premio Casa de las Américas en 1979 con su novela de 750 páginas titulada* Abrapalabra. *En 1984 publicó en Caracas* Me río del mundo, *un tomo que incluye secciones tituladas "Los grandes demagogos de la historia" y "Grandes bromas pesadas de la historia". Analiza algunos de los problemas actuales en* La máscara del poder *(1988),* Hambre, concertación populista y explosión social *(1989) y* El imperio contracultural; del rock a la posmodernidad *(1991). Otros tres tomos de cuentos son* La orgía imaginaria: libro de utopías *(1983),* La misa del esclavo *(1983) y* Muerte en el paraíso *(1985). En 1998 publicó la* Nueva Novela Histórica Pirata, *que capta el siglo de los piratas desde Sir Walter Raleigh hasta Henry Morgan.*

USTED PUEDE MEJORAR SU MEMORIA

Sɪ LE CAEN a carajazos durante diez días para que diga a quién le pasaba los papelitos subversivos pero en el recuerdo sólo flota que lo llamaban Julián o a lo mejor no era Julián sino Miguel y desde luego como quiera que fuera el nombre era un seudónimo y entonces ¿alto? ¿bajo? ¿está en estas fotografías? no hay manera de saberlo, su cara se hincha y se deshincha como una anémona en las corrientes de la improbabilidad, quizá nariz esta o boca esta pero no me acuerdo en realidad qué mala memoria.

Y lo peor es que con los golpes en la cabeza a uno lo empeoran, claro, entregarlos le decían a uno en el Bloque B-2 o a lo mejor el C-6 o quizá el A-20, o quizá fue en la sección uno o en la ocho pero carajo es como tratar de recordar la placa del carro del tío de uno o el número de la lotería esa bailadora de números que son y que no son y al fin cuando se clarifica alguno resulta que es el de la propia cédula de identidad y entonces patada por aquí y patada por allá.

Si en el escondite estuvo o no estuvo un señor bajito como el de este dibujo, lo imposible de saber entre las muchas personas que van y que vienen por todos los sitios imaginables, menos si el hígado se lo desprenden a uno porque ese hervor cerca del estómago es el hígado, y el hígado tiene que ver con la fiebre alta con la memoria con que ya está se fijan no me acuerdo.

No me arrecuerdo no me arrecuerdo qué noción voy a tener de listas de personas cómo voy a saber teléfonos si les digo por ejemplo ahorita no me arrecuerdo si el señor que me hizo vomitar hace poco es González o Hernández o mejor Gutiérrez, cuanto más de cosas de meses antes, cuanto más de una casa a la que no fui sino que me llevaron en carro y no me fijé en el camino y ahora cómo duele hasta tragar saliva si pudiera tragar saliva si ni recuerdo cuándo la patada en la garganta si

Si de tan mala memoria que no me acuerdo de la cara de mi tía Rosario si de tan mala memoria que no sé de dónde ha salido ese nombre, como la etiqueta de un vacío de varios años; y, por ejemplo, no me acuerdo tampoco del nombre de la escuela, peor, ahora que digo escuela noto que hay allí un hueco negro y sólido, que eso se ha acabado y ay

También estaban allí en algún sitio el nombre de mi perro (olvidado) la casa de mis tíos (olvidada) y un vacío del carajo que ahora que me doy cuenta crece y se acaba de tragar lo anterior a mis catorce años, crece y se acaba de tragar una novia (¿quién era?). Pero no importa es como perder un brazo y queda otro: acordarme por ejemplo de, entonces me doy cuenta de que el restante brazo tantea en el vacío que crece y sólo queda mi detención y estos diez días que

Pero aún puedo acordarme de lo que me hicieron sí lo que me hicieron fue que, no, ni eso, bueno, yo soy yo, tengo cabeza brazos piernas tronco bolas que me les hicieron el bueno que me les, mientras tenga esta noción estoy vivo, yo estoy vivo sólo los muertos no recuerdan, yo tengo por ejemplo brazos, ahora qué cosa es un brazo, pero cómo va a ser, si un brazo es, si me acuerdo perfectamente de qué es, es algo como, si el resto, y qué cosa es el resto, y qué cosa es qué cosa, y yo soy o yo era, y qué cosa es era y negro y vacío y fue.

MUERTE DE UN REBELDE

A MÍ ME dijeron que había que enconcharlo y como yo casualmente me había mudado al apartamento dije que sí. Vino a la noche con un camarada que yo conocía, se presentó con el nombre de Cáceres traía un paquete de papel periódico con pijamas y pantuflas era gordo calvo y yo no lo había visto nunca ni quise saber por qué lo buscaban, lo que siempre en definitiva es mejor. Las recomendaciones, que mientras yo salía a trabajar no hiciera ruido porque podía tocar la puerta algún vecino, que en caso de peligro la toalla en la ventana del baño que se ve desde la esquina, las amabilidades, comprar yo muchas revistas y muchos periódicos porque mis libros los había perdido casi todos salvo unos manuales de Estadística, ponerse él a arreglar el cuarto porque a la gallega que venía a barrer dos veces a la semana hubo que despedirla para no tener que explicarle quién era el señor en pantuflas, las precauciones, conversar de política pero sin entrar en detalles no fuera uno a enterarse de que, que nunca abriera la puerta no fuera a ser cosa también de que.

Le daban de cuando en cuando desvanecimientos y hablé para que me consiguieran un médico el médico vino tarde en la noche y tomó la tensión y el pulso y me preguntó si yo sabía poner inyecciones entonces escribió unas recetas con bolígrafo y yo salí a comprar frasquitos pero me demoré mucho porque era tarde y no se conseguían farmacias de turno. Como las inyecciones a veces había que ponerlas de hora en hora, por las noches hablábamos mucho de las redadas de la policía, de cómo estaba la cosa de jodida y de gente que había caído. Yo pensé inventar una excusa para dejar de ir al trabajo y acompañarlo pero él me dijo que estaba mejor; por el contrario, se puso muy débil y busqué un camarada que estuviera junto con él. Localicé a Aguirre, que estaba en mala situación; estuvo viniendo algunas tardes; comía y se quedaba. Aguirre no sabía poner inyecciones y yo le decía que debía aprender, pero no quise proponer que ensayara con el escondido. Al fin Cáceres se sintió mejor y no fue necesario que Aguirre siguiera viniendo. Yo no sé si de verdad se sentía mejor o si decía eso porque Aguirre era latoso. Pensé en comprar algunos libros para que Cáceres pasara el rato.

La noche del martes Cáceres leyó hasta tarde los periódicos. Al día siguiente amaneció muerto. No había hecho ruido, estaba ya frío y yo me avergoncé de haber en aquel mismo momento a lo mejor roncado y no oído mi nombre dicho muy bajito a lo mejor soñado una banalidad. Llamé por el teléfono del almacén a la pensión donde vivía Aguirre y le dije que viniera porque había sucedido algo muy importante. Me decía que tenía qué hacer pero al fin pude convencerlo. Tardó mucho. A las once de la mañana entró al apartamento, miró y se quedó callado. Yo no había querido cubrir a Cáceres con una sábana porque me parecía una pendejada hacerlo; pero tampoco me parecía bien dejarlo así. Aguirre dijo que hablaría con alguna gente. Se fue, y tardó todavía más. A las once de la noche me dijo que había que esperar al día siguiente. Dormí un rato, pero mal. El día siguiente fue fastidioso, y lo pasé casi todo en un sillón, dándole la espalda a Cáceres. Pensé bajar las persianas y oscurecer el cuarto pero me pareció también una pendejada. A mediodía comí algo en la esquina. La radio hablaba de bombardeos en alguna parte.

A las ocho de la noche apareció Aguirre con un amigo, vestimos el cuerpo, y esperamos. Serían las dos de la madrugada cuando bajamos las escaleras, con cuidado para que no se fuera a despertar el conserje. Yo preferí no salir a la calle para no ver el carro ni quién lo manejaba. Tampoco me esforcé en adivinar cómo arreglarían todo lo demás.

En las hojitas clandestinas jamás se dijo falleció el camarada fulano ni tampoco la prensa dijo hallado cuerpo o ingresó prófugo en clínica y falleció de inmediato. Yo nunca le pregunté nada a Aguirre, y después lo mandaron a hacer trabajo en el interior y hace tiempo que no sé de él. Recogí los frasquitos de medicina vacíos y las agujas usadas. También recogí las pijamas y las pantuflas, y algunos pares de medias. Las revistas viejas no era necesario recogerlas, pensé, pero de todos modos estaban viejas y no había para qué conservarlas. Lo mismo el cepillo de dientes y la maquinita de afeitar. El paquete lo eché en la basura, lejos de la casa. Varios días después encontré un papel con garabatos. Decían condiciones objetivas, inf. pol., ojo, no olvidar C.C., y cosas así. Como no podía entregárselo a Aguirre, lo eché al excusado. De todos modos no decía nada. Cáceres murió sin ver la revolución. Yo había faltado dos días al trabajo, y debí pedirle a un médico amigo que me certificara bronquitis. Después de eso trabajé sobretiempo algunos días. El calor comenzaba a pasar y venían las lluvias.

GRUPO

A Pipo lo agarraron en la fábrica de armas. Él había ido a entregar materiales y se demoró ayudando al encargado a reparar un taladro. La bala le entró por el oído y en las fotografías de los periódicos no se veía bien quién era pero por el reloj —que nosotros conocíamos— no cabía duda, los policías lo identificaron como Carlos María Lairén Isturiz y primera vez que supimos que Pipo tenía tantos nombres y qué lástima porque era la cátedra para montar y desmontar fusiles bombas y motores y en las chiveras conseguíamos piezas para metralla y teníamos dos o tres proyectos pepiados.

A Raúl lo expulsaron para Europa y según me dijeron de carta que envió con alguien para Hernán, allá no hay más que maricas en los cafés discutiendo a Garaudy y como él perdió su tiempo aquí leyendo a Garaudy ahora tiene miedo no se vaya a meter a marico y guarda una libreta en donde dice: 20 kilos de azúcar y 100 litros de té; dentro de poco iré a Lunión Soviética veré el Kremlin, me moriré de la arrechera y la familia no me mandará más plata, y entonces

Lara está desaparecido. Hay el rumor de que murió en el campo de La Pica, pero a la familia le dicen no, no tenemos ningún preso de ese nombre

Chocolate es el que anda en la polémica de la izquierda, a Chocolate lo expulsaron por su artículo: ¿Directrices nuevas para una línea nueva?, que apareció en el semanario Conceptos en contestación al artículo Formas de Lucha y Lucha de Formas, de Concepción Serrano (o sea, Feliberto Mendoza). La última vez que vi a Chocolate estaba disfrazado de portugués; como lo allanaron perdió el fichero de su gran libro Capital y monopolios en la Venezuela de hoy; tenía cuatro millones de fichas y lo único que repetía cada vez que se acordaba de que había perdido los índices de acumulación de capitales era: el coño de la madre

Morandi volvió de la montaña cuando aniquilaron el resto

de su comando, y se encontró haciendo las cosas más raras, se coleaba en las fiestas para comerse los aguacates y el caviar en la cocina, asistía a las subastas de antigüedades para comerse los pasapalos, su desgracia fue cuando se le arruinó el paltó muy presentable que todavía tenía y entonces vendió condones en la Avenida Urdaneta hasta que un policía lo mató y no se sabe por qué

Cisneros se ahogó con el aparato de inmersión de circuito cerrado que no lo graduaron bien o a lo mejor el profundímetro le falló de todas maneras pusimos la bomba y a Cisneros le quitamos el aparato el cinturón de pesas la máscara y lo dejamos y el periódico dijo víctima de la explosión (inidentificable)

A Enid la tiraron desde un helicóptero en región no bien precisada, de Enid quedan madre padre hermano menor unos textos de química inorgánica el retrato en una excursión al teleférico una hebra de la peluca rubia que usó en el asalto al automercado una cédula de identidad falsa una cierta temperatura de las manos el resonar de una voz en las paredes de un detestable cuarto de hotel.

Montes la cogió con la vaina de la investigación motivacional y Marshall Mac Luhan, desde que trabaja en Procter & Gamble no tenemos finanzas nada tenemos. Igual que a Gonzales que se lo llevó el tío para Barquisimeto donde tienen una cría de gallinas y se les mueren de moquillo y es lástima porque Gonzales tenía unos contactos increíbles en los barrios. Hernán cayó en lo que llaman el anarco aventurerismo y la policía le metió seis tiros en el pulmón cuando ya estaba a punto de convencernos de la importancia de la máquina infernal para volar la embajada

Perico fue el que nos vendió a todos. Perico era muy buena persona y cuando le hicieron el simulacro de enterramiento vivo se rajó, a pesar de eso le hicieron todo tipo de cosas y al final lo soltaron, unos dicen que con carnet del Sifa para ver si sapeaba a alguien más, otros dicen que para seguirlo y ver si alguien se ponía en contacto con él para rasparlo, yo lo vi después de buhonero vendiendo forros para volante, él bajó los ojos y miró a otro lado, yo me toqué la culata de la pistola y después pensé total para qué

Yo que ni fui agarrado en la fábrica de armas ni me expulsaron para Europa ni desaparecí ni estuve en la polémica de la izquierda ni bajé de la montaña ni me ahogué ni me tiraron desde un helicóptero ni la cogí con Marshall Mac Luhan ni fui a criar gallinas ni me metieron seis balas ni vendí a todo el mundo, o a lo mejor sí, hice todas esas cosas y desaparecí y me ahogaron y me rajé con todos, hasta tal punto era todos ellos, yo que tuve las etapas consabidas la de decir para qué carajo cuando me decían estamos preparando algo, la de decir mííí cuando me hablaban de tal o cual intelectual de izquierda, la de pensar cónfiro, y mi padrino que conoce gente en la gran Empresa de Seguros La Prosperidad, la de decirme un hombre de mi sensibilidad debería estar arrasando en el salón de invierno en París, ahora descubro que para algo fui ahorrado: estar parado en esta esquina mientras cae la noche esperando el contacto con alguien, claro no será Enid pero será Marcela o alguien a quien Marcela enviará, luego podremos ganarnos a otros que no serán Pipo Raúl Lara Chocolate Morandi Cisneros Enid Montes Hernán Gonzales Perico, que no serán a lo mejor ni siquiera yo porque lo fundamental no soy yo sino mi destino, esperar, mirar tanto carro que pasa y encandila con los faros, y repetir: del próximo se baja Marcela. Del próximo se baja un policía a quien nos han delatado y me mata. Del próximo se baja Marcela. Del próximo se baja un policía y me mata. Del próximo se baja Marcela. Del próximo se baja un policía y me mata. Del próximo se baja Marcela. Del próximo se baja un policía y me mata. Un carro se acerca, frena, abre la puerta. Esfuerzo la vista para distinguir la silueta negra que sale. El grupo mira a través de mis ojos. Todo va a decidirse dentro de un instante, pero no, me doy cuenta, estoy aquí, he permanecido aquí o me han retenido, doy la cara a la noche, todo está ya decidido.

EL MONOPOLIO DE LA MODA

AHORA reposa y siéntate. Dentro de un instante entrará un vendedor a explicarte que tu televisor está pasado de moda y que debes comprar el nuevo modelo. En pocos minutos convendrás con él las condiciones del crédito, lograrás que te acepten el viejo modelo en el diez por ciento del precio y te dirás que en verdad una mañana de uso ya es suficiente. Al encender el nuevo aparato lo primero que notarás será que las modas del mediodía han cedido el paso a las modas de las dos de la tarde y que una tempestad de insultos te espera si sales a la calle con tus viejas corbatas de la una y veinticinco. Así atrapado, debes llamar por teléfono a la tienda para arreglar el nuevo crédito, a cuyos efectos intentarás dar en garantía el automóvil. El computador de la tienda registrará que el modelo es del día pasado y por lo tanto inaceptable. Lo mejor que puedes hacer es llamar al concesionario y preguntarle sobre los nuevos modelos de esta mañana. El concesionario te preguntará qué haces llamándolo por ese teléfono de modelo anticuado, y le dirás es cierto, pero ya desde hace media hora estás sobregirado y no puedes cambiar de mobiliario. No hay más remedio que llamar al Departamento de Crédito, el cual accederá a recibir el viejo modelo por el uno porciento de su precio a condición de que constituyas la garantía sobre los mobiliarios nuevos de las dos de la tarde para así recibir el modelo que elijas, de las diez, de las once, de las doce, de la una, de las dos y aun de las tres y media, éste el más a la moda pero desde luego al doble del precio aunque la inversión bien lo vale. Calculas que eso te da tiempo para llamar a que vengan a cambiar el congelador y la nevera, pero otra vez el maldito teléfono anticuado no funciona y minuto tras minuto el cuarto se va haciendo inhóspito y sombrío. Adivinas que ello se debe al indetenible cambio de los estilos y el pánico te irá ganando, e inútil será que en una prisa frenética te arranques la vieja corbata e incineres los viejos trajes y los viejos muebles de ayer y las viejas cosas de hace una hora, aún de

633

sus cenizas fluye su irremediable obsolescencia, el líquido pavor del que sólo escaparás cuando, a las cuatro, lleguen tu mujer y tus hijos cargados con los nuevos trajes y los nuevos juguetes, y tras ellos el nuevo vestuario y el nuevo automóvil y el nuevo teléfono y los nuevos muebles y el nuevo televisor y la nueva cocina, garantizados todos hasta las cinco, y el nuevo cobrador de ojos babosos que penetra sinuosamente en el apartamento, rompe tu tarjeta de crédito y te notifica que tienes comprometido tu sueldo de cien años, y que ahora pasas a los trabajos forzados perpetuos que corresponden a los deudores en los sótanos del Monopolio de la Moda.

COMENTARIO

En Venezuela, la crítica ha destacado más que nada el aspecto paródico de *Rajatabla*. El tomo está dividido en siete secciones, algunas más homogéneas que otras, sobre distintos ejemplos de la violencia urbana y visiones satíricas de la sociedad moderna, incluso del arte. Muchas de las piezas caben dentro del género híbrido entre ensayo y cuento y recuerdan el absurdismo, el humor negro y la ciencia ficción de Julio Cortázar, Juan José Arreola, Virgilio Piñera y Álvaro Menéndez Leal. Sin embargo, publicado el libro en 1970, lo que predomina es el tono violento que refleja el resentimiento y la frustración de la izquierda a fines de la década de los sesenta frente a la muerte del *Che* Guevara y la derrota de los movimientos guerrilleros en Venezuela, en Guatemala y en otros países de América Latina.

Por ser tan breves las piezas de *Rajatabla*, se incluyen aquí cuatro que sí caben dentro de la categoría del cuento. Tres de éstas versan sobre la guerrilla (hay otras seis en el tomo) mientras "El monopolio de la moda" critica la violencia de los medios publicitarios en la sociedad de consumo.

"Usted puede mejorar su memoria" es el más dinámico

de los tres sobre la guerrilla. Como el cuento está estructarado sobre el olvido progresivo, el título resulta irónico. La memoria del preso se empeora con los golpes. No puede o no quiere recordar los nombres de los compañeros para no delatarlos, pero con el aumento de los golpes ni siquiera puede recordar el nombre de su propia escuela, de su perro, de su novia. La memoria sigue vaciándose hasta que en el último párrafo el narrador apenas puede recordar qué es un brazo o qué es un "yo". La intensidad del sufrimiento se refleja estilísticamente en la repetición ("no me acuerdo", "no me arrecuerdo", "el hígado", "tragar", "vacío"), en las oraciones sin terminar al fin de los párrafos cinco y seis y en medio del séptimo y el uso de los recursos cuestionadores ("o", "quizás", "a lo mejor", "¿?"), pero no con el propósito filosófico de Borges, sino para reflejar el aturdimiento causado por los golpes. Éstos también provocan el cambio del punto de vista narrativo. Al principio, parece que el narrador-protagonista se está hablando en tercera persona (usted); en los párrafos dos y tres, se convierte en ser representativo ("a uno"); y a partir del párrafo cuatro, abandona con el dolor todo pretexto literario y habla en primera persona. Así es como el narrador-protagonista logra trasmitir subjetivamente la realidad del preso político mediante la transformación estilística y sin una descripción realista.

En cambio, en "Muerte de un rebelde", a pesar del título dramático, el narrador mantiene un tono objetivo e impasible a través de todo el cuento. Con marcada preferencia por el pretérito, el narrador describe sin ninguna emoción todo lo que sucedió. Como ni el gobierno ni la guerrilla mencionan la muerte del rebelde, la actitud imperturbable del narrador sirve para provocar en el lector la protesta contra el poco valor concedido al ser humano en estos tiempos turbulentos.

En "Grupo", el narrador establece más directamente su identificación con la guerrilla desde el primer párrafo mediante el "nosotros" y el "qué lástima". Cada uno de los nueve primeros párrafos está dedicado a un guerrillero con destino diferente. La ausencia del punto al final de esos párrafos da la impresión de que la acción no ha terminado, de que la guerrilla va a continuar a pesar de todo. Esa impresión se refuerza con el décimo y último párrafo en que el narrador resume los nueve párrafos anteriores e indica que esos guerrilleros serán remplazados por otros y que tal vez él mismo tenga que ser remplazado. Sin embargo, esa fe en el triunfo de la revolución no se expresa con heroísmo ni con dramaticidad, sino con una versión contemporánea del estoicismo con que Demetrio Macías tiró la piedra a la barranca en *Los de abajo*.

"El monopolio de la moda" se parece más a "Usted puede mejorar su memoria" por la intensidad creciente. Mientras la primera oración consta de cuatro palabras, la última consta de 16 renglones. Aunque la sátira de la sociedad de consumo no es nueva en la cuentística hispanoamericana (recuérdese "Baby H. P." de Juan José Arreola en 1952), la intensidad con que Britto García pinta la situación del narratario culminando con la pérdida de la tarjeta de crédito y la condena infernal a "los sótanos del Monopolio de la Moda" refleja el crecimiento desenfrenado de los medios publicitarios entre 1950 y 1985. Para Britto García, la violencia publicitaria es otro aspecto de la violencia ejercida por el gobierno contra los presos políticos. La misma idea se expresa explícitamente en "Día de libertad", en que un preso indultado sale de la cárcel para "pasear en la tarde por esta última hectárea libre de toda la tierra, flanqueada por los muros de las concéntricas infinitas inagotables prisiones".

LUISA VALENZUELA
[1938]

Argentina. Nació en Buenos Aires. Hija de la novelista y cuen-
tista Luisa Mercedes Levinson. A los 20 años fue a París como
corresponsal del diario El Mundo. *Ahí escribió programas*
para la televisión y conoció a los autores del grupo Tel Quel
durante el auge del nouveau roman.

En 1961 volvió a Buenos Aires para trabajar con La Nación. *Después de publicar su primera novela,* Hay que sonreír *(1966), le otorgaron la beca Fullbright para participar*
en el Programa Internacional de Escritores en la Universi-
dad de Iowa. Ha participado en varios congresos y entre 1979
y 1985 dictó cursos de literatura latinoamericana en la Uni-
versidad de Columbia en Nueva York. Su obra consta de otras
seis novelas: Hay que sonreír *(1966),* El gato eficaz *(1972),*
Como en la guerra *(1977),* Cola de lagartija *(1983), tradu-*
cida al inglés por Gregory Rabassa, Novela negra con argentinos *(1990) y* Realidad nacional desde la cama *(1990); y*
cinco tomos de cuentos: Los heréticos *(1967),* Aquí pasan
cosas raras *(1975),* Cambio de armas *(1982),* Donde viven
las águilas *(1983) y* Simetrías *(1993).* Libro que no muerde
(1980), editado en México, recoge cuentos de los tomos ante-
riores y agrega algunos nuevos. En 1983 recibió una beca
Guggenheim.

AQUÍ PASAN COSAS RARAS

EN EL café de la esquina —todo café que se precie está en esquina, todo sitio de encuentro es un cruce entre dos vías (dos
vidas)— Mario y Pedro piden sendos cortados y les ponen
mucha azúcar porque el azúcar es gratis y alimenta. Mario y

637

Pedro están sin un mango desde hace rato y no es que se quejen demasiado pero bueno, ya es hora de tener un poco de suerte, y de golpe ven el portafolios abandonado y tan sólo mirándose se dicen que quizá el momento haya llegado. Propio ahí, muchachos, en el café de la esquina, uno de tantos.

Está solito el portafolios sobre la silla arrimada a la mesa y nadie viene a buscarlo.

Entran y salen los chochamus del barrio, comentan cosas que Mario y Pedro no escuchan: cada vez hay más y tienen tonadita, vienen de tierra adentro... me pregunto qué hacen, para qué han venido. Mario y Pedro se preguntan en cambio si alguien va a sentarse a la mesa del fondo, va a descorrer esa silla y encontrar ese portafolios que ya casi aman, casi acarician y huelen y lamen y besan. Uno por fin llega y se sienta solitario (y pensar que el portafolios estará repleto de billetes y el otro lo va a ligar al módico precio de un batido de Gancia que es lo que finalmente pide después de dudar un rato). Le traen el batido con buena tanda de ingredientes. ¿Al llevarse a la boca qué aceituna, qué pedacito de queso va a notar el portafolios esperándolo sobre la silla al lado de la suya? Pedro y Mario no quieren ni pensarlo y no piensan otra cosa... <u>Al fin y al cabo el tipo tiene tanto o tan poco derecho al portafolios como ellos, al fin y al cabo es sólo cuestión de azar, una mesa mejor elegida y listo.</u> El tipo sorbe su bebida con desgano, traga uno que otro ingrediente; ellos ni pueden pedir otro café porque están en la mala como puede ocurrirle a usted o a mí, más quizá a mí que a usted, pero eso no viene a cuento ahora que Pedro y Mario viven supeditados a un tipo que se saca pedacitos de salame de entre los dientes con la uña mientras termina de tomar su trago y no ve nada, no oye los comentarios de la muchachada: se los ve en las esquinas. Hasta Elba el otro día me lo comentaba, fíjate, ella que es tan chicata. Ni qué ciencia ficción, aterrizados de otro planeta aunque parecen tipos del interior pero tan peinaditos, atildaditos te digo y yo a uno le pedí la hora pero minga, claro, no tienen reloj. Para qué van a querer reloj, me podés decir, si viven en un tiempo que no es el de nosotros. No. Yo también los vi, salen de debajo de los adoquines en esas calles donde todavía quedan y ahora vaya uno a saber qué buscan aunque sabemos que dejan agujeros en las calles, esos baches enormes por donde salieron y que no se pueden cerrar más.

Ni el tipo del batido de Gancia los escucha ni los escuchan Mario y Pedro, pendientes de un portafolios olvidado sobre una silla que seguro contiene algo de valor porque si no no hubiera sido olvidado así para ellos, tan sólo para ellos, si el tipo del batido no. El tipo del batido de Gancia, copa terminada, dientes escarbados, platitos casi sin tocar, se levanta de la mesa, paga de pie, mozo retira todo mete propina en bolsa pasa el trapo húmedo sobre mesa se aleja y listo, ha llegado el momento porque el café está animado en la otra punta y aquí vacío y Mario y Pedro saben que si no es ahora es nunca.

Portafolios bajo el brazo, Mario sale primero y por eso mismo es el primero en ver el saco de hombre abandonado sobre un coche, contra la vereda. Contra la vereda el coche, y por ende el saco abandonado sobre el techo del mismo. Un saco espléndido de estupenda calidad. También Pedro lo ve, a Pedro le tiemblan las piernas por demasiada coincidencia, con lo bien que a él le vendría un saco nuevo y además con los bolsillos llenos de guita. Mario no se anima a agarrarlo. Pedro sí aunque con cierto remordimiento que crece, casi estalla al ver acercarse a dos canas que vienen hacia ellos con intenciones de

—Encontramos este coche sobre un saco. Este saco sobre un coche. No sabemos qué hacer con él. El saco, digo.

—Entonces déjelo donde lo encontró. No nos moleste con menudencias, estamos para cosas más importantes.

Cosas más trascendentes. Persecución del hombre por el hombre si me está permitido el eufemismo. Gracias a lo cual el célebre saco queda en las manos azoradas de Pedro que lo ha tomado con tanto cariño. Cuánta falta le hacía un saco

639

como éste, sport y seguro bien forradito, ya dijimos, forrado de guita no de seda qué importa la seda. Con el botín bien sujeto enfilan a pie hacia su casa. No se deciden a sacar uno de esos billetes crocantitos que Mario creyó vislumbrar al abrir apenas el portafolios, plata para tomar un taxi o un mísero colectivo.

Por las calles prestan atención por si las cosas raras que están pasando, ésas que oyeron de refilón en el café, tienen algo que ver con los hallazgos. Los extraños personajes o no aparecen por esas zonas o han sido remplazados: dos vigilantes por esquina son muchos vigilantes porque hay muchas esquinas. Ésta no es una tarde gris como cualquiera y pensándolo bien quizá tampoco sea una tarde de suerte como parece. Son las caras sin expresión de un día de semana, tan distintas de las caras sin expresión de los domingos. Pedro y Mario ahora tienen color, tienen máscara y se sienten existir porque en su camino florecieron un portafolios (fea palabra) y un saco sport. (Un saco no tan nuevo como parecía más bien algo raído y con los bordes gastados pero digno. Eso es: un saco digno.) Como tarde no es una tarde fácil, ésta. Algo se desplaza en el aire con el aullido de las sirenas y ellos empiezan a sentirse señalados. Ven policías por todos los rincones, policías en los vestíbulos sombríos, de a pares en todas las esquinas cubriendo el área ciudadana, policías trepidantes en sus motocicletas circulando a contramano como si la marcha del país dependiera de ellos y quizá dependa, sí, por eso están las cosas como están y Mario' no se arriesga a decirlo en voz alta porque el portafolios lo tiene trabado, ni que ocultara un micrófono, pero qué paranoia, si nadie lo obliga a cargarlo. Podría deshacerse de él en cualquier rincón y no, ¿cómo largar la fortuna que ha llegado sin pedirla a manos de uno, aunque la fortuna tenga carga de dinamita? Toma el portafolios con más naturalidad, con más cariño, no como si estuviera a punto de estallar. En ese mismo momento Pedro decide ponerse el saco que le queda un poco grande pero no ridículo ni nada de eso. Holgado, sí, pero no ridículo; cómodo, abrigado, cariñoso, gastadito en los bordes, sobado. Pedro mete las manos en los bolsillos del saco (sus bolsillos) y encuentra unos cuantos boletos de colectivo, un pañuelo usado, unos billetes y monedas. No le puede decir nada a Mario y se da vuelta de golpe para ver si los han estado siguiendo. Quizá hayan caído en algún tipo de trampa indefinible, y Mario debe estar sintiendo algo parecido porque tampoco dice palabra. Chifla entre dientes con cara de tipo que toda su vida ha estado cargando un ridículo portafolios negro como ése. La situación no tiene aire tan brillante como en un principio. Parece que nadie los ha seguido, pero vaya uno a saber: gente viene tras ellos y quizá alguno dejó el portafolios y el saco con oscuros designios. Mario se decide por fin y le dice a Pedro en un murmullo: No entremos a casa, sigamos como si nada, quiero ver si nos siguen. Pedro está de acuerdo. Mario rememora con nostalgia los tiempos (una hora atrás) cuando podían hablarse en voz alta y hasta reír. El portafolios se le está haciendo demasiado pesado y de nuevo tiene la tentación de abandonarlo a su suerte. ¿Abandonarlo sin antes haber revisado el contenido? Cobardía pura.

Siguen caminando sin rumbo fijo para despistar a algún posible aunque improbable perseguidor. No son ya Pedro y Mario los que caminan, son un saco y un portafolios convertidos en personajes. Avanzan y por fin el saco decide: Entremos en un bar a tomar algo, me muero de sed.

—¿Con todo esto? ¿Sin siquiera saber de qué se trata?

—Y, sí. Tengo unos pesos en el bolsillo.

Saca la mano azorada con dos billetes. Mil y mil de los viejos, no se anima a volver a hurgar, pero cree —huele— que hay más. Buena falta les hacen unos sándwiches, pueden pedirlos en ese café que parece tranquilo.

Un tipo dice y la otra se llama los sábados no hay pan; cualquier cosa, me pregunto cuál es el lavado de cerebro... En épocas turbulentas no hay como parar la oreja aunque lo malo de los cafés es el ruido de voces que tapa las voces. Lo bueno de los cafés son los tostados mixtos.

Escuchá bien, vos que sos inteligente.

Ellos se dejan distraer por un ratito, también se preguntan cuál será el lavado de cerebro, y si el que fue llamado inteligente se lo cree. Creer por creer, los hay dispuestos hasta a creerse lo de los sábados sin pan, como si alguien pudiera ignorar que los sábados se necesita pan para fabricar las hostias del domingo y el domingo se necesita vino para poder atravesar el páramo feroz de los días hábiles.

Cuando se anda por el mundo —los cafés— con las antenas aguzadas se pescan todo tipo de confesiones y se hacen los razonamientos más abstrusos (absurdos), absolutamente necesarios por necesidad de alerta y por culpa de esos dos elementos tan ajenos a ellos que los poseen a ellos, los envuelven sobre todo ahora que esos muchachos entran jadeantes al café y se sientan a una mesa con cara de aquí no ha pasado nada y sacan carpetas, abren libros pero ya es tarde: traen a la policía pegada a sus talones y como se sabe los libros no engañan a los sagaces guardianes de la ley, más bien los estimulan. Han llegado tras los estudiantes para poner orden y lo ponen, a empujones: documentos, vamos, vamos, derechito al celular que espera afuera con la boca abierta. Pedro y Mario no saben cómo salir de allí, cómo abrirse paso entre la masa humana que va abandonando el café a su tranquilidad inicial, convaleciente ahora. Al salir, uno de los muchachos deja caer un paquetito a los pies de Mario que, en un gesto irreflexivo, atrae el paquete con el pie y lo oculta tras el célebre portafolios apoyado contra la silla. De golpe se asusta: cree haber entrado en la locura apropiatoria de todo lo que cae a su alcance. Después se asusta más aún: sabe que lo ha hecho para proteger al pibe pero ¿y si a la cana se le diera por registrarlo a él? Le encontrarían un portafolios que vaya uno a saber qué tiene adentro, un paquete inexplicable (de golpe le da risa, alucina que el paquete es una bomba y ve su pierna volando por los aires simpáticamente acompañada por el portafolios, ya despanzurrado y escupiendo billetes de los gordos, falsos). Todo esto en el brevísimo instante de disimular el paquetito y después nada. Más vale dejar la mente en blanco, guarda con los canas telépatas y esas cosas. ¿Y qué se estaba diciendo hace mil años cuando reinaba la calma?: un lavado de cerebro; necesario sería un autolavado de cerebro para no delatar lo que hay dentro de esa cabecita loca —la procesión va por dentro, muchachos. Los muchachos se alejan, llevados un poquito a las patadas por los azules, el paquete queda allí a los pies de estos dos señores dignos, señores de saco y portafolios (uno de cada para cada). Dignos señores o muy solos en el calmo café, señores a los que ni un tostado mixto podrá ya consolar.

Se ponen de pie. Mario sabe que si deja el paquetito, el mozo lo va a llamar y todo puede ser descubierto. Se lo lleva, sumándolo así al botín del día pero por poco rato; lo abandona en una calle solitaria dentro de un tacho de basura como quien no quiere la cosa y temblando. Pedro a su lado no entiende nada pero por suerte no logra reunir las fuerzas para preguntar.

En épocas de claridad pueden hacerse todo tipo de preguntas, pero en momentos como éste el solo hecho de seguir vivo ya condensa todo lo preguntable y lo desvirtúa. Sólo se puede caminar, con uno que otro alto en el camino, eso sí, para ver por ejemplo por qué llora este hombre. Y el hombre llora de manera tan mansa, tan incontrolada, que es casi sacrílego no detenerse a su lado y hasta preocuparse. Es la hora de cierre de las tiendas y las vendedoras que enfilan a sus casas quieren saber de qué se trata: el instinto maternal siempre está al acecho en ellas, y el hombre llora sin consuelo. Por fin logra articular Ya no puedo más, y el corrillo de gente que se ha formado a su alrededor pone cara de entender pero no entiende. Cuando sacude el diario y grita No puedo más, algunos creen que ha leído las noticias y el peso del mundo le resulta excesivo. Ya están por irse y dejarlo abandonado a su flojera. Por fin entre hipos logra explicar que busca trabajo desde hace meses y ya no le queda un peso para el colectivo ni un gramo de fuerza para seguir buscando.

—Trabajo —le dice Pedro a Mario—. Vamos, no tenemos nada que hacer acá.

—Al menos, no tenemos nada que ofrecerle. Ojalá tuviéramos.

Trabajo, trabajo, corean los otros y se conmueven porque ésa sí es palabra inteligible y no las lágrimas. Las lágrimas del hombre siguen horadando el asfalto y vaya uno a saber qué encuentran pero nadie se lo pregunta aunque quizá él sí, quizá él se esté diciendo mis lágrimas están perforando la tierra y el llanto puede descubrir petróleo. Si me muero acá mismo quizá pueda colarme por los agujeritos que hacen las lágrimas en el asfalto y al cabo de mil años convertirme en petróleo para que otro como yo, en estas mismas circunstancias... Una idea bonita pero el corrillo no lo deja sumirse en sus pensamientos que de alguna manera —intuye— son pensamientos de muerte (el corrillo se espanta: pensar en muerte así en plena calle, qué atentado contra la paz del ciudadano medio a quien sólo le llega la muerte por los diarios). Falta de trabajo sí, todos entienden la falta de trabajo y están dispuestos a ayudarlo. Es mejor que la muerte. Y las buenas vendedoras de las casas de artefactos electrodomésticos abren sus carteras y sacan algunos billetes por demás estrujados, de inmediato se organiza la colecta, las más decididas toman el dinero de los otros y los instan a aflojar más. Mario está tentado de abrir el portafolios ¿qué tesoros habrá ahí dentro para compartir con ese tipo? Pedro piensa que debería haber recuperado el paquete que Mario abandonó en un tacho de basura. Quizá eran herramientas de trabajo, pintura en aerosol, o el perfecto equipito para armar una bomba, cualquier cosa para darle a este tipo y que la inactividad no lo liquide.

Las chicas están ahora pujando para que el tipo acepte el dinero juntado. El tipo chilla y chilla que no quiere limosnas. Alguna le explica que sólo se trata de una contribución espontánea para sacar del paso a su familia mientras él sigue buscando trabajo con más ánimo y el estómago lleno. El cocodrilo llora ahora de emoción. Las vendedoras se sienten buenas, redimidas, y Pedro y Mario deciden que éste es un tipo de suerte.

Quizá junto a este tipo Mario se decida a abrir el portafolios, Pedro pueda revisar a fondo el secreto contenido de los bolsillos del saco.

Entonces, cuando el tipo queda solo, lo toman del brazo y lo invitan a comer con ellos. El tipo al principio se resiste, tiene miedo de estos dos: pueden querer sacarle la guita que acaba de recibir. Ya no se sabe si es cierto o si es mentira que no encuentra trabajo o si ése es su trabajo, simular la desesperación para que la gente de los barrios se conmueva. Reflexiona rápidamente: si es cierto que soy un desesperado y todos fueron tan buenos conmigo no hay motivo para que estos dos no lo sean. Si he simulado la desesperación quiere decir que mal actor no soy y voy a poder sacarles algo a estos dos también. Decide que tienen una mirada extraña pero parecen honestos, y juntos se van a un boliche para darse el lujo de unos buenos chorizos y bastante vino.

Tres, piensa alguno de ellos, es un número de suerte. Vamos a ver si de acá sale algo bueno.

¿Por qué se les ha hecho tan tarde contándose sus vidas que quizá sean ciertas? Los tres se descubren una idéntica necesidad de poner orden y relatan minuciosamente desde que eran chicos hasta estos días aciagos en que tantas cosas raras están pasando. El boliche queda cerca del Once y ellos por momentos sueñan con irse o con descarrilar un tren o algo con tal de aflojar la tensión que los infla por dentro. Ya es la hora de las imaginaciones y ninguno de los tres quiere pedir la cuenta. Ni Pedro ni Mario han hablado de sus sorpresivos hallazgos. Y el tipo ni sueña con pagarles la comida a estos dos vagos que para colmo lo han invitado.

La tensión se vuelve insoportable y sólo hay que decidirse. Han pasado horas. Alrededor de ellos los mozos van apilando las sillas sobre las mesas, como un andamiaje que poco a poco se va cerrando, amenaza con engullirlos porque los mozos en un insensible ardor de construcción siguen apilando sillas sobre sillas, mesas sobre mesas y sillas y más sillas. Van a quedar aprisionados en una red de patas de madera, tumba de sillas y una que otra mesa. Buen final para estos tres cobardes que no se animaron a pedir la cuenta. Aquí yacen: pagaron con sus vidas siete sándwiches de chorizo y dos jarras de vino de la casa. Fue un precio equitativo.

Pedro por fin —el arrojado Pedro— pide la cuenta y reza para que la plata de los bolsillos exteriores alcance. Los bolsillos internos son un mundo inescrutable aun allí, escudado por las sillas; los bolsillos internos conforman un laberinto demasiado intrincado para él. Tendría que recorrer vidas ajenas al meterse en los bolsillos interiores del saco, meterse en lo que no le pertenece, perderse de sí mismo entrando a paso firme en la locura.

La plata alcanza. Y los tres salen del restaurant aliviados y amigos. Como quien se olvida, Mario ha dejado el portafolios —demasiado pesado, ya— entre la intrincada construcción de sillas y mesas encimadas, seguro de que no lo van a encontrar hasta el día siguiente. A las pocas cuadras se despiden del tipo y siguen camino al departamento que comparten. Cuando están por llegar, Pedro se da cuenta de que Mario ya no tiene el portafolios. Entonces se quita el saco, lo estira con cariño y lo deja sobre un auto estacionado, su lugar de origen. Por fin abren la puerta del departamento sin miedo, y se acuestan sin miedo, sin plata y sin ilusiones. Duermen profundamente, hasta el punto que Mario, en un sobresalto, no logra saber si el estruendo que lo acaba de despertar ha sido real o soñado.

COMENTARIO

A diferencia de María Luisa Bombal y de la gran mayoría de las cuentistas de las tres últimas décadas, Luisa Valenzuela en "Aquí pasan cosas raras" no explora los problemas íntimos de la mujer. Tampoco emplea el monólogo interior tan típico de muchos cuentos intimistas como "Lección de cocina" de Rosario Castellanos. Tan feminista o más que sus contemporáneas, Luisa Valenzuela demuestra (aunque Clorinda Matto de Turner ya lo había demostrado en el siglo pasado) que las mujeres son tan capaces como los hombres de proyectar una visión de la realidad sociopolítica de su país.

Publicado en 1975, el título del cuento puede aludir a las condiciones bajo el segundo peronato (1973-1976), pero en términos más amplios se refiere a todos los gobiernos militares a partir del golpe de Onganía (1966) y prefigura la intensificación del terror entre 1976 y 1982. En efecto, predomina un ambiente de terror a través de todo el cuento. Los vigilantes se encuentran en cada esquina; también en todos los rincones; montados en motocicleta circulan "a contramano como si la marcha del país dependiera de ellos"; y persiguen a los estudiantes. Sin embargo, la sensación del terror no se crea tanto por los policías como por la actitud de los protagonistas Mario y Pedro al recoger el portafolios y el saco abandonados. Aun después de deshacerse de sus "tesoros, Mario se despierta" en un sobresalto sin "saber si el estruendo que lo acaba de despertar ha sido real o soñado".

Si es raro que exista tanto terror en una ciudad cosmopolita como Buenos Aires, no lo es menos que la gente pase hambre en un país donde tradicionalmente hasta los pobres comían bien. No obstante, los dos protagonistas sufren de hambre; los sábados no hay pan y el cocodrilo llora porque no puede encontrar trabajo desde hace meses. La inflación descomunal se representa con los dos billetes de "mil, y mil de los viejos, alusión a los dos tipos de divisa que circulaban hacia 1974 durante el gobierno de Isabelita Perón.

Para indicar lo rara que es esta situación para Argentina, la autora acude a la ciencia ficción y al absurdismo. Los baches enormes se atribuyen a los aterrizados de otro planeta. Los personajes, igual que los personajes en el teatro del absurdo de Beckett y Ionesco, no se individualizan ni se identifican como oriundos de ninguna región geográfica. Dentro de un ambiente más o menos realista, irrumpen ciertas frases absurdas. Mario y Pedro encuentran el portafolios "que ya casi aman, casi acarician y huelen y lamen y besan". La simpleza de los protagonistas, como los de *Esperando a Godot,* se indica por el lenguaje repetitivo del quinto párrafo: "primero"; "contra la vereda"; "el saco". Igualmente absurda es la oración inesperadamente incompleta de los dos policías "que vienen hacia ellos con intenciones de...". Cuando el tipo del batido de Gancia por fin se va sin haberse fijado en el portafolios, el ritmo se acelera mediante un lenguaje elíptico propio del telegrama: "El tipo de batido de Gancia, copa terminada, dientes escarbados, platitos casi sin tocar, se levanta de la mesa, paga de pie, mozo retira todo mete propina en bolsa pasa el trapo húmedo sobre mesa se aleja y listo". En el mundo del absurdismo, el tiempo lineal desaparece por completo: "los aterrizados de otro planeta... no tienen reloj... viven en un tiempo que no es el de nosotros"; la "nostalgia de los tiempos (una hora atrás) cuando podían hablarse en voz alta y hasta reír" no coincide con el reino de la calma: "¿Y qué se estaba diciendo hace mil años cuando reinaba la calma?" Las lágrimas del "cocodrilo", personaje indudablemente inspirado por el cuento titulado "El cocodrilo" del uruguayo Felisberto Hernández, perforan el asfalto y es posible que descubran el petróleo. Tal vez lo más raro de todo el cuento es que los dos amigos terminan por abandonar el portafolios y el saco sin examinar bien si contenían el dinero que les daba tanta ilusión desde el principio hasta el fin del cuento. Rara también es la coexistencia en el cuento de los rasgos absurdistas con alguno que otro porteñismo que no deja lugar a dudas sobre la ubicación del cuento: mango, guita, canas, pibe y el uso del voseo sólo en la frase escrita con letras cursivas: *"Escuchá bien, vos que sos inteligente"*.

Otra rareza es la mezcla de la narración en tercera persona omnisciente con la intervención personal del narrador (¿de la narradora?), a veces con los paréntesis borgeanos: "Un cruce entre dos vías (dos vidas)"; "porque están en la mala como puede ocurrirle a usted o a mí, más quizá a mí que a usted"; "persecución del hombre por el hombre si me está permitido el eufemismo"; "un portafolios (fea palabra)"; "se hacen los razonamientos más abstrusos (absurdos)".

No es por casualidad que Luisa Valenzuela haya escogido el título de este cuento para todo el tomo. Ella vuelve a subrayarlo en el último cuento, "El lugar de su quietud", en que la narradora está escribiendo varios cuentos de este tomo incluso "Aquí pasan cosas raras". Por otra parte, este cuento no es el más representativo de los cuentos de este tomo. La gran mayoría de ellos son breves cuentos-ensayos que podrían compararse con *Confabulario* de Juan José Arreola, con *Cronopios y famas* de Julio Cortázar y con *Rajatabla* de Luis Britto García. Mientras "Colectiveriadas" es una epopeya arreoliana de tres páginas sobre un viaje en un colectivo (autobús) de Buenos Aires; y mientras "Escaleran" recuerda tanto a Arreola como a Cortázar por la derrota del vendedor de escaleras expresada por el juego de palabras escal/era [ya no es vendedor de escaleras], la mayor parte de los cuentos combina rasgos del teatro del absurdo con los del teatro de la crueldad para denunciar la violencia del régimen militar: "Los mejor calzados", "El don de la palabra", "Los Mascapios", "Puro corazón" y otros. Sin embargo, de acuerdo con la tendencia mayoritaria de este periodo de 1970-1985, Luisa Valenzuela abandona el absurdismo en su colección siguiente, *Cambio de armas* (1982). Ésta consta de sólo cinco cuentos, pero son más largos, más realistas y por lo tanto los personajes se individualizan más. El tema sigue siendo la violencia, pero presentada de una manera más directa y combinada con el sexo.

Para subrayar tanto el predominio temático de la violencia como la liberación de las cuentistas y novelistas actuales de los temas intimistas, cierro este comentario con la mención de dos novelas argentinas de denuncia escritas por mujeres: *La última conquista del ángel* (1977) de Elvira Orphée (1930) y *La penúltima versión de la Colorada Villanueva* (1978) de Marta Lynch (1929-1985).

ANA LYDIA VEGA
[1946]

Puertorriqueña. Nacida en Santurce. Profesora de francés y de literatura caribeña en la Universidad de Puerto Rico. El título de su tesis doctoral, El mito del rey Christophe en el teatro de las Antillas, *pregona su interés en el Caribe. Efectivamente, su segunda colección,* Encancaranublado y otros cuentos de naufragio —*Premio Casa de las Américas 1982—, está dedicada "a la confederación caribeña del futuro para que llueva pronto y escampe" e incluye seis cuentos con personajes cubanos, dominicanos, haitianos y puertorriqueños ubicados en Puerto Rico, Nueva York, Haití y Jamaica. La primera colección,* Vírgenes y mártires *(1981), consta de seis cuentos escritos por Vega, seis por Carmen Lugo Filippi y uno escrito entre las dos. "Letra para salsa y tres soneos por encargo" se publicó en ese tomo. En 1980, Vega estrenó una obra de teatro,* Plaza de la Convalecencia, *en colaboración con Nelson Rivera. En 1984, su cuento "Pasión de historia" ganó el premio Juan Rulfo Internacional en París y forma parte de* Falsas crónicas del sur *(1991), colección de cuentos históricos ubicados al este de Ponce. En 1994 apareció* Esperando a Lolo y otros delirios generacionales, *una colección de artículos costumbristas y autobiográficos en su propio estilo picaresco, publicados en la prensa a partir de 1985.*

LETRA PARA SALSA Y TRES SONEOS POR ENCARGO

> La vida te da sorpresas,
> sorpresas te da la vida…
> RUBÉN BLADES

EN LA De Diego fiebra la fiesta patronal de nalgas. Rotundas en sus pantis súper-*look*, imponentes en perfil de falda tubo, insurgentes bajo el fascismo de la faja, abismales, olímpicas, nucleares, surcan las aceras riopedrenses como invencibles aeronaves nacionales.

Entre el culipandeo, más intenso que un arrebato colombiano, más perseverante que Somoza, el Tipo rastrea a la Tipa. Fiel como una procesión de Semana Santa con su rosario de qué buena estás, mamichulin, qué bien te ves, qué ricos te quedan esos pantaloncitos, qué chula está esa hembrota, men, qué canto e silán, tanta carne y yo comiendo hueso…

La verdad es que la Tipa está buena. Se le transparenta el *brassiere*. Se le marca el Triángulo de las Bermudas a cada temblequeo de taco fino. Pero la verdad es también que el Tipo transaría hasta por un palo de mapo disfrazado de pelotero.

Adióssss preciosssssa, se desinfla el Tipo en sensuales sibilancias, arrimando peligrosamente el hocico a los technicolores rizos de la perseguida. La cual acelera automática y, con un remeneo de nalgas en *high*, pone momentáneamente a salvo su virtud.

Pero el salsero solitario vuelve al pernil, soneando sin tregua: qué chasís, negra, qué masetera estás, qué materia prima, qué tronco e jeva, qué zocos, mama, quién fuera lluvia pa caelte encima.

Dos días bíblicos dura el asedio. Dos días de cabecidura persecución y encocorante cantaleta. Dos luengos días de qué chulería, trigueña, si te mango te hago leña, qué bestia esa hembra, sea mi vida, por ti soy capaz hasta de trabajal, pa quién te estarás guardando en nevera, abusadora.

Al tercer día, frente por frente a Almacenes Pitusa y al toque de sofrito de mediodía, la víctima coge impulso, gira espectacular sobre sus precarios tacones y: encesteaaaaaaaaa:

—¿Vamos?

El jinete, desmontado por su montura, da una vuelta de carnero emocional. Pero, dispuesto a todo por salvar la virilidad patria, cae de pie al instante y dispara, traicionado por la gramática:

—-Mande.

La Tipa encabeza ahora solemnemente la parada. En el *parking* de la Plaza del Mercado janguea un Ford Torino rojo metálico del '69. Se montan. Arrancan. La radio aúlla un bolero senil. La Tipa guía con una mano en el volante y otra en la ventana, con un airecito de no querer la cosa. El Tipo se pone a desear violentamente un apartamento de soltero con vista al mar, especie de discoteca-matadero donde procesar ese *material prime* que le llueve a uno como cupón gratuito de la vida. Pero el desempleo no ceba sueños y el Tipo se flagela por dentro con que si lo llego a saber a tiempo le allano el cuarto a Papo Quisqueya, pana de Ultramona, bródel de billar, cuate de jumas y jevas, perico de altas notas. Dita sea, concluye fatal. Y esgrimiendo su rictus más telenovel, trata de soltar con naturalidad:

—Coge pa Piñones.

Pero agarrando la carretera de Caguas como si fuera un dorado muslo de *Kentucky-fried chicken,* la Tipa se apunta otro canasto tácito.

La entrada al motel yace oculta en la maleza. Ambiente de guerrilla. El Torino se desliza vaselinoso por el caminito estrecho. El empleado saluda de lejitos, mira coolmente hacia adelante cual engringolado equino. El carro se amocola en el *garage.* Baja la Tipa. El Tipo trata de abrir la puerta del carro sin levantar el seguro, hercúlea empresa. Por fin aterriza en nombre del *Homo sapiens.*

La llave está clavada en la cerradura. Entran. Ella enciende la luz. Neón inmisericorde, delator de barros y espinillas. El Tipo se trinca de golpe ante la mano negra y abierta del empleado protuberando ventanilla adentro. Se acuerda del vacío interplanetario de su billetera. Minuto secular y agónico al cabo del cual la Tipa deposita cinco pesos en la mano negra que se cierra como ostra ofendida y desaparece, volviendo a reaparecer de inmediato. Voz roncona tipo Godfather:

—Son siete. Faltan dos.

La Tipa suspira, rebusca en la cartera, saca *lipstick*, compacto, cepillo, máscara, *kleenex*, base, sombra, bolígrafo, perfume, panti bikini de encaje negro, Tampax, desodorante, cepillo de dientes, fotonovela y dos pesos que echa como par de huesos a la mano insaciable. El Tipo siente la obligación histórico-social de comentar:

—La calle ta dura, ¿ah?

Desde el baño llega la catarata de la pluma abierta. El cuarto tiene cara de clóset. Pero espejos por todas partes. Cama de media plaza. Sábanas limpias aunque sufridas. Cero almohada. Bombilla roja sobre cabecera. El Tipo como que se friquea pensando en la cantidad de gente que habrá sonrojado esa bombilla chillona, toda la bellaquería nacional que habrá desembocado allí, los cuadrazos que se habrá garfeado ese espejo, todos los brincoteos que habrá aguantado esa cama. El Tipo parquea el cráneo en la Plaza de la Convalecencia, bien nombrada por las huestes de enfermitos que allí hallan su cura cotidiana, oh, Plaza de la Convalecencia donde el espaceo de los panas se hace rito tribal. Ahora le toca a él y lo que va a espepitar no es campaña electoral. Se cuadra frente al grupo, pasea, va y viene, sube y baja en su montura épica: la Tipa estaba más dura que el corazón de un mafioso, mano. Yo no hice más que mirarla y se me volvió merengue allí mismo. Me la llevé pa un motel, men, ahora le tumban a uno siete cocos por un polvillo.

La Tipa sale del baño. Con un guille de diosa bastante merecido. Esnuíta. Tremenda india. La Chacón era chumba, bródel.

—¿Y tú no te piensas quitar la ropa? —truena Guabancex desde las alturas precolombinas del Yunque.

El Tipo pone manos a la obra. Cae la camiseta. Cae la correa. Cae el pantalón. La Tipa se recuesta para ligarte mejor. Cae por fin el calzoncillo con el peso metálico de un cinturón de castidad. Teledirigido desde la cama, un proyectil clausura el *strip-tease*. El Tipo lo cachea en el aire. Es —oh, pudor— un condescendiente condón. Y de los indesechables.

En el baño saturado de *King Pine*, el macho cabrío se faja con la naturaleza. Quiere entrar en todo su esplendor bélico. Cerebros retroactivos no ayudan. Peles a través de puerta entreabierta: nada. Pantis negros de maestra de estudios sociales: nada. Gringa soleándose tetas *Family Size* en azotea: nada. Pareja sobándose de A a Z en la última fila del cine Paradise: nada. Estampida de mujeres rozadas en calles, deseadas, desfloradas a cráneo limpio; repaso de revistas *Luz, Pimienta* embotelladas; incomparables páginas del medio de *Playboy, rewind replay;* viejas frases de guerra caliente: crucifícame, negrito, destrúyeme, papi, hazme papilla, popote. Pero: nada. No hay brujo que levante ese muerto.

La Tipa llama. Clark Kent busca en vano la salida de emergencia. Su traje de Supermán está en el *laundry*.

En una humareda de Marlboro, la Tipa reza sus últimas oraciones. La suerte está como quien dice echada y ella embullada en el despojo sin igual de la vida. Desde la boda de Héctor con aquella blanquita comemierda del Condado, el himen pesa como un crimen. Siete años a la merced de un dentista mamito. Siete años de rellenar caries y raspar sarro. Siete años de contemplar gargantas espatarradas, de respirar alientos de pozo séptico a cambio de una guiñada, un piropo mongo, un roce de mariposa, una esperanza yerta. Pero hoy estalla el convento. Hoy cogen el vuelo de tomateros los votos de castidad. La Tipa cambia el canal y sintoniza al Tipo que el destino le ha vendido en baratillo: tapón, regordete, afro de peineta erecta, *T-shirt* rojo pava y mahones ultimátum. La verdad es que años luz de sus más platinados sueños de asistente dental. Pero la verdad es también que el momento histórico está ahí, tumbándole la puerta como un marido borracho, que se le está haciendo tarde y ya la guagua pasó, que entre Vietnam y la emigración queda el racionamiento, que la estadidad es para los pobres, que si no yoguea engorda y que después de todo el arma importa menos que la detonación. Así es que: todo está científicamente programado. Hasta el transistor que ahogará sus gritos vestales. Y tras un debut en sociedad sin lentejuelas ni canutillos, el velo impenetrable del anonimato habrá de tragarse por siempre el portátil parejo de emergencia.

De pronto, óyese un grito desgarrador. La Tipa embala hacia el baño. El tipo cabalga de medio ganchete sobre el bidet, más jincho que un gringo en febrero. Al verla cae al suelo, epilépticamente contorsionado y gimiendo como ánima en pena. Pataleos, contracciones, etcétera. Pugilato progresivo de la Tipa ante la posibilidad cada vez más posible de haberse enredado con un tecato, con un drogo irredento. Cuando los gemidos se vuelven casi estertores, la Tipa pregunta prudentemente si debe llamar al empleado. Como por arte de magia cesan las lamentaciones. El tipo se endereza, arrullándose materno los chichos adoloridos.

—Estoy malo del estómago —dice con mirada de perrito sarnoso a encargado de la perrera.

SONEO I

Primeros auxilios. Respiración boca a boca. Acariciando la pancita en crisis, la Tipa rompe con un rapeo florecido de materialismo histórico y de sociedad sin clases. Fricción vigorosa de dictadura del proletariado. Recital aleluya del Programa del Partido. El Tipo experimenta el fortalecimiento gradual, a corta, mediana y larga escala, de su conciencia lirona. Se unionan. Emocionados entonan al unísono la Internacional mientras sus infraestructuras se conmocionan.

La naturaleza acude al llamado de las masas movilizadas y el acto queda dialécticamente consumado.

Soneo II

La Tipa confronta *heavyduty* al Tipo. Lo sienta en la cama, se cruza de piernas a su lado y, con impresionante fluidez y meridiana claridad, machetea la opresión milenaria, la plancha perpetua y la cocina forzada, compañero. Distraída por su propia elocuencia, usa el *brassiere* de cenicero al reclamar enfática la igualdad genital. Bajo el foco implacable de la razón, el Tipo confiesa, se arrepiente, hace firme propósito de enmienda e implora fervientemente la comunión. Emocionados, juntan cabezas y se funden en un largo beso igualitario, introduciendo exactamente la misma cantidad de lengua en las respectivas cavidades bucales. La naturaleza acude al llamado unisex y el acto queda equitativamente consumado.

Soneo III

La Tipa se viste. Le lanza la ropa al Tipo, aún atrincherado en el baño. Se largan del motel sin cruzar palabra. Cuando el Torino rojo metálico del '69 se detiene en la De Diego para soltar su carga, sigue prendida la fiesta patronal con su machina de cabalgables nalgas. Con la intensidad de un arrebato colombiano y la perseverancia somociana, con la desfachatez del Sha, el Tipo reincide vilmente. Y se reintegra a su rastreo cachondo, al rosario de la interminable aurora de qué meneo lleva esa mulata, oye *baby*, qué tú comes pa estal tan saludable, ave maría, qué clase e lomillo, lo que hace el arroz con habichuelas, qué troj de calne, mami, si te cojo…

COMENTARIO

Mientras las cuentistas de las generaciones anteriores se esforzaban por captar los sentimientos reprimidos de la mujer explotada o mal comprendida, Ana Lydia Vega no sólo enarbola la bandera de la revolución sexual, sino que la convierte en un símbolo de la crisis actual de Puerto Rico. Cansada de hacer el papel de la perseguida, la nueva mujer puertorriqueña se vuelve la perseguidora. Ella es la que tiene el coche, ella maneja, ella escoge el motel, ella paga el cuarto y ella se desviste antes que él. Frente a esa agresividad, el Tipo se vuelve totalmente impotente. En el plano humano, se enriquece el cuento con la revelación relativamente tardía de que la Tipa es virgen, de que sufrió una desilusión amorosa, y de que ha aguantado siete años de trabajo desagradable de asistente dental.

La conversión del Tipo en símbolo nacional se logra con la frase "por salvar la virilidad patria", pero también se anticipa con la imagen de las "invencibles aeronaves nacionales" y se refuerza con las alusiones al desempleo, a la campaña electoral y a la estadidad. O sea que mientras la asociación política y económica con los Estados Unidos producía un nivel de vida relativamente alto, el hombre puertorriqueño podía mantener una imagen bastante positiva de sí mismo; podía funcionar como hombre. En cambio, la "desinflación" del globo del Operation Bootstraps a partir de 1970 con la alta tasa de desempleados y de drogadictos le resta su virilidad... sobre todo, frente a la reencarnación de Guabancex, la diosa taína de la fertilidad que se identifica con "las alturas precolombinas del Yunque" (un parque nacional). Se le agrega aún más peso a este episodio sexual con las alusiones al pasado lejano: "la opresión milenaria", "su montura épica", "dos días bíblicos".

Sin embargo, el valor estético del cuento depende en gran parte de su comicidad y del tono carnavalesco en general, que se establece desde el primer párrafo magistral. En cuatro renglones y medio, con la ayuda de la aliteración, se burla de la Iglesia, del consumismo, del lenguaje híbrido y de los viajes (o guerras) interplanetarios. Ese tono con su ritmo musical se mantiene a través de todo el cuento con un manejo sumamente hábil del nuevo dialecto callejero, pero aún más con combinaciones ingeniosas de vocablos y de imágenes, muchos de los cuales tienen connotaciones sexuales.

No es de extrañar que Ana Lydia Vega haya escogido el tono carnavalesco para expresar la doble problemática seria de la situación actual de la mujer y de Puerto Rico. Otros ejemplos recientes de literatura carnavalesca son *De dónde son los cantantes* (1967) del cubano Severo Sarduy y *Después de las bombas* (1979) del guatemalteco Arturo Arias. Es que tiende a haber cierta correspondencia entre la teoría y la creación, sobre todo tratándose de autores-catedráticos-críticos como Vega y Arias. En este periodo de 1970-1985 se ha hablado mucho de las teorías de Mijail Bajtin sobre la literatura como carnaval. De la misma manera, cuando estaba de moda la crítica arquetípica en la década de los cincuenta se publicaron novelas arquetípicas como *Pedro Páramo* y *Los pasos perdidos*. El fin del cuento, o mejor dicho, los tres fines del cuento, corresponden al auge del lector como creador de la obra según las teorías de Wolfang Iser y de otros. Mientras el primer soneo se burla del comunismo y de ciertas sectas protestantes —"recital aleluya del Programa del Partido"— y el segundo soneo se burla del mismo feminismo exagerado, el tercero cierra el marco del cuento volviendo a la situación inicial del cuento. A pesar de todo, "el Tipo reincide vilmente".

Además de su valor intrínseco, "Letra para salsa y tres soneos por encargo" refleja tanto la visión de mundo como los recursos técnicos de todo un nuevo grupo de cuentistas puertorriqueños que nacen entre 1940 y 1955 y que estrenan a partir de 1971: *Concierto de metal para un recuerdo y otras orgías de soledad* (1971) de Manuel Ramos Otero (1948) y *Cordial magia enemiga* (1971) de Tomás López Ramírez (1946). La figura de entronque entre esta generación y la del cuarenta (René Marqués, Pedro Juan Soto, Emilio Díaz Valcárcel *et al.*) es el renombrado dramaturgo y novelista Luis Rafael Sánchez (1936), cuyo cuento "La guaracha del Macho Camacho y otros sones calenturientos" (1969), elaborado novelísticamente en 1976, establece la pauta carnavalesca-musical seguida por Ana Lydia Vega y algunos de sus coetáneos. Tal como las antologías de René Marqués y de Concha Meléndez contribuyeron en alto grado a difundir los cuentos de la generación de los cuarenta, la obra de la generación de los setenta se está difundiendo más últimamente gracias a dos antologías publicadas en 1983: *Apalabramiento* de Efraín Barradas y *Reunión de espejos* de José Luis Vega. Además de los cuentistas ya nombrados, la nómina incluye a Carmen Lugo Filippi (1940), Carmelo Rodríguez Torres (1941), Rosario Ferré (1942), Magali García Ramis (1946), Juan Antonio Ramos (1948), Edgardo Sanabria Santaliz (1951), Ángel Manuel Encarnación (1952), Mayra Montero (1952) y Manuel Abreu Adorno (1955).

EMILIANO PÉREZ CRUZ
[1955]

Mexicano nacido en la capital. Inició la carrera de periodismo en la UNAM *en 1974. Después de trabajar en el periodismo fue nombrado profesor de tiempo completo y director de publicaciones de la Universidad de Sonora (1983-1985), donde fundó la colección "Los papeles de Lupe Fusiles", el periódico mural* Vientos *y el quincenario* Unísono. *Ha ganado mención honorífica en varios concursos de cuentos y en 1979 fue nombrado por el Estado de México cronista honorífico de Ciudad Nezahualcóyotl. Sus cuentos han aparecido en varias antologías y revistas. Tres de los cuentos se publicaron en el tomito* Tres de ajo *de la serie "Los libros del fakir" de la Editorial Oasis. "Todos tienen premio, todos" se publicó en 1980 en la antología de Gustavo Sainz* Jaula de palabras. *Otros dos libros de cuentos son* Si camino voy como los ciegos: cuentos *(1987) y* Borracho no vale: crónicas *(1988). También publicó un estudio sociológico,* Noticias de los chavos banda *(1994).*

TODOS TIENEN PREMIO, TODOS

A la memoria del Jerry

Ella era bella y era buena.
Él era dulce y era triste.
Murieron del mismo dolor.
Perdónalos,
Perdónalos,
Perdónalos, Señor!
PABLO NERUDA

NADIE me comprende. Por eso prefiero refugiarme aquí. Sí, aquí hay buenas compañías. El Maistro nunca me dice nada y deja que me lleve las revistas a mi casa, aunque tengo que esconderlas. Todos son mentirosos, pero tengo muchísimos amigos: Tarzán, Batman, Supermán, Lulú… Todos ellos me gustan. Otros no, son para niños tontos. ¡Rolando *el Rabioso!* Es el que más me encanta. Otro poco, los Supersabios.

El Maistro es muy buena gente. Tampoco tiene amigos. Yo lo acompaño a traer los periódicos a la calle de Bucareli. Antes de tomar el camión nos sentamos un rato a ver cómo la niebla empieza a levantarse y el sol pinta de colores las nubes. Luego, cuando tenemos los paquetes, vamos a tomar atole y tamales calientitos frente a la iglesia de La Santísima.

Las putas no me gustan. A mi amigo Alfonso, que el otro día se detuvo a mirarlas, lo trataron muy mal. Dice que ellas son como yo: les gusta leer mucho, pero en horas de trabajo. Mi papá decía que cuando es a trabajar, a trabajar. Al Maistro igual lo trataron mal, pero con él fue diferente. "¿No vas, muñeco?", le dijeron, y como no tenía dinero, nomás estaba mirando, le picaron un güevo con una aguja así, grande. Y otra vez, se enroñó. Por eso ellas no me gustan.

Mi mamá es muy extraña. Sale con su vitrina llena de gelatinas y no quiere que yo la acompañe. Siempre estoy solo. Alfonso también, pero él tiene un negocio de vaselinas, espejitos y pasadores con punta de goma. A su puesto llegan muchas muchachas. Dicen que es idiota. Pero no. Se parece a Pitoloco, el escudero de Rolando. Es muy trabajador. Quiere comprar una pistola para matar al *Güero,* el de la pollería. *El Güero* dice que se acostó con la hermana de Alfonso, la monja. Ella es vieja, cerca de cincuenta años, y siempre habla de Dios. Tiene dinero, porque al pollero varias veces le ha surtido el negocio y por eso Alfonso lo quiere matar. *El Güero* lo amenaza: dice que va a meterlo al manicomio. Se aprovecha porque la mamá de Alfonso no quiere a éste. Es que tiene cara de buena gente. A mí me da gusto como es. Dice que no le da miedo ir al manicomio, sino irse sin matar al pollero, y de paso a su hermana, la monja. La odia, aunque es de su familia.

El Güero es quien cobra las cuotas a los locatarios. Tiene dientes amarillos y ojos azules. Su cara es fea, arrugada. Posee mucha fuerza, aguanta hasta cien pollos en la espalda. Pero no quiere a Alfonso. El otro día le pegó y él tuvo que meterse bajo el mostrador; el pollero se burlaba y le decía: "Sal de ahí, perro sarnoso, sal de ahí". Cuando se asomaba, *el Güero* hacía "¡BUUUH!" Alfonso regresaba temblando a su escondite. El pollero es malo. Y no le gusta Rolando, sólo ve revistas de viejas encueradas. En los guáteres del mercado lo he visto hacerse una puñeta. Una vez me salpicó y se carcajeó.

La hija del *Güero* es bonita, igual a su padre en los ojos. Me gusta su risa; parece el arroyo que hay en el rancho de mi abuelito: es claro, de agua fresca y siempre corre, corre hasta allá, hasta el bosque. Y hay salamandras de manecitas transparentes. El bosque me gusta mucho. Con mi hermana íbamos a poner trampas para las ardillas. Mi hermana se murió el año pasado. Mi papá está en la cárcel, en las Islas. Dicen que mi hermana se murió a causa de mi padre. Ni mi mamá ni el Maistro ni Alfonso saben qué quiere decir "incesto". Yo sí, pero no les digo.

Las gelatinas de mi mamá son riquísimas. Yo les ponía uvas, pasas y fresas grandes. Los flanes no me gustan, parecen caca. Mamá no quiere que le ayude porque pongo una uva y me como otra. Mi abuelito ya no vive. No le gustaba que amarráramos las ardillas. Era maestro rural y le faltaba un pie. Tenía el pelo blanco y nos leía cosas bonitas. Pero me gusta más lo de Rolando.

Juana, la hija de doña Praxedis, es muy caliente. La otra vez hizo que me acostara con ella. Pero no tiene chiste. Esconde unos pelos muy feos y le falta el pitirrín. Se enojó porque no le hice caso. Luz, la hija del *Güero,* sí es bonita. Es igual a mí. No tiene pelos ni pitirrín, pero cuando estamos solos le hago uno con una zanahoria y jugamos a los espadazos. Su cabello es largo, rubio. Cuando ríe, los ojos se le hacen chiquitos y en las mejillas se le hacen hoyuelos. Su papá dice que le gusto para yerno. Es porque no sabe que va a morir. Alfonso lo juró ahí, frente al altar del Señor de las Maravillas. Los hoyuelos de Luz se repiten en sus nalgas.

Ayer vimos una revista. Ni a Luz ni a mí nos gustó. Todos tienen pelos por todos lados y no saben hacerse el amor. A mí me agrada hacerlo con Luz, porque con Juana no. Si no tuviera vellos, tal vez. Pero es tonta. Su mamá dice que es una resbalosa y le grita que cuando quede panzona la correrá de la casa.

Luz no puede quedar panzona. El Maistro dice que eso sólo les pasa a las que reglan. A mí todavía no me salen mocos, por eso jugamos a gusto. Ella dice que siempre vamos a jugar. Le creo. Alfonso juega con nosotros algunas veces. También tiene pelos, pero desde que se metió con una puta ya no se le para. Ella le dijo que pagara por adelantado y lo calentó, pero a la hora de la hora lo dejó plantado. Él comenzó a hacerse una puñeta y quiso a fuerzas, pero la puta llamó al padrote y lo quitaron de encima cuando ya iba a terminar. Ya no se le para, nomás nos ve y aplaude. Su mamá dice que es tonto. No, lo que pasa es que es buena gente.

El puesto del Maistro es grande, pero no cabemos porque tiene montañas de cuentos y novelas. Las alquila o las cambia.

Cuando llueve, el papel huele bonito y Luz y yo leemos bajo el mostrador. El Maistro es viudo. Su esposa murió hace tres años, cuando yo tenía nueve. Después, su casa se incendió y de las láminas de chapopote no quedó nada. Ni sus dos hijitos. Se murieron. Le pasó igual que a Pepe *el Toro*. Quizá por eso nunca habla. Entre todos tratamos de apagarla con tierra, porque agua no hay. De todas maneras murieron.

Luz ya va a la escuela. A mí me corrieron por burro. Le dijeron a mi mamá que tengo que ir a un centro especial. La maestra se enojó porque atrás de la escuela encontramos un nido de ratones. Luz fue y pidió alcohol en la Dirección. Como había llovido, a todos los pusimos en una lata de sardinas y en el patio del recreo se fueron navegando. Les habíamos rociado la piel y prendimos un cerillo. No les gustó. Saltaron de la lata y nadaron bastante, pero no alcanzaron la orilla del charco. Nos vio el conserje y tuvimos que correr. Luz sí escapó, pero yo caí en un hoyo de los que habían hecho para poner arbolitos. Estaba cubierto de agua y me hundí hasta el cuello. Luego, me expulsaron.

De la doctrina salí también porque me dormía o prestaba cuentos a los demás. La catequista me acusó con el padre y le entregó los cuentos de Rolando. Los rompió. Nunca digo groserías, pero ese día se la menté. Se enojó mucho. Al otro día, con Alfonso y Luz le cobré las revistas rotas. A Luz le dio un coscorrón, a mí una patada en el culo y a Alfonso le mencionó el manicomio (como tiene que cumplir su promesa, no nos defendió). Otra mentada de madre, y a correr.

Ayer vi a Juana y Nemesio, el hijo del elotero, haciendo el amor sobre la taza del guáter, en el mercado. No saben. Luz y yo, sí. Primero, nos contemplamos desnudos bajo el mostrador, cuando el Maistro se ha ido. Luego buscamos qué hay de nuevo en nuestro cuerpo. Me empiezan a salir vellitos en los sobacos. A Luz se le está hinchando el pecho. Creo que le van a salir chiches. Después ella juega con mi pitirrín y yo le beso la pepa. Jugamos y jugamos hasta que me orino. Ella ríe. Cantamos un rato, nos dormimos y nos vamos. Pero ellos no saben. Hacen sus cosas rápido. Mi mamá tampoco sabe. Con mi papá, tal vez. Mi hermana, la que se murió, quién sabe. No lo creo. Era guapa, cuatro años mayor que yo. Mi papá llegaba borracho porque no tenía trabajo. Ahora me da gusto porque dicen que allá, en las Galletas, hay mucho quehacer.

Mi mamá vivió medio año con mi tía. Ella es solterona y mi mamá cuidaba su enfermedad, pero regresó al morir mi hermana. Las gelatinas que hace son ricas, los flanes no.

Hoy fue un día triste y alegre. Se murió doña Jova, la que vendía suertes. A Luz y a mí nos dejaba escogerlas, a los demás no. Veinte centavos por una bolsita. Luz siempre las palpaba y compraba las que traían anillos o cámaras de televisión. Eran espejos adentro de un cubo de madera o de papel manila. Con ellas podíamos ver sin que nos vieran. Los pies de Luz son bonitos y se ven mejor con los anillos que se pone en los dedos. Doña Jova nunca hablaba. Gritaba: "Vengan, niños, vengan por sus suertes. Todos tienen premio, todos tienen premio". Eso era todo. La encontraron afuera de la pulquería *Aquí me quedo*. Dicen que venía de *Mi ranchito*. Estaba despatarrada y con su delantal vomitado. Tomó pulque con arsénico. Es extraño, porque nunca bebía. Para otros hoy será día triste también. Van a llorar.

Pero hoy fue un día triste y alegre. A Alfonso se le paró de nuevo. Andaba feliz. Vino y nos dijo al Maistro y a mí y a Luz. Luego fue y se metió al guáter, y quiso cogerse a Veva la frutera. Ella comenzó a gritar como los cerdos que mata el *Gordoismael*, el carnicero que a veces se acuesta con mi mamá. Llegaron los policías del mercado. No son tan malos. No se llevaron a Alfonso, aunque le rajaron el coco a macanazos. Y ya no se le ha parado de nuevo. Veva no terminó de miar.

El otro día, Alfonso me regaló unos espejos y unos listones para Luz. Ella se vio reflejada y lloró, tal vez porque es muy bonita. Tiramos los espejos. Son malos. Los listones, por si las dudas, los usamos como corbatas para las lagartijas

666

que cogemos en las bardas. Su caca es negra y ovalada, con otra bolita blanca en un extremo.

Ya van a salir de la escuela. Luz y yo vamos a nadar al Chocolatito. Es un charco enorme, profundo. Atrapamos culebras de agua y catarinas. Es por acá, por el aeropuerto. Allí las lagartijas son más bonitas, con panza azul y traje de rayas amarillas. Con el moño rojo que les ponemos se ven mucho más bonitas y coquetas. El Maistro y Alfonso iban a venir, pero no han cumplido su tarea aquí y tienen que esperar. No nos denunciarán. Luz me acompaña y nos quedaremos a vivir siempre en el agua. Hay charales, quién quita y ellos nos comprendan. No sabemos nadar, pero doña Jova nos dará la bienvenida. Y aguardaremos a los demás.

COMENTARIO

Lo que más llama la atención en este cuento es la autenticidad de estilo que corresponde a la edad y a la condición social del narrador. Las frases son breves y bruscas. Sin embargo, hay que constatar que, a la manera de Juan Rulfo, no se transcribe la fonética dialectal y tampoco se incluyen muchos vocablos de caló.

Saltando de un tema a otro sin la menor emoción, el narrador capta muy bien en sólo cinco páginas la llamada cultura de la pobreza a la Oscar Lewis en la nueva ciudad de Nezahualcóyotl, al este del aeropuerto de la capital. Algunos de los personajes pertenecen a la categoría del subempleo, que tanto abunda en el México actual. El Maistro vende periódicos que tiene que traer todos los días de la calle distante de Bucareli (por lo menos una hora de ida y vuelta en metro). La madre prepara y vende gelatinas y doña Jova vende suertes. Se alude a otros que trabajan en el mercado. El protagonista fue expulsado de la escuela lo mismo que del catecismo por sus travesuras y su falta de atención. Los policías, aunque el narrador dice que "no son tan malos" porque no se llevaron a Alfonso, sí "le rajaron el coco a macanazos". En un incendio perdió el Maistro su casa y a sus dos hijitos. Pero sobre todo predomina la promiscuidad sexual: el incesto del padre con la hermana del narrador, las relaciones de la madre con el carnicero y las experiencias de Alfonso con la prostituta y con la frutera. Sin que el narrador emita ningún juicio moral sobre lo que hacen los demás, sus propias exploraciones sexuales con Luz se cuentan de un modo tan cándido que casi dan la impresión de un idilio romántico.

Por cierto que lo que distingue este texto de una grabación sociológica es la sensibilidad del narrador-protagonista. Aunque no protesta contra su destino, desde la primera oración anuncia su enajenación: "Nadie me comprende". Se refugia en el mundo de las tiras cómicas y reacciona frente a la belleza de la naturaleza: "el sol pinta de colores las nubes"; "me gusta su risa; parece arroyo…"; "salamandras de manecitas transparentes". Aunque el suicidio final de los preadolescentes parezca no concordar con el ambiente de Nezahualcóyotl, se anticipa técnicamente con la caída del narrador en el hoyo lleno de agua y el suicidio de la señora Jova. El título también sirve para anticipar irónicamente el desenlace.

EL CUENTO HISTÓRICO
Y OTRAS NOVEDADES: 1986-2002

DE ACUERDO con el concepto de que se debe teorizar a base de datos empíricos, y no viceversa, he aquí una pequeña lista cronológica de tomos de cuentos históricos publicados en la última década.

2002 Leopoldo Brizuela (1963), *Los que llegamos más lejos,* Argentina

2001 Margarita Prietos Yegros, *Cuentos de la Guerra Grande,* Paraguay

2000 Luis López Nieves (1950), *La verdadera muerte de Juan Ponce de León,* Puerto Rico

1999 Antonio Benítez Rojo (1931), *Paso de los Vientos,* Cuba

1999 Tatiana Lobo (1939), *Entre Dios y el Diablo,* Chile-Costa Rica

1998 Ricardo Pasos Marciacq (1939), *Las semillas de la luna,* Nicaragua

1997 Gloria Guardia (1940), *Cartas apócrifas,* Panamá

1993 Carlos Fuentes (1928), *El naranjo o los círculos del tiempo,* México

1993 Pedro Rivera (1939), "Las huellas iniciales", segunda parte de *Las huellas de mis pasos,* Panamá

1991 Ana Lydia Vega (1946), *Falsas crónicas del sur,* Puerto Rico

Aunque esta lista es mucho más pequeña que la del prepéndice de mi libro *La nueva novela histórica de la América Latina, 1979-1992* (1993) y aunque todos los países hispanoamericanos no están representados, se pueden lanzar algunas generalizaciones tentativas. Los autores abarcan distintas generaciones, habiendo nacido entre 1928 y 1963. La mayoría de los tomos se publicaron en el último quinquenio pero la mayoría de los autores nacieron hacia 1940 y no hay más que uno o tal vez dos (Prietos Yegros) nacidos en la década de los sesenta.

Efectivamente, los cuentistas nacidos en los sesenta, según la antología *McOndo* (1996) de los chilenos Alberto Fuguet y Sergio Gómez, no cultivan temas históricos. Parecen obsesionados con el mundo actual dominado por la cultura popular de los Estados Unidos y su efecto sobre los jóvenes hispanoamericanos: una generación entregada a tragos, drogas y aberraciones sexuales por culpa del cine y de la televisión, MacDonald's y computadores Mac, centros comerciales y autopistas. Hasta la fecha, los autores nacidos en los sesenta todavía no han publicado ninguna colección de cuentos verdaderamente sobresaliente, aunque confieso no haberlas leído todas. Por ejemplo, no he leído (es posible que todavía no se haya publicado) *Homero haciendo zapping,* de Juan Carlos Chirino (1967), premiado en Caracas en 2002 por un jurado integrado por autores muy conocidos: el argentino César Aira, el venezolano Ednodio Quintero y el guatemalteco Rodrigo Rey Rosa. Chirino, quien vive actualmente en España, pertenece al grupo de los "narrazolanos". Esta noticia y otras parecidas se las debo a los boletines diarios de LIBRUSA, dirigida por el dominicano José Carvajal y transmitidos por el correo electrónico.

En cuanto a los cuatro nuevos cuentos escogidos para esta edición y escritos por autores nacidos en 1936, 1940, 1950 y 1957, forman parte de tomos que han recibido premios nacionales, o en el caso de "Muñequita linda", el cuento recibió el Premio Internacional Juan Rulfo de París en 1998. Dos de los cuentos son históricos, los otros dos están ubicados en el presente. Entre los tomos históricos que figuran en la lista susodicha hay bastante variedad desde los breves cuadros bélicos de Margarita Prietos Yegros y las crónicas coloniales, con reminiscencias de las tradiciones de Ricardo Palma, de Tatiana Lobo y de Ricardo Pasos Marciacq; hasta las cartas apócrifas de Gloria Guardia, las falsas crónicas humorísticas de Ana Lydia Vega y las novelas cortas de Carlos Fuentes, Antonio Benítez Rojo y Leopoldo Brizuela. Pese a la alta calidad de algunos de estos cuentos históricos, hay que reconocer que les sería difícil competir con las novelas históricas publicadas en la misma época. Por una parte, esto se debe a la relativa dificultad de plasmar un periodo histórico o un tema histórico dentro de la típica concentración cuentística. Además, hay un factor comercial que atañe no sólo a los cuentos históricos sino al cuento en general durante la época de la globalización. La nueva antología *Pequeñas resistencias* (Madrid, 2002) contiene "un manifiesto militante en el que exigen a los editores una mayor atención a un género brillante y lleno de posibilidades como es el de la narración breve" (reproducido por LIBRUSA).

Pese a la poca probabilidad de que se convierta en *bestseller* una colección de cuentos, algunos de los novelistas más consagrados no dejan de publicar libros de cuentos: Gabriel García Márquez, *Doce cuentos peregrinos* (1992); Sergio Ramírez, *Clave de sol* (1992); Carlos Fuentes, *El naranjo o los círculos del tiempo* (1993), y Alfredo Bryce Echenique, *Guía triste de París* (1999). A la vez, otros narradores más jóvenes siguen la tradición de estrenar con cuentos, tal vez como preparación para emprender un proyecto novelístico: Jorge Ninapayta de la Rosa (1957), *Muñequita linda* (Lima, 2000), mientras otros se hacen famosos como novelistas antes de probar el cuento: Leopoldo Brizuela (1963), *Los que llegamos más lejos* (Buenos Aires, 2002).

Frustrado al no encontrar un cuento de los autores nacidos en la década de los sesenta digno de estar incluido en este capítulo, me atrevo a ofrecerles el siguiente minicuento para que lo transformen en todo un cuento hecho y derecho que capte la esencia del momento actual, tal como Julio

671

Cortázar captó la problemática básica de los años cincuenta en "El perseguidor" (1959).

A las cuatro de la tarde, el cuentista neoyorquino y el limpiabotas indígena de Cochabamba discutieron en la Avenida 9 de Julio sobre los méritos relativos de Michael Jordan y Kobe Bryant. (Según el gusto del narrador, podrían ser Harrison Ford, Tom Cruise y Brad Pitt.) Tres horas después, el cuentista bajó al subte y el limpiabotas entró en la clase de informática.

LUIS LÓPEZ NIEVES
[1950]

Puertorriqueño. Después de cursar estudios generales en la Universidad de Puerto Rico en Río Piedras, se trasladó a la State University of New York, Stony Brook, donde, con la ayuda de una beca de la Fundación Ford, sacó la maestría en estudios hispánicos en 1974 y el doctorado en literatura comparada en 1980. En 1983, creó una sensación con la publicación en el periódico Claridad *de* Seva: historia de la primera invasión norteamericana de la isla de Puerto Rico ocurrida en mayo de 1898. *Se trata de una investigación seudohistórica realizada por un profesor de historia con páginas del diario del general Nelson Miles que revela la cooperación de Luis M. Rivera, padre del primer gobernador puertorriqueño Luis Muñoz Marín, con los invasores; un mapa de Puerto Rico de 1896, un afidavit por Ignacio Martínez junto con fotos de él y de su bohío y una grabación de su testimonio. En esa primera invasión, todos los habitantes rebeldes de Seva fueron fusilados, con excepción de un niño a quien le faltaba una oreja; el pueblo fue arrasado y desapareció de los mapas, y en su lugar se construyó la base naval de Roosevelt Roads, cerca de la isla de Vieques. Cuando los independentistas y otros puertorriqueños patrióticos creyeron la historia a pie juntillas, el periódico* Claridad *tuvo que declarar que todo fue un cuento. El mismo López Nieves declaró que la ficción se convirtió en historia al igual que los tres mil muertos en la masacre de los peones bananeros en* Cien años de soledad.

En la actualidad, López Nieves enseña en el Programa Graduado de Comunicación y dirige el Taller de Cuento en la Universidad del Sagrado Corazón. Además, es traductor y guionista para varios medios. Además de Seva *(1984), ha publicado* Escribir para Rafa *(cuentos) (1987),* Te traigo un cuento, antología de cuentos puertorriqueños de 1997 y *La verdadera muerte de Juan Ponce de León (2000), premiado por el Instituto de Literatura Puertorriqueña como el mejor libro del año. Este tomo consta de cinco cuentos sobre el siglo XVI, entre los cuales figura "El Conde de Ovando".*

EL CONDE DE OVANDO

vuelvo a cantar
la historia de la hermosa,
porque la hermosa está enferma
de rebeldías y de amor
IVÁN SILÉN

La mañana del 11 de marzo de 1577 doña Isabel de Ovando y Portilla bajó a los establos de La Fortaleza. Vestía un traje de muselina amarilla y botas de cuero blanco. Montó el caballo favorito de su padre y anunció que nadie en el mundo, ni el Obispo ni el Gobernador ni el Rey, nadie en el mundo detendría su paseo hasta el Convento de los Dominicos. Los intranquilos soldados de su padre intentaron retenerla, mas doña Isabel levantó el fuete y amenazó con golpearlos si no abrían los portones al instante. Los centinelas se miraron entre sí y obedecieron en silencio.

Había llovido toda la noche, hasta pocos minutos antes del amanecer, y la calle del Cristo era un lodazal inmenso. Doña Isabel sostenía el parasol amarillo con la mano derecha; con la izquierda asía las bridas y acariciaba el cuello de su caballo. Subir por la empinada calle del Cristo, con tanto lodo resbaloso, era como caminar sobre las aguas. Pero doña Isabel ponía su fe en el recio semental que Su Majestad había regalado personalmente a su padre y que los había acompañado en el barco desde Sevilla, donde el fango era igual de abundante. Los vecinos se asomaban a las ventanas y contemplaban con asombro la osadía de la intrépida Vizcondesa.

Con inteligencia casi humana, el enorme caballo negro, joven como su ama, afirmaba una pata antes de dar el siguiente paso. A veces caminaba, otras veces parecía deslizarse o saltar como nunca antes había saltado un caballo en la ciudad de San Juan Bautista. Sus movimientos ágiles, suaves, delicados, en todo asemejaban un baile hermoso y siniestro, una rara alianza entre mujer y animal que escandalizaba a los vecinos estupefactos. Doña Isabel acariciaba el cuello de la bestia con su guante blanco y le decía al oído palabras que nadie podía entender.

El 2 de marzo de 1577, a las diez de la mañana, el Gobernador de Puerto Rico dictó las últimas palabras de su carta al Rey de España. Estaba sentado en la terraza de La Fortaleza, bajo el fresco sol de la mañana, y su mano distraída jugaba con la empuñadura de su fina espada toledana. El tercer secretario daba algunos toques finales a la carta sin levantar la cabeza; el impaciente Gobernador, con el codo sobre uno de los nuevos cañones de hierro negro, observaba la Bahía de San Juan con su ojo verde. Hacía cuatro semanas que no llovía, pero la brisa húmeda presagiaba lluvia.

El escribano cordobés, siempre minucioso, tapó el tintero, colocó la pluma en la base y se puso de pie. Caminó hasta el extremo de la mesa larga y le entregó el manuscrito al Gobernador. Luego, sin saber qué hacer, se acercó a la baranda de la terraza y siguió con la vista al galeón Santa Dolores, que entraba a la bahía.

—¿Sabes que le rompí el pulgar al segundo secretario? —dijo de pronto el Gobernador, sin dejar de leer la carta.

—Sí, Excelencia.

—¿También sabes cómo perdí el ojo derecho?

—No, Excelencia.

—Cuando niño me dejaron solo en la cuna. Un gallo entró a mi casa, picóme el ojo y se lo comió —dijo el Gobernador, pendiente a la reacción del Secretario.

675

—Lo siento, Excelencia —dijo el Secretario, sin mudar el semblante.

—¿Sabes por qué te hablo del pulgar y de mi ojo? —preguntó el Gobernador, volviendo a la lectura de la carta.

—No, Excelencia, no sé.

—Lo sabrás si algún día te atreves a cambiarle una sola palabra a mis cartas, como hizo el segundo secretario. Ahora dile a mi familia que estoy listo para la misa.

A las once de la mañana del mismo día, 2 de marzo de 1577, seis soldados de caballería llegaron al frente de la Catedral de San Juan. Bajaron de los caballos y desenvainaron las espadas. En seguida llegó la calesa del Gobernador, halada por dos caballos negros y escoltada por otros seis jinetes que saltaron de sus monturas, sacaron sus espadas y se unieron a los primeros seis. El gobernador don Francisco de Ovando, Conde de Ovando, fue el primero en bajar de la calesa: saltó con agilidad y dio con las botas en tierra. Luego su mujer, doña María de Portilla y Galarnó, Condesa de Ovando, extendió el brazo y bajó con la gentil ayuda de su marido. Por último, doña Isabel de Ovando y Portilla, Viz-Condesa de Galarnó e hija única del Gobernador, extendió ambos brazos con las manos juntas, agarró la mano de su padre, y descendió con el famoso donaire que la había convertido en la mujer más imitada de San Juan.

Entraron por la puerta grande de la Catedral. Estaba abarrotada de fieles silenciosos que observaban con curiosidad al Gobernador y su familia. Frente al altar, a la derecha, esperaban desde hacía media hora la nobleza, los ricos hombres, los miembros del Cabildo, la alta plana militar, la jerarquía religiosa —con excepción del Obispo— y el séquito completo del Gobernador. El Conde de Ovando mojó el dedo del corazón en el agua bendita y lo presentó a su familia. Los tres juntaron las yemas de los dedos y se persignaron al unísono. El Conde hizo un gesto caballeroso con la cabeza y tomó el codo de su hija. Tan pronto la Condesa se apoyó en el brazo de su marido, la familia inició la marcha lenta hasta el altar. Las mujeres saludaban a algunos feligreses de lejos con suaves vaivenes de la mano, a otros con una sonrisa o un ligero movimiento de la cabeza. Tan pronto llegaron al frente y el Gobernador se viró en dirección al altar mayor, tronó el órgano y comenzó la misa.

El Obispo de Puerto Rico, cansado y con la mitra inclinada a la derecha, concluyó la lectura de los Evangelios. Luego bajó del altar mayor, caminó muy despacio hasta el púlpito y trepó sin la ayuda de los canónigos que lo seguían. Primero contó en pocas palabras la historia de Moisés, redentor de los judíos. Luego habló sobre Jerusalén y la Tierra Prometida. A medida que loaba, cada vez más, a esta "tierra divina, suelo de santos y de milagros", el Obispo parecía recobrar las fuerzas y la juventud. Con voz súbitamente vibrante, potente, viril, la llamó tierra "donde fluyen la leche y la miel". Se enderezó la mitra, levantó los brazos, gritó para que lo oyera hasta el último feligrés de la amplia catedral. Dijo que Tierra Santa era suelo como ningún otro, que sobre él había caminado Jesús mismo, Dios encarnado, y que ese era motivo suficiente para que fuera tierra benemérita por los siglos de los siglos. Al terminar su magnificente sermón, el Obispo agarró la baranda y recobró de golpe el semblante cansado. Mientras bajaba del púlpito con la ayuda de los canónigos, la mitra se le recostó un poco hacia la derecha.

Al finalizar la misa el Gobernador y su familia, acompañados por su séquito y por la clase gobernante de la colonia, acataron la costumbre de esperar a que el Obispo de Puerto Rico presentara sus respetos. Doña María de Portilla y Galarnó apenas le dio tiempo al prelado de bajar los escalones del altar mayor. Dio cuatro pasos repentinos, se postró ante el jerarca y le besó el anillo muchas veces, acalorada por la emoción; el Gobernador y su hija, guardando el protocolo que había olvidado la Condesa, se mantuvieron de pie y a distancia. La mujer del Gobernador, aún de rodillas, alabó el sermón una y otra vez. Tan pronto se puso de pie, se postraron ante el mitrado, en sucesión, las esposas del hombre más rico de San Juan, del Comandante del Castillo de San Felipe del Morro, del arquitecto a cargo de la reciente ampliación de La Fortaleza y del Teniente de Gobernador.

Terminadas las felicitaciones, el Gobernador dio las gracias por la misa y anunció que estaba cansado. El séquito se disponía a caminar hasta la puerta de la Catedral, pero el Obispo se colocó frente al Gobernador.

—¿Su Excelencia, presumo, no aprueba mi sermón? —dijo de pronto, sin retirar la vista del único ojo verde del Conde de Ovando.

La mano de doña Isabel apretó el brazo de su padre. Éste fijó el ojo sobre la frente arrugada del prelado. Luego dijo muy despacio, como si analizara cada palabra antes de pronunciarla:

—Es claro que el Dios de Israel no había visto mi hermosa isla de Puerto Rico. De lo contrario, no habría prometido tierra tan estéril a sus judíos.

—¡Francisco! —exclamó doña María, escandalizada.

El Obispo de Puerto Rico se frotó el rostro con las manos. Doña Isabel de Ovando y Portilla apretó con más fuerza el brazo de su padre y ocultó su sonrisa tras la punta del abanico.

La gente ilustre de la colonia se miraba entre sí sin saber qué pensar.

Con cada paso el ascenso se hacía más azaroso. Frente a la Catedral el caballo dio un leve resbalón. Doña Isabel perdió el equilibrio durante unos segundos pero mantuvo el aplomo. Volvió a enderezarse sobre la silla, irguió el parasol, y con un sensual golpe de cabeza devolvió a sus espaldas la larga melena de cabello negro y perfumado que le cubría el rostro. El Deán de la Catedral contempló el espectáculo desde la puerta. El maravilloso caballo sudaba, se detenía, parecía

estudiar cada charco de lodo que lo rodeaba y luego movía
una sola pata a la vez. Cuando el animal se inclinaba, doña
Isabel agarraba la crin con el puño y arqueaba la espalda
para mantener el balance. El busto alto, firme, delineado por
finos puntos de encaje, se distendía de pronto y parecía dis-
puesto a romper los botones del traje. El Deán de la Catedral,
avergonzado, bajó la vista y regresó al interior del templo.

Era un paseo ejemplar, era noble equitación. Los vecinos
salían de las entrañas de sus casas oscuras y se apiñaban en
las ventanas para contemplar el espectáculo. Doña Isabel se
inclinó para decir nuevas palabras de aliento a la bestia, pero
la pata derecha delantera del animal resbaló de golpe. Tan
repentina fue su inclinación hacia la derecha que doña Isa-
bel perdió el balance. Soltó el reluciente parasol amarillo, que
cayó espetado en el lodo con la punta hacia arriba. Se aga-
rró de inmediato al cuello del semental, pero éste, desespera-
do por incorporarse, dio tan brusco movimiento hacia arriba
que lanzó a doña Isabel fuera de la silla. Primero la mujer
subió por los aires, como matador que recibe golpe del toro.
Luego dio con la cara en el fango, justo al lado de la punta
levantada del parasol, que parecía una lanza.

El Deán de la Catedral oyó el grito de los vecinos.

La tarde del 2 de marzo de 1577, durante la comida, el
Gobernador ordenó a sus secretarios traer a dos esclavos de
la caballeriza. Los sentó a su diestra en la mesa y les ordenó
comer hasta hartarse. Espantados al principio, mas luego
animados al ver tanta comida suculenta, los negros comieron
sin protestar. Cuando hubo comprobado que estaban atibo-
rrados de comida, el Gobernador llamó a la guardia y les
ordenó azotar a ambos esclavos con la mayor violencia posible. Los soldados sujetaron a las víctimas estupefactas, les
desnudaron las espaldas, y bajo la mirada inquisitiva del
Gobernador y la consternación general de los invitados comenzaron a golpear al unísono. Cada fuetazo resonaba en
los anchos pasillos de La Fortaleza. Las invitadas tenían los

ojos aguados, los invitados tensaban las mandíbulas y de vez en cuando lanzaban al Gobernador una mirada incrédula, furtiva, temerosa. Doña María de Portilla y Galarnó se puso de pie, golpeó la mesa con la copa y salió sin decir palabra. Doña Isabel de Ovando y Portilla, hija única, tomó la mano de su padre y le besó las uñas.

Cuando los negros extenuados habían dejado de gritar, el Gobernador detuvo la paliza. Entonces le ordenó a uno de los sargentos que se llevara al primero de los esclavos al establo, lo acostara a dormir sobre un lecho de paja y no lo dejara levantar hasta la mañana siguiente. Al otro sargento le ordenó tomar al segundo africano, irse con él a cabalgar en torno a la ciudad, y no detenerse hasta la mañana siguiente. Tan pronto saliera el sol, ambos esclavos y sus guardianes habían de presentarse en La Fortaleza ante el Gobernador. Los negros, tan asombrados como adoloridos, salieron del comedor seguidos de sus escoltas.

El Gobernador miró a sus invitados uno por uno. Las mujeres le sostenían la mirada, los hombres la desviaban. Doña Isabel de Ovando y Portilla le pidió a su padre en voz baja que olvidara el exabrupto de la Condesa. El distraído Gobernador besó la mano de su hija, respondió que ya lo había olvidado y se puso de pie. Tras reflexionar unos instantes, preguntó de golpe a su séquito, en voz alta, quién de los súbditos de Su Majestad en esa isla sabía más de números y de cálculos. Nadie respondió de inmediato, pero algunos rostros giraron en dirección al Coronel de Artillería. El Gobernador preguntó entonces si era más diestro con los números el Arquitecto o el Coronel, y el Arquitecto respondió que los artilleros, por la naturaleza de su trabajo, eran peritos del cálculo.

El Gobernador se puso de pie y le pidió al Coronel de Artillería que lo acompañara hasta la parte más alta de La Fortaleza, donde había mandado construir un mirador de madera. Antes de salir anunció que la comida había terminado y ordenó a la grandeza de la colonia que se fuera a sus casas y lo dejaran solo con el Coronel. Doña Isabel no se dio por aludida: sin decir palabra se plantó al lado de su padre.

En pocos minutos los tres subieron una larga escalera de caracol y llegaron al mirador, que era también el punto más alto de la ciudad. Al norte, el verde y anchísimo Océano Atlántico; al oeste y al sur, la transparente Bahía de San Juan; al este, las blanquísimas casas de la nueva ciudad. El Gobernador colocó una mano sobre el hombro de su hija y le preguntó al Coronel si podía calcular cuán lejos estaban del cielo. El militar miró las nubes y la mar, examinó el mirador de madera en que estaban parados, detuvo la vista sobre el ojo único del Gobernador, y le respondió que lo haría con mucho gusto pero necesitaba dos horas y sus instrumentos. Acordaron encontrarse a las seis de la tarde.

Pocos minutos después de las seis el Gobernador y su hija regresaron al mirador donde el Coronel había estado trabajando sin descanso. El militar informó los resultados y doña Isabel de Ovando y Portilla los anotó en una hoja. El Gobernador agradeció al Coronel su trabajo y le permitió marcharse. Luego llamó a los carpinteros y les ordenó que subieran el nivel del mirador de tal manera que lo acercaran al cielo al menos diez codos, y que lo hicieran en secreto y sin que se notara.

La noche del 2 de marzo de 1577, en la Cancillería del Palacio Episcopal, el Obispo de Puerto Rico levantó su tazón de té de jengibre con leche y miel. Bebió un sorbo caliente mientras escuchaba a sus ayudantes.

—Es astuto, trapacero, avaricioso, lujurioso, malicioso —dijo el Diácono—. Insolente, iracundo y soberbio, además.

—Con los enemigos, Eminencia —dijo el Chantre, chupando un pedazo de caña de azúcar—. En cambio, sus amigos dicen que es inteligente, culto, generoso, amistoso, alegre, curioso, dulce y diligente.

—Dicen que sabe griego, latín y algo de hebreo —dijo el Subdiácono antes de comer un trozo de papaya en almíbar—, y que canta.

—De Toledo me llegan noticias —continuó el Chantre—. Afirman que es epicúreo y hedonista. Colecciona trozos de la Biblia para probar que no hay vida después de la muerte. Cuentan que una vez iba en barco a Italia, durante la campaña romana, y desatóse una tormenta. Mientras los demás temblaban de miedo, él recitaba los trozos incrédulos que colecciona. Es diabólico.

—Imposible —dijo el Diácono, cogiendo con los dedos una tajada roja de guayaba en almíbar—, no hay semejantes versos en la Biblia.

—Nos lo sabemos —aclaró el Chantre—, mas no el vulgo. Él los confundía recitando "Los destruirás y no los reconstruirás" y "Sus sepulcros serán sus hogares para siempre".

El Obispo se cubrió el rostro con las manos y bajó la cabeza: estaba muy cansado. La frente arrugada, que sobresalía por encima de las uñas limpias, decía mucho más que sus palabras.

—Cuando gobernó Canarias —continuó el Chantre— quiso someter a la Iglesia para que el Obispo y todos los prelados fueran pobres y anduviesen descalzos. Y no lo hizo porque fuera buen católico, sino por avaricia. Quiso tomar las riquezas de la Iglesia para sí y para su única heredera.

—Dicen que la Vizcondesa es peor que su padre —dijo el Capellán—, que la discípula ha superado al maestro en maldad y herejías.

—De hecho —señaló el Racionero antes de echarse a la boca una tajada de mangó—, en Madrid el Conde frecuentaba a los embajadores luteranos. Decía que todos los cristianos eran sus amigos. ¡Incluso los hugonotes luteranos!

—¡Los hugonotes! —exclamó el Chantre, alarmado.

—He oído decir que tanto él como su hija usan la mandrágora —añadió el Deán de la Catedral—. ¿Serán brujos?

—¡Pero si son amigos de los malditos Dominicos! —interrumpió el Sacristán, con la boca llena de acerolas—. Yo digo: ¿En qué estaría pensando Su Majestad cuando envíonos a este Gobernador hereje?

El Obispo tomó un último sorbo de té de jengibre y se puso de pie.

—Nunca jamás dudéis de los designios de Su Majestad en mi presencia —dijo con voz cansada, como si en realidad creyera lo que decía—. Nunca jamás.

Con la mitra bajo el brazo, cogió una de las velas. Llamó al negro que esperaba en la puerta con una lámpara de aceite de coco. El prelado posó la mano sobre su hombro, en gesto paternal, y le pidió ayuda para llegar a la alcoba episcopal.

La madrugada del 3 de marzo de 1577, al salir el sol, el Gobernador de Puerto Rico llamó a su primer secretario y le ordenó que llevara a los establos a los dos esclavos de la víspera. También le mandó que buscara de inmediato al médico militar y al boticario.

Poco después de las siete y treinta de la mañana el Gobernador se presentó en los establos con un tazón de té de jengibre hirviente. Desde hacía buen rato esperaban los negros, el médico, el boticario, los secretarios y su hija. El Gobernador le pidió al boticario que le sujetara el tazón. Luego besó a la Vizcondesa en las mejillas, la tomó por los hombros y la giró hasta ponerla de espalda a los esclavos. Doña Isabel de Ovando y Portilla comenzó a protestar pero su padre le pidió silencio y paciencia. Luego hizo traer dos palanganas de porcelana blanca y le ordenó a los esclavos que defecaran dentro, lo cual hicieron de inmediato y sin protestar. El tercer secretario dio unos pasos atrás con cara de asco. Al enterarse de lo que pretendía su padre, doña Isabel se volteó y fijó la vista sobre los esclavos acuclillados. El Conde estuvo a punto de protestar pero se dio por vencido ante la conocida terquedad de su hija, quien quería verlo y conocerlo todo.

Cuando los esclavos hubieron cumplido la orden del Gobernador, éste le pidió al médico y al boticario que examinaran el excremento y le dijesen cuál había hecho mejor digestión. El dictamen unánime recayó sobre el africano que durmió en el establo de La Fortaleza. El Gobernador le regaló veinte monedas de plata a cada negro y les otorgó la libertad.

Doña Isabel, a gatas en el fango, escupió lodo. Luchaba por ponerse de rodillas cuando el Deán le agarró el brazo y la ayudó a levantarse. Algunos vecinos la rodeaban.

—¡Doña Isabel! —exclamó el Deán, preocupado.

—Iré a pie —dijo la Vizcondesa, limpiándose las manos en la sotana del Deán—. Buscad ayuda para el caballo.

Sin limpiarse la cara ni el pelo, sin que le importara su aspecto de mendiga, doña Isabel se levantó la falda hasta la mitad de los muslos —otro motivo de escándalo— y continuó abriéndose camino por el fango. Libre del cauteloso y pesado caballo, la mujer pudo avanzar con mayor rapidez, pero cada paso era como una batalla. Para mover la pierna hacia el frente debía agarrar la rodilla con ambas manos, halar con fuerza y sacar la bota del lodo gomoso. Pero ya había dicho doña Isabel de Ovando y Portilla que nadie detendría su paseo de esa mañana. Tardó más de media hora en llegar hasta la calle de San Sebastián, trecho que en días normales le tomaba cinco minutos. Se detuvo encorvada, las manos sobre las rodillas, a tomar el aire. Luego torció a la derecha y prosiguió su lenta odisea hasta llegar a la calle de San Justo. En la esquina había una pequeña casa de madera, con techo de paja. Doña Isabel golpeó la puerta con el pomo del fuete enfangado.

Una negra liberta, de manos grandes y labios delgados, abrió en pocos segundos.

—Entra, hija —dijo, examinando con la vista a la mujer que parecía haberse bañado en el fango—. Llegas tarde.

En la habitación sólo había una mesa pequeña, un banco de madera y un lecho de paja. Una cortina larga, al fondo, cubría la salida hacia el fogón y el batey. La anciana le pidió a doña Isabel que se sentara, pero ésta anunció sin per-

der tiempo que venía a buscar el elíxir abortivo que había encargado dos días antes.

—*¿Para quién es? —preguntó la anciana.*

—*¿Es asunto tuyo? —respondió doña Isabel, irritada.*

—*Podría ayudarte.*

—*¿Necesito tu ayuda? —exclamó doña Isabel, levantando el fuete lodoso—. Haré cualquier cosa por él. Robaré, mataré, perderé el honor.*

—*¿Te refieres a la criatura o al padre? —sonrió la anciana.*

La cortina del fondo se descorrió de pronto. Paso a paso, sin prisa, entró Su Eminencia Ilustrísima el Obispo de Puerto Rico, seguido de cuatro ayudantes pálidos. Miró a doña Isabel con lástima, sin decir palabra, como si dilucidara la mejor forma de enderezar a esta recia oveja descarriada.

Doña Isabel, fuera de sí, levantó el fuete y golpeó al Obispo en el rostro. Le dejó una marca muy roja sobre la mejilla izquierda.

—*Tu abominable pecado se paga caro en el infierno, hija mía —dijo el Obispo, tocándose la herida con dos dedos. Tomó el pomo de elíxir de las manos de la anciana, lo examinó con la vista y añadió—: Tan caro como la brujería.*

—*¡Mi padre te destrozará! ¡Hipócrita!*

—*Ponedle los grilletes —ordenó el Obispo— y llevadla a mi calabozo.*

El 5 de marzo de 1577, cerca del mediodía, el Obispo de Puerto Rico subía con esfuerzo la angosta escalera de caracol que conducía a la azotea de la Catedral. Se detenía con frecuencia a coger aire, pero lo hacía con tal resignación que tanto el Chantre como el Subdiácono, quienes lo acompañaban en silencio, admiraron el tesón con que este gran hombre dedicaba su cuerpo y alma al Señor. Tardaron más de quince minutos en llegar a la azotea. El Obispo sudoroso se recostó del campanario y esperó a que sus ojos deslumbrados se acostumbraran al sol tropical.

El Subdiácono abrió la bota de cuero que cargaba en la

espalda y sirvió una copa grande de guarapo de caña. El anciano Obispo bebió con parsimonia, sin ofrecerle al Chantre sediento. Las arrugas de su frente se suavizaban con cada trago del dulce guarapo.

—El Gobernador es un soberbio, Eminencia —dijo el Chantre, apuntando hacia el mirador de madera que coronaba la más alta torre de La Fortaleza—. Durante una de sus primeras cenas dijo a todos que su Fortaleza sería más alta que la Catedral. ¡El gran blasfemo lo ha logrado!

El Obispo se protegió los ojos con la mano y observó con detenimiento, casi con incredulidad, los muros, las torres y el altísimo mirador de La Fortaleza.

—Nos reta —continuó el Chantre—. Desafía directamente a Vuestra Eminencia. ¿Qué pensarán los feligreses? ¿Dirán que nos achantamos ante el poder terrenal? ¿Creerán que la Iglesia se somete a este sacrílego? Vuestra Eminencia debe actuar. El Gobernador ofende la dignidad de Vuestra Eminencia.

El obispo entregó la copa al Subdiácono y luego se frotó con ambas manos los ojos aturdidos por la fuerza del sol. Así estuvo un buen rato, restregándose los ojos suavemente. El Chantre y el Subdiácono esperaban sin decir palabra: ambos conocían bastante bien la costumbre que tenía el Obispo de pensar con los ojos cerrados.

—No, Carmelo —dijo al fin el Obispo, destapándose los ojos rojos, llenos de lágrimas—. No importan las medidas que tome el Conde contra mí. Nadie soy...

—Eminencia... —intentó interrumpir el Chantre, pero el Obispo no lo permitió.

—Calla y escucha. Contra mí, Carmelo, cualquier cosa. Nadie soy. Contra el Señor, en cambio, no permito nada. Es claro que el Conde de Ovando atenta en contra de la dignidad del Señor y de la Santa Madre Iglesia.

—Sí, Eminencia —exclamó el Chantre—. ¿Mas cómo detenerlo?

—Esta tarde hablaremos —dijo el Obispo—. Ahora

bebe un poco de guarapo. Luego envíale un recado a la Condesa: quiero verla esta noche.

El 9 de marzo de 1577, una semana después del experimento con los esclavos y pocos minutos antes de la comida, el Gobernador le ordenó a su primer secretario que buscara al Coronel de Artillería y le mandara comparecer de inmediato con sus instrumentos.

El Coronel llegó durante la comida con sus utensilios de trabajo en una alforja negra. El Gobernador lo sentó a su izquierda y le dijo que comiera primero, y que lo hiciera bien, porque tan pronto terminara le tendría una nueva encomienda. Doña Isabel acercó la boca al oído de su padre y le pidió algo en voz muy baja, pero el Gobernador le pasó la mano por el pelo y le respondió que debía esperar.

El Conde de Ovando, sin embargo, no era famoso por su paciencia. Aunque todavía quedaba un sustancioso pedazo de carne en el plato de porcelana de Sèvres que atendía con esmero el Coronel, el Gobernador se puso de pie, le pidió a su séquito que continuara comiendo en paz y le pidió al Coronel que lo acompañara. Doña Isabel de Ovando y Portilla cogió un pequeño cofre de madera que estaba sobre la mesa y salió detrás de los dos hombres. Ascendieron por la misma escalera de caracol y llegaron al mirador cuya altura los carpinteros habían subido en secreto. El Gobernador se frotó el parche que le tapaba el ojo ausente y le ordenó al Coronel de Artillería que recalculara la distancia entre el mirador y el cielo porque quería saber si todavía era la misma. El Coronel respondió que lo haría con mucho placer pero que necesitaba al menos dos horas. Como el militar ya tenía sus instrumentos consigo, el Gobernador tomó asiento y le pidió que comenzara a trabajar en paz. Al notar la sorpresa del Coronel, le aclaró que ni él ni su hija dirían una palabra: sólo se quedarían para aprender a medir el cielo. Doña Isabel colocó el pequeño cofre de madera sobre su falda y sonrió sin decir palabra.

El Coronel, en efecto, tardó poco menos de dos horas en hacer sus cálculos. Durante ese tiempo sacó de su alforja un astrolabio, un compás, un ábaco, una brújula, un cuadrante y algunos otros instrumentos que el Gobernador nunca antes había visto. Midió el horizonte, tasó las nubes, protestó por la brillantez del sol que le pegaba fuerte en el rostro. Terminados sus cálculos, reportó que algo andaba mal y los revisó uno por uno. Luego, muy perplejo, anunció al Gobernador:

—Excelencia, o el cielo ha bajado o la tierra ha subido.

El Gobernador y doña Isabel se levantaron de las sillas en que habían estado dos horas sin moverse y rieron jubilosos. El Conde de Ovando abrazó al Coronel y lo felicitó por estar al servicio de Su Majestad don Felipe II. Doña Isabel, tras encomiarlo, tendió el brazo y le concedió el honor de besarle la mano. Luego, frente a su padre, abrió el pequeño cofre de madera. Adentro había un puñal dorado incrustado de rubíes y un saquito de oro en polvo. El Gobernador de Puerto Rico tomó la bolsa, la entregó al sorprendido Coronel y le dijo que esa noche dormiría más tranquilo al saber que la artillería de su isla estaba bajo el mando de un gran calculador.

Esta vez la hija del Gobernador no tuvo que sudar. Los pálidos ayudantes del Obispo, canónigos fuertes y altos, la levantaron por las axilas y la cargaron por encima del fango. Los hombres caminaban por el lodo lentamente, pero con la fuerza y la naturalidad de quienes lo han hecho toda la vida.

Al llegar a la esquina de la calle de San José, camino a los calabozos del Palacio Episcopal, se encontraron con ocho soldados del gobernador don Francisco de Ovando que venían en busca de doña Isabel. Detrás de los militares se apiñaba una multitud de vecinos ansiosos por conocer el destino de la bella Vizcondesa de Galarnó. El Sargento se detuvo frente al Obispo y le cerró el paso.

—Tocad, cualquiera de vosotros, a la Santa Madre Iglesia —dijo el Obispo—, y lo pagaréis en la tierra y en el infierno. ¡Salid de mi camino!

El Sargento titubeó, bajó la cabeza y se apartó. Los canónigos levantaron a doña Isabel del fango y apretaron la marcha. Al llegar a la plaza de San José les salió al paso fray Pedro de la Nueda, prior de los poderosos Dominicos de San Juan, acompañado de nueve frailes corpulentos. Detrás de ellos, en la plaza, otra turba de vecinos se agitaba enardecida por el nuevo escándalo de la hija del Gobernador.

El Prior levantó los brazos y se detuvo frente a doña Isabel y sus acompañantes. Los canónigos alarmados soltaron a Doña Isabel, quien resbaló y cayó de rodillas: las manos esposadas se le hundieron en el fango. Dos frailes dominicos corrieron a socorrerla: intentaron levantarla por los codos pero doña Isabel cayó otra vez de rodillas, acercó la boca al lodo y vomitó.

Fray Pedro sacó un trapo de su sotana y lo dio a los frailes para que auxiliaran a doña Isabel. Luego se plantó frente al Obispo y dijo con firmeza desacostumbrada:

—Sabes que soy confesor de doña Isabel desde que llegó de la península. Sé generoso y déjame cumplir con mi deber ante Dios.

Sin responder a las palabras de fray Pedro, el Obispo hizo señas a sus ayudantes para que levantaran nuevamente a doña Isabel. El Prior entonces hizo señas a sus hermanos dominicos para que impidieran a los canónigos acercarse a la mujer. La muchedumbre, cautelosa al principio, al presenciar este choque de los dos poderes de la Iglesia se arremolinó en torno a los protagonistas.

Los soldados del Gobernador, que habían seguido a doña Isabel a distancia, al ver que el Prior enfrentaba al Obispo sintieron de pronto que no luchaban solos en contra del cielo. Seguido en silencio por sus ocho soldados y por el gentío que lo había acompañado desde la Catedral, el Sargento se abrió camino entre la multitud de curiosos, se detuvo *justo detrás del Prior y encaró al Obispo con mirada desafiante.*

—Sé bueno —repitió el Prior—. Doña Isabel me necesita.

El 9 de marzo de 1577, tarde en la noche, el Gobernador de Puerto Rico conversaba con su hija, la Vizcondesa de Galarnó. Estaban sentados en la terraza de La Fortaleza, bajo la luna llena, y la mano distraída de doña Isabel jugaba con un pequeño cofre de madera. El Gobernador, sentado a horcajadas sobre uno de los nuevos cañones de hierro negro, intentaba calibrar un astrolabio.

—No olvides el consejo que te regaló don Lorenzo de Alba en Madrid, frente al Rey —dijo doña Isabel—. Su Majestad sonrió en señal de aprobación, ¿recuerdas?

La bella Vizcondesa de Galarnó llevaba el cabello negro amarrado sobre la nuca y vestía un blanco traje de seda bizantina.

—Esa noche discutíamos cómo manejar enemigos poderosos. El Obispo es un pobre estúpido.

—Un pobre estúpido que lleva veinte años en esta isla y tiene muchos amigos —insistió doña Isabel, mordiendo la uña de su dedo índice—. Nosotros casi acabamos de llegar. Si queremos realizar nuestros experimentos con éxito hay que golpear primero y fuerte.

El Gobernador bajó del cañón, colocó el astrolabio sobre la mesa y se sentó al lado de su hija.

—Nadie detendrá los experimentos. Ahora soy el hombre más poderoso de esta isla. Y cuando pueda comprobar algunas de nuestras teorías, seremos famosos en el mundo entero.

—Debes desterrar al Obispo antes de que te haga daño. Tu ciencia es demasiado valiosa —añadió la Vizcondesa, colocando la mano sobre el cofre de madera—. Debemos protegerla.

El Conde de Ovando tomó la mano de su hija, viró la palma hacia abajo y le besó las uñas.

—Desde niña tuviste las uñitas más lindas del mundo.

Tranquila, nada me hará el Obispo —dijo el Conde, besando a su hija en la mejilla y en el pelo—. Pero si algo me ocurriera, tú deberás terminar nuestros experimentos. No lo olvides.

—Sí, padre —dijo la Vizcondesa, devolviendo el beso al Conde.

—Soy el padre más dichoso del mundo. Tengo la hija más completa...

—Y una discípula agradecida —interrumpió doña Isabel.

—Nos queda mucho trabajo por hacer. Convertiremos a esta isla en el centro de la nueva ciencia. Seremos la nueva Atenas.

—Sí, padre —dijo la hija, dando otro beso al Gobernador.

El 10 de marzo de 1577, antes de la comida, el primer secretario le dijo al Gobernador que era preciso acudir a la casa de los niños mudos en la calle de San Sebastián. Hacía dos años el Conde de Ovando había querido saber cuál sería el habla espontánea —si alguna— de un niño criado en el silencio. Reunió en un salón de La Fortaleza a nueve recién nacidos: tres negros, tres indios y tres huérfanos españoles. Le ordenó a una nana que reclutara a nueve nodrizas y que entre todas les dieran de comer y de beber a los niños, y que los bañaran y atendieran, pero so pena de muerte prohibió que les hablaran una sola palabra o que hablaran ellas entre sí. Luego mandó que lo buscaran a galope en La Fortaleza, sin importar la hora, cuando el primero de los niños hablara. Quería saber si la primera lengua de éstos habría de ser hebreo, porque es el idioma más antiguo; o griego, por ser el de la belleza; o latín, el de la oración; o castellano, porque es la lengua de Su Majestad Católica; o algún idioma salvaje de indios o de negros.

Cuando entró con su primer secretario a la casa de los niños mudos lo primero que notó fue el profundo silencio. La nana, una mujer de mediana edad y de grandes ojeras, dijo al Gobernador que el experimento había sido en vano.

Los niños habían muerto, uno tras otro, porque no pudieron vivir sin palabras de amor materno.

El Gobernador, incrédulo, preguntó si los nueve niños murieron el mismo día. La nana contestó que en el transcurso de la última semana, uno tras el otro, Dios los recibió en el cielo. Luego el Gobernador preguntó dónde estaban las nueve madres de leche; la nana respondió que habían regresado a sus casas. El primer secretario estuvo a punto de hacer una pregunta, pero el Gobernador lo calló con la mirada. Le preguntó entonces a la nana adónde iría ella a vivir ahora que los nueve niños estaban muertos, y ella respondió que no sabía.

—Bueno, os regalo la casa —dijo el Gobernador—, a vos, a las otras mujeres y a los niños que me ocultáis. Decidles que pueden regresar a vivir aquí y que podréis hablar todo lo que deseéis. Os donaré pensión vitalicia y podréis fundar un colegio de párvulos si es vuestro deseo.

La nana hincó las rodillas, tomó la mano del Gobernador y comenzó a llorar.

—Era un experimento cruel. Los niños sufrían tanto, Excelencia.

El Conde de Ovando sacó varias monedas de oro de su faja y las colocó en las manos de la mujer.

—Quise conocer la primera lengua de los hombres —se lamentó el Conde—. Quiero saberlo todo. Perdonadme si he sido cruel.

El Obispo examinó los rostros que lo circundaban. De parte de los dominicos y de los soldados había una nueva firmeza. Tanto el Prior como el Sargento enfrentaban al Obispo con descaro, y en los semblantes excitados de la plebe impertinente era obvio el deseo de ver sangre. El Obispo, sin embargo, no sintió miedo. Paseó la vista por encima de la multitud. Sostuvo las miradas de los vecinos y les devolvió, con sus ojos enrojecidos, una feroz porfía cargada de terribles amenazas.

—El Gobernador la pagará —le dijo de pronto al Prior, en voz baja. Las palabras le brotaron de la boca como un la-

*tigazo de fuego—. El sacrilegio tiene un precio muy alto,
tanto en el infierno como en la tierra.*

*—El Gobernador pague sus pecados —respondió el Prior,
también en voz baja—, doña Isabel que pague los suyos.*

*Doña Isabel, de rodillas en el fango, se agarró el vientre y
vomitó otra vez. El prior fray Pedro se arrodilló junto a ella
en el barro y la tomó en los brazos.*

*De pronto la multitud comenzó a murmurar. Una excita-
ción palpable le dio una rapidísima vuelta al círculo que rodeaba a los clérigos. La gente se empujaba para abrirle paso
al Gobernador don Francisco de Ovando, quien llegaba junto
a quince ballesteros.*

*El Conde pasó por el lado del Obispo y sin decir palabra
se arrodilló en el fango, frente a su hija. El Prior puso a
doña Isabel en los brazos del Gobernador. Éste le dio las gracias con un gesto elegante y tomó el rostro maculado de su
hija con una mano. Le besó la frente, los ojos la nariz, la boca.
Con la otra mano tomó un trapo y comenzó a limpiarle las
mejillas, la barbilla, el cuello y el busto. Entonces notó los
dos anillos de hierro que lastimaban las muñecas enlodadas
de su hija.*

*—Quítale los grilletes ahora mismo —le dijo al Obispo,
en voz baja.*

*El Obispo permaneció quieto, impasible, indiferente: como
si el Gobernador de Puerto Rico no hubiera dicho una palabra. Sin embargo, en un hueco recóndito de sus ojos podía notarse su desafío. Al encontrarse con la mirada insolente del
Obispo, el Conde de Ovando le ordenó a su escolta:*

—¡Matadlo ahora mismo si no obedece! ¡Carajo!

*Los quince ballesteros apuntaron sus flechas al pecho del
Obispo. Los soldados de la escolta desenvainaron las espadas. La muchedumbre, al ver las saetas tensas y el acero desnudo, dio unos pasos atrás. Los rostros de los cuatro pálidos
ayudantes del Obispo perdieron el poco color que les quedaba. La faz del prelado, en cambio, se tornó roja: podía notarse
su respiración acelerada mientras buscaba entre sus ropas.*

693

Cuando encontró la llave la entregó a fray Pedro, quien liberó a doña Isabel de los grilletes. La mujer, debilitada por los fuertes vómitos, lloraba en silencio y se dejaba abrazar por el padre.

El Conde de Ovando terminó de limpiar el rostro de su hija con el trapo. Intentó limpiar el traje de muselina amarilla, pero estaba saturado de fango y desgarrado en uno de los hombros. Le peinó el cabello con los dedos y le dijo cariñosas palabras de ánimo. Al ver que su hija respondía y parecía recuperarse, se levantó de golpe.

—¿Para hacerme daño tiendes una trampa a mi hija, eunuco estéril? —dijo al Obispo en voz alta, sin importarle que la muchedumbre escuchara—. ¿Pretendías llevarla a tus calabozos putrefactos?

Algunos dominicos hicieron señal de la cruz. Los cuatro ayudantes pálidos del Obispo, al verlos, también se persignaron.

El Gobernador hizo un gesto a sus soldados para que guardaran las armas.

—Si vuelves a tocarla yo mismo te arrancaré el corazón con las manos y se lo daré de comer a mis puercos —añadió el Gobernador.

Ocho meses después, el 18 de noviembre de 1577, la nao Santa Cecilia llegó a la bahía de San Juan. En ella venían emisarios de Su Majestad Felipe II con instrucciones de efectuar juicio de residencia al Conde de Ovando. Se unieron a los oidores de la Audiencia de Santo Domingo, quienes hacía tres semanas habían llegado a la isla e iniciado los formalismos del juicio.

El 2 de junio de 1578, tras casi siete meses de pesquisas, los emisarios del Rey anunciaron que habían concluido sus trabajos; convocaron a la grandeza de la colonia en el Cabildo para que escuchara la lectura del informe de rigor. Asistieron todos, menos el Obispo, al salón en que muchas veces habían compartido con el Conde de Ovando, tanto en las buenas como en las malas. Allí estaban el Teniente de Gobernador, el Comandante del Castillo de San Felipe del

694

Morro, el arquitecto a cargo de la reciente ampliación de La Fortaleza, el hombre más rico de San Juan, el Coronel de Artillería y doña Isabel de Ovando y Portilla, quien guardaba su pequeño cofre de madera bajo el brazo. Doña María de Portilla y Galarnó, esposa del Gobernador, prefirió acudir al Palacio Episcopal para suplicar el perdón y la ayuda del Obispo.

El juez visitador, don Francisco de Cárdenas, era un hombre viejo, grueso, de espesas cejas blancas y ojos tristes. Pidió silencio, levantó un pergamino y leyó con voz robusta:

—Su Excelencia don Francisco de Ovando y Torre de Luna, Conde de Ovando, Vizconde de Galarnó, Barón de Torre de Luna, Señor de las villas de Portilla, Alfaro y Mexía, Mariscal de Su Majestad el Rey, Capitán General y Gobernador de la isla de San Juan Bautista de Puerto Rico: A pesar de las firmes órdenes de la Corona para que la emprendieses contra los indios Caribes con todas tus fuerzas y los acabases, hiciste lo contrario. Pactaste con dichos indios, cuya fama tienen de caníbales, y abiertamente los llamaste tus amigos, aún siendo de público y notorio conocimiento que dichos indios Caribes son enemigos de Su Real Majestad el Rey y de la Santa Iglesia Católica y Romana. Más aún, don Francisco, levantaste ofrendas ante los dioses de dichos Caribes y oyósete blasfemar al decir que dichos ídolos de piedra eran el mismo Dios y los mismos santos de nos los Católicos y Romanos, aunque con otros nombres. Y esto corresponde a las declaraciones de tres secretarios de tu propia casa, quienes juran haber oídote blasfemar, en más de una ocasión, que Dios Nuestro Señor tiene cuerpo, que los ángeles son alucinaciones, que el alma sólo es vida, que el Viejo Testamento no menciona la inmortalidad y que el Nuevo Testamento en ningún momento prohíbe a las mujeres decir la Santa Misa. De estas mismas blasfemias da fe tu propia mujer, la Condesa de Ovando, quien además nos ha ofrecido amplio testimonio de las muchas veces en que has puesto en duda la autoridad de la *Vulgata* y has vituperado

695

al sugerir que se consulte el texto hebreo de las Santas Escrituras. Por tanto, ordeno por sentencia que se te pongan los hierros y que seas llevado ante el Santo Oficio de Sevilla, para que allí y ante el Rey Nuestro Señor respondas por tus deslealtades y pagues por tus pecados. Y también entrego el mando de esta leal plaza de Puerto Rico a don Gaspar de Barrameda, Teniente de Gobernador, quien sigue gozando de la confianza del Rey Nuestro Señor y de la nuestra propia.

El Juez Visitador bajó el pergamino y ordenó a los soldados de La Fortaleza, en voz alta y con la seguridad de quien está acostumbrado a la obediencia inmediata, que le colocaran los hierros al Conde de Ovando. Los soldados titubearon, pero el Gobernador se puso de pie y bajó la cabeza en señal de sometimiento. Sólo entonces se atrevieron los soldados a acercarse y colocarle los grilletes.

Doña Isabel, de golpe, abrió el cofre de madera que tenía bajo el brazo y sacó un puñal dorado incrustado de rubíes. Con la daga en alto corrió hacia el Juez Visitador, pero el Teniente de Gobernador, el Comandante del Castillo de San Felipe del Morro, el arquitecto a cargo de la reciente ampliación de La Fortaleza, el hombre más rico de San Juan y el Coronel de Artillería, entre otros, la detuvieron y le arrebataron el puñal.

—¡Hipócritas! —gritó doña Isabel, colérica, al Juez Visitador—. ¡Decid la verdad! ¡Decid que lo condenáis porque es filósofo!

El Juez Visitador ordenó también la detención de doña Isabel de Ovando.

Al día siguiente, 3 de junio de 1578, doña María de Portilla y Galarnó visitó a su hija en los calabozos del Obispo de Puerto Rico. La encontró desnuda, inmóvil, acostada sobre sus propias ropas que había tendido sobre el suelo de la celda vacía. Al escuchar a su madre, doña Isabel se pasó los dedos por el pelo negro y se sentó. Doña María la contempló de lejos, sin acercarse mucho. Luego le pidió que se cubriera los pechos. Doña Isabel contestó que no se cubriría nada, que hablara rápido y se fuera pronto. Doña María sonrió de un modo que la hija nunca había visto antes.

—Traigo buenas noticias, Isabelita. Su Eminencia Reverendísima ha escuchado mis ruegos y no serás castigada. Mañana temprano, en cambio, ingresarás al convento... si te arrepientes y pides perdón al Obispo.

Doña Isabel, con el rostro glacial, contempló a su madre un rato. Luego se puso de pie, desnuda y descalza. Caminó hasta la pared, se volteó, y regresó hasta colocarse frente a su madre.

—Ruin siempre fuiste, pero nunca te imaginé rastrera. ¡Tu propio marido!

—Lo hice para salvarte —respondió la madre.

—Para salvarte a ti misma, ¡traidora!

—Para salvarnos a las dos de la hoguera a que nos llevaba tu padre, estúpida.

El 4 de junio de 1578, por la mañana, los cuatro ayudantes del Obispo abrieron la puerta del calabozo de doña Isabel de Ovando, quien seguía acostada sobre las ropas que había acomodado nítidamente en el mismo centro del suelo de piedra. Le pidieron que cubriera su desnudez pero respondió que tenía calor. Entonces los hombres la levantaron por las axilas de la misma manera en que lo habían hecho varios meses antes y la llevaron a la cámara del tormento. La acostaron boca arriba sobre una mesa de piedra y le ataron los tobillos y las muñecas. Uno de los hombres, incómodo ante los firmes senos de doña Isabel, le cubrió el cuerpo con una manta. Otro la amordazó con un paño de lana. Luego se dedicaron a esperar.

En la cámara hacía gran calor. De las paredes colgaban cadenas mohosas, gruesas, con collares del tamaño de muñecas, tobillos y cuellos humanos. También pendían varias tenazas, máscaras negras, cuchillos, martillos y pequeñas prensas de metal. Tres ayudantes salieron y dejaron solo al cuarto canónigo, un aragonés de cabello rojo y piel pálida. Se acercó a la mesa y contempló el rostro impávido de doña Isabel, quien esperaba con más aburrimiento que miedo. El clérigo miró a la puerta con temor, con angustia, y volvió a observar el rostro rebelde de doña Isabel. De pronto se acercó al oído de la Vizcondesa y dijo en voz baja:

—Acepta el hábito, por tu bien y el mío. Me obligará a exprimirte los pechos con la prensa. Hará que te triture los pezones con tenazas al rojo vivo. Será cruel contigo porque eres bella. Tal vez se le antoje empalarte en una estaca de madera afilada y caliente, lo ha hecho antes. Con sus hórridas torturas ha quebrado la voluntad de hombres diez veces más fuertes que tú. Acepta el hábito, te lo suplico.

La mordaza no dejaba hablar a doña Isabel. Al notar su esfuerzo por decir algo, el ayudante le aflojó el trapo de lana.

—Si eres generoso, mátame —pidió doña Isabel.

—Dios me libre —exclamó el ayudante—. Es pecado matar.

—Hipócrita.

Pasos lentos, cansados, se acercaban a la cámara de torturas. El ayudante volvió a colocarle la mordaza a doña Isabel y le dio la espalda. Entró el Obispo de Puerto Rico seguido por sus tres ayudantes. Hizo una señal a uno de los canónigos para que le quitara la mordaza a doña Isabel.

—Te pregunto una sola vez —dijo el Obispo con voz extenuada—, porque mi paciencia tiene límite: ¿Abjuras del luteranismo, la brujería y de las otras herejías que inculcóte tu padre? ¿Aceptas el hábito, además, en señal de penitencia?

—¿Dónde está mi padre? —preguntó doña Isabel.

—Por última vez —repitió el Obispo—, ¿tomarás los votos?

—Cinco grandes hombres contra una mujer, pero aún así me amarráis —rió doña Isabel—. Mi padre tiene razón: sois eunucos cobardes.

El Obispo dio tres pasos atrás y reflexionó unos segundos. Luego impartió órdenes:

—Fernando, busca las prensas pequeñas de metal. Ponle una en cada pulgar. Juan, calienta la pera de hierro y métela en la boca de la hereje, para que no haga ruido. Alfonso, desnúdala.

El aragonés pelirrojo, que no había recibido órdenes, respiró aliviado. Se encaminó lentamente hacia la puerta del calabozo.

—¿Adónde vas, Ramiro? —preguntó el Obispo—. Enciende la brasa y calienta las tenazas. El día de hoy será largo. Cumpliremos con nuestro deber y salvaremos el alma indócil de la Vizcondesa, cueste lo que cueste.

El mismo 4 de junio de 1578, por la tarde, la nao Santa Cecilia zarpó rumbo a Sevilla. A bordo iba el encadenado Conde de Ovando. Caía un fuerte aguacero de gotas espesas. La bruma gris, gruesa, calurosa, daba a la Bahía de San Juan un aspecto inusual para esa época del año. El Conde de Ovando, quien viajaba sobre cubierta, se miró las manos mojadas y se preguntó cuál sería la verdadera diferencia entre las aguas dulces y saladas. Pensó en las propiedades químicas de ambas aguas y las comparó mentalmente. Hacía un gran esfuerzo por concentrarse. En realidad quería pensar en su hija, en la astuta Vizcondesa a quien había protegido y educado con esmero desde el día en que nació, pero tenía la certeza de que los trabajos del Obispo ya habían comenzado. El horror de imaginar a su hija atada al potro de la tortura, indefensa ante el Obispo y sus ayudantes, llenaba el pecho del Conde de tanta desesperación que no tenía más remedio que tratar de concentrarse en las propiedades químicas del agua. Don Francisco también quería pensar en su mujer, en la Condesa de Ovando, pero temía llegar a la conclusión de que su traición no había sido el producto de un infame chantaje del Obispo sino una acción voluntaria. El Conde de Ovando lamió sus manos mojadas y comparó en su recuerdo el sabor del agua dulce con el del vino. Repasó las propiedades químicas del vino tinto y se preguntó cuál sería su porcentaje de agua. Quería pensar en los detalles de su llegada a España y en su próxima entrevista con el Rey, pero sabía que ese encuentro nunca se llevaría a cabo, que las puertas de El Escorial nunca volverían a abrirse al escuchar su nombre, y que su destino, al igual que el de su estirpe, ya estaba sellado. Por un momento volvió a pensar en su hija: la imaginó gritando de dolor y enfrentándose con su admirable terquedad de siempre a la crueldad de un Obispo inmisericorde. La vislumbró sudando, sangrando, retorciéndose de angustia bajo los aparatos de la tortura. Vio cómo las tenazas rasgaban y mordían la suave carne de su hija, carne de su carne, e imaginó el rostro satisfecho del prelado, arrebatado en el cumplimiento de su deber. El Conde de Ovando miró el mar y sintió deseos de tirarse al agua, pero las cadenas que lo sujetaban a la cubierta del barco no se lo permitirían. Entonces volvió a su intento de repasar las propiedades químicas de las dos aguas y a compararlas entre sí.

COMENTARIO

A diferencia de los pocos cuentos históricos del siglo diecinueve y de la mayoría de las novelas históricas decimonónicas, "El Conde de Ovando" es una obra bien estructurada y muy dramática que capta el interés de los lectores desde el principio y lo mantiene hasta el final. Uno de sus aspectos más sobresalientes es el carácter fuerte de los dos protagonistas, el Conde y su hija doña Isabel, quienes son responsables por los conflictos dramáticos entre las distintas autoridades en el Puerto Rico del siglo dieciséis (y en las otras colonias hispanoamericanas): el Gobernador, es decir el Conde, el Obispo, las órdenes religiosas y el Rey. Sin embargo, además de plasmar una visión totalizante del espacio colonial, que incluye las calles del viejo San Juan, hay algo que crea la impresión de que se trata de una parodia de la narrativa histórica del siglo diecinueve, cuyos prototipos podrían ser la novela *El visitador* (1868) del guatemalteco José Milla y el cuento "Rosa" (1847) del chileno José Victorino Lastarria.

La insinuación de una posible interpretación paródica se da en la explicación de cómo se volvió tuerto el Conde: "—Cuando niño me dejaron solo en la cuna. Un gallo entró a mi casa, picóme el ojo y se lo comió". Con un sólo ojo verde, el Conde se empeña en realizar experimentos "científicos" algo exagerados para convertir "esta isla en el centro de la nueva ciencia. Seremos la nueva Atenas". Los tres experimentos que se llevan a cabo en el transcurso del cuento tienen que ver con el excremento de los dos esclavos negros para analizar la digestión; con la altura del mirador de La Fortaleza midiendo su distancia del cielo para que el mirador resulte más alto que la torre de la Catedral; y con la primera lengua de los hombres manteniendo mudos a varios niños desde su nacimiento.[1] Igual que el legendario Fausto, el Conde quiere saberlo todo y, por lo tanto, es culpable del pecado capital más egregio, la soberbia.

Doña Isabel, quien también "quería verlo y conocerlo todo", da muestras de su propia soberbia en la escena inicial del cuento: "nadie en el mundo, ni el Obispo, ni el Gobernador, ni el Rey, nadie en el mundo detendría su paseo hasta el Convento de los Dominicos". El caballo que monta simboliza tanto su soberbia diabólica como su lujuria: "acariciaba el cuello de su caballo"; "doña Isabel ponía su fe en el recio semental"; "el enorme caballo negro, joven como su ama"; "una rara alianza entre mujer y animal"; "acariciaba

---

[1] Para otros intentos de averiguar la primera lengua de los hombres desde el faraón egipcio Psamtiken en el siglo séptimo a.C., véase la novela *City of Glass* (Los Ángeles, Sun and Moon Press, 1985) del novelista norteamericano Paul Auster, pp. 55-58.

el cuello de la bestia".[2] El paseo de doña Isabel, cuyo verdadero destino es una pequeña casa con techo de paja, tiene como propósito recoger de una anciana negra "el elíxir abortivo", primera indicación de que está embarazada, impregnada por el Conde. Todos los sucesos del paseo transcurren durante el mismo día, el 11 de marzo de 1577, y se narran en letras cursivas, alternándose con escenas de los días anteriores protagonizadas por el Conde de Ovando, escritas en letras romanas y fechadas entre el 2 y el 10 de marzo. Toda la historia del paseo culmina con el enfrentamiento entre las fuerzas del Obispo y las de los dominicos, respaldadas por las del Conde —todo presenciado por "la plebe impertinente"—. Irónicamente, la caída en el fango de doña Isabel tiene leves resonancias del calvario de Jesús.

En más o menos el último cuarto del cuento, ya no se usan las letras cursivas y se presencia el castigo paralelo de los dos protagonistas. El mismo 4 de junio de 1578 en que torturan a doña Isabel en los calabozos del Obispo, el Conde de Ovando, encadenado, sale rumbo a Sevilla donde será entregado a la Inquisición. Para dejar de pensar en la tortura de su hija querida, el Conde se encuentra en todavía otra obsesión "científica": la comparación química entre el agua dulce y el agua salada.

Por extravagantes que sean las ideas "científicas" del Conde, su derrota a manos del Obispo, viejo y cansado, y del Rey podría representar el triunfo del oscurantismo español en la época colonial. Sin embargo, a diferencia de los novelistas liberales del siglo diecinueve, López Nieves no tiene como meta denunciar a sus contrincantes conservadores mediante la denuncia de sus antepasados coloniales. Su propósito es más bien denunciar a tirios y troyanos, con toques paródicos, por su extremismo.

[2] Recuérdese el simbolismo equino en *Alsino* (1920) de Pedro Prado y en *La casa de Bernarda Alba* (1936) de Federico García Lorca.

GLORIA GUARDIA
[1940]

Hija de padre panameño y de madre nicaragüense. Realizó estudios de Filosofía y Letras en la Universidad Complutense de Madrid y de literatura española e iberoamericana en el Instituto de Cultura Hispánica de esa ciudad. En Estados Unidos se recibió de Vassar College y sacó la maestría y adelantó los estudios de doctorado en la Columbia University. Ejerció el periodismo como columnista internacional (Agencia Latinoamericana) entre 1975 y 1990. Desde 1995 reside con su esposo, Ricardo Alfaro Arosemena, en Bogotá, donde se desempeñó como presidente de la Fundación PEN en América Latina.

Además de estudios sobre Pablo Antonio Cuadra, Ernesto Cardenal, Rogelio Sinán, Pablo Neruda y Stella Sierra, Gloria Guardia ha publicado numerosos ensayos sobre una gran variedad de temas literarios y culturales y tres novelas: Tiniebla blanca *(Madrid, 1961),* El último juego *(San José, Costa Rica, 1977) y* Libertad en llamas *(Barcelona / México, 1999).*

Aunque había publicado unos pocos cuentos sueltos en revistas a partir de 1975, no publicó su primera colección, los cuentos integrados de Cartas apócrifas *hasta 1997, mismo año en que se publicó en Salta, Bolivia, el fascículo "La Carta", que pese al título no tiene nada que ver con las cartas apócrifas. Esta misma narración apareció en Nicaragua, en 2001, bajo el sello del Centro Nicaragüense de Escritores, ya que el tema contempla la última carta escrita por el héroe nacional de ese país, el doctor Benjamín Zeledón, a su esposa Esther Ramírez Jerez.*

"Recado desde Estocolmo" se publicó por primera vez en 1992, en la revista Quimera *(número 109) de Barcelona.*

GABRIELA MISTRAL: RECADO DESDE ESTOCOLMO

(A Pablo Antonio Cuadra)
ESTOCOLMO
DICIEMBRE DE 1945

STEFAN ZWEIG, inolvidable maestro: van adjuntas unas letras que inicié hace días, donde hallará usted un recado sobre el premio que me acaban de conferir y que llegó tarde, demasiado tarde, cuando usted y los que mucho he amado se han marchado y me han dejado huérfana en este valle inmenso. Algunos tienen destinos de perdedores de fiestas. A otros —y creo que esto es lo que más duele—, nos toca la herida de la torpeza del atraso. Es cuando se aborrece más al duende malo que se ha comido el pobre requesón de nuestra nochebuena.

La noticia. Su fiesta perdida —la mía, inmerecida y, en lo afectivo, atrasada—, ha sido, claro, el codiciado Nobel. Empecemos por contar que cuando me comunicaron la noticia, allá en Petrópolis —en esa tierra tan suya como resulta mía—, se me escapó un *"Ahora, ¿para qué?"* con que ha hecho festín de sordos el diarismo. La frase, cuajada de mis pérdidas y penas, ha viajado conmigo, ha andado untada a mi cuerpo desde que inicié la travesía de un círculo polar al otro. Los de las gacetillas no se cansan de citarla. Hay cierta morbosidad que alcanza a las multitudes; cierta impermeabilidad hacia la herida ajena que es lo que alimenta al hombre a la hora meridiana. Nada, que es asunto de acostumbrarse y no decir a flor de labio lo que en el corazón reposa. De esta fecha, en adelante, las horas de las intimidades serán todavía más escasas y, más ralos aún, aquellos que reciban como usted, amigo, los párrafos de nuestra amistad abierta.

Nosotros supimos la noticia del premio por un telefonazo del embajador de Suecia. Tal cual, como cuando M. Dominique Braga nos avisó de la desventura de la partida suya, absolutamente inesperada, y los muchachos aquellos nos comunicaron lo del accidente funesto de Yin-Yin, a media noche. Todo, lo malo y bueno dicho por medio de palabras que he oído, a través de un aparato negro, sin entender el diálogo. *"No puedo oírle, señor embajador: hable usted más alto. El teléfono está mal. No le oigo todavía. No puedo oírle, no le puedo oír."* Y después aquel *"Ahora ¿para qué?"* que le ha dado no sé cuántas veces ya la vuelta al globo. En el caso suyo creí, primero, que había sido un accidente de auto y busqué a mis amigos de Petrópolis. En el de Yin-Yin, mi niño-Miguel de miel y niebla (el que fue mío como cosa parida), desde un primer momento estuve cierta de que había sido un crimen que trataban de cubrir con el hediondo embozo de un suicidio. Y, ahora, ahora tenía ya tanto miedo de saber, amigo mío, tanto temor, que no quería preguntar si era o no el embajador el que me hablaba y, peor aun, si era o no cierto lo que me comunicaba.

Cierto ha sido y aquí me tiene, desde principios de diciembre, en este país que junta lo fabuloso con lo mítico; en el Estocolmo, listado de canales grises, de nuestra Selma Lagerlöf. Creo yo, eso sí, que los de la Fundación Nobel y Academia Sueca se decidieron a última hora por mi nombre para apaciguar la tempestad hace rato desatada entre el amigo de México y el de Venezuela. Y por esos juegos del destino incierto habré de quedar en archivos y memorias como la maestra rural que el rey nórdico sentó en su mesa, le entregó diploma y medalla de oro y coronó como la reina de la fiesta. *"Todas íbamos a ser reinas"*, se me ocurrió balbucear un día con imaginería tropical vivida en un valle caliente. Reina fui desde temprano y por virtud de aquellos amargos *Sonetos de la Muerte*. Y más que reina habré de ser, de ahora en adelante, aunque por ese título —lo sé— mi sangre he de seguir vertiendo. ¡Terrible don el nuestro, admirado maestro! Suplicio largo esta palabra que albergamos como un puñal hendido, sin piedad, en la carne. Alguien me ha dicho, desalmado, que aún me quedan más de mil jornadas bajo el sol ardiente. El surco de la espera resplandece. ¿Cuándo habrá piedad para mis labios mustios?

Nuestra condición de Premio Nobel en país de civilidad tan ejemplar como Suecia (Dios se la guarde y el diablo de Stalin no se la muerda), nos ha regalado algunos gramos de entusiasmo humano. Desde nuestra llegada a esta tierra hemos sido tratados —no con majadería de adulones—, sino con la más alta cortesía urbana. ¡Qué necesidad tiene un estadista, un físico, un químico, un médico y un escritor de contar con servilismos y politiquerías! Aquí, nadie hace reverencias a la envidia goyescamente bizca. Aquí, Flemming, Chain, Florey, Vitarnen, Pauli y esta amiga suya hemos recibido la estima inmensa y sana de otra raza y nos hemos sentado a conocerla como a catar un vino viejo, bien prensado, de cosecha buena y perfume delicado. Todos —desde la doncella sonrosada y tierna del *Grand Hotel*, donde nos tienen alojados junto a Palacio Real y frente a los canales, hasta el Rey Gustaf y su familia— hacen gala de esa sencillez que revela gran raza en cualquier oficio. Son gentes éstas con mayorazgo que bien caminan, bien se sientan, bien comen, bien saludan y bien piensan sin que se les atraviese ninguna pedantería en la palabra y en el gesto.

La ceremonia. El domingo 10 ha sido, desde hace casi medio siglo, el día de la ceremonia. Se conmemora, en esa fecha, el onomástico de Alfred Noble, el químico que, si bien multiplicó la muerte con la dinamita, tuvo la chispa de dejar su legado de amor —su semen de cordura— a través de los cinco galardones que instituyó a su muerte.

El Estocolmo de esa mañana despuntó sin sol, con repique de campanas y poblado de una escarcha suave que reposaba ya sobre pinos y tejados puntiagudos: picos, en fin, para una cordillera urbana. Desde la ventana de mi habitación y mientras rompía el ayuno matinal con un té humeante y aromático y un buen pan con variedad de mermeladas —fantasía de frutas en almíbar para el paladar chileno— observé las idas y venidas de un corro de niños envueltos en bufandas coloradas-mansas-coloradas. A pocos pasos de distancia, rodeados de escasas palomas, caminaban lentos, cabizbajos, ancianos enfundados en sobretodos tan pardos y zurcidos como ha quedado este solar de Europa, tras los delirios criminales de Hitler y de Mussolini. Hay que observar a este pueblo, amigo mío; hay que clavar el ojo e hincar con humildad el alma ante esta gente de paso acompasado, de sonrisa franca y semblante rollizamente sano para llegar al hallazgo de un corazón legítimo. Se trata de ese corazón que durante la pesadilla que recién acaba de padecer el mundo, supo abrir —sin sesgos histriónicos, ni charlatanerías— de par en par sus válvulas inmensas para acoger en su sangre y sus entrañas a miles de judíos alemanes y de refugiados finlandeses, rusos, daneses, húngaros, noruegos y holandeses. *Claridad* llamo yo el regalar de regalo profundo al perseguido y al menesteroso; mejor que eso, el regalarlo sobrenaturalmente. Déjeme, maestro Zweig, que meta en casillero de *claridad* el gesto de acogida de los suecos y que siga dando mis razones para que los honremos, pese a la sonrisa mezquina, socarrona y turbia de nuestros viejos criollos.

Largo preámbulo éste para decirle, amigo, que poco después del mediodía acudió, puntual, en busca mía el edecán que el ministerio de Relaciones Exteriores, a través de Protocolo, ha designado para que me acompañe y sea mi intérprete en todas partes. Asombro me causa ver a este atleta rubio —nadador, ciclista, domador de los *skíes* y discípulo lejano del gimnasta Per Henrik Ling—, metido por quien sabe qué travesura del destino a diplomático de la corona sueca. Grácil y urbano es, casi dulce llamaría a este muchacho de mirada azul y pensamientos de oro. Se preocupa por todo lo mío como cosa suya; o mejor, como si fuéramos de la misma sangre. *"Señora, ¿se ha protegido bien para enfrentarse al frío?"*, me pregunta, ansioso, al saludarme, una vez concluido el gesto crónico del besamanos. Pero, el colmo ha sido el 10; el día de la entrega de los premios. En esa fecha, como ya le he dicho, hizo su aparición por la puerta giratoria del hotel, diligente, cumplidor, exacto. Iba de frac y sin abrigo, tal cual los demás varones —incluso el rey— que asistieron más tarde a los diversos actos programados. *"Como aquí oscurece al mediodía —se afanó en explicarme con sonrisa clara—, hay que hacer tempranísimo el tramo hasta Sveavägen y Kungsgatan, la zona céntrica donde queda la vieja sala de Conciertos."* Así, pues, prestos salimos, el gimnasta rubio y yo del brazo. Era necesario practicar un ensayo previo que el protocolo nos hizo escenificar en el mismo sitio habría de celebrarse el acto. Hubiese visto usted, amigo Zweig, a los demás laureados y a esta mujer brusca y poco diestra en esos amaneramientos, subir escaleras sin equivocarse y sentarse en el estrado en los sillones exactos que ocuparíamos en el instante mismo de la ceremonia. A todo esto, lo más hermoso de aquellas horas de vigilia fue sentirnos arrullados por un jardín de dalias blancas y amarillas que habían sembrado en el escenario para dar a ese ambiente poblado de estatuas, alfombras y banderas, un aire primaveral, en pleno invierno.

Cerca de las tres, pasado el mediodía, la torre de la catedral (aquí, el 98% de los suecos *nacen* luteranos, tal cual en América nos bautizan en la Santa Iglesia), comenzaron a soltar las campanas en una especie de estrofas musicales que anunciaban el canto mayor, o sea, el clásico concierto de la ceremonia. A partir de ese momento, se abrieron los portones de la sala y el público inmenso, tranquilo y disciplinado fue entrando y buscando asiento en el teatro viejo, donde a la hora exacta hizo su aparición formal el Rey Gustaf y la familia real para ocupar sus sitiales, en primera fila. Majestuoso y organizado pueblo es éste, no me canso de decírselo. Son gentes que circulan entre el silencio del agua y la algarabía del metal de sus campanas.

Fue, pues, en plena correspondencia entre el agua letal de los canales y la fiesta arrolladora de los bronces —en pulsaciones ascendentes, descendentes—, que el Secretario

General de la Fundación Nobel dio inicio a la ceremonia, refiriéndose al genio de Alfred Nobel, tal cual lo ha hecho la persona en ese cargo desde el año 01, cuando se hizo entrega del premio por primera vez, en este sitio. (¿Cuánto, dígame usted, puede haber de nuevo bajo el sol para cantarle anualmente loas a un hombre igual a usted, igual a mí, amigo mío?)

Lo que sucedió después resultó verdaderamente inusitado. Lo vi separarse de la tribuna, lentamente. Escuché cómo en aquel ambiente, estructurado hasta lo último, se hacía un silencio majestuoso. Y de pronto, ¡oh, milagro! Fue el brusco despertar de un sueño largo, muy largo y frío sueño. Un vikingo alto, espigado, masa de monarca mitológico, se dirigía a Gabriela Mistral, a esta maestra rural del valle de Elqui, en *mi* lengua materna. ¿Para qué decirle que en mis ojos se cuajaron las lágrimas de no sé ya cuántas lunas? El habla de mi infancia… El mirar de mi madre… El arroyo de aguas cristalinas… El viento del valle con aliento de miel… El verso aquel, listado de sangre y hiel… Mi vida entera atajada en mis manos cual manojo de lirios.

La sed ha sido larga, la cuesta muy aviesa, pero ramillete como este, me ha regalado —con su perfume hondo—, caricia perdurable. Fue un ahuecar de manos para acunar en mí a Isabel —abuela—, allá en las despobladas noches de Vicuña, recitando *El libro de Job,* el *Eclesiastés, Rut,* los *Salmos* e *Isaías.* Fue un retomar de madejas y recobrar el hilo por donde rompí un día a cantar desde mi pecho herido. Allá, la niña por voluntad arisca de una maestra ciega, apedreada; acá, la misma niña, un día, por zarpazo amargo de *débil mental,* encasillada; ahí, la amante adolescente por beso de suicida, ensangrentada; y, hoy, aquí, la madre putativa, la que sobre la Tierra lleva desnudo el costado, descubriendo con Cristo, que la vida y sus constantes lutos puede ser también oro y dulzura de trigo. La serenidad —corona de pasiones— ha tenido bondad de soplármelo al oído: es breve el odio y el amor, inmenso.

Concluido el elogio de casi todos los laureados —faltó sólo el del norteamericano Cordell Hull, quien recibió su Nobel de la Paz, en ceremonia tradicional en Oslo—, llegó la hora de marchar de izquierda a derecha —en estricta ordenación—, de descender del escenario y saludar al rey, tal como se nos había indicado previamente. Fue, entonces, cuando —cervatilla de instintos y costumbres— miré hacia los sitiales (detrás de los de la familia real) que habían sido designados para nuestros invitados. Busqué, uno a uno, aquellos rostros —mis rostros más amados, entre los que incluyo el suyo, Zweig, con quienes he compartido el pan, el vino de los dátiles, así como el más amargo de este valle—, y el manotazo hirviente del vacío me quemó los ojos. La mujer sola, de contraoficio, vagabunda —esta Gabriela que se ha echado, por rutas, continentes y océanos y ha pasado de la mano a la mano la estepa aplastada de sol o de lápida de hielo—, casi da un traspié, pierde el escalón tan ensayado y estropea por torpeza el acto. Remecida, busqué en qué asirme y me topé con la sonrisa de nuestro amable embajador en Estocolmo. Hombre de instrospección y de ternura, su mirada fue bálsamo para aquella fiebre y fuerza para arrimarme con suavidad hasta el Rey Gustaf, quien me aguardaba de pie: viejo fino, cabal hombre, bisnieto de Bernadotte, el mariscal de Francia y su bella Desirée, primer gran amor de Bonaparte. En asunto de minutos, el monarca me extendió una mano mullida de hospitalidad, me entregó diploma, cheque y medalla de oro, me mostró su rostro dibujado por arrugas expresivas de los problemas de Europa, me preguntó con interés de poeta por mi obra, me mencionó a Vasconcelos, Mistral y D'Annunzio, envió un saludo para Chile y yo recibí, ávida, la voz de este hombre que procura que el mundo se vuelva mejor, con la esperanza, acaso, de que pueda algún día volverse admirable. Seis años de guerra, cuando se ha pasado —como este rey— de los ochenta, son cifra demasiado importante. Los ha contado, seguramente, día a día, este hombre que ha multiplicado energías para industrializar y democratizar a Suecia. Un estadista moderno que, en tiempos de paz, ha jugado al tenis con sus súbditos y al bridge con su Primer Ministro; y, en horas de guerra, ha sabido mantener una política de militarización neutral, a toda costa. Armonía rara, en testa coronada ha sido y es este Gustaf, adorado por su pueblo. Lo he visto, lo he observado y le he tomado un cariño aupado en reverencia. Un hombre como Gustaf V, pese a sus ochenta y siete bien cumplidos, no se muere fácilmente, porque contiene metales y cauchos en que la muerte tiene para rato.

El banquete. No creo, amigo Zweig, que el banquete, en sí, celebrado inmediatamente después de la ceremonia, en el *Salón Dorado* del Ayuntamiento, me llamaría, hoy, a mencionárselo. Ya conoce lo poco que me agradan estas recepciones oficiales. Pero me cupo en suerte compartir la mesa con Sir Alexander Flemming, el médico de la penicilina, y eso no puede pasarle —ni al más indiferente— desapercibido. Sabio más sensato, más dueño de su alma, menos delirante (tal vez por haber luchado, cuerpo a cuerpo, contra el delirio del tétano, la septicemia y la gangrena), no he conocido, ni creo que pueda encontrarse en esta generación en que vivimos. Me habló con humildad poco común de sus inicios bajo el bacteriólogo Almroth Wright y cómo éste, después de haber sido su profesor en el *St. Mary's Hospital,* de Londres, le ofreció plaza en su laboratorio. Corrían, entonces, esos días cuando la mayoría, escéptica, le hacía mofa a la teoría de que la inmunización era el único frente eficaz contra las enfermedades infecciosas. Pienso, sin pretensión alguna, que mi origen indoamericano —la muerte que acecha por falta de recursos a nuestros niños amautas, a nuestros cholitos, a los indiecitos de Titicaca, a los mulaticos del Caribe— influyó en él para que me incluyera con tanta buena voluntad en sus afanes. ¡Ay!, qué hombre éste para haber visto llegar con desesperación la muerte a tantos cuerpos jóvenes, intactos. Y cuánta pie-

711

dad —habría que añadir— para dedicar su vida entera a dar con esa *bala mágica* —*la balle magique*, como él se ha referido al antibiótico— que fuera capaz de acabar con los microbios y dejar incólume el cuerpo humano. *"Esto sucedió durante la primera guerra, en Francia —me refirió, en un momento dado—. ¡Y créame, señora, cuando le digo que estaba harto de batírmela con infecciones que acababan, a diario, con jóvenes que enterrábamos, desesperados, en una tierra abandonada vilmente de cadáveres!"* Le confieso, amigo mío, que yo seguía el rostro de Flemming, punto a punto, e iba midiendo lo que su corazón decía, tal cual no me ha ocurrido nunca con ningún hombre de ciencia, hasta ahora. Era como si las dolencias mortales fueran tocadas por él en el mismo instante en que las refería. Entonces, le caía en la cara una tristeza sin límite que lo envejecía de golpe. Su repugnancia de la violencia del microbio no sólo era veraz, era absoluta. Después de la primera guerra, cuando en 1922 realizó su primer gran descubrimiento —cómo la mucosa es capaz de destruir ciertas bacterias, sin perjudicar el tejido—, vislumbró, me dijo, la primera chispa de esperanza. *"Tuve la certidumbre, entonces —añadió, en voz baja—, de que llegaría a dar con la bala mágica que se había aferrado, durante tantos siglos, en mantenerse solapada... Y fue, así, que un día, un día como tantos, supe que ahí estaba, en la ventana abierta de mi laboratorio: era un moho, señora; sí, un moho como usted y yo hemos visto tantas veces, sin que se nos ocurra nada. Pero ésa era la clave para el descubrimiento de la* Penicillin Notatum, *cuya sustancia, una vez cultivada, bauticé con el nombre de penicilina. Había dado, al fin, con la bala mágica, señora. Era el final de una pesadilla y era el principio de un sueño para miles."*

La sobriedad de Flemming para juzgar su aporte inmensurable me pareció completa. En ningún momento hubo en él una autoalabanza solapada, ni siquiera un vocablo halagador u oficioso: su continencia verbal y emocional forma parte integral de su hidalguía, amigo Zweig. Bien otorgado ha sido el título de caballero a quien lo es y cabalmente. Acépteme, pues, cuando le digo que admirar a Flemming es ejercicio fácil de nobleza. Pero hay que dar un paso más: agradecerle, de corazón y en todo tiempo, porque con sus vigilias, sus obsesiones y su sabiduría ha enriquecido para siempre a esta humanidad nuestra, como los mejores.

La fiesta de Santa Lucía. Esta semana —a partir del día de la ceremonia, en la sala de Conciertos—, agitada ha sido, pero ha habido momentos cuando un hecho, una canción o una palabra ha bastado para ejercer sortilegio sobre mi persona. Ya le he dicho, amigo mío: puede ser tierra de encantamiento, Suecia. Y es que de entre la niebla surgen, de pronto, sugerencias de elementos poéticos que, de tan hermosos, desconciertan. Es cuestión, entonces, de no intentar atajarlos, sino de quedarse quieta, aceptando la magia de lo imaginado o creado.

La noche del 12 al 13 de diciembre —noche de números míticos con que la teosofía todavía no ha intentado complacerse— los suecos celebran *La fiesta de Santa Lucía.* Esa noche, la más larga noche entre las noches largas, esta gente la celebra, mezclando el mito romano de Lucina (la diosa de la luz que preside, suprema, a la hora de los partos) con la festividad cristiana de Santa Lucía: celebración del santoral, cuando se honra a aquella virgen y mártir de Siracusa, a quien Diocleciano —el pagano desalmado— asesinó, en un intento de posesión, fallido.

El don de la inventiva y el de la sugerencia han hecho que esta noche se celebre, en Suecia, de manera jovial y cautivante. Aquí se viste a las doncellas rubias con graciosos camisones y se les corona de flores y velas encendidas. ¡Qué deslumbrante amanecer fue el de este miércoles! Todavía a oscuras, me despertaron unas voces que cantaban dulcemente en los corredores del hotel y, luego, ¡oh sorpresa!, me vi rodeada de estos seres, entre mágicos, celestiales y paganos que no sólo me servían el desayuno hábilmente,

713

sino también me regalaban la obra toda de nuestra Selma, en castellano. Fue, le confieso, como abrazarla a ella; como tener conmigo y sin previo aviso a Nuestra Señora, la gran señora de las letras suecas. Su genio-ingenio, plasmado con frescura de infancia, estaba de pronto frente a mí esa mañana y me obsequiaba, en los rostros de aquellas criaturas son-rosadas, su mejor sonrisa.

A lo largo de mis correrías por el mundo, he podido obser-var, amigo mío, cómo pueblos ricos en mitos y leyendas son también sobrios y respetuosos del hombre por el hombre porque se ama, en él, a las mujeres y a los niños. En estas tierras, ya le he dicho, el extranjero, el perseguido y el débil reciben la acogida gozosa de la cortesía, la voluntad de salvarlo del más fuerte y un acento de ternura indescrip-tible que es preciso gozar en la composición entera.

Durante estos días que me ha tocado catar el vino claro de la nobleza del espíritu, he confirmado, en una y otra ins-tancia, cómo aquí se ama al niño y al menesteroso porque hay un culto por la memoria de la infancia. ¿No viene del olvido de ella el endurecimiento en que acabamos todos? Hay que visitar los centros de salud y también los escolares para quedar sobrecogidos al ver cómo estos niños son mi-mados, adorados, desde el vientre. Rollizos vienen al mun-do; y rollizos, saludables, sonreídos caminan, nadan, juegan por esta tierra suya de lagos cristalinos. Bien comen estos niños, bien se alimentan porque el núcleo familiar reconoce el valor nutritivo —en materia espiritual y física— de la buena miel, la buena leche, los mejores vegetales, el aire puro y más transparente de este mundo. Se trata de buscar la armonía entre todo lo que la Tierra ofrece, en su ricura elemental; se trata, en fin, de dar a luz y luz a seres educa-dos, dóciles a su propio canto.

¡Qué lindo puede ser un pueblo donde no existen casi la pobreza, el analfabetismo, las enfermedades congénitas e infecciosas! Y, ¡qué diferente resulta esta realidad con esa otra, que acosa —desde el amanecer hasta el ocaso— a los niños de nuestro Continente! No olvidemos a nuestros cervatillos irreales, en su belleza pobre; ágiles, en sus cascos débiles; agudos, en su olfato, para evadir, a diario, el rifle asesino de tantos cazadores al acecho.

Ha sido extenso este recado, amigo. Hacía tantos años, ya, que usted y yo no tocábamos la fibra interior de nuestras almas. He querido, por eso, compartir con usted un buen trozo de este pan, un buen sorbo de este vino que me han dado de comer y beber con generosidad, en Estocolmo.

Esta carta va para muy lejos: donde sea que usted descanse, después de su súbita partida, aquel terrible mediodía de febrero en Petrópolis. Espero que cuando haya terminado de leer este recado quede con un poco de la complacencia que ha significado para mí dirigirme a usted —ya no en la lengua de Montaigne, como solíamos hacerlo cuando dialogábamos, sino en la mía propia—. Rotos los temibles amarres de lugar y tiempo, he podido, al fin, conversar con usted, maestro amado, en el habla de mi infancia: en ese tono más mío que ninguno; en mi dejo rural, el más frecuente.

Le envío, recíbalo, un gajo —el más puro— de mi alma. Lo he guardado, intacto, en quien encontré, de quien recogí, la miel de Isaías, la llama de Pablo, la ambrosía de Rut. Adiós.

Gabriela Mistral

COMENTARIO

Aunque Gloria Guardia todavía no figura en ninguna de las antologías del cuento panameño o del cuento centroamericano que he consultado, su ausencia no se debe a la falta de calidad de su obra sino a su estreno cuentístico relativamente reciente. Su primer cuento, "Otra vez Bach", se publicó en 1975, pero *Cartas apócrifas,* su primera colección, ganadora en 1996 del Concurso de Cuento "Bogotá, una ciudad que sueña", no se publicó hasta 1997. En efecto, es buen ejemplo del carácter cosmopolita e internacional de algunos de los cuentistas panameños más sobresalientes a través de distintas generaciones: Rogelio Sinán (1904-1994), Enrique Jaramillo Levi (1944) y Claudio de Castro (1957).

Cartas apócrifas consta de seis cartas apócrifas escritas por seis mujeres de una variedad de países: Santa Teresa de Jesús de España, Virginia Woolf de Inglaterra, Teresa de la Parra de Venezuela, Gabriela Mistral de Chile, Simone Weil de Francia y Tania von Blixen de Dinamarca. Las seis cartas captan con lenguaje apropiado y una aguda sensibilidad los problemas sentimentales y religiosos o místicos de cada protagonista a la vez que comentan los sucesos internacionales que les toca experimentar.

El título de la carta de Gabriela Mistral, "Recado desde Estocolmo", indica el carácter menos dramático y menos emocionante que el de las otras cartas. La poeta chilena se dirige a Stefan Zweig, novelista y biógrafo austriaco. La carta, fechada Estocolmo diciembre de 1945, tiene la particularidad de que su destinatario murió en 1942. La protagonista lamenta que el Premio Nobel haya llegado demasiado tarde "cuando usted y los que mucho he amado se han marchado y me han dejado en este valle inmenso" (91). A diferencia de las cartas de Virginia Woolf y de Teresa de la Parra, la protagonista no se desnuda el alma en cuanto a amores apasionados y conflictivos pero sí comparte con las de Tania von Blixen y de Simone Weil el tono algo místico. Aunque la carta versa principalmente sobre las experiencias de la poeta en Estocolmo relacionadas con el Premio Nobel, en un momento dado evoca su propia imagen de maestra rural en Chile, de su infancia, de su lectura de ciertos libros del Antiguo Testamento y de su misión poética de descubrir, con Cristo, la importancia de los pobres y de los afligidos: "… y, hoy, aquí la madre putativa, la que sobre la Tierra lleva desnudo el costado, descubriendo con Cristo, que la vida y sus constantes lutos puede ser también oro y dulzura de trigo" (101-102). La poeta premiada termina la carta agradeciéndole a Zweig el haber reforzado su contacto con la Biblia: "Le envío, recíbalo, un gajo —el más puro— de mi alma. Lo he guardado, intacto, en quien encontré, de quien recogí, la miel de Isaías, la llama de Pablo, la ambrosía de Rut. Adiós" (112).

No obstante, el tema principal de la carta es el elogio de los suecos, desde la novelista Selma Lagerlöf, el Rey Gustaf y su familia hasta "la doncella sonrosada y tierna del *Grand Hotel*" (95) que "hacen gala de esa sencillez que revela gran raza en cualquier oficio" (95). También los elogia por haber aceptado a miles de judíos alemanes y otros refugiados. Como la carta está fechada en 1945, no sorprende que la poeta condene a Hitler, a Mussolini (96) y a Stalin (95). Volviendo a los suecos, los llama "majestuoso y organizado pueblo" (100); "sobrios y respetuosos del hombre" (109); "el extranjero, el perseguido y el débil reciben la acogida gozosa de la cortesía, la voluntad de salvarlos del más fuerte y un acento de ternura" (110); "se ama al niño y al menesteroso" (110).

Frente a esta imagen utópica de Suecia, la poeta no puede menos que contrastarla con la de América Latina: "¡Qué lindo puede ser un pueblo donde no existen casi la pobreza, el analfabetismo, las enfermedades congénitas e infecciosas! Y, ¡qué diferente resulta esta realidad con esa otra, que acosa —desde el amanecer hasta el ocaso— a los niños de nuestro Continente!" (111). En esta cita, Gabriela Mistral recoge el tema de la penicilina, invención de su comensal, el también premiado médico inglés Sir Alexander Flemming, cuya sobriedad y falta de engreimiento la deja muy impresionada.

Queda por preguntar por qué decidí antologar esta carta por encima de las otras. Por una parte, Gabriela Mistral, igual que Teresa de la Parra, es hispanoamericana; el espacio sueco pocos meses después del fin de la segunda Guerra Mundial ofrece un contraste dramático con la situación rural de Chile asociada con Gabriela Mistral; y esta carta se distingue de las otras cinco al no concentrarse en los problemas personales de la protagonista, tema tradicional de la narrativa femenina.

¿Hasta qué punto las *Cartas apócrifas* deberían clasificarse como cuentos históricos? Para la autora, las seis protagonistas pertenecen al pasado y, a través de las cartas apócrifas, ella ha logrado captar con gran sensibilidad ciertos momentos claves en la vida de cada una y ha sabido colocarlos dentro del sabor de ciertas épocas históricas. Desde luego que el clasificarlos de cuentos históricos no elimina la posibilidad de clasificarlos también de epistolares o de biográficos.

JUSTO ARROYO
[1936]

*Panameño, nacido en Colón. Realizó estudios de posgrado en
literatura en la Universidad Nacional Autónoma de México.
Profesor de español en la Universidad de Panamá. Ex embajador de Panamá en Colombia y delegado de Panamá en
congresos y seminarios culturales en América, Europa, África
y Asia. Es el autor de las novelas* La gayola *(1966),* Dedos
(1970), Dejando atrás al hombre de celofán *(1971),* El pez y
el segundo *(1979),* Geografía de mujer *(1982),* Semana sin
viernes *(1995),* Corazón de águila *(1996),* Lucio Dante
resucita *(1998),* Sin principio ni fin *(1999),* Vida que olvida
(2002); y de las colecciones de cuentos Capricornio en gris
(1972), Rostros como manchas *(1991),* Para terminar
diciembre *(1995) y* Héroes a medio tiempo *(1998), que me-
reció el Premio Centroamericano de Literatura "Rogelio Sinán", y cuyo primer cuento es "La pregunta". Otras colecciones de cuentos más recientes son* Cuentos de Eduardo *(1999)
y* Réquiem por un duende *(2001).*

LA PREGUNTA

LO PRIMERO son sus ojos.

De pupilas tan quemantes que la primera reacción es la
de apartar la vista. Pero el viejo lo sabe, y te mira hasta cuando no tienes más remedio que mirarlo también, hasta cuando
el fuego de sus ojos te obliga a reconocer su existencia, que
es de lo que se trata en primer lugar.

Desde antes de entrar al restaurante el viejo empieza a
cazar miradas. Primero de los clientes, a su derecha, que al

principio no lo toman en cuenta, entretenidos como están en sus comidas o en conversación. Luego de los cocineros, a su izquierda, que vestidos de blanco sirven y alientan apetito con buen humor, preguntando con qué quieres el lomo o el pollo o el cerdo, que si con arroz, papas o espaguetti, sirviendo su porción diminuta y ostentando la estafa en cada plato, recalcando la inutilidad de toda protesta porque ya los quiero ver, yéndose hasta sus casas en medio del descomunal tranque, a ver si regresan a tiempo para el turno de la tarde.

De modo que pague caro, coma poco y aguántese: ¿Con qué quiere el lomo?

El viejo no.

Desde que aparece en la puerta los cocineros pierden el humor, despachan tensos y cada uno ruega que no le toque atenderlo. Las ropas del viejo son humildes pero limpias, y hay algo en su forma de llevar el cuerpo, algo perturbador en tanta esbeltez que indica que está dispuesto a cualquier enfrentamiento, que, es más, lo necesita.

El viejo nota cómo los cocineros reconocen su existencia en el endurecimiento de los hombros y en su repentina falta de ritmo, en la descoordinación entre platos, cucharas y comida. El viejo entonces toma su bandeja y ocupa su puesto en la fila. Está erguido, dueño de su territorio mientras pasa la vista por el restaurante, los cocineros, el tablero con el menú y la lista de precios.

Pero nada de esto tiene importancia: lo que cuenta es que ya los cocineros han reconocido su existencia. Él, en esa fila, con su bandeja en la mano, ha dejado de ser el viejo que todos desdeñan, que se le pasa al lado como si fuera una molestia, casi reclamándole el aire que respira y el espacio que ocupa, casi invitándolo a que se muera de una buena vez y deje su lugar a los jóvenes.

A paso lento, entonces, el viejo se coloca frente a uno de los cocineros. Su mirada quema más y la orden es seca, el índice derecho apuntando al lomo. Cautivo de la mirada, el cocinero maldito se adelanta a servirle, en la mano izquierda un plato y en la derecha una cuchara. Para entonces se hace un gran silencio en la fila, en tanto que los otros cocineros sirven aliviados.

El cocinero que atiende al viejo busca con la cuchara en la bandeja del lomo. De allí, con mucho cuidado, extrae dos telitas de lomo: una... dos.

Ni una más.

Dos: delgadas, transparentes.

Salen cien telitas por cada libra de lomo y, a cuatro dólares la libra y a cuatro dólares el plato, la ganancia del restaurante es de un millón por ciento en este bravo ejemplo de capitalismo salvaje.

Pero cuando el cocinero se adelanta a mojar las telitas en salsa, la mano le tiembla, porque está consciente de que llegó la hora.

El silencio es total. El restaurante en pleno: comensales, meseros y cajeras responden a la quietud que llega de la fila, idos el rumor de platos y cubiertos, de conversación, de los pedidos de lomo, pollo o cerdo. Cada tenedor, cada cuchara y cada cuchillo suspende su accionar a medida que todos dirigen la mirada en dirección al viejo y a la fila detenida.

Entonces todos reconocen la existencia del viejo y nadie puede decir que no lo ve, que es sólo una sombra a la que se le pasa al lado. Porque cuando los ojos quemantes del viejo ceden la palabra a la voz, una voz que no tiene nada de antigua sino mucho del joven que fue y que dominaba con sólo entrar a un cuarto, aquel joven dentro de este cuerpo que hoy pretenden ignorar, la voz del viejo revienta el silencio del restaurante con la pregunta misteriosa, aquella que nadie antes de él se había atrevido a formular:

—¿Cuatro dólares por dos telitas de mierda?

El silencio sigue espesándose en lo que parece una película detenida, en todas las mesas un corte sin terminar o una mordida sin tragar o un vaso sin beber. Lo único que se mueve son los cien ojos de los clientes, que van del viejo al cocinero y del cocinero al viejo, en espera de la respuesta a la pregunta que todos se habían hecho desde la apertura del restaurante pero que, por temor o vergüenza, habían callado.

Pero el cocinero no contesta, tampoco se atreve a levantar la vista y sigue mojando en salsa las dos telitas de lomo. Entonces, en un intento por salvarse, como último recurso desesperado hacia la normalidad de su vida y la convivencia humana, el cocinero hace un esfuerzo supremo, sube la cara y mira directamente a los ojos del viejo para, ante el impacto de la mirada, dejar escapar un graznido al contestar su pregunta con otra pregunta que creyó salvadora:

—¿Con qué quiere el lomo, señor, con arroz, papa o espaguetti?

Pero el viejo se ha preparado bien para cualquier táctica dilatoria, especialmente una tan infantil como ésta; y no es verdad que con la atención completa del restaurante, con el silencio que él ha provocado y con todas las miradas en su dirección, reconociendo su existencia, él va a dejar escapar el momento con este recurso patético del cocinero.

Por eso, la voz del viejo retumba invicta en cada oído, en cada mesa, en cada silla y en cada rincón del restaurante cuando exclama:

—Te hice una pregunta, maricón: ¿dos telitas de mierda por cuatro dólares?

El cocinero no puede más. Y en franca aceptación de su derrota, tira el plato con las telas de lomo sobre una mesa y huye llorando del campo de batalla. El viejo, mientras tanto, mantiene su sitio en la fila, erguido, bandeja en mano, esperando el próximo contrincante, ése que le aclare el secreto de las dos telitas de lomo por cuatro dólares, todo el respaldo del restaurante en sus hombros, los otros cocineros congelados en su sitio hasta cuando de adentro de la cocina sale corriendo el chef en persona para atenderlo.

Entonces, retomando el plato del viejo, el chef agrega una telita de lomo más.

—Y con bastante salsa en mi arroz —dice por último el viejo, mientras la fila avanza y el ritmo de platos y cubiertos, de gente que corta, mastica, traga y conversa, vuelve a llenar el restaurante.

A partir de ese día, en el restaurante sirven tres telitas de lomo.

Y a partir de ese día, también, todos están atentos a cuando el viejo pida pollo.

COMENTARIO

En pocas páginas, el autor logra convertir una situación común y corriente, una situación cotidiana, una situación insignificante en una batalla dramática cargada de tensión. Es más, el triunfo del viejo contra el "capitalismo salvaje" representa una esperanza para todos los seres que se sienten impotentes no sólo frente al "capitalismo salvaje" sino frente a cualquier gobierno o frente a cualquier empresa o frente a cualquier institución. El fin optimista establece nexos entre este cuento y la película *Erin Brockovich,* cuya protagonista es el prototipo de la *whistle blower* triunfante.[1]

"La pregunta" luce una técnica perfecta para el tema. La escena se crea con la mayor concisión. Los párrafos y las oraciones son breves y el vocabulario es sencillo. El motivo recurrente de los ojos aparece en la primera oración. Mediante unas pocas palabras metafóricas, el restaurante se transforma en un "campo de batalla": "cazar miradas", "la fila avanza", "dueño de su territorio", "cautivo de la mirada", "la voz del viejo retumba invicta", "derrota", "contrincante". El predominio de grupos trimembres de palabras y de frases ("lomo, pollo, cerdo"; "comensales, meseros y ca-

---

[1] En diciembre de 2002 se anunció que el premio para la persona más sobresaliente del año fue otorgado por la revista *Time* a tres mujeres *whistle blowers,* una del FBI y las otras dos de las empresas Enron y Worldcom.

jeras"; "con la atención completa del restaurante, con el silencio… y con todas las miradas…") refleja, subraya y refuerza la importancia de la tercera telita de lomo. Pese a su vejez y pese a su ropa humilde, el viejo se impone al enemigo por "sus pupilas tan quemantes", por "su forma de llevar el cuerpo" y por su voz de joven.

El cuento se remata con un acierto magistral. La penúltima oración sería un fin excelente pero no se puede decir que sobra la última oración. Todo lo contrario, con la repetición de la frase "a partir de ese día", se apunta a la próxima victoria del viejo anónimo, quien está totalmente convencido de que está triunfando contra las fuerzas del mal. Una comparación con "El vaso de leche" de Manuel Rojas podría estimular un diálogo interesante.

JORGE NINAPAYTA DE LA ROSA
[1957]

*Peruano, nacido en Nasca. Cursó estudios literarios en la
Universidad Nacional Mayor de San Marcos y en la Pontifi-
cia Universidad Católica del Perú, doctorándose en la primera en literatura peruana y latinoamericana. Ejerce actualmente la docencia universitaria. "Muñequita linda" recibió
el Premio Juan Rulfo de París en 1998 y se publicó en 2000,
en Lima, en el tomo de cuentos que lleva el mismo nombre,
con un prólogo de Carlos Eduardo Zavaleta. Ninapayta tiene una novela inédita, ya revisada, y está trabajando en otra.*

MUÑEQUITA LINDA

CUANDO Muñeca murió —por completo y de la noche a la
mañana—, el barrio pareció recobrar para siempre su estatura miserable, y la gente que empezó a salir por las noches
a fumarse un cigarrillo solía mantener siempre la cabeza
abandonada al desconsuelo. Así pues, los vecinos de la tercera cuadra de la calle Virú se detenían en la puerta de sus
casas, se saludaban con movimientos de cabeza, mientras
miraban indiferentes cómo el olor espeso de las frituras
pasaba flotando en jirones, estirándose desde los negocios
de las vivanderas cerca del Parque Botánico. Luego volvían
a dejar sus miradas colgadas de la ventana de la habitación
del viejo Marcos, en los altos de la imprenta, donde oficia-
ba de guardián, y desde donde volvía a derramarse la música del tocadiscos: "Muñequita linda... de cabellos de oro...
de dientes de perlas... labios de rubí..." Pero la vida ya no
era igual, no, ya no tenía la consistencia flexible de los días

capaces de ser vividos, pues una porción intrusa como de leche agria había terminado por estropearlos.

La tarde anterior, los cuatro viejos jubilados, con Marcos a la cabeza, habían ido a enterrar a Muñeca. "Muñeca, Muñeca" (su nombre aún rebotaba con insistencia en cualquier conversación de los vecinos). El amor que ella les había repartido en partes iguales a los cuatro hubiera alcanzado hasta para un regimiento de solitarios; pero ellos tenían su orgullo y nunca quisieron compartirla con nadie más.

Los días que a Muñeca le tocaba vivir con Marcos, los vecinos de Virú oían brotar incansable, ya de día o ya de noche, el mismo bolero afilado por la aguja del tocadiscos Nordmende. Y no necesitaban entrar en la imprenta, doblar hacia la derecha por el pasadizo, subir los ochenta y dos escalones de mármol gastado y llegar a la habitación de él para saber que estaba bailando con Muñeca, "chic tu chic", su cara perdida entre los cabellos rubios, apretando la cintura —¡ay!, ya no tan estrecha como cuando era más joven— e insistiendo con la rodilla pecaminosa entre las piernas siempre núbiles de ella. Hasta que en algún momento, si era de noche, la luz de las bombillas se desmayaba en sombras púdicas (Muñeca nunca gustó de los escarceos amorosos a plena luz). La siguiente semana, ella la pasaba con otro de los cuatro viejos.

Hasta los vecinos de otras calles, como los de Espaderos y Mariquitas, aseguraban oír la música, que se esparcía por sobre los techos poblados de trastos, como si alguien sacudiera la mugre de sus frazadas, y al final todos quedaban con el alma despeinada por una vaga desazón.

Los cuatro viejos habían ido a enterrar a Muñeca en el cementerio Baquíjano y Carrillo, del Callao. Antes, la habían velado en esa habitación de los altos de la imprenta. Definitivamente, resultaron días difíciles para ellos y para todo el vecindario que aún recordaba la histórica contribución de Muñeca al encumbramiento de Barrio Bajo como un barrio realmente popular; pues ya no sólo quedó como distrito de antigua prosapia, de criollos jaraneros, de bardos y poetas, sino que pudo sumar a esos blasones el de barrio de bellas féminas. El título de Señorita Hermosura Nacional, celebrado trece años antes, se lo había traído ella prendido de sus caderas, su busto y su rostro angelical (¡eran tantas sus gracias!). Uno de los bardos locales había cincelado la proeza de Muñeca en versos de rancia estirpe musical que cantaban orgullosos los vecinos: "Fémina de gracia sin par, que a Barrio Bajo supiste dar, blasón de galanura..." (aquí rumor de voces, choque de vasos y estruendosos "¡salud!")

El certamen de belleza se había realizado en el tradicional auditorio de Radio Central. Fue la única vez que una representante de Barrio Bajo obtuvo ese título. Muñeca había salido triunfadora en una justa entre muchas bellas, entre las que sobresalía Nanette, de Barrio Acero, un barrio que —abusivamente— se autonombraba tradicional; también Juanita Regalado, cuya cintura de avispa podía ser encerrada entre el índice y el pulgar de una mano, quien terminaría como esposa del gobernador de la ciudad; además, Cuchita del Solar, bella y letrada, estudiante de periodismo en este tiempo, carrera que luego seguiría como narradora de noticias en televisión, y muchas otras.

Ni bien Muñeca dejó este mundo, los cuatro viejos se dedicaron a buscar un ataúd adecuado. Visitaron las diversas funerarias que recorren la avenida Mayorazgo, frente a la Morgue Central. Pero no hallaron un ataúd barato y decente donde poner límite a las ilimitadas formas de Muñeca. ¡La que varios años atrás había honrado al barrio no conseguía un ataúd decoroso ahora que había muerto definitivamente, de principio a fin! Estaba visto que algunas veces la pobreza no permitía devolver los honores recibidos. Por ello, muchos criollos hacían avanzar sus penas a paso de tres por cuatro, en ritmo de vals: "La pobreza mancilla honores, pero en medio del fango brilla la gema del amor" (rumor de alguien que en el fondo del bar se aclara la voz, que amenazaba con romperse en un llanto de pena).

Nadie había podido presentarles un ataúd decente a cambio del puñado de monedas y billetes arrugados que los viejos lograron reunir luego de escular bajo sus colchones de paja, vender trastos y finalmente pedir prestado con promesas fementidas. Al final, andando y andando, recalaron en la funeraria del Vampiro. ¿Sería cierto lo que se contaba de él?; la gente aseguraba que la historia había saturado las crónicas rojas de la época, veinte años atrás.

Marcos avanzó en la penumbra cerrada de la funeraria del Vampiro, siempre a oscuras y olorosa a madera podrida, seguido por Rómulo, Cleto y Lucio. Avanzaron tanteando en la oscuridad, calculando el lugar de la puerta de la oficina, donde Marcos golpeó con los nudillos. Finalmente, cuando sus ojos se acostumbraron a la penumbra, comprobó que estaba golpeando la frente marmórea del Vampiro. ¿Sería cierto que les hacía el amor a los cadáveres de mujeres hermosas que traían para maquillarlas antes del velorio? Por si las dudas, no había que dejar a Muñeca ni un minuto a solas con este degenerado.

Para eterna vergüenza de los otros funerarios, el Vampiro fue el único que pudo ofrecer un ataúd al precio que ellos podían pagar. Aunque es justo indicar que se trataba de un ataúd de madera endeble (Muñeca era frágil e ingrávida), con una delgada capa de barniz diluido (Cleto podía robarse un poco de barniz para darle otra pasada).

Toda la noche, los cuatro permanecieron en el velorio. Primero tuvieron que esperar que por la tarde el dueño de la imprenta, el chino Lam, anunciara con profunda pena a sus empleados que había acabado la jornada, que se fueran todos, para que entonces los viejos, subrepticiamente, trajeran cargando el ataúd con Muñeca. Lo hicieron pasar por sobre las resmas de papel bond del primer piso, por sobre la máquina cortadora malograda y, finalmente, lo subieron por la escalera de mármol de ochenta y dos escalones, cuya estructura crujió con desesperación.

En algún momento, Marcos volvió a dejar brotar la canción. Movió el brazo entablillado con gutapercha del viejo toca-discos, llevó la aguja hasta el acantilado del disco y desde allí lo dejó caer rebotando: "Muñequita linda... de cabellos de oro... de dientes de perlas... labios de rubí..." La bom-billa de la habitación se descolgaba desde el alto techo, tan alto que se había quedado cansada a medio camino, por lo que su fulgor mortecino no llegaba del todo hasta esas fi-guras delgadas que de rato en rato se movían, caminaban, trastabillaban y se iban corriendo por las paredes.

Muñeca. Muñeca. Marcos miraba a sus amigos: Lucio llo-raba sentado cerca de la ventana, Cleto volvía a pasar una franela al barniz que aún parecía algo húmedo, Rómulo vol-vía a encender las velas que se apagaban. Afuera, en las ca-lles cercanas, la noche se había quedado detenida a las nue-ve en punto y ya no quería avanzar por nada del mundo. "Las penas hondas duran más en el alma del menesteroso" (una tos trabajosa se estira por sobre mesas con vasos llenos de ron, mientras la guitarra teje bordones extraviados).

La noche del concurso de belleza, el centro de la ciudad estuvo más iluminado que de costumbre porque el goberna-dor iba a presidir el certamen. El amplio auditorio de Radio Central terminó por repletarse de invitados, políticos y pe-riodistas a eso de las nueve. La gente —sobre todo la que no asistió— contaría después que hasta los vecinos de otros barrios siguieron, aplaudiendo y dando vivas, el carro ale-górico donde al final se retiró la triunfadora Muñeca, flan-queada por sus damas de honor. La noche de ese día —des-concertada por el alcohol efusivo y la música incansable— perdió el paso y duró casi lo que tres noches en Barrio Bajo, en medio de fiestas en la municipalidad y en las calles.

Pero ni esa prueba de jerarquía había servido para algunos, o algunas. Sobre todo para los de Barrio Acero, quienes encumbraban a la Nanette, supuestamente traída de Francia. Por ese motivo se registraron escaramuzas entre los vecinos de los dos barrios, especialmente en las celebraciones de Fiestas Patrias. Marcos y los otros tres varias veces habían debido hacer frente a punta de escobazos a varios viejos de Barrio Acero quienes, ayudados por una sarta de maleantes, sifilíticos, tuberculosos, lúmpenes y sidosos pretendían dejar establecido que la Nanette era superior cuando se trataba de dar amor a los desvalidos. ¡Habrase visto!

¿Pero cómo se iba a comparar esa meretriz de plástica bajeza con la Muñeca de ellos? La Nanette, en la actualidad, era ya sólo un despojo pintarrajeado que arrastraba sus años otoñales entre viejos alcohólicos y drogadictos. No era como Muñeca. Aunque es de hidalgos reconocer que la Nanette era de buena factura, traída de Minnesota y no de Francia (como se especulaba equivocadamente debido a su nombre de combate y a su pasión por los perfumes de ese país); pero su naturaleza ramplona dejaba notarse en que había formado parte de un lote ya acabado, de los que alguna vez se envió a Vietnam para apaciguar los ánimos venéreos de los soldados. Por ello mostraba sin pudor numerosas mordeduras en el cuello y en los muslos, que felizmente no habían llegado a desgarrar toda la piel.

Muñeca había llegado al país dentro del maletín de piel de cocodrilo de un contrabandista panameño que venía de Miami. En una kermés en favor de los enfermos de la Asociación de Ex Combatientes del Cuarenta, Marcos había oído el comentario: el contrabandista ofrecía "una hembra de primera, de las fácilmente inflables", traída de Estados Unidos —nada menos—, ese gran país. Sólo después de varios tragos, se animó a pedir la dirección.

Al otro día, luego de su turno de ayudante de almacén en un ministerio —aún no se había registrado la ola de despidos en las instituciones públicas—, fue a visitar al contrabandista. Éste le dijo que Muñeca era de un material que ya no se usaba, porque justo después de ella se prohibió su libre comercialización, para usarlo sólo en la fabricación de trajes para astronautas de la NASA. Habló maravillas de Muñeca, de sus bondades, de sus costumbres; pero lo que más convenció a Marcos fue el rostro perfecto y las formas finas de ella. Se enamoró sin remedio.

No quería dejar pasar la oportunidad y trató de conseguir dinero a como diera lugar. Si vendía lo poco que había juntado en toda una vida de 67 años —lo cual, bien apretado, cabía en un costal de avena Tres Chanchitos—, con las justas llegaba a la cuarta parte del precio. Al final se le ocurrió: si puede darme amor a mí, también podría dárselo a otros. Claro que a conocidos, a gente respetable como él, y no a zarrapastrosos como los de Barrio Acero. Y fue a buscarlos.

Dos días después se apareció donde el contrabandista, con los otros tres viejos, quienes deseaban ver con sus propios ojos a Muñeca. Sólo bastó unos minutos para que todos estuvieran de acuerdo. El contrabandista volvió a soltar su *speech* sobre la piel y los astronautas. Y añadió que, debido a la mezcla usada en ese material, tenía un calorcito bien rico: "Toquen, toquen". Los viejos tocaron con dedos trémulos y —"sí, sí, claro"— sintieron que adentro latía un corazón amoroso, mientras afuera resplandecía ese rostro, esos ojos y esa boca siempre a punto de hablar.

La trajeron en una caja de cartón plastificado de 30 × 30 cm. Fueron al cuartito donde dormía Marcos y allí, desesperados por verla crecer, soplaron y soplaron hasta casi dejar la vida en el esfuerzo. Luego, al apreciar todo ese continente erguido vibrando frente a ellos, concluyeron que era más bella de lo que había parecido al inicio. Acordaron que la rotarían, cada uno de los cuatro la tendría una semana.

El único problema que advirtieron más adelante fue que en los instantes de pasión, cuando después de perder la cara entre sus cabellos rubios alguno de los viejos acezaba empujado por la fuerza que tanto había demorado en reunir, de pronto ésta parecía acusar recibo de un poco de agua fría cuando veía, justo detrás de la oreja izquierda, la etiqueta que algún diseñador inconsciente había decidido colocar precisamente allí: *Made in USA*. Pero con el tiempo llegaron a acostumbrarse a ello, como a tantos caprichos de Muñeca.

Durante estos años, Muñeca también había ido envejeciendo, aunque —claro— en ella era menos ostensible que en ellos. Sus ojos adquirieron un relente de vaga pesadumbre, porque la vida se había tornado mucho más dura en el país. Algunas veces Marcos la dejaba sentada mirando la calle a través del tul de la ventana, y a ella se le humedecían los ojos al advertir tanta pobreza, al ver pasar alguna manifestación de despedidos, uno que otro asalto, y al comprobar cómo el barrio se había ido viniendo cuesta abajo. En sus pestañas temblaban algunas lágrimas. No era la garúa de la ciudad, sino lágrimas, que ella trataba de disimular. Es que todo se iba deteriorando y la gente debía hacer lo indecible para sobrevivir: trabajar en más de un lugar, escatimar gastos y muchos hasta armar negocios de venta de comida a las puertas de sus casas, adonde nadie acudía.

Y últimamente los cuatro viejos habían sentido que, cuando Muñeca hacía el amor con ellos, se quejaba de la espalda, específicamente de dolor a las costillas. Siempre había padecido de dolores a la espalda. El contrabandista mismo les había confesado que ella, antes, había vivido —brevemente, es cierto— con un coronel norteamericano alcohólico, mutilado en Corea, que la golpeaba. "La belleza no condice su existencia con el hedor del fango" (ruido de una botella de licor que cae rota al suelo y su contenido se derrama por entre el aserrín).

Entre los cuatro viejos, Lucio era el más temperamental y bebía mucho. Desde joven había sido así. Marcos podía dar fe de ello, porque lo conocía desde los años cincuenta, época en que Lucio entró a trabajar en el mismo ministerio. Luego, cuando se divorció y más adelante sus hijos ya no querían saber nada de él, Lucio se había hecho más amigo de Marcos. Ahora se dedicaba a lavar platos en la trastienda de un restaurante chino. "La ingratitud te aplasta, pero no te puede matar" (alguien llora, y otro lo calma dándole palmadas en el hombro).

Por su parte, Cleto era el que menos requería a Muñeca, debido a sus problemas de la próstata, que se le inflamaba con sólo orinar. Culpa de las caminatas seguramente, porque Cleto se dedicaba, junto con Rómulo, a comprar y vender trastos y fierros en un triciclo. A lo que conseguían le daban una lijada y una mano de pintura y lo revendían a los negociantes de los mercadillos. Varias veces, cuando Marcos había ido a ver a Cleto durante su semana de suerte, lo había hallado mirando por la ventana de su cuartucho, con Muñeca vestida y sentada en una silla, sólo dialogando con ella, sobre el tiempo, las inundaciones en el norte del país, el alza del dólar; sobre tantas cosas.

Hasta que hace dos días por la tarde, justo después de que Marcos acababa de frotarse con ungüento la rodilla derecha que solía dolerle por el frío, llegó Rómulo corriendo a la imprenta. "¡Se nos muere. Muñeca… se nos muere!"

Ambos fueron corriendo hacia el cuarto de Lucio, ubicado en una miserable quinta de casas detrás de un mercado. Y mientras corrían, acezando, deteniéndose a ratos para tomar aire, palmeándose el pecho, Cleto le había informado: Lucio, que por esa semana tenía a Muñeca, había llegado borracho a su habitación y se había puesto a bailar y a beber ron con ella, profiriendo lisuras contra el gobierno y pretendiendo tratarla como a una simple pelandusca: "Ya sabes cómo es él cuando está ebrio". Cansado y triste —se le daba por llorar y hablar de su familia ingrata cuando bebía—, Lucio se había puesto a bailar con ella. Había olvidado que cuando a Muñeca la trataban mal, se enfadaba

733

y decidía no hablar. Además, ella nunca bebía —el licor le producía gases— y aborrecía el lenguaje procaz de los borrachos. Lucio, irritado y luego sollozando, le había pedido que le dijera que lo quería, pero que lo quería como a un verdadero hombre y no como a un viejo solitario que habla consigo mismo. Mas como ella se mantuviera en silencio, ciego de ira y de alcohol, le había propinado una feroz dentellada en el cuello.

"Se nos muere…" Entraron al cuartucho y Marcos advirtió la dimensión de lo sucedido. Desde el primer vistazo, supo que ya no había nada que hacer. Ella se moría, sin remedio. El aire se escapaba, entreverado con la vida y el ánima de Muñeca.

Estaba echada sobre un viejo sofá destartalado, con las ojeras acentuadas y más pálida que nunca. A su lado, arrodillado, sin camisa y sólo en bivirí, que dejaban ver el torso raquítico y la piel con pecas de senilidad, permanecía Lucio, implorando: "Por favor, perdóname, Muñeca".

Muñeca lo miraba y, sin decir nada —no era necesario, sus ojos lo decían todo—, lo perdonaba. También miró a los recién llegados y pareció querer hablar. "Calla, no hagas ningún esfuerzo", le dijo Marcos, y se dedicó a revisar la herida. En un vano intento, le pusieron un retazo de gasa, cola gel, un poco de alcohol y hasta vendas reforzadas, pero nada. Se les moría.

Más tarde llegó Rómulo. Cuando abrieron la puerta para dejarlo entrar, vieron que afuera se arracimaba mucha gente, muchos vecinos solidarios en el dolor, con expresión contrita; algunas mujeres rezaban murmurando bajito. "El dolor de los de abajo se comparte cual si fuera oro" (la guitarra desgrana sus notas mientras se oye que alguien abre otra botella de ron).

Al día siguiente por la tarde, poco antes de la hora de llevar a Muñeca al camposanto, Marcos echó la última mirada a través de la ventanita del ataúd. Ella estaba vestida con su traje rosado de domingo, ese de falda hasta las rodillas y saco corto, y tenía los ojos, ¡ay!, definitivamente cerrados. Le parecía extraño verla así, porque ella ¿cuándo había cerrado los ojos? Siempre los había mantenido abiertos, ya fuera de noche o de día, a solas o en compañía; sus ojos siempre habían envuelto con la luz de su mirada lo que la rodeaba: cuartuchos malolientes, trastos miserables, gatos derrengados y viejos solitarios.

A eso de las cinco de la tarde, un poco retrasados porque Cleto demoró en conseguir corbatas negras para él y Rómulo, los cuatro salieron con el cortejo. Abandonaron la imprenta por el portón de fierro y se encaminaron hacia la avenida Grau.

Marcos y Cleto iban adelante, Rómulo y el inconsolable Lucio, quien no cesaba de llorar, seguían atrás. Iban con el ataúd en hombros, muy lentamente debido a la exigencia de las circunstancias y sobre todo a la incertidumbre de sus piernas. A su paso, habían salido los vecinos a las puertas de sus casas, a las azoteas, mientras un grupo numeroso formado por adultos, niños y perros seguía detrás en silencio. La masa inundó la cuadra cinco de la avenida, donde un desconcertado policía de tránsito demoró más de la cuenta en hacer sonar su silbato para que los vehículos dejaran pasar el cortejo. La gente que observaba desde las veredas permaneció un buen rato viéndolo alejarse calle abajo, por entre los edificios sucios de hollín, hasta que se convirtió en una mancha a lo lejos, un poco de humo en el aire y finalmente hizo ¡plop! y desapareció del todo.

Ahora que todo había pasado, los vecinos del barrio volvían a salir por las noches a la puerta de sus casas, con la excusa de tomar el fresco, y se quedaban oyendo la música que puntualmente se derramaba desde la ventana del viejo Marcos: "Muñequita linda... de cabellos de oro... de dientes de perlas..." La música se desperdigaba con la misma lentitud de siempre, pero ahora con mayor peso, como agua de lluvia que bajara por las paredes sucias arrastrando tierra y hollín. Adivinaban al viejo volviendo a poner el disco, bailando solo en un rincón oscuro, pero creyendo que volvía a bailar en el centro del cuarto, que apretaba una cintura estrecha y perdía su rostro entre unos cabellos largos y rubios, besando, mordiendo y creyendo también que volvía a sentir eso que había sentido no hace mucho: lo que alguna gente llamaba la felicidad y que ya no sentiría jamás porque el amor, el verdadero amor, se gozaba sólo una vez en la vida. (¡Salud!)

COMENTARIO

A diferencia de varias novelas latinoamericanas de las tres últimas décadas inspiradas en la música popular, como *La importancia de llamarse Daniel Santos* (1988) del puertorriqueño Luis Rafael Sánchez y *Toda una vida* (1998) de la mexicana Martha Cerda, el tono de "Muñequita linda" es triste y hasta trágico. Los cuatro protagonistas humanos de Barrio Bajo son viejos, pobres, enfermos y solitarios. Durante unos años se consuelan con la muñeca plástica inflable, *Made in USA*, que antes había vivido "con un coronel norteamericano alcohólico, mutilado en Corea, que la golpeaba". Los cuatro viejos dialogan, bailan "chic tu chic" y hacen el amor con Muñeca. Su muerte, debida a una "feroz dentellada en el cuello", propinada por Lucio, crea un gran sentido de solidaridad entre los viejos mientras tratan de conseguir un ataúd dentro de sus escasos recursos económicos. El hecho de que sean cuatro los viejos simboliza la totalidad de Barrio Bajo, reforzada por el gran número de "adultos, niños y perros" que participan en el cortejo y que se convierten en una masa: "La masa inundó la cuadra cinco de la avenida".

El entierro de Muñeca constituye el marco del cuento pero su dinámica es la transformación lenta y sutil de Muñeca, posible prostituta al principio del cuento, en una muñeca plástica inflable que no deja de lucir rasgos humanos. En el párrafo que sigue inmediatamente después de la revelación definitiva que Muñeca no es más que una muñeca plástica, ella contempla con gran tristeza el deterioro del barrio: "a ella se le humedecían los ojos al advertir tanta pobreza, al ver pasar alguna manifestación de despedidos, uno que otro asalto, y al comprobar cómo el barrio se había ido viniendo cuesta abajo".

Tanto como el entierro de Muñeca aparece dos veces en el cuento, al principio y al fin, también el certamen de belleza aparece dos veces. La primera vez, Muñeca triunfa contra tres bellezas aparentemente humanas: Nanette, Juanita Regalado, futura esposa del gobernador de la ciudad, y Cuchita del Solar, estudiante de periodismo. Tres páginas más adelante, se revela que Nanette, representante del Barrio Acero, y apoyada por "una sarta de maleantes, sifilíticos, tuberculosos, lúmpenes y sidosos", tampoco es humana: "meretriz de plástica bajeza... de buena factura, traída de Minnesota... parte de un lote ya acabado, de los que alguna vez se envió a Vietnam para apaciguar los ánimos venéreos de los soldados".

Aunque "Muñequita linda" dista mucho de los cuentos de protesta social de los años treinta en el sentido de que no se echa la culpa directamente ni al gobierno ni a las instituciones hegemónicas ni al imperialismo yanqui, sí hay una leve implicación de que el consuelo derivado de la belleza plástica importada de los Estados Unidos es ilusorio y que la política de la globalización tan pregonada por los Estados Unidos y apoyada por el gobierno de Fujimori no ha resuelto los problemas de los pobres, problemas que siguen agravándose en todo el Tercer Mundo. Por las emociones muy humanas tanto de Muñeca como de los cuatro viejos, el cuento también dista mucho de "Anuncio" de Juan José Arreola, sátira totalmente intelectual de la sociedad supercomercializada y supertecnológica de los Estados

Unidos. Dentro de mi concepto de cuentos comparados, recomiendo que se busquen semejanzas y diferencias entre "Muñequita linda" y "El niño de Junto al Cielo" del también peruano Enrique Congrains Martín, en el capítulo dedicado al neorrealismo de principios de los años sesenta.

BIBLIOGRAFÍA

ANTOLOGÍAS DEL CUENTO HISPANOAMERICANO

HISPANOAMÉRICA

Burgos, Fernando, *Antología del cuento hispanoamericano*, México, Porrúa, 1991, 857 pp.

Donoso Pareja, Miguel, *Prosa joven de América hispana*, México, SEP-Setentas, 1972, 2 vols., 295, 289 pp.

Flores, Ángel, *Historia y antología del cuento y la novela en Hispanoamérica*, Nueva York, Las Americas Publishing Co., 1959, 696 pp.

Fuguet, Alberto, y Sergio Gómez (eds.), *McOndo*, Barcelona, Mondadori, 1996, 262 pp.

Latcham, Ricardo, *Antología del cuento hispanoamericano contemporáneo (1910-1956)*, Santiago de Chile, Zig-Zag, 1958, 450 pp.

Ortega, Julio, *El muro y la intemperie. El nuevo cuento latinoamericano*, Hanover, N. H., Ediciones del Norte, 1989, 572 pp.

Oviedo, José Miguel, *Antología crítica del cuento hispanoamericano*, Madrid, Alianza Editorial, 1989, 1992, 3 tomos, 1 118 pp.

Rela, Walter, y David W. Foster, *Antología del nuevo cuento hispanoamericano, 1973-1988*, Montevideo, Ediciones De La Plaza, 1990, 526 pp.

Sanz y Díaz, José, *Antología de cuentistas hispanoamericanos*, Madrid, Aguilar, 1946, 772 pp.

Sefchovich, Sara, *Mujeres en espejo, narradoras latinoamericanas, siglo XX*, México, Folios Ediciones, 1983, 223 pp.

Zapata, Celia Correas de, y Lygia Johnson, *Detrás de la reja,* Caracas, Monte Ávila, 1980, 402 pp.

MÉXICO

Carballo, Emmanuel, *Cuentistas mexicanos modernos (1949-1956),* México, Ediciones Libro-Mex, 1956, 2 vols., 290 pp.
————, *El cuento mexicano del siglo XX,* México, Empresas Editoriales, 1964, 892 pp.
————, *Narrativa mexicana de hoy,* Madrid, Alianza Editorial, 1969, 268 pp.
Glantz, Margo, *Onda y escritura en México: jóvenes de 20 a 33,* México, Siglo XXI, 1971, 473 pp.
Leal, Luis, *Antología del cuento mexicano,* México, Studium, 1957, 162 pp.
Mancisidor, José, *Cuentos mexicanos del siglo XIX,* México, Editorial Nueva España, 1947, 750 pp.
————, *Cuentos mexicanos de autores contemporáneos,* México, Editorial Nueva España, 1946, 760 pp.
Ocampo, Aurora, *Cuentistas mexicanas, siglo XX,* México, UNAM, 1976, 319 pp.
Sainz, Gustavo, *Jaula de palabras. Una antología de la nueva narrativa mexicana,* México, Grijalbo, 1980, 479 pp.

CENTROAMÉRICA

Lindo, Hugo, *Antología del cuento moderno centroamericano,* San Salvador, Universidad Autónoma de El Salvador, 1949, 204 pp.
Primer Festival del Libro Centroamericano, *Panorama del cuento centroamericano,* Lima, Editorial Latinoamericana, 1959, 352 pp.
Ramírez, Sergio, *Antología del cuento centroamericano,* San José, EDUCA, 1973, 2 vols., 684, 531 pp.

GUATEMALA

Lamb, Ruth, *Antología del cuento guatemalteco*, México, Studium, 1959, 142 pp.

EL SALVADOR

Barba Salinas, Manuel, *Antología del cuento salvadoreño (1880-1955)*, San Salvador, Ministerio de Cultura, 1959, 512 pp.

HONDURAS

Acosta, Óscar, y Roberto Sosa, *Antología del cuento hondureño*, Tegucigalpa, Universidad Nacional Autónoma de Honduras, 1968, 242 pp.

Oviedo, Jorge Luis, *Antología del cuento hondureño*, Tegucigalpa, Editores Unidos, 1989, 168 pp.

NICARAGUA

Ramírez, Sergio, *El cuento nicaragüense. Antología e introducción*, Managua, Ediciones El Pez y la Serpiente, 1976, 267 pp.

Valle-Castillo, Julio, *Cuentos nicaragüenses*, Managua, Centro Nicaragüense de Escritores, 2002, 427 pp.

COSTA RICA

Bolaños, Elizabeth Portuguez de, *El cuento en Costa Rica*, San José, Librería e Imprenta Atenea, 1964, 330 pp.

Chase, Alfonso, *Narrativa contemporánea de Costa Rica*, San José, Ministerio de Cultura, 1975, 2 vols., 467, 521 pp.

Menton, Seymour, *El cuento costarricense: estudio, antología y bibliografía*, México, Studium, 1964, 184 pp.

PANAMÁ

Cabezas, Berta María, *Cuentos panameños,* Bogotá, Instituto Colombiano de Cultura, 1972, 2 vols., 160, 119 pp.

Fuentes, Cipriano, *Narradores panameños,* Caracas, Doble Fondo Editores, 1984, 162 pp.

Jaramillo Levi, Enrique, *Antología crítica de joven narrativa panameña,* México, FEM, 1971, 285 pp.

Miró, Rodrigo, *El cuento en Panamá. Estudio, selección, bibliografía,* Panamá, Imprenta de la Academia, 1950, 204 pp.

CUBA

Bueno, Salvador, *Antología del cuento en Cuba (1902-1952),* La Habana, Ministerio de Educación, 1953, 396 pp.

Caballero Bonald, José Manuel, *Narrativa cubana de la revolución,* Madrid, Alianza Editorial, 1968, 258 pp.

Fornet, Ambrosio, *Antología del cuento cubano contemporáneo,* México, Ediciones Era, 1967, 244 pp.

Fornet, Jorge, y Carlos Espinosa Domínguez, selección y notas, *Cuento cubano del siglo XX,* México, Fondo de Cultura Económica, 2002, 392 pp.

Oviedo, José Miguel, *Antología del cuento cubano,* Lima, Ediciones Paradiso, 1968, 213 pp.

REPÚBLICA DOMINICANA

Cartagena, Aída, *Narradores dominicanos,* Caracas, Editorial Monte Ávila, 1969, 153 pp.

Nolasco, Sócrates, *El cuento en Santo Domingo,* Santo Domingo, Librería Dominicana, 1957, 2 vols.

PUERTO RICO

Barradas, Efraín, *Apalabramiento. Diez cuentistas puertorriqueños de hoy,* Hanover, New Hampshire, Ediciones del Norte, 1983, 250 pp.

Cooke, Paul L., *Antología de cuentos puertorriqueños,* Godfrey, Illinois, Monticello College, 1956, 160 pp.

Marqués, René, *Cuentos puertorriqueños de hoy,* México, Club del Libro de Puerto Rico, 1959, 288 pp.

Meléndez, Concha, *El arte del cuento en Puerto Rico,* Nueva York, Las Américas, 1961, 396 pp.

———, *El cuento. Antología de autores puertorriqueños,* San Juan, Ediciones del Estado Libre Asociado de Puerto Rico, 1957, 332 pp.

Vega, José Luis, *Reunión de espejos,* Río Piedras, Editorial Cultural, 1983, 303 pp.

VENEZUELA

Balza, José, *El cuento venezolano,* 2ª ed., Caracas, Dirección de Cultura, Universidad Central de Venezuela, 1990, 520 pp.

Di Prisco, Rafael, *Narrativa venezolana contemporánea,* Madrid, Alianza Editorial, 1971, 276 pp.

Meneses, Guillermo, *Antología del cuento venezolano,* Caracas, Ministerio de Educación, 1955, 420 pp.

Uslar Pietri, Arturo, y Julián Padrón, *Antología del cuento moderno venezolano (1895-1935),* Caracas, Escuela Técnica Industrial, 1940, 2 vols., 556 pp.

COLOMBIA

Arbeláez, Fernando, *Nuevos narradores colombianos,* Caracas, Monte Ávila, 1968, 268 pp.

Giraldo, Luz Mery, *Nuevo cuento colombiano (1975-1995)*, México, Fondo de Cultura Económica, 1997, 300 pp.

Pachón Padilla, Eduardo, *El cuento colombiano. Antología*, Bogotá, Plaza y Janés, 1980, 2 vols., 334 pp.

Primer Festival del Libro Colombiano, *Los mejores cuentos colombianos*, Lima, Editora Latinoamericana, 1959, vol. I, selección de Andrés Holguín, 108 pp.; vol. II, selección de Daniel Arango, 136 pp.

ECUADOR

Carrión, Benjamín, *El nuevo relato ecuatoriano*, 2ª ed. revisada, Quito, Casa de la Cultura Ecuatoriana, 1958, 1 124 pp.

Donoso Pareja, Miguel, *Libro de posta. La narrativa actual en el Ecuador*, Quito, Editorial El Conejo, 1983, 122 pp.

PERÚ

Cornejo Polar, Antonio, y Luis Fernando Vidal, *Nuevo cuento peruano. Antología (1983)*, 2ª ed., Lima, Mosca Azul, 1986.

Escobar, Alberto, *La narración en el Perú: estudio preliminar, antología y notas (1956)*, 2ª ed., Lima, Editorial Juan Mejía Baca, 1960, 512 pp.

Meneses, Carlos, y Wolfgang Luchting, *El cuento peruano contemporáneo*, México, Signos, 1984.

Núñez, Estuardo, *Los mejores cuentos peruanos*, vol. II, Lima, Patronato del Libro Peruano, 1956, 124 pp.

Oquendo, Abelardo, *Narrativa peruana 1950-1970*, Madrid, Alianza Editorial, 1973, 308 pp.

Oviedo, José Miguel, *Narradores peruanos*, Caracas, Monte Ávila, 1968, 276 pp.

Suárez Miraval, Manuel, *Los mejores cuentos peruanos*, vol. I, Lima, Patronato del Libro Peruano, 1956, 124 pp.

BOLIVIA

Gumucio, Mariano Baptiste, *Narradores bolivianos,* Caracas, Monte Ávila, 1969, 256 pp.

Pastor, Ricardo, *Los mejores cuentos bolivianos del siglo XX,* Cochabamba, Amigos del Libro, 2ª ed. revisada y aumentada, 1989, 440 pp.

Soriano Badani, Armando, *Antología del cuento boliviano,* 2ª ed., La Paz/Cochabamba, Los Amigos del Libro, 1991, 426 pp.

PARAGUAY

Pérez Maricevich, Francisco, *Breve antología del cuento paraguayo,* Asunción, Ediciones Comuneros, 1969, 200 pp.

CHILE

Atenea, *El cuento chileno,* Santiago, Editorial Nascimento, 1948, 574 pp.

Díaz Eterovic, Ramón, y Diego Muñoz, *Contando el cuento. Antología joven narrativa chilena,* Santiago, Editorial Sinfrontera, 1986, 662 pp.

Instituto de Literatura Chilena, *Antología del cuento chileno,* Santiago, Editorial Universitaria, 1963, 664 pp.

Lafourcade, Enrique, *Antología del cuento chileno,* Barcelona, Ediciones Acervo, 1969, 3 vols., 1 260 pp.

ARGENTINA

Mastrángelo, Carlos, *25 cuentos argentinos magistrales (Historia y evolución comentada del cuento argentino),* Buenos Aires, Editorial Plus Ultra, 1975, 334 pp.

Mazzei, Ángel, *Treinta cuentos argentinos (1880-1940),* Buenos Aires, Editorial Guadalupe, 1968, 319 pp.

Pagés Larraya, Antonio, *Cuentos de nuestra tierra,* Buenos
   Aires, Editorial Raigal, 1953, 448 pp.
———, *20 relatos argentinos 1838-1887,* Buenos Aires, Edi-
   torial Universitaria, 1961, 182 pp.
———, *20 ficciones argentinas,* Buenos Aires, EUDEBA,
   1963, 194 pp.
Sorrentino, Fernando, *35 cuentos breves argentinos, siglo XX,*
   Buenos Aires, Editorial Plus Ultra, 1974, 181 pp.
———, *40 cuentos breves argentinos, siglo XX,* Buenos Aires,
   Editorial Plus Ultra, 1977, 234 pp.
Yahni, Roberto, *70 años de narrativa argentina: 1900-1970,*
   Madrid, Alianza Editorial, 1970, 212 pp.

URUGUAY

Cotelo, Rubén, *Narradores uruguayos,* Caracas, Monte Ávila,
   1969, 289 pp.
García, Serafín J., *Panorama del cuento nativista del Uruguay,* Montevideo, Editorial Claridad, 1943, 320 pp.
Lasplaces, Alberto, *Antología del cuento uruguayo,* Montevideo, C. García y Cía., 1943, 2 vols., 378 pp.
Visca, Arturo Sergio, *Antología del cuento uruguayo contemporáneo,* Montevideo, Universidad de la República, 1962,
   504 pp.

OTRAS OBRAS CONSULTADAS

HISPANOAMÉRICA

Anderson Imbert, Enrique, *Historia de la literatura hispanoamericana,* 3ª ed., México, Fondo de Cultura Económica,
   1961, 2 vols.
———, *Teoría y técnica del cuento,* Buenos Aires, Marymar,
   1979.

Balderston, Daniel, *The Latin American Short Story; An Annotated Guide to Anthologies and Criticism*, Nueva York, Greenwood Press, 1992.

Carvalho, Joaquim de Montezuma de, *Panorama das literaturas das Américas*, Angola, Ediçao do Município de Nova Lisboa, vol. I, 1958; vol. II, 1958; vol. III, 1959; vol. IV, 1965.

Henríquez Ureña, Max, *Breve historia del modernismo*, 2ª ed., México, Fondo de Cultura Económica, 1961.

Hespelt, E. Herman *et al.*, *An Outline History of Spanish American Literature*, 2ª ed., Nueva York, F. S. Crofts, 1944; 3ª ed., Appleton-Century-Crofts, 1965.

Leal, Luis, *Historia del cuento hispanoamericano*, México, Studium, 1966.

MÉXICO

González Peña, Carlos, *Historia de la literatura mexicana*, 6ª ed., México, Porrúa, 1958.

Leal, Luis, *Breve historia del cuento mexicano*, México, Studium, 1956.

Martínez, José Luis, *Literatura mexicana (Siglo XX)*, México, Robredo, 1950, 2 vols.

Pavón, Alfredo (comp.), *Te lo cuento otra vez (La ficción en México)*, Tlaxcala, Universidad Autónoma de Tlaxcala, 1991.

GUATEMALA

Albizúrez Palma, Francisco, y Catalina Barrios y Barrios, *Historia de la literatura guatemalteca*, Guatemala, Editorial Universitaria, 1981, 1982, 2 vols.

López Valdizón, José María, "Panorama del cuento guatemalteco contemporáneo", *La Gaceta*, México, Fondo de Cultura Económica, VI, 79 (marzo de 1961).

Orantes, Alfonso, "El cuento en Centroamérica", *Cultura*, San

Salvador, 32 (abril-mayo-junio), pp. 42-50; 33 (julio-septiembre de 1964), pp. 40-49; se refiere casi exclusivamente a Guatemala y a El Salvador.

EL SALVADOR

Toruño, Juan Felipe, *Desarrollo literario de El Salvador*, San Salvador, Ministerio de Cultura, 1958.

NICARAGUA

Arellano, Jorge Eduardo, *Panorama de la literatura nicaragüense*, 4ª ed., Managua, Editorial Nueva Nicaragua, 1982.

COSTA RICA

Bonilla, Abelardo, *Historia y antología de la literatura costarricense*, San José, Trejos, 1957 (vol. I), 1961, (vol. II).

ANTILLAS

Olivera, Otto, *Breve historia de la literatura antillana*, México, Studium, 1957.

CUBA

Menton, Seymour, *Prose Fiction of the Cuban Revolution*, Austin, University of Texas Press, 1975, pp. 165-214, 234-246.
Portuondo, José Antonio, "Lino Novás Calvo y el cuento hispanoamericano", *Cuadernos Americanos*, VI, 5 (septiembre-octubre de 1947), pp. 245-263.

VENEZUELA

Fabbiani Ruiz, José, *Cuentos y cuentistas,* Caracas, Librería Cruz del Sur, 1951.

Rivera Silvestrini, José, *El cuento moderno venezolano,* Río Piedras, Puerto Rico, Colección Prometeo, 1967.

Uslar Pietri, Arturo, "El cuento venezolano", *Letras y hombres de Venezuela,* en *Obras selectas,* Madrid, Ediciones Edime, 1956, pp. 1 065-1 072.

COLOMBIA

Curcio Altamar, Antonio, *Evolución de la novela en Colombia,* Bogotá, Instituto Caro y Cuervo, 1957.

Sanín Cano, Baldomero, *Letras colombianas,* México, Fondo de Cultura Económica, 1944.

ECUADOR

Rojas, Ángel F., *La novela ecuatoriana,* México, Fondo de Cultura Económica, 1948.

PERÚ

Aldrich, Earl M. Jr., *The Modern Short Story in Perú,* Madison, University of Wisconsin Press, 1966.

Núñez, Estuardo, "El cuento peruano contemporáneo", *Revista Nacional de Cultura,* Caracas, XXIV (1962), pp. 68-90.

PARAGUAY

Rodríguez-Alcalá, Hugo, *Historia de la literatura paraguaya,* México, Studium, 1970.

CHILE

Poblete Varas, Hernán, "El cuento en Chile", *Journal of Inter-American Studies*, IV, 4 (octubre de 1962), pp. 463-501.

Torres Rioseco, Arturo, *Breve historia de la literatura chilena*, México, Studium, 1956.

ARGENTINA

Lichtblau, Myron I., *The Argentine Novel in the Nineteenth Century*, Nueva York, Hispanic Institute, 1959.

Soto, Luis Emilio, "El cuento", en Rafael Alberto Arrieta, *Historia de la literatura argentina*, Buenos Aires, Peuser, 1959, IV, pp. 285-450.

URUGUAY

Benedetti, Mario, *Literatura uruguaya siglo XX*, Montevideo, Alfa, 1963.

Englekirk John E., y Margaret M. Ramos, *La narrativa uruguaya, estudio crítico bibliográfico*, Berkeley, University of California Press, 1967.

NOTA: Para una bibliografía más completa, véase Bernice D. Matlowsky, *Antologías del cuento americano. Guía bibliográfica*, Unión Panamericana, Washington, 1950.

ÍNDICE

EL NATURALISMO [107]

EL MODERNISMO [151]

El criollismo [203]

EL COSMOPOLITISMO: SURREALISMO, CUBISMO, REALISMO MÁGICO,
EXISTENCIALISMO [303]

El neorrealismo [487]

EL CUENTO HISTÓRICO Y OTRAS NOVEDADES, 1986-2002
[669]

BIBLIOGRAFÍA [739]

El cuento hispaniamericano se terminó de imprimir y encuadernar en enero de 2007 en Impresora y Encuadernadora Progreso, S. A. de C. V. (IEPSA), Calz. San Lorenzo, 244; 09830 México, D. F. En su composición, parada en el Taller de Integración digital del FCE, se utilizaron tipos Bodoni Book de 10:11 y 8:9 puntos. La edición consta de 20 400 ejemplares.